**América del Sur**

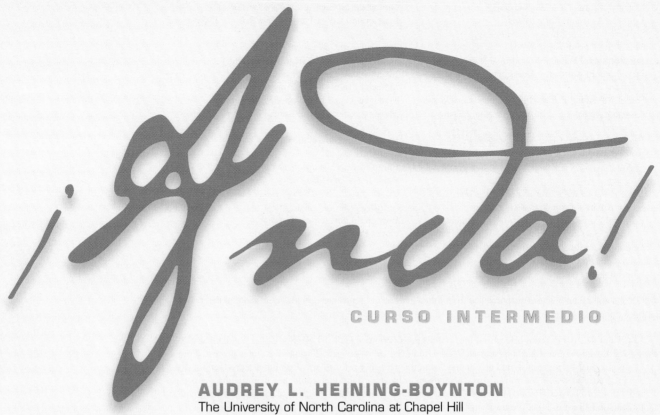

# ¡Anda!

## CURSO INTERMEDIO

**AUDREY L. HEINING-BOYNTON**
The University of North Carolina at Chapel Hill

**JEAN W. LELOUP**
State University of New York College at Cortland

**GLYNIS S. COWELL**
The University of North Carolina at Chapel Hill

WITH

**Megan M. Echevarría**
University of Rhode Island

**María del Carmen Caña Jiménez**
The University of North Carolina at Chapel Hill

**Antonio Gragera**
Texas State University

**Prentice Hall**
UPPER SADDLE RIVER    LONDON    SINGAPORE
TORONTO    TOKYO    SYDNEY    HONG KONG    MEXICO CITY

Executive Editor: *Bob Hemmer*
Editorial Assistant: *Katie Spiegel*
Senior Marketing Manager: *Denise Miller*
Marketing Coordinator: *Bill Bliss*
Development Editor: *Janet García-Levitas*
Development Editor for Assessment: *Melissa Marolla Brown*
Senior Managing Editor (Production): *Mary Rottino*
Associate Managing Editor (Production): *Janice Stangel*
Production Supervision: *Nancy Stevenson*
Composition/Full-Service Project Management: *Natalie Hansen and Sandra Reinhard, Black Dot Group*
Media/Supplements Editor: *Meriel Martínez*
Senior Media Editor: *Samantha Alducin*
Editorial Coordinator/Assistant Developmental Editor: *Jennifer Murphy*
Senior Operations Supervisor: *Brian Mackey*

Operations Specialist: *Cathleen Petersen*
Interior and Cover Design: *Lisa Delgado, Delgado and Company, Inc.*
Art Manager: *Gail Cocker*
Illustrators: *Andrew Lange; Eric Larsen*
Electronic Art: *Annette Murphy*
Manager, Rights and Permissions: *Zina Arabia*
Manager, Visual Research: *Beth Brenzel*
Manager, Cover Visual Research & Permissions: *Karen Sanatar*
Image Permission Coordinator: *Jan Marc Quisumbing*
Photo Researcher: *Francelle Carapetyan*
Publisher: *Phil Miller*
Cover Image: *Pete Turner / Image Bank / Getty Images, Inc.*
Printer/Binder: *Courier Kendallville*
Cover Printer: *Phoenix Color Corp.*

This book was set in 10/12 Janson Text.

Credits and acknowledgments borrowed from other sources and reproduced, with permission, in this textbook appear on pages A77–79.

Library of Congress Cataloging-in-Publication Data
Heining-Boynton, Audrey L.
  ¡Anda! : curso intermedio / Audrey L. Heining-Boynton, Jean W. LeLoup, Glynis S. Cowell ; with Megan M. Echevarría, María del Carmen Caña Jiménez, Antonio Gragera.
— 1st ed.
  Includes index.
  ISBN 0-13-194483-5
  1. Spanish language—Textbooks for foreign speakers—English.   I. LeLoup, Jean Willis.   II. Cowell, Glynis S.   III. Title.
  PC4129.E5H4285 2010
  468.2'421—dc22

                              2008048816

10  9  8  7  6  5  4  3

**Prentice Hall**
is an imprint of

www.prenhall.com/anda

ISBN 10: 0-13-194483-5
ISBN 13: 978-0-13-194483-1
Á la carte ISBN 10: 0-205-73595-9
ISBN 13: 978-0-205-73595-2

**DEDICATION**

To David
        —Audrey

To Jeffrey, Kitty, and Linda
        —Jean

To John, Jack, and Kate
        —Glynis

# BRIEF CONTENTS

## FIRST

|  | Capítulo Preliminar A<br>Para empezar | Capítulo 1<br>Así somos | Capítulo 2<br>El tiempo libre |
|---|---|---|---|
| **Vocabulary sections** |  | 1 El aspecto físico y la personalidad<br>3 Algunos estados<br>5 La familia | 1 Algunos deportes<br>3 Algunos pasatiempos |
| **Review grammar** | Selected elementary topics, see page 3. | ● Direct and indirect object pronouns, personal *a*, and reflexive pronouns<br>● **Preterit** (regular and irregular verbs) | ● Formal *(Ud./Uds.)* and informal *(tú)* **commands**<br>● **Present subjunctive** (regular, irregular, and stem-changing verbs) |
| **Grammar sections** |  | 2 Verbs similar to ***gustar***<br>4 **Present perfect indicative** | 2 *Nosotros/as* **commands**<br>4 The subjunctive in **noun clauses:** expressing hopes, desires, and requests |
| **Culture** | **Notas culturales:**<br>El español: lengua de millones<br><br>**Perfiles:**<br>¿Quién habla español?<br><br>**Notas culturales:**<br>La influencia del español en los Estados Unidos | **Notas culturales:**<br>¿Hay un latino típico?<br><br>**Perfiles:**<br>Familias hispanas<br><br>**Vistazo cultural:**<br>Los hispanos en los Estados Unidos | **Notas culturales:**<br>La Vuelta al Táchira<br><br>**Perfiles:**<br>Campeones famosos del mundo hispano<br><br>**Vistazo cultural:**<br>Deportes y pasatiempos en la cultura mexicana |
| *Escucha* |  | **Estrategia:** Anticipating and predicting content to assist in guessing meaning | **Estrategia:** Listening for the gist |
| *¡Conversemos!* |  | **Estrategias comunicativas:** Greetings and farewells | **Estrategias comunicativas:** Expressing pardon, requesting clarification, and checking comprehension |
| *Escribe* |  | **Estrategia:** Process writing (Part 1): Organizing ideas (*Product:* personal profile) | **Estrategia:** Process writing (Part 2): Linking words (*Product:* blog commentary) |
| *Laberinto peligroso* |  | **Lectura:** *¿Periodistas en peligro?*<br><br>**Estrategia:** Pre-reading techniques: Schemata, cognates, predicting, and guessing<br><br>**Video:** *¿Puede ser?* | **Lectura:** *Búsquedas*<br><br>**Estrategia:** Scanning and skimming; reading for the gist<br><br>**Video:** *¿Qué te ocurre, Celia?* |

## SEMESTER

| Capítulo 3<br>Hogar, dulce hogar | Capítulo 4<br>¡Celebremos! | Capítulo 5<br>Viajando por aquí y por allá | Capítulo 6<br>¡Sí, lo sé! |
|---|---|---|---|
| 1 Los materiales de la casa y sus alrededores<br>3 Dentro del hogar: la sala, la cocina y el dormitorio | 1 Las celebraciones y los eventos de la vida<br>3 La comida y la cocina<br>4 Más comida | 1 Los viajes<br>2 Viajando por coche<br>4 Las vacaciones<br>5 La tecnología y la informática<br>7 Las acciones relacionadas con la tecnología | **Reviewing strategies** |
| • **Preterit** (stem-changing verbs)<br>• **Imperfect** | • The **preterit** and the **imperfect**<br>• *Hacer* with time expressions | • *Por* and *para*<br>• The **preterit** and the **imperfect** (cont.) | Recycling of **Capítulo Preliminar A** to **Capítulo 5** |
| 2 Uses of definite and indefinite articles<br>4 Subjunctive in **noun clauses:** expressing feelings, emotions, and doubts<br>5 *Estar* + past participle as an adjective to express result | 2 **Past perfect (pluperfect)**<br>5 **Present perfect subjunctive** | 3 Relative pronouns: *que* and *quien*<br>6 Subjunctive in **adjective clauses:** indefinite and nonexistent antecedents | |
| **Notas culturales:**<br>El mejoramiento de la casa<br><br>**Perfiles:**<br>La importancia de la casa y de su construcción<br><br>**Vistazo cultural:**<br>Las casas en España | **Notas culturales:**<br>El Día de los Muertos<br><br>**Perfiles:**<br>Grandes cocineros del mundo hispano<br><br>**Vistazo cultural:**<br>Tradiciones de Guatemala, Honduras y El Salvador | **Notas culturales:**<br>El fin del mundo y los glaciares en cinco días<br><br>**Perfiles:**<br>Viajando hacia el futuro<br><br>**Vistazo cultural:**<br>Un viaje por mundos diferentes en Nicaragua, Costa Rica y Panamá | **Cultura** |
| **Estrategia:** Listening for the main ideas | **Estrategia:** Listening for details | **Estrategia:** Listening for specific information | |
| **Estrategias comunicativas:**<br>Extending, accepting, and declining invitations | **Estrategias comunicativas:**<br>Asking for and giving directions | **Estrategias comunicativas:**<br>Asking for input and expressing emotions | |
| **Estrategia:** Process writing (Part 3): Supporting details (*Product:* ideal house description) | **Estrategia:** Process writing (Part 4): Sequencing events (*Product:* magazine article on celebrations) | **Estrategia:** Peer editing (*Product:* peer-edited writing sample) | |
| **Lectura:** *Planes importantes*<br><br>**Estrategia:** Establishing a purpose for reading; determining the main idea<br><br>**Video:** *Una nota misteriosa* | **Lectura:** *Colaboradores, competidores y sospechosos*<br><br>**Estrategia:** Identifying details and supporting elements<br><br>**Video:** *¿Mágica o malvada?* | **Lectura:** *Cómplices, crónicas, mapas y ladrones*<br><br>**Estrategia:** Using a dictionary<br><br>**Video:** *¿Somos sospechosos?* | Recap of Episodios 1–5 |

## SEMESTER

| Capítulo 9<br>¿Es arte? | Capítulo 10<br>Un planeta para todos | Capítulo 11<br>Hay que cuidarnos | Capítulo 12<br>Y por fin, ¡lo sé! |
|---|---|---|---|
| 1 El arte visual<br>3 La artesanía<br>4 La música y el teatro<br>6 El cine y la televisión | 1 El medio ambiente<br>4 Algunos animales<br>6 Algunos términos geográficos | 1 La cara y el cuerpo humano<br>4 La atención médica<br>6 Algunos síntomas, condiciones y enfermedades | **Reviewing strategies** |
| ● Comparisons (of equality and inequality)<br>● The superlative | ● Prepositions and prepositional pronouns<br>● The infinitive after prepositions | ● **Reflexive** verbs<br>● Affirmative and negative expressions | Recycling of **Capítulo 7** to **Capítulo 11** |
| 2 A review of the **Subjunctive:** The subjunctive in noun, adjective, and adverbial clauses<br>5 *If* clauses in the present (Part 1) | 2 The **past subjunctive**<br>3 The **past perfect (pluperfect) subjunctive**<br>5 *If* clauses in the past (Part 2)<br>7 The sequence of verb tenses | 2 The impersonal *se*<br>3 Reciprocal *nos* and *se*<br>5 *Se* for unplanned occurrences<br>7 The passive voice | |
| **Notas culturales:**<br>El Museo del Oro en Bogotá, Colombia<br><br>**Perfiles:**<br>El arte como expresión personal<br><br>**Vistazo cultural:**<br>El arte de Perú, Bolivia y Ecuador | **Notas culturales:**<br>*Amigos del Medio Ambiente*<br><br>**Perfiles:**<br>Algunas personas con una conciencia ambiental<br><br>**Vistazo cultural:**<br>La naturaleza y la geografía de Colombia y Venezuela | **Notas culturales:**<br>La medicina tradicional o alternativa<br><br>**Perfiles:**<br>Algunas personas innovadoras en el campo de la medicina<br><br>**Vistazo cultural:**<br>La medicina y la salud en Cuba, Puerto Rico y la República Dominicana | **Cultura** |
| **Estrategia:** Making inferences from what you hear | **Estrategia:** Listening in different contexts | **Estrategia:** Commenting on what you heard | |
| **Estrategias comunicativas:** Clarifying and using circumlocution | **Estrategias comunicativas:** Expressing agreement (Part 2), disagreement, or surprise | **Estrategias comunicativas:** Pausing, suggesting an alternative, and expressing disbelief | |
| **Estrategia:** Introductions and conclusions in writing (*Product:* short story) | **Estrategia:** More on linking sentences (*Product:* essay persuading local community to participate in an environmental project) | **Estrategia:** Determining audience and purpose (*Product:* video script) | |
| **Lectura:** *Sola y preocupada*<br><br>**Estrategia:** Making inferences: Reading between the lines<br><br>**Video:** *Desaparecidos* | **Lectura:** *En peligro de extinción*<br><br>**Estrategia:** Identifying characteristics of different text types<br><br>**Video:** *¡Alto! ¡Tire el arma!* | **Lectura:** *¿Caso cerrado?*<br><br>**Estrategia:** Assessing a passage, responding, and giving an opinion<br><br>**Video:** *Atando cabos* | Recap of Episodios 7–11 |

Why *¡Anda!* ?

andar *vi* to walk; to move; to travel around; **¡Anda!** *excl* Come on! That's it!

In survey after survey, and focus group after focus group, Spanish instructors tell us that they are finding it increasingly difficult to accomplish everything they want in their elementary and intermediate Spanish courses. Contact hours are decreasing. Class sizes are increasing. And students' lives are busier than ever. At the same time, course goals have become more and more ambitious. Instead of focusing only on grammar and vocabulary, instructors have made it clear that they want to give their students a thorough exposure to Hispanic culture and an opportunity to develop and practice communication skills. But there simply isn't enough time to do all of this as well as most would like, and the available elementary and intermediate Spanish texts do little to address the problem. As a result, some instructors end up galloping through their text in order to cover all the grammar and vocabulary, omitting interesting cultural topics and limiting student speaking time. Others have made the awkward choice to use a text designed for first-year Spanish over three or even four semesters.

Based on this extensive research, you now have another option: *¡Anda!*

*¡Anda!* has been developed to provide a practical response to the challenges today's Spanish instructors are facing. Its innovations center around three key areas:

1 Realistic goals with a realistic approach
2 Focus on student motivation
3 Tools to promote success

*¡Anda!* is ready to go! More of what you need... less of what you don't!

## Realistic goals with a realistic approach

*¡Anda!* is the first college-level Spanish program conceived from the outset as a four-semester sequence of materials. The *¡Anda!* program is divided into two halves, *¡Anda! Curso elemental* and *¡Anda! Curso intermedio,* each of which can be completed in one academic year.

Each volume's scope and sequence has been carefully designed, based on advice from hundreds of instructors at a wide variety of schools. Each volume introduces a realistic number of new vocabulary words and grammar concepts. As a result, students have adequate time throughout the course to focus on communication, culture, and skills development, and to master the vocabulary and grammar concepts to which they are introduced.

Each volume of *¡Anda!* has been structured to foster preparation, recycling, and review within the context of a multi-semester sequence of courses. The ten regular chapters in each volume are complemented by *two preliminary* chapters and *two recycling* chapters.

| | |
|---|---|
| Capítulo Preliminar A | Capítulo Preliminar B |
| Capítulo 1 | Capítulo 7 |
| Capítulo 2 | Capítulo 8 |
| Capítulo 3 | Capítulo 9 |
| Capítulo 4 | Capítulo 10 |
| Capítulo 5 | Capítulo 11 |
| Capítulo 6 (recycling) | Capítulo 12 (recycling) |

- *Preliminary Chapter A* is designed with **ample vocabulary and grammar** to get students up and running and to give them a **sense of accomplishment** quickly. Many students will already be familiar with most, if not all, of this vocabulary and grammar from their previous study of Spanish. It also has students reflect on the question "why study Spanish?"
- *Preliminary Chapter B* is a **review** of Preliminary A through Chapter 5 and allows those who join the class midyear or those who need a refresher to get up to speed at the beginning of the second half of the book.
- *Chapters 1–5* and *7–11* are **regular** chapters.
- *Chapters 6* and *12* are **recycling** chapters. No new material is presented. Designed for in-class use, these chapters recycle and recombine previously presented vocabulary, grammar, and culture, giving students more time to practice communication without the burden of learning new grammar or vocabulary.

Each regular chapter of *¡Anda!* has been developed with the goal of providing a realistic approach for the achievement of realistic goals.

- New material is presented in manageable amounts, or **chunks,** allowing students to assimilate and practice without feeling overwhelmed.
- Each chapter contains a **realistic** number of new vocabulary words.
- Vocabulary and grammar explanations are interspersed, each **introduced at the point of need.**
- Grammar explanations are clear and concise, with many supporting examples, followed by practice activities.
- Practice begins with **mechanical** activities, for which there are correct answers, progresses through more **meaningful,** structured activities in which the student is guided but has some flexibility in determining the appropriate response, and ends with **communicative** activities in which students are manipulating language to create personalized responses.

## Focus on student motivation

Many of the innovative features of *¡Anda!* have been designed to help instructors generate and sustain interest on the part of their students, whether they be of traditional college age or adult learners:

- Chapters are organized around themes that reflect **student interests** and tap into students' **real-life experiences.**

- Basic **vocabulary** has been selected and tested through *¡Anda!*'s development for its relevance and support, while additional words and phrases are offered so that **students can personalize** their responses and acquire the vocabulary that is most meaningful to them.

- Activities have been designed to foster active participation by students. The focus throughout is on giving students opportunities to speak and on allowing instructors to **increase the amount of student "talk time"** in each class period. The majority of activities **elicit students' ideas and opinions,** engaging them to respond to each other on a variety of levels. Abundant pair and group activities encourage peer editing and help to create a comfortable arena for language learning.

- **All of the material** for which students entering this class would be responsible is provided, including elementary grammar and vocabulary appendices that give students a ready reference for what they learned during first-year Spanish.

- Each activity is designed to begin with **what the student already knows.**

- A **high-interest mystery story** (*Laberinto peligroso*) runs through each chapter. Two episodes are presented in each regular chapter: one as the chapter's reading selection, the other in a corresponding video segment.

- Both **"high" and "popular" culture** are woven throughout the chapters to enable students to learn to recognize and appreciate cultural diversity as they explore behaviors and values of the Spanish-speaking world. They are encouraged to think critically about these cultural practices and gifts to society.

## Tools to promote success

The *¡Anda!* program includes many unique features and components designed to help students succeed at language learning and their instructors at language teaching.

### Student learning support

- Explicit, systematic **recycling boxes with page references** help students link current learning to previously studied material in earlier chapters of *¡Anda! Curso intermedio.* Recycling boxes with page references to elementary vocabulary and grammar direct the student to *¡Anda! Curso elemental* in Appendices 2 and 3 of *¡Anda! Curso intermedio* where this material is repeated for those who used a different elementary program.

- **Integrated process strategies** of Listening (*Escucha*), Reading (*Lectura*), Writing (*Escribe*), and Speaking (*¡Conversemos!*) help students process the material and become self-sufficient learners.

- **Review and self-assessment boxes** (*¿Cómo andas?*) help students gauge their understanding and retention of the material presented. A final self-assessment in each chapter (*Y por fin, ¿cómo andas?*) offers a comprehensive review. **Scoring rubrics** are also available in *Chapter 6* and *Chapter 12* to assist both students and instructors with assessment.

- **Student notes** provide additional explanations and guidance in the learning process. They offer learning strategies (*Estrategia*) and additional information (*Fíjate*).

- An **English Grammar Guide,** available separately, explains the grammatical concepts students need in order to understand the Spanish grammar presentations in the text. Animated English grammar tutorials are also available within *MySpanishLab*™.

- **MySpanishLab™** offers students a wealth of online resources and a supportive environment for completing homework assignments. When enabled by the instructor, a "Need Help" box appears as students are doing online homework activities, providing links to English and Spanish grammar tutorials, e-book sections, and additional practice activities—all directly relevant to the task at hand. Hints, verb charts, a glossary, and many other resources are available as well.
- A **Workbooklet,** available separately, allows students to complete the activities that involve writing without having to write in their copy of the textbook itself.

## Instructor teaching support

One of the most important keys to student success is instructor success. The *¡Anda!* program has all of the support that you have come to expect and, based on our research, offers many other enhancements.

- The **Annotated Instructor's Edition** of *¡Anda! Curso intermedio* offers a wealth of materials designed to help instructors teach effectively and efficiently. Strategically placed annotations explain the text's methodology and function as **a built-in course in language teaching methods.**
- **Additional cultural annotations** that correspond to the *Vistazo cultural* section are located in the **Instructor's Resource Manual.**
- **Estimated time indicators** for presentational materials and practice activities help instructors create lesson plans.
- Other annotations provide **additional activities** and suggested answers.
- The **annotations are color-coded** and labeled for ready reference and ease of use.
- A treasure trove of **extra activities,** known as the **Electronic Activity Cache,** allows instructors to choose additional materials for in-class use.

## Highlights of *¡Anda! Curso intermedio*

**Culture** is deeply integrated throughout, providing students with an authentic glimpse into Hispanic cultures through interesting readings and photos that spur cross-cultural comparison and discovery. *¡Anda! Curso intermedio* includes three different cultural sections in each chapter: *Notas culturales, Perfiles,* and *Vistazo cultural.*

*¡Anda! Curso intermedio* moves students to higher levels of speaking proficiency by adding detailed conversational strategies in *¡Conversemos!* This section focuses on language functions, helping students put the language to use in a natural, conversational way. In Chapter 6 and Chapter 12, scoring rubrics allow both students and instructors to assess speaking proficiency.

*¡Anda! Curso intermedio* takes recycling a step further with the *Repaso* boxes, which offer brief review summaries of concepts from Elementary Spanish. They also reference the **Elementary Spanish Grammar Appendix** at the end of the text, where full explanations can be found. Recycling boxes placed throughout the text also guide students to the appendix sections that are relevant to what they are doing at that point.

For *¡Anda! Curso intermedio,* the authors have created the *Letras* Literary Reader, which gives instructors the option of including authentic literature in their intermediate course. The readings correspond to the chapter themes and include short stories, poems, plays, and novel excerpts written by writers from various parts of the Spanish-speaking world, including the United States. All readings are accompanied by process-oriented activities and strategies that focus on literary terminology, to ensure that students are reading as effectively as possible.

## The authors' approach

Learning a language is an exciting, enriching, and sometimes life-changing experience. The development of the *¡Anda!* program is the result of many years of teaching and research that guided the authors independently to make important discoveries about language learning, the most important of which center on the student. Research-based and pedagogically sound, *¡Anda!* is also the product of extensive information gathered first-hand from numerous focus group sessions with students, graduate instructors, adjunct faculty, full-time professors, and administrators, in an effort to determine the learning and instructional needs of each of these groups.

## The importance of the National Foreign Language Standards in *¡Anda!*

The *¡Anda!* program is based on the ***National Foreign Language Standards***. At the core of the program are the five organizing principles (the 5 Cs) of the standards for language teaching and learning: **Communication, Cultures, Connections, Comparisons,** and **Communities.** Each chapter opener identifies for the instructor where and in what capacity each of the 5 Cs is addressed. The **Weave of Curricular Elements** of the ***National Foreign Language Standards*** provides additional organizational structure for *¡Anda!* Those components of the **Curricular Weave** are: **Language System, Cultural Knowledge, Communication Strategies, Critical Thinking Skills, Learning Strategies, Other Subject Areas,** and **Technology.** Each of the Curricular Weave elements is omnipresent and, like the 5 Cs, permeates all aspects of each chapter of *¡Anda!*

- The *Language System*, which consists of components such as grammar and vocabulary, is at the heart of each chapter.
- The *Comunicación* sections of each chapter present vocabulary and grammar at the point of need and maximum usage. Streamlined presentations allow the learner to be immediately successful in employing the new concepts.
- *Cultural Knowledge* is approached thematically, making use of the chapter's vocabulary and grammar. Cultural presentations begin with the two-page chapter openers and always start with what the students already know about the cultural theme/concept from their home, local, regional, or national cultural perspectives.
- *Communication and Learning Strategies* are abundant, with tips for both students and instructors on how to maximize studying and in-class learning of Spanish, as well as how to use the language outside the classroom.
- *Critical Thinking Skills* take center stage in *¡Anda!* Questions throughout the chapters, in particular tied to the cultural presentations, provide students with opportunities to answer more than discrete-point questions. The answers students are able to provide do indeed require higher-order thinking, but at a linguistic level completely appropriate for an intermediate language learner.
- With regard to *Other Subject Areas*, *¡Anda!* is diligent in incorporating **Connections** to other disciplines via vocabulary, discussion topics, and suggested activities.

- Finally, *Technology* is taken to an entirely new level with *MySpanishLab*™ and the *Laberinto peligroso* DVD. The authors and Prentice Hall believe that technology is a means to the end, not the end in itself. Therefore, the focus is not on the technology per se, but on how that technology can deliver great content better, more efficient, more interactive, and more meaningful ways.

By embracing the ***National Foreign Language Standards*** and as a result of decades of experience teaching Spanish, the authors believe that:

- A **student-centered classroom** is the best learning environment.
- Instruction must **begin where the learner is,** and all students come to the learning experience with prior knowledge that needs to be tapped.
- All students can learn in a **supportive environment** where they are encouraged to take risks when learning another language.
- **Critical thinking** is an important skill that must constantly be encouraged, practiced, and nurtured.
- **Learners** need to **make connections** with other disciplines in the Spanish classroom.

With these beliefs in mind, the authors have developed hundreds of creative and meaningful language-learning activities for the text and supporting components that employ students' imagination and engage the senses. For both students and instructors, they have created an instructional program that is **manageable, motivating,** and **clear.**

# The Authors

## Audrey Heining-Boynton

Audrey Heining-Boynton is a Professor of Education and Spanish at The University of North Carolina at Chapel Hill, where she has taught Spanish and education courses for many years. She has won many teaching awards, including the prestigious ACTFL Anthony Papalia Award for Excellence in Teacher Education, the Foreign Language Association of North Carolina (FLANC) Teacher of the Year Award, and The UNC ACCESS Award for Excellence in Working with LD and ADHD students. Dr. Heining-Boynton is a frequent presenter at national and international conferences; has published more than seventy articles, curricula, textbooks, and manuals; and has won nearly $4 million in grants to help create language programs in North and South Carolina. Dr. Heining-Boynton has also held many important positions: President of the American Council on the Teaching of Foreign Languages (ACTFL 2005, The Year of Languages), President of the National Network for Early Language Learning, Vice President of the Michigan Foreign Language Association, board member of the Foreign Language Association of North Carolina, committee chair for Foreign Language in the Elementary School (FLES) for the American Association of Teachers of Spanish and Portuguese (AATSP), and elected Executive Council member of ACTFL.

## Jean LeLoup

Jean LeLoup is a Professor of Spanish at the State University of New York (SUNY), College at Cortland, as well as the Coordinator of Adolescence Education and Graduate Studies in the Department of International Communications and Culture. She holds a Ph.D. in Foreign Language Education and an M.A. in Spanish Literature from The Ohio State University, as well as an M.S.Ed. in Counseling from the University of Missouri-St. Louis. Prior to joining the faculty at SUNY Cortland, she taught Spanish and was a guidance counselor at the secondary level in the St. Louis, Missouri area. Dr. LeLoup is the cofounder/moderator of a listserv called the Foreign Language Teaching Forum (FLTEACH), and presents and publishes on the integration of culture and the use of technology in foreign language instruction. Dr. LeLoup has won many professional awards, including the ACTFL/FDP-Houghton Mifflin Award for Excellence in Foreign Language Instruction Using Technology with IALL, the SUNY Chancellor's Awards for Excellence in Teaching and for Faculty Service, and several awards from the New York State Association of Foreign Language Teachers for outstanding publications and service to the profession. She has been a Fulbright Fellow and has also been program director of two grants from the National Endowment for the Humanities. She is presently Distinguished Visiting Professor of Spanish at the United States Air Force Academy.

## Glynis Cowell

Glynis Cowell is the Director of the Spanish Language Program in the Department of Romance Languages and Literatures and an Assistant Dean in Academic Advising, General College of Arts and Sciences, at The University of North Carolina at Chapel Hill. She has taught first-year seminars, honors courses, and numerous Spanish language courses. She also team-teaches a graduate course on the theories and techniques of teaching foreign languages. Dr. Cowell received her M.A. in Spanish Literature and her Ph.D. in Curriculum and Instruction, with a concentration in Foreign Language Education, from The University of North Carolina at Chapel Hill. Prior to joining the faculty at UNC-CH in August 1994, she coordinated the Spanish Language Program in the Department of Romance Studies at Duke University. She has also taught Spanish at Davidson Community College in North Carolina. At UNC-CH, she has received the University Students' Award for Excellence in Undergraduate Teaching as well as the Graduate Student Mentor Award for the Department of Romance Languages and Literatures.

Dr. Cowell has directed teacher workshops on Spanish language and cultures and has presented papers and written articles on the teaching of language and literature, the incorporation of information technology in language teaching, and teaching across the curriculum. She is the co-author of two other college textbooks.

# The development story

At the beginning of the 21<sup>st</sup> century, it was clear that things had changed in language classes all across the country. At most institutions, there were more students per classroom than ever before. There were more schools where language classes met three or fewer times per week than there were with classes meeting four or five times per week. More students were working than ever before: The American Council on Education reported that 78% of students worked while they were enrolled in college and that the average time worked was nearly thirty hours a week. At the same time, research shows that language instructors were clearly trying to do a better job of exposing students to the target culture, to spend more time practicing communication skills, and to establish a balance of four-skills practice. In short, with less time and fewer resources on the one hand and a desire to broaden the scope of language study on the other, something had to give. But what?

In 2004, 2005, and 2006, the authors and their editors surveyed hundreds of Spanish instructors. This is what we learned:

- When asked about the grammatical scope and sequence, 85% of instructors said that the most important thing to them was to have a text that had realistic goals about what students could accomplish in one year.
- When asked about the basis they used for making text decisions, 77% said that the text should be "based on good pedagogical practices."
- When asked if they would like to slow down the pace of grammar instruction to allow more time for communicative practice and coverage of cultural topics, 74% said yes.
- When asked if they would like to spread the traditional grammar syllabus over four semesters of instruction, 65% said yes.

With this information in hand, we developed a plan for a textbook series and supplements package that would address these salient preference issues. To refine the plan, we enlisted the help of many instructors at a wide variety of schools (their names are listed on the following pages). They gave us feedback on the plan through online surveys and traditional manuscript reviews. They attended focus groups on their local campuses or in other locations. Nine instructors attended a two-day reviewer conference in New Orleans to help us make decisions on issues where consensus had not yet been reached. The scope and sequence, the chapter structure, the mystery story, the page design, even the cover and the title—all benefited greatly from the many valuable suggestions made by these instructors.

Along the way, we also consulted students. Some 359 of them gave us feedback on their preference for art styles.

The results are for you to judge, but of one thing we are sure: The entire development of *¡Anda!* was driven by instructors and students and dedicated to providing contemporary solutions for the needs of today's language students and teachers.

To the many instructors and coordinators who dedicated countless hours helping us understand their and their students' needs, we are grateful. You will see your comments and suggestions reflected throughout the text. Thanks to you all!

## Faculty Reviewers

Matt Alba, *BYU–Idaho*
Pilar Alcalde, *University of Memphis*
Geraldine Ameriks, *University of Notre Dame*
Mary Jo Arns-Radaj, *Normandale Community College*
Barbara Ávila-Shah, *SUNY–Buffalo*
Robert Baum, *Arkansas State University*
Roberto Batista, *Valencia Community College*
Rosa Bird, *University of Central Oklahoma*
Aymara Boggiano, *University of Houston*
Mary Boutiette, *North Hennepin Community College*
José Bravo de Rueda, *North Carolina A&T State University*
Karen Brunschwig, *University of La Verne*
Linda Burk, *Manchester Community College–Manchester, Connecticut*
Elizabeth Calvera, *Virginia Tech*
Lisa Calvin, *Indiana State University*
Paul Cankar, *Austin Community College*
Karen Cardenas, *South Dakota State University*
June Carter, *University of South Carolina Spartanburg*
Carole Champagne, *University of Maryland–Eastern Shore*
Carrie Clay, *Anderson University*
Denise Cloonan-Cortez, *Northeastern Illinois University*
Robert Colvin, *BYU–Idaho*
Rosa Commisso, *Kent State University*
Xuchitl Coso, *Georgia Perimeter College*
James C. Courtad, *Central Michigan University*
Julio de la Llata, *Austin Community College*
Susann Davis, *Western Kentucky University*
Aida Díaz, *Valencia Community College*
Christopher J. Donahue, *Bloomsburg University*
Carolyn Durham, *North Carolina A&T State University*
Carmen M. Durrani, *Concord University*
Jami Eller, *Western Kentucky University*
Maria Elva Echenique, *University of Portland*
Luz Escobar, *Southeastern Louisiana University*
Mary Fatora-Tumbaga, *Kauai Community College*
Ana Laura Fairchild, *Colorado State University*
Erin Fernández Mommer, *Green River Community College*
Carmen Ferrero, *Moravian College*
Jennifer Flatt, *UWC–Marinette*
José Manuel García, *Florida Southern College*
José M. García Sánchez, *Eastern Washington University*
Andrea Giddens, *North Carolina A&T State University*
Pamela Gill, *Gaston College*
Julie Glosson, *Union University*
Yolanda González, *Valencia Community College*
Kenneth Gordon, *Winthrop University*
Hannelore Hahn, *College of Saint Elizabeth*
Mary Harges, *Southwest Missouri State University*
Amarilis Hidalgo de Jesús, *Bloomsburg University*
Ann Hills, *University of La Verne*
Kristi Hislope, *North Georgia College & State University*

Polly J. Hodge, *Chapman University*
Karen Holleman, *Hope College*
Michelle Horner Grau, *Christopher Newport University*
Alexis Indenbaum, *Reading Area Community College*
Lourdes Jiménez, *St. Anselm College*
Stacey Margarita Johnson, *Southwest Tennessee Community College*
Carmen Fernández Klohe, *St. John's University*
Jacoba Koene, *Anderson University*
Felipe Antonio Lapuente, *The University of Memphis*
Sonia Lenk, *Western Kentucky University*
Ronald P. Leow, *Georgetown University*
Amalia Llombart, *University of Redlands*
James J. López, *University of Tampa*
Jorge O. López R., *University of Tennessee at Martin*
Margaret Lyman, *Bakersfield College*
Domenico Maceri, *Allan Hancock College*
Carlos Madan, *SUNY Plattsburgh*
Eder Maestre, *Western Kentucky University*
Elena Mangione-Lora, *University of Notre Dame*
Kathleen March, *University of Maine*
Ivan Mino, *Tarrant Community College–Southeast*
Mary Chris Mohn, *University of Evansville*
Joshua Mora, *Wayland Baptist University*
Eileen Morales, *North Carolina A&T State University*
Markus Muller, *California State University–Long Beach*
Daniel Nappo, *University of Tennessee at Martin*
Polly Nelson, *Lord Fairfax Community College*
William Nowak, *University of Houston–Downtown*
Milagros Ojermark, *Diablo Valley College*
Ruth Owens, *Arkansas State University*
Robert A. Parsons, *University of Scranton*
Edward Pasko, *Purdue University Calumet*
Peggy Patterson, *Rice University*
Inmaculada Pertusa, *Western Kentucky University*
Michelle Petersen, *Arizona State University*
Todd Phillips, *Austin Community College*
Mirta Pimentel, *Moravian College*
Harriet Poole, *Lake City Community College*
Marcie Pratt, *Black Hills State University*
Dale Omundson, *Anoka-Ramsey Community College*
Teresa Phillips, *Gardner-Webb University*
Cheryl Reagan, *Sussex County Community College*
Robert Rice, *Austin Community College*
John T. Riley, *Fordham University*
Francisco Ronquillo, *Albuquerque–TVI*
Cecilia Ryan, *McNeese State University*
Sandra Rosenstiel, *University of Dallas*
Elizabeth Sánchez, *University of Tulsa*
María-Luisa Sánchez, *Frostburg State University*
Edgard Sankara, *LaGrange College*
Barbara Schmidt-Rinehart, *Ashland University*
Virginia Shen, *Chicago State University*
Eugenia Simien, *Southeastern Louisiana University*
David A. Smallwood, *Southeast Missouri State University*
Maggie Smallwood, *Clemson University*

Anita Smith, *Pitt Community College*
Benjamín Smith, *Minnesota State University–Moorhead*
Antonio Sobejano-Moran, *SUNY–Binghamton*
Oscar U. Somoza, *University of Denver*
Jeffrey Stahley, *Wilmington College*
Stuart Stewart, *Southeastern Louisiana University*
Michael Tallon, *University of the Incarnate Word*
Sue Ann Thompson, *Butler University*
Richard Tooke, *South Dakota State University*
Stephanie Traynor, *Widener University*
Victoria Uricoechea, *Winthrop University*
Rene Vacchio, *Austin Community College*
Antonio Varela, *University of Toledo*
Mary-Anne Vetterling, *Regis College*
Olga Vilella, *St. Xavier University*
Francisco Vivar, *The University of Memphis*
Gloria F. Waldman, *York College–CUNY*
Delma Wood, *Castleton State College*
Olivia Yanez, *College of Lake County*

## Student Reviewers

We asked students to give us comprehensive feedback on the art that is used in Spanish textbooks. A total of 359 students from the following 21 colleges and universities responded to questions about the kinds of art they like, what they dislike, and what they find useful for each of the major sections of the text (e.g., grammar, vocabulary, and culture). The results are what you see in *¡Anda!*

### Colleges and Universities
Citrus College
Clemson University
Coastal Carolina Community College
Florida Atlantic University
Florida Community College at Jacksonville
Georgia Perimeter College
Harper College
Rowan Cabarrus Community College
South Plains College
Tidewater Community College
University of Cincinnati
University of Evansville
The University of California, Los Angeles
University of Central Florida
University of Florida
University of Louisiana at Monroe
University of Nevada, Reno
The University of North Carolina at Chapel Hill
The University of Texas at Austin
University of Texas at El Paso
Western Kentucky University

### Students
Brenna, Kacy Cunningham, Grace M. Lear, Elyse Magdule, Jay Jacobson, Katey Jayne, Jenny Russo, Tabitha Potter, Alex Luft, Manuel Hernández, Kelly De Stefano, Griselda Luna, Shaun Davis, Lamore Hanchard, Tiffany Lumpkin, James Shelton, Ryan Furkin, Yonel Roche, Nicole Holman, Riley O'Connell, Zenyth Propst, Katie Tucker, Jason L. Seward, Carolyn Buck, Brian Dunne, Jessica Hatter, Samantha Williams, Mike Williams, Elizabeth Clary Jocys, Kellie Shanahan, Tiffany Mills, Kate Lepley, Tara Schmidt, Danielle King, Jared Anderson, Josh Beasley, Kelli Clements, John Ponce, Miso Jang, Casey Cowan, Amiee, Jesse Belcher, Michael Lynch, Tim Falconbury, Ryan Cremeans, Latonya Sholar, Christopher Campbell, Beard, Erik Belford, Ashley Skinner, Dylan Nielson, Michael Dickson, Tim Powers, Morgan Crosby, Saera Kim, Nathaniel Baker, Jade Wallace, Kristen Moore, Armando Delima, Traci Bird, Megan Guffee, Michelle, Erin Hunter, Lindsey Wheeler, Emmalyn Cochran, Julia Young, Crystal Washington, Trevor Seigler, Nick Johnson, Paul Loiodice, Kelly Dwight, Kristian Morales, Warren Giese, Lauren Johnson, Jacklyn Johns, Haneen Sayyad, Brittney Green, Randall Lee, Andy Robling, Ashley, Felicia Blackwood, Venessa Chandra, Jon Tuminski, Andrea Newsome, Jessica Collins, Thomas Russell, Everet Macias, Carrie Gray, Tamara Clarke, Sarah Harrington, Susie, Grace Aaron, Shelley Lewis, Margie, Haley, Joseph Fisher, Kelley Daoust, Rebecca Brown, Eric Dean, Anna Woodlock, Audrey Clark, Travis Greene, Emily Schultz, Jessica D. Taylor, Douglas Glenn, Ashley Pate, Anna Browning, Melisa Gonzales, Kara Murphy, Natalie Hood-Kramer, Jessica Johnson, Jayson Vignola, Gretchen Pegram, Tanya Aboul-Hosn, Brittney Martin, Matt Harlow, Leah Gibson, Clint Darter, Nkechinyere Nwoko, John H. Gagnon, Bernadette, Rachel, Larry James Reeder II, Ny'Sheria Sims, Nicholas Robino, Deanna Caniff, Michael Baker, Elizabeth Morgan, Brooke Swinson, Ian King, Sean Kaye, Mekisha F. Smith, David Hahn, Susan, Keri Britcher, Jean Henn, Bonnie Swift, Lisa Carrizales, Cori, April Michaud, Gailen Field, Stephanie Hoock, Nicole Rivera, Kristin Durant, Maria Melanie Meyer, Mallory Erford, Chris Banks, Sam Srour, Kate Glover, Madison Dunn, Jillian Murphy, José Quintanilla, Stephanie Lenk, Matthew Hoag, Femi, Laura Anderson, Jared Zirkle, Laura Yoder, Genna Offerman, Leigh Cash, Amy Creighton, Susannah Federowicz, Candice Mccarty, Mary Beth Whitmire, Annie Quach, Robert Burnside, Bryttne Lowden, Emily Hankinson, Sarah Gerald, Sarah Baber, Lawrence Lander, Amanda Carrington, Mariah Jiménez, Jordana Fyne, Thomas Giannini, Pamela Okeke, Dominique Brown, John Norton, Patrick S. Lockett, Jill Meinrath, Jenny Seifert, Jennifer Pritchett, Christine Reppa, Joshua Gorney, Vishal, Joseph Marker, June Clark, Jenny Forwark, Tara Hush, Whitney Schlotman, Daniel Zainfeld, Matthew Cross, Katiria Robles, Magdalena J.

## The complete program

*¡Anda! Curso intermedio* is a complete teaching and learning program that includes a variety of resources for students and instructors, including an innovative offering of online resources.

## For the student

### Text

The *¡Anda! Curso intermedio* student text is available as a complete paperback version, consisting of two preliminary chapters and twelve regular chapters. Also available is Volume 1, a paperback volume consisting of Preliminary A and Chapters 1 through 6.

### Student Activities Manual

The printed *Student Activities Manual* is available both in a complete version and in a separate volume corresponding to Volume 1 of the student text. The contents of the *Student Activities Manual* are also available online.

### Answer Key to Accompany Student Activities Manual

An Answer Key to the *Student Activities Manual* is available separately, giving instructors the option of allowing students to check their own homework. The Answer Key includes answers to all *Student Activities Manual* activities.

### *Letras* Literary Reader

*Letras* is a supplemental literary reader with selections corresponding to the chapter themes. This reader covers different genres, authors, and styles. Pre-, during-, and post-activities accompany the selections.

### English Grammar Guide

The *English Grammar Guide*, available separately, explains the grammatical concepts students need in order to understand the Spanish grammar presentations in the text. Animated English grammar tutorials are also available within *MySpanishLab*™.

# A Guide to Student Icons

 Accompanying the activity instructions, this pair icon indicates that the activity is designed to be completed by students working in pairs.

 This group icon indicates that an activity is designed to be completed in groups of three or more.

 The ear indicates that an activity involves listening and that the audio is provided for you either on the Companion Website (CW) or, if you are using *MySpanishLab*™, in the eBook.

 Activities that ask you to write have been duplicated in a separate *Workbooklet* so that you don't have to write in your text if you don't want to. This icon indicates that an activity has been reproduced in the *Workbooklet*.

 The activity references below this icon tell you which activities in the *Student Activities Manual* (SAM) are related to that particular section of the textbook. You may have the printed SAM or the electronic version in *MySpanishLab*™.

 One of two video icons, this icon tells you where to find the *Laberinto peligroso* video: on DVD, VHS (instructors only), or *MySpanishLab*™.

 The other video icon, this one tells you where to find the *Vistas culturales* video: on DVD, VHS (instructors only), or *MySpanishLab*™.

 This icon means that the activity that it accompanies requires you to use the Internet.

 The numbers accompanying this icon indicate which English grammar points are related to the Spanish grammar topic that you are studying. The *English Grammar Guide* is available to users of *¡Anda!*

### Workbooklet

Also available is a *Workbooklet* that allows students to complete writing activities without having to write in their copy of the textbook itself.

### Audio CDs to Accompany Text

A set of audio CDs contains recordings of the vocabulary, the *Escucha* section recordings, and recordings for the *Lectura* section of each episode of *Laberinto peligroso*. The set also contains audio material for the listening activities in the *¡Conversemos!* section of the student text. These recordings are also available online.

### Audio CDs to Accompany Student Activities Manual

A second set of audio CDs contains audio material for the listening activities in the *Student Activities Manual*. These recordings are also available online.

### Video on DVD

The entire *Laberinto peligroso* video is available on DVD. Also available is the award-winning *Vistas culturales* video, which contains nineteen 10-minute vignettes, with footage from every Spanish-speaking country. Each of the accompanying narrations, which employ vocabulary and grammar designed for Spanish language learners, was written by a native of the featured country or region. All the video materials are also available online.

## For the instructor

### Annotated Instructor's Edition

The *Annotated Instructor's Edition* offers a wealth of materials designed to help instructors teach effectively and efficiently.

- **Strategically placed annotations** explain the text's methodology and function as a built-in course in language teaching methods.
- **Estimated time indicators** for presentational materials and practice activities help instructors create lesson plans.
- Other annotations provide **additional activities** and suggested answers.
- The annotations are **color-coded and labeled** for ready reference and ease of use.

### Teacher Annotations

The teacher annotations in *¡Anda! Curso intermedio* fall into several categories:

- **Methodology:** A deep and broad set of methods notes designed for the novice instructor.
- **Section Goals:** A set of student objectives for each section.
- **National Standards:** Information containing the correlation between each section and the National Standards as well as tips for increasing student performance.
- **Planning Ahead:** Information provided on materials that will be needed to proceed with certain activities in the chapter.
- **Warm-up:** Suggestions for setting up an activity or activating students' prior knowledge relating to the task at hand.

- **Suggestion:** Teaching tips that provide ideas to help with the implementation of activities and sections.
- **Note:** Additional information that instructors may wish to share with students beyond what is presented in the text.
- **Expansion:** Ideas for variations of a topic that may serve as wrap-up activities.
- **Cultural Background:** Information on people, places, and things that aids in the completion of activities and sections by providing background knowledge.
- **Additional Activity:** Independent activities related to the ones in the text, which provide further practice with the concepts.
- **Heritage Language Learners:** Suggestions for the heritage language learners in the classroom, providing alternatives and expansions for sections and activities based on prior knowledge and skills.
- **Audioscript:** The texts of all the audio activities in the chapter.
- **Recap of *Laberinto peligroso:*** A synopsis of both the *Lectura* and *Video* sections for each episode of *Laberinto peligroso.*

## A Guide to Instructor Icons

 This icon indicates approximately how many minutes instructors should allow to present a chunk of new material or to complete an activity. Obviously, these are meant only as a guide to help instructors plan their classes.

 This icon indicates that the Electronic Activity Cache, the online supplementary activity source, contains related activities that you can choose to download, copy, and distribute in class.

 This icon indicates that there is a PowerPoint image or presentation available on the topic under discussion.

 This icon indicates that there is relevant material in the Instructor's Resource Manual. The text below the icon tells you where to find it.

 This icon indicates that there is a transparency available for your use. The text below gives the transparency number for easy location.

 This icon refers to the supplement called the Testing Program. It includes the ready-made tests (Tests A and B) and the modules available for that chapter if you prefer to create your own tests.

### Instructor's Resource Manual

The *Instructor's Resource Manual* contains complete lesson plans for all chapters as well as helpful suggestions for new instructors and those who are unfamiliar with the U.S. educational system. It also provides videoscripts for all episodes of the *Laberinto peligroso* video, audioscripts for listening activities in the textbook and in the *Student Activities Manual*, and cultural annotations corresponding to the *Vistazo cultural* section of the text. The *Instructor's Resource Manual* is available to instructors online at the *¡Anda! Curso intermedio* Instructor Resource Center.

### Testing Program

The Testing Program is closely coordinated with the vocabulary, grammar, culture, and skills material presented in the student text. For each chapter of the text, a bank of testing activities is provided in modular form; instructors can select and combine modules to create customized tests tailored to the needs of their own classes. Two complete, ready-to-use tests are also provided for each chapter. The tests and testing modules are available to instructors online at the *¡Anda! Curso intermedio* Instructor Resource Center.

### Testing Audio CDs

A special set of audio CDs, available to instructors only, contains recordings corresponding to the listening comprehension portions of the Testing Program.

### Electronic Activity Cache

Supplemental in-class activities corresponding to the themes, grammar, and vocabulary taught in each chapter are available online for instructors to use with their classes.

### Transparencies

A robust, full-color set of overhead transparencies is available.

### Grammar PowerPoint Presentations

Each grammar point of *¡Anda! Curso intermedio* is accompanied by a PowerPoint grammar presentaion for use in or out of class.

### Instructor Resource Center

Several of the supplements listed above—the *Instructor's Resource Manual*, the *Testing Program*, the *Electronic Activity Cache*, and the *Workbooklet*—are available for download at the access-protected *¡Anda! Curso intermedio* Instructor Resource Center (www.pearsonhighered.com/anda). An access code will be provided at no charge to instructors once their faculty status has been verified.

## Online resources

### MySpanishLab™

*MySpanishLab*™ is a new, nationally hosted online learning system created specifically for students in college-level language courses. It brings together—in one convenient, easily navigable site—a wide array of language-learning tools and resources, including an interactive version of the *¡Anda! Curso intermedio Student Activities Manual*, an electronic version of the *¡Anda! Curso intermedio* student text, and all materials from the *¡Anda! Curso intermedio* audio and video programs. Readiness checks, chapter tests, and tutorials personalize instruction to meet the unique needs of individual students. Instructors can use the system to make assignments, set grading parameters, listen to student-created audio recordings, and provide feedback on student work. Instructor access is provided at no charge. Students can purchase access codes online or at their local bookstore.

## Companion Website

The open-access companion website includes an array of activities and resources designed to reinforce the vocabulary, grammar, and cultural material introduced in each chapter. It also provides audio recordings for the student text and *Student Activities Manual*, links for Internet-based activites in the student text, and additional web exploration activities for each chapter. All contents of the companion website are also included in *MySpanishLab*™.

# ACKNOWLEDGMENTS

The first edition of *¡Anda! Curso intermedio* is the result of careful planning between ourselves and our publisher and ongoing collaboration with students and you, our colleagues. We look forward to continuing this dialogue and sincerely appreciate your input. We owe special thanks to the many members of the Spanish-teaching community whose comments and suggestions helped shape the pages of every chapter—you will see yourselves everywhere. We gratefully acknowledge and thank in particular our reviewers for this first edition.

We are especially grateful to those who have collaborated with us in the writing of *¡Anda! Curso intermedio.* In addition to contributors such as Megan M. Echevarría, María del Carmen Caña Jiménez, and Antonio Gragera, there are others whom we wish to recognize and thank.

We owe many thanks to Anastacia Kohl for her superb work on the *Student Activities Manual*. We also thank Taryn Ferch, Yolanda González, and María Mónica Montalvo for bringing their experience and contributions to the instructor annotations. Thank you also to Sharon D. Robinson for the Service Learning and Experiential Learning Activities and to Denise Cloonan Cortez de Andersen for the Native Speaker Ancillary. Special thanks are also due to Jeffrey K. Longwell for all of his work on the Testing Program, to Susan Griffin for writing the activities in the Electronic Activity Cache, to Dina Fabery for her work on the *Instructor's Resource Manual* and the Sample Syllabi and Lesson Plans, and to Gladys Colón for her work on the PowerPoint presentations. Additional thanks to the many talented contributors for the development of the web site materials to accompany the first edition.

All of the previously mentioned contributors have played an important part in this program, but equally important are the contributions of the highly talented individuals at Pearson Prentice Hall. We wish to express our gratitude and deep appreciation to the many people at Prentice Hall who contributed their ideas, tireless efforts, and publishing experience to the first edition of *¡Anda! Curso intermedio.* First of all, a very special thank you to Bob Hemmer, Executive Editor, who has guided and supported us through every aspect of this exciting project. His intelligence, talent, and complete commitment to *¡Anda!* have helped us to realize our vision. Additionally, we are especially indebted to Janet García-Levitas, our Development Editor, for all of her hard work, suggestions, attention to detail, and dedication to the text. Her tireless efforts, support, and cheerful spirit helped us to achieve the final product we had envisioned. It has been a joy to work with her again.

Special thanks are due to Samantha Alducin, Senior Media Editor, for helping us produce such a superb video and for managing the creation of *¡Anda!* materials for *MySpanishLab*™. Thanks also to a/t Media Productions for their work on *Laberinto peligroso*. We would also like to thank Melissa Marolla Brown, Development Editor for Assessment, for the diligent coordination between the text, *Student Activities Manual*, and Testing Program; and Meriel Martínez, Media Editor, and Jennifer Murphy, Assistant Development Editor, for their efficient and meticulous work in managing the preparation of the other supplements. Thanks to Katie Spiegel, Editorial Assistant, for her hard work and efficiency in obtaining reviews and attending to many administrative details.

We are very grateful to Kristine Suárez, who led the market development efforts for *¡Anda!* Her terrific work helped to connect us to the needs of students and instructors. Thanks too to Denise Miller, Senior Marketing Manager, and Bill Bliss, Marketing Coordinator, for their creativity and efforts in coordinating all marketing and promotion for this first edition. Many thanks are also due to Nancy Stevenson, Senior Production

Editor, who masterfully guided *¡Anda!* through the many stages of production; to our Art Manager, Gail Cocker, and to Annette Murphy for the creative reproductions of realia. We are particularly indebted to Andrew Lange for the amazing illustrations that translate our vision. All students will enjoy his artwork as they learn. Thanks to Lisa Delgado for her gorgeous interior and cover designs. We thank our partners at Black Dot Group for their careful and professional editing and production services.

We would like to sincerely thank Phil Miller, Publisher; Mary Rottino, Senior Managing Editor; and Janice Stangel, Associate Managing Editor, for their support and commitment to the success of *¡Anda!* We are also very grateful to Glen and Meg Turner of Burrston House for the special care and attention they gave our project during the early development stage.

We also thank our colleagues and students from across the country who inspire us and from whom we learn.

And finally, our love and deepest appreciation to our families for all of their support during this journey: David; Jeffrey; John, Jack, and Kate.

*Audrey L. Heining-Boynton*
*Jean W. LeLoup*
*Glynis S. Cowell*

## Preliminar

# Para empezar

| Los 10 países con la mayor cantidad de hispanohablantes | |
|---|---|
| País | Número de hablantes |
| México | 108.700.891 |
| Colombia | 44.379.598 |
| EE.UU. | 44.300.000 |
| España | 40.448.191 |
| Argentina | 40.301.927 |
| Perú | 28.674.757 |
| Venezuela | 26.023.528 |
| Chile | 16.284.741 |
| Ecuador | 13.755.680 |
| Guatemala | 12.728.111 |

You are about to continue your exciting journey of acquiring the Spanish language and learning more about Hispanic cultures.

| OBJETIVOS | CONTENIDOS | |
|---|---|---|
| **Comunicación**<br>● To describe yourself and others<br>● To share information on familiar topics employing a wide array of verbs<br>● To express your likes and dislikes | 1 Gender of nouns<br>2 Singular and plural nouns<br>3 Definite and indefinite articles<br>4 Descriptive adjectives<br>5 Possessive adjectives<br>6 Present indicative of regular verbs<br>7 Some irregular verbs<br>8 Stem-changing verbs<br>9 Reflexive constructions<br>10 A review of *ser* versus *estar*<br>11 The verb *gustar* | 4<br>5<br>6<br>7<br>11<br>13<br>14<br>18<br>21<br>24<br>27 |
| **Cultura**<br>● To give at least two reasons why it is important to study and be able to communicate in Spanish<br>● To name the continents and countries where Spanish is spoken | **Notas culturales**<br>*El español: lengua de millones*<br>**Perfiles**<br>*¿Quién habla español?*<br>**Notas culturales**<br>*La influencia del español en los Estados Unidos* | 10<br><br>18<br><br>28 |

## PREGUNTAS

1 How might Spanish play a role in your future?
2 What are your goals for this course?
3 What do you need to do to realize your goals?

Learning a language is a skill much like learning to ski or to play a musical instrument. Developing these skills takes practice and commitment.

Learning another language involves many steps and considerations. Research indicates that successful language learners are willing to take risks and experiment with the language. To acquire a high level of Spanish proficiency, you need to keep trying and risk making mistakes, knowing that practice will garner results.

Why are **you** studying Spanish? Many of you realize the importance of being able to communicate in languages in addition to English. *¡Anda! Curso intermedio* will guide you through a review of basic concepts and provide you with the additional key essentials for becoming a successful Spanish language learner. Our goal is the same as yours: to prepare you to use and to enjoy Spanish throughout your adulthood in your professional and personal lives.

# Comunicación

### Estrategia

Each of you comes to this course with a variety of different Spanish learning experiences. This preliminary chapter is designed to provide you with a quick review of a few basic Spanish grammar concepts. If you need additional practice, go to *MySpanishLab™*.

**REPASO**

## 1. El masculino y el femenino

You will remember that in Spanish, all nouns (people, places, things, and ideas) have a gender; they are either **masculine** or **feminine.** Review the following rules, and remember that if a noun does not belong to any of the following categories, you must memorize the gender as you learn that noun.

1. Most words ending in **-a** are feminine.

   **la palabra, la computadora, la casa, la pintura**

   El abuelo y las tías

   Some exceptions: **el día, el mapa,** and words of Greek origin ending in **-ma** such as **el problema, el programa,** and **el drama.**

2. Most words ending in **-o** are masculine.

   **el libro, el número, el párrafo, el hermano**

   Some exceptions: **la foto** (*photo*), **la mano** (*hand*), **la moto** (*motorcycle*)

   ### Fíjate

   *La foto* and *la moto* are shortened forms for *la fotografía* and *la motocicleta.*

3. Words ending in **-ción** (equivalent to the English *-tion*) and **-sión** (equivalent to the English *-sion*) are feminine.

   **la televisión, la discusión, la información, la lección**

4. Words ending in **-dad** or **-tad** (equivalent to the English *-ty*) are feminine.

   **la ciudad, la libertad, la universidad, la comunidad**

## A·1 ¿Recuerdas?

Indiquen si las siguientes palabras son masculinas (**M**) o femeninas (**F**). ¡**OJO!** Hay algunas excepciones. Túrnense (*Take turns*).

1. ___ recepción
2. ___ drama
3. ___ sistema
4. ___ año
5. ___ brazo

6. ___ diccionario
7. ___ tía
8. ___ manzana
9. ___ mano
10. ___ identidad

11. ___ nacionalidad
12. ___ avión
13. ___ bolso
14. ___ blusa
15. ___ senadora

**Estrategia**

Make educated guesses about the meaning of unknown words, and you will be a more successful Spanish learner!

**REPASO**

**2. El singular y el plural**

Review the following simple rules to pluralize singular nouns and adjectives in Spanish.

Raúl tiene dos primas y Jorge tiene una prima.

1. If the word ends in a vowel, add **-s.**

casa → casa**s**     año → año**s**          pie → pie**s**

2. If the word ends in a consonant, add **-es.**

usted → usted**es**   lección → leccion**es**   joven → jóven**es**

3. If the word ends in **-z,** change the **z** to **c** and add **-es.**

lápiz → lápic**es**   feliz → felic**es**

**Fíjate**

Remember that in Spanish, written accents on vowels are used to distinguish word meaning or when a word is "breaking" a pronunciation rule. Words ending in a vowel or in the consonants *n* or *s* are stressed on the next-to-the-last syllable, and all the rest are stressed on the last syllable. Any words not following these rules need written accent marks. For example, words ending in *-sión* and *-ción* need the accent mark to enforce the stress on the last syllable, but these words lose their accent mark in the plural because they no longer "break" the pronunciation rule. The same reasoning applies to *joven → jóvenes* but in reverse.

## A·2 Les toca a ustedes

Indiquen la forma plural de las siguientes palabras. Túrnense.

1. el día
2. la semana
3. el joven
4. la discusión
5. la computadora

6. la mesa
7. la profesora
8. la puerta
9. la televisión
10. el gobernador

11. el abuelo
12. el lápiz
13. la ciudad
14. el autobús
15. la calle

**REPASO**

### 3. Los artículos definidos e indefinidos

Remember that like English, Spanish has two kinds of articles, **definite** and **indefinite**. The **definite article** in English is *the;* the **indefinite articles** are *a*, *an*, and *some*.

● In Spanish, articles and other adjectives mirror the gender (*masculine* or *feminine*) and number (*singular* or *plural*) of the nouns they accompany. For example, an article referring to a singular masculine noun must also be singular and masculine. Note the forms of the articles in the following charts.

Eduardo tiene una hermana. La hermana de Eduardo se llama Adriana.

| LOS ARTÍCULOS DEFINIDOS | | | |
|---|---|---|---|
| el estudiante | *the student* (male) | los estudiantes | *the students* (males/males and females) |
| la estudiante | *the student* (female) | las estudiantes | *the students* (females) |

| LOS ARTÍCULOS INDEFINIDOS | | | |
|---|---|---|---|
| un estudiante | *a/one student* (male) | unos estudiantes | *some students* (males/males and females) |
| una estudiante | *a/one student* (female) | unas estudiantes | *some students* (females) |

1. **Definite articles** are used to refer to **the** person, place, thing, or idea.

   **La** clase es pequeña este año.     *The class is small this year.*

2. **Indefinite articles** are used to refer to **a** or **some** person, place, thing, or idea.

   Ella tiene **una** tía chilena y **unos** tíos dominicanos.     *She has a Chilean aunt and some Dominican aunts and uncles.*

## A·3 Vamos a practicar

Túrnense para añadir el artículo definido (**el/la**) y el artículo indefinido (**un/una**) a las siguientes palabras.

1. _____ hermano
2. _____ grupos
3. _____ fiestas
4. _____ playa
5. _____ queso
6. _____ cuadernos
7. _____ suéter
8. _____ diente
9. _____ parques
10. _____ senadora
11. _____ actriz
12. _____ pan
13. _____ camas
14. _____ aventura
15. _____ pájaros

REPASO

### 4. Los adjetivos descriptivos

alto    alta    bajo    baja

guapo        guapa

delgado        gordo
delgada        gorda

débil            fuerte

inteligente

joven    mayor

pobre    rico  rica

You will recall that **descriptive adjectives** are words that describe people, places, things, and ideas. In English, adjectives usually come before the words (nouns) they describe (e.g., *red* car), but in Spanish, they usually follow the word (e.g., **coche** *rojo*).

**1.** Adjectives in Spanish agree with the noun they modify in number (*singular* or *plural*) and in gender (*masculine* or *feminine*).

> **Fíjate**
>
> When the word *y* comes directly before a word beginning with *i* or *hi,* it changes to *e: padres e hijos.* Likewise, when *o* comes immediately before a word beginning with *o* or *ho* it changes to *u: setenta u ochenta.*

| | |
|---|---|
| Javier es un **chico** cómic**o**. | *Javier is a funny boy.* |
| Isabel es una **chica** cómic**a**. | *Isabel is a funny girl.* |
| Javier e Isabel son unos **chicos** cómic**os**. | *Javier and Isabel are (some) funny children.* |

**2.** A descriptive adjective can also directly follow the verb **ser**. When it does, it still agrees with the noun to which it refers, which is the subject in this case.

| | |
|---|---|
| Javier es cómic**o**. | *Javier is funny.* |
| Isabel es cómic**a**. | *Isabel is funny.* |
| Javier e Isabel son cómic**os**. | *Javier and Isabel are funny.* |

CAPÍTULO PRELIMINAR A

¡Anda! Curso elemental, Capítulo Preliminar A, El
verbo ser, Capítulo 1, Los adjetivos descriptivos;
El verbo tener, Apéndice 3.

## A•4 ¿Cómo son?

Describan a las siguientes personas usando por lo menos
**dos** adjetivos descriptivos. Túrnense.

**MODELO**   *Eva Longoria Parker es baja y muy guapa.*

### Estrategia

Now that you have read the first review grammar points,
review the vocabulary on the family as well as some
descriptive adjectives that you have learned in your
previous Spanish classes. You may also wish to quickly
review the forms of *ser* and *tener* before you do the next
activities.

Eva Longoria Parker

| PERSONA | DESCRIPCIÓN: | PERSONA | DESCRIPCIÓN: | PERSONA(S) | DESCRIPCIÓN: |
|---|---|---|---|---|---|
| 1. Hernán Crespo | | 3. Shakira | | 5. Yao Ming y Shaquille O'Neal | |
| 2. Juanes | | 4. Oprah Winfrey | | 6. Hector Elizondo | |

**A·5  ¿Cuáles son sus cualidades?**

Piensa en las cualidades de tu mejor amigo/a y las de una persona que no te gusta mucho. Escribe **tres** oraciones que describan a estas personas y comparte tu lista con un/a compañero/a.

**MODELO**

**MI MEJOR AMIGO/A**
1. *Es simpático/a.*

**LA PERSONA QUE NO ME GUSTA**
1. *No es paciente.*

 **A·6  ¿Es cierto o falso?**

Describe a **cinco** personas famosas. Tu compañero/a va a reaccionar a tus descripciones diciendo **Es verdad** (*It's true*) o **No es verdad** (*It's not true*). Si tu compañero/a no está de acuerdo con tus descripciones, debe corregirlas.

**MODELO**  E1: *LeBron James es alto, fuerte, simpático, inteligente y muy rico.*

E2: *Sí, es verdad. LeBron James es alto, fuerte, simpático, inteligente y muy rico.*

 *¡Anda! Curso elemental*, Capítulo 1, La familia, Apéndice 2.

**Estrategia**

When you are working with a partner, listen carefully to help him or her. Give your partner encouragement when he or she expresses something correctly and creatively; help with corrections when needed.

 **A·7  ¿Cómo eres?**

Ahora vas a conocer a tus compañeros de clase.

**Paso 1**  Descríbete a ti mismo/a a un/a compañero/a y luego descríbele miembros de tu familia.

**MODELO**  *Me llamo Katie. Soy joven, muy inteligente y alta. También soy cómica. Tengo dos hermanas. Las dos son inteligentes. Mi hermana Emily es alta y muy guapa. Mi otra hermana, Rebecca, es guapa también…*

**Paso 2**  Escribe una lista de sus semejanzas y de sus diferencias.

**MODELO**  *Tasha y yo somos jóvenes, altas y muy inteligentes. Nuestras familias son cómicas, simpáticas y pacientes. Tasha no tiene hermanos…*

**Paso 3**  Ahora circula por la clase y preséntate a otros miembros de la clase, compartiendo la información sobre tu familia y tú. Habla con por lo menos **cinco** estudiantes que no conozcas.

## Notas culturales

### El español: lengua de millones

¿Por qué estudiamos español? Bueno, hay muchas razones. El español es la lengua oficial de veintiún países del mundo:

| | | | | | |
|---|---|---|---|---|---|
| Argentina | Costa Rica | España | México | Perú | Venezuela |
| Bolivia | Cuba | Guatemala | Nicaragua | Puerto Rico | |
| Chile | Ecuador | Guinea Ecuatorial | Panamá | La República Dominicana | |
| Colombia | El Salvador | Honduras | Paraguay | Uruguay | |

También figura como lengua importante en muchos otros países como Andorra, Belice, las Islas Filipinas, Gibraltar y Marruecos. Así, ¡el español es una lengua importante en cuatro continentes! Y por supuesto, la presencia del español en los Estados Unidos es enorme. Hay más de cuarenta y cuatro millones de hispanos viviendo en este país de una población total de 303.1 millones de personas. Con esta población, los EE.UU. es uno de los países con mayor número de hispanohablantes del mundo. Con tantos vecinos hispanohablantes en el mundo y en tu propio país, ¿por qué *no* estudiarías español?

### Preguntas

1. ¿En qué países se habla español como lengua oficial? ¿En qué continentes figura el español como lengua importante?
2. Describe la presencia del español en los EE.UU.
3. ¿Por qué es importante para ti estudiar español?

El mundo hispanohablante

**REPASO**

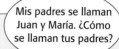

### 5. Los adjetivos posesivos

Review the following chart about expressing possession.

> Mis padres se llaman Juan y María. ¿Cómo se llaman tus padres?

| LOS ADJETIVOS POSESIVOS | | | |
|---|---|---|---|
| **mi, mis** | *my* | **nuestro/a/os/as** | *our* |
| **tu, tus** | *your* | **vuestro/a/os/as** | *your* |
| **su, sus** | *his, her, its, your* (form.) | **su, sus** | *their; your* (form.) |

**Please note:**

1. Possessive adjectives agree in form with the person, place, or thing possessed, *not with the possessor*. They agree in number (*singular* or *plural*), and in addition, **nuestro** and **vuestro** indicate gender (*masculine* or *feminine*).

2. The possessive adjectives **tu** and **tus** (*your*) refer to someone with whom you are familiar and/or on a first-name basis. **Su** and **sus** (*your*) are used to describe people you would call *Ud./Uds.* (that is, people you treat more formally and with whom you are perhaps not on a first-name basis). Use **su/sus** (*their*) also when expressing possession with *ellos* and *ellas*.

| | | | |
|---|---|---|---|
| **mi** hermano | *my brother* | **mis** hermanos | *my brothers/siblings* |
| **tu** primo | *your cousin* | **tus** primos | *your cousins* |
| **su** tía | *her/his/your aunt* | **sus** tías | *her/his/your aunts* |
| **nuestra** familia | *our family* | **nuestras** familias | *our families* |
| **vuestra** mamá | *your mom* | **vuestras** mamás | *your moms* |
| **su** hija | *your/their daughter* | **sus** hijas | *your/their daughters* |

**Nuestros** abuelos tienen dos hijos.   *Our grandparents have two sons.*

**Sus** hijos son José y Andrés.   *Their sons are José and Andrés.*

3. In Spanish, you can also show possession expressing the equivalent of the English (*of*) *mine, yours, his, hers, ours, theirs.*

| SINGULAR | | PLURAL | | |
|---|---|---|---|---|
| MASCULINE | FEMININE | MASCULINE | FEMININE | |
| **mío** | **mía** | **míos** | **mías** | *mine* |
| **tuyo** | **tuya** | **tuyos** | **tuyas** | *yours* (fam.) |
| **suyo** | **suya** | **suyos** | **suyas** | *his, hers, yours* (form.) |
| **nuestro** | **nuestra** | **nuestros** | **nuestras** | *ours* |
| **vuestro** | **vuestra** | **vuestros** | **vuestras** | *yours* (fam.) |
| **suyo** | **suya** | **suyos** | **suyas** | *theirs, yours* (form.) |

Study the examples below.

| | | |
|---|---|---|
| **Mi** refrigerador funciona bien. | **El refrigerador mío** funciona bien. | **El mío** funciona bien. |
| **Nuestros sofás** cuestan mucho. | **Los sofás nuestros** cuestan mucho. | **Los nuestros** cuestan mucho. |
| ¿Cuánto cuestan **tus** lámparas? | ¿Cuánto cuestan **las lámparas tuyas**? | ¿Cuánto cuestan **las tuyas**? |
| **Sus** muebles son caros. | **Los muebles suyos** son caros. | **Los suyos** son caros. |

Note that the third person forms (**suyo/a/os/as**) can have more than one meaning. To avoid confusion, you can use:

*article* + *noun* + de + *subject pronoun:*

el coche suyo   =   el coche de él/ella/Ud./ellos/ellas/Uds.
*his/her/your/their/your* (plural) *car*

*¡Anda! Curso elemental,* Capítulo 1, La familia; Capítulo 3, La casa, Apéndice 2.

## A·8   Tu familia

Hablen de sus familias o de una de las familias que aparecen en las fotos. También hablen de sus casas usando **los adjetivos posesivos.** Túrnense.

**MODELO**   *En mi familia somos cuatro personas. Mi padre se llama Ben y mi madre Dorothy. En algunas fotos hay muchas personas en las familias, pero mi familia es pequeña. La casa de la foto es blanca y la mía es azul. Mi casa es pequeña, pero la suya es grande…*

SAM
A-12 to A-14

Guide
G

7, 11, 13, 14

**REPASO**

## 6. Presente indicativo de verbos regulares

You will remember that Spanish has three groups of verbs that are categorized by the ending of the **infinitive**. Remember that an infinitive is expressed in English by the word *to: to have, to be,* and *to speak* are all infinitive forms of English verbs. Spanish infinitives end in **-ar, -er,** or **-ir**. Look at the following charts.

### VERBOS QUE TERMINAN EN *-ar*

| | | | |
|---|---|---|---|
| **bail**ar | *to dance* | **lleg**ar | *to arrive* |
| **cant**ar | *to sing* | **necesit**ar | *to need* |
| **cocin**ar | *to cook* | **prepar**ar | *to prepare; to get ready* |
| **compr**ar | *to buy* | **pregunt**ar | *to ask (a question)* |
| **contest**ar | *to answer* | **regres**ar | *to return* |
| **enseñ**ar | *to teach; to show* | **termin**ar | *to finish; to end* |
| **esper**ar | *to wait for; to hope* | **tom**ar | *to take; to drink* |
| **estudi**ar | *to study* | **trabaj**ar | *to work* |
| **habl**ar | *to speak* | **us**ar | *to use* |

A las 6:30, Mario **espera** el autobús y **regresa** a su apartamento.

### VERBOS QUE TERMINAN EN *-er*

| | | | |
|---|---|---|---|
| **aprend**er | *to learn* | **corr**er | *to run* |
| **beb**er | *to drink* | **cre**er | *to believe* |
| **com**er | *to eat* | **deb**er (+ inf.) | *should; must* |
| **comprend**er | *to understand* | **le**er | *to read* |

### VERBOS QUE TERMINAN EN *-ir*

| | | | | | |
|---|---|---|---|---|---|
| **abr**ir | *to open* | **describ**ir | *to describe* | **recib**ir | *to receive* |
| **compart**ir | *to share* | **escrib**ir | *to write* | **viv**ir | *to live* |

1. To express ongoing activities or actions, use the present indicative.

Mario **lee** en la biblioteca.    { *Mario reads in the library.* <br> { *Mario is reading in the library.*

2. You can also use the present indicative to express future events.

Mario **regresa** mañana.    *Mario is coming back tomorrow.*

3. Remember that to form the present indicative, drop the **-ar, -er,** or **-ir** ending from the infinitive and add the appropriate ending. Follow this simple pattern with regular verbs.

| | hablar | comer | vivir |
|---|---|---|---|
| yo | hablo | como | vivo |
| tú | hablas | comes | vives |
| él, ella, Ud. | habla | come | vive |
| nosotros/as | hablamos | comemos | vivimos |
| vosotros/as | habláis | coméis | vivís |
| ellos/as, Uds. | hablan | comen | viven |

## A·9 Vamos a practicar

Tomen **diez** papelitos *(small pieces of paper)* y en cada papelito escriban un sustantivo *(noun)* y un pronombre personal (**yo, tú, él,** etc.) diferente. Luego, tomen **cinco** papelitos y escriban un **verbo** en el **infinitivo** en cada uno de los papelitos. Túrnense para escoger un papelito de cada categoría y dar la forma correcta de cada verbo y sustantivo/pronombre juntos. Cada persona debe dar la forma correcta de por lo menos **cinco** verbos.

**MODELO** INFINITIVE:        *preguntar*

PRONOUN OR NOUN:  *mi madre*

E1:              *mi madre pregunta*

## A·10 Dime quién, dónde y cuándo

Mira las tres columnas, y con un bolígrafo conecta cada pronombre con una actividad y con un lugar para crear **cinco** oraciones. Luego, comparte tus oraciones con un/a compañero/a.

**MODELO** nosotros/ver una película/el cine
*Nosotros vemos una película en el cine.*

| PRONOMBRE | ACTIVIDAD | LUGAR |
|-----------|-----------|-------|
| yo | comer el almuerzo | la clase de inglés |
| nosotros/as | leer muchas novelas | el centro comercial |
| ellos/as | necesitar una calculadora | la cafetería |
| ella | comprar un libro | la clase de matemáticas |
| tú | usar un diccionario bilingüe | el cine |
| Uds. | comprar un suéter | la clase de español |
| él | ver una película | la librería |

Necesito un apartamento para este semestre. ¿Qué hago?

¿Por qué no pones un anuncio en el periódico?

**REPASO**

SAM
A-15 to A-16
Guide
G
13, 14

### 7. Algunos verbos irregulares

You will recall that not all verbs follow the same pattern as regular verbs in the present indicative. What follows are the most common irregular verbs that you have learned.

|  | **dar** (*to give*) | **conocer** (*to know; to be acquainted with*) | **estar** (*to be*) | **hacer** (*to do; to make*) | **poner** (*to put; to place*) |
|---|---|---|---|---|---|
| yo | doy | conozco | estoy | hago | pongo |
| tú | das | conoces | estás | haces | pones |
| él, ella, Ud. | da | conoce | está | hace | pone |
| nosotros/as | damos | conocemos | estamos | hacemos | ponemos |
| vosotros/as | dais | conocéis | estáis | hacéis | ponéis |
| ellos/as, Uds. | dan | conocen | están | hacen | ponen |

|  | **salir** (*to leave; to go out*) | **traer** (*to bring*) | **ver** (*to see*) | **ir** (*to go*) | **ser** (*to be*) |
|---|---|---|---|---|---|
| yo | salgo | traigo | veo | voy | soy |
| tú | sales | traes | ves | vas | eres |
| él, ella, Ud. | sale | trae | ve | va | es |
| nosotros/as | salimos | traemos | vemos | vamos | somos |
| vosotros/as | salís | traéis | veis | vais | sois |
| ellos/as, Uds. | salen | traen | ven | van | son |

### Estrategia

Memorizing information is easier to do when the information is arranged in chunks. You will remember that the *yo* forms of some present tense verbs end in *go,* such as *salgo, traigo,* and *pongo.* Reviewing the information as a chunk of *go* verbs may make it easier to remember.

|  | **decir** (*to say; to tell*) | **oír** (*to hear*) | **venir** (*to come*) | **tener** (*to have*) |
|---|---|---|---|---|
| yo | digo | oigo | vengo | tengo |
| tú | dices | oyes | vienes | tienes |
| él, ella, Ud. | dice | oye | viene | tiene |
| nosotros/as | decimos | oímos | venimos | tenemos |
| vosotros/as | decís | oís | venís | tenéis |
| ellos/as, Uds. | dicen | oyen | vienen | tienen |

### Estrategia

Organize these review verbs in your notebook. Note whether the verb is regular or irregular, what it means in English, if any of the forms have accents, and if any other verbs follow this pattern. You might want to highlight or color code the verbs that follow a pattern. This strategy will serve you well when you begin to learn new verbs in *Capítulo 1.*

## A·11 La ruleta

Escuchen mientras su profesor/a les explica el juego de *la ruleta*.

1. traer
2. querer
3. decir
4. poner

5. hacer
6. ver
7. conocer
8. venir

9. oír
10. dar
11. poder
12. salir

 ## A·12 Otras combinaciones

Completa los siguientes pasos.

**Paso 1** Escribe una oración con cada (*each*) verbo, combinando elementos de las tres columnas.

**MODELO** (A) nosotros, (B) (no) hacer, (C) en el gimnasio
*Nosotros hacemos ejercicio en el gimnasio.*

| A | B | C |
|---|---|---|
| Uds. | (no) hacer | estudiar matemáticas |
| mamá y papá | (no) ver | películas cómicas |
| yo | (no) conocer | en el gimnasio |
| tú | (no) poner | muchos libros a clase |
| el/la profesor/a | (no) querer | la mesa para la cena |
| nosotros/as | (no) salir | bien el arte de México |
| ellos/ellas | (no) traer | de casa los sábados |

**Paso 2** En grupos de tres, lean las oraciones y corrijan (*correct*) los errores.

**Paso 3** Escriban juntos (*together*) **dos** oraciones nuevas y compártanlas (*share them*) con la clase.

 *¡Anda! Curso elemental*, Capítulo 2, La formación de preguntas y las palabras interrogativas, Apéndice 3.

  ## A·13 Firma aquí

Completen los siguientes pasos.

**Paso 1** Circula por la clase haciéndoles preguntas a tus compañeros de clase, usando las siguientes frases. Los compañeros que responden **sí** a las preguntas deben firmar el cuadro.

**MODELO** venir a clase todos los días

E1: *Bethany, ¿vienes a clase todos los días?*

E2: *No, no vengo a clase todos los días.*

### Estrategia

Now that you have focused on talking about yourself, you can talk about other people: the things your siblings, your roommate, your parents, or your significant other do. This will give you practice using other verb forms, and you can be creative in your answers!

E1: *Gayle, ¿vienes a clase todos los días?*

E3: *Sí, vengo a clase todos los días.*

E1: *Muy bien. Firma aquí, por favor.* _Gayle_

| ¿Quién...? | Firma |
|---|---|
| 1.  ver una película todas las noches | |
| 2.  hacer la tarea todos los días | |
| 3.  salir con los amigos los jueves por la noche | |
| 4.  estar cansado/a hoy | |
| 5.  conocer Puerto Rico | |
| 6.  poder estudiar con muchas personas | |
| 7.  querer ser cantante | |
| 8.  venir a clase todos los días | |

**Paso 2** Comparte los resultados con la clase.

**MODELO** *Joe ve una película todas las noches. Chad y Toni están cansados hoy...*

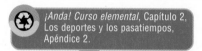

*¡Anda! Curso elemental*, Capítulo 2,
Los deportes y los pasatiempos,
Apéndice 2.

 **A·14** Entrevista

Completen los siguientes pasos.

**Paso 1** Hazle estas preguntas a un/a
compañero/a. Luego, túrnense.

1. ¿Qué deportes y pasatiempos te
   gustan? ¿Con quién haces ejercicio?
2. ¿Cuándo ves la televisión? ¿Cuál es tu
   programa favorito?
3. ¿Qué persona famosa te gusta?
   ¿Por qué?
4. ¿Con quién sales los fines de
   semana? ¿Qué hacen ustedes?
5. ¿Qué quieres ser (o hacer) en el futuro?

**Paso 2** Compartan un poco de lo que aprendieron con la clase.

**MODELO** *Mi compañero sale los fines de semana con sus amigos y no hace ejercicio...*

### Fíjate

Part of the fun of learning another language is getting to know other people. Your instructor structures your class so that you have many opportunities to work with different classmates. *¡Anda!* also provides activities that allow you to get to know each other better and encourage you to share that information with other members of the class.

## PERFILES

A-17

### ¿Quién habla español?

La actriz hondureña **America Ferrera** (n. 1984) habla inglés y español y es famosa por "Ugly Betty".

La nicaragüense **Violeta Chamorro** (n. 1929) fue presidenta (1990–1996), y trabaja como periodista y activista.

El arquitecto español **Santiago Calatrava** (n. 1951) hace edificios y esculturas famosos.

El panameño **Rubén Blades** (n. 1948) canta música salsa y es un activista social y político.

**REPASO**

A-18 to A-22

### 8. Los verbos con cambio de raíz

In your previous Spanish classes, you learned a variety of common irregular verbs that are known as **stem-changing verbs.** Please review the following charts.

> ¡Cierro la ventana, pido una pizza y empiezo a estudiar!

| Change e → ie | | | |
|---|---|---|---|
| cerrar (*to close*) | | | |
| **Singular** | | **Plural** | |
| yo | cierro | nosotros/as | cerramos |
| tú | cierras | vosotros/as | cerráis |
| él, ella, Ud. | cierra | ellos/as, Uds. | cierran |

Other verbs like **cerrar** (**e → ie**) are:

| | | | | | |
|---|---|---|---|---|---|
| **comenzar** | *to begin* | **mentir** | *to lie* | **perder** | *to lose; to waste* |
| **empezar** | *to begin* | **recomendar** | *to recommend* | **preferir** | *to prefer* |
| **entender** | *to understand* | **pensar** | *to think* | **querer** | *to want; to love* |

| Change e → i | | | |
|---|---|---|---|
| pedir (*to ask for*) | | | |
| **Singular** | | **Plural** | |
| yo | pido | nosotros/as | pedimos |
| tú | pides | vosotros/as | pedís |
| él, ella, Ud. | pide | ellos/as, Uds. | piden |

Other verbs like **pedir** (e → i) are:

**repetir**   *to repeat*                                 **servir**   *to serve*
**seguir***   *to follow; to continue* (*doing something*)
*Note: The **yo** form of **seguir** is **sigo**.

| Change o → ue | | | |
|---|---|---|---|
| **encontrar** (*to find*) | | | |
| **Singular** | | **Plural** | |
| yo | encuentro | nosotros/as | encontramos |
| tú | encuentras | vosotros/as | encontráis |
| él, ella, Ud. | encuentra | ellos/as, Uds. | encuentran |

Other verbs like **encontrar** (o → ue) are:

| | | | | | |
|---|---|---|---|---|---|
| **almorzar** | *to have lunch* | **mostrar** | *to show* | **recordar** | *to remember* |
| **costar** | *to cost* | **morir** | *to die* | **volver** | *to return* |
| **dormir** | *to sleep* | **poder** | *to be able to* | | |

Another common stem-changing verb that you learned is **jugar**.

> **Fíjate**
>
> The verb *jugar* is the only verb that falls into the *u-ue* category.

| Change u → ue | | | |
|---|---|---|---|
| **jugar** (u → ue) (*to play*) | | | |
| **Singular** | | **Plural** | |
| yo | juego | nosotros/as | jugamos |
| tú | juegas | vosotros/as | jugáis |
| él, ella, Ud. | juega | ellos/as, Uds. | juegan |

To summarize...

1. What is a rule that you can make regarding all four groups (e → **ie,** e → **i,** o → **ue,** and **u** → **ue**) of stem-changing verbs and their forms?

2. With what group of stem-changing verbs would you place each of the following verbs?

   **demostrar** *to demonstrate*          **encerrar**   *to enclose*
   **devolver**   *to return* (*an object*)     **perseguir**   *to chase*

 Check your answers to the preceding questions in Appendix 1.

> **Fíjate**
>
> Some Spanish verbs, like English verbs, have prefixes (parts that are attached to the beginning of the verb). The verb *tener* has prefixes that form other verbs such as *obtener* (to obtain), *contener* (to contain), *mantener* (to maintain), and those verbs are formed just like *tener* (*obtengo, contienes, mantiene,* etc.) The verbs *seguir* and *volver* are the roots for other verbs such as *conseguir* (to get) and *devolver* (to return).

## A·15 ¡Preparados, listos, ya!

Escuchen mientras su profesor/a les explica esta actividad.

**MODELO** cerrar

| | | | |
|---|---|---|---|
| tú | E1: *cierras* | yo | E4: *cierro* |
| nosotros | E2: *cerramos* | Uds. | E5: *cierran* |
| ella | E3: *cierra* | ellos | E6: *cierran* |

### Estrategia

When working in pairs or groups, it is imperative that you make every effort to speak only Spanish. Because you will be learning from each other, use the following expressions as ways of interacting with each other and making suggestions, helpful comments, and corrections:

**(No) Estoy de acuerdo.** I agree. / I don't agree.    **Creo que es...** I think it is...    **¿No debería ser...?** Shouldn't it be...?

## A·16 ¿Conoces bien a tu compañero/a de clase?

Túrnense para hacerse las preguntas de esta entrevista.

1. ¿Entiendes a tu profesor/a cuando habla español?
2. ¿A qué hora comienzas la tarea los lunes?
3. ¿Prefieres estudiar por la noche o por la mañana?
4. ¿Pierdes tus lápices o bolígrafos frecuentemente?
5. Generalmente, ¿con quién almuerzas?

¡Anda! Curso elemental, Capítulo Preliminar A, La hora; Capítulo 2, Las materias y las especialidades, Apéndice 2.

## A·17 Firma aquí

Completen los siguientes pasos.

**Paso 1** Circula por la clase haciéndoles preguntas a tus compañeros de clase, usando las siguientes frases. Los compañeros que responden **sí** a las preguntas deben firmar el cuadro.

**MODELO** siempre perder la tarea

E1: *Ashley, ¿siempre pierdes la tarea?*

E2: *No, no pierdo la tarea. Soy muy organizada.*

E1: *Alex, ¿siempre pierdes la tarea?*

E3: *Sí, siempre pierdo mi tarea.*

E1: *Muy bien. Firma aquí, por favor.*

| ¿Quién...? | Firma |
|---|---|
| 1. siempre perder la tarea | |
| 2. almorzar en *McDonalds* a menudo | |
| 3. querer visitar Centroamérica | |
| 4. siempre entender al/a la profesor/a de español | |
| 5. jugar muy bien al tenis | |
| 6. preferir dormir hasta el mediodía | |
| 7. querer ser cantante | |
| 8. volver tarde a casa a menudo | |

**Paso 2** Comparte los resultados con la clase.

**MODELO** *Alex siempre pierde la tarea y David quiere visitar Costa Rica...*

### 9. Las construcciones reflexivas

When the subject both performs and receives the action of the verb, a **reflexive verb** and **pronoun** are used.

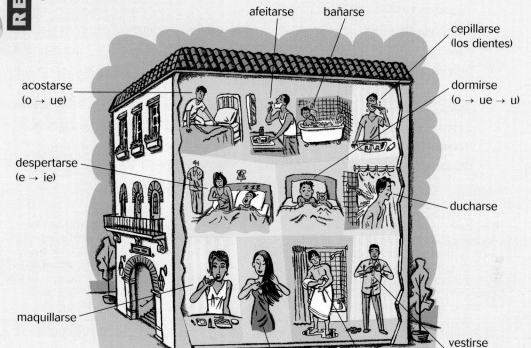

afeitarse  bañarse

cepillarse
(los dientes)

acostarse
(o → ue)

dormirse
(o → ue → u)

despertarse
(e → ie)

ducharse

maquillarse

vestirse
(e → i → i)

peinarse  secarse

**Reflexive pronouns**

| | | | | |
|---|---|---|---|---|
| Siempre | **me** divierto | en las fiestas. | *I always enjoy myself at parties.* |
| Siempre | **te** diviertes | en las fiestas. | *You always enjoy yourself at parties.* |
| Siempre | **se** divierte | en las fiestas. | *He/She always enjoys himself/herself at parties.* |
| Siempre | **nos** divertimos | en las fiestas. | *We always enjoy ourselves at parties.* |
| Siempre | **os** divertís | en las fiestas. | *You (all) always enjoy yourselves at parties.* |
| Siempre | **se** divierten | en las fiestas. | *They/you (all) always enjoy themselves/yourselves at parties.* |

**Reflexive pronouns:**

**1.** precede a conjugated verb.

**2.** can be attached to infinitives and present participles (**-ando, -iendo**).

**Me** voy a levantar.
Voy a levantar**me**. } *I am going to get up.*

¿**Se** van a levantar esta mañana?
¿Van a levantar**se** esta mañana? } *Are they going to get up this morning?*

¡**Nos** estamos levantando!

¡Estamos levantándo**nos**!

*We are getting up!*

### Algunos verbos reflexivos

| | | | |
|---|---|---|---|
| **acordarse de (o-ue)** | *to remember* | **ponerse (la ropa)** | *to put on (one's clothes)* |
| **callarse** | *to become/to keep quiet* | **ponerse (nervioso/a)** | *to become (nervous)* |
| **divertirse (e-ie-i)** | *to enjoy oneself; to have fun* | **quedarse** | *to stay; to remain* |
| **irse** | *to go away; to leave* | **quitarse (la ropa)** | *to take off (one's clothes)* |
| **lavarse** | *to wash oneself* | **reunirse** | *to get together; to meet* |
| **levantarse** | *to get up; to stand up* | **sentarse (e-ie)** | *to sit down* |
| **llamarse** | *to be called/named* | **sentirse (e-ie-i)** | *to feel* |

#### Fíjate

Many verbs can be used both reflexively or non-reflexively: e.g., *ir* to go; *irse* to leave; *dormir* to sleep; *dormirse* to fall asleep. Also consider examples such as *Manolo lava el coche* versus *Manolo se lava*. Why is the verb not reflexive *(lavar)* in the first sentence? Why is it reflexive *(lavarse)* in the second sentence?

#### Estrategia

Remember that stem-changing verbs have the irregularities given in parentheses. For example, when you see *sentirse (e-ie-i)* you know that this infinitive is a stem-changing verb, that the first *e* in the infinitive changes to *ie* in the present indicative, and that the *e* changes to *i* in the third person singular and plural of the preterit.

## A·18 El juego de la pelota

En grupos de cuatro a seis estudiantes, van a tirar *(throw)* una pelota de papel. Turnándose, una persona del grupo nombra uno de los verbos reflexivos y un sujeto, y luego le tira la pelota a un/a compañero/a. Si el/la compañero/a dice la forma correcta, gana un punto y tiene que continuar el juego.

**MODELO**   E1: *ducharse... yo,* (tira la pelota)

E2: *me ducho*

E2: *vestirse... mi madre,* (tira la pelota)

E3: *mi madre se viste*

E3: *acordarse... tú,* (tira la pelota)...

## A·19 Mímica

Hagan mímica (*charades*) en grupos de cuatro. Túrnense para escoger un **verbo reflexivo** para representar al grupo. El grupo tiene que adivinar qué verbo es. Sigan jugando hasta que cada estudiante represente **cuatro** verbos diferentes.

## A·20 Un día en la vida de María

**Paso 1** Ordena las siguientes actividades diarias de forma cronológica. Después, con un/a compañero/a, escribe **tres** oraciones detalladas sobre el día de María.

1.    2.    3.

4.    5.    6.

 *¡Anda! Curso elemental,* Capítulo Preliminar A, La hora, Apéndice 2.

**Paso 2** Ahora escribe por lo menos **ocho** actividades que haces normalmente y a qué hora las haces. Usa verbos reflexivos. Después, comparte tu lista con un/a compañero/a.

## A 21 ¿Cuál es tu rutina diaria?

Circula por la clase para entrevistar a varios/as compañeros/as según el modelo.

**MODELO** E1: *¿A qué hora te despiertas?*
E2: *Me despierto a las siete.*
E1: *Yo no. Me despierto a las siete y media.*

1. ¿A qué hora te despiertas y a qué hora te levantas?
2. ¿Prefieres ducharte o bañarte?, ¿A qué hora?
3. ¿Qué haces para divertirte?
4. ¿A qué hora te acuestas?
5. ¿...? (*Crea tu propia pregunta.*)

## A 22   ¿Conoces bien a tus compañeros?

Trabajen en grupos de cuatro para hacer esta actividad.

**Paso 1** Un/a compañero/a debe salir de la sala de clase por un minuto. Los otros estudiantes escriben **cinco** preguntas sobre la vida diaria del compañero, usando los verbos reflexivos.

**MODELO** *¿A qué hora te despiertas? ¿Te duchas todos los días?*

**Paso 2** Antes de entrar el/la compañero/a, el grupo de estudiantes debe adivinar cuáles van a ser las respuestas a esas preguntas.

**MODELO** *Probablemente nuestro compañero se despierta a las siete.*

**Paso 3** Entra el/la compañero/a y los otros le hacen las preguntas.

**Paso 4** Comparen las respuestas del grupo con las del compañero. ¿Tienen razón? Pueden repetir la actividad con los otros miembros del grupo.

**SAM**

A-26 to A-28

**REPASO**

### 10. Repaso de *ser* y *estar*

You learned two Spanish verbs that mean *to be* in English. These verbs, **estar** and **ser,** are contrasted below.

> Son las ocho y media. ¿Dónde está Beto?

1. **Estar** (estoy, estás, está, estamos, estáis, están) is used:

   - **to describe non-inherent physical or personality characteristics, or to indicate a state**

     | | |
     |---|---|
     | Elena **está** enferma hoy. | *Elena is sick today.* |
     | Leo y Ligia **están** cansados. | *Leo and Ligia are tired.* |

   - **to describe the location of people or places**

     | | |
     |---|---|
     | El cine **está** en la calle 8. | *The movie theatre is on 8th Street.* |
     | **Estamos** en el restaurante. ¿Dónde **estás** tú? | *We're at the restaurant. Where are you?* |

   - **with the present participle (-ando, -iendo) to create the *present progressive***

     | | |
     |---|---|
     | **¡Están** bailando mucho! | *They are dancing a lot!* |
     | **Estamos** esperándola. | *We are waiting for her.* |

2. **Ser** (soy, eres, es, somos, sois, son) is used:

   - **to describe inherent physical or personality characteristics**

     | | |
     |---|---|
     | Guillermo **es** inteligente. | *Guillermo is intelligent.* |
     | Las casas **son** pequeñas. | *The houses are small.* |

   - **to explain who or what someone or something is**

     | | |
     |---|---|
     | La Dra. García **es** profesora de literatura. | *Dr. García is a literature professor.* |
     | Mary **es** mi hermana. | *Mary is my sister.* |

- **to tell time or to tell when or where an event takes place**

  ¿Qué hora **es**? — *What time is it?*

  **Son** las nueve. — *It's nine o'clock.*

  Mi clase de español **es** a las ocho y **es** en Peabody Hall. — *My Spanish class is at eight o'clock and is in Peabody Hall.*

- **to tell where someone is from and to express nationality**

  **Somos** de Cuba. **Somos** cubanos. — *We are from Cuba. We are Cuban.*

Compare the following sentences and answer the questions below.

> Su hermano **es** simpático.
> Su hermano **está** enfermo.

1. Why do you use a form of **ser** in the first sentence?
2. Why do you use a form of **estar** in the second sentence?

 Check your answers to the preceding questions in Appendix 1.

- You will learn several more uses for **estar** and **ser** by the end of *¡Anda! Curso intermedio.*

---

 **A 23** ¡A jugar!

Vamos a practicar **ser** y **estar**.

**Paso 1** Hagan una lista con dos columnas. Escriban **ser** en una columna y **estar** en la otra. Su profesor/a les va a dar tres minutos para escribir todas las oraciones que puedan con **ser** y **estar**.

**Paso 2** Cuando terminen, formen grupos de cuatro para comprobar (*check*) sus oraciones. ¿Cuántas tienen correctas?

---

 **A 24** ¿Quiénes son Pilar y Eduardo?

Pilar y Eduardo son estudiantes bilingües en una universidad de los Estados Unidos.

**Paso 1** Túrnense para completar el siguiente párrafo con la forma correcta de **estar** o **ser** para conocerlos mejor.

(1) _____ las siete y media de la mañana. Pilar (2) _____ cansada y un poco enferma pero tiene que darse prisa porque su clase de periodismo (3) _____ a las ocho. Por suerte (*Luckily*) su apartamento no (4) _____ muy lejos de la universidad. Eduardo (5) _____ otro estudiante de la misma universidad. Toma la misma clase que Pilar, pero no la conoce. (6) _____ un hombre alto, inteligente y muy simpático. Le gusta estudiar. Sus abuelos (7) _____ de Perú y él (8) _____ tratando de mantener y respetar su cultura. Hoy no se siente muy bien; (9) _____ un poco enfermo. Los estudiantes ya (10) _____ en la clase. Pilar y Eduardo (11) _____ corriendo para llegar a tiempo. Los dos (12) _____ muy puntuales y no les gusta llegar tarde.

**Paso 2** Expliquen por qué usaron (*you used*) **ser** or **estar** en el párrafo del **Paso 1**.

**MODELO**    1. *Son*, telling time

---

 **A 25**   Quiero conocerte mejor

Túrnense para hacerse y contestar las siguientes preguntas.

1. ¿De dónde eres?
2. ¿Cómo eres?
3. ¿Cómo estás hoy?
4. ¿A qué hora son tus clases?
5. ¿Cómo es tu casa?
6. ¿Dónde está tu casa?
7. ¿De qué color es tu casa?
8. ¿Dónde está tu residencia?
9. ¿Cómo es tu residencia?
10. ¿Cuál es tu color favorito?
11. Describe a la persona más importante para ti.
12. ¿Dónde está él/ella ahora?

> **Estrategia**
>
> Concentrate on spelling all words correctly. For example, make sure you put accent marks where they belong with forms of *estar* and other words that take accent marks. If necessary, review the rules regarding accent marks on page 5 of this chapter in the student note. If you are a visual learner, try color-coding the words that have accents or writing the accents in a different color to call attention to that form of the verb.

 **A 26**   Somos iguales

Completen los siguientes pasos.

**Paso 1** Dibujen tres círculos, como los del modelo, y entrevístense para averiguar en qué son similares y en qué son diferentes. En el círculo del centro, escriban oraciones usando **ser** y **estar** sobre lo que tienen en común. En los otros círculos, escriban en qué son diferentes.

*Soy alto.*

*Nuestro color favorito es el azul. Somos inteligentes.*

*Soy baja.*

**MODELO**    E1: *¿Cuál es tu color favorito?*

         E2: *Mi color favorito es el azul.*

         E1: *Mi color favorito es el azul también.*

         (E1/E2 writes: *Nuestro color favorito es el azul.*)

**Paso 2** Comparen sus dibujos (*drawings*) con los dibujos de sus compañeros de clase. ¿Qué tienen en común?

**SAM**
**A-29 to A-30**

**REPASO**

## 11. El verbo *gustar*

You will remember that the verb **gustar** is used to express likes and dislikes. **Gustar** functions differently from other verbs you have studied so far.

- The person, thing, or idea that is liked is the *subject* (S) of the sentence.
- The person (or persons) who like(s) another person, thing, or idea is the *indirect object* (IO).

**Fíjate**

Remember that *mi* means my and *mí* means me.

Consider the examples below.

| IO | | S | | IO | | S | |
|----|----|----|----|----|----|----|----|
| (A mí) | **me** | gusta la playa. | *I like the beach.* | (A nosotros/as) | **nos** | gusta la playa. | *We like the beach.* |
| (A ti) | **te** | gusta la playa. | *You like the beach.* | (A vosotros/as) | **os** | gusta la playa. | *You (all) like the beach.* |
| (A él) | **le** | gusta la playa. | *He likes the beach.* | (A ellos/as) | **les** | gusta la playa. | *They like the beach.* |
| (A ella) | **le** | gusta la playa. | *She likes the beach.* | (A Uds.) | **les** | gusta la playa. | *You (all) like the beach.* |
| (A Ud.) | **le** | gusta la playa. | *You like the beach.* | | | | |

Note the following:

1. The construction **a + pronoun** (*a mí, a ti, a él*, etc.) or **a + noun** is optional most of the time. It is used for clarification or emphasis. Clarification of **le gusta** and **les gusta** is especially important since the indirect object pronouns **le** and **les** can refer to different people (*him, her, you, them, you all*).

   **A él le gusta** la música clásica. (clarification)    *He likes classical music.*

   **A Ana le gusta** la música clásica. (clarification)    *Ana likes classical music.*

2. Use the plural form **gust<u>a</u>n** when what is liked (the subject of the sentence) is plural.

   **Me gusta el traje.**            →            **Me gustan los trajes.**

   *I like the suit.*                         *I like the suits.*

3. To express the idea that one likes *to do* something, **gustar** is followed by an infinitive. In that case you always use the singular **gusta,** even when you use more than one infinitive in the sentence:

   **Me gusta ir** de compras por la noche.    *I like to go shopping at night.*

   A Juan **le gusta ir** de compras y **salir**    *Juan likes to go shopping and to go out with*
   con sus amigos.                         *friends.*

---

In summary:

1. To say you like or dislike one thing, what form of **gustar** do you use?
2. To say you like or dislike more than one thing, what form of **gustar** do you use?
3. Which words in the examples mean *I? You? He/She? You (all)? They? We?*
4. If a verb is needed after **gusta/gustan,** what form of the verb do you use?

Ⓐ Check your answers to the preceding questions in Appendix 1.

(¡Me gusta este vestido!)

# A 27 ¿Qué te gusta?

Completen los siguientes pasos.

**Paso 1** Decidan si les gustan las siguientes cosas. Túrnense.

**MODELO** los lunes

E1: *No me gustan los lunes.*

E2: *A mí tampoco me gustan los lunes.*

**Fíjate**

To express "me too", you use *también;* to express "me neither", use *tampoco.*

1. la cafetería
2. los viernes
3. vivir en una residencia
4. las ciencias
5. aprender idiomas
6. cocinar comida mexicana
7. bailar la salsa
8. las novelas de Ernest Hemingway

¡Anda! Curso elemental, Capítulo 2, La formación de preguntas y las palabras interrogativas, Apéndice 3.

**Paso 2** Ahora hazles preguntas de las categorías del **Paso 1** a otros compañeros de clase.

**MODELO** E1: *¿Te gusta el español?*

E2: *Sí, me gusta el español.*

E1: *¿Les gustan los lunes?*

E2 & E3: *No, no nos gustan los lunes.*

**Estrategia**

Remember, if you answer negatively, you will need to say *no* twice.

# Notas culturales

A-31

## La influencia del español en los Estados Unidos

Desde la época de los conquistadores, el español ha tenido una influencia muy fuerte en los EE.UU., y esta influencia sigue hoy en día. Muchas ciudades y lugares geográficos se reconocen por sus nombres hispanos del tiempo colonial: El Álamo, El Paso, Las Vegas, Boca Ratón, Santa Fe, San Francisco y Los Ángeles, por mencionar algunos. También, hay varios estados con nombres derivados de la lengua o herencia española: Colorado, Montana, Florida, California y Nevada. La población hispanohablante de los EE.UU. es

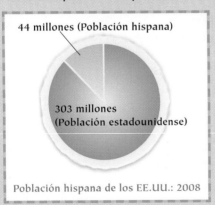

44 millones (Población hispana)

303 millones (Población estadounidense)

Población hispana de los EE.UU.: 2008

cada día más numerosa y tiene un gran poder económico también. Por eso, hay muchas emisoras de radio (¡más de 680!) y varias cadenas de televisión (como Telemundo, Univisión, América TeVe, Mega TV, etc.) con programación en español que compiten por la atención del público.

**Preguntas**
1. ¿Dónde se ve la influencia del español en la geografía de los EE.UU.?
2. ¿Qué poder económico tienen los hispanohablantes en los EE.UU.? ¿Por qué?
3. ¿Cuántas emisoras de radio para hispanohablantes hay en los EE.UU.? ¿Qué significa esto?

## Y por fin, ¿cómo andas?

Each of the coming chapters of *¡Anda! Curso intermedio* will have three self-check sections for you to assess your progress. One *¿Cómo andas?* (*How are you doing?*) section will appear approximately halfway through each chapter. At the end of the chapter you will find *Y por fin, ¿cómo andas?* (*Finally, how are you doing?*). Use the checklists as a measure of all that you have learned in the chapter. Place a check in the *Feel confident* column of the topics you feel you know; a check in the *Need to Review* column of those that you need to practice more. Be sure to go back and practice those concepts that you determine you personally need to review. Practice is key to your success!

Having completed this chapter, I now can…

|  | Feel Confident | Need to Review |
|---|---|---|
| **Comunicación** |  |  |
| • use articles and adjectives correctly. (pp. 6, 7, 11) | ☐ | ☐ |
| • communicate on familiar topics using the present indicative. (pp. 13, 14, 18) | ☐ | ☐ |
| • use **ser** and **estar** to express meaningful ideas. (p. 24) | ☐ | ☐ |
| • express likes and dislikes. (p. 27) | ☐ | ☐ |
| **Cultura** |  |  |
| • give at least two reasons why it is important to study Spanish and identify famous Spanish-speaking people. (pp. 10, 18) | ☐ | ☐ |
| • name the continents and countries where Spanish is spoken and discuss the influence of Spanish in the United States. (pp. 10, 18) | ☐ | ☐ |

### Estrategia

The *¿Cómo andas?* and *Por fin, ¿cómo andas?* sections are designed to help you assess your understanding of specific concepts. In *Capítulo Preliminar A*, there is one opportunity for you to reflect on how well you understand the concepts. Beginning with *Capítulo 1*, you will find three opportunities in each chapter to stop and reflect on what you have learned. These checklists help you become accountable for your own learning and determine what you need to review. Use them also as a way to communicate with your instructor about any concepts you still need to review. Additionally, you might use your checklist as a way to guide your studies with a peer group or peer tutor. If you need to review a particular concept, more practice is available at the *¡Anda! Curso intermedio* web site.

¿Cómo eres? ¿Cómo es tu familia?
¿Cómo te ven otras personas?
Todos tenemos características
personales y físicas que
compartimos y que nos diferencian.
¡Vamos a explorarlas!

# Así somos

*Una familia con varias generaciones*

PREGUNTAS

1  ¿Cómo son las personas que aparecen en la foto?
2  Compara esta familia con la tuya.
3  ¿Cómo eres tú?

# Comunicación

- Describing oneself and others
- Expressing likes and dislikes
- Sharing past events

**VOCABULARIO 1** El aspecto físico y la personalidad

SAM

1-1 to 1-3

*¡Anda! Curso elemental*, Capítulo 1, Los adjetivos descriptivos, Apéndice 3; Capítulo 2, Emociones y estados; Capítulo 9, El cuerpo humano, Apéndice 2.

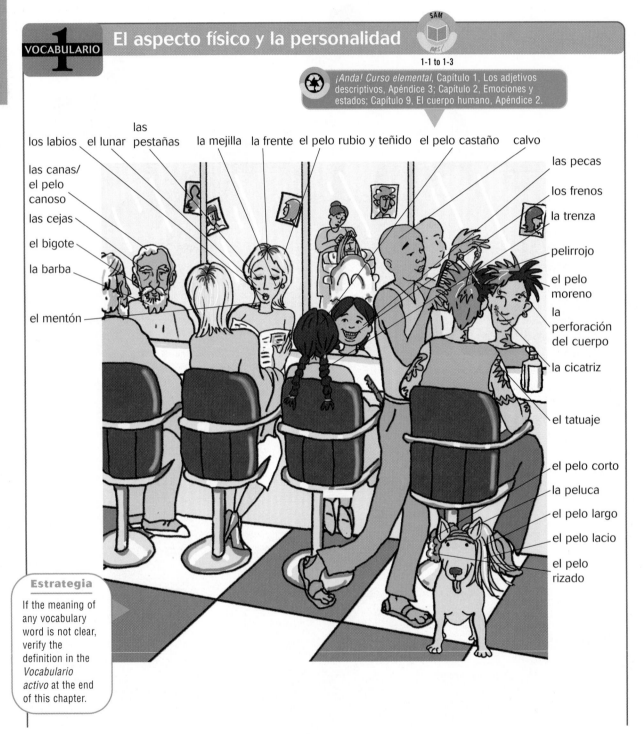

los labios   el lunar   las pestañas   la mejilla   la frente   el pelo rubio y teñido   el pelo castaño   calvo

las canas/ el pelo canoso

las cejas

el bigote

la barba

el mentón

las pecas

los frenos

la trenza

pelirrojo

el pelo moreno

la perforación del cuerpo

la cicatriz

el tatuaje

el pelo corto

la peluca

el pelo largo

el pelo lacio

el pelo rizado

**Estrategia**

If the meaning of any vocabulary word is not clear, verify the definition in the *Vocabulario activo* at the end of this chapter.

agradable, alegre, chistoso y extrovertido

callada, introvertida, seria y tímida

desorganizada, maleducada, egoísta, gastadora y presumida

| **El aspecto físico** | *Physical appearance* |
|---|---|
| **la apariencia** | *appearance* |
| **la piel** | *skin* |

| **La personalidad** | *Personality* |
|---|---|
| **cuidadoso/a** | *careful* |
| **despistado/a** | *absentminded, scatterbrained* |
| **educado/a** | *polite* |
| **flojo/a** | *lazy* |
| **generoso/a** | *generous* |
| **grosero/a** | *rude* |

| **honesto/a** | *honest* |
|---|---|
| **pesado/a** | *dull, tedious* |
| **raro/a** | *strange* |
| **sencillo/a** | *modest, simple* |
| **sensible** | *sensitive* |
| **tacaño/a** | *cheap* |
| **terco/a** | *stubborn* |

| **Palabras útiles** | *Useful words* |
|---|---|
| **discapacitado/a** | *physically/psychologically handicapped* |

### Querido diario:

Nueva ciudad... ¿qué tal una nueva Celia? A ver, el color del pelo. Sí, puedo cambiarlo. Me gustan los cambios. O puedo vestirme de negro... No sé... tengo que pensarlo bien porque necesito un cambio.

Preguntas

1. ¿De quién es el diario?
2. ¿Por qué quiere cambiar su apariencia?
3. ¿Qué cambios considera?

SAM
1-4 to 1-7

Guide
**G**

20, 26, 34

**REPASO**

## Los pronombres de complemento directo e indirecto y los pronombres reflexivos

In Celia's diary entry, you see a variety of pronouns, e.g., **cambiar*lo*, *me* gustan,
vestir*me*.** These are examples of **direct object, indirect object,** and **reflexive pronouns.**
In **Capítulo Preliminar A,** you reviewed reflexive pronouns and verbs. Here is a brief
review of these three types of pronouns.

| LOS PRONOMBRES DE COMPLEMENTO **DIRECTO** | | LOS PRONOMBRES DE COMPLEMENTO **INDIRECTO** | | LOS PRONOMBRES **REFLEXIVOS** | |
|---|---|---|---|---|---|
| Direct object pronouns tell *what* or *who* receives the action of the verb. They replace direct object nouns and are used to avoid repetition. | | Indirect object pronouns tell *to whom* or *for whom* something is done or given. | | Reflexive pronouns indicate that the *subject* of a sentence or clause *receives the action of the verb.* | |
| **me** | *me* | **me** | *to/for me* | **me** | *myself* |
| **te** | *you* | **te** | *to/for you* | **te** | *yourself* |
| **lo, la** | *him/her/you/it* | **le (se)** | *to/for him/her/you* | **se** | *himself/herself/yourself* |
| **nos** | *us* | **nos** | *to/for us* | **nos** | *ourselves* |
| **os** | *you (all)* | **os** | *to/for you (all)* | **os** | *yourselves* |
| **los, las** | *them/you (all)* | **les (se)** | *to/for them/you (all)* | **se** | *themselves/yourselves* |

Note these examples:

| | |
|---|---|
| **Explícamelo.** | *Explain it to me.* |
| **¿No me lo vas a explicar?** | *Aren't you going to explain it to me?* |
| **Estoy explicándotelo ahora.** | *I am explaining it to you now.* |
| **Es que no me oyes.** | *It's that you're not hearing me.* |

### Estrategia

Additional information regarding direct objects: To
identify the direct object in a sentence, ask yourself this
question: *Who/What does the subject (insert verb)?* For
example, for the sentence *"Necesito un coche nuevo,"*
you would ask: *"What do I need?"* *A new car* is what is
needed (the direct object). Finally, When direct objects
refer to *people*, you must use the personal **a.** Notice
the difference between the following sentences: *Visito
el museo,* BUT *Visito **a** Juan.*

### Fíjate

Object and reflexive
pronouns are also
attached at the end of
affirmative commands:
e.g., *Explícamelo,
Diviértete.* You will
review commands in
*Capítulo 2.*

For a complete review, refer to **Capítulo 9** of *¡Anda! Curso elemental* in Appendix 3.

*¡Anda! Curso elemental*, Capítulo Preliminar A, El verbo *ser*; Capítulo 1, Los adjetivos descriptivos; Capítulo 5, Los pronombres de complemento directo y la "a" personal, Apéndice 3; Capítulo 9, El cuerpo humano, Apéndice 2.

**Estrategia**

*¡Anda!* has provided you with reviewing and recycling references to help guide your continuous review of previously learned material. Make sure to consult the indicated pages if you need to refresh your memory about this or any future recycled topics.

## 1·1   ¿Cómo son?

Miren los tres dibujos y completen los siguientes pasos.

1.                              2.                              3.

**Paso 1** Haz una lista de por lo menos **seis** características físicas de las personas que aparecen en los dibujos.

**MODELO**   La mujer joven:

　　　　　1. *es rubia*

**Paso 2** Escribe una descripción de cada persona que aparece en los dibujos y compártela con un/a compañero/a.

**MODELO**   *La mujer es joven y rubia con una frente alta. No tiene pecas...*

## 1·2   ¿Qué tenemos en común?

Con tu compañero/a, descríbanse, dando por lo menos **ocho** características. Después, hagan un diagrama de Venn. Escriban las características que tienen en común en el medio y sus características distintas en los otros círculos.

Clara　　　　　extrovertidos　　　　　Marco

desorganizada　　　　　　　　　organizado

**MODELO**   E1: *Soy extrovertida.*

E2: *Yo también soy extrovertido.*

E1: *Soy desorganizada.*

E2: *Yo no. Yo soy organizado...*

**Estrategia**

Remember when using adjectives to make them agree in gender and number. E.g., if you are a male, you are *extrovertido;* if you are a female, you are *extrovertida;* when talking about both of you, two males or a male and a female are *extrovertidos;* two females are *extrovertidas.*

## 1·3 ¿Algún día?

Gloria y Tomás están caminando por el parque. Se paran para observar a un grupo de niños mientras juegan. Completen la conversación entre Gloria y Tomás, usando **los pronombres de complemento directo e indirecto** y **los pronombres reflexivos**.

GLORIA: ¡Qué día tan agradable! Y ¡qué chistoso es aquel niño!

TOMÁS: ¿Chistoso? No lo puedo creer, ¡qué malo es ese niño! ¿Ves cómo rompe el juguete (*toy*) de aquella niña?… y ahora (1) _____ tira (*throws it*) al suelo.

GLORIA: Sí, amor. La niña (2) _____ levanta para buscar a su mamá. Parece que (3) _____ está llamando.

TOMÁS: Ah, no. Creo que va a recoger (*pick up*) el juguete. ¡No! Va a pegarle (*hit*) al niño. Mira.

GLORIA: (4) _____ pega fuerte. Cuidado… ¡Qué maleducado!

No (5) _____ preocupes, Tomás. Aquí vienen las madres.

TOMÁS: Sí, y (6) _____ van a reñir (*scold*). Deben estar enojadas con sus niños.

GLORIA: Ay, Tomás… los niños son preciosos, ¿verdad?

TOMÁS: A mí no (7) _____ gustan. No quiero hijos. Y tú, ¿(8) _____ quieres tener?

GLORIA: Pues, sí, algún día. Pienso tener cinco hijas y (9) _____ voy a llevar al parque todos los días. Tú y yo podemos…

TOMÁS: ¡Mi teléfono! Tengo que (10) ir _____. Creo que mi madre (11) _____ llama. ¡Adiós!

GLORIA: Pero, Tomás… ¡(12) _____ invitaste a comer!

## 1·4 ¿Cómo son?

¡Anda! Curso elemental, Capítulo 1, Los adjetivos descriptivos; Capítulo 8, Las construcciones reflexivas, Apéndice 3; Capítulo 2, Emociones y estados; Capítulo 9, El cuerpo humano, Apéndice 2.

Escoge a una de las personas de la lista y escribe **tres** palabras que describan a la persona. Después, inventa un horario para hoy para esa persona. Comparte la descripción y el horario con un/a compañero/a. Trata de usar **los pronombres reflexivos** con el **vocabulario nuevo**. ¡Sean creativos!

MODELO   tu mejor amigo: agradable, enérgico, despistado

*Mi mejor amigo se llama Tonio. Es muy agradable y enérgico. Se levanta a las seis. A las ocho se va a la universidad…*

1. Jennifer López y Marc Anthony
2. Homer Simpson
3. Tiger Woods
4. Donald Trump
5. Tyra Banks
6. tu mejor amigo/a

Marc Anthony y Jennifer López

**15**  ¿Estás interesado/a?

Pareja.com te ayuda a encontrar a esa persona ideal. Completa los siguientes pasos.

**Paso 1** Completa el formulario para ultilizar el servicio. Después, compara tu información con la de tus compañeros en grupos de cuatro para saber qué tienen ustedes en común.

*¡Anda! Curso elemental,* Capítulo Preliminar A, Los números 0–30; Capítulo 1, Los números 31–100; Capítulo 2, Emociones y estados; Capítulo 2, Los deportes y los pasatiempos; Capítulo 5, El mundo de la música; Capítulo 9, El cuerpo humano, Apéndice 2; Capítulo 1, Los adjetivos descriptivos; Capítulo 9, Las expresiones afirmativas y negativas, Apéndice 3.

## ¿Estás buscando pareja? . . . para ayudarte a encontrar tu pareja ideal, necesitamos que completes el siguiente formulario:

**Nombre** _____
**Dirección de e-mail** _____
**Sexo:** ___ hombre ___ mujer

PAREJA.COM

### ¿CÓMO ERES?

**Edad:** ___
**Ojos:** ___ verdes ___ azules ___ castaños
**Pelo:** ___ rubio ___ castaño ___ moreno ___ pelirrojo ___ teñido ___ calvo ___ canoso
**Carácter:** ___ organizado/a ___ serio/a ___ callado/a ___ sensible ___ honesto/a
___ tímido/a ___ interesante ___ simpático/a ___ gastador/a ___ chistoso/a
___ extrovertido/a ___ humilde
**Inteligencia:** ___ alta ___ normal ___ baja
**¿Hablas español?** ___ muy bien ___ un poco ___ no
**¿Hablas otras lenguas?** ___ sí ___ no

**TRABAJO:** ___ sí ___ no          **Licencia de conducir:** ___ sí ___ no

### PASATIEMPOS

**Viajar:** ___ sí ___ no          **Leer:** ___ sí ___ no
**Deportes:** ___ fútbol ___ básquetbol ___ coches/motos ___ natación ___ atletismo
___ gimnasia ___ artes marciales ___ esquí ___ deportes acuáticos ___ golf
___ fútbol americano ___ tenis ___ boxeo ___ ciclismo ___ patinaje
___ otros deportes ___ no me gusta hacer deporte
**Fin de semana ideal:** ___ cine/teatro ___ ir a la discoteca ___ ir a restaurantes
___ montaña ___ playa ___ ir de compras
**Música preferida:** ___ clásica ___ pop rock en general ___ de los años 60–70
___ de los años 80 ___ jazz ___ rock duro/heavy ___ salsa/música latina
___ New Age ___ tradicional/popular ___ No me gusta la música
**¿Sabes cocinar?** ___ sí ___ no

**HORÓSCOPO:** ___ Aries ___ Tauro ___ Géminis ___ Cáncer ___ Leo ___ Virgo
___ Libra ___ Escorpio ___ Sagitario ___ Capricornio ___ Acuario ___ Piscis

### NOTAS ADICIONALES:
_____
_____

**Paso 2** Escribe por lo menos **cuatro** oraciones sobre tu hombre/mujer ideal. Usa por lo menos **cuatro** descripciones de características físicas y personales de él o ella.

**MODELO**   *Mi hombre/mujer ideal...*

**Paso 3** Ahora haz una descripción de ti mismo/a. Usa por lo menos **cuatro** descripciones de características físicas y personales tuyas. Después, comparte las descripciones con un/a compañero/a.

**MODELO**   *Mi apariencia no es nada extraordinaria. No tengo ni bigote ni barba. Soy callado y un poco serio. No soy grosero...*

**GRAMÁTICA 2 Algunos verbos como *gustar***

1-8 to 1-9    11, 12, 15, 19

In **Capítulo Preliminar A,** you reviewed the verb **gustar.**
Some other verbs that have a similar structure to **gustar** in Spanish are:

- **caer bien/mal**
  A Javier **le cae** muy **bien** Pilar.
  **Me caen mal** las personas egoístas.

  *to like/to dislike someone*
  *Javier likes Pilar a lot.*
  *I dislike self-centered people.*

- **parecer**
  **Me parece** que José tiene un carácter
    agresivo.
  ¿Qué **te parece** este vestido?

  *to seem, to appear*
  *It seems to me that José has an aggressive personality.*

  *How do you like this dress?*
    *(How does this dress seem to you?)*

- **interesar**
  A ellos **les interesa** mucho la cirugía plástica.

  ¿A quién **le interesa** sólo el aspecto físico de
    las personas?

  *to interest*
  *They are very interested in plastic surgery. /*
    *Plastic surgery interests them a lot.*
  *Who is only interested in a person's physical*
    *characteristics?*

- **quedar**
  **Nos queda** un dólar.
  **Me quedan** dos años para graduarme.

  *to have something left*
  *We have one dollar left.*
  *I have two more years (left) until I graduate.*

- **faltar**
  **Me faltan** dos dólares (Necesito dos dólares).
  **Me faltan** dos cursos para graduarme.
  (Necesito dos cursos para graduarme).

  *to need, to lack*
  *I need two dollars.*
  *I still need two courses to graduate.*

Additional verbs like **gustar** include:

| | | | |
|---|---|---|---|
| **encantar** | *to adore, to enchant* | **importar** | *to matter; to bother* |
| **fascinar** | *to fascinate* | **molestar** | *to bother* |

## 1·6 Combinaciones

Usando elementos de las tres columnas, escribe **seis** oraciones diferentes. Después, comparte las oraciones con un/a compañero/a. Túrnense.

**MODELO**  a mí    fascinar    estudiar español

*A mí me fascina estudiar español.*

| A | B | C |
|---|---|---|
| a mí | (no) caer bien/mal | el fútbol americano |
| a mis amigos | (no) importar | los bigotes |
| a mi hermano y a mí | (no) fascinar | un amigo despistado |
| a ti | (no) parecer bien/mal | cinco dólares |
| a mis padres | (no) quedar | los profesores chistosos |
| a usted | (no) faltar | estudiar español |

## 1·7 Sus opiniones

Los psicólogos nos dicen que formamos opiniones al mirar a una persona. Es hora de dar sus opiniones e impresiones. Usen los siguientes verbos:

(no) caer bien/mal      (no) encantar      (no) fascinar      (no) interesar

**Paso 1** Túrnense para compartir sus opiniones sobre las personas que aparecen en las fotos.

**MODELO**  *Me gustan las pestañas de la mujer…*

**Paso 2** Repite lo que tu compañero/a dijo.

**MODELO**  *A mi compañero de clase le caen bien las personas alegres. Le encantan las pestañas…*

## 1·8 Firma aquí

Busca a un/a compañero/a de clase que pueda responder **sí** a las siguientes preguntas. Al responder afirmativamente, la persona necesita firmar el cuadro.

**MODELO** ¿A quién...? fascinar el cine

E1: *Ana, ¿te fascina el cine?*

E2: *No, no me fascina el cine. Prefiero ir al teatro.*

E1: *Tom, ¿te fascina el cine?*

E3: *Sí, me fascina el cine.*

E1: *Muy bien. Firma aquí, por favor.*

E3: ___*Tom*___

| ¿A quién...? | Firma |
|---|---|
| 1. caer bien Brad Pitt y Angelina Jolie | _____ |
| 2. fascinar el cine | _____ |
| 3. parecer bien estudiar los fines de semana | _____ |
| 4. molestar limpiar la casa | _____ |
| 5. interesar las ciencias | _____ |
| 6. importar tener mucho dinero | _____ |

@ 🎵 🌐 🎵 🔊 📖 **Notas culturales** 🌐 🎵 @ 🌐 🎵 🔊 @

SAM
MSL
1-10

### ¿Hay un latino típico?

¿Cómo puede ser? Los hispanos son un producto de las civilizaciones europeas, indígenas, africanas y asiáticas: una rica mezcla (*mixture*) de muchos grupos diferentes. Hay latinos de pelo castaño, piel oscura y ojos negros, y también los hay de pelo rubio, piel blanca y ojos azules. Y la comida latina es tan variada como la gente. Comer en un restaurante mexicano en España es tan exótico como hacerlo en Argentina. Para los españoles, es un restaurante étnico con comida típica de México —igual (*the same*) que para nosotros aquí en los Estados Unidos.

Muchas veces la gente conoce sólo a una o a dos personas de habla española y piensa que *todos* son iguales. En realidad, todos tienen su propia cultura y muchas veces una gran variedad de características físicas y personales. ¿Hay un *latino* típico? Del mismo modo, también podemos preguntarnos: ¿hay un *estadounidense* típico?

### Preguntas

1. ¿Los hispanohablantes son una mezcla de qué civilizaciones?

2. ¿Los estadounidenses son una mezcla de qué civilizaciones?

3. ¿Por qué es imposible describir a un estadounidense y a un latino típico?

## 1·9 ¿Qué te parece?

Entrevista a **tres** compañeros de clase para descubrir más información sobre ellos.

1. ¿Cuántos años te faltan para graduarte?
2. ¿Qué tipo de profesor/a te cae bien? (e.g., personalidad, características, etc.)
3. A tu profesor/a, ¿qué le gusta además de su carrera?
4. ¿Qué te fascina hacer en tu tiempo libre?
5. ¿Qué les interesa a tus amigos?, ¿a tus padres?

## 1·10 A conocerlo/a mejor

¿Conocen bien a su profesor/a? Adivinen (*Guess*) sus posibles respuestas a las siguientes preguntas. Después, su profesor/a les va a dar las respuestas verdaderas.

*¡Anda! Curso elemental*, Capítulo 1, Los adjetivos descriptivos, Apéndice 3; Capítulo 2, Emociones y estados, Los deportes, y los pasatiempos; Capítulo 5, El mundo de la música, El mundo del cine, Apéndice 2.

1. ¿Qué le gusta más de ser profesor/a?
2. ¿Qué cualidades le parecen buenas en un estudiante?
3. ¿Le interesa viajar a un país hispano este verano? ¿A dónde le interesa ir?
4. ¿Qué le fascina hacer en su tiempo libre?
5. ¿Qué aspectos no le encantan de la vida universitaria?

## ESCUCHA

1-11 to 1-13

**ESTRATEGIA**   Anticipating and predicting content to assist in guessing meaning

There are many ways that we can **anticipate** what we are going to hear before we even hear it! For example, we may be walking past the television and see an image of two people about to kiss. We can **predict** that we will probably hear tender words between two people in love. If we hear two children crying, we can perhaps **anticipate** words of a confrontation or that they have been injured. Then, based on the context, we can **guess the meaning** of unknown or unfamiliar words. Using *visual* and *sound cues* is important to help **predict/anticipate content**. **Guessing** meaning is an equally important tool to help us determine what we hear.

## 1•11 Antes de escuchar

A Adriana le encanta ver un programa de televisión sobre solteros que buscan a su pareja ideal. El programa se llama "Una cita inolvidable" (*An Unforgettable Date*).

La soltera (*bachelorette*) les va a hacer preguntas a los tres solteros para averiguar cómo son y cómo es su mujer ideal.

Basándote en el dibujo, ¿cómo crees que son estos hombres? Describe a cada uno.

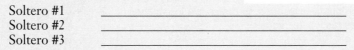

Soltero #1 _____

Soltero #2 _____

Soltero #3 _____

## 1•12 A escuchar

CW
eBook
CD 1
Track 1

Escucha el programa de televisión.

**Paso 1** La primera vez que lo escuches, trata de predecir las respuestas de cada soltero. Escoge la palabra que mejor describe a cada soltero.

Soltero #1:  a. sensible  b. presumido  c. callado
Soltero #2:  a. grosero  b. tímido  c. introvertido
Soltero #3:  a. egoísta  b. gastador  c. agradable

**Paso 2** La segunda vez, adivina lo que significan las siguientes palabras.

Soltero #1:  reino, espejito
Soltero #2:  salón
Soltero #3:  conviene

## 1•13 Después de escuchar

Escucha por tercera vez y haz una lista de todas las palabras que describan a cada soltero. Luego, compara tu lista con la de un/a compañero/a.

## ¿Cómo andas?

Having completed the first **Comunicación,** I now can...

|  | Feel Confident | Need to Review |
|---|:---:|:---:|
| • describe myself and others (p. 32) | ❑ | ❑ |
| • use direct object, indirect object, and reflexive pronouns correctly (p. 34) | ❑ | ❑ |
| • express opinions using verbs formed similarly to *gustar* verbs (p. 38) | ❑ | ❑ |
| • examine cultural stereotypes (p. 40) | ❑ | ❑ |
| • listen to anticipate and predict content to assist in guessing meaning (p. 41) | ❑ | ❑ |

# Comunicación

- Describing yourself and others
- Expressing results
- Expressing what *has* happened

**VOCABULARIO 3** · Algunos estados

SAM

1-14 to 1-15

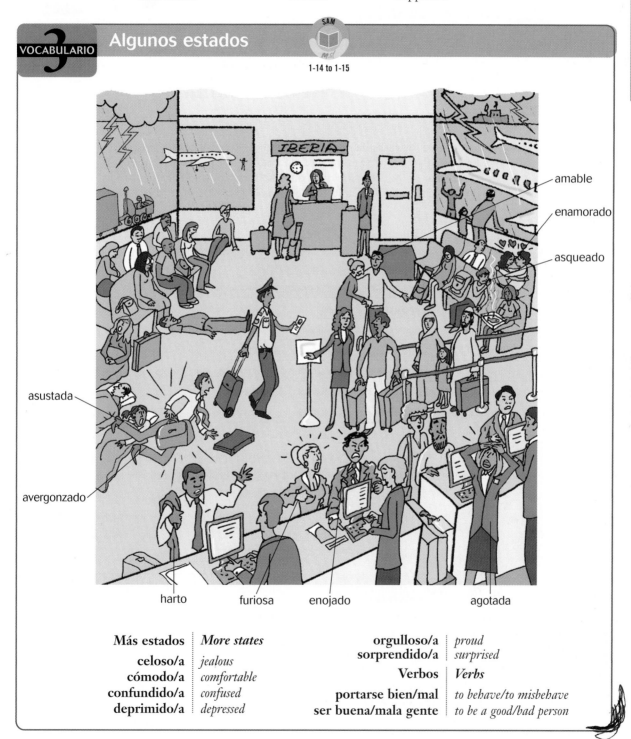

amable
enamorado
asqueado
asustada
avergonzado
harto
furiosa
enojado
agotada

| Más estados | *More states* | | orgulloso/a | *proud* |
|---|---|---|---|---|
| | | | sorprendido/a | *surprised* |
| celoso/a | *jealous* | | **Verbos** | *Verbs* |
| cómodo/a | *comfortable* | | | |
| confundido/a | *confused* | | portarse bien/mal | *to behave/to misbehave* |
| deprimido/a | *depressed* | | ser buena/mala gente | *to be a good/bad person* |

## El parloteo de Cisco

Hoy me llamó Javier, que enseña en la universidad. Me invitó a hablar con su clase de periodismo. Me dijo que quiere una persona organizada y seria pero extrovertida; pues, así soy yo. Voy a explicarles cómo es ser periodista e investigador.

### Deja un comentario para Cisco:

> **Fíjate**
>
> Cisco va a escribir en su blog en cada capítulo. Como lector/bloguista, puedes leerlo y publicar un comentario sobre lo que Cisco escribe en la página web de *¡Anda! Curso intermedio*.

**REPASO**

### El pretérito

In Cisco's blog, he used the verbs **llamó, invitó,** and **dijo.** Remember that to express something you did or something that occurred in the past, you can use the **pretérito** (*preterit*). What follows is a brief review of the preterit. For a complete review, including irregular forms, examples, and verb charts, refer to **Capítulo 7** of *¡Anda! Curso elemental* in Appendix 3.

**1-16 to 1-18**

### Los verbos regulares

Note the endings for regular verbs in the **pretérito** and answer the questions that follow.

> **Fíjate**
>
> Additional irregular preterits will be reviewed in *Capítulo 3*.

**Guide G**

**35**

|  | -ar: comprar | -er: comer | -ir: vivir |
|---|---|---|---|
| yo | compré | comí | viví |
| tú | compraste | comiste | viviste |
| él, ella, Ud. | compró | comió | vivió |
| nosotros/as | compramos | comimos | vivimos |
| vosotros/as | comprasteis | comisteis | vivisteis |
| ellos/as, Uds. | compraron | comieron | vivieron |

1. What are the endings for regular **-ar** verbs in the preterit?
2. What do you notice about the endings for regular **-er** and **-ir** verbs?
3. What forms require written accent marks?

 Check your answers to the preceding questions in Appendix 1.

---

 **1·14 La pirámide**

*¡Anda! Curso elemental*, Capítulo 1, Los adjetivos descriptivos, Apéndice 3.

Con un/a compañero/a, escuchen las instrucciones de su profesor/a y practiquen el vocabulario nuevo jugando a la pirámide.

**MODELO**　　E1: *Es lo opuesto de aburrido.*

E2: *¿Interesante?*

E1: *No, empieza con la letra* d.

E2: *¿Divertido?*

E1: *¡Correcto! ¡Excelente!*

## 1·15 Asociación libre

¿Qué emociones asocian con las siguientes situaciones? Túrnense para crear oraciones.

**MODELO**    antes de un examen

E1: *Me siento confundido.*

E2: *Me siento confiada.*

1. estar en un grupo de personas que no conoces bien
2. trabajar con una persona floja
3. estudiar para un examen de matemáticas
4. estar con la persona que más quieres
5. después de terminar la tarea para la clase de español

> **Estrategia**
>
> You are asked to create sentences about *what happened yesterday* in actividad **1-16**.

## 1·16 La televisión nos controla

Estamos bombardeados con información sobre la gente famosa en la televisión. Túrnense para crear oraciones sobre lo que vieron ayer. Usen **el pretérito**.

**MODELO**    50 Cent / estrenar (*show for first time*) / tatuajes / nuevo

*50 Cent estrenó unos tatuajes nuevos.*

1. Donald Trump / ponerse / peluca / diferente
2. Christina Aguilera / teñirse / pelo
3. Cristina Saralegui / discutir / algo muy serio
4. Los niños de Angelina Jolie y Brad Pitt / portarse / mal
5. Al Pacino / mostrar / cicatriz / grande

## 1·17 De niño/a

> ¡Anda! Curso elemental, Capítulo 8, Las construcciones reflexivas, Apéndice 3.

Tenemos muchos recuerdos sobre las cosas que nos pasaron de niños.

**Paso 1** Entrevista a **cuatro personas** para saber a quiénes les pasaron los siguientes sucesos (*events*).

**MODELO**    ¿Quién…?    no querer probar (*try*) brócoli

E1: *¿Quisiste probar brócoli?*

E2: *No, no lo quise probar pero ahora me gusta.*

| ¿QUIÉN…? | E1 | E2 | E3 | E4 |
|---|---|---|---|---|
| 1. caerse de una bicicleta y hacerse daño | | | | |
| 2. comer demasiados caramelos y enfermarse | | | | |
| 3. leer su primer libro antes de ir al kinder | | | | |
| 4. no querer probar brócoli | | | | |
| 5. romper un juguete de su hermano/a o mejor amigo/a | | | | |

**Paso 2** Comparte las respuestas de tus compañeros con los otros estudiantes de la clase.

**MODELO**    *Cuando eran niños, Mayra y Carmen se cayeron de sus bicicletas. Mayra se hizo daño pero Carmen no…*

## 1·18 Mi mejor característica

Un periodista te entrevista para el nuevo programa de televisión *¡Tipazo!* para averiguar tus mejores características. Contesta y justifica tu respuesta. Túrnense.

**MODELO**  E1: *¿Nos puedes decir cuáles son tus mejores características?*

E2: *Una de mis mejores características es que soy una persona generosa —con mi dinero, con mi tiempo y con mis emociones…*

### GRAMÁTICA 4 — El presente perfecto de indicativo

SAM  1-19 to 1-21

Guide G  55, 56

¿Has oído los comentarios chistosos de Jorge?

No, pero me han dicho que son muy divertidos.

In Spanish, as in English, the **present perfect** is used to refer to what someone *has* or *has not* done.

| | |
|---|---|
| *I **have met** the man of my dreams.* | **He conocido** al hombre de mis sueños. |
| *I am totally in love.* | ¡Estoy completamente enamorada! |

- In Spanish, the *present perfect,* **el presente perfecto de indicativo,** is formed with the present form of the verb *haber* and the **past participle.**

\* **Note:** In the present perfect, the past participle does **not** agree in number and gender with the subject.

| | Present tense of *haber* | Past participle **-ar:** hablar | **-er:** conocer | **-ir:** decidir |
|---|---|---|---|---|
| yo | he | hablado | conocido | decidido |
| tú | has | hablado | conocido | decidido |
| él/ella/Ud. | ha | hablado | conocido | decidido |
| nosotros/as | hemos | hablado | conocido | decidido |
| vosotros/as | habéis | hablado | conocido | decidido |
| ellos/ellas/Uds. | han | hablado | conocido | decidido |

| | |
|---|---|
| **¿Te has acostado** ya? | *Have you gone to bed already?* |
| No **hemos conocido** a toda tu familia todavía. | *We haven't met everyone in your family yet.* |
| Mi madre **ha decidido** no teñirse el pelo. | *My mother has decided not to dye her hair.* |
| ¿Le **has contado** el incidente a tu padre? | *Have you told your father about the incident?* |
| En todas sus películas **ha tenido** pinta de loco. | *In all of his movies he has looked like a crazy person.* |
| Nuestros sobrinos nunca **se han portado** muy bien. | *Our nephews have never behaved very well.* |

● Some past participles have irregular forms. These are some of them:

| Infinitivo | Participio | |
|---|---|---|
| **abrir** *(to open)* | **abierto** | *He abierto la puerta.* |
| **escribir** *(to write)* | **escrito** | *Te han escrito un e-mail.* |
| **decir** *(to say)* | **dicho** | *Mis padres siempre me han dicho la verdad.* |
| **hacer** *(to do; to make)* | **hecho** | *¿Has hecho la tarea para hoy?* |
| **morir** *(to die)* | **muerto** | *Su perro ha muerto.* |
| **poner** *(to put; to place)* | **puesto** | *He puesto tus libros en la mesa.* |
| **resolver** *(to solve)* | **resuelto** | *Mi profesora ha resuelto el problema.* |
| **romper** *(to break)* | **roto** | *He roto mis lentes.* |
| **ver** *(to see; to watch)* | **visto** | *¿Has visto el tatuaje de Juan?* |
| **volver** *(to return)* | **vuelto** | *Mis padres han vuelto de su viaje a Lima.* |

● Finally, object and reflexive pronouns (**me, te, lo, la, nos, los, las, le, les, se**) *always* come **before** the form of **haber.**

| | |
|---|---|
| **No me lo han dicho.** | *They haven't told me about it.* |
| **Se ha ido.** | *She has left.* |
| **¿Nos las has traído?** | *Have you brought them for us?* |

## 1·19  Batalla

Haz un cuadro de **nueve** espacios. Llénalos con **nueve** verbos diferentes con las formas indicadas en el **presente perfecto de indicativo**. Pregúntense si tienen los siguientes verbos. La primera persona con tres **X** gana. Repitan el juego.

| | | | |
|---|---|---|---|
| acabar (yo) | conocer (ella) | dar (nosotros) | decir (tú) |
| hacer (ellas) | oír (yo) | poner (Ud.) | querer (Uds.) |
| salir (nosotros) | traer (yo) | venir (ella) | ver (ellas) |

**MODELO**   E1: ¿Tienes *has dicho*?

E2: No, no tengo *has dicho*. ¿Tienes *ha venido*?

E1: Sí, tengo *ha venido*...

**1·20** Así es él

Gabriela tiene la oportunidad de ver a su amigo Ignacio. Hace mucho tiempo que no lo ha visto. Túrnense para completar la conversación entre ellos con el **presente perfecto de indicativo**.

GABRIELA: ¡Hola, Ignacio! ¿Qué tal (1. estar) _____? ¡Cuánto tiempo! Tú no (2. cambiar) _____ en absoluto. Te ves igual. ¿Qué (3. estar) _____ haciendo?

IGNACIO: ¡Es obvio que tú no (4. hablar) _____ con mi mamá! Se lo está diciendo a todos porque está muy orgullosa: hace seis meses que trabajo como consejero de jóvenes. Otros dos colegas nuevos y yo (5. conocer) _____ a mucha gente interesante en estos últimos meses. Por ejemplo, (6. tener) _____ que aconsejar (*counsel*) a jóvenes que no (7. portarse) _____ bien en la escuela, a otros que (8. ser) _____ flojos en sus trabajos y a otros que (9. tener) _____ problemas en casa. El trabajo es difícil pero me fascina. ¿Qué (10. hacer) _____ tú?

GABRIELA: Yo escribo artículos para nuestro periódico en los que (11. poder) _____ utilizar todo lo que aprendí en mis clases de psicología. Los otros reporteros y yo (12. escribir) _____ historias sobre gente amable, generosa y honesta. Hoy vas a leer un reportaje de dos de mis colegas que (13. resolver) _____ un crimen de unas personas que (14. maltratar) _____ a unas personas mayores en varias ocasiones. ¡Qué mundo es este! ¿Verdad?

IGNACIO: Es verdad, Gabriela. Oye, ¡mira! Allí está José Luis. No lo (15. ver) _____ en por lo menos seis meses. Oye, José Luis, ven acá. Tanto tiempo...

**1·21** Un día típico para ti

Todos los días ocurren muchas cosas y siempre hay mucho que hacer.

**Paso 1** Túrnense para decir lo que ha pasado y lo que no ha pasado hoy.

1. ¿Has arreglado tu cuarto?
2. ¿Has terminado la tarea para mañana?
3. ¿Tus amigos te han escrito un e-mail?
4. ¿Tú y tus amigos han almorzado ya?
5. ¿Has ido a la biblioteca hoy?

**Paso 2** Prepara un resumen de sus respuestas para compartir con los otros estudiantes de la clase.

**MODELO** *Clara y yo hemos arreglado nuestros cuartos pero nuestros compañeros no han lavado los platos...*

## 1·22 ¿Cómo lo han pasado?

Todo el mundo reacciona de manera diferente en situaciones distintas. Túrnense para explicar cómo han reaccionado estas personas en las siguientes situaciones. Pueden usar los verbos de la lista.

♻ *¡Anda! Curso elemental,* Capítulo 8, Las construcciones reflexivas, Apéndice 3.

*¡Anda! Curso intermedio,* Capítulo Preliminar A, pág. 2.

Mi padre                     Mis padres                    Yo                    Mis mejores amigos
                                                                                  y yo

| divertirse | enojarse | agotarse | confundirse |
| enamorarse | asustarse | avergonzarse | sorprenderse |

### Estrategia

Words that are related or similar but are different parts of speech are known as *word families*. For example, the verb *avergonzarse* is like *avergonzado/a*, which you have learned. What do you think *avergonzarse* means, based on the meaning of *avergonzado/a*? Using the concept of word families will help you increase your vocabulary.

**MODELO**   *Mis mejores amigos y yo nos hemos divertido mucho cuando hemos ido a los parques de atracciones. Hemos comido mucho y…*

## 1·23 Así soy yo

Si te describieras (*If you were to describe yourself*) a una persona que no te conociera (*didn't know you*), ¿qué dirías? (*what would you say?*) ¿Qué has hecho en tu vida? ¿Cómo has sido? ¿Qué te ha interesado? ¿Qué te ha fascinado? ¿Qué tipo de personas te han caído bien o mal? Descríbete en por lo menos **ocho** oraciones usando el **presente perfecto de indicativo.** Después, comparte la descripción con **cinco** compañeros.

**MODELO**   *Siempre he sido una persona muy generosa con mi tiempo y mi dinero. No me han caído bien las personas flojas…*

VOCABULARIO **5** **La familia**

SAM
1-22 to 1-23

¡Anda! Curso elemental,
Capítulo 1, La familia,
Apéndice 2.

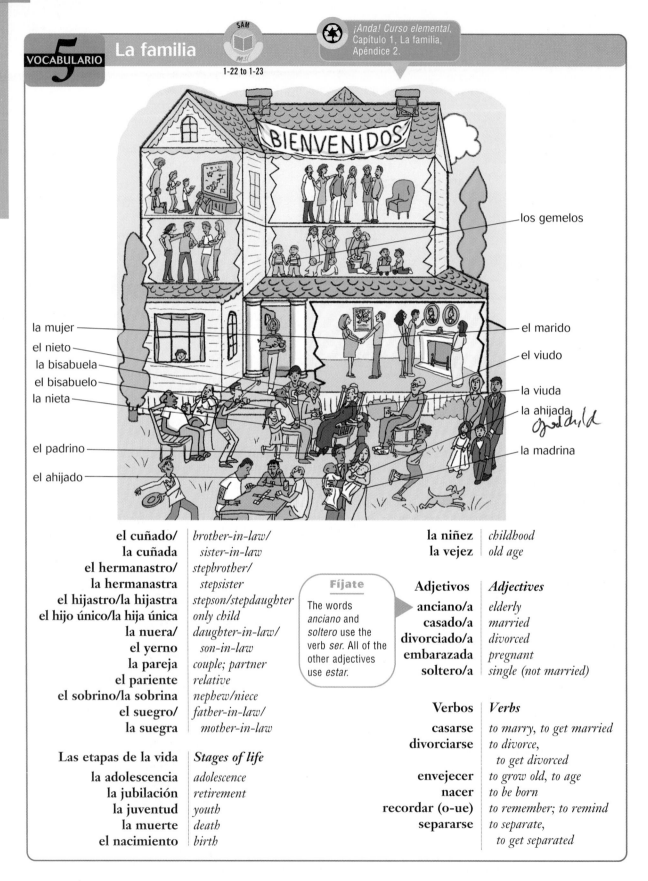

los gemelos

la mujer

el marido

el nieto

la bisabuela

el viudo

el bisabuelo

la nieta

la viuda

la ahijada    *godchild*

el padrino

la madrina

el ahijado

| | | | |
|---|---|---|---|
| **el cuñado/** | *brother-in-law/* | **la niñez** | *childhood* |
| **la cuñada** | *sister-in-law* | **la vejez** | *old age* |
| **el hermanastro/** | *stepbrother/* | | |
| **la hermanastra** | *stepsister* | **Adjetivos** | *Adjectives* |
| **el hijastro/la hijastra** | *stepson/stepdaughter* | **anciano/a** | *elderly* |
| **el hijo único/la hija única** | *only child* | **casado/a** | *married* |
| **la nuera/** | *daughter-in-law/* | **divorciado/a** | *divorced* |
| **el yerno** | *son-in-law* | **embarazada** | *pregnant* |
| **la pareja** | *couple; partner* | **soltero/a** | *single (not married)* |
| **el pariente** | *relative* | | |
| **el sobrino/la sobrina** | *nephew/niece* | **Verbos** | *Verbs* |
| **el suegro/** | *father-in-law/* | **casarse** | *to marry, to get married* |
| **la suegra** | *mother-in-law* | **divorciarse** | *to divorce,* |
| | | | *to get divorced* |
| **Las etapas de la vida** | *Stages of life* | **envejecer** | *to grow old, to age* |
| **la adolescencia** | *adolescence* | **nacer** | *to be born* |
| **la jubilación** | *retirement* | **recordar (o-ue)** | *to remember; to remind* |
| **la juventud** | *youth* | **separarse** | *to separate,* |
| **la muerte** | *death* | | *to get separated* |
| **el nacimiento** | *birth* | | |

**Fíjate**

The words *anciano* and *soltero* use the verb *ser*. All of the other adjectives use *estar*.

## 1·24  ¿Quiénes son?

Túrnense para describir las relaciones entre las siguientes personas. Usen todo el vocabulario nuevo posible en las descripciones.

**MODELO**  *Mariela es la nuera de Luis y Gloria y la hija de…*

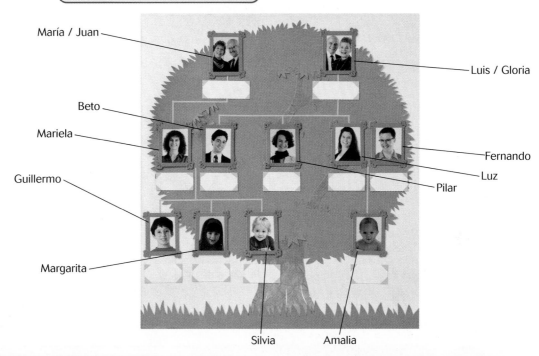

María / Juan

Luis / Gloria

Beto

Mariela

Fernando

Luz

Pilar

Guillermo

Margarita

Silvia        Amalia

## 1·25  Seamos creativos

Este verano, Alberto se reunió con su familia en Puerto Vallarta. Túrnense para hacerle preguntas (E1) y formar las respuestas de Alberto (E2) usando el **pretérito.**

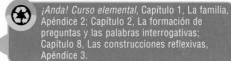

*¡Anda! Curso elemental*, Capítulo 1, La familia, Apéndice 2; Capítulo 2, La formación de preguntas y las palabras interrogativas; Capítulo 8, Las construcciones reflexivas, Apéndice 3.

**MODELO**  nacer / bisabuelos (Buenos Aires, Argentina)

E1: *¿Dónde nacieron tus bisabuelos?*

E2: *Mis bisabuelos nacieron en Buenos Aires, Argentina.*

1. tus suegros / divorciarse (sí, en mayo)
2. separarse / el año pasado (hermana y su marido)
3. compartir (Uds.) / historias / la juventud (sí)
4. nietos / dormirse (en la casa / los abuelos)
5. divertirse / los parientes (sí, mucho)

## 1·26  Un poco personal

Túrnense para hacerse las siguientes preguntas sobre sus familias y sus parientes.

**MODELO**  ¿Cómo se llaman tus ahijados?

E1: *No tengo ahijados.*

E2: *Yo sí tengo una ahijada; se llama Mariela.*

1. ¿Cuándo y dónde naciste?
2. ¿Cuándo y dónde nacieron tus padres, tus abuelos y tus bisabuelos?
3. ¿Tienes hermanastros?, ¿cuántos?
4. ¿Eres hijo/a único/a?
5. ¿Conoces a un/a hijo/a único/a?

## 1·27 La familia real

Túrnense para describir a la familia real española usando el árbol geneológico parcial. Incluye por lo menos **cinco** personas y relaciones entre las tres generaciones.

**MODELO** E1: *El rey de España, Juan Carlos I, nació en el año 1938. Es hijo de Juan de Borbón y Mercedes. Se casó con…*

E2: *Juan de Borbón es el abuelo de…*

D. Juan de Borbón, 1913–1993    Doña Mercedes, 1910–2000

Rey Juan Carlos, 1938    Reina Sofía, 1938

Infanta Elena Duquesa de Lugo, 1963

Leticia Princesa de Asturias, 1972

Infanta Cristina Duquesa de Palma, 1965

Felipe Príncipe de Asturias, 1968

## 1·28 A ver si encuentras…

Es hora de entrevistar.

**Paso 1** Forma preguntas en **el pretérito** según el modelo.

**MODELO** conocer a tus bisabuelos

E1: *¿Conociste a tus bisabuelos?*

**Paso 2** Busca a algún/alguna compañero/a que responda (*answers*) afirmativamente.

**MODELO** E1: *¿Conociste a tus bisabuelos?*    E3: *Sí, conocí a mis bisabuelos.*

E2: *No, no conocí a mis bisabuelos.*    E1: *Bueno, firma aquí, por favor.*

E1: *¿Conociste a tus bisabuelos?*    E3: _____*Janet*_____

| recibir una herencia (*inheritance*) monetaria de tus bisabuelos | divorciarse unos amigos el año pasado | aprender algo importante de tus abuelos |
|---|---|---|
| _____ | _____ | _____ |
| casarse el año pasado | nacer en otro estado | visitar a tus primos la semana pasada |
| _____ | _____ | |
| divertirse durante la niñez | ir de vacaciones con tus parientes el año pasado | conocer a tus bisabuelos |
| | | _____ |

## PERFILES

SAM

1-24

### Familias hispanas

*La familia es muy importante en la cultura hispana. Frecuentemente, es el centro de muchas actividades sociales y culturales. Siempre ha sido el núcleo de apoyo (support) para el individuo hispano. Aquí tienes diferentes representantes de la familia hispana.*

**Lorenzo Zambrano Treviño** (n. 1945) figura en la lista de *Forbes* de los hombres más ricos del mundo. Desde el año 1995 es el presidente de la compañía mexicana CEMEX, fundada por su abuelo y productora importante de cemento. El Sr. Zambrano empezó a trabajar en CEMEX en el año 1968 y ha trabajado en muchos puestos diferentes en la compañía.

**Isabel Allende** (n. 1942) pasó su niñez en Chile. Es una de las autoras latinas más conocidas; escribe en el estilo de realismo mágico. Ha vivido en diferentes países y ahora vive en los EE.UU. Algunas de sus obras se basan en sus experiencias familiares. Su tío fue Salvador Allende, el presidente de Chile de 1970 a 1973.

**La familia real española** goza del respeto y apoyo de su país. La familia está encabezada por el Rey Juan Carlos I y su mujer, la Reina Sofía. Ellos tienen tres hijos: Felipe, Elena y Cristina. Todos los hijos están casados y tienen sus propias familias.

### Preguntas

1. ¿Por qué son importantes estas personas?
2. ¿Qué papel tiene la familia para estas personas?
3. Compara tu familia con una de éstas. ¿En qué son similares y en qué son diferentes?

## 1 29 ¡Feliz cumpleaños!

¿Has ido a una fiesta de cumpleaños recientemente? ¿Hablaste con unos parientes? Selecciona (¡o inventa!) a dos personas de tu familia y descríbele a un/a compañero/a lo que descubriste sobre sus vidas. Usa la obra de Carmen Lomas Garza, *Cumpleaños de Lala y Tudi*, para inspirarte (*inspire you*). Debes usar **el pretérito** cuando puedas.

**MODELO** *El cumpleaños de mi ahijado fue el mes pasado. Me dijeron que mi hermanastro Jorge empezó un trabajo nuevo hace dos meses…*

*Carmen Lomas Garza, "Cumpleaños de Lala y Tudi" (Lala's and Tudi's birthday party), oil on canvas, 36 X 48 inches. Photo credit: Wolfgang Dietze, Collection of Paula Maciel Benecke & Norbert Benecke, Aptos, CA.*

SAM
MSL
1-25 to 1-26

# ¡Conversemos!

| ESTRATEGIAS COMUNICATIVAS | Greetings and farewells |

You have already learned basic greetings and farewells such as **Hola. ¿Cómo estás?** and **Hasta luego.** Here are some additional expressions. Learning these expressions will help you make a great first impression and leave a positive feeling when you depart.

 *¡Anda! Curso elemental, Capítulo Preliminar A, Saludos, despedidas y presentaciones, Apéndice 2.*

**Saludos**
- **¿Cómo/Qué tal amaneció usted/amaneciste?**
- **(Muy) Buenos/Buenas.**
- **¡(Qué) Gusto de verlo/la/te!**
- **¿Qué hay (de nuevo)?**
- **¿Qué me cuenta/s?**

*Greetings*
*How are you this morning?*
*Good morning/afternoon.*
*How nice to see you!*
*What's up/new?*
*What do you say?/What's up?*

**Despedidas**
- **Chao.**
- **Cuídese/Cuídate.**
- **Gusto en verlo/la/te.**
- **Hasta la próxima.**
- **Nos vemos.**
- **Saludos a (nombre)/todos por su/tu casa.**
- **Que le/te vaya bien.**

*Farewells*
*Bye.*
*Take care.*
*Nice to see you.*
*Till next time.*
*See you. (literally, "we'll see each other")*
*Say hi to (name)/everyone at home.*
*Take care.*

CW
eBook
CD 1
Track 2

## 1·30 Diálogos

Escucha los diálogos y contesta las siguientes preguntas.

1. ¿Cómo se saludan y se despiden Nines y Amalia, dos amigas?
2. ¿Cómo se saludan las Sras. Valdés y Lobo, dos personas que no se conocen muy bien?
3. ¿Qué otros saludos y despedidas usan Víctor y Paco, otros amigos?

## 1·31 ¿Cómo nos saludamos y cómo nos despedimos?

Miren las fotos y decidan qué tipo de saludo o despedida es apropiado para cada situación. Luego, inventen un mini-diálogo entre las personas de cada foto para saludarse o despedirse.

## 1·32 El que mucho se despide, pocas ganas tiene de irse

En grupos de tres, escriban un diálogo original con por lo menos **diez** oraciones. Seleccionen una situación entre las siguientes que se presentan a continuación.

1. Unos amigos se encuentran con la novia de uno de ellos en la calle.
2. Otro estudiante y tú llegan a la casa de tu profesor/a de español para cenar y conocen a su pareja por primera vez.
3. Te preparas para salir de la casa de tus tíos después de una visita.
4. Ves a dos vecinos, los saludas, y después de hablar unos minutos, te vas.

## 1·33 De músico, poeta y loco todos tenemos un poco

Eres presidente del club de aficionados (*fans*) de Daddy Yankee, y vas a entrevistarlo durante su gira en tu ciudad. Un estudiante hace el papel del presidente y el otro es Daddy Yankee. Escriban un diálogo entre ustedes con un saludo y **tres** o **cuatro preguntas** sobre lo que Daddy Yankee ha hecho en su gira, lo que le fascina de ser músico y una despedida.

**MODELO**   E1: *Muy buenos, Señor Yankee.*

E2: *¿Qué hay? Llámame Daddy, por favor.*

E1: *¿Dónde has cantado en la gira?*

E2: *He cantado en las ciudades de…*

E1: *¿Qué te gusta más de tu vida como músico?*

E2: *Me fascina el dinero, me encanta cantar y me han caído bien los aficionados como tú…*

## 1·34 Una foto vale más que mil palabras

En grupos de tres, miren las fotos e inventen una historia de por lo menos **ocho** oraciones sobre cada grupo. Luego, creen un diálogo entre ellos. Incluyan saludos y despedidas apropiados.

Incluyan la siguiente información.

1. una descripción de su apariencia física y de su personalidad
2. la relación entre sí (*among them*)
3. algo que han hecho juntos

**MODELO**   *La foto es de tres generaciones de una familia: abuela, madre, hija y nieta…*

# ESCRIBE

SAM
1-27

Good writing is the result of a process involving several steps; it does not just happen. The process approach allows the writer to concentrate on one step at a time, eventually putting them all together to achieve the final product. Each chapter in **¡Anda! Curso intermedio** will focus on a different skill in the writing process.

## ESTRATEGIA    Process writing (Part 1): Organizing ideas

Organizing ideas around a subject brings them together into a coherent, whole unit for writing. The technique of *mapping* (drawing a graphic organizer showing relationships and/or connections among ideas, concepts, themes, etc.) can help you organize your ideas into logical categories that you can then use to begin writing. Try using a map graphic such as the one shown below to organize your thoughts before you begin. First, decide on and label your categories. Then begin to fill in your map with details expanding or explaining each category.

### 1•35    Antes de escribir

Tu escuela secundaria va a tener una reunión y te ha pedido un perfil personal para el libro de recuerdos. De esta manera te puedes reconectar con los compañeros que comparten (*share*) tus intereses.

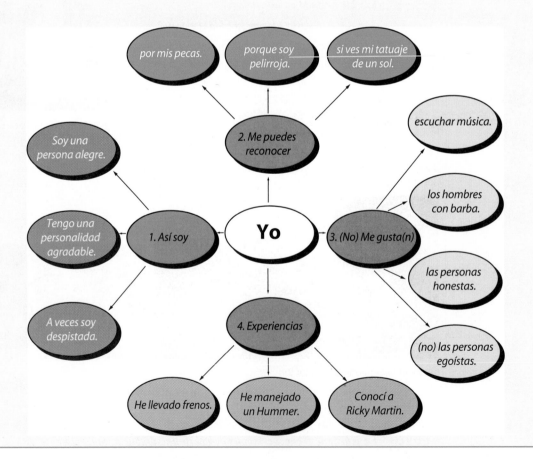

1. Primero, decide sobre las categorías descriptivas que vas a usar (por ejemplo, características físicas, de personalidad, tu edad, los gustos que te describen mejor). Escribe nombres para cada categoría en tu mapa. Puedes usar las categorías sugeridas en el modelo en los círculos rojos o algunas similares.

2. Luego, haz una lista de tus características, según (*according to*) las categorías, y escribe una oración para cada una. Pon estas oraciones en el mapa, bajo la categoría apropiada y en los círculos apropiados.

### 1·36   A escribir

Ahora, usando los grupos de características que has hecho en el mapa y las oraciones relacionadas, elabora tu perfil personal. Puedes mencionar algunos detalles de tu familia si quieres. Tu párrafo debe tener por lo menos **seis** oraciones. Hay que usar **por lo menos dos verbos en el pretérito** y **por lo menos dos verbos en el presente perfecto.**

**MODELO**   *Soy Juana. Nací en California y tengo veinticuatro años; no estoy casada porque todavía soy joven…*

### 1·37   Después de escribir

Entrégale el perfil personal a tu profesor/a. Quizás tu profesor/a lo va a leer a la clase para ver si tus compañeros pueden identificarte.

## ¿Cómo andas?

Having completed the second **Comunicación,** I now can…

| | Feel Confident | Need to Review |
|---|:---:|:---:|
| • use physical and personal descriptions to identify people (p. 43) | ❏ | ❏ |
| • share past events (p. 44) | ❏ | ❏ |
| • express what *has* happened in the recent past (p. 46) | ❏ | ❏ |
| • identify some notable Hispanic families and individuals (p. 53) | ❏ | ❏ |
| • use appropriate greetings and expressions of farewell (p. 54) | ❏ | ❏ |
| • use mapping to organize ideas before writing (p. 56) | ❏ | ❏ |

# Vistazo cultural

## Los hispanos en los Estados Unidos

Soy socióloga en la ciudad de Los Ángeles. Me interesa mi empleo porque trabajo con familias e individuos hispanos. Estudio las características de ellos y también su cultura y sus vidas diarias. Vamos a explorar algunos ejemplos de la cultura hispana individual y familiar aquí en los Estados Unidos.

**Lic. María Sánchez Mansilla,
Socióloga**

### Pío Pico

La familia Pico-con sangre de raíces (*roots*) africanas, nativa americanas, españolas y europeas-fue muy poderosa (*powerful*) políticamente en la historia de California. Pío Pico (1801–1894) fue el último gobernador mexicano de Alta California. El Pico Boulevard en Los Ángeles fue nombrado en su honor.

Carmen Lomas Garza (b. 1948), "Sandia" (Watermelon), 1986, gouache painting on paper, 20 x 28 in. Photo Credit: Wolfgang Dietze Collection of Dudley D. Brooks and Tomas Ybarra-Frausto, New York, NY.

### *Sandía*, Carmen Lomas Garza

Carmen Lomas Garza es una artista chicana de Texas. Sus pinturas ilustran los eventos diarios de su vida en el sur de Texas. Muchas de las pinturas muestran a la familia trabajando y/o divirtiéndose juntos. De esta manera, ella pinta la cultura chicana que experimentó de niña.

### Óscar Hijuelos

Óscar Hijuelos es hijo de inmigrantes cubanos. Nació en Nueva York en el año 1951 y ahora escribe novelas con temas familiares. Ha ganado el Premio Pulitzer por su novela *The Mambo Kings Play Songs of Love* en el año 1990; fue el primer hispano en ganar este premio.

**Los hermanos Molina**

¿Parecen parientes? Estos tres jugadores profesionales de béisbol son hermanos. Juegan en las ligas grandes pero para equipos diferentes. ¡Y los *tres* son receptores (*catchers*)! Son originalmente de Puerto Rico.

Bengie

Yadier

José

**El Paseo del Río en San Antonio, Texas**

Los domingos, la familia puede pasar unas horas agradables en *El Paseo del Río*. Es muy popular hacer una caminata por el paseo. A las familias les encanta andar, tomar un viaje en barco, comer en un restaurante al lado del río o simplemente sentarse y mirar a las personas que pasean por allí.

**El Festival de la Calle Ocho**

Cada marzo, hay un festival enorme en la Calle Ocho de la Pequeña Habana de Miami. En veintitrés cuadras (*blocks*) de la ciudad la gran población cubana allí se celebra su herencia cultural con comida, baile, música y actividades para los niños y toda la familia.

**El Mes de la Herencia Hispana**

El Mes de la Herencia Hispana se celebra del 15 de septiembre hasta el 15 de octubre. Las celebraciones tienen lugar en ciudades por todas partes de los EE.UU.

## Preguntas

1. Selecciona a una de las familias de las fotos (los hermanos Molina o la familia del cuadro de Carmen Lomas Garza) y descríbela. ¿Cómo es similar y cómo es diferente a tu familia?
2. ¿Cuál de los eventos culturales te gusta más? ¿Por qué?
3. ¿Qué son algunas cosas que haces con tu familia?

# Laberinto peligroso

## lectura

1-33 to 1-35

---

**ESTRATEGIA**  **Pre-reading techniques: Schemata, cognates, predicting, and guessing**

Even before you begin to read something, you are already using many clues that help you understand the passage. For example, by focusing on titles and subtitles and also on any pictures and illustrations and their captions, you begin to guess what the passage might contain. You can also use cognates (words that look like English words and mean the same) and your prior knowledge of the world (schemata) to aid in your predictions.

---

En el primer episodio de *Laberinto peligroso,* vas a conocer a Javier, a Cisco y a Celia, tres periodistas que se conocen y que están viviendo en la misma ciudad. Ellos todavía no lo saben, pero están a punto de empezar una gran aventura ¡pero puede ser una aventura muy peligrosa!

**1-38 Antes de leer.** Completa los siguientes pasos.

**Paso 1** Mira el título del episodio. Si no sabes el significado de las palabras, consulta el diccionario.

**Paso 2** Subraya los cognados que aparecen en el primer párrafo.

**Paso 3** Usando los cognados que has identificado y el título, crea una hipótesis sobre el episodio. ¿Qué piensas que va a pasar?

---

**DÍA 1** *¿Periodistas en peligro?*

eBook
CD 1
Track 3

Javier quería sorprender a sus estudiantes. A todos les interesaba mucho el tema del seminario —los reportajes de investigación— pero Javier pensaba que las clases eran demasiado teóricas. Estaba harto de aburrir a sus estudiantes. Cuando aceptó el trabajo como profesor, fue porque le encantaba ser periodista y porque quería tener un impacto en el mundo. Pero sus clases no le parecían interesantes y quería enseñarlas mejor. Después de reflexionar mucho, llegó a una conclusión: a sus estudiantes les hacía falta una perspectiva más práctica y, por eso, Javier decidió invitar a unos periodistas a la clase para formar un panel de expertos.

Estaba seguro de que su amiga Celia lo iba a ayudar. Acababa de llegar a la ciudad y Javier iba a almorzar con ella ese mismo día. Sabía que la oportunidad también le podía interesar a Cisco, un columnista importante que era muy buena gente. Javier decidió llamarlo por teléfono.

—Aló. —Cisco contestó el teléfono con un tono de voz que mostraba que estaba agotado.

—Hola, Cisco, soy Javier. ¿Estás bien? —le preguntó Javier, preocupado.

—Sí, Javier. —respondió Cisco con un tono más alegre. —Simplemente he tenido muchos obstáculos y dificultades con una de mis investigaciones. Me ha frustrado un poco. ¿Qué tal tú?

—Bien, aunque he estado muy ocupado con el seminario que estoy enseñando en la universidad. Por eso te llamo; quiero pedirte un favor.

—¿Qué necesitas?

—Ya sabes que respeto mucho tu trabajo y que me encanta tu columna —dijo Javier con un tono más serio. —Quiero que vengas al seminario para hablar sobre tu columna y las investigaciones que haces. Sé que tienes muchas anécdotas interesantes para contar. ¿Qué te parece?

—Me parece muy interesante. Me encanta participar en ese tipo de actividades. Claro que te ayudo.

—Muchísimas gracias, Cisco. ¿Te puedo llamar dentro de unos días para hablar de los detalles?

—Muy bien. Hablamos entonces. Hasta luego, Javier.

—Adiós, Cisco, y gracias de nuevo.

Después de hablar con Cisco, Javier salió para almorzar con Celia. Cuando entró en el café, Celia ya estaba allí.

—Perdóname por llegar tarde, Celia. ¿Llevas mucho tiempo esperándome?

—No, Javier. Hace cinco minutos que llegué. Siéntate. ¿Qué tal estás?

—¿Qué tal estás tú? ¡Cuánto me alegro de tenerte cerca!

—Estoy bien y muy contenta con mi decisión de vivir aquí durante una temporada.° Estaba tan harta de mi trabajo; realmente necesitaba un descanso.

*a while; period of time*

—¿Qué vas a hacer? ¿Tienes muchos planes? —le preguntó Javier.

—No, tengo muy pocos planes. Voy a hacer investigaciones para unos proyectos, y voy a intentar descansar. —respondió Celia.

—¿La ex-agente federal que siempre ha necesitado estar trabajando ahora quiere "descansar"? ¡No lo creo!

—Créetelo. He cambiado mucho desde mis días con el FBI. Pero no he venido aquí para hablar de eso. Cuéntame cosas de ti. ¿Qué tal va el seminario?

—Bien, pero va a ir mejor gracias a ti; como eres tan buena amiga, me vas a hacer un gran favor.

—¿Ah, sí? ¿Y qué favor es? —preguntó Celia en un tono insinuante.°

*flirtatious*

—Vas a venir al seminario como experta invitada para hablar de tus experiencias como investigadora y como periodista. ¿Te gusta la idea?

—Me parece muy bien. Puedes contar conmigo.

Mientras Javier y Celia continuaron conversando y almorzando, Cisco llegó al café al otro lado de la calle y se sentó con una amiga. En ese café, había un hombre que miraba a Javier y a Celia y también a Cisco. Mientras los observaba, sacó un cuchillo.

**1-39** **Después de leer.** Contesta las siguientes preguntas.

1. ¿Cómo se llaman los personajes principales del episodio? ¿Qué sabemos de ellos?

2. ¿Crees que Javier y Cisco son amigos o conocidos? ¿Piensas que Javier y Celia son amigos o conocidos?

3. ¿Cuál(es) de los personajes ha(n) tenido problemas en su trabajo? ¿Qué tipo de problemas ha(n) tenido? ¿Tiene(n) soluciones?

4. ¿Por cuánto tiempo va a estar Celia en la ciudad?, ¿Qué planes tiene?

5. ¿Qué ocurrió en el restaurante?

# video

En la primera lectura conociste a los tres periodistas que van a ser los personajes principales de *Laberinto peligroso*. En el primer episodio del video, vas a conocerlos un poco más en el contexto del seminario de Javier.

**1-40** **Antes del video.** ¿Has ido alguna vez a una conferencia con un panel de expertos? ¿En qué tipo de lugares hacen las conferencias así? ¿Cómo empiezan normalmente?

Antes de ver el video, contesta las siguientes preguntas.

1. ¿Piensas que los periodistas están en peligro? ¿Por qué?

2. ¿Por qué crees que el hombre del restaurante sacó el cuchillo?

3. El video tiene lugar en el seminario que enseña Javier. ¿Qué piensas que vas a descubrir sobre los personajes y sobre su situación?

… me gusta mucho tu nuevo corte de pelo, te queda muy bien.

Me cae muy bien Emilio. Es muy simpático; no es nada presumido sino muy sencillo.

También trabajé en un restaurante, en un spa, y he escrito unas novelas… he hecho un poco de todo.

*¿Puede ser?*

Episodio 1

**1-41** **Después del video.** Completa los siguientes pasos para describir a los personajes principales.

**Paso 1** Completa cada columna con la información que aprendiste de la lectura y en el video.

| JAVIER | CISCO | CELIA |
|---|---|---|
| 1. *es periodista* | 1. *es periodista* | 1. *es periodista* |
| 2. *es profesor* | 2. *es fuerte* | 2. *tiene el pelo largo* |
| 3. … | 3. … | 3. … |

**Paso 2** Ahora escribe una descripción de un párrafo sobre uno de los personajes.

## Y por fin, ¿cómo andas?

Each chapter will end with a checklist like the one that follows. This is the third time in the chapter that you are given the opportunity to check your progress. Use the checklist to measure what you have learned in the chapter. Place a check in the *Feel Confident* column of the topics you feel you know, and a check in the *Need to Review* column for the topics that you need to practice more.

Having completed this chapter, I now can...

|  | Feel Confident | Need to Review |
|---|:---:|:---:|
| **Comunicación** | | |
| ● describe myself and others. (p. 32) | ❏ | ❏ |
| ● use verbs formed similarly to **gustar.** (p. 38) | ❏ | ❏ |
| ● discuss events in the past. (p. 44) | ❏ | ❏ |
| ● express what *has happened.* (p. 46) | ❏ | ❏ |
| ● predict and anticipate content from context and guess meaning when listening. (p. 41) | ❏ | ❏ |
| ● share information about family members. (p. 50) | ❏ | ❏ |
| ● greet and say good-bye to someone. (p. 54) | ❏ | ❏ |
| ● use the pre-writing skill of mapping to organize ideas for writing. (p. 56) | ❏ | ❏ |
| **Cultura** | | |
| ● examine stereotypes. (p. 40) | ❏ | ❏ |
| ● identify and share details about some well-known Spanish families. (p. 53) | ❏ | ❏ |
| ● share information about Hispanic families and events in the United States. (p. 58) | ❏ | ❏ |
| **Laberinto peligroso** | | |
| ● use schemata, cognates, predicting and guessing to aid in reading comprehension. (p. 60) | ❏ | ❏ |
| ● describe Javier, Celia, and Cisco, and list details about them. (p. 61) | ❏ | ❏ |
| ● hypothesize about the man with the knife. (p. 62) | ❏ | ❏ |

# VOCABULARIO ACTIVO

## La cabeza y la cara — *Head and face*

| | |
|---|---|
| la apariencia | *appearance* |
| la barba | *beard* |
| el bigote | *moustache* |
| las canas | *gray hair* |
| las cejas | *eyebrows* |
| la frente | *forehead* |
| los labios | *lips* |
| el lunar | *beauty mark, mole* |
| la mejilla | *cheek* |
| el mentón | *chin* |
| las pestañas | *eyelashes* |
| la piel | *skin* |

## El pelo — *Hair*

| | |
|---|---|
| calvo/a | *bald* |
| castaño | *brunette, brown* |
| pelo: canoso, corto, largo, lacio, moreno, rizado | *hair: gray, short, long, straight, black, curly* |
| pelirrojo/a | *redhead* |
| rubio/a | *blond* |
| pelo teñido | *dyed* |

## Características notables — *Notable characteristics*

| | |
|---|---|
| la cicatriz | *scar* |
| los frenos | *braces* |
| las pecas | *freckles* |
| la peluca | *wig* |
| la perforación del cuerpo | *body piercing* |
| el tatuaje | *tattoo* |
| la trenza | *braid* |

## Características personales — *Personal characteristics*

| | |
|---|---|
| agradable | *agreeable, pleasant* |
| alegre | *happy, cheerful* |
| callado/a | *quiet* |
| chistoso/a | *funny* |
| cuidadoso/a | *careful* |
| (des)organizado/a | *(dis)organized* |
| despistado/a | *absentminded, scatterbrained* |
| educado/a / maleducado/a | *polite / impolite, rude* |
| egoísta | *selfish* |
| extrovertido/a / introvertido/a | *extroverted / introverted* |
| flojo/a | *lazy* |
| gastador/a | *extravagant, wasteful* |
| generoso/a | *generous* |
| grosero/a | *rude* |
| honesto/a | *honest* |
| pesado/a | *dull, tedious* |
| presumido/a | *conceited, arrogant* |
| raro/a | *strange* |
| sencillo/a | *modest; simple* |
| sensible | *sensitive* |
| serio/a | *serious* |
| tacaño/a | *cheap* |
| terco/a | *stubborn* |
| tímido/a | *shy* |

## Palabras útiles — *Useful words*

| | |
|---|---|
| discapacitado/a | *physically/psychologically handicapped* |

## Algunos estados — *Some states*

| | |
|---|---|
| agotado/a | *exhausted* |
| amable | *nice* |
| asqueado/a | *disgusted* |
| asustado/a | *frightened* |
| avergonzado/a | *embarrassed, ashamed* |
| celoso/a | *jealous* |
| cómodo/a | *comfortable* |
| confundido/a | *confused* |
| deprimido/a | *depressed* |
| enamorado/a | *in love* |
| enojado/a | *angry* |
| furioso/a | *furious* |
| harto/a | *fed up* |
| orgulloso/a | *proud* |
| sorprendido/a | *surprised* |

| Verbos | Verbs |
|---|---|
| **portarse bien/mal** | *to behave/to misbehave* |
| **ser buena/mala gente** | *to be a good/bad person* |

| La familia | Family |
|---|---|
| **el ahijado/la ahijada** | *godson/goddaughter* |
| **el bisabuelo/** | *great-grandfather/* |
| **la bisabuela** | *great-grandmother* |
| **el cuñado/la cuñada** | *brother-in-law/sister-in-law* |
| **los gemelos** | *twins* |
| **el hermanastro/** | |
| **la hermanastra** | *stepbrother/stepsister* |
| **el hijastro/la hijastra** | *stepson/stepdaughter* |
| **el hijo único/** | *only child* |
| **la hija única** | |
| **la madrina/el padrino** | *godmother/godfather* |
| **el marido** | *husband* |
| **la mujer** | *wife* |
| **el nieto/la nieta** | *grandson/granddaughter* |
| **la nuera/el yerno** | *daughter-in-law/son-in-law* |
| **la pareja** | *couple; partner* |
| **el pariente** | *relative* |
| **el sobrino/la sobrina** | *nephew/niece* |
| **el suegro/la suegra** | *father-in-law/mother-in-law* |

| Las etapas de la vida | Stages of life |
|---|---|
| **la adolescencia** | *adolescence* |
| **la jubilación** | *retirement* |
| **la juventud** | *youth* |
| **la muerte** | *death* |
| **el nacimiento** | *birth* |
| **la niñez** | *childhood* |
| **la vejez** | *old age* |
| **el viudo/la viuda** | *widower/widow* |

| Adjetivos | Adjectives |
|---|---|
| **anciano/a** | *elderly* |
| **casado/a** | *married* |
| **divorciado/a** | *divorced* |
| **embarazada** | *pregnant* |
| **soltero/a** | *single (not married)* |

| Verbos | Verbs |
|---|---|
| **casarse** | *to marry, to get married* |
| **divorciarse** | *to divorce, to get divorced* |
| **envejecer** | *to grow old, to age* |
| **nacer** | *to be born* |
| **recordar (o-ue)** | *to remember; to remind* |
| **separarse** | *to separate, to get separated* |

# 2

# El tiempo libre

A la gente le gustan los pasatiempos y los deportes que son tan variados como las personas mismas (*themselves*). El fútbol y el béisbol, por ejemplo, son deportes muy populares en los países hispanohablantes. Para muchos, son deportes para practicar y hacer ejercicio, y para otros son pasatiempos para observar y disfrutar (*enjoy*). Hay deportes y pasatiempos para todos los gustos.

## OBJETIVOS

## CONTENIDOS

### Comunicación

- To share information about sports
- To tell others to do something
- To make suggestions for group action using *Let's*
- To describe pastimes
- To make recommendations and suggestions, to express volition
- To listen for the gist
- To express pardon, request clarification and check for comprehension
- To use linking words to make writing more cohesive

### Cultura

- To discuss an international sporting event
- To identify three elite athletes and champions in the Spanish-speaking world
- To describe sports and pastimes in Mexican culture

### Laberinto peligroso

- To scan, skim, and get the gist of a passage
- To report who Celia is interested in, why Cisco needs another job, and what mysterious phenomenon lurks at Cisco's new job site
- To consider who is trying to harm Celia

*¡A divertirnos!*

## PREGUNTAS

1 ¿Cuáles son tus deportes y pasatiempos favoritos?

2 ¿Cuándo y dónde puedes practicarlos?

3 ¿Cuáles son los deportes más populares en los EE.UU.? ¿Qué deportes se practican en los EE.UU. y en los países hispanos?

# Comunicación

- Sharing information about sports
- Giving instructions, advising, or suggesting that something be done

**VOCABULARIO 1**    Algunos deportes

SAM
2-1 to 2-3

*¡Anda! Curso elemental,* Capítulo 2, Los deportes y los pasatiempos, Apéndice 2.

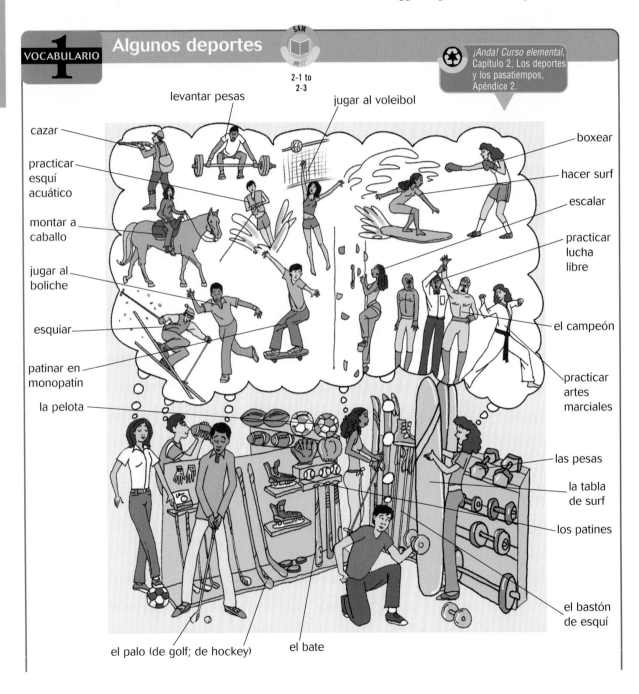

- levantar pesas
- jugar al voleibol
- cazar
- practicar esquí acuático
- montar a caballo
- jugar al boliche
- esquiar
- patinar en monopatín
- la pelota
- boxear
- hacer surf
- escalar
- practicar lucha libre
- el campeón
- practicar artes marciales
- las pesas
- la tabla de surf
- los patines
- el bastón de esquí
- el palo (de golf; de hockey)
- el bate

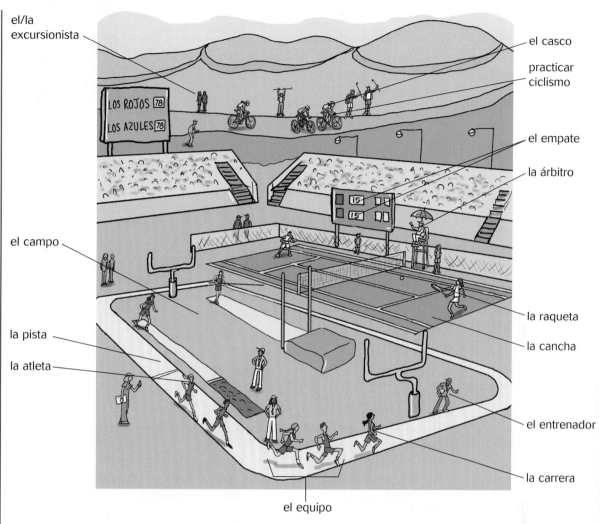

el/la excursionista

el casco

practicar ciclismo

el empate

la árbitro

el campo

la raqueta

la cancha

la pista

la atleta

el entrenador

la carrera

el equipo

| el pilates | *Pilates* |
|---|---|
| el remo | *rowing* |
| el yoga | *yoga* |
| jugar al hockey | *to play hockey* |
| (sobre hielo; sobre hierba) | *(ice; field)* |

| Algunos términos deportivos | *Some sports terms* |
|---|---|
| el árbitro | *male referee, umpire* |
| el atleta | *male athlete* |
| el atletismo | *track and field* |
| el campeonato | *championship* |
| la campeona | *female champion* |
| la competición/la competencia | *competition* |
| deportista | *sporty; sports-loving person* |
| la entrenadora | *female coach* |
| el equipo deportivo | *sporting equipment* |
| el resultado | *score* |
| el tamaño | *size* |

| Algunos adjetivos | *Some adjectives* |
|---|---|
| apropiado/a | *appropriate* |
| atlético/a | *athletic* |
| deportivo/a | *sports-related* |

| Algunos verbos | *Some verbs* |
|---|---|
| competir (e-i-i) | *to compete* |
| entrenar | *to train* |
| ganar | *to win* |
| perder (e-ie) | *to lose* |

LOS ROJOS 78
LOS AZULES 78

**Querido diario:**

Mis amigos me dicen —Celia, haz más ejercicio. No trabajes tanto. Diviértete y no seas tan seria—. Sí necesito ser más activa. Empiezo a hacer ejercicio... mañana.

Preguntas

1. ¿Qué le dicen a Celia sus amigos? ¿Qué piensa hacer Celia para mejorar su condición física?

2. ¿Qué tienes o no tienes en común con ella?

**SAM**

**2-4 to 2-10**

**Guide G**

M.S.

**52**

**REPASO**

## Los mandatos formales e informales

In Celia's diary, she wrote about what her friends have been suggesting to her, e.g., **haz** más ejercicio; No **trabajes** tanto; **Diviértete**—no **seas** tan seria. You will remember that all the boldfaced and italicized words are **informal commands.**

● Remember that to form *familiar* (**tú**) commands, you do the following.

A. The *affirmative* **tú** command is the same as the **él, ella, Ud.** form of the present indicative tense of the verb.

B. To form the *negative* **tú** commands:

1. Take the **yo** form of the present indicative of the verb.

2. Drop the **-o** ending.

3. Add **-es** for **-ar** verbs, and add **-as** for **-er** and **-ir** verbs.

● Also remember that *formal* (**Ud.** and **Uds.**) commands are similar to the negative **tú** command forms (see point **B**), but rather than adding **-es** and **-as** to verbs, you add an **-e/en** and **-a/an**. To make them negative, you simply place a **no** before the verb.

For more review information on commands (including irregular **tú** commands and object placement), please refer to **Capítulo 10** of *¡Anda! Curso elemental* in Appendix 3.

**Estrategia**

When learning vocabulary, study the list and quickly begin to eliminate the words you already know and the others that you can learn quickly. Focus on the remaining words and phrases for more concentrated study.

 **2 1** ¿Va o no va?

Completen los siguientes pasos.

**Paso 1** Escojan la palabra que no pertenece a cada uno de los siguientes grupos. Túrnense.

1. el atletismo, la carrera, la pista, el boliche
2. el árbitro, la tabla de surf, la raqueta, el bate
3. el entrenador, la cancha, el atleta, el campeón
4. la pista, el palo, los patines, las pesas
5. la pelota, la cancha, el tamaño, la raqueta

**Paso 2** Expliquen por qué la palabra que escogieron no pertenece.

*¡Anda! Curso elemental,* Capítulo 2, Los deportes y los pasatiempos, Apéndice 2.

**2-2 El entrenador**

Túrnense para darles instrucciones a unos atletas, usando **los mandatos informales.**
**Paso 1** Diles lo que deben hacer.

**MODELO** esquiar / en los Andes
*Esquía en los Andes.*

1. practicar artes marciales / para tener más equilibrio
2. patinar en monopatín / con un casco
3. hacer surf / con un profesional
4. jugar al boliche / los sábados con nosotros
5. repetir / los ejercicios con pesas ligeras (*light*)
6. ir / a ver la competición del atletismo
7. comer carbohidratos / antes de boxear
8. poner / las pelotas en la cesta (*basket*)
9. buscar / los bates en el campo
10. dormir / ocho horas cada noche

**Paso 2** Ahora diles lo que no deben hacer.

**MODELO** esquiar / en los Andes
*No esquíes en los Andes.*

**Estrategia**

Remember that stem-changing verbs in the present indicative will usually reflect those changes in the *Ud., Uds.,* and *tú* commands. What are the commands for *cerrar, servir,* and *dormir*?

⊗ *¡Anda! Curso elemental, Capítulo 2, Los deportes y los pasatiempos, Apéndice 2.*

 **2-3 Los deportes en la UCA**

El semestre que viene, vas a estudiar en la UCA (Universidad Católica Argentina). Tienen un gran programa deportivo y quieres participar.
**Paso 1** Completa el formulario.

Complete el siguiente formulario para recibir información detallada de las actividades deportivas a realizarse durante el año escolar.

fútbol
___ novicio
___ recreativo
___ competitivo

polo
___ novicio
___ recreativo
___ competitivo

tenis
___ novicio
___ recreativo
___ competitivo

hockey
___ novicio
___ recreativo
___ competitivo

voleibol
___ novicio
___ recreativo
___ competitivo

golf
___ novicio
___ recreativo
___ competitivo

básquetbol
___ novicio
___ recreativo
___ competitivo

escuela montaña
(escalar)
___ novicio
___ recreativo
___ competitivo

UNIVERSIDAD CATÓLICA ARGENTINA

**Paso 2** Comparte el formulario con tus compañeros en grupos de tres o cuatro. ¿Van a participar en los mismos deportes? ¿En qué deportes son novicios? ¿En qué deportes están al nivel recreativo?, ¿nivel competitivo? Luego, formen **cuatro mandatos informales** para animarlos o desanimarlos.

**MODELO** E1: *Joe, no juegues al fútbol. Practica el remo conmigo.*
E2: *Sarah, juega al voleibol conmigo. No escales la montaña...*

**Fíjate**

Remember to say "with me," you say *conmigo.*

**Fíjate**

You see in the directions to **2-4** the word *primito*, meaning *little cousin*. The endings *ito/a/s* mean *small/little/cute/endearing*. How would you say *my little female cousin? Her little house? Our little books?*

*¡Anda! Curso intermedio*, Capítulo 1, Review of direct object pronouns, pág. 34.

 **2 4** **Te toca a ti**

Tienen un primito bien atlético. Túrnense para contestar sus preguntas. En sus respuestas, deben usar **los pronombres de complemento directo.**

*¡Anda! Curso elemental*, Capítulo 9, Un resumen de los pronombres de complemento directo, indirecto y reflexivos, Apéndice 3.

**MODELO** ¿Puedo escalar el estante de libros? (No)
*No, no lo escales.*

1. ¿Puedo usar tus patines? (No)
2. ¿Puedo levantar las pesas grandes? (Sí)
3. ¿Puedo ponerme tu casco para patinar en monopatín? (No)
4. ¿Puedo practicar artes marciales en tu garaje? (Sí)
5. ¿Puedo comprar unas pelotas de tenis? (Sí)

 **2 5** **Cosas para hacer y no hacer**

Túrnense para formar **mandatos formales afirmativos y negativos** con las siguientes palabras.

**MODELO** el bastón de esquí (Ud.)
*Busque el bastón de esquí. No compre bastones de esquí nuevos...*

1. los palos de golf (Ud.)
2. la lucha libre (Uds.)
3. el casco (Uds.)

4. las pesas (Ud.)
5. el equipo (Uds.)
6. la árbitro (Ud.)

*¡Anda! Curso elemental*, Capítulo 2, Los deportes y los pasatiempos; Capítulo 7, La comida; Capítulo 9, El cuerpo humano, Apéndice 2.

 **2 6** **Sus consejos**

Antonia Novello, de Fajardo, Puerto Rico, fue la primera mujer y la primera hispana en ocupar el puesto de Cirujana General de los Estados Unidos (1990–1993). En una conferencia reciente, le da consejos al público sobre cómo vivir una vida sana y segura. Formen por lo menos **cinco mandatos formales afirmativos** y **tres negativos** que ella podría (*could*) dar.

**MODELO** *Es importante ser activo y es necesario usar el equipo deportivo adecuado. Por ejemplo, compren un casco bueno para practicar ciclismo...*

Antonia Novello

**2-7** Un deporte para cada quien

*¡Anda! Curso elemental,* Capítulo 2, Los deportes y los pasatiempos, Apéndice 2.

Túrnense para darles consejos a unos jóvenes que quieren ponerse en forma.

**MODELO** Nos gustan los animales.
*Pues, monten a caballo.*

1. Nos gusta la nieve.
2. Nos gustan las bicicletas.
3. Nos gustan las montañas.
4. Nos gusta el hielo.
5. Nos gusta el agua.
6. Nos gusta el gimnasio.

---

**Estrategia**

Remember to use the *Ud./Uds.* forms with people you do not know well or with whom you are not on a first-name basis. Guests in a hotel would fall into this category.

 **2-8** El Centro Turístico de Punta Cana

¡Qué suerte! Tienen la oportunidad de trabajar durante un verano en un centro turístico muy exclusivo en la República Dominicana. Túrnense para ayudar a los huéspedes (*guests*) a escoger el deporte perfecto.

**Fíjate**

Miguel Indurain is a Spanish cyclist, winner of numerous races including the prestigious Tour de France. Many consider him the best Spanish athlete of all time and one of the greatest in cycling history.

**MODELO** Soy una persona muy enérgica y quiero hacer algo para aliviar el estrés.
*Pues, practique artes marciales.*

1. Admiro mucho a Lance Armstrong y a Miguel Indurain.
2. No me gusta jugar en equipo.
3. Me siento muy joven y me gusta el peligro (*danger*).
4. No soy muy fuerte.
5. Traje una raqueta.
6. Me gusta correr.

Punta Cana

 *¡Anda! Curso elemental,* Capítulo 2, Los deportes y los pasatiempos; Capítulo 4, Los lugares; Capítulo 5, El mundo de la música, El mundo del cine, Apéndice 2.

 **2-9** Vengan a vernos

Escriban un anuncio de publicidad para el Centro Turístico de Punta Cana. Usen por lo menos **ocho mandatos formales**. ¡Sean creativos!

**MODELO** *¡Señoras y señores! Vengan al Centro Turístico de Punta Cana para pasar siete días estupendos con nosotros. Por ejemplo, jueguen al béisbol y usen el mismo bate que usó Sammy Sosa. También…*

## GRAMÁTICA 2 — Los mandatos de *nosotros/as*

SAM
2-11 to
2-12

Guide
G
49

In the **Repaso** section, we revisited the **tú** and **Ud. /Uds.** commands. Whenever you wish for people to join you in doing things, you use the **nosotros** commands. These commands are the equivalent of the English *Let us/Let's…*

¡Esquiemos!   ¡Cacemos!

- The endings are the same for all regular and irregular verbs and are formed like the **Ud., Uds.,** and negative **tú** commands:

1. Take the **yo** form of the present indicative tense of the verb.
2. Drop the **-o** ending.
3. Add **-emos** for **-ar** verbs, and add **-amos** for **-er** and **-ir** verbs.

<br>

caminar          yo caminø + **emos**          camin**emos**

|  | ganar | correr | vivir |
|---|---|---|---|
| nosotros | gan**emos** | corr**amos** | viv**amos** |

Mont**emos** a caballo hoy.                    *Let's go horseback riding today.*
Y corr**amos** en el parque.                    *And let's go running in the park.*

- Note that these endings do not change their form in the negative **nosotros** command.

No mont**emos** a caballo hoy.                *Let's not go horseback riding today.*
Y no corr**amos** en el parque.                *And let's not go running in the park.*

- Some common irregular verbs are formed as follows:

|  | hacer | poner | ser | traer |
|---|---|---|---|---|
| nosotros | ha**gamos** | pon**gamos** | se**amos** | trai**gamos** |

|  | decir | ir | oír | salir |
|---|---|---|---|---|
| nosotros | di**gamos** | **vayamos** | oi**gamos** | sal**gamos** |

No **vayamos** al partido de fútbol esta noche.        *Let's not go to the soccer game tonight.*
Ha**gamos** una fiesta en casa.                *Let's have a party at home.*
Sal**gamos** para el centro.                    *Let's go downtown.*

- Note the spelling changes for some common verbs ending in **-car, -gar,** and **-zar.**

|  | practicar | jugar | empezar |
|---|---|---|---|
| nosotros | practi**quemos** | ju**guemos** | empe**cemos** |

**Practiquemos** ciclismo con toda la familia.        *Let's go cycling with the whole family.*
No **juguemos** sin los niños.                *Let's not play without the children.*
**Empecemos** el juego a las dos.                *Let's start the game at two.*

● Stem changing **-ir** verbs, such as **dormir (o-ue-u)** and **competir (e-i-i)** change as follows:

|  | dormir (o-ue-u) | | competir (e-i-i) | |
|---|---|---|---|---|
|  | present | *nosotros* command | present | *nosotros* command |
| nosotros | dormimos | durmamos | competimos | compitamos |

**Durmamos** más para poder jugar mejor.          *Let's sleep more so that we will be able to play better.*

**Compitamos** contra el equipo de tu hermano.      *Let's compete against your brother's team.*

● As in the case of **tú** and **Ud(s).** commands, object pronouns are used with **nosotros** commands, as shown in the examples that follow. With reflexive verbs, or when adding the pronoun **se,** the final **-s** is dropped from **-mos** (for example, **sentémonos**).

Jorge, ¿dónde está tu casco?                        *Jorge, where is your helmet?*

Busquémoslo ahora mismo.                            *Let's all look for it right now.*

¿Cuándo vamos a comprar las raquetas nuevas de      *When are we going to buy the new tennis rackets?*
   tenis? Comprémoslas ahora.                           *Let's buy them now.*

¿Las raquetas? No las compremos ahora; esperemos    *The rackets? Let's not buy them now; let's wait until*
   hasta la semana que viene.                           *next week.*

¿Tienes el palo para Pepe?                          *Do you have the golf club for Pepe?*

Sí, pero no se lo demos ahora.                      *Yes, but let's not give it to him now.*

Dejemos de hablar. ¡Levantémonos y juguemos!        *Let's stop talking. Let's get up and play!*

Ella necesita unas pelotas de tenis.                *She needs some tennis balls.*

Comprémoselas antes de irnos a la cancha.           *Let's buy them for her before going to the tennis court.*

---

1. Where are object pronouns placed when used with affirmative commands?
2. Where are object pronouns placed when used with negative commands?
3. When do you need to add a written accent mark?

 Check your answers to the preceding questions in Appendix 1.

---

**Note:** Affirmative **nosotros** commands can also be expressed using the phrase **vamos a** + *infinitive.* To express "let's not" do something, the subjunctive is used.

**Vamos a patinar** en monopatín mañana.            *Let's go skateboarding tomorrow.*

**Vamos a esquiar** este fin de semana.             *Let's go skiing this weekend.*

**No vayamos al gimnasio** a levantar pesas          *Let's not go to the gym to lift weights*
   hoy. Estoy cansada.                                  *today. I'm tired.*

**No vayamos al partido** de hockey esta noche.      *Let's not go to the hockey game tonight.*

CAPÍTULO 2

 **2·10** **De otra manera**

Cambien los mandatos **vamos a** + *infinitivo* a mandatos de nosotros/as. Túrnense.

**MODELO**  Vamos a bailar.
*Bailemos.*

Vamos a...

1. practicar lucha libre.
2. hacer surf.
3. repetir el juego.
4. jugar al hockey.
5. competir contra el equipo de Tomás.
6. escalar montañas.
7. montar a caballo.
8. esquiar.

La montaña Aconcagua
en Argentina

*¡Anda! Curso intermedio*, Capítulo 1,
Otras características personales, pág. 32.

*¡Anda! Curso elemental*,
Capítulo 2, Los deportes y los
pasatiempos, Apéndice 2.

**2·11** **Así somos**

Hay una actividad para cada personalidad. Túrnense para sugerir actividades a las siguientes personas.

**MODELO**  Somos deportistas.
E1: *Escalemos las montañas.*
E2: *Buena idea. Esquiemos también.*

Somos...

1. extrovertidos
2. tacaños
3. pobres
4. fuertes
5. callados
6. flojos
7. ricos
8. débiles

*¡Anda! Curso intermedio*, Capítulo 1,
Algunos verbos como *gustar*, pág. 38.

 **2·12** **¿Qué hacemos?**

Circula por la clase y habla con **dos** personas para poder encontrar una(s) actividad(es) que puedan hacer juntos.

**MODELO**  YO: *A mí no me gusta hacer surf, ¿a ti Julie?*
E1: *A mí tampoco me gusta hacer surf.*
E2: *A mí sí me gusta hacer surf.*
YO: *Bueno. Lo siento, Al, pero no hagamos surf.*

| ACTIVIDAD | Yo | E1 _Julie_ | E2 _Al_ |
|---|---|---|---|
| 1. hacer surf | *no* | *no* | *sí* |
| 2. hacer ejercicio | | | |
| 3. jugar al tenis | | | |
| 4. nadar | | | |
| 5. patinar sobre hielo | | | |
| 6. tomar el sol | | | |
| 7. montar a caballo | | | |

2-13  **Notas culturales**

## La Vuelta al Táchira

A muchos deportistas les encanta el desafío (*challenge*) que acompaña una competencia deportiva. Investiguemos un evento que tiene lugar anualmente en el estado de Táchira en Venezuela. Se trata de una competencia de ciclismo que ocurre en el mes de enero durante la Fiesta de San Sebastián. En esta difícil competencia participan ciclistas de todo el mundo. Muchas personas creen que la Vuelta al Táchira es el evento ciclista más importante de América.

Consideremos los elementos del desafío: la distancia de la ruta es de más de 1.700 kilómetros en total. El terreno es muy montañoso. La competencia se divide en trece etapas y dura dos semanas. Y no olvidemos la rivalidad que existe en esta competencia entre los participantes colombianos y venezolanos en particular. Así que es un evento con mucha emoción y actividad.

La Vuelta al Táchira

La ruta recorrida en la Vuelta al Táchira

### Preguntas

1. ¿Qué tipo de deporte se practica en Táchira?
2. Describe la competencia: cuándo es, el terreno, la distancia de la ruta, etc.
3. ¿Cómo se puede preparar un participante para la Vuelta?
4. ¿Qué otras competiciones internacionales conoces?

## 2·13  ¡Conversemos!

Túrnense para hacer planes para el próximo fin de semana.

**MODELO**   jugar al boliche

E1: *Me gusta jugar al boliche.*

E2: *Yo también juego al boliche.*

E1: *Entonces, juguemos al boliche este fin de semana.*

1. boxear
2. practicar artes marciales
3. ir al partido de básquetbol
4. jugar al golf
5. hacer surf

6. ser árbitro/a
7. comprar unos patines para jugar al hockey
8. ver la competición de atletismo en la tele

## 2·14 En el Hotel Palacio de la Luna

¡Van a pasar las vacaciones de primavera en Cancún, México —por cuatro días! Decidan cuáles de las posibles actividades quieren hacer. Después, compartan sus listas entre todos.

la Luna Golf y Spa Resort

🌸 2 piscinas estilo libre con 6 jacuzzis
🌸 4 bares de piscina
🌸 2 piscinas para niños
🌸 piscina al aire libre en el club de golf
🌸 demostración de buceo
🌸 marina de deportes acuáticos
🌸 instalaciones de spa ($)
🌸 2 gimnasios
🌸 sauna y baños de vapor
🌸 bicicletas
🌸 yoga y pilates
🌸 6 canchas de tenis iluminadas
🌸 2 canchas de básquetbol
🌸 voleibol de playa
🌸 fútbol de playa
🌸 billares
🌸 juegos de mesa
🌸 Club de niños (4 a 12 años)
🌸 Discoteca Andrómeda
🌸 fiestas temáticas

*En el Palacio de la Luna Golf y Spa Resort se puede encontrar toda la acción y emoción que uno busca. Para empezar, nuestras piscinas al aire libre estilo laguna figuran entre las más grandes de México ocupando una extensión de más de 200 metros a lo largo de la playa e incluyen jacuzzis, bares y áreas infantiles. Además, nuestro campo de golf ofrece 18 hoyos y es uno de los mejores de México.*

| NUESTRAS ACTIVIDADES POR DÍA: | | | |
|---|---|---|---|
| **lunes** | **martes** | **miércoles** | **jueves** |
| **de día:** *levantemos pesas* | **de día:** | **de día:** | **de día:** |
| **de noche:** *compitamos jugando al tenis* | **de noche:** | **de noche:** | **de noche:** |

## 2·15 ¿Qué hacemos este fin de semana?

Jamás hay suficiente tiempo durante los fines de semana. Conversen sobre las posibilidades de hacer algo con sus parientes o mejores amigos.

comer en nuestro restaurante favorito

hacer la tarea

ir al partido de béisbol

limpiar la casa

practicar el esquí acuático

dormir doce horas cada noche

hacer un postre

viajar en barco

pasar la aspiradora

salir a bailar

**MODELO**    E1: *¿Qué quieren hacer este fin de semana? Si todos tenemos hambre, comamos en nuestro restaurante favorito.*

E2: *Buena idea; también, si tenemos tiempo el sábado por la mañana, durmamos...*

# ESCUCHA

SAM
2-14 to
2-17

ESTRATEGIA   Listening for the gist

When you are speaking with someone or listening to a description or narration, you can often understand what is being said by paying attention to the speaker's intonation, gestures, the topic being discussed, and the overall context. You do not need to understand every word, but by focusing on specific details you can get the *gist*, or main idea(s), of what is being said. You should be able to state the gist of a passage in one or two sentences.

## 2•16   Antes de escuchar

Describe a las personas que aparecen en la foto. ¿Dónde están? ¿De qué crees que están hablando? ¿Qué crees que van a hacer?

1. ¿Con quiénes pasas tú la mayoría de tu tiempo? ¿Qué tienes en común con esas personas?
2. ¿Cómo pasan el tiempo?
3. Generalmente, ¿qué haces los fines de semana?

## 2•17   A escuchar

CD 1
Track 15

Completa los siguientes pasos.

**Paso 1** Lee las oraciones que aparecen a continuación. Después, escucha la conversación entre Jorge y Rafa mientras hablan de sus planes para el fin de semana. Después de escuchar, escoge la oración que mejor describe la conversación.

a. Deciden hacer un poco de todo —levantar pesas, hacer surf y esquiar.
b. Se pelean (*They fight*) porque Consuelo no va a limpiar las ventanas.
c. No pueden ponerse de acuerdo (*agree*) porque quieren hacer cosas diferentes.

**Paso 2** Antes de escuchar la conversación otra vez, lee las siguientes preguntas y respuestas. Por fin, ¿qué deciden hacer Jorge y Rafa? Escoge las respuestas correctas después de escuchar.

1. ¿Cuál de estas cosas quiere hacer Jorge?
   a. esquiar      b. jugar al boliche      c. patinar en monopatín
2. ¿Cuál de estas cosas quiere hacer Rafa?
   a. cazar      b. boxear      c. montar a caballo
3. ¿Cuál es el acuerdo (*compromise*)?
   a. Primero van a limpiar la casa y después van a ir al gimnasio.
   b. Deciden estudiar, pero el próximo fin de semana van a hacer algo más activo y al aire libre.
   c. Van a hacer la compra para la semana y ayudar a Consuelo.

**2•18**

**Después de escuchar**

Mira o escucha el prognóstico del tiempo (*weather report*) en español (de la televisión, la radio o el Internet). Basándote en ese prognóstico, planea un fin de semana perfecto. Después, haz un segundo plan en caso de que cambie el tiempo (por ejemplo, si llueve).

## ¿Cómo andas?

Having completed the first **Comunicación**, I now can...

|  | Feel Confident | Need to Review |
|---|---|---|
| ● list different sports people participate in and/or watch. (p. 68) | ❏ | ❏ |
| ● give instructions and advice regarding sports and pastimes. (p. 70) | ❏ | ❏ |
| ● suggest things to do using *Let's...* (p. 74) | ❏ | ❏ |
| ● describe an international cycling competition. (p. 77) | ❏ | ❏ |
| ● listen for and identify the gist of a conversation. (p. 79) | ❏ | ❏ |

# Comunicación

- Sharing about pastimes
- Expressing choices and desires

**VOCABULARIO 3**

## Algunos pasatiempos

SAM
2-18 to
2-19

*¡Anda! Curso elemental,*
Capítulo 2, Los deportes y los
pasatiempos, Apéndice 2.

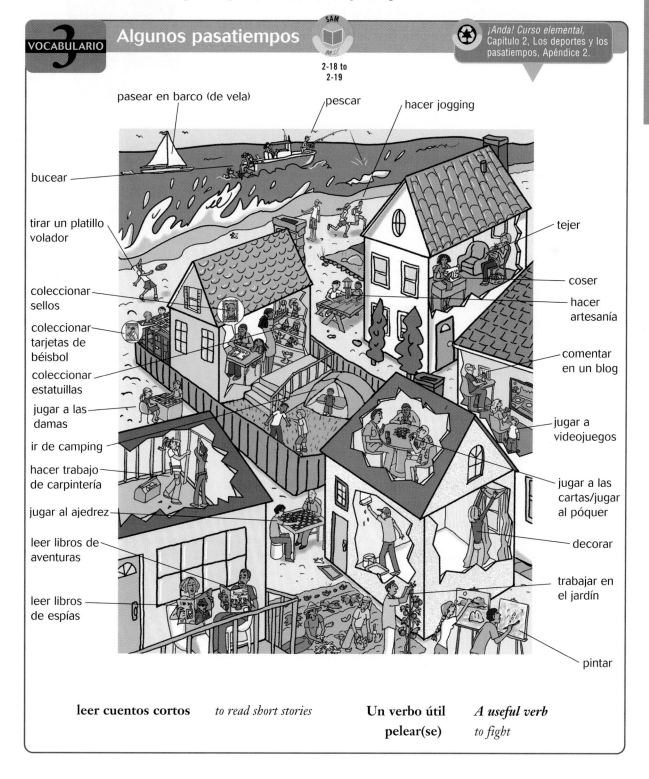

pasear en barco (de vela)

pescar

hacer jogging

bucear

tirar un platillo volador

coleccionar sellos

coleccionar tarjetas de béisbol

coleccionar estatuillas

jugar a las damas

ir de camping

hacer trabajo de carpintería

jugar al ajedrez

leer libros de aventuras

leer libros de espías

tejer

coser

hacer artesanía

comentar en un blog

jugar a videojuegos

jugar a las cartas/jugar al póquer

decorar

trabajar en el jardín

pintar

| | | | |
|---|---|---|---|
| **leer cuentos cortos** | *to read short stories* | **Un verbo útil** | *A useful verb* |
| | | **pelear(se)** | *to fight* |

## El parloteo de Cisco

Cualquiera que lea mis comentarios sabe que he sido aficionado a muchos deportes distintos. Ahora trabajo en el jardín de mi casa pero... ¿Hay alguien que sepa algo de plantas? Quizás me pueda ayudar...

**Deja un comentario para Cisco:**

**REPASO**

### El subjuntivo

In Cisco's blog, you see the verbs **lea, sepa,** and **pueda,** which are verbs in the **subjunctive.** You may remember from your previous Spanish classes that *tenses* such as the present, past, and future are grouped under two different moods: the **indicative** mood and the **subjunctive** mood.

2-20 to
2-21

The **indicative** mood reports what happened, is happening, or will happen. The **subjunctive** mood is used to express doubt, uncertainty, influence, opinion, feelings, hope, wishes, or desires about events that are happening or might be happening now, have happened or might have happened in the past, or will/may happen in the future. The following is an overview of regular present subjunctive forms.

46, 51

### Present subjunctive

|                   | estudiar   | comer    | vivir    |
|-------------------|------------|----------|----------|
| yo                | estudie    | coma     | viva     |
| tú                | estudies   | comas    | vivas    |
| él, ella, Ud.     | estudie    | coma     | viva     |
| nosotros/as       | estudiemos | comamos  | vivamos  |
| vosotros/as       | estudiéis  | comáis   | viváis   |
| ellos/as, Uds.    | estudien   | coman    | vivan    |

**Note**: The **Ud., Uds., nosotros,** and negative **tú** commands all take their forms from the subjunctive.

For irregular subjunctive forms and a few basic uses that you may have learned in your beginning Spanish course, refer to **Capítulo 11** of *¡Anda! Curso elemental* in Appendix 3. Also, this chapter will have more on the subjunctive in the next new grammar section.

**2·19** ¡Practiquemos!

La práctica hace maestros. Completa los siguientes pasos.

**Paso 1** Para cada palabra o expresión en la lista, escoge la foto que le corresponde. Túrnense.

a.   b.   c.   d.

e.   f.   g.   h.

1. \_\_\_\_ bucear
2. \_\_\_\_ pasear en barco
3. \_\_\_\_ tejer
4. \_\_\_\_ tirar un platillo volador
5. \_\_\_\_ coleccionar sellos
6. \_\_\_\_ jugar al ajedrez
7. \_\_\_\_ coser
8. \_\_\_\_ trabajar en el jardín

**Paso 2** Túrnense para practicar diferentes formas de los **ocho** verbos del **Paso 1** en **el presente del subjuntivo,** usando **quizás.**

**MODELO**  E1: jugar al ajedrez / yo
E2: *Quizás juegue al ajedrez.*
E2: jugar al ajedrez / nosotros
E1: *Quizás juguemos al ajedrez.*

**Fíjate**

Remember that you are familiar with the subjunctive forms from your practice with *Ud.* (*¡Estudie!*) and negative *tú* (*¡No hables!*) commands!

 **2·20** Deseos

Túrnense para crear oraciones sobre los deseos de las siguientes personas.

**MODELO**  Ojalá / nosotros / decorar / la cocina / el próximo año.
*Ojalá nosotros decoremos la cocina el próximo año.*

1. Quizás / ellos / bucear / este junio.
2. Ojalá / mis hijos / coleccionar tarjetas de béisbol / como yo.
3. Ojalá / tú / poder jugar al ajedrez / con tu familia.
4. Tal vez / Inés / tejer / un suéter.
5. Quizás / tú y yo / pasear en barco de vela / este verano.
6. Tal vez / Raúl / jugar al póquer / en Las Vegas.
7. Quizás / yo / ir de camping / este otoño.
8. Ojalá / tú / leer este libro de espías.

**Fíjate**

The expression *Ojalá (que)* comes from the Arabic expression that means "May it be Allah's will." *Tal vez* and *Quizás* also take the subjunctive but do not use the word *que.*

¡Anda! Curso elemental, Capítulo 2,
Los deportes y los pasatiempos;
Capítulo 3, La casa, Apéndice 2.

## 2·21 ¿Qué quiero decir?

Completa las siguientes oraciones usando **el subjuntivo.** Después, compara tus oraciones con las de un/a compañero/a.

**MODELO**   Para ser un buen jugador de ajedrez, es importante que...

*Para ser un buen jugador de ajedrez, es importante que tú te enfoques más en el juego.*

1. Para vivir una vida más sana, es importante que mis amigos y yo...
2. Después de salir de mis clases, es raro que yo...
3. Antes de ir de camping, es probable que mi amigo...
4. Si tengo tiempo mañana, es posible que...
5. Para decorar bien una casa, es preferible que tú...
6. Si decides coleccionar tarjetas de béisbol, es mejor que...
7. Este año es imposible que mis padres...
8. Ojalá que mis amigos...

## 2·22 Nuestras preferencias

Completa el cuadro con tus preferencias. Usa las expresiones **Es posible que...** y **Es poco probable que...** Compara tus respuestas con un/a compañero/a. ¿Qué preferencias tienen en común?

| | | |
|---|---|---|
| coleccionar sellos | coser | comentar en un blog |
| decorar | hacer artesanía | hacer jogging |
| hacer trabajo de carpintería | ir de camping | jugar a las damas |
| leer cuentos cortos | pescar | pintar |
| trabajar en el jardín | tejer | tirar un platillo volador |

| CON AMIGOS Y FAMILIARES | SOLO/A | SI LLUEVE |
|---|---|---|
| 1. *Es poco probable que juguemos a las damas.* | 1. | 1. |
| 2. | 2. | 2. |
| 3. | 3. | 3. |
| 4. | 4. | 4. |
| 5. | 5. | 5. |
| 6. | 6. | 6. |
| 7. | 7. | 7. |
| 8. | 8. | 8. |

¡Anda! Curso intermedio,
Capítulo 1, El presente perfecto
de indicativo, pág. 46.

## 2·23 ¿Dónde están?

Juana y su familia decidieron pasar las vacaciones en casa. Hay mucho que hacer pero el problema es que ella no sabe cómo divertirse. Tampoco sabe dónde están los otros miembros de la familia. Túrnense para dar sugerencias de qué hacen las siguientes personas.

**MODELO**   No sé dónde está mi esposo, pero le fascina el agua.

E1: *Tal vez esté pescando.*

E2: *Sí, o quizás esté buceando.*

1. No sé dónde están mis hijos, pero les gustan las computadoras.
2. Mi prima Gloria ha desaparecido. Se cree una editora de *House Beautiful*.
3. Mi abuelo tiene ochenta años. Ha tenido una vida muy activa, pero ahora le molestan mucho las piernas.
4. Siempre me ha gustado crear cosas con las manos, pero no sé qué hacer.

## 2·24 ¿Probable o poco probable?

Entrevista a los compañeros de clase para saber para quiénes es probable y para quiénes es poco probable cada una de las siguientes acciones. Escribe el nombre de la persona y la letra **P** para "probable" y **PP** para "poco probable".

**MODELO**   jugar a las cartas

TÚ: *Felipe, ¿es probable que juegues a las cartas esta noche?*

E1: *No, es poco probable que juegue a las cartas. Comento en un blog todas las noches.*

| ES PROBABLE O POCO PROBABLE QUE... | | |
|---|---|---|
| jugar a las cartas <br><br> *Felipe PP* | coleccionar tarjetas de béisbol <br><br> _____ | tejer <br><br> _____ |
| tocar un instrumento <br><br> _____ | comentar en un blog <br><br> _____ | hacer trabajo de carpintería <br><br> _____ |
| nadar <br><br> _____ | decorar tu dormitorio <br><br> _____ | ir de excursión <br><br> _____ |
| ir de camping <br><br> _____ | tirar un platillo volador <br><br> _____ | dar clases de golf <br><br> _____ |

## 2 25 Mentimos a veces

Escribe **cinco** oraciones sobre ti mismo/a (*yourself*) usando el vocabulario de **Los pasatiempos** y **el subjuntivo.** Una de las oraciones debe ser verdadera y **cuatro** deben ser mentiras (*lies*). Tu compañero/a tiene que adivinar cuáles son mentiras y cuál es verdadera. Túrnense.

**MODELO** E1: *Es probable que yo juegue al ajedrez todos los días.*

E2: *No. Es improbable que juegues al ajedrez todos los días. Creo que es una mentira...*

---

**GRAMÁTICA 4** El subjuntivo para expresar pedidos (*requests*), mandatos y deseos

2-22    46

**A.** There are a variety of different situations in which you need to use the **subjunctive.**

- Sometimes, you may want to *recommend* something to or *request* something from someone in a less demanding way than using a command.

Note the examples below.

No te **recomiendo que hagas** más ejercicio.   |   *I don't recommend **that** you exercise more.*

- You *express wishes* in the same way:

**Deseo que** mis padres me **regalen** tarjetas de béisbol.   |   *I wish **that** my parents would give me baseball cards.*

**Espero que estés** contento —no quiero pelear contigo hoy.   |   *I hope **that** you are happy— I don't want to fight with you today.*

Es preferible que pintes la casa y que no vayas a pescar este fin de semana.

- You may also *report on others' requests, recommendations, or wishes*:

José y Gregorio **quieren que** sus padres les **compren** videojuegos.   |   *José and Gregorio want their parents to buy them video games.*

Gloria y Yolanda **esperan que** sus esposos no **vayan a pescar** este fin de semana.   |   *Gloria and Yolanda hope **that** their husbands will not go fishing this weekend.*

Javier no **quiere que** Pilar **haga** jogging por la noche.   |   *Javier doesn't want Pilar to jog/go jogging at night.*

Sonia les **recomienda que jueguen** al póquer.   |   *Sonia recommends **that** they play poker.*

**B.** When *wishing or hoping something for oneself,* and **the subject does not change,** you must use the infinitive, **NOT** the subjunctive.

**Quieren ir** de camping este fin de semana.   |   *They want to go camping this weekend.*

**Espera tejer** un suéter pronto.   |   *She hopes to knit a sweater soon.*

**Deseo trabajar** en el jardín esta tarde.   |   *I want to work in the garden this afternoon.*

- Some verbs used to express **requests, commands,** and **wishes** are:

| | | | |
|---|---|---|---|
| **aconsejar** | *to recommend; to advise* | **preferir (e-ie-i)** | *to prefer* |
| **desear** | *to wish* | **prohibir** | *to prohibit* |
| **esperar** | *to hope* | **proponer** | *to suggest; to propose* |
| **exigir** | *to demand* | **querer (e-ie)** | *to want; to wish* |
| **insistir (en)** | *to insist* | **recomendar (e-ie)** | *to recommend* |
| **necesitar** | *to need* | **rogar (o-ue)** | *to beg* |
| **pedir (e-i-i)** | *to ask (for); to request* | **sugerir (e-ie-i)** | *to suggest* |

- The following are some common impersonal expressions that also express **requests, commands, and desires:**

| | | | |
|---|---|---|---|
| **Es importante que** | *It is important (that)* | **Es necesario que** | *It's necessary (that)* |
| **Es mejor que** | *It's better (that)* | **Es preferible que** | *It's preferable (that)* |

### Estrategia

Educational researchers have found that it is *always* important for you to state grammar rules orally, in your own words. Correctly stating the rules demonstrates that you are on the road to using the grammar concept(s) correctly in your speaking and writing.

Based on the sentences on page 86,

1. In **Part A,** how many verbs are in each sample sentence?
2. Which verb is in the present indicative: the verb in blue or the one in red?
3. Which verb is in the present subjunctive: the verb in blue or the one in red?
4. Is there a different subject for each verb?
5. What word joins the two distinct parts of the sentence?
6. State a rule for the use of the subjunctive in the sentences from **Part A.**
7. State a rule for the sentences in **Part B.**

 Check your answers to the preceding questions in Appendix 1.

 *¡Anda! Curso elemental,* Capítulo 2, Presente indicativo de verbos regulares; Capítulo 3, Algunos verbos irregulares; Capítulo 4, Los verbos con cambio de raíz, Apéndice 3.

 **2·26** La práctica hace maestros

Su instructor/a les va a explicar una actividad para practicar la formación del subjuntivo. ¡Diviértanse!

CAPÍTULO 2

 **2·27** Más práctica

En grupos de tres, practiquen más el subjuntivo. Tiren una pelota de "koosh" o un papel en forma de una pelota. Usen los verbos y los (pro)nombres siguientes con las expresiones impersonales **Es preferible, Es importante, Es necesario,** y creen oraciones breves.

| | | |
|---|---|---|
| Tomás y Carlos / comprar | ellas / vivir | los dos chicos / perder |
| nosotros / saber | tú / comenzar | tú / querer |
| Susana / escribir | Víctor y yo / esperar | nosotros / dormir |
| Gabriela y Héctor / encontrar | yo / servir | yo / ser |
| nuestros profesores / repetir | tú / volver | tú / poder |
| Paola / ponerse | los estudiantes / sentarse | tú / tener |

**MODELO** nosotros/dormir

*Es importante que durmamos ocho horas.*

(Tírale la pelota a un/a compañero/a, quien crea otra oración, etc.)

 **2·28** Amas de casa desesperadas

Cada barrio tiene sus historias. Descubre las opiniones y un poco de las historias de las personas que viven en la Calle Glicina (*Wisteria*). Túrnense para crear oraciones con **el subjuntivo.**

**MODELO** Los Grajera / esperar / los nuevos vecinos García / no hacer trabajo de carpintería hasta muy tarde.

*Los Grajera esperan que los nuevos vecinos García no hagan trabajo de carpintería hasta muy tarde.*

1. El Sr. Vargas / preferir / su mujer / no coleccionar estatuillas.
2. La Sra. Vargas / desear / su esposo / no jugar al póquer.
3. Los jóvenes Vargas / rogar / sus padres / pintar sus dormitorios / negro y morado.
4. Silvia Hernández / proponer / yo / tirar un platillo volador / con ella / mañana.
5. Muchos padres / decir / es preferible / sus niños / hacer artesanía afuera / y / no jugar a videojuegos / en casa.

**2·29** Rafael Nadal

Ustedes son grandes aficionados (*fans*) del famoso tenista español. Lean la información sobre Rafael Nadal y túrnense para terminar las siguientes oraciones.

**MODELO**    Recomendamos que los aficionados…

*Recomendamos que los aficionados miren el torneo Australian Open en la tele.*

1. Es deseable que Rafael…
2. Mi amigo/a y yo esperamos que…
3. Los aficionados esperan que…
4. Recomendamos que los aficionados…
5. Los otros jugadores de tenis profesionales exigen que…
6. Prefiero que Rafael…
7. Su entrenador le propone que…
8. Los árbitros le ruegan al público que…
9. Ojalá que…
10. Tal vez…

Rafael **NADAL** Parera

| | |
|---|---|
| **Nacionalidad:** | España (Mallorca) |
| **Fecha de nacimiento:** | 3 de junio de 1986 |
| **Residencia:** | Manacor, Mallorca, España |
| **Familia:** | Sebastián, Ana María y una hermana menor llamada María Isabel |
| **Profesional desde:** | 2001 |
| **Entrenador:** | Toni Nadal (tío) |
| **Comida favorita:** | Mariscos y la pasta |
| **Pasatiempos preferidos:** | Jugar con el PlayStation, fútbol, golf, pescar, salir con amigos para ir a fiestas y al cine |
| **Equipo favorito:** | Real Madrid |
| **Películas favoritas:** | *Gladiator, Titanic* |
| **Próximo torneo:** | Australian Open |

**Fíjate**

Real Madrid is a professional soccer team from Madrid, Spain.

  **2·30** Tus consejos

Siempre tenemos deseos y consejos para los demás.

**Paso 1** Expresa tus deseos para las siguientes personas. Termina cada oración usando el **vocabulario nuevo** cuando sea posible y usa **un verbo diferente** para cada situación.

**MODELO**    A TUS PADRES O FAMILIARES / Recomendamos que…

*Recomendamos que coleccionen sellos. Es un pasatiempo interesante.*

| A TUS PADRES O FAMILIARES | A TI | A TU PROFESOR/A | A TU MEJOR AMIGO/A |
|---|---|---|---|
| 1. Recomendamos que… | 1. Es preferible que… | 1. Espero que… | 1. Es importante que… |
| 2. Siempre exigimos que… | 2. Es necesario que… | 2. Nosotros deseamos que… | 2. Te aconsejo que… |
| 3. Sugiero que… | 3. No es importante que… | 3. Los estudiantes ruegan que… | 3. Espero que… |
| 4. Quiero que… | 4. Mis amigos no sugieren que… | 4. Propongo que… | 4. Prefiero que… |

**Paso 2** Compara tus recomendaciones con las de un/a compañero/a.

# PERFILES

## Campeones famosos del mundo hispano

Hay deportes y pasatiempos para todos los gustos. Aquí hay tres campeones muy admirados por sus aficionados.

2-23 to
2-24

**Johan Alexander Santana Araque** nació en marzo de 1979 en Tovar, Venezuela. Es un lanzador zurdo (*left-handed pitcher*) y pasó cinco temporadas (*seasons*) con el equipo de los Minnesota Twins en las grandes ligas. Ha ganado el premio Cy Young de la Liga Americana dos veces (2004 y 2006). En el año 2008, empezó a jugar para los Mets de Nueva York. Recibió un contrato de seis años por mucho dinero, lo cual lo convirtió en el lanzador mejor pagado de la historia del béisbol.

**José Raúl Capablanca** (1888–1942) nació en Cuba y fue un prodigio del juego de ajedrez, por lo que muchos aficionados del juego se refieren a él como "el Mozart del ajedrez". Reinó como campeón mundial del ajedrez entre los años 1921 y 1927. Hoy en día se celebra el Torneo Internacional Capablanca in Memoriam; es uno de los torneos ajedrecísticos más importantes del mundo hispano.

**Lionel Messi** (n. 1987) es un futbolista argentino que juega en el equipo FC Barcelona en España. Actualmente es considerado uno de los mejores jugadores del mundo. Quizás sea el nuevo Maradona.

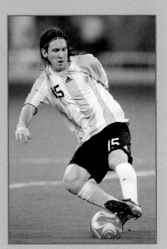

## Preguntas

1. ¿Qué deportes o pasatiempos se representan aquí?
2. ¿Con quién se compara a cada campeón?
3. Probablemente, ¿qué recomiendan estos campeones que otros atletas y deportistas hagan para tener éxito?

**Fíjate**

Diego Armando Maradona is a former soccer player from Argentina and is considered one of the best players in the history of the sport.

**2·31** Lorena Ochoa nos recomienda...

Lorena Ochoa, una de las mejores jugadoras de golf del mundo, nos está dando consejos de cómo mejorar nuestras habilidades en el juego de golf. Usen los siguientes verbos con el subjuntivo para crear sus consejos.

**MODELO**   no jugar con expertos al empezar a jugar / a los novicios

*Les aconsejo (recomiendo, sugiero, etc.) que los novicios no jueguen con expertos.*

1. nunca dejar de mirar la pelota / a ti
2. comprar pelotas buenas / a tu amiga
3. mantener limpios los palos / a tu profesor/a
4. llevar lentes de sol / a tus tíos
5. darle a la pelota suavemente / a los jugadores

Lorena Ochoa

 *¡Anda! Curso elemental,* Capítulo 3, Los quehaceres de la casa; Capítulo 4, Los lugares; Capítulo 10, Los medios de transporte, Apéndice 2.

 **2·32** Recomiendo que...

Hagan sus comentarios y sugerencias para cada situación. Usen por lo menos **cuatro** oraciones diferentes para cada una.

 *¡Anda! Curso intermedio,* Capítulo 1, La personalidad, pág. 32.

**Estrategia**

For actividad **2-32**, note that for scenarios 2 through 4 you are directed to review certain chapters of *¡Anda! Curso elemental.* There, you will be reminded of helpful vocabulary you have learned that is appropriate to incorporate here. This vocabulary can be found in Appendix 2.

1. Tienes tres primos. Recomiéndales unos deportes y pasatiempos según sus personalidades. Diana es extrovertida y amable. Carlos es callado y bien educado. Manuel es flojo y terco.
2. Un amigo quiere comprar un Rolls Royce nuevo.
3. Tus amigos viven de una manera muy desorganizada.
4. Unos amigos van a viajar a Suramérica.

# ¡Conversemos!

SAM
2-25 to
2-26

## ESTRATEGIAS COMUNICATIVAS

**Expressing pardon, requesting clarification, and checking comprehension**

When learning a language, we often do not understand what a native speaker says the first time, or we wish to check our comprehension. Use the following phrases to help in these situations.

| Para pedir perdón | To excuse yourself | Para pedir clarificación | To ask for clarification |
|---|---|---|---|
| ■ **Disculpa/Discúlpame** (familiar) | | ■ **¿Cómo?** | *What?* |
| ■ **Disculpe/Discúlpeme** (formal) | *Excuse me.* | ■ **Repite/a, por favor.** | *Repeat, please.* |
| ■ **Disculpen/Discúlpenme** (plural) | | ■ **¿Qué dijiste/dijo?** | *What did you say?* |
| ■ **Perdón/Perdóname** (familiar) | | ■ **¿Qué quiere decir...?** | *What does... mean?* |
| ■ **Perdóneme/Perdónenme** (formal) | *Pardon.* | ■ **¿Qué significa...?** | *What does... mean?* |
| ■ **Con permiso**. | *With your permission, excuse me.* | | |

CD 1
Track 16

## 2·33 Diálogos

Escucha los diálogos y contesta las siguientes preguntas.

1. ¿Qué le dijo José a Josefina cuando sonó el telefóno?
2. ¿Qué dijeron Teresa y Marina al salir del metro?

## 2·34 Disculpa, por favor

Con un/a compañero/a de clase, usa las estrategias comunicativas que aprendiste para decidir qué debes decir en las siguientes situaciones. Más de una estrategia puede ser aceptable.

1. En un partido de fútbol donde hay mucho ruido, no oíste lo que tu amigo te dijo.
2. En el partido de béisbol, anuncian los resultados de otros partidos importantes del día, pero no entendiste lo que se dijo sobre tu equipo favorito.
3. En el mismo partido, un aficionado te explica algo complicado que un jugador hizo, usando palabras que no has escuchado antes.
4. Necesitas bajar del autobús porque has oído que la próxima parada es la tuya. Hay muchas personas delante de ti.
5. Cuando sales del autobús, le pisas (*step on*) el pie a alguien sin querer.

**2·35** Adivina el deporte

Se juega en equipos. Un miembro de cada equipo selecciona una palabra (del vocabulario de **algunos deportes y algunos pasatiempos**) y se la describe a su equipo sin usar ninguna palabra asociada semánticamente con la palabra. Usen las estrategias comunicativas para clarificar las pistas.

**MODELO** E1: *Es un deporte en que usas una raqueta.*

E2: *¿Se usa una pelota también?*

**2·36** Situaciones

Ahora que sabes disculparte y pedir clarificación, con un/a compañero/a de clase, dramaticen las siguientes situaciones:

1. **E1:** Recibes una llamada telefónica de una persona que cree haber llamado a un teatro. No te deja hablar.

   **E2:** Llamas a un teatro para comprar boletos para un concierto de Juanes. La persona que contesta no parece ni oírte ni entenderte.

**MODELO** E1: *¿Aló?*

E2: *Buenos días. ¿Hablo con El Teatro de Oro? Quiero comprar unos boletos para el concierto de Juanes este viernes a las siete y media.*

E1: *Perdón. ¿Qué dijo usted? Creo que usted se equivocó.*

E2: *¿Cómo? Disculpe. Unos boletos. Quiero comprar dos boletos…*

2. **E1:** Trabajas en la ventanilla (*ticket window*) del estadio municipal. Un extranjero te hace preguntas pero no entiendes.

   **E2:** Eres turista y quieres comprar una entrada para ver el partido de fútbol esta tarde. Parece que el vendedor te ignora o no quiere venderte el boleto.

3. **E1:** Vas en autobús a una exhibición de lucha libre. Hay mucha gente entre la puerta y tú y necesitas pasar porque tu parada viene pronto.

   **E2:** Estás en el autobús y una persona te dice algo pero no la entiendes. Pide clarificación.

> **Fíjate**
>
> Juanes is a successful Colombian musician. He has won many Latin Grammy awards. His real name is Juan Esteban Aristizábal Vásquez.

**2·37** Sobre gustos no hay nada escrito

¡Tu amigo y tú (un/a compañero/a de clase) han ganado un premio fabuloso! Van a pasar dos días en un hotel de lujo—¡gratis! En este hotel hay todo tipo de deportes y pasatiempos, y ustedes tienen que decidir cuáles van a practicar en su tiempo limitado. Deben hacer una lista de por lo menos **seis** de las actividades que más quieren hacer. Usen **los mandatos de *nosotros/as*** y las estrategias comunicativas.

**MODELO** E1: *Bueno, el primer día, levantemos pesas por la mañana. Y luego juguemos al tenis.*

E2: *Discúlpame. La verdad es que no me…*

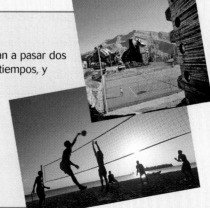

# ESCRIBE

2-27 to
2-29

| ESTRATEGIA | Process writing (Part 2): Linking words |

Linking words can provide a smooth transition between portions of your writing so that it does not appear choppy or disjointed. Use linking words to connect simple thoughts and turn them into complex sentences. Linking words will help you communicate your ideas in a natural way, and by using these words, your writing will flow more smoothly.

| Nexos | Linking Words |
| --- | --- |
| así | thus |
| cuando | when |
| o/u | or |
| pero | but |
| porque | because |
| pues | well, since |
| que, quien | that, who |
| y/e | and |

## 2•38 Antes de escribir

Vas a comentar en un blog sobre una experiencia con un deporte.

1. Primero, piensa en los eventos principales de tu experiencia.
2. Después, haz una lista de los eventos que quieres mencionar; escribe una o dos oraciones descriptivas para cada evento.
3. Finalmente, conecta las oraciones con nexos donde sea necesario para que tengan más sentido.

## 2•39 A escribir

Escribe tu comentario de blog.

Asegúrate de que:

• hayas incluido los eventos más importantes de la experiencia deportiva.

• conecta tus pensamientos para tener más sentido.

Menciona por lo menos **cuatro** eventos que ocurrieron. Tu comentario debe contener por lo menos **seis** oraciones. Usa por lo menos **dos oraciones en el subjuntivo.**

**MODELO** *Mi amigo siempre quiere que vaya con él a esquiar. Así que por fin decidí intentarlo pero primero tuve que comprar los esquís y luego los bastones de esquí...*

## 2•40 Después de escribir

Comparte tu comentario de blog con un/a compañero/a de clase. Haz una comparación de las dos experiencias que ustedes han tenido. ¿En qué son similares y en qué son diferentes? Comunica esta información a la clase.

## ¿Cómo andas?

Having completed the second **Comunicación,** I now can...

| | Feel Confident | Need to Review |
|---|:---:|:---:|
| ● share about pastimes. (p. 81) | ❏ | ❏ |
| ● express choices, preferences, and desires. (p. 86) | ❏ | ❏ |
| ● name three Hispanic figures in sports and pastimes and explain why they are famous. (p. 90) | ❏ | ❏ |
| ● use linking words to make writing more cohesive. (p. 94) | ❏ | ❏ |

# Vistazo cultural

## Deportes y pasatiempos en la cultura mexicana

Hace muchos años que me fascinan los videojuegos y por fin decidí crear algunos… profesionalmente. Por eso estudio animación y diseño digital con cursos de animación y fotografía digital, economía, administración y mercadotecnia. Exploremos más pasatiempos y deportes en México. Quizás un deporte o un pasatiempo pueda inspirar tu carrera.

**Carlos Arroyo Sánchez,**
estudiante en El Instituto Tecnológico y de Estudios Superiores de Monterrey, México

### La lucha libre

La lucha libre continúa subiendo en popularidad. Las máscaras de los deportistas de lucha libre son a la vez símbolos de la política, del mito (*myth*) histórico, del alma (*soul*) individual y de la resistencia social del pueblo. Llevar una máscara convierte al luchador en otro personaje y le da cierta libertad.

### Cozumel

Hay varios lugares para bucear en México, y la costa de Cozumel es famosa en todo el mundo por todas sus atracciones. Tiene más de cien lugares oficiales del buceo. Para los aficionados de este deporte, es un paraíso marino con una gran variedad de flora y fauna.

### Los alebrijes

Hay muchos artistas en México que hacen artesanía, no como un pasatiempo, sino como ganar su vida. En el estado de Oaxaca hay artesanos que trabajan con madera para hacer figuritas de animales; se llaman *alebrijes*. Los alebrijes tienen colores brillantes y están decorados con muchos detalles.

### El Parque Chapultepec

Un pasatiempo favorito en México es pasar un domingo en el Parque Chapultepec con sus diversiones: los lagos, los museos y los jardines botánicos y zoológicos. Entre los museos se encuentra el Museo Nacional de Historia en el Castillo de Chapultepec. Así que los fines de semana las familias visitan el castillo y comen en el parque.

### Xochimilco

Los jóvenes y las familias van tradicionalmente los fines de semana para pasear unas horas al aire libre en Xochimilco. Es una serie de canales y jardines flotantes (*floating*) con *trajineras*, barcos decorados de colores brillantes. En estas trajineras se venden flores, bebidas y comida ¡y algunas tienen músicos para darles una serenata a los visitantes!

### Los Juegos Olímpicos

Los Juegos Olímpicos del año 1968 se celebraron en la capital mexicana. Participaron atletas de 112 países en eventos de veintitrés deportes diferentes. La altura del lugar (más de 2.200 m.s.n.m.) impactó los resultados de varios eventos, cosa que ha sido punto de controversia hasta hoy. México ganó nueve medallas en total, tres de cada categoría (oro, plata y bronce).

### La Quebrada, Acapulco

Si te gustan los deportes difíciles, ¿has considerado el clavadismo (*cliff diving*)? El espectáculo de clavados en La Quebrada es impresionante. Los clavadistas lo hacen parecer fácil y divertido, pero definitivamente es un deporte para los profesionales. ¡De fácil no tiene nada!

## Preguntas

1. Nombra los deportes y los pasatiempos mencionados. ¿Cuáles de estos deportes o pasatiempos cuestan mucho dinero para practicarlos?
2. ¿Con cuáles de estos pasatiempos y/o deportes se puede ganar la vida? ¿cómo?
3. ¿Cuáles de estos deportes o pasatiempos en México son similares y cuáles son diferentes a los de tu comunidad y tu mundo?

## lectura

2-31 to
2-33

SAM
m.sl.

| ESTRATEGIA | Scanning and skimming; reading for the gist |
| --- | --- |

To improve comprehension, you can *skim* or read quickly to get the *gist* of the passage. If you are searching for specific information, you can also *scan* for that in particular.

**2-41** **Antes de leer** Muchas veces puedes comprender mucho más de un texto si antes de leerlo con mucho cuidado y atención, lo lees de manera más superficial y rápida. También puede ser útil leer el texto en busca de información específica. Antes de leer el episodio, sigue los pasos a continuación.

1. Lee superficialmente el diálogo entre Javier y Celia para contestar las siguientes preguntas.
   - ¿Dónde estaban?
   - ¿Qué buscaban?
   - ¿De quién(es) hablaron?
2. Revisa el diálogo otra vez y busca las respuestas para las siguientes preguntas.
   - ¿Qué deporte(s) recomienda Javier que Celia practique?
   - ¿Cuál es el deporte que no quiere que practique?
3. Lee superficialmente el primer párrafo después del diálogo para contestar las siguientes preguntas.
   - ¿Dónde estaba Cisco?
   - ¿Qué buscaba?
4. Mira el último párrafo y busca la respuesta para la siguiente pregunta.
   - ¿Dónde tenía Cisco una entrevista de trabajo?

DÍA 5

## Búsquedas

CD 1
Track 17

*little kiss*
*hugging her*

—¡Gracias por venir a ayudarme! —dijo Celia al llegar Javier a la tienda deportiva. Celia lo saludó con un besito° en la mejilla.
—No hay de qué. —respondió Javier, abrazándola°. —¿Qué querías comprar?
—Pues, no sé muy bien. Necesito llevar una vida más activa, pero no estoy segura qué deportes quiero practicar. —explicó Celia.
—Entiendo lo que dices. Yo también quiero hacer más ejercicio. —contestó Javier.
—Pero, ¿qué deporte? —preguntó Celia.
—Si necesitas relajarte y desconectarte de todo, como dijiste antes, te recomiendo que bucees. Yo lo hacía antes y me tranquilizaba mucho. —sugirió Javier.
—No es mala idea, pero para bucear es necesario que compre mucho equipo deportivo caro. Es preferible que encuentre un deporte más económico. Mira, aquí está la sección de materiales para escalar montañas.

—¡Te prohíbo que trates de escalar una montaña sola! —gritó Javier. —Es un deporte peligroso y es importante que lo practiques con otras personas.

—¡Entonces, hagámoslo tú y yo juntos! —respondió Celia con una sonrisa°.

*smile*

—Eres muy graciosa, Celia. Es importante que lo practiques con gente que tenga experiencia. Nunca he escalado ninguna montaña, y no tengo muchas ganas de hacerlo.

—Muy bien, Javier, sigamos buscando. —Entonces, Celia se dirigió al otro lado de la tienda.

—Yo siempre he querido aprender a jugar al golf. Mira, estos palos están de oferta. ¿Quieres que tomemos una clase tú y yo juntos? —propuso Javier.

—Lo siento, Javier, pero a mí siempre me ha parecido un poco aburrido el golf. Y hablando de aburrimiento, ¿va mejor el seminario? ¿está más interesante? —preguntó Celia.

—Sí, realmente a mis estudiantes les encantó hablar con ustedes sobre sus experiencias. —dijo Javier.

—Ese columnista, el que compartió esas anécdotas tan raras, ¿cómo se llamaba? —preguntó Celia.

—Ah, Cisco. Ha tenido experiencias realmente singulares.

—¿Lo conoces bien? —preguntó Celia.

—Más o menos. Lo conozco porque los dos hemos trabajado como periodistas en esta ciudad durante un par de años. Ya sabes cómo es esta profesión. Me gusta mucho como trabaja.

—¿Es buena gente? —dijo Celia demostrando más interés.

—Sí, es amable, honesto y generoso. Eso sí, es generoso con muchas cosas pero, como todos nosotros, no es nada generoso con los resultados de sus investigaciones.

—Entiendo. —respondió Celia.

—Parece que Cisco te ha gustado. —comentó Javier.

—No, no es eso. Te he preguntado por él porque me sonaba mucho su cara°, pero por fin me he dado cuenta que no lo conocía.

*he looked very familiar to me*

Mientras Javier y Celia conversaban en la tienda sobre Cisco, éste trataba de trabajar. Su investigación sobre la desaparición de las selvas tropicales le resultaba interesante, pero no podía competir con su deseo de estudiar otro tema. En la pantalla de su computadora tenía varias ventanas abiertas; algunas eran páginas web con información sobre las selvas, pero lo que captó toda su atención fueron los resultados de una búsqueda Google sobre Celia Cortez.

Cuando terminó de leer todo lo que encontró sobre ella, volvió al artículo. Tenía que escribir un artículo espectacular pronto. Después de gastar todo ese dinero intentando impresionar a su ex-novia, ahora estaba solo y tenía que pagar unas deudas°. Para obtener la información que buscaba para el artículo, era necesario infiltrarse en un laboratorio. Tenía una entrevista para un trabajo allí esa tarde y debía salir en la próxima media hora. Apagó la computadora y se preparó. Al llegar al laboratorio, lo entrevistaron°. Cisco no lo sabía, pero había un hombre que lo observaba.

*debts*

*interviewed him*

## 2-42 Después de leer Contesta las siguientes preguntas.

1. ¿Qué deportes consideraban Javier y Celia? ¿Por qué?
2. ¿Qué opinión tiene Javier de Cisco?
3. ¿Por qué quería Celia saber más cosas sobre Cisco?
4. ¿Por qué quería Cisco, un periodista, trabajar en un laboratorio?

5. ¿Cuáles son las diferentes búsquedas que tuvieron lugar en el episodio?

6. ¿Cuáles son las búsquedas que te parecieron más importantes? ¿Por qué crees que los personajes buscaban esas cosas?

# video

**2-43 Antes del video** En *Búsquedas,* aprendiste que Javier y Celia querían llevar una vida más activa y sana, y que Cisco estaba tratando de escribir un artículo muy importante sobre las selvas tropicales. En el episodio del video, estos objetivos diferentes hacen que nuestros tres personajes principales acaben en el mismo lugar. Antes de ver el episodio, contesta las siguientes preguntas.

1. ¿En qué partes del mundo hay selvas tropicales? ¿Sabes qué tipo de flora y fauna tienen?

2. ¿Por qué están desapareciendo las selvas tropicales? ¿Qué podemos hacer para mejorar la situación?

3. Si desaparecen las selvas tropicales, ¿qué tipo de consecuencias va a sufrir el mundo entero?

4. ¿Qué conexiones piensas que hay entre la investigación de Cisco sobre las selvas tropicales y el trabajo en el laboratorio que quiere obtener?
¿Qué aspectos de las selvas tropicales pueden interesar a un laboratorio?
¿Por qué?

Organicemos una excursión a las montañas. Escalemos y montemos a caballo.

¿Quieres que vayamos a la charla?

No me siento muy bien.

## ¿Qué te ocurre, Celia?

Relájate y disfruta el video.

**2-44** **Después del video** Contesta las siguientes preguntas.

1. ¿Dónde se encontraron Javier, Celia y Cisco?
2. ¿Por qué fueron allí Javier y Celia? ¿Por qué estaba allí Cisco?
3. ¿Qué le ocurrió a Celia durante el episodio?
4. ¿Cómo reaccionó Cisco? ¿Por qué crees que Cisco reaccionó de esa manera?

## Y por fin, ¿cómo andas?

Having completed this chapter, I now can...

| | Feel confident | Need to review |
|---|:---:|:---:|
| **Comunicación** | | |
| • discuss different sports that people participate in and/or watch. (p. 68) | ❏ | ❏ |
| • give instructions (commands) regarding sports and pastimes. (p. 70) | ❏ | ❏ |
| • suggest things to do using *Let's...* (p. 74) | ❏ | ❏ |
| • express desires and give advice. (p. 86) | ❏ | ❏ |
| • listen for and state the gist of a conversation. (p. 79) | ❏ | ❏ |
| • express or request pardon. (p. 92) | ❏ | ❏ |
| • request clarification and indicate when I do not understand. (p. 93) | ❏ | ❏ |
| • write using linking words. (p. 94) | ❏ | ❏ |
| • read for the gist. (p. 98) | ❏ | ❏ |
| **Cultura** | | |
| • share about a famous sporting event. (p. 77) | ❏ | ❏ |
| • report on an elite athlete or player of a particular sport or activity. (p. 90) | ❏ | ❏ |
| • list two sport or pastime traditions of Mexico. (p. 96) | ❏ | ❏ |
| **Laberinto peligroso** | | |
| • review the reading technique of skimming and scanning for information. (p. 98) | ❏ | ❏ |
| • share two details regarding Cisco's desire to work in a laboratory. (p. 100) | ❏ | ❏ |
| • relate Celia's and Javier's preferences for sports and pastimes, the searches that take place, and what happens to Celia at the conference. (p. 100) | ❏ | ❏ |

# VOCABULARIO ACTIVO

## Algunos deportes — *Some sports*

| | |
|---|---|
| boxear | *to box* |
| cazar | *to go hunting* |
| escalar | *to climb* |
| esquiar | *to ski* |
| hacer surf | *to surf* |
| jugar al boliche | *to bowl* |
| jugar al hockey (sobre hielo; sobre hierba) | *to play hockey (ice; field)* |
| jugar al voleibol | *to play volleyball* |
| levantar pesas | *to lift weights* |
| montar a caballo | *to go horseback riding* |
| patinar en monopatín | *to skateboard* |
| el pilates | *Pilates* |
| practicar lucha libre | *to wrestle* |
| practicar artes marciales | *to do martial arts* |
| practicar ciclismo | *to go cycling* |
| practicar esquí acuático | *to go waterskiing* |
| el remo | *rowing* |
| el yoga | *yoga* |

## Algunos términos deportivos — *Some sports terms*

| | |
|---|---|
| el/la atleta | *athlete* |
| el atletismo | *track and field* |
| el/la árbitro | *referee; umpire* |
| el bastón de esquí | *ski pole* |
| el bate | *bat* |
| el campeón/la campeona | *champion* |
| el campeonato | *championship* |
| deportista | *sporty; sports-loving person* |

| | |
|---|---|
| el campo | *field* |
| la cancha | *court* |
| la carrera | *race* |
| el casco | *helmet* |
| la competición/ la competencia | *competition* |
| el empate | *tie* |
| el/la entrenador/a | *coach; trainer* |
| el equipo | *team* |
| el equipo deportivo | *sporting equipment* |
| el/la excursionista | *hiker* |
| el palo (de golf; de hockey) | *golf club; hockey stick* |
| los patines | *skates* |
| la pelota | *ball* |
| las pesas | *weights* |
| la pista | *track; rink* |
| la raqueta | *racket* |
| el resultado | *score* |
| la tabla de surf | *surfboard* |
| el tamaño | *size* |

## Algunos adjetivos — *Some adjectives*

| | |
|---|---|
| apropiado/a | *appropriate* |
| atlético/a | *athletic* |
| deportivo/a | *sports-related* |

## Algunos verbos — *Some verbs*

| | |
|---|---|
| competir (e-i-i) | *to compete* |
| entrenar | *to train* |
| ganar | *to win* |
| perder (i-ie) | *to lose* |

| | |
|---|---|
| bucear | *to scuba dive* |
| coleccionar... | *to collect...* |
| estatuillas | *figurines* |
| tarjetas de béisbol | *baseball cards* |
| sellos | *stamps* |
| coser | *to sew* |
| comentar en un blog | *to post to a blog* |
| decorar | *to decorate* |
| hacer jogging | *to jog* |
| hacer artesanía | *to do crafts* |
| hacer trabajo de carpintería | *to do woodworking* |
| ir de camping | *to go camping*   acampar |
| jugar al ajedrez | *to play chess* |
| jugar a las cartas | *to play cards* |
| jugar a las damas | *to play checkers* |
| jugar a videojuegos | *to play video games* |
| jugar al póquer | *to play poker* |
| leer libros de... | *to read books about...* |
| aventuras | *adventure* |
| espías | *spies* |
| leer cuentos cortos | *to read short stories* |
| pasear en barco (de vela) | *to sail* |
| pelear(se) | *to fight* |
| pescar | *to fish* |
| pintar | *to paint* |
| trabajar en el jardín | *to garden* |
| tejer | *to knit* |
| tirar un platillo volador | *to throw a frisbee, to play frisbee* |

# 3

# Hogar, dulce hogar

Las casas son tan diferentes como las personas que las habitan. Muchas veces depende del gusto del dueño (*owner*) y de la decoración. A veces depende del lugar en que se encuentra y su cultura. Pero en cualquier caso, cada persona necesita convertir la casa en *su* hogar.

| | OBJETIVOS | CONTENIDOS | |
|---|---|---|---|
| Comunicación | • To describe houses and their surroundings<br>• To report present and past events<br>• To express doubt, emotions, and sentiments<br>• To depict a home and its rooms<br>• To write a description of your ideal house | 1 The house and its surroundings | 106 |
| | | **Repaso** Stem-changing and irregular verbs in the preterit | 107 |
| | | 2 Uses of definite and indefinite articles | 110 |
| | | **Escucha**<br>**Estrategia:** Listening for the main ideas | 115 |
| | | 3 Inside the home: the living room, the kitchen, and the bedroom | 117 |
| | | **Repaso** The imperfect | 118 |
| | | 4 The subjunctive to express feelings, emotions, and doubts | 121 |
| | | 5 *Estar* + past participle to express results | 125 |
| | | **¡Conversemos!**<br>**Estrategias comunicativas:** Extending, accepting, and declining invitations | 128 |
| | | **Escribe**<br>**Estrategia:** Process writing (Part 3): Supporting details | 130 |
| Cultura | • To list reasons why people make home improvements<br>• To identify people who specialize in home design<br>• To explore housing and architecture in Spain | **Notas culturales**<br>El mejoramiento de la casa | 112 |
| | | **Perfiles**<br>La importancia de la casa y de su construcción | 126 |
| | | **Vistazo cultural**<br>Las casas en España | 132 |
| | | **Letras**<br>*La casa en Mango Street* (fragmento) (Sandra Cisneros) | *See Literary Reader* |
| Laberinto peligroso | • To identify the main ideas in a text<br>• To hypothesize the origin of Celia's threatening note<br>• To speculate on the developing relationship between Celia and Cisco<br>• To hypothesize what happened to Celia at the seminar | **Episodio 3** | |
| | | **Lectura:** *Planes importantes*<br>**Estrategia:** Establishing a purpose for reading; determining the main idea | 134 |
| | | **Video:** *Una nota misteriosa* | 136 |

*Unas casas blancas en España*

## PREGUNTAS

1 ¿Cómo son estas casas? Descríbelas.

2 ¿Vives en una casa o en un apartamento? ¿Cómo es?

3 ¿Piensas que las casas son símbolos culturales del lugar en que se encuentran? Explica.

# Comunicación

- Describing houses and their surroundings
- Using articles in new contexts

## VOCABULARIO 1

## Los materiales de la casa y sus alrededores

¡Anda! Curso elemental,
Capítulo 3, La casa,
Apéndice 2.

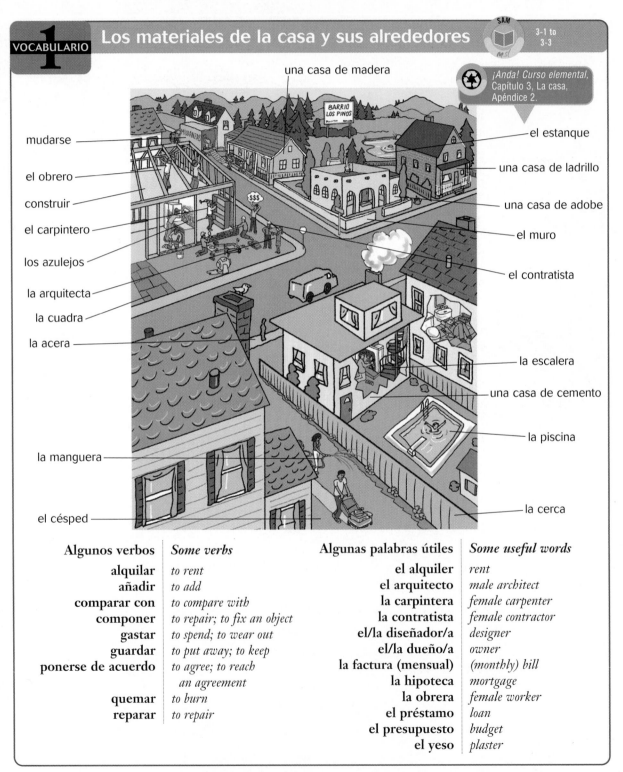

una casa de madera

mudarse

el obrero

construir

el carpintero

los azulejos

la arquitecta

la cuadra

la acera

la manguera

el césped

el estanque

una casa de ladrillo

una casa de adobe

el muro

el contratista

la escalera

una casa de cemento

la piscina

la cerca

| Algunos verbos | Some verbs | Algunas palabras útiles | Some useful words |
|---|---|---|---|
| **alquilar** | to rent | **el alquiler** | rent |
| **añadir** | to add | **el arquitecto** | male architect |
| **comparar con** | to compare with | **la carpintera** | female carpenter |
| **componer** | to repair; to fix an object | **la contratista** | female contractor |
| **gastar** | to spend; to wear out | **el/la diseñador/a** | designer |
| **guardar** | to put away; to keep | **el/la dueño/a** | owner |
| **ponerse de acuerdo** | to agree; to reach an agreement | **la factura (mensual)** | (monthly) bill |
| | | **la hipoteca** | mortgage |
| **quemar** | to burn | **la obrera** | female worker |
| **reparar** | to repair | **el préstamo** | loan |
| | | **el presupuesto** | budget |
| | | **el yeso** | plaster |

**Querido diario:**

Algún día voy a tener mi propia casa. Cuando salí con Javier vi una casa preciosa de estilo hispano y me gustó mucho. Pero por el momento, estoy contenta con mi apartamento.

**Preguntas**

❶ ¿Qué tipo de casa le gusta a Celia?
❷ ¿Qué tipo de casa te gusta a ti?
❸ ¿Prefieres una casa nueva o antigua? ¿Por qué?

3-4 to 3-5

Guide
**G**

35

**REPASO**

**El pretérito: verbos con cambios de raíz y otros verbos irregulares**

In Celia's diary entry, you read **salí, vi,** and **me gustó**. She used the **pretérito**. In **Capítulo 1,** we reviewed when to use this past tense as well as the regular and some irregular forms of the preterit. The following is a brief review of additional irregularities in the preterit. For a complete review, refer to **Capítulo 7** of *¡Anda! Curso elemental* in Appendix 3.

1. Most stem-changing verbs **(o-ue)** and **(e-ie)** do not have a stem change in the **preterit.**

2. The *-ir* **stem-changing verbs** have a **spelling change** in the **third person singular** and **plural** (*Ud., él, ella, ellos, ellas, Uds.*) forms of the **preterit:**

   **dormir (o-ue-u)**    dormí, dormiste, durmió, dormimos, dormisteis, durmieron
   **servir (e-i-i)**    serví, serviste, sirvió, servimos, servisteis, sirvieron
   **divertirse (e-ie-i)**    me divertí, te divertiste, se divirtió, nos divertimos, os divertisteis, se divirtieron

3. Verbs that end in *-car, -gar,* and *-zar* have the following **spelling changes** in the **first person (*yo*) form** of the **preterit:**

   **a. -car: the** *c* **changes to** *qu*    buscar → busqué
   **b. -gar: the** *g* **changes to** *gu*    pagar → pagué
   **c. -zar: the** *z* **changes to** *c*    comenzar → comencé

4. Verbs that end in *-eer* (e.g., **leer** and **creer**) and *-uir* (e.g., **construir** and **contribuir**) have a "**y**" in the **third person singular** and **plural** forms: leyó/leyeron, construyó/construyeron.

---

**Fíjate**

Remember that with *stem-changing verbs,* the first letter(s) in parentheses indicate(s) the *present-tense* spelling changes in all forms but *nosotros/vosotros*: e.g., costar (o-**ue**), cerrar (e-**ie**), etc. When there is an additional spelling change indicated in the parentheses, it corresponds with a spelling change in the *3rd person singular and plural* in the *preterit* as well as in the *present participle* (*-ando/-iendo*): e.g., dormir (o → ue → **u**).

---

**Fíjate**

Remember that the endings for regular *pretérito* verbs are:

-ar:    -é, -aste, -ó, -amos, -asteis, -aron
-er/-ir:    -í, -iste, -ió, -imos, -isteis, -ieron

## 3·1 A organizar

Organicen el **vocabulario nuevo** poniendo las palabras en las siguientes cuatro categorías.

| MATERIALES DE LA CASA | ALREDEDOR DE LA CASA | LA CONSTRUCCIÓN | LAS CONSIDERACIONES ECONÓMICAS |
|---|---|---|---|
| | | | |
| | | | |

## 3·2 ¿Va o no va?

Decidan qué palabra de cada lista no va con las otras y túrnense para explicar por qué no va.

**MODELO** el yeso, el ladrillo, el cemento, el césped

*El césped no va con las otras palabras porque no es un material para construir casas.*

1. el barrio, la acera, los azulejos, la cuadra
2. la factura, el muro, el préstamo, la hipoteca
3. quemar, componer, construir, reparar
4. la carpintera, la hipoteca, el contratista, la diseñadora
5. la madera, la manguera, la piscina, el estanque

¡Anda! Curso elemental, Capítulo 3, La casa, Apéndice 2.

## 3·3 ¿Cuál prefieres?

Mira el dibujo de las tres casas. Decide cuál es tu favorita y prepara una lista de por lo menos cinco razones. Después, explícale a un/a compañero/a por qué te gusta más.

### Estrategia

Remember that you can state your likes by using negative sentences. For example, *Me gusta la casa roja porque no tiene acera y a mí no me gustan las aceras.*

¡Anda! Curso elemental,
Capítulo 3, La casa,
Apéndice 2.

 **3 4 ¿Qué hicieron?**

En grupos de tres, escriban **tres** oraciones en el **pretérito** para cada grupo de palabras. Después, compartan sus oraciones con otros grupos. ¡Sean creativos!

**MODELO**    arquitecta, contratista, obrero, diseñadora

*La arquitecta trabajó con un contratista nuevo. Juntos encontraron a unos obreros de mucha experiencia y construyeron la casa en seis meses. La diseñadora decoró la casa en tres semanas.*

1. préstamo, hipoteca, presupuesto, factura
2. comparar con, ponerse de acuerdo, añadir, gastar
3. barrio, cuadra, cerca, estanque
4. madera, ladrillo, cemento, azulejos

¡Anda! Curso elemental, Capítulo 3,
La casa; Los muebles y otros
objetos de la casa; Los colores,
Apéndice 2.

 **3 5 ¿Cómo es la casa?**

Completen los siguientes pasos.

**Paso 1** Túrnense para describir el cuadro de Carmen Lomas Garza.

**Paso 2** Descríbele tu casa, la casa de tus padres o la casa de un/a amigo/a a tu compañero/a usando por lo menos **ocho** oraciones. Debes hablar de los materiales de la casa, los alrededores y el interior de la casa.

**MODELO**    *Me encanta la casa de mi amigo Jorge. Es una casa blanca de madera. Detrás tiene un patio de cemento donde siempre tenemos fiestas. Está en el campo y el jardín es muy bonito...*

**Paso 3** En por lo menos **ocho** oraciones, haz una comparación entre la casa que describiste en **Paso 2** con la casa del cuadro, *Barbacoa para cumpleaños*.

**Paso 4** Repite por lo menos **tres** cosas que tu compañero/a te dijo.

*Barbacoa para cumpleaños* de Carmen Lomas Garza
Carmen Lomas Garza "Barbacoa para cumpleaños" (Birthday Party Barbecue). Alkyds on canvas, 36 x 48 inches. © 1993 Carmen Lomas Garza (reg. 1994). Photo credit: M. Lee Fatherree. Collection of Federal Reserve Bank of Dallas.

¡Anda! Curso elemental, Capítulo 2,
La formación de preguntas y las
palabras interrogativas, Apéndice 3;
Capítulo 3, La casa, Apéndice 2.

 **3 6 Preguntas y más preguntas**

Es hora de hacerles preguntas a tus compañeros/as.

**Paso 1** Escribe una lista de **ocho** preguntas que se puedan hacer, incorporando el **vocabulario nuevo** y el **pretérito**.

**Paso 2** Circula por la sala de clase, haciéndoles las preguntas a diferentes compañeros/as.

**MODELO**    E1: *¿Cortaste el césped en la casa de tus padres el verano pasado?*

E2: *No. Mis padres no tienen jardín. Viven en un apartamento. ¿Y tú?*

E1: *Sí, corté el césped muchas veces...*

## GRAMÁTICA 2 — Usos de los artículos definidos e indefinidos

3-6 to
3-7

In **Capítulo Preliminar A,** you reviewed *definite* and *indefinite* articles. The following is a guide to help you determine when to use them.

### Los artículos definidos

Definite articles (**el, la, los, las**) are used in the following instances:

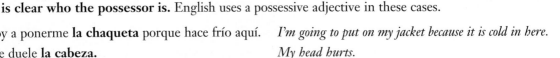

¡El amor es cruel!

1. **before abstract nouns (la paz, la vida, el amor) used as subjects, and nouns used in a general sense (el café, la cerveza).** English omits the article in these cases.

**La vida** de la ciudad es intensa.    *City life is intense.*

Me gustan **las casas** de adobe.    *I like adobe houses.*

2. **before parts of the body and articles of clothing when preceded by a reflexive verb or when it is clear who the possessor is.** English uses a possessive adjective in these cases.

Voy a ponerme **la chaqueta** porque hace frío aquí.    *I'm going to put on my jacket because it is cold in here.*

Me duele **la cabeza.**    *My head hurts.*

3. **before the days of the week, to mean "on."**

Tenemos la clase de español **los lunes, miércoles y viernes.**    *We have Spanish class on Mondays, Wednesdays, and Fridays.*

**El martes** a las diez de la mañana viene la decoradora.    *The decorator is coming (on) Tuesday at 10:00 A.M.*

4. **before dates and times of day.**

Empezaron a construir la casa **el catorce de marzo.**    *They began to build the house on March 14.*

Son **las tres de la tarde** y el carpintero todavía no ha llegado.    *It is 3:00 P.M. and the carpenter hasn't arrived yet.*

5. **before names of languages, except when they follow *de, en,* or *hablar.*** However, the article is often *omitted* after the following verbs: **aprender, enseñar, entender, escribir, estudiar, leer,** and **saber.**

**El español** no es un idioma oficial de los Estados Unidos, pero muchas personas lo hablan.    *Spanish is not an official language of the United States, but many people speak it.*

Aprender **(el) inglés** es importante para los obreros.    *It is important for the workers to learn English.*

El estudiante habló en **español** con su profesor.    *The student spoke Spanish with his professor.*

6. **before titles, except *San, Santa, don,* and *doña* when speaking *about* the person,** even though the article *is* omitted when speaking *to* the person.

Tenemos que hablar con **la profesora Salgado** sobre la renovación de su casa.    *We have to speak with Professor Salgado about remodeling her house.*

¿Has visto **al Sr. del Valle,** el contratista?    *Have you seen Mr. del Valle, the contractor?*

7. **before the names of certain cities, regions, and countries such as** *La Habana, Los Ángeles, La Mancha, El Salvador,* **and** *La República Dominicana.* However, the article is optional with the following countries:

| | | | | |
|---|---|---|---|---|
| (la) Argentina | (el) Canadá | (el) Ecuador | (el) Paraguay | (el) Uruguay |
| (el) Brasil | (la) China | (los) Estados Unidos | (el) Perú | |

| | |
|---|---|
| Los azulejos vienen de **Los Ángeles.** | *The tiles come from Los Angeles.* |
| Los vecinos son de **El Salvador.** | *The neighbors are from El Salvador.* |

### Los artículos indefinidos

Just like with English, the indefinite article (**un, una, unos, unas**) is used when the noun is not known to the listener or reader. Once the noun is identified, the definite article is used.

| | |
|---|---|
| Se acaba de abrir **una tienda** nueva de decoración. | *A new decorating store just opened.* |
| Han contratado a mucha gente para trabajar en **la tienda.** | *They've hired a lot of people to work at **the** store.* |

1. **In general, the indefinite article is used** *much less* **in Spanish than in English.** Indefinite articles *are omitted* in the following instances:

   a. **after** *hacerse* **and** *ser* **when followed by an** *un***modified noun referring to nationality, political affiliation, profession, or religion.**

| | |
|---|---|
| Pensaba **hacerse contratista,** pero ahora quiere **ser arquitecto.** | *He was thinking about becoming **a** contractor, but now he wants to be **an** architect.* |
| Carolina Herrera **es venezolana.** | *Carolina Herrera is **a** Venezuelan.* |

   b. **before** *cien(to), cierto, medio, mil, otro,* **and** *tal* **(such).**

| | |
|---|---|
| Pensamos gastar **mil dólares** para terminar la cocina. | *We are planning on spending **a** thousand dollars to finish the kitchen.* |
| Necesitamos **otro electricista** porque éste no puede llegar a tiempo. | *We need **another** electrician because this one can't arrive on time.* |

   c. **after the prepositions** *con* **and** *sin.*

| | |
|---|---|
| El plomero nunca trabaja **sin gorro.** | *The plumber never works without **a** hat.* |
| Quiere comprar una casa **con piscina.** | *He wants to buy a house with **a** pool.* |

   d. **in negative sentences and after verbs like** *buscar, haber,* **and** *tener* **when the numerical notion of** *un(o)* **or** *una* **is not important.**

| | |
|---|---|
| No **tengo carro** hoy así que no te puedo llevar. | *I don't have **a** car today so I can't take you.* |
| **Busco apartamento** y **compañero de cuarto.** | *I am looking for **an** apartment and **a** roommate.* |

2. **Indefinite articles** *are used* **in the following instances:**

   a. **before a number,** *unos* **and** *unas* **are used to indicate an** *approximate* **amount.**

| | |
|---|---|
| Necesitamos **unas dos** toneladas (*tons*) de ladrillos para el proyecto. | *We need **about** two tons of bricks for the project.* |
| **Unos veinte** arquitectos están participando en el concurso. | ***Some (approximately)*** *twenty architects are participating in the contest.* |

   b. **before a noun that is modified.**

| | |
|---|---|
| Antonio Gaudí fue **un arquitecto español innovador.** | *Antonio Gaudí was **an** innovative Spanish architect.* |
| Narciso Rodríguez es **un** diseñador **famoso.** | *Narciso Rodríguez is **a** famous designer.* |

## 3·7 ¿Quiénes son?

Explica quiénes son las siguientes personas. Después, compara tus oraciones con las de un/a compañero/a.

**MODELO** Pablo Neruda / chileno / poeta / poeta chileno

*Pablo Neruda es chileno. Es poeta. Es un poeta chileno.*

1. Carmen LaForet / española / escritora / escritora española
2. Edward James Olmos / mexicoamericano / actor / actor mexicoamericano
3. Gloria Estefan / cubana / cantante / cantante cubana
4. Fernando Botero / colombiano / artista / artista colombiano
5. Carlos Santana / mexicano / músico / músico mexicano

Pablo Neruda

# Notas culturales

SAM
3-8

## El mejoramiento de la casa: Hazlo tú mismo

Cumpliste el sueño de tener tu propia casa y ahora ves que necesita algunas reparaciones° y renovaciones. ¿Cómo las vas a hacer? Pues, *hazlo tú mismo*, el lema de muchos negocios nuevos de mejoramiento de la casa. Esta moda es muy popular en el mundo hispano hoy en día. Las personas quieren participar en el trabajo de renovación por muchas razones. Por ejemplo, la gente ahora no tiene tanto miedo de hacer sus propias reparaciones; para otros, hay razones económicas; y hasta para algunos, es un pasatiempo.

Muchas compañías se especializan en el mejoramiento de la casa. *Sodimac* es el líder en Chile y también está en Colombia y Perú. En México hay las cadenas *Del Norte* y *Total HOME,* en España se encuentra *Bricor* y una compañía venezolana, *EPA,* ha abierto tiendas en Costa Rica. Por dondequiera° que vivas, si quieres mejorar la casa, siempre tienes la opción de *hacerlo tú mismo.*

### Preguntas

1. ¿Cuál es el lema para el mejoramiento de la casa? ¿Cuáles son las razones que contribuyen a la popularidad de esta moda?
2. ¿Dónde se encuentran algunas tiendas de mejoras para la casa en el mundo hispano?
3. ¿Qué tipo de reparaciones puedes hacer en la casa?

## 3·8 Y otra persona conocida

Juntos completen la siguiente (posible) entrevista con María Elvira Salazar para saber quién es y por qué es conocida en el mundo hispano. Tienen que decidir si necesitan usar **los artículos indefinidos**.

E1: ¿Cuál es su profesión?

E2 (MES): Pues, soy (1) _____ periodista y actualmente soy (2) _____ presentadora de (3) _____ nuevo programa en MEGA TV.

E1: ¿Cómo se llama el nuevo programa?

E2 (MES): Es muy original: ¡María Elvira Live!

E1: Excelente. Bueno, el público desea conocerla mejor. ¿De dónde es usted?

E2 (MES): Mi familia es originalmente de Cuba; soy (4) _____ cubanoamericana y vivo a (5) _____ veinte minutos del centro de Miami.

E1: ¿Por qué se destaca (*stand out*) tanto en un campo de (6) _____ miles de periodistas y presentadores?

E2 (MES): Es (7) _____ pregunta un poco difícil. Trabajo mucho, eso sí. También soy conocida por haber hecho supuestamente (*allegedly*) la última entrevista con Pinochet.

E1: Bastante controvertido, ¿no?

E2 (MES): Sin (8) _____ duda.

E1: Bueno, ¿cuáles son sus metas para el nuevo programa?

E2 (MES): Sobre todo, quiero llegar a (9) _____ público más amplio y diverso… y (10) _____ otras cosas, claro.

E1: Pues, muchas gracias, María Elvira, y muy buena suerte con su programa.

María Elvira Salazar

### Fíjate

Augusto José Ramón Pinochet Ugarte (1915–2006) was the dictator of Chile from 1973 to 1990. Pinochet was a controversial ruler who was accused of human rights abuses. For more on the dictator and his reign, search the library or the Internet.

**3·9** **¿Sí o no?**

A Alberto Vargas le gusta pensar en los cambios de la vida. Completen los siguientes pasos para ver lo que piensa.

**Paso 1** Decidan si se necesita **el artículo definido** o no para terminar los pensamientos de Alberto.

(1) _____ construcción es muy diferente
hoy en día en (2) _____ Costa
Rica. Soy (3) _____ contratista
para (4) _____ casa nueva de
(5) _____ familia León.
Cuando empecé a trabajar en esta profesión hace treinta años,
(6) _____ responsabilidades
eran diferentes. Por ejemplo, (7) _____
materiales que necesitaba para construir una casa eran muy
limitados. Hoy sólo tengo que ir a uno de esos almacenes
grandes y encuentro de todo —madera, cemento, ladrillos,
azulejos, etc. (8) _____ madera
generalmente viene de (9) _____
árboles de este país. A mí me gustan (10) _____
casas de madera—son muy naturales. También, (11) _____
casas de adobe son muy populares aquí. Otra diferencia tiene que ver con (*has to do with*)
(12) _____ obreros. Hace treinta años era muy difícil encontrar
a personas con experiencia y yo mismo hacía la mayor parte del trabajo. Ahora es fácil encontrar a
gente competente y por eso puedo construir una casa en mucho menos tiempo. Por ejemplo,
(13) _____ año pasado, me fracturé (14) _____
pierna izquierda en una caída y no pude trabajar por dos meses. Todos (15) _____
hombres de mi equipo se juntaron para ayudarme y siguieron con (16) _____
trabajo como si estuviera yo allí (*as if I were there*).

**Paso 2** Expliquen por qué usaron (o no usaron) el artículo definido en el **Paso 1.**

 **3·10** **Un poco de todo**

Túrnense para contestar las siguientes preguntas. Pongan atención a **los artículos.**

1. En la construcción de una casa, ¿cuál es la diferencia entre las responsabilidades del arquitecto y las del contratista?
2. ¿Cuáles son los materiales que usaron en la construcción de tu casa o de la casa de tus padres?
3. ¿Cuáles son las consideraciones al escoger materiales de construcción para una casa?
4. ¿Es importante que los diseñadores tengan un título universitario o cuenta más la experiencia?
5. ¿Cuáles son algunos de los problemas que puede tener un negocio de construcción de casas?

# ESCUCHA

3-9 to
3-11

When listening for the main ideas, you are not focusing on details, but rather on the main points. For example, if you are getting ready to go to work or class and are listening to the weather report, you would probably want to know the maximum high and low temperatures in your area and whether there will be precipitation. You would not necessarily listen for what the temperature and weather conditions are on the other side of the country. *Listening for the main ideas* means focusing on the most important points. Those can be dictated based on your need for and use of the information.

**3•11**  **Antes de escuchar**

Mientras Mari Carmen limpia su casa, ella escucha (¡y también mira de vez en cuando!) el programa de televisión *¡Estamos en casa!*, en el que muestran unas casas extraordinarias de su área. A Mari Carmen le encanta el programa y mientras está limpiando le gusta imaginarse a ella y a su familia viviendo en una de esas grandes mansiones. Escribe **tres** ideas principales que puede escuchar Mari Carmen en un programa de este tipo.

1. _____
2. _____
3. _____

**3•12**  **A escuchar**

CD 2
Track 1

Escucha parte del programa *¡Estamos en casa!*

**Paso 1** La primera vez que escuchas, enfócate en alguna(s) idea(s) general(es).

**Paso 2** La segunda vez que escuchas, determina una o dos características de la casa, escogiendo entre las siguientes opciones.

1. La casa está en
   a. el centro de la ciudad.
   b. medio del campo.
2. La casa
   a. no es muy grande.
   b. es muy grande.

**3•13**  **Después de escuchar**

Escucha una vez más, esta vez notando otra idea principal.

## ¿Cómo andas?

Having completed the first **Comunicación,** I now can...

|  | **Feel Confident** | **Need to Review** |
|---|:---:|:---:|
| ● describe different house construction materials, exterior decorations, and surroundings. (p. 106) | ❏ | ❏ |
| ● report about events in the past. (p. 107) | ❏ | ❏ |
| ● use definite and indefinite articles to accurately identify people, places, and things. (p. 110) | ❏ | ❏ |
| ● share information about home improvement in the Hispanic world. (p. 112) | ❏ | ❏ |
| ● listen for and state the main ideas of a broadcast. (p. 115) | ❏ | ❏ |

# Comunicación

- Describing homes and their rooms
- Expressing doubts, sentiments, and emotions

**VOCABULARIO 3**

## Dentro del hogar: la sala, la cocina y el dormitorio

SAM 3-12 to 3-16

*¡Anda! Curso elemental*, Capítulo 3, La casa; Los quehaceres de la casa, Apéndice 2.

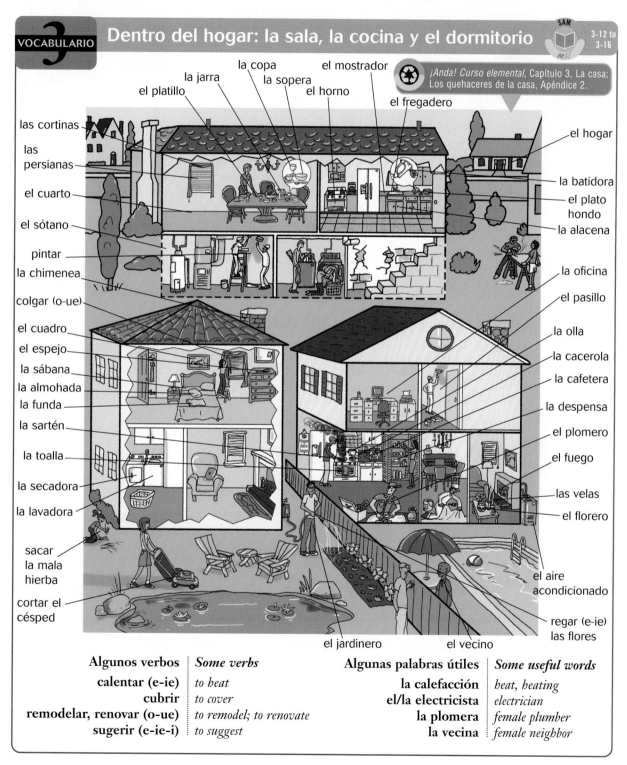

la copa — el mostrador
la jarra — la sopera — el horno
el platillo — el fregadero

las cortinas
las persianas
el cuarto
el sótano
pintar
la chimenea
colgar (o-ue)
el cuadro
el espejo
la sábana
la almohada
la funda
la sartén
la toalla
la secadora
la lavadora
sacar la mala hierba
cortar el césped

el hogar
la batidora
el plato hondo
la alacena
la oficina
el pasillo
la olla
la cacerola
la cafetera
la despensa
el plomero
el fuego
las velas
el florero
el aire acondicionado
regar (e-ie) las flores

el jardinero        el vecino

| Algunos verbos | *Some verbs* | | Algunas palabras útiles | *Some useful words* |
|---|---|---|---|---|
| **calentar (e-ie)** | *to heat* | | **la calefacción** | *heat, heating* |
| **cubrir** | *to cover* | | **el/la electricista** | *electrician* |
| **remodelar, renovar (o-ue)** | *to remodel; to renovate* | | **la plomera** | *female plumber* |
| **sugerir (e-ie-i)** | *to suggest* | | **la vecina** | *female neighbor* |

**CAPÍTULO 3**

### El parloteo de Cisco

Anoche reflexionaba sobre mi cocina y decidí hacer unos cambios. Necesito un microondas nuevo y un refrigerador. Y pensaba decorar el suelo y las paredes. Esperaba hacerlo con poco dinero. ¿Me ofreces algunas sugerencias?

 **Deja un comentario para Cisco:**

## REPASO

### El imperfecto

In Cisco's blog, he wrote **reflexionaba, pensaba,** and **esperaba.** You will remember that in addition to the **pretérito,** Spanish has another simple past tense, **el imperfecto.** The following is a brief review of the forms and uses of **el imperfecto.** For a complete review, refer to **Capítulo 8** of *¡Anda! Curso elemental* in Appendix 3.

The **imperfect tense** expresses *habitual past actions, provides descriptions,* and *describes conditions.*

**SAM**
**MSL**
**3-17 to 3-19**

1. Verbs that end in *-ar* have the *-aba* endings.

   **pintar**      pintaba, pintabas, pintaba, pintábamos, pintabais, pintaban

2. Verbs that end in *-er* and *-ir* have the *-ía* endings.

**Guide G**
**MSL**
**36, 41**

   **componer**   componía, componías, componía, componíamos, componíais, componían

   **construir**   construía, construías, construía, construíamos, construíais, construían

3. There are *only three irregular verbs* in the imperfect: *ir, ser,* and *ver.*

   **ir**         iba, ibas, iba, íbamos, ibais, iban

   **ser**        era, eras, era, éramos, erais, eran

   **ver**        veía, veías, veía, veíamos, veíais, veían

---

 ## 3 14   Buena memoria

Su profesor/a va a elegir **seis letras** del alfabeto. Después de escribirlas en la pizarra, todos los estudiantes van a escribir todas las palabras nuevas que puedan recordar que empiecen con esas letras. ¿Quién tiene la mejor memoria?

♻ ¡Anda! Curso elemental, Capítulo 3, La casa, Apéndice 2; Capítulo 11, Las preposiciones y los pronombres preposicionales, Apéndice 3.

## 3-15 La casa de su niñez

Miren la foto y el plano de la casa donde nació Diego Rivera el 8 de diciembre de 1886. Ahora es un museo y contiene una gran colección de obras del famoso muralista mexicano. Juntos describan la casa, usando **el imperfecto** según el modelo. ¡Sean creativos!

1. Sala
2. Dormitorio
3. Vestidor
4. Dormitorio de la Tía Vicenta
5. Dormitorio del matrimonio Rivera
6. Comedor
7. Estudio

**MODELO** *Cuando Diego vivía en la casa, sus padres dormían en un dormitorio que estaba enfrente del dormitorio de la tía. Creo que Diego dormía en…*

### Fíjate

The words *la habitación*, *la recámara*, and *la alcoba* are common words for *el dormitorio.* Sometimes different words are used in different Spanish-speaking countries. In *¡Anda! Curso intermedio*, you are learning vocabulary that tends to be used the most universally across the Spanish-speaking world.

## 3-16 La casa de mi niñez

Dibuja un plano sencillo (*simple*) de la casa de tu niñez o de la de un/a amigo/a.

**Paso 1** Incluye los cuartos y detalles sobre el exterior; por ejemplo, la cerca, el jardín, la piscina, etc.

**Paso 2** Descríbele la casa a un/a compañero/a, usando por lo menos **ocho** oraciones en **el imperfecto.** Tu compañero/a va a dibujar lo que dices.

**MODELO** *La casa de mi niñez tenía una cerca de madera alrededor de la casa…*

**Paso 3** Comparen los dos dibujos para ver si las describieron e interpretaron bien. Túrnense.

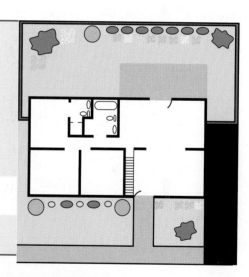

♻ ¡Anda! Curso elemental, Capítulo 3, Los colores; Capítulo 7, La comida, Apéndice 2.

## 3-17 ¿Y tu vida?

Piensen en su niñez y túrnense para compartir la siguiente información.

**MODELO** E1: *¿Qué tipo de comida guardaba tu familia en el refrigerador y en la despensa?*
E2: *Mi familia guardaba refrescos, leche, frutas, verduras y condimentos en el refrigerador. En la despensa…*

1. ¿Qué tipo de comida guardaba tu familia en el refrigerador y en la despensa?
2. ¿Cuántas almohadas necesitabas para dormir?
3. ¿De qué colores eran tus sábanas, fundas y toallas?
4. ¿Usabas cortinas o persianas?
5. ¿Tenías tocadores o nada más que armarios?
6. ¿Te permitían tus padres cocinar o usar una sartén?
7. ¿Cuántas familias vivían en tu barrio o en tu cuadra?
8. ¿Te caían bien los vecinos?

### 3-18 Una imagen vale...

¡Anda! Curso elemental, Capítulo 3, La casa, Apéndice 2.

Mira el dibujo en la página 117. Imagina que tienes que describir a alguien lo que pasaba (usando el **imperfecto**) en estas casas y sus alrededores (*surroundings*). Túrnense para crear **ocho oraciones** cada uno/a.

**MODELO** *Había sábanas y fundas rosadas. La casa no se calentaba con la chimenea porque hacía calor y buen tiempo...*

### 3-19 El mundo es un pañuelo

¡Anda! Curso intermedio, Capítulo Preliminar A, Los artículos definidos e indefinidos, pág. 6.

¿Cuánto sabes de tus compañeros/as y de sus pasados? Entrevístalos para encontrar a los que puedan contestar afirmativamente a las siguientes preguntas.

**Paso 1** Usa el **imperfecto** para crear las preguntas.

**MODELO** *¿Tenía piscina tu casa?*

**Paso 2** Pregúntaselas a tus compañeros/as de clase. Si alguien contesta que **sí**, tiene que firmar su nombre en el espacio apropiado.

**MODELO** E1: *¿Tenía piscina tu casa?*

E2: *Sí, mi casa tenía piscina.*

E1: *Firma aquí, por favor.*

*Charlie*

| tu casa / tener / piscina  *Charlie* | las casas en tu barrio / ser / de ladrillo | tú / componer / cosas rotas | tu casa / tener / un estanque |
|---|---|---|---|
| tus hermanos / cortar / el césped | tu casa / haber / azulejos | tu casa / haber / chimenea | tu familia y tú / quemar / madera en la chimenea |
| tu casa / tener / un muro enfrente | tú / usar / la lavadora | tú / guardar / cosas especiales / en tu tocador | tú / renovar / tu casa con la ayuda de revistas (*magazines*) |

¡Anda! Curso intermedio, Capítulo 2, El subjuntivo para expresar pedidos, mandatos y deseos, pág. 86.

### 3-20 ¡La lotería!

¡Tu esposo/a y tú acaban de ganar 80.000 euros! Túrnense para describir sus planes para la renovación y la decoración de su casa antigua, usando por lo menos **ocho oraciones**.

**MODELO** E1: *Primero quiero que renovemos los mostradores de la cocina. Sugiero usar azulejos del sur de España.*

E2: *Buena idea. Me gusta. Quizás construyamos alacenas de madera y tal vez las pintemos blancas...*

## El subjuntivo para expresar sentimientos, emociones y dudas

GRAMÁTICA 4

SAM 3-20 to 3-22

Guide G 46

In **Capítulo 2,** you learned about the **subjunctive** to express **volition** or **will** (commands, requests, and wishes). In Spanish, you also use the **subjunctive** to express **feelings, emotions, doubt,** and **probability.**

Dudo que podamos renovar esta casa. No creo que sea una opción para nosotros.

¡Qué potencial! No creo que la casa necesite mucho trabajo. Pintamos... unas cortinas nuevas y ya está.

### Fíjate

*Gustar* (to like) and most verbs like it (see *Capítulo* 1, p. 38) can express feelings and emotions.

### Estrategia

You may want to review the present tense subjunctive forms on p. 82 and the sentence construction with verbs of volition on p. 86 before beginning this section.

● Some verbs and phrases used to express **feelings** and **emotions:**

| | | | |
|---|---|---|---|
| **alegrarse de** | *to be happy (about)* | **ser una lástima** | *to be a shame* |
| **avergonzarse de (o-ue)** | *to feel (to be) ashamed of* | **sentir (e-ie-i)** | *to regret* |
| **gustar** | *to like* | **temer / tener miedo (de)** | *to fear; to be afraid (of)* |
| **ser bueno/malo** | *to be good/bad* | | |

**Me alegro de** que tengas un presupuesto.

*I'm happy that you have a budget.*

Yanet **se avergüenza de** que ella y su esposo no tengan el dinero para pagar el alquiler este mes.

*Yanet is ashamed that she and her husband do not have the money to pay the rent this month.*

**Nos gusta** que la casa esté bien decorada ahora.

*We like (the fact) that the house is well decorated now.*

**Temo** que no podamos comprarla.

*I'm afraid we cannot buy it.*

● Some verbs used to express **doubt** and **probability:**

| | | | |
|---|---|---|---|
| **dudar** | *to doubt* | **no pensar** | *not to think* |
| **no creer** | *not to believe; not to think* | **ser dudoso** | *to be doubtful* |
| **no estar seguro (de)** | *to be uncertain* | **ser probable** | *to be probable* |

Marco **no cree** que nosotros sepamos suficiente para renovar una casa.

*Marco doesn't think that we know enough to renovate a house.*

**No estoy segura** de que Hosun tenga un jardinero.

*I am not sure that Hosun has a gardener.*

- The verbs **creer, estar seguro de,** and **pensar** do **not** use the **subjunctive,** but rather the indicative, after **que** because they do not express doubt.

DOUBT

**dudar, no creer, no estar seguro (de), no pensar**

**No creo que** podamos terminar de renovar el baño para septiembre.
*I don't believe that we can finish renovating the bathroom by September.*

Julio **no está seguro de que** esta lavadora sea la mejor que jamás ha tenido.
*Julio is not certain that this washing machine is the best he has ever had.*

CERTAINTY

**no dudar, creer, estar seguro (de), pensar**

**Creo que** podemos terminar de renovar el baño para septiembre.
*I believe that we can finish renovating the bathroom by September.*

Julio **está seguro de que** esta lavadora es la mejor que jamás ha tenido.
*Julio is certain that this washing machine is the best he has ever had.*

- When only one subject/group of people expressing **feelings, emotions, doubt,** or **probability** exists, you must use the **infinitive** and **NOT** the **subjunctive.**

**Se alegran (de) comprar** una casa en aquel barrio.    *They are happy to buy a house in that neighborhood.*

Having studied the previous presentation on the subjunctive, answer the following questions:

1. In which part of the sentence do you place the verb that expresses feelings, emotions, or doubts: to the right or the left of **que?**

2. Where do you put the subjunctive form of the verb: to the right or the left of **que?**

3. What word joins the two parts of the sentence?

4. When you have only one subject/group of people and you are expressing **feelings, emotions, doubt,** or **probability,** do you use a subjunctive sentence?

 Check your answers to the preceding questions in Appendix 1.

 **3·21** Práctica

Terminen las siguientes oraciones de manera apropiada. Tienen que decidir si necesitan usar el **subjuntivo** o el **indicativo.**

| comprar | organizar | pagar | preparar | querer |
|---|---|---|---|---|

**MODELO**    Nos alegramos de que nuestros padres... / una lavadora y una secadora nuevas.

*Nos alegramos de que nuestros padres **compren** una lavadora y una secadora nuevas.*

1. Mis padres no creen que nosotros... / una casa nueva este año.
2. Dudan que yo... / la comida todos los días.
3. ¿Estás seguro de que ella siempre... / las facturas?
4. No pienso que su ahijada... / las alacenas. Es muy perezosa.
5. Creo que él... / construir un muro de cemento.

¡Anda!, Curso
intermedio,
Capítulo 1, La
familia, pág. 50.

## 3·22 Optimista o pesimista

Hay optimistas y pesimistas en este mundo. ¡Hoy es tu día para jugar a ser el/la pesimista! Túrnense para responder de manera pesimista.

**MODELO**  Creo que los platos y las copas hacen juego (*match*).

   PESIMISTA: *No creo que los platos y las copas hagan juego.*

1. Creo que el sótano de mis tíos necesita reparaciones.
2. Mi madrina está remodelando su casa y no duda que los azulejos son del color correcto.
3. Los gemelos Sánchez creen que su horno calienta bien y que no necesitan uno nuevo.
4. Estoy segura de que mis primos son buenos cocineros y que nunca queman la comida.
5. Creemos que tu padrino te va a regalar una nueva casa de madera para tu cumpleaños.

## 3·23 Lo siento, pero lo dudo

Tu compañero/a te va a decir las siguientes oraciones y no estás de acuerdo con lo que dice. Responde con **Dudo que...**, **No creo que...**, etc.

**MODELO**  E1: Mi cuñada quema la comida todos los días.

   E2: *Dudo que tu cuñada queme la comida todos los días.*

1. Mi casa es tan sofisticada como la de Bill Gates.
2. Lavo las toallas, las sábanas y las fundas todos los días.
3. Nos mudamos todos los años.
4. Vivo en una casa con dos piscinas.
5. Mis padrinos tienen unos espejos de Francia del siglo XVII.

¡Anda! Curso elemental,
Capítulo 3, Los quehaceres
de la casa, Apéndice 2.

## 3·24 Mis quehaceres

Siempre hay cosas que hacer y tu compañero/a te va a ayudar. Túrnense para responder con gratitud (**me alegro, me gusta, me encanta**, etc.).

**MODELO**  E1: *pintar el despacho*

   E2: *Me alegro de que pintes el despacho.*

1. comprar la comida para la cena
2. cortar el césped
3. hacer la cama con nuevas sábanas, fundas y almohadas
4. barrer el piso
5. organizar la despensa
6. limpiar el sótano

**3·25** Mis opiniones

Tus abuelos te regalan una casa antigua. Estás agradecido/a pero necesitas renovarla.

**Paso 1** Escribe por lo menos **cinco** ideas que expresen **duda**, **sentimientos** o **emociones** sobre el proyecto.

**MODELO** *Voy a renovar la cocina. Primero, necesito encontrar a un buen contratista. Creo que el contratista debe tener buenas referencias. Temo que la renovación sea cara…*

**Paso 2** Comparte tus ideas con **tres** compañeros para ver si se sienten como tú.

*¡Anda! Curso intermedio*, Capítulo 1, El aspecto físico y la personalidad, Algunos estados, pág. 32, 43.

 **3·26** El futuro es dudoso

Dos amigos suyos van a casarse. Expresen sus opiniones en por lo menos **cinco** oraciones sobre la boda (*wedding*) y/o su futuro. ¡Sean creativos! Después, compartan sus oraciones con sus compañeros/as.

**MODELO** *En el futuro, dudo que se pongan de acuerdo sobre cómo gastar el dinero. Ella es muy gastadora y él es muy tacaño. Por ejemplo, ella quiere gastar $5.000 dólares en un horno y una estufa pero él no cree que sea muy importante…*

*¡Anda! Curso elemental*, Capítulo 2, Los pasatiempos y los deportes; Capítulo 5, El mundo de la música, El mundo del cine, Apéndice 2.

*¡Anda! Curso intermedio*, Capítulo 2, Algunos deportes, pág. 68, Algunos pasatiempos, pág. 81.

 **3·27** Y otra cosa…

Expresa tus dudas, sentimientos y emociones con respecto a tus pasatiempos y diversiones. Comparte la información con un/a compañero/a.

**MODELO** *Me encanta mi familia y creo que debemos ver la televisión mucho menos y hablar mucho más. Me alegro de que tengamos tiempo para reunirnos y comer juntos pero…*

**GRAMÁTICA 5**

*Estar* + **el participio pasado**

3-23 to
3-24

55, 57

In **Capítulo 1**, you learned about the **present perfect** tense (present tense of **haber [he, has, ha, etc.]** + past participle [**-ado/ido**]). You can also use the **past participle as an adjective.**

   **Estar** + *past participle* describes the **result of an action.** The verb **estar** can be used in the **present** or **imperfect** tenses.

¡No puedes salir sin arreglar tu cuarto!

Mamá ¡ya está arreglado!

Las ventanas **están cerradas.**  *The windows are closed.*
                                    *(Someone closed the windows.)*

La puerta **estaba abierta** cuando yo llegué.  *The door was open when I arrived.*
                                    *(Someone opened the door.)*

La casa ya **está pintada;** la terminamos ayer.  *The house is already painted; we finished it yesterday.*
                                    *(Someone painted the house.)*

Based on the examples above, what rule can you state with regard to what determines the endings of the past participles (**-ado/-ido**) when used as adjectives?

 Check your answer to the preceding question in Appendix 1.

¡Anda! Curso intermedio, Capítulo 1, El presente perfecto, pág. 46.

**3·28** Mi casa es tu casa

Tu compañero/a y tú han trabajado mucho hoy. Túrnense para describir lo que ya han hecho.

**MODELO**   puerta / pintar
             *La puerta está pintada.*

1. factura mensual / pagar
2. platos / guardar
3. toallas / lavar
4. silla rota / reparar
5. césped / cortar
6. cerca / pintar
7. cortinas / colgar
8. flores / regar

## PERFILES

SAM 3-25

### La importancia de la casa y de su construcción

*La construcción de los lugares donde la gente vive es personal y refleja los gustos y las necesidades de las personas que los van a habitar. Muchas personas se especializan en el trabajo de mejorar la casa, afuera y adentro (inside). Aquí tienes tres ejemplos del intento de crear un espacio agradable y útil para vivir o pasar el tiempo.*

**Sandra Tarruella** e **Isabel López** son unas diseñadoras de interiores muy conocidas en España. Recibieron el Premio FAD en el año 2004 por su diseño del interior del Hotel Omm en Barcelona y su restaurante famoso, Moo. No hay duda que sus proyectos figuran entre los más modernos y populares del país.

**Eduardo Xol,** (n. 1966) nativo de Los Ángeles y de padres mexicanos, ha ganado fama como diseñador de exteriores y de jardines. Desde pequeño trabajó con su familia y aprendió mucho del arte de la jardinería. Ahora hace recomendaciones sobre este tema al público en el programa *Extreme Makeover Home Edition*.

### Preguntas

1. ¿En qué son similares y en qué son diferentes los trabajos de las personas representadas?
2. ¿Qué es más importante para ti: el exterior o el interior de tu casa? ¿Por qué?
3. ¿Qué cuarto de tu casa te gusta más? ¿Por qué?

**La civilización incaica** (1438–1532) demostró mucho talento en la construcción con piedra. Sus ruinas indican que los incas eran buenos arquitectos. Sus casas y templos estaban construidos de piedras masivas que se ajustaban (*fit*) juntas unas con otras, tan perfectamente que no había necesidad de mortero (*mortar*).

## 3·29 Por favor

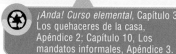
*¡Anda! Curso intermedio,* Capítulo 1, El presente perfecto de indicativo, pág. 46.

Completen los siguientes pasos.

**Paso 1** Túrnense para formar mandatos informales y para responder de manera positiva a su amigo/a un poco exigente (*demanding*).

**MODELO**   quemar los papeles

E1: *Por favor, quema los papeles.*

E2: *Ya están quemados.*

*¡Anda! Curso elemental,* Capítulo 3, Los quehaceres de la casa, Apéndice 2; Capítulo 10, Los mandatos informales, Apéndice 3.

Por favor,

1. cerrar las ventanas de tu cuarto.
2. apagar la chimenea.
3. lavar las cacerolas en el fregadero.
4. guardar la batidora en la alacena.
5. organizar los comestibles en la despensa.
6. pintar los pasillos de color azul.
7. cubrir la almohada con una funda limpia.
8. reparar las persianas rotas.

**Paso 2** Ahora cambien las respuestas al **imperfecto**.

**MODELO**   Ya están quemados.

*Ya estaban quemados.*

## 3·30 ¿Eres competitivo?

Túrnense para hacer el papel de una persona que siempre quiere hacer las cosas mejor que los demás.

**MODELO**   No tengo tiempo para decorar mi apartamento.

*Mi apartamento está bien decorado.*

1. No tengo tiempo para sacar la mala hierba de mi jardín.
2. Necesito pintar el pasillo.
3. Nunca guardo mi ropa limpia.
4. No puedo hacer la cama todos los días.
5. Necesito colgar unas cortinas.
6. Nunca tengo tiempo para lavar mi carro.
7. Debo poner la mesa cuando invito a mis amigos a comer.
8. No me gusta barrer el suelo.

**Estrategia**

These words may be useful in your description: *abrir, cerrar, desordenar, hacer, poner, romper, sacar, tirar* (to throw).

## 3·31 ¿Qué pasó?

Necesitan ayudar a la policía porque hubo un crimen en el apartamento del vecino. Miren el dibujo y describan, con **participios pasados** lo que vieron al entrar en el apartamento. Túrnense.

## 3·32 ¡Ya soy responsable!

Imagínense que es la primera vez que viven solos y sus padres están muy preocupados.

**Paso 1** Inventen una conversación entre un/a hijo/a y el padre/la madre. ¿Cuáles son las preguntas de los padres y cuáles son las respuestas del hijo/de la hija competente? Usen el **participio pasado**.

**MODELO**   E1: *¿Pagaste las facturas de este mes?*

E2: *Sí mamá. Todas las facturas están pagadas.*

*¡Anda! Curso elemental,* Capítulo 7, El pretérito, Apéndice 3.

**Paso 2** Presenten la conversación a su profesor/a y a sus compañeros/as de clase.

SAM

3-26

# ¡Conversemos!

**ESTRATEGIAS COMUNICATIVAS**   Extending, accepting, and declining invitations

A good way to improve your Spanish is to spend time with Spanish speakers. To do this, you need to know how to extend, accept, or decline an invitation.

Use the expressions below when you wish to extend, accept, or decline an invitation:

| Para invitar a alguien | To extend an invitation |
|---|---|
| ■ Quisiera invitarte/le/les... | I would like to invite you (all)... |
| ■ ¿Está/s/n libre/s...? | Are you (all) free...? |
| ■ ¿Podría/s/n venir...? | Could you (all) come...? |

| Para aceptar una invitación | To accept an invitation |
|---|---|
| ■ Nos/Me encantaría... | We/I would love to... |
| ■ ¡Claro! ¡Por supuesto! | Sure! Of course! |
| ■ ¡Con mucho gusto! | It would be a pleasure! |

| Para rechazar una invitación | To decline an invitation |
|---|---|
| ■ Me da mucha pena, pero... | I'm really sorry, but... |
| ■ Lo siento, pero no puedo esta vez/en esta ocasión. Tengo otro compromiso. | I'm sorry, but I can't this time. I have another commitment / I have other plans. |
| ■ Nos/Me encantaría, pero... | We/I would love to, but... |
| ■ Lástima, pero... | It's a shame/pity, but... |

CW

eBook

CD 2
Track 2

## 3·33 Diálogos

Escucha los diálogos y contesta las siguientes preguntas.

1. ¿Para qué es la primera invitación?
2. ¿Puede ir Laura? ¿Qué dice?
3. ¿Para qué invitan Paco y Verónica a Inés y a Jorge?
4. ¿Pueden ir? ¿Qué dice Inés?

## 3·34 ¡Bienvenido!

Piensen en un personaje histórico a quien quieran invitar a cenar. Luego escriban un mini-diálogo. El/La compañero/a hace el papel del invitado y puede aceptar o negar la invitación, pero necesita explicar por qué.

**MODELO**   E1: *Saludos, Sr. Quijote.*

E2: *Buenos días. ¿Lo conozco?*

E1: *No, pero he leído el libro sobre su vida y me gustó mucho. Espero que usted pueda cenar conmigo esta noche.*

E2: *Ah, muchísimas gracias, pero lo siento, esta vez no puedo. Tengo otro compromiso... Tengo una cita con Dulcinea...*

## 3·35 ¿Aceptas o no?

Mira la siguiente lista de invitaciones y decide si quieres aceptar o no. Con un/a compañero/a, dramaticen las situaciones y luego cambien de papel y háganlo de nuevo.

1. Un amigo te invita a una fiesta latina en su casa donde se va a bailar mucho; no sabes bailar.
2. Tu profesor/a de español quiere que la clase vaya a su casa para una tertulia. Tienen que hablar toda la noche en español. Responde por toda la clase (nosotros).
3. Tu novio/a quiere que conozcas a sus padres. Te ha invitado a cenar en casa con ellos. No tienes ropa apropiada en este momento.
4. Tus vecinos te han invitado a una barbacoa en su casa, pero eres vegetariano/a.
5. Tu amigo va a ayudar a construir unas casas para Hábitat para la Humanidad durante las vacaciones de primavera y te invita a acompañarlo.

**MODELO**    E1: *Hola, Juanita. Quisiera invitarte al baile este sábado.*

E2: *Ah, ¡qué bueno! ¡Claro que sí!…*

## 3·36 Una casa de vacaciones

Quieres alquilar una casa para ir de vacaciones, pero quieres más información sobre la propiedad. Solamente has leído un anuncio en el periódico y no la describe con mucho detalle.

**Estudiante 1:** Llama al/a la dueño/a y pídele una descripción. Pregúntale lo que quieras sobre la casa: por ejemplo, ¿Hay piscina? ¿De qué está hecha la casa? ¿Cómo es la cocina?

**Estudiante 2:** Eres el dueño. Describe la casa lo mejor posible, indicando cuáles son los mejores aspectos de la casa y de sus alrededores (*surroundings*) e invita al cliente a verla.

**MODELO**    E1: *Muy buenos días, Sra. ¿Usted todavía tiene una casa disponible o ya está alquilada?*

E2: *¡Claro! ¡Por supuesto! ¿Qué quiere saber? ¿Desea que le describa la casa?…*

## 3·37 Manos a la obra

Tu vecino/a te pide que le ayudes con un proyecto de mejoramiento de su casa. Con un/a compañero/a de clase, recreen un diálogo entre tu vecino/a y tú, teniendo en cuenta que:

| TÚ | EL/LA VECINO/A |
|---|---|
| • tu vecino/a te cae bien y no quieres ofenderlo/a | • necesitas hacer las reparaciones de casa, pero no te gusta trabajar a solas |
| • no te gusta trabajar en la casa ni hacer renovaciones | • quieres conocer mejor a tu vecino/a y crees que ésta es la mejor manera |
| • no eres muy hábil con las herramientas (*tools*), pero tienes un juego (*set*) nuevo que tus padres te regalaron; nunca lo has usado | • has visto que tu vecino/a tiene muchas herramientas buenas y te parecen nuevas |

**MODELO**    E1: *Hola, Raúl. ¿Qué tal?*

E2: *Hola, pues muy bien, ¿y tú? ¿Qué haces?*

E1: *Pienso renovar mi sala de recreo. A propósito, ¿me quieres ayudar? Temo que no pueda hacerlo yo mismo…*

CAPÍTULO 3

# ESCRIBE

SAM

MSL

3-27 to
3-28

**3·38** **Antes de escribir**

Vas a mudarte a otra ciudad en otro estado. Te has comunicado con un agente de bienes raíces (*real estate*) para poder encontrar tu "casa ideal". El agente quiere que escribas una descripción de lo que constituye tu casa ideal; es decir, ¿qué tiene que tener tu casa? ¿cómo es?

> ESTILO: hispano
> MATERIAL: ~~cemento~~ adobe
> PISCINA: ??? ~~$$$~~
> DORMITORIOS: ~~3~~ 4
> BAÑOS: 3 baños con azulejos

**3·39** **A escribir**

Para escribir tu descripción de casa, completa los siguientes pasos.

**Paso 1** Indica las **cinco** cosas más importantes que buscas en tu casa ideal.

**Paso 2** Añade **dos** detalles apropiados con cada idea principal para que el agente entienda perfectamente lo que quieres.

**Paso 3** Escribe la descripción completa. Debe tener por lo menos **diez** oraciones. Crea por lo menos **cuatro oraciones en el subjuntivo.**

**MODELO** *Mi casa ideal necesita tener ciertas características. La casa debe ser de adobe; me gustan las casas de estilo hispano y es bueno que sea del color blanco…*

**3·40** **Después de escribir**

Compara la descripción de tu casa ideal con la de un/a compañero/a de clase. ¿En qué son similares y en qué son diferentes?

## ¿Cómo andas?

Having completed the second **Comunicación,** I now can...

|  | Feel Confident | Need to Review |
|---|---|---|
| • describe a home and its rooms. (p. 117) | ❏ | ❏ |
| • discuss the past (p. 118) | ❏ | ❏ |
| • communicate doubts, feelings, and emotions. (p. 121) | ❏ | ❏ |
| • express the result of actions using **estar** + *past participle* **(-ado/-ido)**. (p. 125) | ❏ | ❏ |
| • share my opinions about home construction, decoration, and renovation. (p. 126) | ❏ | ❏ |
| • extend, accept, and decline invitations. (p. 128) | ❏ | ❏ |
| • write a description that includes details. (p. 130) | ❏ | ❏ |

# Vistazo cultural

SAM
3-29 to 3-31

DVD/VHS
Vistas culturales

### Las casas en España

Soy estudiante de arquitectura en la Escuela Técnica Superior de Arquitectura de la Universidad de Navarra, considerado uno de los mejores programas del país. El curso académico para sacar el título de arquitecto dura cinco años. Al terminar, pienso diseñar casas impresionantes para el público.

**María Ángeles Durán Nieves,
estudiante de arquitectura**

### La manzana de la discordia en Barcelona

En una sola cuadra del Passeig de Gràcia, una ruta principal en Barcelona, se encuentran tres ejemplos maravillosos de la arquitectura modernista. Esta cuadra se llama *la manzana de la discordia*.

### La Casa Batlló

El exterior de *La Casa Batlló* se destaca por su decoración, sus curvas y sus chimeneas peculiares. Antonio Gaudí (1852–1926), un arquitecto catalán, remodeló un edificio tradicional existente y sobre su base construyó este original edificio en el año 1906 como residencia de la familia Batlló, a quien se debe su nombre.

### El patio de la Casa Sorolla

Joaquín Sorolla y Bastida (1863–1923) fue un pintor realista e impresionista de Valencia. Construyó la casa donde también iba a tener su estudio en el año 1911. Esta pintura es una de más de veintiocho vistas que pintó desde su jardín, captándolo principalmente durante la primavera con muchas flores.

Joaquín Sorolla y Bastida, "The Courtyard of the Sorolla House." 1917. Oil on canvas, 95.9 x 64.8 cm. © Colección Carmen Thyssen-Bornemisza en deposito en el Museo Thyssen-Bornemisza.

## Las casas colgantes de España

Es dudoso que se encuentren casas más precarias que las casas colgantes de Cuenca. Cuelgan de un précipe al lado del río Huécar. Antes, servían de hogar para la gente del pueblo. Hoy, una de las casas está convertida en el Museo de Arte Abstracto Español y otra es un restaurante famoso.

## El parador de Sigüenza

Los paradores son lugares de turismo dirigidos por el gobierno de España. Son edificios viejos e históricos como palacios, monasterios, conventos y mansiones. Todos están renovados y sirven como hoteles; cada uno tiene su propio restaurante con la comida particular de la región. Algunos datan de los años 900.

**El puente del Campo Volantín, Bilbao**

Santiago Calatrava (n. 1951), nativo de Valencia, es el arquitecto más conocido de España y uno de los más famosos del mundo. Tiene títulos en arquitectura y en ingeniería civil; también ha estudiado pintura y dibujo. Sus estructuras son distintas, modernas, bonitas y llamativas (*striking*).

**Una casa cueva en Andalucía**

¿Te gustan las cuevas (*caves*)? ¡Es posible que sea tu casa nueva! Las casas cuevas han empezado a ser populares, sobre todo en Andalucía. Las cuevas han sido renovadas en viviendas (*living quarters*) muy cómodas y modernas con teléfono, electricidad, agua corriente y hasta acceso al Internet.

## Preguntas

1. ¿Qué tienen en común las casas en la manzana de la discordia?
2. ¿Cuáles son las semejanzas (*similarities*) y diferencias entre los edificios en esta presentación?
3. Compara la construcción de tu edificio favorito en este vistazo con tu casa ideal.

# Laberinto peligroso

## lectura

3-32 to 3-34

**ESTRATEGIA** | **Establishing a purpose for reading; determining the main idea**

First, identify your purpose for reading. Is it for pleasure, to find specific information, or to research a topic? Next, skim the passage for the main idea(s). Make use of prior strategies such as predicting from titles and/or illustrations, identification of cognates, and use of background knowledge to help pinpoint the main topics of the reading.

**3-41** **Antes de leer.** En lugar de tratar de leer y comprender todas las palabras de un texto, muchas veces es más útil tratar de extraer las ideas generales del texto. Antes de leer el episodio, completa los siguientes pasos.

**Paso 1** Lee superficialmente y rápidamente el episodio y contesta las siguientes preguntas.

1. ¿Quiénes son los protagonistas en este episodio?
2. ¿Quién llega al café antes?
3. ¿Qué hace en el café?
4. ¿De qué habla con la otra persona?

**Paso 2** Basándote en tus respuestas a las preguntas del **Paso 1** y en el título del episodio, escribe una oración indicando cuál crees que va a ser la idea general del episodio.

---

**DÍA 19**

CD 2
Track 3

## Planes importantes

Estaba harto de estar solo en casa, así que Cisco decidió dar un paseo hasta un café para tomar algo y seguir trabajando allí. Cuando llegó al café, pudo sentarse en una mesa grande porque no había mucha gente, sólo un hombre que tomaba algo y estudiaba unos informes. Cisco pidió un café, sacó la computadora y los libros, y se puso a trabajar. Después de un rato, el otro cliente se levantó bruscamente para salir del café y con la prisa se le cayó una página al suelo.

Cuando Cisco llevaba una hora allí solo, una voz conocida le sorprendió:

—¿Qué haces tú aquí? —le preguntó Celia.
—Nada. Vivo cerca y quería tomar un café. —respondió Cisco, mientras cerraba su computadora y trataba de esconder° los libros.

*to hide*

—¿Y estos libros? —preguntó Celia.
—Para un artículo. —dijo Cisco.
—Me sorprende que trabajes aquí. —dijo Celia. —¿Puedes concentrarte?
—Sí, ya ves que está muy tranquilo y así salgo de casa. ¿Quieres sentarte y tomar algo? —respondió Cisco.
—Me encantaría, pero no quiero interrumpirte. —dijo Celia.
—No, el artículo está casi terminado. —mintió Cisco. —Además necesito un descanso.
—Está bien. —dijo Celia.

—¿Qué tal te sientes? ¿Ya te has recuperado de lo que te pasó durante el seminario?

—Sí, no fue nada. Creo simplemente que estaba cansada. —respondió Celia, mientras se sentaba.

—¿Has ido al médico? —preguntó Cisco.

—¡Qué exagerado! Estoy bien. No me he vuelto a sentir mal desde entonces, y fue hace dos semanas. De verdad, no creo que sea nada importante. —insistió Celia.

—Pero te desmayaste°. No creo que sea mala idea ir al médico. —insistió Cisco.    *you fainted*

Celia quería cambiar de tema y trataba de mirar los títulos de los libros que había sobre la mesa, pero solo pudo ver una revista.

—¿Estás escribiendo sobre casas? —le preguntó Celia, señalando la revista.

—No, es que quiero hacer unos cambios en mi casa. Cuando la compré tenía planes para renovarla, pero como tengo mucho trabajo, no puedo dedicarle mucho tiempo a eso.

—Es una lástima que no tengas más tiempo para una cosa tan importante. ¿Qué cambios quieres hacer? —preguntó Celia.

—Muchísimos. Estoy añadiendo un baño y voy a cambiar la cocina y acabar el sótano.

—¿Tienes contratista? —preguntó Celia.

—No, estoy haciéndolo todo yo. Para algunas cosas necesito un plomero, pero yo hago todo lo que pueda. —dijo Cisco.

—Me sorprende que sepas hacer tantas cosas, pero me parece muy bien que tomes esa iniciativa.

—También tiene que ver con mi presupuesto. Para hacer tanto trabajo, es fundamental que haga todo lo que pueda. Comprar todos los materiales y encima contratar a otras personas para hacer las reformas, ¡imagínate todas las facturas!

—¿Y no quieres pedir un préstamo? —preguntó Celia.

—La hipoteca ya es mucho. Y también me gusta hacer las cosas con mis propias manos.

—¿En qué cuarto estás trabajando ahora? —preguntó Celia.

—El baño está casi terminado, así que pronto voy a empezar en la cocina.

—Tengo ganas de aprender a hacer esas cosas, pero supongo que primero debería comprar la casa. —reflexionó Celia.

—¿Qué tipo de casas te gustan?

—Sencillas, no demasiado grandes. Quiero tener una con un buen jardín, eso es fundamental, y una cocina amplia y una gran chimenea en la sala. —respondió Celia.

—A mí también me gustan mucho las chimeneas. ¿Piensas comprar una casa pronto?

—No sé. Todavía no he hecho planes tan importantes. —respondió Celia, mirando hacia abajo y tocándose la frente.

—¿Estás bien? —preguntó Cisco con un tono preocupado.

—Sí, pero estoy un poco cansada y me duele la cabeza. Creo que debería irme.

—Celia dijo mientras abría el bolso para sacar una propina para el camarero.

En su bolso encontró una nota que la asustó mucho.

**3-42** **Después de leer.** Contesta las siguientes preguntas.

1. Al principio del episodio, ¿qué ocurrió con el hombre que estaba en el café?

2. ¿Por qué crees que Cisco le dijo a Celia que su artículo estaba casi terminado?

3. ¿Por qué crees que Celia no quería hablar sobre el incidente que ocurrió en el seminario?

4. ¿Qué planes tenía Cisco para su casa?

5. ¿Cómo era la casa ideal de Celia?

6. ¿Qué le ocurrió a Celia al final del episodio?

# video

**3-43 Antes del video.** En los últimos episodios, Cisco ha estado trabajando en un artículo importante, y al final de *Planes importantes* Celia estaba asustada. En el próximo episodio del video, vas a ver qué asustó a Celia y también vas a aprender más sobre el artículo de Cisco. Antes de ver el episodio, contesta las siguientes preguntas.

1. ¿Qué tema ha estado investigando Cisco en los últimos episodios?
2. ¿Por qué crees que no se sentía bien Celia?
3. ¿Qué crees que había en la nota que asustó a Celia?

Dudo que sea una broma (*joke*).

¿Por qué tenía tanta prisa Cisco? ¿Ocultaba (*Was he hiding*) algo?

El poder curativo de las plantas en las selvas tropicales es algo que me apasiona...

## *Una nota misteriosa*

Relájate y disfruta el video.

Episodio 3

**3-44 Después del video.** Contesta las siguientes preguntas.

1. ¿Qué dijo la nota que Celia encontró en su bolso? ¿Cómo reaccionó Cisco a la nota?
2. ¿Qué ocurrió cuando volvieron a entrar en el café?
3. ¿Cómo era el apartamento de Celia?
4. ¿Con qué tipo de especialista necesitaba hablar Cisco?
5. ¿Con qué tipo de especialista quería hablar Celia?
6. ¿Con qué personas ha estado trabajando el Dr. Huesos?
7. ¿Cómo concluyó el episodio?

## Y por fin, ¿cómo andas?

Having completed this chapter, I now can...

|  | Feel confident | Need to review |
|---|:---:|:---:|
| **Comunicación** | | |
| ● list and discuss different house construction materials, exterior decorations, and surroundings. (p. 106) | ❏ | ❏ |
| ● report about events in the past. (pp. 107, 118) | ❏ | ❏ |
| ● use definite and indefinite articles to accurately communicate about people, places, and things. (p. 110) | ❏ | ❏ |
| ● listen for and state the main ideas of a conversation. (p. 115) | ❏ | ❏ |
| ● describe a home and its rooms and contents. (p. 117) | ❏ | ❏ |
| ● express doubts, feelings, and emotions. (p. 121) | ❏ | ❏ |
| ● state the result of actions. (p. 125) | ❏ | ❏ |
| ● extend, accept, and decline invitations. (p. 128) | ❏ | ❏ |
| ● add supporting details to main ideas and statements when writing. (p. 130) | ❏ | ❏ |
| **Cultura** | | |
| ● share information about home improvement in the Hispanic world. (p. 112) | ❏ | ❏ |
| ● identify some famous Hispanics involved in home improvement and beautification. (p. 126) | ❏ | ❏ |
| ● describe several different kinds of housing in Spain. (p. 132) | ❏ | ❏ |
| **Laberinto peligroso** | | |
| ● determine the main ideas of a text. (p. 134) | ❏ | ❏ |
| ● discuss Cisco's plans for home improvement. (p. 134) | ❏ | ❏ |
| ● speculate on a mystery man and a frightening note left for Celia. (p. 136) | ❏ | ❏ |

# VOCABULARIO ACTIVO

CD 2
Tracks 4-12

| Los materiales de la casa y sus alrededores | Housing materials and surroundings |
|---|---|
| la acera | sidewalk |
| el adobe | adobe |
| los azulejos | ceramic tiles |
| el cemento | cement |
| la cerca | fence |
| el césped | grass; lawn (la grama) |
| la cuadra | city block |
| el estanque | pond – manmade pond |
| el ladrillo | brick |
| la madera | wood |
| la manguera | garden hose |
| el muro | wall (around a house) |
| la piscina | swimming pool |
| el yeso | plaster |

*Carca' natural pond*

| Algunos verbos | Some verbs |
|---|---|
| alquilar | to rent |
| añadir | to add |
| comparar con | to compare with |
| componer | to repair; to fix an object |
| construir | to construct |
| gastar | to spend; to wear out |
| guardar | to put away; to keep |
| mudarse | to move (new house) |
| ponerse de acuerdo | to agree; to reach an agreement |
| quemar | to burn |
| reparar | to repair |

*muverse - to move around*

| Algunas palabras útiles | Some useful words |
|---|---|
| el alquiler | rent |
| el/la arquitecto/a | architect |
| el/la carpintero/a | carpenter |
| el/la contratista | contractor |
| el/la diseñador/a | designer |
| el/la dueño/a | owner |
| la escalera | staircase; stairs |
| la factura (mensual) | (monthly) bill |
| la hipoteca | mortgage |
| el/la obrero/a | worker |
| el préstamo | loan |
| el presupuesto | budget |

| Dentro del hogar | Inside the home |
|---|---|
| el aire acondicionado | air conditioning |
| la calefacción | heat |
| la chimenea | fireplace; chimney |
| el cuarto | room |
| el fuego | fire |
| el hogar | home |
| la lavadora | washing machine |
| la secadora | dryer |
| la oficina | office |
| el pasillo | hall |
| el sótano | basement |

| La sala | Living room |
|---|---|
| el cuadro | painting |
| el florero | vase |
| las velas | candles |

| La cocina | Kitchen |
|---|---|
| la alacena | cupboard |
| la cafetera | coffeemaker |
| la batidora | hand-held beater; mixer; blender |
| la cacerola | saucepan |
| la copa | goblet; wine glass |
| la despensa | pantry |
| el fregadero | kitchen sink |
| el horno | oven |
| la jarra | pitcher |
| el mostrador | countertop |
| la olla | pot |
| el platillo | saucer |
| el plato hondo | bowl |
| la sartén | skillet, frying pan |
| la sopera | soup bowl |
| la toalla | towel |

*(el batidor)*

| El dormitorio | Bedroom |
|---|---|
| la almohada | pillow |
| la cortina | curtain |
| el espejo | mirror |
| la funda (de almohada) | pillowcase |
| las persianas | blinds |
| la sábana | sheet |

| Algunos verbos | Some verbs |
| --- | --- |
| calentar (e-ie) | to heat |
| colgar (o-ue) | to hang |
| cortar el césped | to cut the grass |
| cubrir | to cover |
| pintar | to paint |
| remodelar, renovar (o-ue) | to remodel, to renovate |
| regar (e-ie) las flores | to water the flowers |
| sacar la mala hierba | to weed |
| sugerir (e-ie-i) | to suggest |

Algun

el/la
el/la
el/la
el/l

# ¡Celebremos!

Hay celebraciones por todas partes del mundo y por muchos motivos diferentes. Algunas se asocian con temas religiosos y son formales. Otras tienen que ver con eventos familiares y celebran las épocas de la vida, el paso del tiempo o las relaciones personales. ¡Y algunas celebraciones son simplemente fiestas para divertirse con amigos, música y buena comida!

## OBJETIVOS

## CONTENIDOS

### Comunicación

### Cultura

### Laberinto peligroso

*Una fiesta divertida con una torta*

## PREGUNTAS

1  ¿Qué celebran estas personas? ¿En qué celebraciones se ofrece comida a los invitados?

2  ¿Qué fiestas te gusta celebrar más y por qué?

3  ¿Cómo y con quiénes celebras las cosas importantes de la vida?

# Comunicación

- Sharing information about celebrations and life events
- Describing and narrating past events
- Expressing what *had happened* in the past

**VOCABULARIO 1**    Las celebraciones y los eventos de la vida

SAM
4-1 to
4-2

la luna de miel

el novio

el compromiso

la Navidad

el regalo

el aniversario de boda

el cumpleaños    el novio    la boda    la novia    la Pascua

la graduación

la novia

El Día de las Brujas

el bautizo

el bebé

El Día de San Valentín

| Las celebraciones y los eventos de la vida | *Life events and celebrations* | Verbos | *Verbs* |
| --- | --- | --- | --- |
| el baile | *dance* | celebrar | *to celebrate* |
| la cita | *date* | cumplir… años | *to have a birthday/to turn… years old* |
| El Día de la Madre/del Padre/de la Independencia, etc. | *Mother's Day, Father's Day, Independence Day, etc.* | dar a luz | *to give birth* |
| | | discutir | *to argue; to discuss* |
| | | disfrazarse | *to disguise oneself, to wear a costume* |
| El Día de los Muertos | *Day of the Dead* | enamorarse (de) | *to fall in love (with)* |
| el nacimiento | *birth* | engañar | *to deceive* |
| la primera comunión | *First Communion* | estar comprometido/a | *to be engaged* |
| la quinceañera | *fifteenth birthday celebration* | estar embarazada | *to be pregnant* |
| | | pelear(se) | *to fight* |
| | | salir (con) | *to go out (with)* |
| | | tener una cita | *to have a date* |

**Querido diario:**

Ayer recibí una invitación para una fiesta en honor del nuevo bebé de mi amiga. Necesito comprar un regalo pronto. A ver, ¿qué fue lo que me dijo que necesitaba en particular para el bebé?

Preguntas

❶ ¿Qué tipo de invitación recibió Celia?
❷ ¿Qué necesita comprar Celia?
❸ Describe tu celebración favorita.

4-3 to
4-7

35, 36, 41

**REPASO**

**El pretérito y el imperfecto**

In Celia's diary she writes **recibí, dijo,** and **necesitaba.** In **Capítulos 1** and **3** we reviewed two aspects of the past tense in Spanish, **el pretérito** and **el imperfecto,** which are not interchangeable. The following is a brief review of the uses. For a complete review, refer to **Capítulo 9** of *¡Anda! Curso elemental* in Appendix 3.

| PRETÉRITO | IMPERFECTO |
| --- | --- |
| 1. To relate an event or occurrence that happened at **one specific time** in the past. | 1. To relate **habitual or repeated** actions in the past. |
| 2. To relate an act **begun or completed** in the past. | 2. To express **was/were** _____ing. |
| 3. To relate a **sequence of events**, each completed and each one moving the narrative along toward its conclusion. | 3. To provide **background** information, **set the stage,** or express a **pre-existing condition.** |
| 4. To relate an action that took place within a specified or **specific amount** (segment) **of time.** | 4. To **tell time** in the past. |

**Estrategia**

To help you remember vocabulary, use images in association with the words. You could create visual flash cards with pictures instead of English translations. Also, try to associate these celebrations with activities you might do to acknowledge them. When you put your vocabulary into a personal context, it becomes more meaningful to you and you will retain it better.

 **4·1　¿Cuál fue?**

Anoche hubo muchas celebraciones. Lean lo que hicieron estas personas en distintas celebraciones e indiquen de qué celebración se trata cada situación. Túrnense.

a. El Día de las Brujas
b. el bautizo

c. el aniversario de boda
d. el nacimiento

1. Los niños se disfrazaron y fueron a una fiesta.
2. Sara dio a luz a una niña.
3. Hoy hace veinte años que Gastón y Patricia se casaron.
4. Julia y Felipe llevaron a su bebé a la iglesia y hubo una ceremonia con los padrinos y un cura (*priest*).

**Fíjate**

Other words you might find useful are: *el embarazo* = pregnancy, *el noviazgo* = engagement; courtship.

 **4·2　Y la palabra es...**

Escuchen mientras el/la profesor/a explica la actividad. Van a tener que describir palabras, según el modelo.

**MODELO**　tener una cita

*una persona invita a otra a salir, entonces salen juntos; pueden ser más que amigos; el amor es una posibilidad...*

 **4·3　La cita de Paula y Pablo**

Elijan el verbo apropiado para terminar el pasaje. Después discutan por qué son correctos. Túrnense.

(1) Eran/Fueron las cinco de la tarde cuando Pablo (2) decidía/decidió llamar a Paula. Paula (3) hacía/hizo yoga cuando (4) sonaba/sonó el teléfono. (5) Era/Fue Pablo y la (6) quería/quiso invitar a cenar con él. A las siete y media la (7) recogía/recogió (8) e iban/y fueron en coche al restaurante Tío Tapa. El restaurante (9) era/fue pequeño pero acogedor (*cozy*). (10) Se sentaban/Se sentaron en el patio y (11) empezaban/empezaron a conocerse. (12) Pedían/Pidieron diferentes tapas y cerveza. Después de tres horas de comer, beber y conversar (13) decidían/decidieron irse a una discoteca para bailar. (14) Se divertían/Se divirtieron mucho en su primera cita.

**Estrategia**

Attempt to work with a different partner in each class. This enables you to help and learn from a variety of your peers, an important and highly effective learning technique. Equally important is the fact that working in small groups, rather than as a large class, gives you more opportunities and time to practice Spanish, as well as to get to know your classmates better.

## 4·4   Una celebración en Sevilla

Adriano estudia este semestre en Sevilla, España. Le escribe a su madre un e-mail sobre una experiencia muy interesante.

**Paso 1** Termina el e-mail con la forma correcta de los verbos apropiados en **el pretérito** o **el imperfecto.** Después compara tu trabajo con el de un/a compañero/a.

| andar | decir | empezar | encontrarse | leer |
|-------|-------|---------|-------------|------|
| llamar | llegar | salir | ser (x2) | tener |

Querida mamá:

¡Me gusta Sevilla más que nunca! Anoche yo (1) _____ *Don Quixote* cuando mi amigo Luis me (2) _____. Él me (3) _____ que (4) _____ una sorpresa para mí y que me recogería (*would pick me up*) en diez minutos. Cuando (5) _____ del piso (apartamento) vi que (6) _____ una noche perfecta con buena temperatura, una brisa deliciosa y un cielo estrellado. (7) _____ las once y media cuando Luis (8) _____. Inmediatamente nosotros (9) _____ a caminar a un lugar secreto (por lo menos para mí). (10) _____ por casi media hora y por fin (11) _____ en un lugar con mucha gente y fue muy emocionante.

| decir | divertirse | esperar | estar | | iluminar |
|-------|-----------|---------|-------|---|----------|
| moverse | parecer | ser | ubicarse (*to be located*) | | volver |

Me (1) _____ que toda la gente (2) _____ algo importante. Nosotros (3) _____ cerca de la entrada de un sitio grande y oscuro. A las doce en punto 20.000 bombillas (4) _____ una gran portada. ¡Era el comienzo de la famosa Feria de Abril! Entonces toda la masa de personas (5) _____ para dentro.

Según me (6) _____ Luis, este año es diferente porque hay un nuevo lugar para la Feria—los terrenos del Charco de la Pava, junto al río Guadalquivir. En el pasado la Feria (7) _____ en el Barrio de los Remedios, donde vivo yo ahora con doña Esperanza. Según Luis la razón por la que cambiaron de lugar (8) _____ la alta demanda de casetas (casas pequeñas donde la gente come, bebe, baila y descansa durante la Feria).

Yo (9) _____ a la Feria al día siguiente donde (10) _____ muchísimo. Mamá—la música, el baile, los caballos, la comida, las copas—¡todo fue increíble!

Besos,
Adriano

**Paso 2** Ahora, expliquen el uso de los verbos y los tiempos verbales del **Paso 1.**

**MODELO**   1. leía

*describes what was going on when another action interrupted; he was reading when Luis called*

## 4 5  Tres momentos importantes

Piensa en los momentos importantes de tu vida.

**Paso 1** Escribe sobre **tres** eventos importantes que tuvieron lugar en tu vida, contestando las preguntas, según el modelo.

| ¿CUÁNDO FUE? | ¿DÓNDE ESTABAS? | ¿CON QUIÉN(ES) ESTABAS? | ¿QUÉ PASÓ? | ¿CÓMO TE SENTÍAS? |
|---|---|---|---|---|
| el quince de mayo | la playa | mis padres | conocí a mi novio | feliz |
| | | | | |
| | | | | |

**Paso 2** Escribe **tres** oraciones (una para cada evento) resumiendo toda la información. Después comparte la información con un/a compañero/a.

**MODELO**   *El quince de mayo estaba en la playa con mi familia cuando conocí a mi novio. Me sentía muy feliz…*

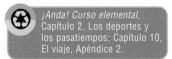

*¡Anda! Curso elemental*, Capítulo 2, Los deportes y los pasatiempos; Capítulo 10, El viaje, Apéndice 2.

## 4 6  El Hotel Playa Sol

Lean el folleto del Hotel Playa Sol. Después escriban un párrafo creativo de **seis** a **ocho** oraciones sobre lo que les ocurrió a Andrea y Roberto, una pareja de Guadalajara, México, allí.

*path*
*candles and torches*

4-8 to 4-9 65

## GRAMÁTICA 2 El pasado perfecto (pluscuamperfecto)

In **Capítulo 1** you learned to express actions that began in the past and continue into the present by using the equivalent of **have/has _____ -ed** (form of **haber + ado/ido**), the **present perfect**.

| En los últimos tres años, muchos de mis amigos **se han casado.** | *In the past three years, many of my friends have gotten married.* |
| **Nos hemos peleado** mucho recientemente. | *We have fought a lot lately.* |

• Another perfect tense is the **past perfect** (**had _____ -ed**). In Spanish, as in English, the past perfect is used to indicate that an action **had taken** place. Study the chart and the examples, and then answer the questions that follow.

Cuando yo llegué, ella ya había salido con otro hombre.

| | haber | Past participle |
|---|---|---|
| yo | **había** | celebr**ado**/com**ido**/discut**ido** |
| tú | **habías** | celebr**ado**/com**ido**/discut**ido** |
| él, ella, Ud. | **había** | celebr**ado**/com**ido**/discut**ido** |
| nosotros/as | **habíamos** | celebr**ado**/com**ido**/discut**ido** |
| vosotros/as | **habíais** | celebr**ado**/com**ido**/discut**ido** |
| ellos/as, Uds. | **habían** | celebr**ado**/com**ido**/discut**ido** |

| Cuando llegué a la fiesta todo el mundo ya **se había ido.** | *When I arrived at the party everyone had already gone.* |
| Cuando llegaron los bomberos, Adriana ya **había dado** a luz. | *When the firefighters arrived, Adriana had already given birth.* |
| A las siete el partido todavía no **había terminado.** | *The game had not finished by 7:00.* |
| Cuando se casaron en el año 2005 **habían vivido** en el mismo barrio varios años. | *When they married in 2005 they had lived in the same neighborhood several years.* |

• **Note:** Remember that some verbs have irregular past participles, such as **abrir** (abierto), **decir** (dicho). What are the other common irregular past participles that you know? For a complete list, refer to page 47.

refer to page 47.

### Estrategia

Remember that there are two types of grammar presentations in *¡Anda!*:

1. You are given the grammar rule.
2. You are given guiding questions to help you construct the grammar rule and to state the rule in your own words.

1. How do you form the past perfect tense?
2. How does the form compare with the present perfect tense (**he hablado, has comido, han ido,** etc.)?
3. To make the sentence negative in the past perfect, where does the word *no* go?
4. Which verbs have irregular past participles?

 Check your answers to the preceding questions in Appendix 1.

**4·7   Cambiamos**

Digan lo que habían hecho ya los artistas Pablo Picasso y Wifredo Lam cuando se encontraron en un museo ayer a las diez de la noche. Túrnense.

**MODELO**   Wifredo/comer en un restaurante cubano
*Wifredo había comido en un restaurante cubano.*

*Les Trois Musiciens* de Pablo Picasso

*Sin título* de Wifredo Lam

1. Pablo/pintar un cuadro
2. Wifredo/llevar cuadros a dos museos
3. Pablo y Wifredo/aprender nuevas técnicas
4. Wifredo/experimentar con una acuarela *(watercolor)*
5. Pablo/mirar la joyería de su hija Paloma
6. Pablo y Wifredo/conocer algunos aficionados *(fans)*

**4·8   El engaño**

Esta mañana vieron a la novia de Paco y ella les hizo muchas preguntas sobre la vida de Paco antes de empezar a salir con ella. Utilizando la información dada, túrnense para decir oraciones en el **pasado perfecto** para compartir con Paco la conversación que tuvieron con la novia.

**MODELO**   notar algo diferente (yo)
*Me preguntó si yo había notado algo diferente.*

1. tener conversaciones contigo sobre otras mujeres (yo)
2. observar un comportamiento *(behavior)* raro (yo)
3. recibir llamadas extrañas (tú)
4. verte en fiestas sin ella (yo)
5. venir a mi casa con otra mujer (tu hermano y tú)
6. comprar regalos recientemente (tú)
7. ir a bares juntos (tú y yo)
8. mentir o decir la verdad (yo)

¡Anda! Curso elemental, Capítulo 4, Las expresiones afirmativas y negativas, Apéndice 3; Capítulo Preliminar A, Los adjetivos de nacionalidad, Apéndice 2.

 **4·9** Sí, me encanta el español

¿Qué habían hecho ustedes antes de tomar este curso de español para demostrar su interés por la lengua y en la cultura hispana? Túrnense.

**MODELO**  ver una película de un director de España (yo)

*Había visto una película de un director español.*

1. leer una novela de una escritora de Argentina (mi compañero/a y yo)
2. viajar a un lugar turístico en la República Dominicana (Clara)
3. pedir comida de Cuba en un restaurante (Jorge y Julián)
4. escribir un poema para imitar a una poeta de Chile (yo)
5. ser voluntario/a en una clínica en Guatemala (el/la profesor/a)
6. escuchar música de Puerto Rico (mis amigos)
7. conversar con unos hombres de Colombia sobre su país (mis padres y yo)
8. ver una telenovela de México (tú)

> **Estrategia**
>
> In the *modelo*, you will note the use of the adjective of nationality *español* that replaces the country *España*. Practice adjectives of nationality in the remainder of actividad **4-9**.

 **4·10** ¿Qué había pasado?

Túrnense para describir lo que **había pasado** antes de sacar cada foto.

**MODELO**  *El cura ya había bautizado al bebé cuando llegamos.*

1.    2.    3.

4.    5.

## Notas culturales

4-10

### El Día de los Muertos

Esta tradición tiene su origen en una celebración indígena y representa una combinación de unas creencias (*beliefs*) precolombinas y cristianas. Se celebra principalmente en México y en las comunidades mexicanas en los EE.UU. El primero y el dos de noviembre, las familias van al cementerio para limpiar y decorar con flores las tumbas de sus parientes que ya han muerto. También construyen ofrendas (altares) en las casas o en lugares públicos en honor de los difuntos (muertos). Allí ponen unos recuerdos de la persona: una fotografía, la comida y la bebida que le han gustado en la vida y flores. El altar y las ofrendas simbolizan la conexión que los difuntos habían tenido con la familia mientras vivían. Durante estos días los niños reciben dulces en forma de esqueletos y calaveras (*skulls*) y muchas personas preparan el pan de muerto para llevar al cementerio o poner en las ofrendas. Es un tiempo para recordar a los parientes difuntos y celebrar su vida.

### Preguntas

1. ¿Cómo se honra a los difuntos el primero y el dos de noviembre?
2. ¿Qué simbolizan las ofrendas y para qué sirven?
3. Piensa en las actitudes ante los pasos de la vida que representan estas tradiciones. ¿En qué son similares y en qué son diferentes a las actitudes de tu cultura? ¿Te parecen tristes o alegres estas tradiciones? ¿Por qué?

### 4·11 Antes de graduarme

¿Qué cosas interesantes habías hecho antes de graduarte de la escuela secundaria? En grupos de seis a ocho estudiantes túrnense para compartir algunas de las cosas que habían hecho. Tienen que recordar y repetir lo que todas las personas dicen.

**MODELO**
E1: *Antes de graduarme había trabajado en Zara.*

E2: *Antes de graduarme había visitado veinte estados de los Estados Unidos y* E1 *había trabajado en Zara.*

E3: *Antes de graduarme había estudiado un verano en España,* E2 *había visitado veinte estados de los Estados Unidos y* E1 *había trabajado en Zara.*

¡*Anda! Curso intermedio*, Capítulo 1, Algunas características físicas, pág. 32. Algunas características personales, pág. 33.

### 4·12 El cuadro nos habla

Imagina lo que había pasado antes del momento capturado en el cuadro del pintor dominicano Jaime Colson, llamado *Merengue* (1937). Sé creativo inventando personas y situaciones. Escribe por lo menos **ocho** oraciones usando **el pasado perfecto**. Después, comparte tu historia con tus compañeros de clase.

Jaime Colson, Merengue, 1937.
Courtesy of Museo Bellapart,
Dominican Republic.

# ESCUCHA

4-11 to
4-12

**ESTRATEGIA**    Listening for details

When listening, always determine the main idea(s) first and *then* take note of supporting details. Jotting down the details in writing is helpful. You can then use your notes to confirm and verify your information. When listening to someone in person, you can confirm and verify by asking follow-up questions for clarification. If you are listening to a recording, there is always the option to replay what you have heard for confirmation and verification of details.

**4•13**    ### Antes de escuchar

Rogelio trabaja para un famoso cocinero latino, Aaron Sánchez, el dueño del restaurante Paladar en Nueva York. Rogelio va al mercado cuando se da cuenta de que tiene un mensaje del gerente *(manager)* de la cocina. ¿Qué crees que dice el gerente en su mensaje? ¿Qué **dos** detalles crees que debe recordar Rogelio?

1. _____
2. _____

**4•14**    ### A escuchar

Completa los siguientes pasos.

CD 2
Track 13

**Paso 1** La primera vez que escuchas capta la idea general.

**Paso 2** Al escuchar el mensaje por segunda vez, escribe **tres** detalles que Rogelio debe recordar.

1. _____    2. _____    3. _____

**Paso 3** Compara lo que escribiste con lo que escribió un/a compañero/a.

**4•15**    ### Después de escuchar

Miren o escuchen un anuncio sobre un producto específico, y escriban **tres** detalles que el anuncio presenta sobre el producto.

## ¿Cómo andas?

Having completed the first **Comunicación**, I now can...

|  | Feel Confident | Need to Review |
|---|:---:|:---:|
| • share information about celebrations and important life events. (p. 142) | ❏ | ❏ |
| • express one-time events and ongoing actions in the past. (p. 143) | ❏ | ❏ |
| • discuss events that *had* occurred. (p. 147) | ❏ | ❏ |
| • describe some traditions that celebrate life events in Mexico and elsewhere in the Hispanic world. (p. 150) | ❏ | ❏ |
| • listen carefully for and note details in a conversation. (p. 151) | ❏ | ❏ |

# Comunicación

- Describing food
- Indicating how long something has been happening or how long ago it happened
- Expressing what has happened

**VOCABULARIO 3** La comida y la cocina

SAM
msl

4-13 to 4-15

¡Anda! Curso elemental, Capítulo 7, La comida; La preparación de las comidas, Apéndice 2.

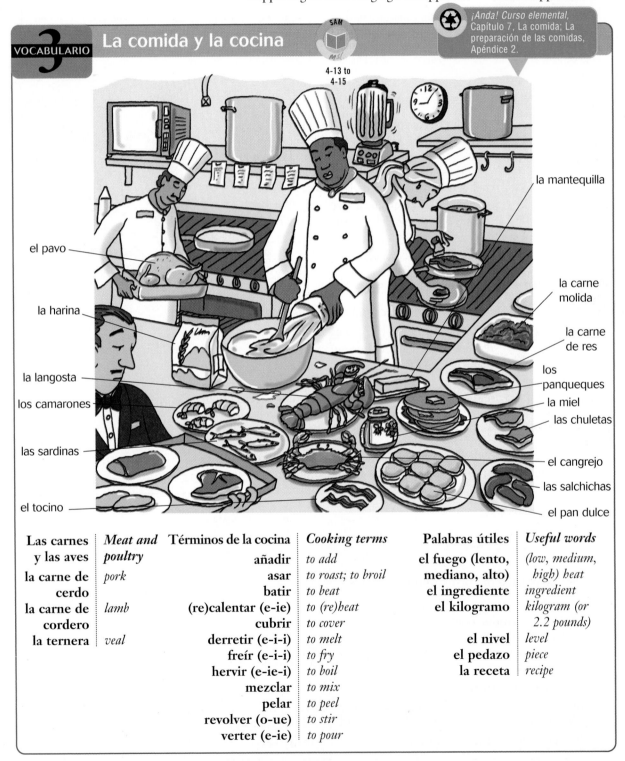

la mantequilla

la carne molida

la carne de res

los panqueques

la miel

las chuletas

el cangrejo

las salchichas

el pan dulce

el pavo

la harina

la langosta

los camarones

las sardinas

el tocino

| Las carnes y las aves | *Meat and poultry* | Términos de la cocina | *Cooking terms* | Palabras útiles | *Useful words* |
|---|---|---|---|---|---|
| | | añadir | *to add* | el fuego (lento, mediano, alto) | *(low, medium, high) heat* |
| la carne de cerdo | *pork* | asar | *to roast; to broil* | | |
| | | batir | *to beat* | el ingrediente | *ingredient* |
| la carne de cordero | *lamb* | (re)calentar (e-ie) | *to (re)heat* | el kilogramo | *kilogram (or 2.2 pounds)* |
| | | cubrir | *to cover* | | |
| la ternera | *veal* | derretir (e-i-i) | *to melt* | el nivel | *level* |
| | | freír (e-i-i) | *to fry* | el pedazo | *piece* |
| | | hervir (e-ie-i) | *to boil* | la receta | *recipe* |
| | | mezclar | *to mix* | | |
| | | pelar | *to peel* | | |
| | | revolver (o-ue) | *to stir* | | |
| | | verter (e-ie) | *to pour* | | |

## El parloteo de Cisco

Hace mucho tiempo que no trato de cocinar nada exótico en mi cocina. Hace poco decidí renovarla y ahora pienso intentar (*try*) una receta nueva para impresionar a una mujer que conocí hace unos días.

 **Deja un comentario para Cisco:**

### REPASO

#### Expresiones con *hacer*

In Cisco's blog he uses the expressions **hace mucho tiempo, hace poco**, and **hace unos días.** You have already used **hacer** alone and in idiomatic weather expressions. You may also remember that there are some additional constructions with **hacer** that deal with time.

SAM

4-16 to
4-17

**Hace** is used:

**1. to discuss an action that began in the past but is still going on in the present.**

> hace + *period of time* + **que** + *verb in the **present** tense*

**2. to ask how long something has been going on.**

> cuánto (tiempo) + **hace** + **que** + *verb in the **present** tense*

**3. with the preterit to tell how long ago something happened.**

> hace + *period of time* + **que** + *verb in the **preterit** tense*

> *verb in the **preterit** tense* + **hace** + *period of time*

Note that in this construction **hace** can either precede or follow the rest of the sentence. When it follows, **que** is not used.

**4. to ask how long ago something happened.**

> cuánto (tiempo) + **hace** + **que** + *verb in the **preterit** tense*

For a complete review of expressions with **hacer,** including examples, refer to **Capítulo 9** of *¡Anda! Curso elemental* in Appendix 3.

---

 ## 4·16 Haciendo preguntas

Túrnense para cambiar las siguientes oraciones a preguntas.

**MODELO**   Hace un mes que busco la receta.
> *¿Cuánto tiempo hace que buscas la receta?*

1. Hace varias horas que busco una sartén española en el Internet.
2. Hace cuarenta y cinco minutos que cocino la ternera a fuego lento.
3. Hace una hora que se derritió el hielo.
4. Hace dos días que compré los camarones y los cangrejos.
5. Hace diez minutos que busco los ingredientes.

## 4•17 ¿Cuánto tiempo hace?

Túrnense para crear y contestar preguntas.

**Paso 1** Escriban **cuatro** preguntas siguiendo el modelo.

**MODELO**   Hace _____ que / (no) comer carne de cerdo / tú
             *¿Cuánto tiempo hace que comes carne de cerdo? /*
             *¿Cuánto tiempo hace que no comes carne de cerdo?*

**Paso 2** Ahora pregunta y contesta.

**MODELO**   E1: *¿Cuánto tiempo hace que no comes carne de cerdo?*
             E2: *Hace veinte años que no como carne de cerdo. ¡La*
                 *detesto!*

## 4•18 Oraciones

Completa los siguientes pasos.

**Paso 1** Escribe **seis** oraciones diferentes utilizando palabras de cada columna, más otras
palabras necesarias. Después comparte las oraciones con un/a compañero/a.

**MODELO**   hace    una hora    que    preparar
             *Hace una hora que preparo los panqueques para el desayuno.*

| Hace | | que | | |
|------|------------|-----|----------|-----------|
| | media hora | | tú | freír... |
| | un día | | Rafael | hervir... |
| | diez minutos | | nosotros | calentar... |
| | una hora | | yo | añadir... |
| | dos horas | | ellas | asar... |
| | mucho tiempo | | mi madre | revolver... |

**Paso 2** Juntos pongan los verbos en las oraciones en el **pretérito**. ¿Cómo cambia el significado de las oraciones?

**MODELO**   Hace una hora que preparo los panqueques para el desayuno.
             *Hace una hora que preparé los panqueques para el desayuno.*

¡Anda! Curso elemental, Capítulo 7, La comida; La preparación de las comidas, Apéndice 2.

## 4·19 ¡Delicioso!

Ingrid Hoffman es una apasionada cocinera y estrella de televisión tanto en *Food Network* como en *Univisión*. Completen esta entrevista con ella utilizando las expresiones con **hacer** con los verbos en paréntesis y los tiempos indicados.

Ingrid Hoffman

PERIODISTA (P): Saber cocinar bien es un gran talento. ¿De dónde viene su atracción por la cocina?

INGRID HOFFMAN (IH): (1) _____ (estar obsesionada con la comida/treinta años). Yo me crié en Colombia, en las Antillas Holandesas y en los Estados Unidos con una madre colombiana y un padre colombo-alemán y con una mezcla de culturas y sabores diferentes.

P: ¿Cuándo empezaste a cocinar?

IH: (2) _____ (empezar a cocinar/veinte y ocho años) con mi mamá. Era tan pequeña que me tenía que subir en un banquito para llegar a la estufa y a la despensa.

P: ¡Impresionante! Y cuando no está en la cocina ¿qué le gusta hacer?

IH: Pues, trabajo bastante porque (3) _____ (abrir una tienda/cinco años), *La Capricieuse*, y también (4) _____ (comprar un restaurante/dos años) en Miami, *Roca*. Pero cuando tengo tiempo libre sé disfrutarlo. Me encantan el arte, la música, el mar, estar al aire libre, ir al cine, reunirme con mi familia y amigos, viajar y soñar.

P: Muchas gracias por la entrevista. (5) _____ (ver su programa en la televisión/mucho tiempo) *Simply delicioso*. ¿Quiere invitarme a cenar?

IH: Gracias a usted—ha sido un placer. Hmmm... ¿qué le gusta comer?

*¡Anda! Curso elemental, Capítulo 7, La comida, Apéndice 2.*

## 4·20 Firma aquí

Circula por la clase hasta encontrar a un estudiante que pueda contestar afirmativamente tu pregunta.

**MODELO** desayunar con huevos y tocino hace dos días

E1: *¿Hace dos días que desayunaste con huevos y tocino?*

E2: *No, no desayuné con huevos y tocino hace dos días. Nunca como tocino porque no me gusta.*

E1: *¿Hace dos días que desayunaste con huevos y tocino?*

E3: *Sí, hace dos días desayuné con huevos y tocino y hoy también.*

E1: *Pues, firma aquí, por favor.*

 *Tomás*

1. comer la langosta y otros mariscos hace muchos años

2. empezar a trabajar como camarero/a hace una semana

3. ver un programa en el *Food Network* hace dos o tres días

4. tomar un café con leche y azúcar hace una hora

5. pedir comida italiana en un restaurante elegante hace uno o dos meses

6. preparar una comida balanceada con verduras, legumbres y fruta hace una semana

7. comer pescado preparado a la parrilla hace tres o cuatro semanas

8. preparar una ensalada grande con lechuga, tomate, cebolla, pavo y queso hace uno o dos días

## 4·21 Conversando

Habla con varios compañeros de clase utilizando las siguientes preguntas para guiar la conversación.

1. Si sabes cocinar, ¿cuánto tiempo hace que aprendiste? ¿Cómo aprendiste? ¿Cuáles son tus platos favoritos para preparar? Si no sabes cocinar, ¿cuáles son tus platos favoritos para comer?

2. ¿Cuánto tiempo hace que una persona te preparó una comida especial? ¿Quién fue esa persona? ¿Qué preparó?

3. ¿Cuánto tiempo hace que hiciste las compras para la semana (comida)? ¿Cuándo fue? ¿Qué compraste?

4. ¿Te gustan los programas de cocina en la tele? ¿Cuánto tiempo hace que ves esos programas? ¿Quién es tu cocinero/a favorito/a?

5. ¿Cuánto tiempo hace que cenaste en un restaurante caro? ¿Qué comiste? ¿Con quién estuviste?

## Más comida

SAM
MSL

4-18 to
4-19

¡Anda! Curso elemental,
Capítulo 7, La comida; La
preparación de las comidas,
Apéndice 2.

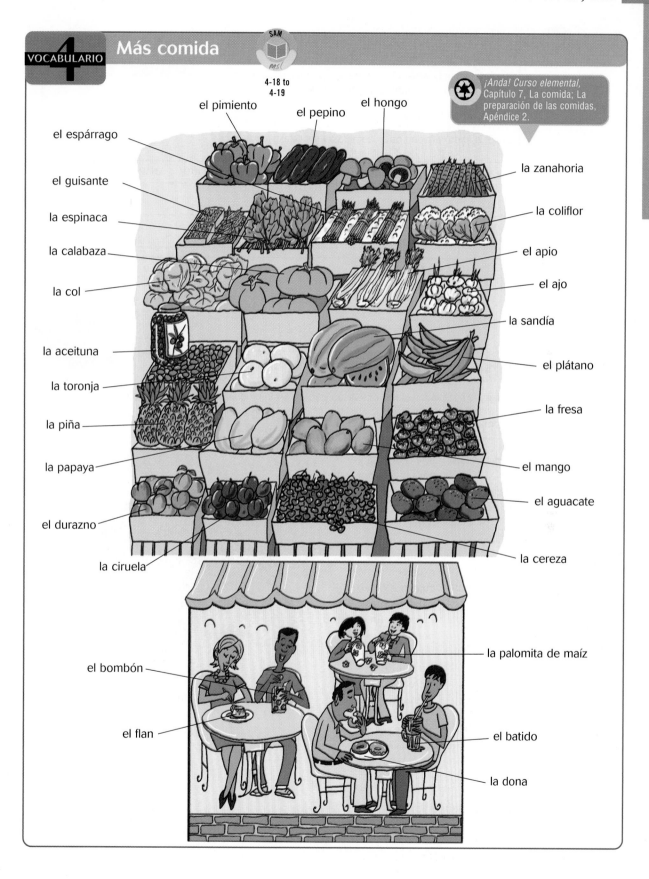

el pimiento

el pepino

el hongo

el espárrago

el guisante

la espinaca

la calabaza

la col

la aceituna

la toronja

la piña

la papaya

el durazno

la ciruela

la zanahoria

la coliflor

el apio

el ajo

la sandía

el plátano

la fresa

el mango

el aguacate

la cereza

el bombón

el flan

la palomita de maíz

el batido

la dona

## 4 22 ¿De qué colores son?

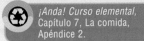

¡Anda! Curso elemental,
Capítulo 7, La comida,
Apéndice 2.

**Paso 1** Organicen las diferentes comidas del vocabulario
nuevo **Más comida** según su color.

**MODELO** VERDE: *la col, el apio...*

**Paso 2** Ahora añadan otras comidas a las listas.

| BLANCO | AMARILLO | ROJO | VERDE | MARRÓN | ROSADO | ANARANJADO | OTRO |
|--------|----------|------|-------|--------|--------|------------|------|
|        |          |      |       |        |        |            |      |
|        |          |      |       |        |        |            |      |

¡Anda! Curso elemental,
Capítulo 5, Los números
ordinales, Apéndice 3;
Capítulo 7, La comida,
Apéndice 2.

## 4 23 Eres poeta

Sigue las instrucciones para crear un poema estilo *cinquain*—un poema corto de cinco versos
(*lines*) sobre una de las frutas o verduras que acaban de aprender. Después comparte tu
poema con los compañeros de clase.

*primer verso:* una o dos palabras para indicar el tema

*segundo verso:* dos o tres palabras que describan el tema

*tercer verso:* tres o cuatro palabras que expresen acción

*cuarto verso:* cuatro o cinco palabras que expresen una actitud personal

*quinto verso:* una o dos palabras para aludir (referirse) nuevamente al tema

Un cuadro de Rufino Tamayo

**MODELO** *La toronja*
*El sol anaranjado*
*Me da mucha vida*
*Cada mañana me despierta*
*Pura energía*

¡Anda! Curso elemental,
Capítulo 7, La comida; La
preparación de las comidas,
Apéndice 2.

## 4·24 ¿Cuáles son tus favoritas?

Completa los siguientes pasos.

**Paso 1** Haz una lista de tus comidas favoritas y de cómo las prefieres:
crudas (**C**), hervidas (**H**), asadas (**A**), a la parrilla (**P**) o fritas (**F**).

### Fíjate

A *plátano* is a cooking banana, known in the
U.S. as a plantain. While bananas are
usually eaten raw and are sweet, *plátanos*
are firmer, less sweet, and are generally
cooked in some way before eating. They are
a staple food in many tropical regions, much
like potatoes in other cultures and climates.

### Vocabulario útil

| crudo/a | *raw* | a la parrilla | *grilled; barbecued* |
| hervido/a | *boiled* | frito/a | *fried* |
| asado/a | *grilled* | | |

| FRUTA | VERDURA | PESCADO | MARISCOS | AVE | CARNE | POSTRE | OTROS COMESTIBLES |
|---|---|---|---|---|---|---|---|
| durazno (C) | alcachofa (H) | camarones (F) | | | | | |
| | plátanos (H) | | | | | | |
| | | | | | | | |
| | | | | | | | |

**Paso 2** Compara la lista con las de otros compañeros.

**MODELO**   E1: *¿Cuáles de las comidas prefieres crudas?*

E2: *Prefiero comer las zanahorias, el brócoli, los tomates y la lechuga crudos.*

E3: *Yo sólo como las verduras crudas en la ensalada…*

## 4·25 Y ahora son dueños

Usando el cuadro de la actividad **4-24**,
en grupos de tres o cuatro creen un
menú para un restaurante pequeño
incorporando las comidas favoritas en
platos especiales. Deben ponerle un
nombre al restaurante y decidir qué
tipo de restaurante es. Después,
presenten los menús a los otros
compañeros y voten por el mejor
restaurante del grupo.

EL RESTAURANTE

PLATOS

POSTRES

CAPÍTULO 4

¡Anda! Curso elemental, Capítulo 7, La comida, Apéndice 2.

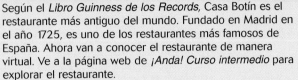

## 4 26 Una cena virtual

Según el *Libro Guinness de los Records,* Casa Botín es el restaurante más antiguo del mundo. Fundado en Madrid en el año 1725, es uno de los restaurantes más famosos de España. Ahora van a conocer el restaurante de manera virtual. Ve a la página web de *¡Anda! Curso intermedio* para explorar el restaurante.

**Paso 1** Estás en Madrid y tienes mucha hambre y dinero. Vas a Casa Botín para cenar con tus amigos. Mira la carta (el menú) y decide qué platos quieres pedir.

**Paso 2** Ahora entrevista a **cinco** personas y apunta sus comidas. Decide si sus selecciones son *sanas* o *no muy sanas*.

| COMIDA SANA | COMIDA NO MUY SANA |
|---|---|
| | |
| | |

**Paso 3** Comunica tus resultados a tus compañeros de clase.

**MODELO** *El veinticinco por ciento de los estudiantes no siguen una dieta sana porque...*

¡Anda! Curso elemental, Capítulo 7, La comida, La preparación de las comidas, Apéndice 2.

## 4 27 Entrevista

Circula por la sala de clase haciendo y contestando las siguientes preguntas.

1. ¿Sigues una dieta sana? Explica, dando unos ejemplos.
2. ¿Qué comida(s) te gusta(n) menos? ¿Por qué?
3. Cuando preparas una comida especial para tu novio/a, esposo/a o amigos, ¿qué sueles preparar? (soler preparar = *usually prepare*)
4. ¿Qué ingredientes sueles poner (o comer) en una ensalada?
5. ¿Te gusta el pescado? ¿el ave? ¿la carne? ¿Cómo lo(s)/la(s) prefieres?
6. ¿Eres un/a buen/a cocinero/a? Explica.

¡Anda! Curso elemental Capítulo 7, La comida, La preparación de las comidas, Apéndice 2.

## 4 28 Otra entrevista

Escribe **seis** preguntas sobre las preferencias de comida y las dietas sanas. Circula por la sala de clase haciendo tus preguntas y contestando las preguntas de las otras personas.

**MODELO** E1: *¿Cuál es la comida que comes con más frecuencia?*

E2: *Como hamburguesas con queso con más frecuencia.*

E1: *¿Cuántas veces por semana la(s) comes?*

E2: *Las como por lo menos tres veces por semana.*

E2: *¿Prefieres pelar las frutas y verduras antes de comerlas?*

## GRAMÁTICA 5

## El presente perfecto de subjuntivo

SAM
4-20 to
4-22

Guide
G
66

You have already worked with the **present perfect** (*he llamado, has comido,* etc.) and **past perfect** (*había llamado, habías comido,* etc.) **indicative.**

The **present perfect subjunctive** is formed in a similar way.

**Present subjunctive** form of **haber + past participle** is used when the subjunctive mood is needed.

Study the forms and examples below, and then answer the questions that follow.

Espero que mis padres hayan puesto más dinero en mi cuenta.

|  | **Present subjunctive of** *haber* | **Past participle** |
|---|---|---|
| yo | **haya** | prepar**ado**/com**ido**/serv**ido** |
| tú | **hayas** | prepar**ado**/com**ido**/serv**ido** |
| él, ella, Ud. | **haya** | prepar**ado**/com**ido**/serv**ido** |
| nosotros/as | **hayamos** | prepar**ado**/com**ido**/serv**ido** |
| vosotros/as | **hayáis** | prepar**ado**/com**ido**/serv**ido** |
| ellos/as, Uds. | **hayan** | prepar**ado**/com**ido**/serv**ido** |

Mis padres **han preparado** una comida fabulosa.
Espero que mis padres **hayan preparado** una comida fabulosa.

*My parents have prepared a fabulous meal.*
*I hope (that) my parents have prepared a fabulous meal.*

**Hemos comido** en Casa Botín.
Dudan que **hayamos comido** en Casa Botín.

*We have eaten at Casa Botín.*
*They doubt (that) we have eaten at Casa Botín.*

Siempre nos **han servido** muy rápido.
Es bueno que siempre nos **hayan servido** muy rápido.

*They have always served us quickly.*
*It is a good thing (that) they have always served us quickly.*

1. How is the present perfect subjunctive formed?
2. When is it used?

 Check your answers to the preceding questions in Appendix 1.

## 4·29 Batalla

Llena un cuadro con **nueve** verbos diferentes de la lista en las formas indicadas del **presente perfecto de subjuntivo.** Pregúntense si tienen esos verbos. La primera persona con tres **X** gana. Repitan el juego.

añadir (yo), asar (ellos), batir (ella), dar (nosotros), decir (tú), disfrazarse (Ud.), discutir (ellos), engañar (yo), hacer (yo), hervir (ellas), mezclar (tú), oír (yo), poner (Ud.), querer (Uds.), revolver (él), salir (nosotros), traer (yo), verter (ella), ver (ellas)

**MODELO**   E1: ¿Tienes *hayas hecho*?

E2: No, no tengo *hayas hecho.* ¿Tienes *haya revuelto*?

E1: Sí, tengo *haya revuelto…*

¡Anda! Curso intermedio, Capítulo 2, El subjuntivo para expresar pedidos, mandatos y deseos, pág. 86.; Capítulo 3, El subjuntivo para expresar sentimientos, emociones y dudas, pág. 121.

## 4·30 Decisiones

Elige entre el **presente perfecto de indicativo** y el **presente perfecto de subjuntivo** para terminar esta conversación entre Rosalía y Miguel. Túrnense.

ROSALÍA:   ¡Hola, Miguel! ¿Qué tal (1) <u>has/hayas estado</u>? Tanto tiempo sin verte. Es increíble que no (2) <u>has/hayas cambiado</u> en absoluto. Te ves igual. ¿Qué (3) <u>has/hayas estado haciendo</u>?

MIGUEL:   Hola, Rosalía.¡Es obvio que no (4) <u>has/hayas hablado</u> con mi mamá! Se lo está diciendo a todos porque está muy orgullosa: hace seis meses que trabajo como consejero de las estrellas, quiero decir de la gente famosa e importante. Por ejemplo, recientemente (5) <u>he/haya tenido que aconsejar</u> (*counsel*) a una mujer joven (no puedo mencionar su nombre) que no se (6) <u>ha/haya portado</u> bien—muchas fiestas, muchos bares, muchas citas—ya lo sabes. Además, también (7) <u>he/haya aconsejado</u> a muchos atletas profesionales. Oye, dudo que tu trabajo (8) <u>ha/haya sido</u> tan difícil como el mío. A propósito, ¿qué (9) <u>has/hayas hecho</u> recientemente?

ROSALÍA:   (*¡Umf! Dudo que (10)* <u>*has/hayas estado*</u> *interesado en otra persona que no sea tú… piensa ella antes de contestar.*) Bueno, yo escribo columnas para el periódico. Nuestro enfoque es tratar de ayudar a la gente buena, honesta y humilde—ayudar a la sociedad en general. Por ejemplo, hoy si quieres, puedes leer un reportaje de dos de mis colegas que (11) <u>han/hayan resuelto</u> un crimen de unas personas avaras que (12) <u>han/hayan maltratado</u> a unas personas mayores. ¡Qué mundo éste! ¿Verdad?

MIGUEL:   Pues, sí… (*le comenta totalmente desinteresado*). Mira, allí está José Luis. No me (13) <u>ha/haya visto</u> en por lo menos seis meses. Oye, José Luis, ven acá. Tanto tiempo sin verte…

## 4·31 No te creo

¡Anda! Curso intermedio, Capítulo 2, El subjuntivo para expresar pedidos, mandatos y deseos, pág. 86.; Capítulo 3, El subjuntivo para expresar sentimientos, emociones y dudas, pág. 121.

¡Anda! Curso elemental, Capítulo 7, El pretérito, Unos verbos irregulares en el pretérito, Apéndice 3.

Tienes un amigo que casi nunca dice la verdad. Responde a sus comentarios usando las siguientes expresiones. Túrnense.

no creo    dudo    es imposible    es improbable    no es cierto

**MODELO**   E1: *Cené con Antonio Banderas y Melanie Griffith.*

E2: *Dudo que hayas cenado con ellos.*

1. Cuando estuve en Casa Botín, vi a Leticia Ortiz, la futura reina de España.
2. Me invitaron a cocinar en el programa *Simply delicioso*.
3. Rafael acaba de escribir un libro de cocina y una casa editorial muy famosa lo quiere publicar.
4. Mis hermanas abrieron un restaurante nuevo en Miami. Está justo en la playa.
5. ¡Me comprometí! Mi novia es Cameron Díaz y me ha dicho que me ama.

## 4·32 ¿Y yo?

Ahora escribe una lista de **seis** cosas que te han ocurrido recientemente. **Dos** de las cosas no deben ser verdaderas. Después, en grupos de tres o cuatro, túrnense para leer y responder a las oraciones.

### Fíjate

Some expressions to use in activity **4-32** are: *No creo que..., Creo que..., Dudo que..., Es verdad que...,* and *Es probable que...* For other expressions, consult pages 86 and 121 on *el subjuntivo.*

**MODELO**   E1: *He ido a España cuatro veces.*

E2: *Es probable que hayas ido a España cuatro veces.*

E3: *Dudo que hayas ido a España cuatro veces.*

E4: *Es cierto que has ido a España cuatro veces.*

E1: *Hakeem tiene razón. No he ido a España nunca.*

¡Anda! Curso intermedio, Capítulo 2, El subjuntivo para expresar pedidos, mandatos y deseos, pág. 86.; Capítulo 3, El subjuntivo para expresar sentimientos, emociones y dudas, pág. 121.

## 4·33 Anticipando la cita

Esta noche Inés tiene una cita con alguien que no conoce. Tiene muchas dudas y se arrepiente de (*regrets*) haber aceptado salir con él. Terminen sus pensamientos usando siempre el **presente perfecto de subjuntivo** y otras palabras apropiadas. Túrnense y sean creativos.

**MODELO**   Ojalá que él (ducharse)…

*Ojalá que él se haya duchado antes de venir a recogerme.*

1. Espero que (ir al cajero automático)…
2. Dudo que (comprarme flores)…
3. Es probable que (no tener tiempo de)…
4. No creo que (hablar con… sobre…)…
5. Es preferible que (graduarse de)
6. No ha venido y es tarde. Tal vez (decidir)…

# PERFILES

## Grandes cocineros del mundo hispano

*Se dice que cocinar bien es un arte. Aquí hay unos ejemplos de "artistas" de la cocina de varias partes del mundo hispano.*

**Patricia Quintana** es una famosa cocinera, maestra y autora de docenas de libros de la cocina mexicana. Si has ido a su restaurante en México, D.F., *Izote*, es muy probable que hayas comido una de sus recetas que combinan las tradiciones culinarias mexicanas de elote (maíz) y chiles con la alta cocina mexicana.

Es posible que hayas conocido a la cocinera argentina **Dolli Irigoyen** en la televisión. Durante varios años condujo su propia serie de programas de cocina. Es también autora de un libro de cocina y ha creado su propio restaurante en Buenos Aires, *el Espacio Dolli.*

Hace más de veinte años que **Ferran Adrià Acosta** es el cocinero principal del restaurante *El Bulli* en la Costa Brava de España, designado el "mejor restaurante del mundo" en los años 2006 y 2007. Es notable que empezara lavando platos y haya terminado siendo uno de los mejores cocineros del mundo. Durante seis meses al año Adrià cierra el restaurante para experimentar con nuevas recetas y combinaciones de ingredientes para crear lo mejor de la cocina elegante.

## Preguntas:

1. ¿Cómo se han hecho famosas estas personas?
2. Compara una de estas personas con algún/alguna cocinero/a famoso/a de los EE.UU. ¿Qué sabes de él/ella?
3. Es notable que estas personas se consideren grandes artistas del mundo culinario. ¿Qué opinas tú de los cocineros como artistas?

**4·34** Ideas, por favor

Den sus consejos en las siguientes situaciones. Después vayan a compartirlos con los otros miembros de la clase.

*¡Anda! Curso intermedio,* Capítulo 2, El subjuntivo para expresar pedidos, mandatos y deseos, pág. 86.; Capítulo 3, El subjuntivo para expresar sentimientos, emociones y dudas, pág. 121.

**MODELO**   Mi mejor amiga y yo queremos bajar de peso pero siempre tenemos hambre.

*Es importante que coman cosas saludables como frutas y verduras. Es mejor que las coman crudas porque así tienen más vitaminas y fibra.*

*También es bueno que beban mucha agua porque también llena el estómago.*

1. Antes de acostarme siempre tengo hambre. ¿Qué puedo hacer? Sé que no es sano comer tarde y acostarme inmediatamente después, pero es cuando más hambre tengo.
2. Es el cumpleaños de mi abuela y quiero preparar una cena muy especial.
3. Vivo en un apartamento muy pequeño. Sólo tengo una estufa sin horno. Tampoco tengo un microondas. Quiero invitar a una persona especial a cenar y prefiero hacerlo en mi casa. ¿Qué puedo preparar?
4. Quiero aprender a cocinar bien. ¿Qué me recomiendas?
5. Mi esposo/a y yo tenemos una cena formal en casa esta noche. Nuestro hijo Jaime insiste en llevar pantalones cortos con camiseta, un gorro de béisbol y sandalias.

# ¡Conversemos!

SAM
4-25 to
4-26

## ESTRATEGIAS COMUNICATIVAS — Asking for and giving directions

The need to ask for and give directions comes up often. Below are some useful phrases for politely requesting and giving directions.

### Pidiendo indicaciones

- ¿Me podría/n decir cómo se llega a...?
- Perdón, ¿sabe/n Ud./Uds. llegar al...?
- Estoy perdido/a. ¿Puede/n Ud./Uds. decirme dónde está...?
- ¿Cómo voy/llego a...?

### Asking for directions

*Could you (all) tell me how to get to...?*
*Pardon, do you (all) know how to get to...?*
*I'm lost. Can you tell me where... is?*

*How do I go/get to...?*

### Dando indicaciones

- Vaya/n/ Siga/n derecho/todo recto.
- Doble/n a la derecha/izquierda.
- Tome/n un taxi/autobús.
- Al llegar a..., doble/n...

### Giving directions

*Go straight.*
*Turn right/left.*
*Take a taxi/bus.*
*When you get to..., turn...*

---

## 4·35 Diálogos

CD 2
Track 14

Escucha los diálogos y haz las siguientes actividades.

**Fíjate**

*La esquina* (corner) and *la cuadra* (block) are important words to know when giving directions.

1. ¿A qué mercado va el turista? ¿Cómo piensa viajar allí?
2. ¿Adónde quieren ir Nines y Mercedes?
3. ¿Por qué quieren ir allí ellas?
4. En la **Situación 1,** dibuja un mapa para el turista para que pueda llegar a la estación de autobuses.
5. En la **Situación 2,** dales de nuevo las indicaciones (*directions*) a Nines y Mercedes.

---

 ## 4·36 ¿Cómo llegamos?

En grupos de tres o cuatro personas, dramaticen la siguiente situación.

Una delegación de estudiantes internacionales de países hispanohablantes ha llegado a tu ciudad. Ellos quieren saber dónde pueden comer en tu ciudad y qué sirven de comer en los distintos restaurantes. Expliquen cómo llegar a algunos restaurantes y qué sirven.

**MODELO** E1: *Hola. ¿Me podría decir cómo llegar a un restaurante mexicano y cuáles son sus platos especiales?*

E2: *Sí, mi favorito está muy cerca. Siga derecho...*

## 4·37 A buen hambre no hay pan duro

Habla con un/a compañero/a de clase para compartir tu restaurante favorito. Explica por qué es tu favorito. Entonces cada uno debe darle indicaciones al otro para llegar al restaurante.

## 4·38 Vamos comiendo

Quieren ir a comer en tu ciudad y necesitan formular un plan:

1. ¿Adónde quieren ir?
2. ¿Qué tipo de comida esperan encontrar?
3. ¿Cómo se llega al restaurante?

En un grupo de tres, hagan su plan. Usen el vocabulario y las estructuras de este capítulo y sean creativos.

**MODELO**

E1: *Vamos al restaurante Mixto—creo que tienen buena comida allí.*

E2: *¿Dónde está? Espero que tengan bistec a la parrilla.*

E3: *Es fácil llegar—he ido antes. Salgan de la puerta principal de la universidad, sigan recto dos cuadras, y doblen a la izquierda. Está a mano derecha.*

E4: *Es bueno que hayas ido allí antes. ¿Qué tipo de comida tienen?*

## 4·39 A falta de pan, tortilla

Con un/a compañero/a de clase, dramatiza la siguiente situación. Eres reportero para la revista *Buen provecho*. Vas a entrevistar a un cocinero famoso del restaurante X. Prepara una lista de preguntas sobre la historia del restaurante, la experiencia del cocinero y su plato favorito. Al final, pregúntale cómo llegar al restaurante. El cocinero debe preparar unas respuestas apropiadas para las preguntas. Traten de usar el vocabulario y la gramática del capítulo en la entrevista.

**MODELO**

E1 (REPORTERO): *Gracias, Emeril, por darme esta entrevista. Hace tiempo que quiero conocerlo. Tengo muchas preguntas para usted.*

E2 (COCINERO): *De nada. Es un placer también para mí. Un reportero de su revista me contactó hace un año, pero no he podido hacer la entrevista hasta ahora…*

# ESCRIBE

4-27 to
4-29

## ESTRATEGIA  Process writing (Part 4): Sequencing events

Narratives about events—past, present, or future—have a logical sequence that the reader can follow. Using a logical sequence in your writing will give it cohesion and make it flow naturally. Expressions such as those listed can be used to indicate the natural order of events in your narrative. These words also provide smooth transitions between portions of your writing.

| Adverbios y expresiones adverbiales | Adverbs and adverbial expressions |
|---|---|
| al principio, primero | at first, first, in the beginning |
| el primer día / mes | the first day/month |
| luego, entonces | then, next |
| antes (de) | before |
| después (de) | afterward, after |
| en seguida | immediately (after) |
| más tarde | later |
| pronto | soon |
| por fin, finalmente | finally |
| al final | at the end |
| por último | last (in a list) |

### 4•40  Antes de escribir

Vas a escribir un artículo sobre una celebración local que tiene lugar en tu ciudad. Primero selecciona una celebración. Luego, haz una lista de los datos y los eventos (nombre de la celebración, la fecha, el lugar, los eventos, etc.).

### 4•41  A escribir

Ahora ha llegado el momento de escribir tu artículo.

- Primero, toma la lista que escribiste y empieza el artículo incluyendo los datos.
- Luego, pon tu lista de los eventos en orden cronológico, conectándolos con las expresiones nuevas como **primero, luego, después,** etc.
- Entonces añade a cada evento los detalles que sean interesantes como la descripción de una competencia, la comida, etc.

Finalmente, asegúrate de que en el artículo:

- hayas puesto los eventos en orden cronológico usando las expresiones de esta sección.
- hayas escrito por lo menos **ocho** oraciones.

### 4•42  Después de escribir

Comparte tu artículo con un/a compañero/a. Haz una comparación de las dos celebraciones que ustedes han descrito. ¿En qué son similares y en qué son diferentes? Comunica esta información al resto de la clase.

## ¿Cómo andas?

Having completed the second **Comunicación,** I now can...

| | Feel Confident | Need to Review |
|---|---|---|
| • describe many different kinds of foods. (pp. 152, 157) | ❏ | ❏ |
| • use **hacer** in expressions of time. (p. 153) | ❏ | ❏ |
| • express what *had* happened in the past. (p. 161) | ❏ | ❏ |
| • name and share information about three famous Hispanic chefs. (p. 164) | ❏ | ❏ |
| • give and understand directions. (p. 166) | ❏ | ❏ |
| • write about events using sequencing words. (p. 168) | ❏ | ❏ |

# Vistazo cultural

SAM
4-30

DVD/VHS
Vistas
culturales

## Tradiciones de Guatemala, Honduras y El Salvador

Hace dos años que estudio artes culinarias en el Instituto Femenino de Estudios Superiores de Guatemala. Siempre había pensado en estudiar la comida y la cultura de otros países. En mis cursos he aprendido que muchas veces la comida típica es una parte integral de las celebraciones culturales. Aquí les ofrezco un vistazo a unas fiestas de diferentes culturas y unos platos típicos de algunos países.

**María Fernanda Orantes Prieto,**
**estudiante de las Artes Culinarias**

**Un plato guatemalteco**

Un plato típico guatemalteco es *pepián* o *pipián*. Es un rico plato tradicional a base de tomates, chiles, pollo y otras verduras como la papa. También contiene especias y a veces se sirve como un guisado (*stew*). A menudo se come con tortillas.

**La Quema del Diablo, Guatemala**

El siete de diciembre, la víspera (*eve*) de la Fiesta de la Virgen de la Inmaculada Concepción, los guatemaltecos hacen grandes montones (*piles*) de cosas usadas que ya no quieren en sus casas. De noche ponen fuego a los montones en un rito de purificación que se llama La Quema del Diablo.

**El Día de Garífuna, Honduras**

El doce de abril se celebra "El Día de Garífuna", el aniversario de la llegada de los Garífuna a Honduras hace más de doscientos años. El pueblo Garífuna tiene herencia africana y caribeña. La fecha se celebra con baile, música, teatro y desfiles (*parades*).

**Antigua, Guatemala**

Durante la Semana Santa en Antigua, Guatemala, las procesiones religiosas pasan sobre "alfombras" en las calles. Estas alfombras se hacen principalmente de aserrín (*sawdust*) de muchos colores y a veces de verduras, de plantas, de flores y hasta de pan. La gente ha planeado sus diseños por meses pero se hacen en las veinticuatro horas antes de comenzar las procesiones.

### Copán, Honduras

En Santa Rosa de Copán, un pueblo en las montañas de Honduras, la celebración de la Semana Santa es impresionante. Se cuentan seis desfiles que celebran diferentes partes de la historia de la Pascua. El viernes santo, una procesión pasa por el pueblo sobre una alfombra de flores extendida en la calle.

### Comida salvadoreña

Las pupusas son la comida más común en El Salvador. Son tortillas a base de masa de maíz con relleno de queso, frijoles y/o carne de algún tipo. Por un decreto legislativo salvadoreño del año 2005, el segundo domingo del mes de noviembre de cada año es "El Día Nacional de las Pupusas".

### El Día de la Independencia, El Salvador

El día en que los salvadoreños obtuvieron su independencia de España, el 15 de septiembre, es un día muy importante para el país. La celebración empieza a las siete de la mañana y dura todo el día. Hay desfiles de estudiantes vestidos de azul y blanco, los colores de la bandera salvadoreña.

## Preguntas

1. ¿Qué elementos tienen en común estas celebraciones?
2. ¿Qué comidas tradicionales se mencionan? ¿En cuáles de estas celebraciones es probable que se haya servido comida?
3. Compara estas celebraciones con otras que has estudiado y con las celebraciones en los EE.UU. ¿Qué celebración o tradición prefieres y por qué?

# Laberinto peligroso

## lectura

SAM

4-31 to
4-33

### ESTRATEGIA   Identifying details and supporting elements

Main ideas usually come at the beginning of a passage or a paragraph. Generally, what follows are supporting elements such as details that explain or clarify the main idea.

To identify supporting elements, you might want to use a graphic organizer such as a web to help categorize several main ideas and their details. Sometimes subtitles or subheadings exist to help clarify the supporting details.

**4-43** **Antes de leer.** Para algunos textos (como los artículos periodísticos o las novelas de detectives) es muy importante fijarse en los detalles si quieres entender el texto sin dificultad. Antes de leer el episodio contesta las siguientes preguntas sobre algunos detalles importantes de los episodios anteriores.

1. ¿Qué le pasó a Celia durante la conferencia y después de tomar café con Cisco?
2. ¿Por qué necesitaba Celia hablar con el Dr. Huesos?
3. ¿Por qué quería Cisco hablar con el Dr. Huesos?
4. ¿Qué decía la nota que Celia encontró en su bolso cuando salía del café?
5. ¿Cómo reaccionaron Celia y Cisco ante la nota?
6. ¿Quién crees que puso la nota en su bolso?

DÍA **20**

CW
eBook

CD 2
Track 15

## *Colaboradores, competidores y sospechosos*

Mientras Cisco le hablaba sobre sus comidas favoritas, Celia pensaba en el mensaje de correo electrónico que había recibido: "Te estoy observando". ¿Quién se lo había mandado? ¿La persona que le había dejado la nota ayer? ¿Por qué se había sentido mal durante la conferencia y en el café? Había consultado varios periódicos para ver si otros habían sufrido esos síntomas, pero no había encontrado nada relevante.

—¿Estás bien? —Cisco interrumpió sus pensamientos.
—Sí. ¿Por qué me lo preguntas? —respondió Celia bruscamente, mientras intentaba recordar lo que había estado diciendo antes de distraerse°.

*get distracted*

—Porque te he preguntado algo y no me has respondido. ¿Me has estado escuchando? —preguntó Cisco, un poco molesto.
—Siento no haberte prestado atención. Estoy preocupada, por eso tengo la mente en otro lugar. —reconoció Celia.
—¿Puedo ayudarte?
—¿Me enviaste algún correo? —preguntó Celia, con un tono acusatorio.
—No. ¿Por qué?

—Porque es posible que me hayas querido hacer una broma° de muy mal gusto. —*joke*
—dijo Celia, indignada.

—¿Cómo?

—Recibí un mensaje como la nota que encontré cuando salíamos del café ayer.
—explicó Celia.

—No he sido yo. —repitió Cisco.

—¿Estás seguro?

—No lo hice. —insistió. —¿Me crees?

—Está bien, Cisco, no creo que me hayas enviado el mensaje. —por fin Celia estaba más tranquila.

—¿Y ahora me contestas la pregunta? ¿Has terminado el café?

—Sí, lo he terminado. ¿Nos vamos? —respondió Celia.

—Sí, tengo mucho trabajo.

—Yo también, y además camino a casa necesito comprar un regalo para una amiga que dio a luz hace un mes. Hace tanto tiempo que no estoy con ningún bebé... no sé qué comprarle. —dijo Celia mientras salían del café.

—¿Un libro? —sugirió Cisco.

—Tal vez, pero como es un bautizo, mejor algo religioso. Me emociona mucho que me haya invitado y quiero demostrárselo dándole algo apropiado.

—Hay una tienda de objetos religiosos cerca del mercado de comida orgánica. —mencionó Cisco.

—Está bien, voy para allí. Hasta luego.

—Cuídate. —respondió Cisco dándole un beso° en la mejilla. *kiss*

Era la una cuando Celia llegó a casa. Inmediatamente volvió a la investigación con la que la había ayudado el Dr. Huesos. Cisco había llegado a su casa media hora antes y trabajaba en lo mismo. Cada uno en su propia casa, Celia y Cisco leían cientos de páginas web y numerosos artículos. Cada uno por su parte tomó conciencia de la situación en las selvas tropicales.

Cisco descubrió que la destrucción de las selvas había empezado hacía décadas, y que nada mejoraba: cada año seguían destruyéndose miles de hectáreas°. Aunque *2.471 acres* algunos gobiernos y compañías tenían cierta responsabilidad, los contrabandistas eran un enorme problema. Ganaban mucho dinero vendiendo ilegalmente sus recursos naturales, especialmente la madera y los pájaros exóticos. Ya se habían extinguido muchas especies de plantas y animales, y el impacto en los indígenas era tremendo: dependían de la selva para comer, tratar heridas y enfermedades, construir casas, defenderse; la necesitaban para vivir. Antes de empezar este proyecto, Cisco no se había dado cuenta del poder de las selvas. Muchas de las sustancias que contenían sus plantas eran medicinales, y otras eran peligrosas y podían usarse para crear armas biológicas.

Aunque estaba satisfecho con su progreso, sabía que Celia podía ser una gran colaboradora en el proyecto. La respetaba por su inteligencia, sinceridad y honradez. Mientras abría el correo electrónico para escribirle, sonó el teléfono. Lo contestó y era Ramón, un oficial de El Salvador, uno de los contactos de su familia, que le devolvía la llamada. Después de hablar con él, empezó a prepararse porque esa noche se casaba uno de sus mejores amigos.

Hacía dos horas que había salido para la boda cuando alguien forzó la entrada a su casa. ¡Encendió la computadora y copió todo lo que Cisco había descubierto!

**4-44** **Después de leer.** Contesta las siguientes preguntas.

1. ¿Por qué estaba preocupada Celia?
2. ¿Qué pensaba Celia que Cisco había hecho?
3. Según la investigación de Cisco, ¿quiénes tenían la culpa de la destrucción de las selvas tropicales?
4. Según la investigación de Cisco, ¿cuáles han sido algunas de las consecuencias de la destrucción de las selvas?
5. ¿Por qué pensó Cisco que iba a ser una buena idea colaborar con Celia?
6. ¿Por qué crees que se titula el episodio *Colaboradores, competidores y sospechosos*?

# video

**DÍA1** **4-45** **Antes del video.** En *Colaboradores, competidores y sospechosos*, viste cómo avanzaba Cisco con su investigación sobre las selvas tropicales. En el episodio en video, vas a ver cómo avanza el proyecto de Celia. Antes de ver el episodio, contesta las siguientes preguntas.

1. ¿Por qué piensas que Celia sospechaba que Cisco le había enviado el mensaje?
2. ¿Crees que Cisco decía la verdad cuando insistió que no se lo había enviado? ¿Por qué?
3. ¿De qué piensas que hablaron Cisco y Ramón?
4. ¿Quién crees que entró en el apartamento de Cisco?

Espero que lo hayas pasado muy bien.

¿Es posible que alguien haya intentado envenenarme (*poison me*)?

Javier, hay algo que debes saber...

## ¿Mágica o malvada?

Relájate y disfruta el video.

**4-46** **Después del video.** Contesta las siguientes preguntas.

1. ¿Dónde había estado Celia antes de llegar a su casa al comienzo del episodio?
2. Compara y contrasta los resultados de la investigación de Cisco con los de Celia, creando un diagrama Venn o usando tres columnas.
3. ¿Qué pensaba Celia que podía haber pasado en la conferencia cuando se enfermó?
4. ¿Por qué llamó Celia a Javier?
5. ¿Cómo concluyó el episodio?

## Y por fin, ¿cómo andas?

Having completed this chapter, I now can...

|  | Feel Confident | Need to Review |
|---|---|---|
| **Comunicación** | | |
| • share information about celebrations and important life events. (p. 142) | ❏ | ❏ |
| • express one-time events and ongoing actions in the past. (p. 143) | ❏ | ❏ |
| • indicate how long something has been happening or how long ago it happened. (p. 153) | ❏ | ❏ |
| • listen for and use details of a conversation for comprehension. (p. 151) | ❏ | ❏ |
| • state what had happened in the past. (pp. 147, 161) | ❏ | ❏ |
| • identify my food preferences. (pp. 152, 157) | ❏ | ❏ |
| • ask for and give directions to places where I and others want to go. (p. 166) | ❏ | ❏ |
| • write about events in a logical order. (p. 168) | ❏ | ❏ |
| **Cultura** | | |
| • compare and contrast traditions and celebrations from my culture with some from the Hispanic world. (p. 150) | ❏ | ❏ |
| • identify and describe three famous Hispanic chefs. (p. 164) | ❏ | ❏ |
| • describe traditions in Guatemala, Honduras, and El Salvador (p. 170) | ❏ | ❏ |
| **Laberinto peligroso** | | |
| • use details and supporting elements in a text for comprehension. (p. 172) | ❏ | ❏ |
| • state what Celia thinks about the threatening notes. (p. 172) | ❏ | ❏ |
| • hypothesize who the mysterious intruder might be. (p. 174) | ❏ | ❏ |

# VOCABULARIO ACTIVO

| Las celebraciones y los eventos de la vida | Life events and celebrations |
|---|---|
| el aniversario de boda | wedding anniversary |
| el baile | dance |
| el bautizo | baptism |
| el bebé | baby |
| la boda | wedding |
| la cita | date |
| el compromiso | engagement |
| el cumpleaños | birthday |
| cumplir... años | to have a birthday/to turn... years old |
| dar a luz | to give birth |
| El Día de las Brujas | Halloween |
| El Día de San Valentín | Valentine's Day |
| El Día de la Madre/del Padre/de la Independencia, etc. | Mother's Day, Father's Day, Independence Day, etc. |
| El Día de los Muertos | Day of the Dead |
| la graduación | graduation |
| la luna de miel | honeymoon |
| el nacimiento | birth |
| la Navidad | Christmas |
| el/la novio/a | boyfriend/girlfriend; groom/bride |
| la Pascua | Easter |
| la primera comunión | First Communion |
| la quinceañera | fifteenth birthday celebration |
| el regalo | present |

| Verbos | Verbs |
|---|---|
| celebrar | to celebrate |
| discutir | to argue; to discuss |
| disfrazarse | to wear a costume, to disguise oneself |
| enamorarse (de) | to fall in love (with) |
| engañar | to deceive |
| estar comprometido/a | to be engaged |
| estar embarazada | to be pregnant |
| pelear(se) | to fight |
| salir (con) | to go out (with) |
| tener una cita | to have a date |

| La comida y la cocina | Food and kitchen |
|---|---|
| Las carnes y las aves | Meat and poultry |

| la carne de cerdo | pork |
|---|---|
| la carne de cordero | lamb |
| la carne de res | beef |
| la carne molida | ground beef |
| la chuleta | chop |
| el pavo | turkey |
| la salchicha | sausage |
| la ternera | veal |
| el tocino | bacon |

| El pescado y los mariscos | Fish and seafood |
|---|---|
| los camarones | shrimp |
| el cangrejo | crab |
| la langosta | lobster |
| la sardina | sardine |

| Más comidas | More foods |
|---|---|
| la harina | flour |
| la mantequilla | butter |
| la miel | honey |
| el pan dulce | sweet roll |
| el panqueque | pancake |

| Términos de la cocina | Cooking terms |
|---|---|
| añadir | to add |
| asar | to roast; to broil |
| batir | to beat |
| (re)calentar (e-ie) | to (re)heat |
| cubrir | to cover |
| derretir (e-i-i) | to melt |
| freír (e-i-i) | to fry |
| hervir (e-ie-i) | to boil |
| mezclar | to mix |
| pelar | to peel |
| revolver (o-ue) | to stir |
| verter (e-ie) | to pour |

| Palabras útiles | Useful words |
| --- | --- |
| el fuego (lento, mediano, alto) | (low, medium, high) heat |
| el ingrediente | ingredient |
| el kilogramo | kilogram (or 2.2 pounds) |
| el nivel | level |
| el pedazo | piece |
| la receta | recipe |

| Las frutas | Fruit |
| --- | --- |
| el aguacate | avocado |
| la cereza | cherry |
| la ciruela | plum |
| el durazno | peach |
| la fresa | strawberry |
| el mango | mango |
| la papaya | papaya |
| la piña | pineapple |
| el plátano | plantain (Lat. America) |
| la sandía | watermelon |
| la toronja | grapefruit |

| Las verduras | Vegetables |
| --- | --- |
| la aceituna | olive |
| el ajo | garlic |
| el apio | celery |
| la calabaza | squash; pumpkin |
| la col | cabbage |
| la coliflor | cauliflower |
| el espárrago | asparagus |
| la espinaca | spinach |
| el guisante | pea |
| el hongo | mushrooms |
| el pepino | cucumber |
| el pimiento | pepper |
| la zanahoria | carrot |

| Los postres | Desserts |
| --- | --- |
| el batido | milkshake |
| el bombón | sweet; candy |
| la dona | donut |
| el flan | caramel custard |
| la palomita de maíz | popcorn |

# Viajando por aquí y por allá

¿Te gusta ir de viaje? En el mundo hispano hay muchos lugares bonitos que puedes visitar. Hay lagos, montañas, playas, ciudades con centros comerciales y parques de atracciones. En fin, existen lugares para todos los gustos. ¡Vamos de viaje!

## OBJETIVOS

## CONTENIDOS

### Comunicación

**OBJETIVOS**

- To discuss travel and means of transportation
- To choose *por* or *para* to express time, location, purpose, destination, and direction
- To clarify meaning with *que* or *quien*
- To plan and describe vacations
- To listen for specific information
- To identify how technology is useful, both at home and in travel
- To share information about events in the past
- To describe something that is uncertain or unknown
- To describe technology
- To ask for input and express emotions
- To use peer editing to improve narrative expression

### Cultura

**OBJETIVOS**

- To compare notes on travel and transportation
- To identify some people for whom travel and technology are important
- To share information about interesting vacations and to explore "green" efforts in Nicaragua, Costa Rica, and Panama

### Laberinto peligroso

**OBJETIVOS**

- To use a bilingual dictionary to help understand a reading passage
- To discuss what Celia and Cisco discover about the rain forest, old maps, and a *cronista* journal
- To hypothesize about threatening e-mails

*Una vista de Suramérica desde el espacio exterior*

## PREGUNTAS

1  ¿Cómo prefieres viajar? ¿Por qué?

2  ¿Adónde te gusta viajar?

3  ¿Cómo usamos la tecnología para viajar?, ¿y en nuestras vidas diarias?

# Comunicación

- Describing one's travels
- Connecting sentences and clauses

Los viajes

SAM 5-1 to 5-3

¡Anda! Curso elemental, Capítulo 2, Los deportes y los pasatiempos; Capítulo 4, Los lugares; Capítulo 10, Los medios de transporte; El viaje, Apéndice 2.

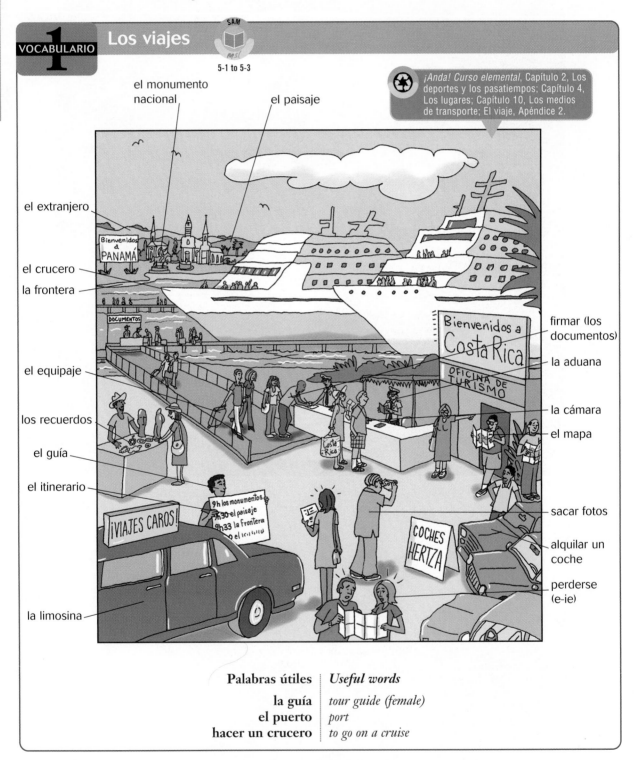

el monumento nacional

el paisaje

el extranjero

el crucero

la frontera

firmar (los documentos)

la aduana

el equipaje

la cámara

el mapa

los recuerdos

el guía

el itinerario

sacar fotos

alquilar un coche

perderse (e-ie)

la limosina

| Palabras útiles | Useful words |
|---|---|
| la guía | tour guide (female) |
| el puerto | port |
| hacer un crucero | to go on a cruise |

**Querido diario:**

Dentro de poco voy a Costa Rica por doce días. Necesito sacar un permiso internacional para conducir por la parte sur del país. También, la agencia de viajes me dio unos mapas para ayudarme.

### Preguntas

1 ¿Por cuánto tiempo piensa viajar Celia?
2 ¿Para qué necesita un permiso internacional Celia?
3 ¿Cómo te preparas para viajar?

5-4 to 5-6

## REPASO

### Por y para

In Celia's diary, she writes **por doce días, para conducir, por la parte sur,** and **para ayudarme.** You may remember that Spanish has two main words to express *for:* **por** and **para.** The two words have distinct uses and are not interchangeable. The following is a brief review of **por** and **para.** For a complete review, refer to **Capítulo 9** of *¡Anda! Curso elemental* in Appendix 3.

| **POR** IS USED TO EXPRESS: | **PARA** IS USED TO EXPRESS: |
|---|---|
| 1. duration of time (*during, for*) | 1. point in time or a deadline (*for; by*) |
| 2. movement or location (*through, along, past, around*) | 2. destination (*for*) |
| 3. motive (*on account of, because of, for*) | 3. recipients or intended person/s (*for*) |
| 4. exchange (*in exchange for*) | 4. comparison (*for*) |
| 5. means (*by*) | 5. purpose or goal (*to, in order to*) |

---

**Fíjate**

*Por* is also used in certain fixed expressions including *por eso* (for that reason, therefore) *por favor* (please), *por fin* (finally), *por lo menos* (at least), *por supuesto* (of course), *por lo tanto* (therefore), and *por lo visto* (apparently).

CAPÍTULO 5

 **5.1** **¿Por o para?**

¡Anda! Curso elemental, Capítulo 8, El imperfecto, Apéndice 3; Capítulo 10, Los medios de transporte, Apéndice 2.

¡Anda! Curso intermedio, Capítulo 4, El pasado perfecto (El pluscuamperfecto), pág. 147.

Carlos planea las vacaciones de la familia.

**Paso 1** Túrnense para descubrir los planes finales de Carlos usando **por** o **para**.

Carlos y su familia trabajaban demasiado. (1) _____ más de cinco años habían hablado de irse de vacaciones y (2) _____ fin decidieron que iban a hacerlo (3) _____ finales de julio. Era el primero de mayo y todavía no habían decidido (4) _____ cuánto tiempo se iban a ir. Carlos quería ir (5) _____ tres semanas y hacer un crucero (6) _____ el Caribe, pero sus hermanos y sus padres no podían dejar el trabajo (7) _____ más de diez días. Tampoco les quedaba mucho dinero (8) _____ las vacaciones porque acababan de renovar su casa.

Entonces, ya era hora de decidir adónde y cómo ir. (9) _____ Carlos, si no podían hacer un crucero, era mejor alquilar una camioneta (*truck*) y una tienda de campaña y viajar (10) _____ el oeste de los Estados Unidos (11) _____ conocer los parques nacionales. Se puede hacer camping (12) _____ menos dinero que quedarse en un hotel. También, Carlos pensaba pasar (13) _____ la carretera Panamericana, quizás la parte entre Denver, Albuquerque y San Antonio. Sabía que había atascos (*traffic jams*) a causa de la construcción, pero no le importaba. Sus padres se conocieron en un pueblo en la carretera Panamericana cerca de San Antonio, y Carlos pensaba que (14) _____ esa razón iba a ser una buena sorpresa (15) _____ ellos. (16) _____ ayudar a sus padres, Carlos tenía la intención de planear toda la ruta yendo (17) _____ unos caminos interesantes en vez de pura autopista.

Decidieron tomar sus sugerencias, y sus padres se lo agradecieron. (18) _____ los hermanos no fue tan emocionante aquella decisión; ¡querían ir a Disneylandia!

**Paso 2** Túrnense para explicar por qué usaron **por** o **para**. Sigan el modelo.

**MODELO** 1. por, *duration of time*

 **5.2** **En un mundo (im)perfecto**

Termina las siguientes oraciones de manera lógica. Después, compártelas con un/a compañero/a.

**MODELO** Mañana, mis amigos y yo salimos para…

*Mañana, mis amigos y yo salimos para Panamá en un crucero de dos semanas.*

1. Me gusta pasear por…
2. Mis amigos y yo salimos hoy para…
3. Voy a la universidad por…
4. Estudio para…
5. Me pagaron más de $1.000 por…
6. Yo pagué más de $100 por…

*¡Anda! Curso intermedio*, Capítulo 2, El subjuntivo para expresar pedidos, mandatos y deseos, pág. 86.

*¡Anda! Curso elemental*, Capítulo 10, Los medios de transporte; El viaje, Apéndice 2.

## 5 3 Agente de viajes

Ustedes son agentes de viajes y les dan a sus clientes sus recomendaciones sobre los viajes que ellos van a hacer. Túrnense. Sean creativos y usen **por** y **para** cuando sea posible.

**MODELO** ir por tren

*Es aconsejable que vayan por tren porque es más rápido y económico.*

1. no manejar en esa ciudad
2. revisar el coche antes de alquilarlo
3. comprar un boleto de ida y vuelta
4. llegar a tiempo al aeropuerto
5. renovar (*renew*) el pasaporte
6. no llevar demasiado equipaje

### Estrategia

Remember that you can use the following verbs and expressions to create your recommendations for actividad **5-3:** *aconsejar, recomendar (e-ie), sugerir (e-ie-i), Es aconsejable/deseable/mejor/preferible/ recomendable que...*

## 5 4 Preguntas para Carlos

Túrnense para hacerle **seis** preguntas a Carlos de la actividad **5-1** sobre sus planes, y luego contéstenlas. Pueden añadir información. Practiquen **por** y **para** en sus preguntas y sus respuestas.

**MODELO** E1: *¿Por qué querías viajar por el Caribe en un crucero?*

E2 (CARLOS): *Quería viajar por el Caribe en un crucero porque me gustan las playas y quería descansar y relajarme un poco.*

### Estrategia

When you create with language, you use *critical thinking skills* such as *hypothesizing.* Create questions that might not be directly answered in actividad **5-1.** Then create hypothetical, plausible answers that Carlos might give.

CAPÍTULO 5

¡Anda! Curso
elemental,
Capítulo 9, El
pretérito y el
imperfecto,
Apéndice 3.

## 5 5 Mi viaje en un crucero en el Río Amazonas

Lee el folleto sobre el crucero y después escribe una entrada de diario para describir lo que viste e hiciste durante el viaje. Puedes añadir más detalles. Usa **por** y **para** por lo menos **ocho** veces. Después, compara tu entrada con la de un/a compañero/a.

**MODELO**    *Querido diario:*

*El domingo pasado salimos de Iquitos, Perú, para Tabatinga, en Brasil. Hicimos un viaje por barco por el Río Amazonas. Vimos e hicimos muchas cosas interesantes. Por ejemplo, por la mañana...*

*sugar cane*
pájaros

un tipo de *alligator*

Este crucero de siete días sale los domingos de Iquitos, Perú y lo lleva por el barco RÍO AMAZONAS a Tabatinga, Brasil de regreso a Iquitos. Viajar en un barco cómodo le permite gozar de un recorrido inolvidable por la selva y conocer algunas comunidades nativas. También puede observar la exuberante flora y fauna de la selva tropical.

### El barco
### RÍO AMAZONAS:
### ITINERARIO:

- **Primer día:** Navegación río abajo a través de la zona industrial de Iquitos y una breve visita a los campos de caña de azúcar°.
- **Segundo día:** Observación de aves° por la mañana. Visita a pueblos indígenas.
- **Tercer día:** Caminata por la selva, pesca pirañas en un lago pequeño y observación de los caimanes°.
- **Cuarto día:** Llegada a la Isla de Santa Rosa. Mañana libre para pasear y hacer compras.
- **Quinto día:** Por la mañana, visita a la villa de Atacuari, por la tarde, visita al remoto hospital de leprosos de San Pablo.
- **Sexto día:** Breve parada en Pijuayal para un chequeo de documentos, una visita a Pevas para intercambiar artículos fabricados por la artesanía de los nativos.
- **Séptimo día:** Llegada a Iquitos temprano por la mañana.

## VOCABULARIO 2 — Viajando por coche

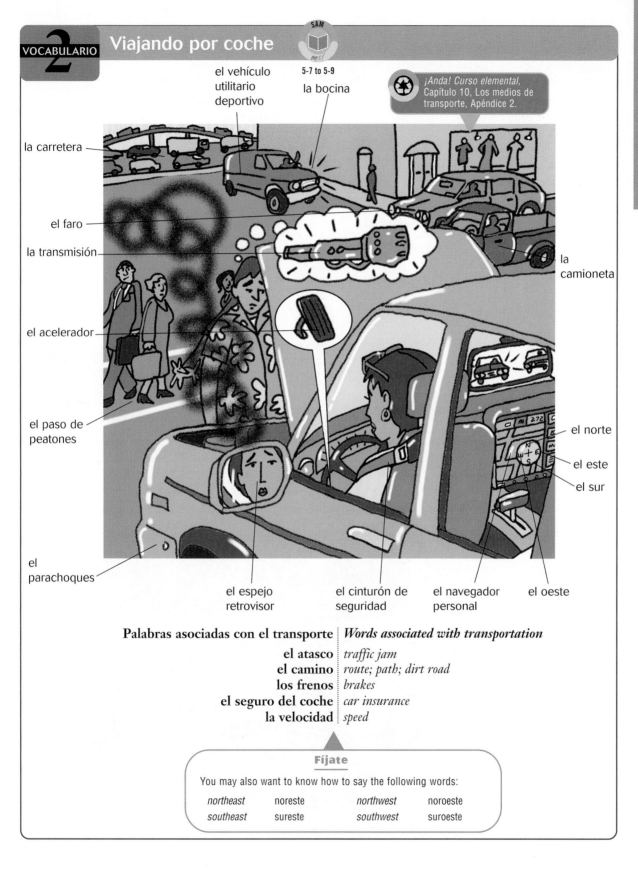

el vehículo utilitario deportivo

la bocina

5-7 to 5-9

*¡Anda! Curso elemental,* Capítulo 10, Los medios de transporte, Apéndice 2.

la carretera

el faro

la transmisión

la camioneta

el acelerador

el paso de peatones

el norte

el este

el sur

el parachoques

el espejo retrovisor

el cinturón de seguridad

el navegador personal

el oeste

| Palabras asociadas con el transporte | *Words associated with transportation* |
|---|---|
| **el atasco** | *traffic jam* |
| **el camino** | *route; path; dirt road* |
| **los frenos** | *brakes* |
| **el seguro del coche** | *car insurance* |
| **la velocidad** | *speed* |

### Fíjate

You may also want to know how to say the following words:

| *northeast* | noreste | *northwest* | noroeste |
|---|---|---|---|
| *southeast* | sureste | *southwest* | suroeste |

CAPÍTULO 5

## 5 6 Combinaciones

Combinen los elementos de las dos columnas para formar oraciones lógicas. Túrnense.

1. Deja de tocar la bocina...
2. Cruzaron la calle...
3. Compré una transmisión nueva...
4. Salieron esta mañana...
5. Para un hombre no muy cuidadoso...
6. Piden setecientos dólares al año...

a. por el seguro de coche.
b. para la frontera.
c. siempre se pone el cinturón de seguridad.
d. para el vehículo utilitario deportivo antiguo.
e. por el paso de peatones.
f. para no molestar a los vecinos.

### Estrategia

When you study vocabulary, writing the words down is a useful technique. Making a list helps you remember the new words better and learn their spelling. Study the words from your written list by looking at the English word as a prompt and saying the Spanish word. Check off the words you know well, and then concentrate on those you do not know yet.

¡Anda! Curso elemental, Capítulo 10, Los medios de transporte, Apéndice 2.

## 5 7 Mi carrito

¿Conoces bien tu carro? Escribe los nombres de las partes en el dibujo. Después, comparte tu trabajo con un/a compañero/a.

## 5 8 Piloto de carreras (*Race car driver*)

Juan Pablo Montoya empezó a competir oficialmente en carreras de karting de su país a la edad de seis años. Vamos a ver lo que él nos cuenta. Completa el siguiente párrafo sobre Montoya con las palabras apropiadas. Después, comparte tu trabajo con un/a compañero/a.

**Fíjate**

The term *karting* refers to racing in go-karts, smaller-sized cars built for children to race on tracks. They are often found at amusement parks.

| | |
|---|---|
| Número del vehículo: | 42/30 |
| Fecha de nacimiento: | 20/09/1975 |
| Lugar de nacimiento: | Bogotá, Colombia |
| Altura: | 1,68 m |
| Peso: | 72 Kg. |
| Residencia: | Miami, Florida |
| Música favorita: | Artistas colombianos: Shakira, Juanes y Carlos Vives |
| Pasatiempos: | Hacer surf, esquiar y levantar pesas |

**Fíjate**

In Spanish-speaking countries, dates are written differently: day/month/year, e.g., *15/9/2010*.

| | | | |
|---|---|---|---|
| carretera | cinturones | bocina | frenos |
| navegador personal | transmisión | velocidad | vehículo utilitario deportivo |

Desde niño me han gustado las carreras. De karting fui a Fórmula Uno, donde me quedé por varios años. Pero desde el año 2007 soy piloto de carreras de stock car con NASCAR y vivo en los Estados Unidos. Mucha gente me pregunta cuál es mi carro favorito—aunque tengo varios coches muy buenos, mi favorito es mi (1) _____. Tiene más de doscientas mil millas, pero es como nuevo para mí porque lo acabo de restaurar (*restore*). Por ejemplo, anda bien porque la (2) _____ es nueva. Para la seguridad de mis hijos puse nuevos (3) _____. Para poder parar con rapidez y precisión, tengo unos (4) _____ nuevos también. Es un coche muy seguro y lo suficientemente grande para poder llevar a mis hijos con todas sus cosas y mis perros a la playa o de excursión. Para no perderme compré un (5) _____. Una cosa que no cambié fue la (6) _____ porque funciona y suena (*sounds*) muy bien. Cuando quiero correr más (ir más rápido), no lo hago en la (7) _____ donde hay muchos otros carros; me meto en mi auto de carrera y puedo ir a alta (8) _____ en la pista de carreras.

## GRAMÁTICA 3 — Los pronombres relativos *que* y *quien*

SAM | Guide G

5-10 to 5-11    68

The words **que** and **quien** can link two parts of a sentence. When used in this way **que** (*that, which, who, whom*) and **quien(es)** (*who, whom*):

- do not have accents.
- refer back to a noun in the *main clause* (main part of the sentence).
- provide a smooth transition from one idea to another, eliminating the repetition of the noun.

1. **Que** is the most frequently used and can refer to *people*, *places*, *things*, or *ideas*.

¡¿Es ésta la limosina que alquilamos por $200?!

| ¿Es ésta | **la limosina** | **que** | alquilamos por doscientos dólares? |
|---|---|---|---|
| *Is this* | *the limosine* | *(that)* | *we rented for two hundred dollars?* |

| | |
|---|---|
| La agente de viajes **que** conocimos ayer viajó por todo el mundo hace tres años. | *The travel agent (that) we met yesterday traveled around the world three years ago.* |
| El itinerario y los mapas son algunas de las cosas **que** necesitamos llevar con nosotros. | *The itinerary and the maps are some of the things (that) we need to take with us.* |
| El monumento nacional **que** quieren visitar está en el centro de la ciudad. | *The national monument (that) they want to visit is in the center of the city.* |

**2. Quien(es)** may also be used in a clause set off by commas when it refers *to people*, BUT **que** is normally used instead of **quien.**

| | |
|---|---|
| El guía, **quien/que** nos llevó por toda la ciudad, no nos acompaña mañana. | *The guide, who took us around the city, is not accompanying us tomorrow.* |

**3.** What follows are some additional guidelines for using **que** and **quien:**

    a. Use **que** after the simple prepositions **a, con, de,** and **en** to refer to *places, things, or abstract ideas—NOT people.*

    b. To refer to *people* after the simple prepositions **a, con, de,** and **en,** *you must use* **quien(es).**

| | |
|---|---|
| El **avión en que** volamos ahora es uno de los más grandes del mundo. | *The plane in which we are now flying is one of the largest in the world.* |
| Los **peatones con quienes** cruzan necesitan apurarse un poco. | *The pedestrians with whom they are crossing need to speed up a bit.* |

---

**Fíjate**

Note that while the word *that* can sometimes be omitted in English, **que** and **quien** are always needed in Spanish:

*El atasco* **que** *vimos ayer duró cuatro horas.*

The traffic jam (that) we saw yesterday lasted four hours.

---

**Fíjate**

A *dependent clause* cannot stand alone as a complete sentence and depends on the main clause to complete its meaning. In the following sentence, the underlined portion is the dependent clause:

*El itinerario y los mapas son algunas de las cosas* **que** *dejamos en casa.*

---

## 5·9 Selecciones

Termina el siguiente párrafo con **que** o **quien**. Después, compara tu trabajo con el de un/a compañero/a. Túrnense para explicar sus elecciones.

La agencia (1) _____ ofrece viajes baratos no tiene problemas económicos sino unos arreglos muy especiales con la comunidad. Ayer, sin embargo, cuando llamamos a la agencia, el agente con (2) _____ hablamos no nos pudo ayudar mucho. Ese agente, (3) _____ se mudó aquí de Santiago, Chile, no sabe mucho sobre las ofertas (4) _____ tienen. Por ejemplo, no sabe si hay unos cruceros muy económicos (5) _____ hagan giras por todo el Caribe. Mis padres, (6) _____ hacen un viaje casi todos los años, dicen que hay cruceros enormes (7) _____ salen del puerto de nuestra ciudad. Dicen que se puede hacer muchas actividades a bordo: nadar en la piscina, relajarse en el jacuzzi, tomar el sol, asistir a diferentes clases para hacer ejercicio, como el ejercicio aeróbico y el yoga, ir al cine, visitar los bares y discotecas para tomar y bailar y comer las veinticuatro horas del día. ¡Mis amigas, con (8) _____ pienso hacer el crucero, nunca van a querer dormir!

**5·10** **¿Has visitado la luna?**

Combinen las oraciones usando **que** o **quien** para evitar la repetición.

**MODELO**   El Valle de la Luna está en Bolivia. El Valle de la
Luna es un lugar muy curioso.

*El Valle de la Luna, que está en Bolivia, es un lugar
muy curioso.*

1. El Valle de la Luna está a diez kilómetros del centro de La
   Paz. Es un lugar muy extraño.
2. El paisaje ofrece un gran contraste. Es un paisaje extraterrestre.
3. El Valle de la Luna está al lado de un pueblo. El pueblo se llama Malilla.
4. El día que estuve allí había un hombre solitario encima de una roca enorme. El hombre tocaba una flauta.
5. El taxista nos cobró veinte dólares por llevarnos allí. Nos encontramos con el taxista al lado del bar Max
   Beber.

 **5·11**   **La historia de Rapunzel**

Su profesor/a los va a poner en grupos de tres
o cuatro estudiantes y les va a dar ocho
papeles que contienen la historia de Rapunzel.
Ustedes tienen que poner los papeles en orden
y contar la historia.

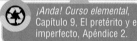 *¡Anda! Curso elemental,*
Capítulo 9, El pretérito y el
imperfecto, Apéndice 2.

 **5·12**   **¿Quién puede ser?**

En grupos de cuatro o cinco, túrnense para dar pistas (*clues*) sobre una persona de la clase
hasta que alguien pueda adivinar quién es. Enfóquense en el uso de **que** y **quien**.

**MODELO**   E1:  *Estoy pensando en una persona que tiene una camioneta roja, lleva pantalones
vaqueros. También es una persona a quien le gusta mucho el básquetbol y con
quien trabajo mucho en la clase.*

   E2:  *¿Es Mark?*

   E1:  *Sí, es Mark.*

 **5·13**   **Biografía**

Ahora piensen en unas personas famosas para continuar el juego de la actividad **5-12.** Deben
dar de **tres** a **cinco** pistas, o más si los compañeros no pueden adivinar quién es.

## VOCABULARIO 4 — Las vacaciones

5-12 to 5-13

*¡Anda! Curso elemental*, Capítulo 10, El viaje, Apéndice 2.

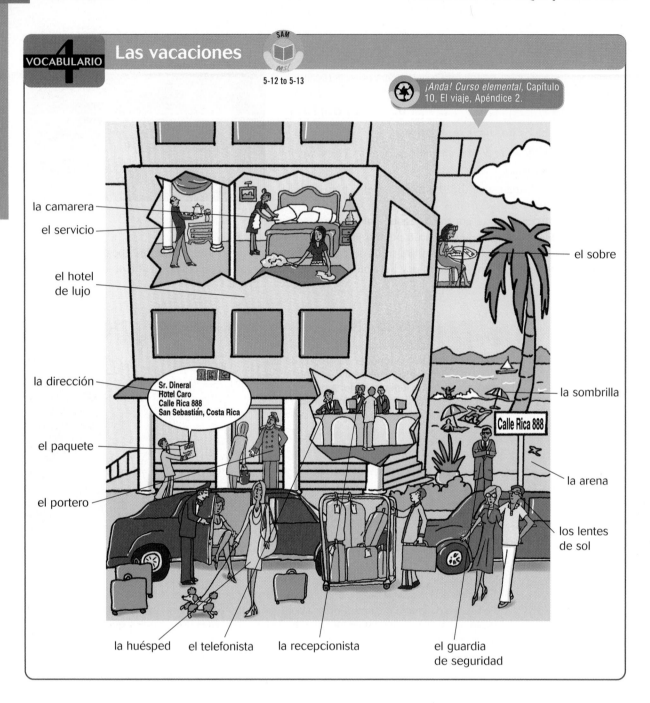

la camarera

el servicio

el hotel de lujo

la dirección

Sr. Dineral
Hotel Caro
Calle Rica 888
San Sebastián, Costa Rica

el paquete

el portero

la huésped    el telefonista    la recepcionista

el sobre

la sombrilla

Calle Rica 888

la arena

los lentes de sol

el guardia de seguridad

## 5·14 Concurso

En grupos de tres o cuatro, traten de incluir todas las palabras del vocabulario de **Las vacaciones** en **dos** o **tres** oraciones largas pero lógicas. El grupo con la oración más larga y lógica gana.

5-14 to 5-15

## Notas culturales

### El fin del mundo y los glaciares en cinco días:

*Para los viajeros que quieren algo diferente en sus vacaciones*

**Día 1:** *Punta Arenas:* Llegada entre las 09:00 y las 16:00 horas al puerto en el crucero "Sueño". Cóctel de bienvenida con el Capitán, quien encabeza el crucero.

**Día 2:** *Isla Magdalena y los pingüinos:* Visita la Isla Magdalena y los pingüinos magallánicos. Excursión al Parque Nacional Cabo de Hornos. Noche a bordo.

**Día 3:** *Ushuaia:* Navegación y llegada a Ushuaia, Tierra del Fuego, la ciudad más austral del mundo. Gira de la ciudad. Noche en hotel de 4 estrellas.

**Día 4:** *El Calafate y el Perito Moreno:* Traslado° al aeropuerto; vuelo a Calafate. Exploración de los glaciares masivos de El Calafate, Patagonia. Noche en hotel de 4 estrellas.

**Día 5:** *El Calafate – Punta Arenas:* Desayuno. Traslado en autobús al aeropuerto. Vuelo a Punta Arenas.

*transfer*

> **Fíjate**
>
> *Perito Moreno* is one of the few glaciers that is growing and expanding instead of receding.

### Preguntas

1. ¿Qué lugares incluye el recorrido de este viaje? ¿Qué van a ver los pasajeros? ¿Con quién tienen el cóctel de bienvenida?
2. ¿Qué medios de transporte se mencionan? ¿Adónde van por cada uno de los medios?
3. ¿Cuáles son los medios de transporte más comunes para las vacaciones en tu cultura?

### 5-15 Entrevista

Circula por la sala de clase haciendo y contestando las siguientes preguntas. Debes hablar con por lo menos **cinco** personas diferentes. Después, tu profesor/a va a pedirles la información para averiguar qué tienen en común.

1. Cuando viajas, ¿normalmente te quedas en hoteles de lujo o en hoteles más económicos? ¿Por qué?
2. Típicamente, ¿en qué son diferentes los hoteles de lujo y los hoteles más económicos?
3. ¿Te gusta tomar el sol o prefieres quedarte bajo una sombrilla cuando estás en la playa? ¿Por qué?
4. ¿Siempre llevas lentes de sol? ¿Qué marca (*brand*) prefieres? ¿Cuánto te costaron? ¿Dónde los compraste? ¿Por qué te gustan?
5. ¿Coleccionas sellos o tarjetas postales? ¿Conoces a alguien que los coleccione? ¿De dónde has recibido tarjetas postales?

Un hotel de lujo en Cancún, México

**Estrategia**

Answer in complete sentences when working with your classmates. Even though it may seem mechanical at times, using complete sentences leads to increased comfort with speaking Spanish.

*¡Anda! Curso elemental*, Capítulo 9, Un resumen de los pronombres de complemento directo, indirecto y reflexivos, Apéndice 3.

### 5-16 Tus vacaciones ideales

¡Qué suerte! Ganaste $100.000 dólares en un concurso para realizar el viaje de tus sueños. Después de regresar del viaje, te entrevistó un periodista de la revista *Viajes*. Un/a estudiante hace el papel del periodista y el/la otro/a el papel del ganador. Túrnense. Formen y contesten las preguntas usando **el pretérito** y **el imperfecto.**

1. ¿Adónde / decidir / ir? ¿Por qué?
2. ¿En qué hotel / quedarse?
3. ¿Qué servicios / ofrecer / en el hotel?
4. Cuando /estar / en el hotel ¿cómo / pasar / el tiempo (día y noche)?
5. ¿Viajar / por la región? ¿Qué excursiones / hacer?
6. ¿Perderse / en algún momento? Da algún ejemplo.
7. ¿Sacar / muchas fotos?
8. ¿Cómo /viajar?—¿Alquilar / un carro / o / ir / en taxi y autobús / o / caminar?

**Estrategia**

Both you and your partner should answer the questions individually, according to your dream vacation.

# ESCUCHA

5-16 to 5-18

| ESTRATEGIA | Listening for specific information |

When listening for specific information, it is usually necessary for you to know the topic or context of what you will hear in advance. Then you need to anticipate what you will want and/or need to know. When listening for specific information, you may wish to write or make a brief mental list of specific questions or topics upon which you will focus your listening. When performing this strategy in real life in an interpersonal setting, you would want to follow up with clarifying questions if you did not glean all the details.

**5•17**

### Antes de escuchar

Vas a escuchar un anuncio de la radio para la agencia de viajes *Zona del viaje*. Si estás pensando en tomar un viaje y oyes este anuncio, ¿qué información esperas sacar? Escribe **tres** cosas que crees que vas a escuchar en el anuncio.

1. _____
2. _____
3. _____

**5•18**

CD 2
Track 26

### A escuchar

Completa los siguientes pasos.

**Paso 1** Aquí tienes una lista de información que puede ser importante para este tipo de promoción.

| 1. El tipo de viaje | |
|---|---|
| 2. Las ofertas (*special offers*) | |
| 3. El precio | |
| 4. Lo que está incluido en ese precio | |
| 5. Cómo comprar el viaje | |

**Paso 2** Ahora escucha el anuncio y escribe una lista con los detalles que escuchas.

**5•19**

### Después de escuchar

Llena el cuadro de la actividad **5-18** con la información que escuchaste y compáralo con el de un/a compañero/a. Después, decidan si el viaje es una buena oferta y si a ustedes les gustaría hacerlo.

## ¿Cómo andas?

Having completed the first **Comunicación,** I now can...

|  | Feel Confident | Need to Review |
|---|---|---|
| • express my thoughts about vacations and travel. (pp. 180, 185, 190) | ❑ | ❑ |
| • use **por** and **para** to express time, location, purpose, destination, and direction. (p. 181) | ❑ | ❑ |
| • use **que** and **quien** to link sentences and clauses. (p. 187) | ❑ | ❑ |
| • share information about interesting vacations. (p. 191) | ❑ | ❑ |
| • listen for and identify specific information in a message. (p. 193) | ❑ | ❑ |

# Comunicación

- Sharing about technology joys and woes
- Expressing ideas about someone or something that may not exist

**VOCABULARIO 5**

## La tecnología y la informática

*¡Anda! Curso elemental,*
Capítulo 2, En la universidad,
Apéndice 2.

5-19 to 5-20

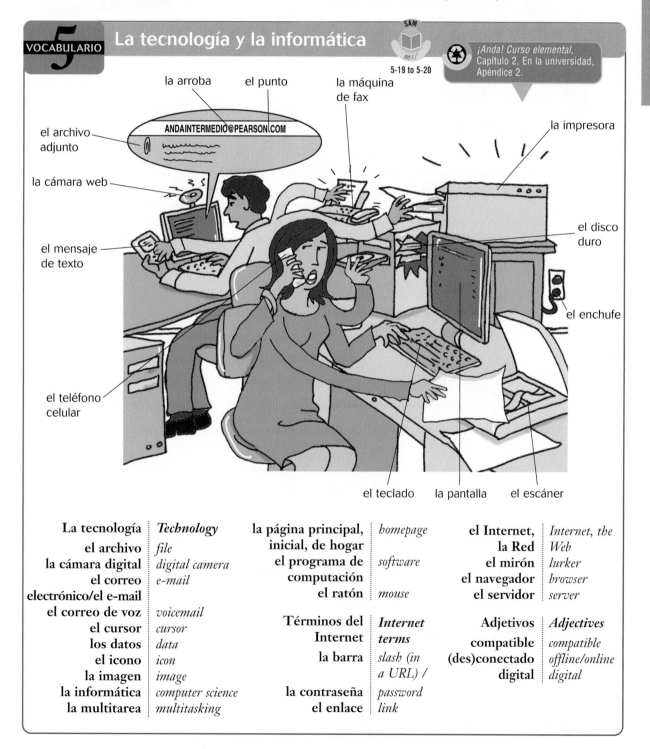

la arroba · el punto · la máquina de fax · el archivo adjunto · la cámara web · el mensaje de texto · el teléfono celular · la impresora · el disco duro · el enchufe · el teclado · la pantalla · el escáner

ANDAINTERMEDIO@PEARSON.COM

| La tecnología | *Technology* | la página principal, inicial, de hogar | *homepage* | el Internet, la Red | *Internet, the Web* |
|---|---|---|---|---|---|
| el archivo | *file* | el programa de computación | *software* | el mirón | *lurker* |
| la cámara digital | *digital camera* | el ratón | *mouse* | el navegador | *browser* |
| el correo electrónico/el e-mail | *e-mail* | | | el servidor | *server* |
| el correo de voz | *voicemail* | **Términos del Internet** | ***Internet terms*** | **Adjetivos** | ***Adjectives*** |
| el cursor | *cursor* | la barra | *slash (in a URL) /* | compatible | *compatible* |
| los datos | *data* | | | (des)conectado | *offline/online* |
| el icono | *icon* | la contraseña | *password* | digital | *digital* |
| la imagen | *image* | el enlace | *link* | | |
| la informática | *computer science* | | | | |
| la multitarea | *multitasking* | | | | |

## El parloteo de Cisco

Anteayer mi reproductor de CD/DVD no funcionaba. Ayer cuando trabajaba en la computadora ésta hizo un ruido y de repente dejó de funcionar. ¡La tecnología no me quiere!

 **Deja un comentario para Cisco:**

SAM
M.S.L
5-21 to 5-22

Guide
**G**
M.S.L
35, 36, 41

**REPASO**

### El pretérito y el imperfecto (continuación)

Notice in Cisco's blog the verbs **funcionaba, trabajaba, hizo,** and **dejó.** We reviewed the uses of the preterit and imperfect in **Capítulo 4.** Now let's focus on one aspect of the review: **preterit and the imperfect in simultaneous and recurrent actions.**

● When recurrent actions or conditions are described, the **preterit** indicates that the actions or conditions are viewed as *completed*; the **imperfect** emphasizes *habitual or repeated* past actions or *conditions*.

● When two or more past events or conditions are mentioned together, it is common to use the **imperfect** in one clause to describe the *setting, conditions,* or *actions in progress* while using the **preterit** in the other to relate *what happened,* moving the narrative along to its conclusion.

For examples on these uses of the preterit and the imperfect, please refer to **Capítulo 9** of *¡Anda! Curso elemental* in Appendix 3.

 **5 20** ¿Cierto o falso?

Es el año 2050. Un abuelo habla con su nieta, y bromea (*jokes around*) con ella sobre cómo era la tecnología en el año 2000. La nieta decide si las oraciones del abuelo son ciertas o falsas. Si son falsas, corríjanlas (*correct them*) para hacerlas ciertas. Túrnense.

**MODELO**   E1 (ABUELO):   Cuando usaba el Internet necesitaba tener un mirón.

E2 (NIETA):   *No, abuelo. Cuando usted usaba el Internet necesitaba tener un navegador.*

1. Guardaba mis documentos en el mirón.
2. Mandaba mensajes, revisaba el presupuesto personal y escribía un reporte—todo a la vez—la multitarea era parte de mi vida.
3. Para comprar algo por Internet necesitaba usar la impresora y el disco duro, pero una vez no los usé.
4. Podía leer mi correo electrónico sin la pantalla.
5. El cursor y el teclado eran necesarios para poder escribir los correos electrónicos en la computadora.

**Fíjate**

Most Spanish-speaking countries use either *computador* or *computadora* for *computer*. In Spain, *ordenador* is used.

¡Anda! Curso elemental, Capítulo 5, Los pronombres de complemento directo; Capítulo 8, Los pronombres de complemento indirecto, Apéndice 3.

## 5-21  Busco un cibercafé que...

Ustedes son unos ejecutivos importantes de una compañía multinacional y están en Arequipa, Perú, para una conferencia. Necesitan acceso a la tecnología porque la maleta en que tenían todos los materiales para la presentación se perdió. Encuentras este anuncio sobre el Cibercafé Dos Mundos. Hablen de lo que pueden hacer (y de lo que no pueden hacer) allí para preparar de nuevo la presentación. ¡Sean creativos!

**MODELO**   *Es bueno que el Cibercafé Dos Mundos tenga un fax. Entonces podemos decirle a la secretaria que nos mande los documentos que están en la maleta perdida.*

**CIBERCAFÉ DOS MUNDOS**

Plaza Bolívar
Arequipa, Perú
tel. (54)-42-3082
www.cibercafedm.pe

**PUEDES CONECTAR TU EQUIPO**

¡Anda! Curso elemental, Capítulo 5, Los pronombres de complemento directo; Capítulo 8, Los pronombres de complemento indirecto; Capítulo 9, Expresiones con *hacer*, Apéndice 3.

## 5-22  La tecnología en mi vida

Llena el cuadro con información sobre el uso que tú haces de la tecnología. Después, pídele a un/a compañero/a su información. **Usa los pronombres de complemento directo e indirecto** para evitar la repetición. Finalmente, compartan sus datos con los otros/as compañeros/as para averiguar qué tienen ustedes en común.

### Estrategia

Notice the options for answering the questions in actividad **5-22.** As you work with your partner, always push yourself to be as creative as possible. By varying your answers, you practice and review more of the structures, which in turn helps you become a strong speaker of Spanish.

**MODELO**   teléfono celular

E1: *¿Tienes un teléfono celular?*

E2: *Sí, y es un teléfono nuevo de Motorola.*

E1: *¿Cuándo lo compraste?*

E2: *Lo compré hace cinco meses.*

E1: *¿Cuántas veces al día lo usas?*

E2: *Lo uso por lo menos veinte veces al día.*

E1: *¿Para qué lo usas?*

E2: *Lo uso para llamar a mis amigos, para mandar mensajes de texto y para leer mi e-mail.*

| APARATO | MARCA (*BRAND*) | CUANDO LO/LA COMPRÉ | CON QUÉ FRECUENCIA LO/LA USO | PARA QUÉ LO/LA USO |
|---|---|---|---|---|
| teléfono celular | | | | |
| calculadora | | | | |
| cámara digital | | | | |
| cámara video digital | | | | |
| fax | | | | |
| reproductor de MP3 | | | | |
| televisor HD o 1080p | | | | |

 **5·23** ¿Qué puede ser?

Van a describir aparatos electrónicos usando cuatro pistas (*clues*).

**Paso 1** En grupos de tres o cuatro, escogan un aparato y escriban las cuatro pistas. La primera pista debe ser la más general y la cuarta la más específica.

**MODELO**     (escáner)

*Es tan útil como una computadora.*

*Se comunica con una computadora.*

*Copia y transmite información.*

*Con esta máquina, puedo mandarle por computadora una página de un libro a mi amiga.*

**Paso 2** Túrnense para adivinar.

**Paso 3** Escojan dos aparatos para presentar a los otros grupos.

**5·24** Un invento muy importante

En grupos de tres o cuatro, inventen un aparato que mejore la calidad (*quality*) de nuestras vidas. Necesitan describir el aparato con un dibujo y con palabras, explicar sus usos y decir a quién(es) le(s) ayudaría (*would help*).

GRAMÁTICA
**6** El subjuntivo con antecedentes indefinidos o que no existen

5-23 to 5-24

46, 51

> Pero Gerardo, yo necesito una computadora en la que realmente pueda hacer mi trabajo... ¡no un juguete!

So far you have used the subjunctive to indicate **wishes, recommendations, suggestions,** and **commands.** You have also used it to express **doubt, uncertainty, disbelief,** and **denial** as well as **emotions** and **opinions.**

The subjunctive is also used to express the possibility that something is **uncertain** or **nonexistent.** Note the sentences below.

Quiero comprar **una** computadora que **sea** compatible con el sistema que tengo.

*I want to buy **a** computer that is compatible with the system I have.* (may not exist)

Quiero comprar **la** computadora que **es** compatible con el sistema que tengo.

*I want to buy **the** computer that is compatible with the system I have.* (the computer exists)

Necesitamos **un** servidor que **sea** lo suficientemente grande para satisfacer todas nuestras necesidades.

*We need **a** server that is large enough to accommodate all our needs.* (does not yet exist for the speaker)

Necesitamos **el** servidor que **es** lo suficientemente grande para satisfacer todas nuestras necesidades.

*We need **the** server that is large enough to accommodate all our needs.* (the server exists)

**No conocemos a nadie** que **sepa** cifrar los documentos.

*We don't know anyone who knows how to encrypt the documents.* (speakers do not know anyone)

**Conocemos a alguien** que **sabe** cifrar los documentos.

*We know someone who knows how to encrypt the documents.* (speakers do know someone)

### Estrategia

To determine whether you should use the subjunctive or the indicative, ask the question: *Does the person, place, or thing exist at that moment for the speaker? If it does, then use the indicative; if not, the subjunctive is needed.*

## 5•25 A repasar

Han hablado de los aparatos tecnológicos que tienen, e incluso han inventado un aparato nuevo. Ahora vamos a repasar un poco. Terminen las siguientes oraciones de manera lógica.

**MODELO**     Quiero un teléfono celular que (no existe todavía)...

*Quiero un teléfono celular que no sea tan caro.*

Quiero el teléfono celular que (ya existe)...

*Quiero el teléfono celular que cuesta veinte dólares, como el que tiene Pati.*

1. Mis padres quieren una computadora que...
2. Mis padres quieren la computadora que...
3. Necesito un teléfono celular que...
4. Necesito el teléfono celular que...
5. Busco una cámara digital que...
6. Compré la cámara digital que...

## 5•26 El mío es mejor

Tu amigo/a siempre tiene lo mejor de todo y siempre exagera. Túrnense para responder tal como respondería él/ella (*as he/she would respond*) a las siguientes oraciones.

**MODELO**     Busco una computadora que _____ (reconocer) mi voz.

E1:     *Busco una computadora que reconozca mi voz.*

E2 (AMIGO): *Yo tengo una computadora que reconoce mi voz y me llama por teléfono cuando tengo un correo electrónico importante.*

1. Necesito una pantalla para mi computadora que _____ (ser) tan grande como la pantalla de mi televisor.
2. Quiero encontrar una impresora que _____ (poder) imprimir, copiar y escanear.
3. ¿Hay una computadora que _____ (escribir) lo que dice una persona?
4. ¿Tienes un teléfono que _____ (poder) mostrar películas?
5. No existe un carro que _____ (ser) realmente económico.
6. Busco un televisor que _____ (tener) todas las características que _____ (tener) mi computadora.

## 5•27 El teléfono ideal

Hoy en día un teléfono celular es mucho más que un teléfono —es útil pero también puede ser casi como un juguete (*toy*). ¿Cuáles son las características y usos más importantes para ti? Haz una descripción de **tres** o **cuatro** oraciones sobre el teléfono perfecto para ti, usando **el subjuntivo con antecedentes indefinidos o que no existen**. Después, comparte la descripción con un/a compañero/a.

**MODELO**     *Quiero un teléfono que sea pequeño y que...*

**VOCABULARIO 7**

## Las acciones relacionadas con la tecnología

5-25 to 5-26

| Algunos verbos | *Some verbs* | | |
|---|---|---|---|
| **actualizar** | *to update* | **escanear** | *to scan* |
| **arrancar** | *to boot up; to start up* | **guardar** | *to save; to file* |
| **borrar** | *to delete; to erase* | **hacer la conexión** | *to log on* |
| **cifrar** | *to encrypt* | **hacer clic** | *to click* |
| **conectar** | *to connect* | **imprimir** | *to print* |
| **congelar** | *to freeze; to crash* | **navegar** | *to navigate; to surf* |
| **cortar** | *to cut* | **pegar** | *to paste* |
| **deshacer** | *to undo* | **prender** | *to start* |
| **descargar** | *to download* | **pulsar el botón derecho** | *to right-click* |
| **digitalizar** | *to digitalize* | **reiniciar** | *to reboot* |
| **enchufar** | *to plug in* | **sabotear** | *to hack* |

**Estrategia**

Another way to study new vocabulary is to create flash cards. It is best to study the vocabulary by looking at the English word and saying or writing the Spanish word.

CAPÍTULO 5

### Fíjate

You may have noticed that many technology words are cognates in English, e.g., *fax, escanear*. Because much of the technology originated in the United States with English words, much of the terminology has entered the Spanish language as cognates. This is a common way that languages evolve. What are some words that fall into this category?

## 5 28 Poner todo en orden

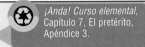

*¡Anda! Curso elemental*, Capítulo 7, El pretérito, Apéndice 3.

Juntos pongan las siguientes oraciones en el orden correcto para explicar lo que hizo José Luis con su computadora.

_____ Después de que se abrió mi página principal, fui a leer mi correo electrónico.
_____ Hice la conexión con mi contraseña.
_____ Después de borrar el *spam*, abrí un mensaje de mi sobrino que tenía un archivo adjunto.
_____ No sé cómo, pero alguien la había desenchufado. Entonces, la enchufé.
_____ Navegué por el Internet un poco y por fin apagué la computadora.
_____ Mi página principal se abrió.
_____ Borré unos treinta mensajes de *spam*.
_____ Imprimí el archivo que era una foto de él detrás del volante de su coche nuevo.
_____ Traté de encender la computadora, pero no prendió.
_____ Luego la prendí.

## 5 29 Ayer en el cibercafé

Ayer fue un día de mucho trabajo en el cibercafé. Describan el dibujo, incluyendo en la descripción por lo menos **una oración** sobre cada persona.

Marcela
Kyung
Lorenzo
Rosalía
Roberto
Arturo

## 5 30 ¡Tengo la pantalla negra!

Hace cinco días que pediste ropa nueva por Internet. Estabas tratando de controlar el estado de tu pedido (*order*) cuando de repente ¡tu computadora se congeló! Llama para pedir asistencia informática y describe lo que hiciste en **ocho** pasos. Incluye por lo menos **cinco** de los siguientes verbos. Túrnense.

| | | | | |
|---|---|---|---|---|
| apagar | borrar | descargar | funcionar | grabar |
| guardar | imprimir | navegar | prender | quemar |

¡Anda! Curso elemental, Capítulo 8, Los pronombres de complemento directo e indirecto usados juntos; Capítulo 10, Los mandatos informales, Apéndice 3.

 **5 31** ¿Qué debo hacer?

Túrnense para darle consejos a su amigo Federico.

**Fíjate**

Text messaging is very popular in the Spanish-speaking world. What follows are some common abbreviations.

100pre (*siempre*)
a2 (*adiós*)
asias (*gracias*)
ac (*hace*)
bb (*bebé*)

**MODELO** E1 (FEDERICO): Quiero mostrarles las fotos de mis vacaciones en Perú.

E2 (USTEDES): *Descarga las fotos y muéstranoslas.*

1. Mi computadora funciona mal y tarda mucho en abrir las ventanas nuevas.
2. Este programa de computación no hace lo que necesito.
3. Mi iPhone se congeló.
4. No me gusta leer los documentos que me mandan en la pantalla.
5. Necesito información sobre los cibercafés de Barcelona.
6. Tengo demasiados mensajes en mi correo electrónico.

**5 32** El uso de la computadora

¿Cómo usas tu computadora? ¿Cuánto tiempo pasas delante de tu computadora?

**Paso 1** Completa el cuadro con tu información personal.

| | PROGRAMA DE COMPUTACIÓN O PÁGINA WEB | ACCIÓN(ES) | DÍAS | HORAS | MINUTOS |
|---|---|---|---|---|---|
| YO | | | | | |
| E1 | | | | | |
| E2 | | | | | |
| E3 | | | | | |

**Paso 2** Entrevista a por lo menos **tres** personas para averiguar cómo ellos usan la computadora.

**MODELO** E1: *¿Qué programas de computadora usas más?*

E2: *Uso Word y PowerPoint más.*

E1: *¿Cuáles son tus páginas web favoritas?*

E2: *Escribo mucho en Facebook y…*

**Paso 3** Comparen cómo todos los estudiantes de la clase usan la computadora. ¿En qué aspectos son similares? ¿En qué aspectos son diferentes?

**MODELO** E1: *Paso una hora al día de lunes a viernes escribiendo documentos en Word. ¿Y ustedes?*

E2: *Yo paso menos tiempo en Word; generalmente media hora durante la semana. Trabajo más con Excel por mi trabajo.*

E3: *Escribo en Word una hora, pero paso tres horas en Facebook…*

**PERFILES**

5-27 to 5-28

## Viajando hacia el futuro

*La tecnología puede ser muy útil: nos ayuda a comunicar, trabajar y viajar. Las siguientes personas tienen algo que ver con la tecnología, los viajes o las dos cosas a la vez.*

¿Hay muchas personas a quienes no les guste viajar? **María Esquisábel Crespo** (n. 1976 en Alsasua, España) es la presentadora del programa *Muchoviaje* de La2 de TVE en España, un programa de viajes cuyo propósito es llevarnos a conocer diferentes lugares dentro de España y del extranjero. También ha trabajado como reportera en la televisión.

¿Conoces a alguien que sea astronauta? **Franklin Díaz-Chang** (n. 1950), de San José, Costa Rica, comenzó a trabajar para la NASA como astronauta en el año 1981 y ha participado en siete vuelos al espacio exterior. Tiene un doctorado en física aplicada del Instituto Tecnológico de Massachusetts.

**Fíjate**

Franklin Díaz-Chang's father is a Costa Rican of Chinese descent.

### Preguntas

1. ¿Cómo usan estas personas la tecnología?
2. Estas personas utilizan la tecnología en sus profesiones. ¿Cómo piensas usar la tecnología en tu futuro?
3. ¿Qué carreras utilizan la tecnología con más frecuencia?

**Augusto Ulderico Cicaré** (n. 1937 en Polvaredas, Argentina). A los doce años abandonó sus estudios formales y se dedicó a los inventos tecnológicos. Se enamoró del vuelo, y por fin elaboró la máquina de su pasión: el helicóptero. Hoy en día sigue inventando y es el jefe de la compañía de helicópteros Cicaré, famosos en todo el mundo.

**5 33** Entrevista

Circula por la clase haciendo y contestando las siguientes preguntas.

1. ¿Cuántos cibercafés hay cerca de la casa de tus padres?, y ¿cerca de la universidad? ¿Por qué crees que hay tantos (o tan pocos)? ¿Qué hacen las personas en los cibercafés?
2. ¿Cuál es más inteligente: la computadora o el ser humano (*human being*)? Explica.
3. ¿Cuáles son algunas cosas que la computadora puede hacer que una persona no puede hacer? ¿Cuáles son algunas cosas que una computadora no puede hacer que una persona sí puede?
4. ¿Tienes la televisión por cable o satélite? ¿Cuántos canales recibes? ¿Cuántos canales recibes que son en español?
5. ¿Cómo te comunicas con tus compañeros/as? ¿y con amigos que viven lejos de ti?
6. ¿Cómo te comunicas con tus padres y otros familiares?
7. ¿Cuál es el aparato que no tienes, pero que más necesitas? ¿Por qué lo necesitas? ¿Qué marca prefieres? ¿Cuánto cuesta?
8. ¿Es la tecnología siempre aplicable, necesaria y/o deseada?

 *¡Anda! Curso elemental*, Capítulo 10, Los mandatos informales; Los mandatos formales, Apéndice 3.

 **5 34** Un anuncio comercial

Han creado un nuevo modelo de computadora a la moda, y para promocionarla tienen que crear un anuncio comercial de **quince segundos.** Deben hablar de las características generales y enfocarse en lo que es realmente nuevo (e increíble) de su producto. Pueden empezar con unas cuantas preguntas retóricas, usando el **subjuntivo con antecedentes indefinidos o que no existen.**

**MODELO** *¿Quiere comprar una computadora que haga todo su trabajo y más en un instante? ¿Existe una computadora que no necesite un teclado tradicional? Fíjense en el nuevo modelo RELÁMPAGO…*

# ¡Conversemos!

SAM
MSL
5-29 to 5-30

CW
eBook
CD 2
Track 27

## 5·35 Diálogo

Adriana quiere que ella y su esposo David planeen unas vacaciones para celebrar su aniversario de boda. Ella busca una gira que tenga un poco de todo. Escucha el diálogo para descubrir los detalles.

### Preguntas

1. ¿Qué sugiere Adriana?
2. ¿Qué recomienda David?
3. ¿Qué pasa al final y cómo se expresan?

## 5·36 ¿Quién me puede ayudar?

Haz una llamada para buscar a alguien que te pueda ayudar con un aparato tecnológico que no está funcionando. Túrnense, usando el vocabulario de este capítulo y las expresiones nuevas.

**MODELO** E1: ¿Aló?

E2: *(Quieres hablar con alguien que sepa algo de tu aparato.)*

E1: ¿En qué le puedo ayudar?

E2: *(Dile que tu aparato no funciona y quieres saber su opinión de la situación.)*

E1: ¿Qué opina usted?

E2: *(Expresa tu frustración con la situación.)*

## 5·37 ¿Qué opinas?

¡Están en un atasco y van a llegar tarde al aeropuerto para dónde van a iniciar el viaje de sus sueños! Creen un diálogo de por lo menos **ocho** interacciones, expresando su frustración y pidiendo sugerencias.

**MODELO** E1: *¡Qué barbaridad! ¡Qué atasco!*

E2: *¿Qué te parece si tomamos la autopista?...*

¡Anda! Curso intermedio, Capítulo 4, El presente perfecto del subjuntivo, pág. 161.

## 5·38 ¿Conoces a alguien que...?

Conocemos a muchas personas que han tenido una gran variedad de experiencias en sus vidas.

**Paso 1** Pregúntales a tus compañeros para ver si conocen a alguien a quien le hayan pasado las siguientes cosas.

| ¿CONOCES A ALGUIEN QUE...? | | |
|---|---|---|
| haber ido en una limosina<br>_____ | tener un iMac rosa<br>_____ | haber hecho un crucero<br>_____ |
| haber borrado archivos importantes sin querer<br>_____ | navegar diariamente en la computadora<br>_____ | haber creado una página personal en el Internet<br>_____ |
| haber tenido un accidente porque los frenos no funcionar _____ | no tener teléfono celular<br>_____ | usar demasiado la bocina<br>_____ |

**Paso 2** Cuando tu compañero/a contesta, pídele una opinión o expresa una emoción apropiada.

**MODELO** E1: *¿Conoces a alguien que haya ido en una limosina?*

E2: *No, no conozco a nadie que haya ido en una limosina.*

E1: *¿Qué opinas de las limosinas?...*

o

E2: *Sí. Yo he ido en una limosina.*

E1: *¡Qué emoción! ¿Te gustó?...*

¡Anda! Curso intermedio, Capítulo 2, El subjuntivo para expresar pedidos, mandatos y deseos, pág. 86; Capítulo 4, Las celebraciones y los eventos de la vida, pág. 142; La comida y la cocina, pág. 152.

## 5·39 ¿Qué te parece?

Tu compañero/a de clase y tú acaban de obtener un trabajo ideal como planeadores de fiestas exóticas. ¡Su cliente quiere que planeen una fiesta extraordinaria para cien personas fuera de los EE.UU., y su cliente es Donald Trump! Creen un diálogo de por lo menos **veinte** oraciones que incluya la siguiente información:

1. El destino y cómo llegar
2. Los invitados (*guests*) y la comida
3. Sus dudas acerca de la existencia de ciertas cosas (*certain things*)
4. Pregúntense sus opiniones y expresen sus emociones

**MODELO** E1: *¡No puede ser! Donald Trump nos llamó y quiere que planeemos una fiesta para él.*

E2: *¡No me digas! ¿Qué te parece...?*

# ESCRIBE

5-31

## ESTRATEGIA Peer editing

Before you begin to edit a peer's writing sample, it is helpful to know upon what to focus your attention. Two important categories are *clarity* and *accuracy*. *Clarity* refers to how well you, the reader, understand the message of the writing. *Accuracy* pertains to how correctly the writer has used the target language. For example, are the grammar and punctuation correct? The peer editor helps the original writer improve upon the sample with suggestions and corrections.

### 5•40 Antes de revisar

Estudia la siguiente guía de revisión. Luego cambia papeles con tu compañero/a y lee su composición.

#### LA GUÍA DE REVISIÓN

**I. Clarity of expression**

1. What is the main idea of the narration? State it in your own words; then verify with the author. _____

2. My favorite part is: _____

3. Something I do not understand: _____

**II. Accuracy of Grammar and Punctuation**

The peer editor should check for the following:

1. Agreement/(*Concordancia*)
   _____ subject/verb agreement (e.g., *Mi hermana y yo fuimos.*)
   _____ noun/adjective agreement (e.g., *Llegamos a una playa bonita.*)
2. _____ Usage of the preterit and the imperfect (e.g., *Cuando yo era niña fui a…*)
3. _____ Usage of subjunctive, where appropriate
4. _____ Spelling and accent marks

### 5•41 A revisar

Ahora, usa la guía para revisar la narración.

1. Lee el párrafo por primera vez y concéntrate en la claridad de expresión. Si no entiendes algo, debes indicarlo. Si tienes algunas ideas para mejorar o aclarar el párrafo, escríbelas.

2. Ahora, lee el párrafo otra vez para ver si la gramática es correcta. Si encuentras un error, escribe las correcciones.

3. Haz comentarios beneficiosos para tu compañero/a y también señala (*point out*) las partes que consideras bien hechas.

### 5•42 Después de revisar

Completen los siguientes pasos.

1. Comparte tus comentarios con el autor del párrafo.

2. Después, lee los comentarios de tu compañero/a sobre tu párrafo y pide clarificación si es necesario.

3. Finalmente, revisa tu párrafo con la información de la revisión de tu compañero/a.

## ¿Cómo andas?

Having completed the second **Comunicación,** I now can...

|  | Feel Confident | Need to Review |
|---|---|---|
| ● discuss technology. (pp. 195, 201) | ❏ | ❏ |
| ● share information about events in the past. (p. 196) | ❏ | ❏ |
| ● describe something that is uncertain or unknown. (p. 199) | ❏ | ❏ |
| ● identify some people who use technology and travel in their work. (p. 204) | ❏ | ❏ |
| ● employ appropriate expressions to request input and express emotions. (p. 206) | ❏ | ❏ |
| ● use *peer editing* to improve writing. (p. 208) | ❏ | ❏ |

# Vistazo cultural

**Un viaje por mundos diferentes en Nicaragua, Costa Rica y Panamá**

Obtuve la licenciatura en Turismo de la Universidad Hispanoamericana en Heredia, Costa Rica porque podía especializarme en el ecoturismo, lo cual es muy importante en mi país. No hay agencia de viajes de primera categoría que no busque empleados con esta formación; así que fue muy fácil conseguir un buen trabajo que me gusta.

**Lic. Néstor González Barranza,
Turismo**

**Unos autobuses decorados en América Central**

Estos autobuses pintados son un método popular de transporte público en muchas ciudades latinas, y en la Ciudad de Panamá se llaman *los diablos rojos*. Tienen diseños artísticos y/o folclóricos, y los chóferes tienen mucho orgullo (*pride*) de su artesanía creativa. Muchos clientes esperan en la parada hasta llegar su autobús favorito.

**La construcción del canal de Panamá:
1534–1914**

La construcción del canal fue terminada en el año 1914 a un costo a eso de $375.000.000. Hoy en día, la tecnología y la ingeniería aún siguen impresionantes. La primera investigación de la posibilidad del canal fue en el año 1534, después de la exploración de la región por Vasco Núñez de Balboa, explorador español.

**Las islas de Maíz**

Un lugar muy tranquilo para las vacaciones caribeñas son las islas de Maíz, que quedan a unas cincuenta millas de la costa de Nicaragua. La arena es blanca, el clima agradable, hay buenos lugares para bucear y hacer snorkeling, y los costos son bajos. Estas islas son un paraíso tropical.

**La isla Ometepe con los volcanes Concepción y Maderas**

El lago Nicaragua, también conocido como el lago Cocibolca, es el lago más grande de América Central. Contiene un archipiélago de más de 350 isletas y una isla grande, Ometepe, formada de dos volcanes: Concepción y Maderas. Es el único lago del mundo que tiene tiburones de agua dulce (*freshwater*).

**La tecnología "verde"**

En Costa Rica, la tecnología está convirtiendo los desperdicios (*waste products*) de animales en formas de energía. En un intento de ser más "verde", se cambia el gas metano a combustible para la calefacción y la electricidad. Este ejemplo buenísimo de reciclaje apoya el ecoturismo, de mucha importancia para el país.

**El volcán Arenal cerca de La Fortuna, Costa Rica**

A muchos turistas les gusta combinar una visita al volcán Arenal y luego una caminata en la selva nubosa (*cloud forest*) de Monteverde. La ruta más corta entre estos dos lugares turísticos es el muy popular viaje de *jeep-boat-jeep*. Cruzando el Lago Arenal recorta el viaje a tres horas. ¡Qué viaje!

**El canopy en Costa Rica**

¿Buscas una aventura que sea divertida y única? Una gira por el canopy de la selva en líneas de cable puede ser para ti. Es una actividad muy popular para los ecoturistas; se puede apreciar la naturaleza desde un punto muy alto en los árboles de la selva nubosa.

## Preguntas

1. ¿Cuáles son los medios de transporte indicados en los tres países?
2. ¿Cómo se usa la tecnología para crear un planeta más "verde"?
3. En los capítulos anteriores, has tenido *un vistazo* de México, España, Honduras, Guatemala y El Salvador. De todos estos lugares incluyendo los tres países de este capítulo, ¿adónde prefieres ir de viaje? ¿Por qué?

# Laberinto peligroso

## lectura

5-34 to 5-36

**ESTRATEGIA** | Using a dictionary

It is important to learn the skillful use of a dictionary. Learning how to use one will help you properly identify parts of speech and word usage. As a second language learner, you will need to pay attention to dictionary abbreviations and conventions. Additionally, cross-checking (looking up Spanish to English and vice versa) will help you pinpoint the best translation for a particular context.

Remember, you do not have to look up every word—just those whose meaning is vital for your comprehension.

**5-43** **Antes de leer.** Cuando leemos, muchas veces no entendemos todas las palabras que hay en el texto, y por eso es importante tener un buen diccionario que nos ayude. Antes de empezar a leer, sigue los pasos a continuación.

**Paso 1** Las siguientes palabras son términos desconocidos que aparecen en la lectura. Basándote en el contexto de cada oración y la definición de la palabra en un diccionario, escribe una definición para cada palabra.

a. cómplice
   Ella era su cómplice en el crimen.
b. crónica
   Leímos diferentes crónicas para la clase de historia.
c. ladrón
   Los detectives descubrieron quién era el ladrón.
d. bibliotecario
   El bibliotecario me ayudó a encontrar el libro.
e. equivocado
   Se dio cuenta de que estaba equivocado; su novia no le había mentido.
f. exposición
   En el museo hicieron una exposición de las obras de artistas locales.

**Paso 2** Basándote en el título del episodio y el significado de cada palabra indicada, crea una hipótesis sobre qué va a pasar durante el episodio.

**DÍA 23**

CD 2
Track 28

## *Cómplices, crónicas, mapas y ladrones*

Celia llegó tarde porque había estado navegando por el Internet buscando más datos. Cisco la estaba esperando. Después de conversar sobre cosas que no tenían mucha importancia, Celia intentó cambiar el tema de la conversación.

—¿Qué tal vas con tus proyectos? —preguntó.
—Bastante bien; estoy haciendo unas investigaciones interesantes. —respondió Cisco.

—¿Te puedo preguntar qué temas estás investigando? —preguntó Celia, fingiendo° poco interés.

—¿Sabes que no hay nadie que sepa nada de lo que estoy investigando? —preguntó Cisco, sonriendo°.

—Sí y también te puedo decir que no conozco a ningún periodista que hable de sus investigaciones con otros periodistas, aunque sean amigos. Todos somos tan competitivos. —afirmó Celia, mirándole los ojos.

—Entonces, ¿por qué me preguntas lo que estoy haciendo? —preguntó Cisco, todavía sonriendo.

—Porque busco un colaborador que sea inteligente y que tenga contactos en la ciudad. Creo que es posible que tú seas esa persona. ¿Estoy equivocada? —respondió Celia.

—¡Qué casualidad°! Para uno de mis proyectos yo también necesito un colaborador, uno que tenga experiencia como investigador. Busco a alguien a quien le interese el tema del medio ambiente, más concretamente las selvas tropicales. Pienso que es muy probable que tú seas la persona perfecta. —dijo Cisco.

—Tienes razón. Me interesa mucho el medio ambiente y he estudiado las selvas tropicales. —afirmó Celia, con seguridad°.

—¿Recientemente? —En lugar de preguntar, parecía que Cisco pedía una confirmación de algo que ya sabía.

—Sí. —confirmó Celia, sonriendo.

Entonces, empezaron a compartir algunos de los resultados que sus respectivas investigaciones habían producido. Con cada dato que salía, estaban cada vez más fascinados porque descubrían todo lo que tenían en común. Los dos querían aprender más sobre los indígenas que vivían en las selvas tropicales y que dependían de esas selvas para vivir. Celia dijo que tenía muchas ganas de viajar por esos lugares y de perderse por las selvas. Quería conocer a los indígenas, de quienes sabía que podía aprender mucho. Cisco reaccionó con mucha emoción porque él también quería hacer ese viaje. Pero se preguntaba, ¿con quién podía compartir una experiencia tan singular? Celia le respondió que él tenía que buscar a otra compañera de viaje porque ella no iba a hacer ningún viaje con él. Cisco respondió con un comentario parecido, explicándole que no buscaba el sufrimiento que tenía que ser ir al extranjero con una mujer como Celia. Después de ese intercambio° incómodo, volvieron a hablar de las selvas tropicales. Celia propuso un viaje a un lugar más cercano: la biblioteca.

Al llegar a la biblioteca, descubrieron que había una gran colección de mapas antiguos de las selvas, y que algunas personas los usaban para identificar los mejores lugares donde encontrar plantas medicinales. Los bibliotecarios, quienes estaban digitalizando toda la colección para facilitar el acceso de los investigadores a los mapas y también para proteger esos documentos tan antiguos y frágiles, los ayudaron a encontrar los mapas de las zonas que más les interesaban y también les enseñaron la exposición en la biblioteca de crónicas de la época colonial, libros históricos muy importantes que tenían datos relevantes a su investigación. Mientras exploraban los testimonios de los cronistas, Celia miró hacia arriba y vio a un hombre a quien creía conocer. No sabía de dónde ni por qué lo conocía.

Unos días más tarde, el periódico los sorprendió con una noticia sobre el robo° de algunos de los mapas que habían consultado. También había desaparecido una de las crónicas de la exposición. ¡Parecía increíble!

*pretending*

*smiling*

*coincidence*

*confidence*

*exchange*

*robbery*

**5-44** **Después de leer.** Contesta las siguientes preguntas.

1. ¿Por qué estaba sorprendido Cisco cuando Celia le preguntó por el tema de su investigación?
2. ¿Por qué le preguntó Celia a Cisco por el tema de su investigación?
3. ¿Por qué quería colaborar Cisco con Celia?
4. ¿A dónde querían viajar Celia y Cisco? ¿Por qué querían viajar allí?
5. ¿Por qué fueron Celia y Cisco a la biblioteca?
6. ¿Qué robaron los ladrones de la biblioteca?

## video

**5-45** **Antes del video.** En *Cómplices, crónicas, mapas y ladrones* viste cómo cambia la relación entre Cisco y Celia. Antes de ver el episodio en video, contesta las siguientes preguntas.

1. ¿Por qué crees que Celia y Cisco buscaban ayuda con sus investigaciones?
2. ¿Por qué piensas que dijeron que no querían viajar juntos?
3. ¿Quién crees que era el hombre que Celia vio en la biblioteca?
4. ¿Por qué piensas que los ladrones robaron los mapas y la crónica de la biblioteca?

Sé que había un gran atasco en la carretera principal.

Hace unos días también desaparecieron algunos documentos del laboratorio en el que trabajo.

La persona que ha robado estos mapas debía conocer perfectamente el funcionamiento de los diferentes sistemas de seguridad informáticos.

## ¿Somos sospechosos?

Relájate y disfruta el video.

**5-46** **Después del video.** Contesta las siguientes preguntas.

1. ¿Por qué tenían que hablar Celia y Cisco con la policía?
2. ¿Qué esperan los policías que Celia y Cisco puedan hacer?
3. ¿Qué recordó Celia del hombre que vio en la biblioteca?
4. ¿Qué dijo el mensaje de correo electrónico que recibieron Celia y Cisco?

## Y por fin, ¿cómo andas?

Having completed this chapter, I now can...

| | Feel confident | Need to review |
|---|:---:|:---:|
| **Comunicación** | | |
| • discuss travel and means of transportation. (pp. 180, 185, 190) | ❏ | ❏ |
| • choose **por** or **para** to aid in communication. (p. 181) | ❏ | ❏ |
| • connect sentences and clarify meaning using **que** or **quien.** (p. 187) | ❏ | ❏ |
| • listen for specific information in a conversation. (p. 193) | ❏ | ❏ |
| • discuss technology. (pp. 195, 201) | ❏ | ❏ |
| • share information about events in the past. (p. 196) | ❏ | ❏ |
| • describe something that is uncertain or unknown. (p. 199) | ❏ | ❏ |
| • employ appropriate expressions to ask for input and express emotions. (p. 206) | ❏ | ❏ |
| • use *peer editing* to improve writing. (p. 208) | ❏ | ❏ |
| **Cultura** | | |
| • share information about interesting places and ways to travel. (p. 191) | ❏ | ❏ |
| • identify some people for whom travel and technology are important. (p. 204) | ❏ | ❏ |
| • compare and contrast information regarding tourism, technology, and "green" efforts. (p. 210) | ❏ | ❏ |
| **Laberinto peligroso** | | |
| • use a bilingual dictionary to help understand a reading passage. (p. 212) | ❏ | ❏ |
| • discuss what Celia and Cisco discover about the rain forest, old maps, and a *cronista* journal. (p. 212) | ❏ | ❏ |
| • hypothesize about their threatening e-mails. (p. 214) | ❏ | ❏ |

# VOCABULARIO ACTIVO

CW
eBook
CD 2
Tracks 29-37

## Los viajes — *Trips*

| | |
|---|---|
| la aduana | customs |
| la cámara | camera |
| el crucero | cruise ship, cruise |
| el equipaje | luggage |
| el extranjero | abroad |
| la frontera | border |
| el/la guía | guide |
| el itinerario | itinerary |
| la limosina | limousine |
| el mapa | map |
| el monumento nacional | national monument, monument of national importance |
| la oficina de turismo | tourism office |
| el paquete | package |
| el paisaje | countryside, landscape |
| el puerto | port |
| el recuerdo | souvenir |

## Verbos útiles — *Useful verbs*

| | |
|---|---|
| alquilar un coche | to rent a car |
| firmar (los documentos) | to sign (documents) |
| hacer un crucero | to go on a cruise |
| perderse (e-ie) | to get lost |
| sacar fotos | to take pictures/photos |

## Viajando por coche — *Traveling by car*

| | |
|---|---|
| el acelerador | accelerator, gas pedal |
| la bocina | horn |
| la camioneta | van; station wagon; small truck |
| la carretera | highway |
| el cinturón de seguridad | seat belt |

| | |
|---|---|
| el espejo retrovisor | rearview mirror |
| el este | east |
| el faro | headlight |
| los frenos | brakes |
| el navegador personal | GPS |
| el norte | north |
| el oeste | west |
| el parachoques | bumper |
| el sur | south |
| la transmisión | transmission |
| el vehículo utilitario deportivo | SUV |

## Palabras asociadas con el transporte — *Words associated with transportation*

| | |
|---|---|
| el atasco | traffic jam |
| el camino | route; path; dirt road |
| el paso de peatones | crosswalk |
| el seguro del coche | car insurance |
| la velocidad | speed |

## Las vacaciones — *Vacations*

| | |
|---|---|
| la arena | sand |
| el/la camarero/a | maid |
| la dirección | direction |
| el/la guardia de seguridad | security guard |
| el hotel de lujo | luxury hotel |
| el/la huésped | guest |
| los lentes de sol | sunglasses |
| el paquete | package |
| el/la portero/a | doorman |
| el/la recepcionista | receptionist |
| el servicio | room service |
| el sobre | envelope |
| la sombrilla | umbrella |
| el/la telefonista | telephone operator |

## La tecnología — Technology

|  |  |
|---|---|
| el archivo | file |
| la cámara digital | digital camera |
| la cámara web | web camera |
| el correo electrónico; el e-mail | e-mail |
| el correo de voz | voicemail |
| el cursor | cursor |
| el disco duro | hard drive |
| el enchufe | plug |
| el escáner | scanner |
| los datos | data |
| el icono | icon |
| la imagen | image |
| la impresora | printer |
| la informática | computer science |
| la máquina de fax | fax machine |
| el mensaje de texto | text message |
| la multitarea | multitasking |
| la página principal, inicial, de hogar | homepage |
| la pantalla | screen |
| el programa de computación | software |
| el ratón | mouse |
| el teclado | keyboard |
| el teléfono celular | cell phone |

## Términos del Internet — Internet terms

|  |  |
|---|---|
| el archivo adjunto | attachment |
| la arroba | at (in an e-mail address/message) @ |
| la barra | slash (in a URL) / |
| la contraseña | password |
| el enlace | link |
| el Internet; la Red | Internet |
| el mirón | lurker |
| el navegador | browser |
| el punto | dot (in a URL) |
| el servidor | server |

## Algunos adjetivos — Some adjectives

|  |  |
|---|---|
| compatible | compatible |
| (des)conectado | offline; online |
| digital | digital |

## Algunos verbos — Some verbs

|  |  |
|---|---|
| actualizar | to update |
| arrancar | to boot up, to start up |
| borrar | to delete; to erase |
| cifrar | to encrypt |
| conectar | to connect |
| congelar | to freeze; to crash |
| cortar | to cut |
| deshacer | to undo |
| descargar | to download |
| digitalizar | to digitalize |
| enchufar | to plug in |
| escanear | to scan |
| guardar | to save; to file |
| hacer la conexión | to log on |
| hacer clic | to click |
| imprimir | to print |
| navegar | to navigate; to surf |
| pegar | to paste |
| prender | to start |
| pulsar el botón derecho | to right-click |
| reiniciar | to reboot |
| sabotear | to hack |

# 6

# ¡Sí, lo sé!

This chapter is a recycling chapter, designed for you to see just how much you have progressed in your quest to learn and use Spanish. The *major points* of *Capítulos 1–5* are included in this chapter, providing you with the opportunity to "put it all together." You will be pleased to see how much more you know and are able to do with the Spanish language.

Because this is a recycling chapter, no new vocabulary is presented. The intention is that you review the vocabulary of *Capítulos 1–5* thoroughly, focusing on the words that you personally have difficulty remembering.

## OBJETIVOS

### Comunicación

- To describe yourself and others
- To share ideas about sports and pastimes
- To describe homes in depth
- To relate past celebrations and to plan future ones
- To plan and give details regarding future and past travels
- To express what *has* and *had* happened
- To express wishes, doubts, feelings, and emotions
- To link together simple sentences and clauses
- To refer to people and things that may or may not exist

### Cultura

- To synthesize information about families, sports and pastimes, homes and their construction, celebrations, and traveling in the Spanish-speaking world
- To compare and contrast the countries you learned about in *Capítulos 1–5*

All learners are different in terms of what they have mastered and what they still need to practice. Take the time with this chapter to determine what you feel confident with and what concepts you need to review. Then devote your efforts to what you personally need to practice.

Remember, language learning is a process. Like any skill, learning Spanish requires practice, review, and then more practice!

# Organizing Your Review

There are processes used by successful language learners for reviewing a language. The following tips, which are backed by research, can help you organize your review. There is no one correct way, but these are some suggestions that will best utilize your time and energy.

## ❶ REVIEWING STRATEGIES

**1.** Make a list of the *major* topics you have studied and need to review, dividing them into three categories: *vocabulary, grammar,* and *culture.* These are the topics on which you need to focus the majority of your time and energy.

*Note:* The two-page chapter openers for each chapter can help you determine the major topics.

**2.** Allocate a minimum of an hour each day over a period of days to review. Budget the majority of your time for the major topics. After beginning with the most important grammar and vocabulary topics, review the secondary/supporting grammar topics and the culture. Cramming the night before a test is *not* an effective way to review and retain information.

**3.** Many educational researchers suggest that you start your review with the most recent chapter, or in this case, *Capítulo 5.* The most recent chapter is the freshest in your mind, so you tend to remember the concepts better, and you will experience quick success in your review.

**4.** Spend the greatest amount of time on concepts where you determine *you* need to improve. Revisit the self-assessment tool *Y por fin, ¿cómo andas?* in each chapter to see how you rated yourself. This tool is designed to help you become good at self-assessing what you need to work on the most.

## ❷ REVIEWING GRAMMAR

**1.** When reviewing grammar, begin with the **subjunctive,** because this is the most important topic you have learned in the first semester. Begin with how the subjunctive is formed in both regular and irregular verbs, and then progress to how and when it is used. Once you feel confident with using the subjunctive correctly, then proceed to the additional new grammar points and review them.

**2.** As you assess what you personally need to review, you may determine that you still need more practice with the **preterit** and the **imperfect.** Although these past tenses were the focus of your previous Spanish classes, you may determine that you need additional practice expressing yourself well in the past tenses. If so, review the **preterit** and **imperfect** and pay special attention to the activities in this chapter that require you to use these tenses.

**3.** Good ways to review include redoing activities in your textbook, redoing activities in your *Student Activities Manual,* and (re)doing activities on **MySpanishLab™.**

## ❸ REVIEWING VOCABULARY

**1.** When studying vocabulary, it is usually most helpful to look at the English word and then say or write the word in Spanish. Make a special list of words that are difficult for you to remember, writing them in a small notebook. Pull out the notebook every time you have a few minutes (between classes, waiting in line at the grocery store, etc.) to review the words. The *Vocabulario activo* pages at the end of each chapter will help you organize the most important words from the chapter.

**2.** We know from brain research, combined with research on how humans learn, that saying vocabulary (including verbs) out loud helps you retain the words better.

## ❹ OVERALL REVIEW TECHNIQUE

**1.** Get together with someone with whom you can practice speaking Spanish. If you need something to spark the conversation, take the composite art pictures from *¡Anda! Curso intermedio* and say as many things as you can about each picture. Have a friendly challenge to see who can make more complete sentences or create the longest story about the pictures. This will help you build your confidence and practice stringing sentences together to speak in paragraphs.

**2.** Yes, it is important for you to know "mechanical" pieces of information such as verb endings. *But*, it is *much more important* that you are able to take those mechanical pieces of information and put them all together, creating meaningful and creative samples of your speaking and writing on the themes of the first five chapters.

**3.** You are well on the road to success when you demonstrate that you can speak and write in paragraphs, using a wide variety of verb tenses and vocabulary words correctly. Keep up the good work!

Capítulo Preliminar A
y Capítulo 1.

# Comunicación

6-1 to
6-6

## Capítulo Preliminar A y Capítulo 1

### 6 1 ¿Quiénes son?

Lee los siguientes anuncios de citas del Internet.

**Paso 1** Contesta las siguientes preguntas. Túrnense.

1. De las fotos, ¿quién escribió cada anuncio personal? ¿cómo lo sabes?
2. ¿Qué persona te parece la más interesante y por qué?
3. ¿Cuál te parece la menos interesante y por qué?

> **Estrategia**
>
> Before beginning each activity, make sure that you have reviewed and identified recycled chapters and their concepts carefully so that you are able to move through the activity seamlessly as you put it all together!

Vince Cavataio/PacificStock.com.

### CITAS EN LA RED

Dama honesta, chistosa, delgada, con unos tatuajes interesantes, busca caballero educado, trabajador, generoso y con cicatriz, sin compromiso. Foto 14823

Mujer costarricense amable, en forma, busca un caballero mayor de 30 años, generoso, divertido y sin compromiso para una bonita relación. Foto 75527

Chileno, me encantan la playa, los deportes y bailar, busco dama atractiva sin perforación del cuerpo, de buen carácter, alegre y cortés para llenar mi vida de amor. Foto 59232

Caballero educado y de buena familia, busco una dama hermosa, de pelo largo, para una relación profunda y permanente. Foto 47520

### CITAS EN LA RED

Nombre_____

Edad _____

Características físicas _____

_____

_____

Personalidad_____

_____

Me gusta(n)_____

No me gusta(n) _____

Busco una pareja... _____

_____

**Paso 2** Escribe tu propio anuncio y compártelo con un/a compañero/a.

> **Estrategia**
>
> As you study your vocabulary or grammar, it might be helpful to organize the information into a word web. Start with the concept you want to practice, such as *las personalidades*, write the word in the center of the page, and draw a circle around it. Then, as you brainstorm how your other vocabulary fits into *las personalidades*, you can create circles that branch off from your main idea. For example, you might write *positivas* and *negativas* in circles. Once you have your categories arranged, add vocabulary that belongs to each category. Branching from *positivas* might be *alegre*. Branching from *negativas* might be *gastador/a*.

## 6 2 Identificaciones

Estabas en un café con unos amigos cuando de repente vieron a dos personas corriendo por la calle. La última persona gritaba —¡Ladrón! ¡Me robaste mi dinero! ¡Párenlo!— Un policía llegó y ahora tienes que describirle al policía cómo eran el criminal y la víctima.

**Paso 1** Explícale lo que pasó a tu compañero/a, describiéndole al ladrón y a su víctima. Puedes escogerlos entre los del dibujo. Sé creativo/a.

**Paso 2** Basándose en tu explicación, tu compañero/a tiene que identificar al ladrón y a su víctima. Usa **el pretérito y el imperfecto** cuando sea apropiado. Túrnense.

**MODELO**
E1: *El ladrón corría muy rápido, pero la víctima, muy enojada, no podía correr tan rápido. La víctima tenía pelo…*

E2: *Entonces, ¿el ladrón fue _____ y la víctima fue _____?*

E1: *¡Sí!/No, voy a explicártelo de nuevo…*

> **Estrategia**
>
> You may wish to create names or descriptions for each of the characters in the lineup in order to identify them.

## 6 3 ¿Qué tal has estado?

Estás en una fiesta de tu clase de graduación de la escuela secundaria. Hace muchos años que no ves a tus compañeros. Describe lo que has hecho en los últimos años, usando por lo menos **ocho** verbos diferentes en el **presente perfecto** *(haber + -ado/-ido)*. Túrnense.

**MODELO**
E1: *Hola Jorge. Tanto tiempo que no nos hemos visto. ¿Qué has hecho en estos últimos años?*

E2: *Hola Jaime. ¿Qué he hecho? Pues, muchas cosas. Primero, he trabajado para una compañía…*

> **Estrategia**
>
> Remember to use the *present perfect (haber + -ado/-ido)* to state what you or others *has/have done.* Also remember that *-ado/-ido* often translates to the *-ed* verb form in English.

## 6 4 Nuestras familias

Completen los siguientes pasos.

**Paso 1** Con un/a compañero/a, túrnense para describir a tu familia, o a una familia o persona famosa. Trata de usar por lo menos **diez** oraciones con un mínimo de **cinco verbos diferentes**. Incluye: aspectos de su personalidad, su descripción física, qué o quién(es) le(s) fascina(n)/falta(n), qué cosas especiales han hecho en sus vidas, etc.

> ### Estrategia
> People rarely remember *everything* they hear! It is important that you feel comfortable asking someone to repeat information or asking for clarification using expressions such as *¿Qué dijiste? ¿Me puedes repetir, por favor?*

**MODELO** E1: *Me fascinan mis dos hermanastros. Cuando los conocí, me cayeron mal, pero siempre han tenido unas personalidades interesantes. Por ejemplo…*

**Paso 2** Ahora descríbele la familia de tu compañero/a a otro miembro de tu clase, usando por lo menos **cinco** oraciones. Si no recuerdas bien los detalles o si necesitas clarificación, pregúntale a tu compañero/a.

**MODELO** E2: *Adriana tiene dos hermanastros. Al principio le cayeron mal, pero ahora le fascinan. Uno es chistoso; el otro es callado…*

> ### Estrategia
> With situations like those in actividad **6-4**, it is not essential that *all* details be remembered. Nor is it essential in this type of scenario to repeat *verbatim* what someone has said; it is totally acceptable to express the same idea in different words.

> ### Estrategia
> Focus on using as much of the vocabulary from *Capítulo 1* as possible in your descriptions. Remember to create negative sentences as well: e.g., *A mi mamá no le gustan mucho los tatuajes.*

**Estrategia**

In this chapter you will encounter a variety of rubrics to self-assess how well you are doing.

All aspects of our lives benefit from self-reflection and self-assessment. Learning Spanish is an aspect of our academic and future professional lives that benefits greatly from such a self-assessment. Also coming into play is the fact that, as college students, you personally are being held accountable for your learning and are expected to take ownership for your performance. Having said that, we instructors can assist you greatly by letting you know what we expect of you. It will help you determine how well you are doing with the recycling of **Capítulo Preliminar A** and **Capítulo 1.** This rubric is meant first and foremost for you to use as a self-assessment, but you can also use it to peer-assess. Your instructor may use the rubric to assess your progress as well.

## Rúbrica

**Estrategia**

You and your instructor can use this rubric to assess your progress for actividades **6-1** through **6-4.**

|  | 3 Exceeds Expectations | 2 Meets Expectations | 1 Approaches Expectations | 0 Does Not Meet Expectations |
|---|---|---|---|---|
| **Duración y precisión** | • Has at least 10 sentences and includes all the required information. <br>• May have errors, but they do not interfere with communication. | • Has 7–9 sentences and includes all the required information. <br>• May have errors, but they rarely interfere with communication. | • Has 4–7 sentences and includes some of the required information. <br>• Has errors that interfere with communication. | • Supplies fewer sentences and little of the required information in *Approaches Expectations.* <br>• If communicating at all, has frequent errors that make communication limited or impossible. |
| **Gramática nueva del *Capítulo 1*** | • Makes excellent use of **gustar**-like verbs and **haber + -ado/-ido.** <br>• Uses a variety of verbs when appropriate. | • Makes good use of **gustar**-like verbs and **haber + -ado/-ido.** <br>• Uses a variety of verbs when appropriate. | • Makes use of some **gustar**-like verbs and **haber + -ado/-ido.** <br>• Uses a limited variety of verbs when appropriate. | • Uses few, if any, of the **gustar**-like verbs or **haber + -ado/-ido.** |
| **Vocabulario nuevo del *Capítulo 1*** | • Uses many new **physical and personality descriptions.** | • Uses a variety of the new **physical and personality descriptions.** | • Uses some of the new **physical and personality descriptions.** | • Uses little, if any, new vocabulary. |
| **Gramática y vocabulario del repaso/reciclaje del *Capítulo 1*** | • Does an excellent job using review grammar (such as the **preterit and object pronouns**) and vocabulary to support what is being said. <br>• Uses a wide array of review verbs. <br>• Uses some review vocabulary but predominantly focuses on new vocabulary. | • Does a good job using review grammar (such as the **preterit and object pronouns**) and vocabulary to support what is being said. <br>• Uses an array of review verbs. <br>• Uses some review vocabulary but predominantly focuses on new vocabulary. | • Does an average job using review grammar (such as the **preterit and object pronouns**) and vocabulary to support what is being said. <br>• Uses a limited array of review verbs. <br>• Uses mostly review vocabulary and some new vocabulary. | • Almost solely uses the present tense. <br>• If speaking at all, relies almost completely on vocabulary from beginning Spanish course. |
| **Esfuerzo** | • Clearly the student made his/her best effort. | • The student made a good effort. | • The student made an effort. | • Little or no effort went into the activity. |

## 6 5 Vamos de vacaciones y...

¡Tu compañero/a y tú van a tener diez gloriosos días de vacaciones después de los exámenes! ¿Qué van a hacer? Túrnense para crear oraciones usando **los mandatos de nosotros/as** y **el vocabulario de los deportes y los pasatiempos.** Sigan el modelo.

**MODELO**  E1: *¡Estamos de vacaciones! Juguemos al voleibol.*

E2: *Muy bien. Juguemos al voleibol y patinemos en monopatín.*

E1: *Muy bien. Juguemos al voleibol, patinemos en monopatín, y buceemos.*

E2: *...*

## 6 6 ¿Qué tenemos en común?

¿Qué hacían tu compañero/a de clase y tú durante sus años de la escuela secundaria? Túrnense para hacerse **diez preguntas** para ver qué deportes y pasatiempos tienen en común. Escriban sus respuestas en un diagrama de Venn.

**Estrategia**

Before doing actividad **6-6**, review the formation and uses of *el pretérito* and *el imperfecto*, pp. 44 and 118.

**MODELO**  E1: *¿Comentabas en un blog?*

E2: *Sí, comenté en un blog por lo menos una vez... quizás dos veces. ¿y tú? ¿Comentabas en un blog?*

E1: *Sí, comentaba mucho en un blog. Lo tenemos en común.*

YO

*Buceé en México.*
*Pinté muchos cuadros.*

NOSOTROS/AS

*Comentamos en un blog.*
*Fuimos de camping.*

TÚ

*Patinaste en monopatín.*
*Practicaste artes marciales.*

## 6 7 Artuditu, quiero que...

¡Ah... el mundo moderno! ¡Tienes un robot que hace todo lo que tu familia y tú quieran! Dile por lo menos **ocho** cosas, con **ocho verbos diferentes**, que tu familia y tú quieren que haga. Usen **el subjuntivo.** Túrnense.

**MODELO**    *Robot, por favor, quiero que me traigas las cartas para jugar*
*al póquer. Van a venir diez amigos a la casa para jugar.*
*Entonces, también necesito que prepares unos sándwiches.*
*Luego, mi mamá dice que es necesario que limpies la cocina...*

### Estrategia

After doing actividad **6-7** using the subjunctive, practice with the *tú* and *usted* commands:
e.g., *Robot, trae las cartas por favor* or *traiga las cartas* or *tráemelas* or *tráigamelas.*

## Rúbrica

### Estrategia

You and your instructor can use this rubric to assess your progress for actividades **6-5** through **6-7.**

| | 3 Exceeds Expectations | 2 Meets Expectations | 1 Approaches Expectations | 0 Does Not Meet Expectations |
|---|---|---|---|---|
| **Duración y precisión** | ● Has at least 8 sentences and includes all the required information. <br> ● May have errors, but they do not interfere with communication. | ● Has 5–7 sentences and includes all the required information. <br> ● May have errors, but they rarely interfere with communication. | ● Has 4 sentences and includes some of the required information. <br> ● Has errors that interfere with communication. | ● Supplies fewer sentences and little of the required information in *Approaches Expectations.* <br> ● If communicating at all, has frequent errors that make communication limited or impossible. |
| **Gramática nueva del *Capítulo 2*** | ● Makes excellent use of the **subjunctive.** | ● Makes good use of the **subjunctive.** | ● Makes use of the **subjunctive.** | ● Uses little, if any, of the **subjunctive.** |
| **Vocabulario nuevo del *Capítulo 2*** | ● Uses many new **sports and pastimes.** | ● Uses a variety of the new **sports and pastimes.** | ● Uses some of the new **sports and pastimes.** | ● Uses little if any of the new vocabulary. |
| **Gramática y vocabulario del repaso/reciclaje del *Capítulo 2*** | ● Does an excellent job using review grammar and vocabulary to support what is being said. <br> ● Uses some review vocabulary but predominantly focuses on new vocabulary. | ● Does a good job using review grammar and vocabulary to support what is being said. <br> ● Uses some review vocabulary but predominantly focuses on new vocabulary. | ● Does an average job using review grammar and vocabulary to support what is being said. <br> ● Uses mostly review vocabulary and some new vocabulary. | ● Uses grammar almost solely from beginning Spanish course. <br> ● If speaking at all, relies almost completely on vocabulary from beginning Spanish course. |
| **Esfuerzo** | ● Clearly the student made his/her best effort. | ● The student made a good effort. | ● The student made an effort. | ● Little or no effort went into the activity. |

Capítulo 3.

SAM
6-11 to
6-15

## ● Capítulo 3 ●

### 6 8 Mi casa favorita

Mira los dibujos y descríbele tu casa favorita a un/a compañero/a. Dile por qué te gusta la casa y explica por qué no te gustan las otras casas. En tu descripción, incluye información sobre los materiales con los que han construido la casa y los alrededores de la casa. Utiliza por lo menos **ocho** oraciones. Usa **el subjuntivo** cuando sea necesario. Túrnense.

**MODELO** *Me encanta la casa de adobe. Quizás sea difícil de construir y dudo que sea barata, pero ¡me fascina la piscina!…*

### 6 9 Adivina

Trae unas revistas o páginas de unas revistas que tengan fotos de casas y sus interiores. Describe una de las casas detalladamente para que tu compañero/a adivine cuál estás describiendo. Túrnense.

### 6 10 Y aquí recomiendo…

¡Qué emoción! ¡Acabas de ganar $75.000,00 US para arreglar la cocina y el dormitorio de tus sueños! Dibuja tus planes y descríbeselos en detalle a tu compañero/a. Túrnense.

**MODELO** *Empiezo en la cocina con alacenas y mostradores nuevos. Quiero que las alacenas sean de madera y los mostradores de color café…*

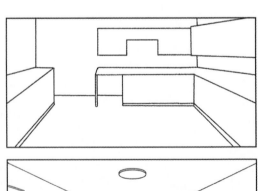

## 6·11 En venta

Estás trabajando en una compañía de ventas de casas. Escoge una de las siguientes situaciones. Escribe una descripción donde incluyas por lo menos **diez** detalles. Busca algunas fotos en el Internet para incluir con tu descripción.

SITUACIÓN 1: Tienes que vender tu propia casa.

SITUACIÓN 2: Tienes que vender dos casas: una que vale quince millones de dólares y la otra que vale setenta y cinco mil dólares.

---

FOTO

Dirección _____

Descripción _____

_____

_____

Precio _____

Teléfono _____

---

**Estrategia**

You may wish to incorporate review vocabulary from *¡Anda! Curso elemental, Capítulo 11, El medio ambiente, Appendix 2* in actividad **6-12**.

**Estrategia**

For actividad **6-12,** consider the following emotions: *tener miedo, dudar, temer, esperar, no creer.* Also consider as suggestions the following categories of uncertainty: *dinero, trabajo, matrimonio, hijos, jubilación,* etc.

## 6·12 Mis dudas

El futuro no es siempre seguro.

**Paso 1** Expresa **ocho** dudas, sentimientos y emociones que tus amigos, tus parientes y tú tengan sobre el futuro. Usa **el subjuntivo.**

**MODELO** *Dudo que haya menos contaminación del aire y del agua en el futuro. Mis padres tienen miedo de no tener suficiente dinero para sus jubilaciones. Mi hermano teme que su mujer gaste demasiado dinero para reparar su casa…*

**Paso 2** Menciona por lo menos **cuatro** sentimientos, emociones y dudas de tu compañero/a.

**MODELO** *Mi compañera Mandy duda que su hermano y su cuñada tengan suficiente dinero para reparar su casa…*

**Estrategia**

Being a good listener is an important life skill. Repeating what your classmate said gives you practice in demonstrating how well you listened.

# Rúbrica

**Estrategia**

You and your instructor can use this rubric for actividades **6-8** through **6-12**.

| | 3<br>Exceeds Expectations | 2<br>Meets Expectations | 1<br>Approaches Expectations | 0<br>Does Not Meet Expectations |
|---|---|---|---|---|
| **Duración y precisión** | • Has at least 8 sentences and includes all the required information.<br>• May have errors, but they do not interfere with communication. | • Has 5–7 sentences and includes all the required information.<br>• May have errors, but they rarely interfere with communication. | • Has 4 sentences and includes some of the required information.<br>• Has errors that interfere with communication. | • Supplies fewer sentences and little of the required information in *Approaches Expectations*.<br>• If communicating at all, has frequent errors that make communication limited or impossible. |
| **Gramática nueva del *Capítulo 3*** | • Makes excellent use of the **subjunctive.** | • Makes good use of the **subjunctive.** | • Makes use of the **subjunctive.** | • Uses little, if any, of the **subjunctive.** |
| **Vocabulario nuevo del *Capítulo 3*** | • Uses many new **household vocabulary.** | • Uses a variety of the new **household vocabulary.** | • Uses some of the new **household vocabulary.** | • Uses little, if any, of the new vocabulary. |
| **Gramática y vocabulario del repaso/reciclaje del *Capítulo 3*** | • Does an excellent job using review grammar and vocabulary to support what is being said.<br>• Uses some review vocabulary but predominantly focuses on new vocabulary. | • Does a good job using review grammar and vocabulary to support what is being said.<br>• Uses some review vocabulary but predominantly focuses on new vocabulary. | • Does an average job using review grammar and vocabulary to support what is being said.<br>• Uses mostly review vocabulary and some new vocabulary. | • Uses grammar almost solely from beginning Spanish course.<br>• If speaking at all, relies almost completely on vocabulary from beginning Spanish course. |
| **Esfuerzo** | • Clearly the student made his/her best effort. | • The student made a good effort. | • The student made an effort. | • Little or no effort went into the activity. |

● Capítulo 4 ●

6-16 to
6-20

Capítulo 4.

## Estrategia

Although you are focusing on the Chapter 4 grammar review in actividad **6-13,** for maximum success, review vocabulary from *Capítulo 2, Algunos deportes,* p. 68; *Algunos pasatiempos,* p. 81; *Capítulo 3, Los materiales de la casa y sus alrededores,* p. 106; *Dentro del hogar,* p. 117.

# 6 13 Adivina

Formen grupos de cuatro.

**Paso 1** Una persona sale del grupo y los otros tres estudiantes dicen y escriben si creen que su compañero/a ha hecho cada una de las cosas de la lista.

**Paso 2** El/La compañero/a regresa al grupo para confirmar.

**MODELO**

E1: *Angie, ¡es imposible que hayas cosido algo!*

E2 (ANGIE): *Es cierto que no he cosido nada.*

E3: *Angie, dudamos que hayas reparado la casa.*

E2 (ANGIE): *No tienen razón. Sí he reparado la casa… un poco.*

E1: *Angie,…*

## Estrategia

Note the use of the *perfect tenses (haber + -ado/-ido)* in the modelo of actividad **6-13:** e.g., *que hayas cosido, he cosido, que hayas reparado, he reparado.* Actividad **6-13** was created to help you use those tenses.

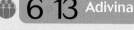

| | ESTUDIANTE **1** _Angie_ | | ESTUDIANTE **2** _____ | | ESTUDIANTE **3** _____ | | ESTUDIANTE **4** _____ | |
|---|---|---|---|---|---|---|---|---|
| | **DUDAMOS** | **CREEMOS** | **DUDAMOS** | **CREEMOS** | **DUDAMOS** | **CREEMOS** | **DUDAMOS** | **CREEMOS** |
| 1. coser algo | *Es imposible que haya cosido algo.* | | | | | | | |
| 2. reparar la casa | *Dudamos que haya reparado la casa.* | | | | | | | |
| 3. … | | | | | | | | |
| 4. … | | | | | | | | |

## 6 14 Observándolos

Imagina que has estado observando a las siguientes personas. Una cosa que notaste fue lo que comían. Descríbele a tu compañero/a las personas que aparecen en las fotos (su personalidad, sus características físicas, lo que (no) comían, etc.). Usa por lo menos **ocho oraciones.** Túrnense.

## 6 15 ¡Fiesta!

¡Qué emoción! Todos tus amigos y tu familia vienen para festejar (*celebrate*) contigo.

**Paso 1** Decide qué festejas.

**Paso 2** Planea el menú.

**Paso 3** Escribe una receta para algo que vas a servir.

DE LA COCINA DE

RECETA PARA

INGREDIENTES

**Paso 4** Comparte tus ideas con un/a compañero/a.

### Estrategia

Note that in **6-16** you will need to use the *preterit* and *imperfect* tenses to report what happened.

## 6 16 ¡Luces, cámara, acción!

¡Te invitaron a informar sobre la fiesta del siglo en Hollywood! Haz un reportaje, incluyendo por lo menos **diez** detalles. Puedes empezar con información sobre qué tiempo hacía aquella noche. Hazle tu reportaje oralmente a un/a compañero/a de clase o a toda la clase.

# Rúbrica

**Estrategia**

You and your instructor can use this
rubric for actividades **6-14** through **6-16**.

|  | 3<br>Exceeds<br>Expectations | 2<br>Meets<br>Expectations | 1<br>Approaches<br>Expectations | 0<br>Does Not Meet<br>Expectations |
|---|---|---|---|---|
| **Duración y precisión** | ● Has at least 8 sentences and includes all the required information.<br>● May have errors, but they do not interfere with communication. | ● Has 5–7 sentences and includes all the required information.<br>● May have errors, but they rarely interfere with communication. | ● Has 4 sentences and includes some of the required information.<br>● Has errors that interfere with communication. | ● Supplies fewer sentences and little of the required information in *Approaches Expectations*.<br>● If communicating at all, has frequent errors that make communication limited or impossible. |
| **Gramática nueva del *Capítulo 4*** | ● Makes excellent use of the **present perfect subjunctive.** | ● Makes good use of the **present perfect subjunctive.** | ● Makes use of the **present perfect subjunctive.** | ● Uses little, if any, of the **present perfect subjunctive.** |
| **Vocabulario nuevo del *Capítulo 4*** | ● Uses many new **celebration and food vocabulary.** | ● Uses a variety of the new **celebration and food vocabulary.** | ● Uses some of the new **celebration and food vocabulary.** | ● Uses little, if any, of the new vocabulary. |
| **Gramática y vocabulario del repaso/reciclaje del *Capítulo 4*** | ● Does an excellent job using review grammar and vocabulary to support what is being said.<br>● Uses some review vocabulary but predominantly focuses on new vocabulary. | ● Does a good job using review grammar and vocabulary to support what is being said.<br>● Uses some review vocabulary but predominantly focuses on new vocabulary. | ● Does an average job using review grammar and vocabulary to support what is being said.<br>● Uses mostly review vocabulary and some new vocabulary. | ● Uses grammar almost solely from beginning Spanish course.<br>● If speaking at all, relies almost completely on vocabulary from beginning Spanish course. |
| **Esfuerzo** | ● Clearly the student made his/her best effort. | ● The student made a good effort. | ● The student made an effort. | ● Little or no effort went into the activity. |

 SAM
6-21 to
6-25

# Capítulo 5

Capítulo 5.

## 6 17 ¿Adónde vamos?

Planea tus vacaciones ideales. Expresa tus ideas usando por lo menos **diez** oraciones. Usa **el subjuntivo** en por lo menos **dos** de las oraciones.

**MODELO**   *Vamos a hacer un crucero. Busco un crucero que no sea muy caro porque no tengo mucho dinero en este momento. Quiero visitar varios puertos. Mis hermanos van a venir y espero que no se pierdan…*

## 6 18   Busco ayuda...

En el mundo digital, las cosas no siempre funcionan. Tienes que llamar a un teléfono de ayuda (*help line*). Crea un diálogo con un/a compañero/a. Usen **el subjuntivo** cuando puedan.

**MODELO**    E1: *¿En qué puedo servirle?*

E2: *Busco a alguien que me pueda ayudar. Mi computadora ha borrado todos mis archivos.*

E1: *¿Cómo? Necesito que mi gerente me ayude. No sé nada de impresoras.*

E2: *¿Impresoras? ¡No necesito que me hable de impresoras! ¡Necesito a alguien que sepa algo sobre computadoras!*

E2: ...

## Rúbrica

**Estrategia**

You and your instructor can use this rubric for actividades **6-17** and **6-18**.

| | 3<br>**Exceeds Expectations** | 2<br>**Meets Expectations** | 1<br>**Approaches Expectations** | 0<br>**Does Not Meet Expectations** |
|---|---|---|---|---|
| **Duración y precisión** | ● Has at least 8 sentences and includes all the required information.<br>● May have errors, but they do not interfere with communication. | ● Has 5–7 sentences and includes all the required information.<br>● May have errors, but they rarely interfere with communication. | ● Has 4 sentences and includes some of the required information.<br>● Has errors that interfere with communication. | ● Supplies fewer sentences and little of the required information in *Approaches Expectations*.<br>● If communicating at all, has frequent errors that make communication limited or impossible. |
| **Gramática nueva del *Capítulo 5*** | ● Makes excellent use of **subjunctive to express the possibility that something is *uncertain* or *nonexistent.*** | ● Makes good use of the **subjunctive to express the possibility that something is *uncertain* or *nonexistent.*** | ● Makes use of the **subjunctive to express the possibility that something is *uncertain* or *nonexistent.*** | ● Uses little, if any, of the **subjunctive to express the possibility that something is *uncertain* or *nonexistent.*** |
| **Vocabulario nuevo del *Capítulo 5*** | ● Uses many new **travel and technology vocabulary.** | ● Uses a variety of the new **travel and technology vocabulary.** | ● Uses some of the new **travel and technology vocabulary.** | ● Uses little, if any, of the new vocabulary. |
| **Gramática y vocabulario del repaso/reciclaje del *Capítulo 5*** | ● Does an excellent job using review grammar and vocabulary to support what is being said.<br>● Uses some review vocabulary but predominantly focuses on new vocabulary. | ● Does a good job using review grammar and vocabulary to support what is being said.<br>● Uses some review vocabulary but predominantly focuses on new vocabulary. | ● Does an average job using review grammar and vocabulary to support what is being said.<br>● Uses mostly review vocabulary and some new vocabulary. | ● Uses grammar almost solely from beginning Spanish course.<br>● If speaking at all, relies almost completely on vocabulary from beginning Spanish course. |
| **Esfuerzo** | ● Clearly the student made his/her best effort. | ● The student made a good effort. | ● The student made an effort. | ● Little or no effort went into the activity. |

SAM 6-26 to 6-29 • **Un poco de todo** •

## 6·19 Tengo talento

Escribe un poema en verso libre o una canción sobre uno de los siguientes temas.

**TEMAS**

- Mi mejor amigo
- Mi tiempo libre
- Hogar, dulce hogar
- El viaje
- La tecnología: ¿amiga o enemiga?
- Una de las selecciones de literatura: *A Julia de Burgos*, *Fútbol a sol y sombra*, *La casa en Mango Street*, *Nouvelle cuisine* o *He andado muchos caminos*

## 6·20 ¿Lo quiere?

Celia, de *Laberinto peligroso*, le escribe un correo electrónico a un hombre que conoció durante sus días en el FBI. ¿De qué le escribe?, ¿del pasado?, ¿de sus días trabajando con él en el FBI o del presente?, ¿de sus días participando en el seminario de Javier?, ¿de sus planes para su casa ideal?, ¿de unas vacaciones?, ¿de su relación con él? Escribe ese mensaje por Celia en por lo menos **diez** oraciones.

Episodio 6

## 6·21 El juego de la narración

Túrnense para crear una narración oral sobre *Laberinto peligroso*. ¡Incluyan muchos detalles!

**MODELO** E1: *Laberinto peligroso es un misterio muy imaginativo.*

E2: *Hay tres protagonistas que se llaman…*

E1: …

## 6 22  Su versión

En la actividad **6-21,** narraron una versión del cuento *Laberinto peligroso.* Ahora es su turno como escritores. Sean muy creativos y creen su propia versión imaginativa. Su profesor/a les va a explicar cómo hacerlo. Empiecen con la oración del modelo. ¡Diviértanse!

**Estrategia**

Another way to approach actividad **6-22** is to hypothesize what *will happen* to the characters of *Laberinto peligroso.* You will need to use the construction form of **ir + a +** *infinitive,* for example, *Cisco y Celia van a pelearse mucho porque los dos van a querer escribir sobre el mismo tema.*

**MODELO**  *Javier conocía a otros dos periodistas, Celia y Cisco, y los invitó a participar en un seminario que él enseñaba.*

## 6 23  Tu propia película

Eres director/a de cine y puedes crear tu propia versión de **Laberinto peligroso.** Primero, pon las fotos en el orden correcto y entonces escribe el diálogo para la película. Luego, puedes filmar tu versión.

## 6 24 ¡A jugar!

En grupos de tres o cuatro, preparen las respuestas para las siguientes categorías de *Jeopardy* y después las preguntas correspondientes. Sugieran valores de dólares, pesos, euros, etc. Su instructor/a va a ser Alejandro/a Trebek. ¡Buena suerte!

### CATEGORÍAS

**VOCABULARIO**
Algunas características físicas y
   algunas personalidades
La familia
Los deportes y los pasatiempos
Los materiales de la casa y sus
   alrededores
Dentro del hogar
Algunas celebraciones

**VERBOS**
Verbos como **gustar**
Los tiempos perfectos
**Que** y **quien**
El subjuntivo

**CULTURA**
Personas importantes
Países

### MODELOS

**VOCABULARIO**
**CATEGORÍA:**   CARACTERÍSTICAS FÍSICAS
**Respuesta:**   pelo en el mentón
**Pregunta:**    *¿Qué es "una barba"?*

**VERBOS**
**CATEGORÍA:**   EL SUBJUNTIVO
**Respuesta:**   Es importante que tú
                 ____(venir)
**Pregunta:**    *¿Qué es "vengas"?*

**CULTURA**
**CATEGORÍA:**   PERSONAJES
**Respuesta:**   Pío Pico
**Pregunta:**    *¿Quién es un hispano
                 importante de
                 California que es
                 mestizo?*

# ¿LO SABES?

| Notas culturales | Perfiles | Vistazo cultural |
|---|---|---|

# ¿LO SABES? DOBLE

| Notas culturales | Perfiles | Vistazo cultural |
|---|---|---|

**Estrategia**

You have read numerous cultural notes throughout the first five chapters. To help you organize the material, make a chart in your notes of the most important information, or dedicate a separate page for each country and write down the unique cultural items of that particular country.

## 6 25 ¿Cómo eres?

Conoces un poco a los estudiantes y a los profesionales de los países que hemos estudiado en *Vistazo cultural*. ¿Qué más quieres saber de ellos? Escribe por lo menos **diez** preguntas que quieras hacerles. Sé creativo/a. Escribe por lo menos **tres preguntas** usando el **presente o pasado perfecto** (haber + -ado/ido) y **tres preguntas** usando **el subjuntivo**.

**MODELO**
1. *¿Dónde ha vivido usted?*
2. *¿Le gusta leer libros de deportes?*
3. *¿Necesita viajar mucho para su trabajo?…*

## 6 26 Aspectos interesantes

Escribe por lo menos **tres** cosas interesantes sobre cada uno de los siguientes países.

| MÉXICO | ESPAÑA | HONDURAS | GUATEMALA |
|---|---|---|---|
|  |  |  |  |
|  |  |  |  |
|  |  |  |  |

| EL SALVADOR | NICARAGUA | COSTA RICA | PANAMÁ |
|---|---|---|---|
|  |  |  |  |
|  |  |  |  |
|  |  |  |  |

## 6 27 Un agente de viajes

Durante el verano, tienes la oportunidad de trabajar en una agencia de viajes. Tienes unos clientes que quieren visitar un país hispanohablante. Escoge uno de los países que estudiamos y recomiéndales el país, usando por lo menos **seis** oraciones.

## 6 28 Mis favoritos

Describe tu país favorito (de *Vistazo cultural*) o tu persona favorita (de *Perfiles*) de los *Capítulos 1* a *5*. En por lo menos **diez** oraciones, explica por qué te gusta y lo que encuentras interesante e impresionante de ese país o persona.

## 6 29 Compáralos

Escoge dos de los países que estudiamos y escribe las diferencias y semejanzas entre los dos.

**MODELO**  *En México y en Nicaragua se practican deportes acuáticos porque los dos países tienen costas...*

## 6 30 ¿Qué opinan?

Tu compañero/a y tú fueron al teatro para ver la obra *La vida es sueño*. Después, fueron a un café para discutir lo que vieron. Túrnense para compartir sus opiniones.

1. Para ti, ¿qué es la vida?
2. ¿Por qué dice Calderón que "la vida es sueño (*dream*)"? ¿Qué puede significar?
3. ¿En qué aspecto(s) puede ser la vida "un frenesí"? Da ejemplos de tu vida.
4. ¿Cuándo se puede comparar la vida a una sombra (*shadow*)? ¿y a una ficción?

## 6 31 Querido/a autor/a...

Escríbele una carta a uno de los autores de las selecciones de *Letras*. Dile lo que más te gusta de su obra y posiblemente lo que no te gusta o lo que no entiendes muy bien. Compara su escritura con la de otro/a autor/a que leíste.

## Y por fin, ¿cómo andas?

Having completed this chapter, I now can...

|  | Feel Confident | Need to Review |
|---|---|---|
| describe myself, my family, and others. | ❏ | ❏ |
| discuss sports and pastimes. | ❏ | ❏ |
| describe in detail homes and their surroundings. | ❏ | ❏ |
| plan a celebration. | ❏ | ❏ |
| share about travel. | ❏ | ❏ |
| describe technology scenarios. | ❏ | ❏ |

**Cultura**

| | | |
|---|---|---|
| share information about famous people. | ❏ | ❏ |
| compare and contrast the countries I learned about in *Capítulos 1–5*. | ❏ | ❏ |

**Laberinto peligroso**

| | | |
|---|---|---|
| recreate *Laberinto peligroso*. | ❏ | ❏ |

# Introducciones y repasos

This chapter is a review of vocabulary and grammatical concepts that you are already familiar with in Spanish.

Some of you are continuing with *¡Anda! Curso intermedio.* Others may be coming from a different program. As you begin the second half of *¡Anda! Curso intermedio,* it is important for you to feel confident about what you already know about the Spanish language while you continue to acquire knowledge and proficiency. This chapter will help you to determine what you already know and to focus on what you personally need to improve upon.

If you are new to *¡Anda! Curso intermedio,* you will want not only to review the grammar already introduced but also familiarize yourself with the active vocabulary used in the textbook. *¡Anda! Curso intermedio* recycles vocabulary and grammar frequently to help you learn more effectively, and this chapter will review what we consider to be the basics of the preceding chapters.

For all students, this chapter also reviews what has occurred to date in the thrilling episodic adventure, **Laberinto peligroso.** Students who haven't seen the previous episodes will also have

## OBJETIVOS

### Comunicación

- To describe yourself, your family, and others in detail
- To narrate past events
- To indicate something *has* or *had* happened
- To express feelings, opinions, and reactions
- To share information about sports and pastimes
- To make suggestions for group action using *Let's*
- To make recommendations and suggestions and to express volition
- To describe houses and their surroundings
- To express doubt, emotions, and sentiments
- To relate information about celebrating life events
- To elaborate on foods and food preparation
- To discuss travel, means of transportation, and technology
- To connect sentences and clauses
- To describe something that is uncertain or unknown

### Laberinto peligroso

- To describe what has happened thus far to the protagonists Celia, Javier, and Cisco
- To hypothesize about what you think will happen next

an opportunity to do so. The episodes in the text and the video build upon each other, just like a *telenovela* and, starting in **Capítulo 7**, will continue from where the episode in **Capítulo 5** left off. **Capítulo 6** is a recycling chapter and no new episodes for **Laberinto peligroso** were introduced.

Before you begin this chapter, you may wish to review the studying and learning strategies on pages 220–221 in **Capítulo 6.** These strategies are applicable to your other subjects as well. So on your mark, get set, let's review!

# Comunicación

## • Capítulo Preliminar A *and* Repaso
## *Grammar Boxes:* Capítulos 1–5 •

**B-1**

**1. Para empezar y Repaso.** **Capítulo Preliminar A** and the two **Repaso** grammar boxes in each of **Capítulos 1–5** served as an organized review of beginning Spanish grammar concepts via the following topics. Consult the pages listed if you need to review these topics before proceeding.

gender of nouns, p. 4

singular and plural nouns, p. 5

definite (**el, la, los, las**) and indefinite (**un/a, unos/as**) articles, p. 6

adjectives (formation, possessive, and pronouns), pp. 7, 11

**present indicative** of regular, irregular, and stem-changing verbs, pp. 13, 14, 18

reflexive constructions, p. 21

**ser** and **estar,** p. 24

**gustar,** p. 27

direct (**me, te, lo, la, nos, os, los, las**) and indirect (**me, te, le/se, nos, os, les/se**) object pronouns, p. 34

the **preterit,** pp. 44, 107

formal (**Ud./Uds.**) and informal (**tú**) commands, p. 70

the present **subjunctive,** p. 82

the **imperfect,** p. 118

the **preterit** and the **imperfect,** pp. 143, 196

**hacer** with time expressions, p. 153

**por** and **para,** p. 181

## • Capítulo 1 •

**B-2 to B-3**

**2. El aspecto físico y la personalidad.** Repasa el vocabulario **El aspecto físico y la personalidad** de la página 32 y haz la siguiente actividad.

## B 1   ¿Cómo describirlos?

> **Estrategia**
>
> In **B-1,** you are directed to say at least eight sentences. See how many more than eight you can do in the time allotted. Always try to do more than the minimum suggested.

Describe a algunas personas que conozcas o a algunas de las personas que aparecen en las fotos, enfocándote en *(focusing on)* su aspecto físico y su personalidad. Si usas las fotos, imagina la personalidad de esas personas. Utiliza por lo menos **ocho** oraciones. Túrnense.

> **Estrategia**
>
> Whenever you do an activity, such as **B-1**, always try to go beyond the images you see. For example, talk about not only the obvious physical characteristics and possible personality traits, but also imagine and describe their families. Perhaps you can pretend that you and your partner are siblings, and that one of the photos is of your family.

**MODELO**    *Mi amiga Carol es simpática, inteligente y amable. Es alta, rubia, tiene los ojos verdes y es muy delgada. Tiene pestañas muy largas y unas cejas…*

**SAM**

**B-4 to B-5**

**3. Algunos verbos como** *gustar.*    Repasa los verbos como **gustar** de la página 38. ¿Qué otros verbos son como **gustar?** Ahora, haz la siguiente actividad.

---

**Estrategia**

You will notice that nearly all activities in *¡Anda!* are pair activities. You will be encouraged or required to change partners frequently, perhaps even daily. The purpose is for you to be able to practice Spanish with a wide array of speakers. Working with different classmates will help you to improve your spoken Spanish more quickly.

---

 **B·2** Y mis amigos…

Túrnense para crear y terminar las siguientes oraciones con algunos verbos como **gustar.**

**MODELO**    Las características que más (interesarme) en una persona son…
*Las características que más me interesan en una persona son la inteligencia y la simpatía.*

1. Las características que menos (interesarme) en una persona son…
2. A mi mejor amigo/a no (interesarle)…
3. (Fascinarme)…
4. A los estudiantes (encantarnos)…
5. (Caerme) bien las personas que…

B-6 to B-7

**4. Algunos estados.** Repasa **Algunos estados** en la página 43 y haz la siguiente actividad.

**Estrategia**

Remember that you can find reviewing techniques in *Capítulo 6* that you may use. Also remember *MySpanishLab*™ is available for your use.

## B 3    Te toca a ti

Inventen cómo eran las personalidades de las personas que aparecen en estas obras de arte. Utilicen por lo menos **ocho** oraciones.

*Las meninas,* Velázquez, 1656

*Niña llorando,*
Guayasamín, 1994

*El caballero de la mano en
el pecho,* El Greco, entre
los años 1577 y 1584

**MODELO**    *El señor que tenía barba probablemente era amable pero tímido…*

B-8 to B-9

**5. El presente perfecto de indicativo.** Repasa **El presente perfecto de indicativo** en la página 46. Explícale a un/a compañero/a cómo formarlo y luego haz la siguiente actividad.

## B 4    Así soy yo

Si te describieras, ¿qué dirías? (*what would you say*) ¿Qué has hecho en tu vida? ¿A cuántas escuelas has asistido? ¿En cuántas ciudades has vivido? ¿Qué te ha interesado? ¿Qué te ha fascinado? ¿Qué tipos de personas te han caído bien/mal? Descríbete en por lo menos **ocho** oraciones usando **el presente perfecto de indicativo.** Después, comparte la descripción con cinco compañeros.

**MODELO**    *Siempre he sido una persona muy generosa
con mi tiempo y mi dinero. No me han caído
bien las personas flojas…*

**Estrategia**

When reading, you will at times come across a word that you have not formally learned. It is important that you do not become frustrated but rather look for clues to the word's meaning. Maybe it looks like another word you have already learned; perhaps you can guess its meaning from the context of the sentence or paragraph. One example is *describieras* in the directions for **B-4.** Although you have not yet learned the tense for *describieras*, what is the infinitive for this verb? What do you suppose it means?

**6. La familia.** Repasa el vocabulario de **La familia** en la página 50 y haz las siguientes actividades.

B-10 to
B-11

## B 5   A ver si encuentras...

**Estrategia**

If necessary, review the formation of the preterit on p. 44 before beginning **B-5**.

Es hora de entrevistar a tus compañeros. Completa los siguientes pasos.

**Paso 1**  Crea preguntas en **el pretérito** según el modelo.

**MODELO**    E1: conocer a tus bisabuelos
              E2: *¿Conociste a tus bisabuelos?*

**Paso 2**  Busca a algún/alguna compañero/a que responda afirmativamente.

**MODELO**    E1: *¿Conociste a tus bisabuelos?*         E3: *Sí, conocí a mis bisabuelos.*
              E2: *No, no conocí a mis bisabuelos.*       E1: *Bueno, firma aquí, por favor.*
              E1: *¿Conociste a tus bisabuelos?*          E3: _____*Ray*_____

| conocer a tus bisabuelos _____*Ray*_____ | nacer un/a sobrino/a u otro miembro de la familia este año _____ | ir de vacaciones con los parientes durante la niñez _____ |
|---|---|---|
| conocer a algunos gemelos en la universidad _____ | recibir una herencia monetaria de los bisabuelos _____ | divertirse durante la adolescencia _____ |
| aprender algo importante de unos ancianos cuando era niño/a _____ | divorciarse unos amigos el año pasado _____ | casarse hace unos años _____ |

**Estrategia**

If necessary, make a list of all of the question words to assist you with **B-6**.

## B 6   Pregúntale

Usa las siguientes palabras para formar por lo menos **ocho** preguntas. Luego, házselas a tus compañeros/as.

| | | |
|---|---|---|
| los gemelos | la madrina/el padrino | la nuera/el yerno |
| el hermanastro/la hermanastra | el marido/la mujer | la pareja |
| el hijastro/la hijastra | el nieto/la nieta | el suegro/la suegra |
| el hijo único/la hija única | | |

| | E1 | E2 | E3 |
|---|---|---|---|
| 1. *¿Conoces a algunos gemelos?* | | | |
| 2. | | | |
| 3. | | | |
| 4. | | | |
| 5. | | | |
| 6. | | | |
| 7. | | | |
| 8. | | | |

**MODELO**    E1: *Tengo una pregunta para ti. ¿Conoces a algunos gemelos?*
              E2: *No, no conozco a ningunos gemelos. Ahora una pregunta para ti: ¿Cómo se llama el marido de Jennifer López?...*

## • Capítulo 2 •

B-12

**7. Algunos deportes.** Repasa el vocabulario de **Algunos deportes** en la página 68 del **Capítulo 2.** Luego haz las siguientes actividades.

### Estrategia

*¡Anda!* has provided you with reviewing and recycling references to help guide your continuous review of previously learned material. Make sure to consult the indicated pages if you need to refresh your memory about this or any future recycled topics.

 **B·7**   **¿En qué orden lo hicieron?**

La familia Hernández fue de vacaciones por seis días. Hicieron algo diferente todos los días. Pon los dibujos en el orden que quieras y explícale a tu compañero/a qué hicieron. Tu compañero/a tiene que decirte el orden. Túrnense.

### Estrategia

*¡Anda!* encourages you to be creative when practicing and using Spanish. Being creative now in your Spanish class will help you become a more confident speaker when you use Spanish in your everyday life. One way to be creative with Spanish is to devise mini-stories about photos or drawings that you see. Being creative also includes giving individuals in drawings names and characteristics.

**Estrategia**

Getting to know your classmates helps you build confidence. It is much easier to interact with someone you know.

## B 8   ¿Verdadero o falso?

Escribe **cinco** oraciones que tú, miembros de tu familia o personas que conoces **han hecho** o **no han hecho** en el mundo deportivo. **Cuatro** de las cinco oraciones deben ser **falsas** y **una** debe ser **verdadera**. En grupos de cuatro, tus compañeros/as tienen que adivinar cuál de las oraciones es verdadera. Túrnense.

**MODELO**   E1: *Mis padres han hecho surf en Hawaii. Mi mejor amigo ha ganado un premio en boliche,...*

E2: *A ver. La oración falsa es Mi mejor amigo ha ganado un premio... ¿Qué opinas, E3?*

E3: *En mi opinión, la oración falsa es...*

B-13 to B-14

**8. Los mandatos de *nosotros/as*.** Repasa **Los mandatos de *nosotros/as*** en la página 74. ¿Cómo se forman? Ahora, haz la siguiente actividad.

## B 9   Hagamos lo siguiente...

**Estrategia**

In **B-9**, use direct object pronouns *(me, te, lo, la, nos, os, los, las)* where appropriate. Note the *modelo*.

Mirando el dibujo como inspiración, hazle invitaciones a tu compañero/a, usando **mandatos de *nosotros/as*.** Tu compañero/a debe aceptar o negar las invitaciones. Túrnense.

**MODELO**   E1: *¡Hagamos surf!*

E2: *Gracias, pero no lo hagamos este fin de semana porque va a hacer mal tiempo.*

**9. Algunos pasatiempos y el subjuntivo.** Repasa **Algunos pasatiempos** y **El subjuntivo** en las páginas 81 y 82. ¿Cómo se forma **el subjuntivo?** Explícaselo a un/a compañero/a de clase. ¿Cuáles son algunos de sus usos? Ahora, haz las siguientes actividades.

B-15 to
B-16

## B 10   Nuestros pasatiempos

Juntos hagan un diagrama de Venn, categorizando los siguientes pasatiempos de acuerdo a los que se pueden hacer en casa, los que se hacen al aire libre y los que se pueden hacer en ambos lugares en el círculo del centro.

| | |
|---|---|
| coleccionar sellos | jugar a las damas |
| decorar la casa | pescar |
| hacer trabajo de carpintería | tejer |
| leer cuentos cortos | comentar en un blog |
| trabajar en el jardín | correr |
| coser | pintar |
| hacer artesanía | tirar un platillo volador |
| ir de camping | montar a caballo |

### Estrategia

Another tip to help you remember vocabulary is to use images in association with the words. You could create visual flash cards with pictures instead of English translations. Also, try to associate these activities with times when you have done them or seen someone else do them. When you put your vocabulary in a personal context, it becomes more meaningful to you and you will retain it better.

**MODELO**

**B·11** ¿Probable o poco probable?

¿Para quién es probable...?

**Paso 1** Entrevista a los compañeros de clase para saber para quién es probable y para quién es poco probable cada una de las siguientes acciones. Escribe el nombre de la persona y la letra **P** para "probable" y **PP** para "poco probable".

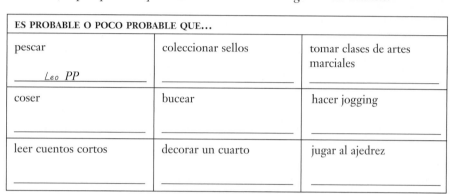

**MODELO**   bucear

  TÚ: *Leo, ¿es probable que bucees esta noche?*

  E1: *No, es poco probable que bucee. Comento en un blog todas las noches...*

| ES PROBABLE O POCO PROBABLE QUE... | | |
|---|---|---|
| pescar <br><br> *Leo* PP | coleccionar sellos <br><br> | tomar clases de artes marciales <br><br> |
| coser <br><br> | bucear <br><br> | hacer jogging <br><br> |
| leer cuentos cortos <br><br> | decorar un cuarto <br><br> | jugar al ajedrez <br><br> |

**Paso 2** Comunica los resultados a la clase usando el siguiente vocabulario.

**Vocabulario útil**

el cien por ciento          casi todos los...              más de la mitad de los...
  de los estudiantes        la mitad *(half)* de los...    pocos estudiantes...
todos los...                casi la mitad de los...        sólo un estudiante...

**LOS RESULTADOS**

  TÚ: *El noventa y cinco por ciento de la clase dice que es poco probable que buceen esta noche...*

B-17 to B-18

**10. El subjuntivo para expresar pedidos, mandatos y deseos.** Repasa las páginas 86 y 87 donde se explica **El subjuntivo para expresar pedidos, mandatos y deseos.** ¿Cuáles son algunos verbos o algunas expresiones para expresar pedidos, mandatos y deseos? Escribe una lista con algunos de los verbos y expresiones para tenerlos como referencia. Ahora, haz las siguientes actividades.

**B·12** Más mentiras

Escribe **cinco** oraciones sobre ti mismo/a *(yourself)* usando el vocabulario de **Algunos pasatiempos** y **El subjuntivo. Una** de las oraciones debe ser **verdadera** y **cuatro** deben ser **falsas.** Tu compañero/a tiene que adivinar cuáles son falsas y cuál es verdadera. Túrnense.

**MODELO**   E1: *Yo tejo todos los días.*

  E2: *Creo que es falso. No creo que tejas todos los días... /*
    *Creo que es verdad. Es posible que tejas todos los días.*

## B·13    Tus consejos

Siempre tenemos deseos y consejos para los demás.

**Paso 1**    Expresa tus deseos para las siguientes personas. Termina cada oración con el vocabulario apropiado y verbos diferentes para cada una.

**Fíjate**

Note the use of the word *sino* in the *modelo* for **B-13**. It is used when you have a negative clause preceding another clause, e.g., *no juegues*.

**MODELO**    A TU MEJOR AMIGO/A: Es importante que…

*Es importante que no juegues tantos videojuegos sino que hagas algo al aire libre como trabajar en el jardín.*

| A TU MEJOR AMIGO/A | A TU PROFESOR/A | A TUS PADRES O FAMILIARES | A TI MISMO/A |
|---|---|---|---|
| 1. Es importante que… | 1. Espero que… | 1. Les recomiendo que… | 1. Es preferible que yo… |
| 2. Te aconsejo que… | 2. Nosotros deseamos que… | 2. Siempre les exijo que… | 2. Es necesario que… |
| 3. Espero que… | 3. Los estudiantes ruegan que… | 3. Sugiero que… | 3. No es importante que… |
| 4. Prefiero que… | 4. Propongo que… | 4. Quiero que… | 4. Mis amigos no me recomiendan que… |

**Paso 2**    Compara tus recomendaciones con las de un/a compañero/a.

## B·14    Les recomiendo que…

Hagan sus comentarios y sugerencias para cada situación. Usen por lo menos **cuatro** oraciones diferentes para cada una. Túrnense.

1. Una amiga recién divorciada quiere casarse con un hombre a quien conoció hace menos de un mes.
2. Tus cuñados viven de una manera muy desorganizada.
3. Tus vecinos tienen siete nietos que vienen a visitarlos por ocho días.
4. Tienes tres amigos. Recomiéndales algunos deportes y pasatiempos según sus personalidades: Dolores es extrovertida y amable. Eduardo es callado y bien educado. Manolo es flojo y terco.

## B·15    A conocerte mejor

Siéntense en un círculo. Su profesor/a les va a dar las instrucciones. ¡Diviértanse!

## • Capítulo 3 •

**B-19 to**
**B-20**

**11. Los materiales de la casa y sus alrededores.** Repasa el vocabulario de **Los materiales de la casa y sus alrededores** en la página 106 y haz las siguientes actividades.

### B•16  ¿Cómo es la casa de tus sueños?

Completa los siguientes pasos.

**Paso 1**   Describe la casa de tus sueños (*dream house*). Debes hablar de los materiales de la casa, los alrededores y el interior de la casa.

**MODELO**   *La casa de mis sueños no es muy grande. Es una casa de madera pintada de amarillo. Tiene un patio de ladrillos detrás donde siempre podemos tener fiestas. Está en el campo y el jardín es muy bonito…*

**Paso 2**   Repite por lo menos **tres** cosas que tu compañero/a te dijo para ver cuántos detalles recuerdas.

**Estrategia**

Being an active listener, e.g., being able to repeat what you heard someone say, is an important speaking and life skill.

### B•17  ¿Cuál prefieres?

Mira las fotos de las tres casas. Imagina cómo son adentro. Escoge tu favorita y descríbesela a tu compañero/a.

La casa de Frida Kahlo

La casa Vicens de Gaudí

La casa de Antonio Banderas

## B 18 Preguntas y más preguntas

Es hora de hacerles preguntas a tus compañeros/as. Completa los siguientes pasos.

**Paso 1** Escribe una lista de **ocho** preguntas que se puedan hacer incorporando **el pretérito** y las siguientes palabras.

**ALGUNOS SUSTANTIVOS**

los azulejos     la cerca          el césped      el estanque

**ALGUNOS VERBOS**

construir        componer         cortar         gastar        guardar        reparar

**Paso 2** Circula por la sala de clase haciéndoles las preguntas que creaste a diferentes compañeros/as.

**MODELO**    E1: *¿Cortaste el césped en casa de tus padres el verano pasado?*
              E2: *No. Mis padres no tienen jardín. Viven en un apartamento. ¿Y tú?*
              E1: *Sí, lo corté muchas veces…*

B-21

**12. Usos de los artículos definidos e indefinidos.** Repasa **Usos de los artículos definidos e indefinidos** en la página 110. Escribe una lista de cuándo se usan. Luego, haz la siguiente actividad.

## B 19 Un poco de todo

Túrnense para formar y contestar las siguientes preguntas. Pongan atención a **los artículos.**

1. En _____ construcción de _____ casa, ¿cuál es _____ diferencia entre _____ responsabilidades del arquitecto y _____ del contratista?

2. ¿Cuáles son _____ materiales que se usaron en _____ construcción de tu casa o en _____ casa de tus padres? ¿La construyó _____ compañía o _____ amigos?

3. ¿Cuáles son _____ consideraciones al escoger materiales de construcción para _____ casa o _____ apartamento?

4. ¿Es importante que _____ diseñadores tengan _____ título universitario o cuenta más _____ experiencia?

5. ¿Cuáles son algunos de _____ posibles problemas que _____ negocio de construcción de casas pueda tener?

**13. Dentro del hogar: la sala, la cocina y el dormitorio.** Repasa el vocabulario **Dentro del hogar: la sala, la cocina y el dormitorio** en la página 117 y haz las siguientes actividades.

B-22 to
B-23

## B 20   Veo, veo...

Mira el dibujo y descríbele qué ves a tu compañero/a. Túrnense.

**MODELO**   E1: *Veo una cosa en la cocina donde puedes lavar los platos.*

E2: *¿El fregadero?*

E1: *¡Sí! ¿Qué ves?*

E2: *Veo...*

> **Fíjate**
>
> Remember that a number of words related to the home are cognates. What do the following words mean? *el balcón, el patio, el salón, la terraza, el vestíbulo*

## B 21 La casa de mi niñez

Dibuja un plano sencillo (*simple*) de la casa de tu niñez o de la de un/a amigo/a. Completa los siguientes pasos.

**Paso 1** Incluye los cuartos y detalles sobre el exterior; por ejemplo, la cerca, el jardín, la piscina, etc.

**Paso 2** Descríbele la casa a un/a compañero/a, usando por lo menos **ocho** oraciones en **el imperfecto.** Tu compañero/a va a dibujar lo que dices.

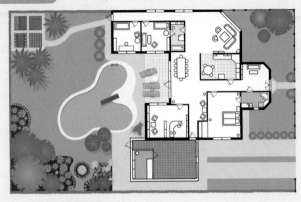

**MODELO** *La casa de mi niñez tenía una cocina pequeña con unos mostradores rojos…*

**Paso 3** Comparen los dos dibujos para ver si la describieron e interpretaron bien. Túrnense.

## B 22 ¿Y tu vida?

**Estrategia**

If you need help remembering how to form the imperfect and why and when it is used, consult page 118.

Piensen en su niñez.

**Paso 1** Háganles las siguientes preguntas a **varios/as** compañeros/as. Usen **el imperfecto.** Apunten sus respuestas en cada cuadro.

**MODELO** E1: *¿Qué tipo de comida guardaba tu familia en el refrigerador y en la despensa?*

E2: *Mi familia guardaba refrescos, leche, frutas, verduras y condimentos en el refrigerador. En la despensa…*

| 1. ¿Qué tipo de comida (*guardar*) tu familia en el refrigerador y en la despensa? <br> E1: _____ <br> E2: _____ | 2. ¿Cuántas almohadas (*necesitar / tú*) para dormir? <br><br> E1: _____ <br> E2: _____ | 3. ¿De qué colores (*ser*) tus sábanas, fundas y toallas? <br><br> E1: _____ <br> E2: _____ | 4. ¿(*Usar / ustedes*) cortinas o persianas? <br><br> E1: _____ <br> E2: _____ |
|---|---|---|---|
| 5. ¿(*Tener / tú*) tocadores o nada más que armarios? <br> E1: _____ <br> E2: _____ | 6. ¿Te (*permitir*) tus padres cocinar o usar una sartén? <br> E1: _____ <br> E2: _____ | 7. ¿Cuántas familias (*vivir*) en tu barrio o en tu cuadra? <br> E1: _____ <br> E2: _____ | 8. ¿Te (*caer*) bien los vecinos? <br><br> E1: _____ <br> E2: _____ |

**Paso 2** Comuníquenles los resultados a sus compañeros de clase.

**MODELO** *El cien por ciento de mis compañeros guardaba leche en el refrigerador…*

**Fíjate**

What follows are some useful expressions:

| por ciento | percent (e.g., *sesenta por ciento*) |
| un cuarto | one quarter |
| tres cuartos | three quarters |
| la mitad | half |

## B·23 Una imagen vale...

Imagínense que tienen que describirle a alguien lo que pasaba (**el imperfecto**) en estas casas y sus alrededores. Túrnense para crear **ocho** oraciones cada uno.

**MODELO** *Había una piscina y el niño nadaba. La casa no se calentaba con la chimenea porque hacía calor y buen tiempo...*

## B·24 El mundo es un pañuelo

¿Cuánto sabes de tus compañeros y de sus pasados? Entrevístalos para encontrar a los que estén de acuerdo con las siguientes descripciones.

**Paso 1** Usa **el imperfecto** para crear las preguntas.

**MODELO** *¿Tenía piscina tu casa?*

**Paso 2** Pregúntaselas a los compañeros de clase. Si alguien contesta que **sí**, tiene que firmar su nombre en el espacio apropiado.

**MODELO** E1: *¿Tenía piscina tu casa?*

E2: *Sí, mi casa tenía piscina.*

E1: *Firma aquí, por favor.*

| tu casa / tener jardín | tu casa / ser de madera | tu casa / tener piscina |
|---|---|---|
| _____ | _____ | _____ |
| tener / aire acondicionado en tu dormitorio | usar / la batidora | haber / azujelos en el baño |
| _____ | _____ | _____ |
| mudarse / cada año | renovar / tu dormitorio cada verano | tu casa / tener escaleras |
| _____ | _____ | _____ |

## B·25 ¡La lotería!

¡Tu esposo/a y tú acaban de ganar un millón de dólares! Túrnense para describir sus planes para la renovación y la decoración de su casa antigua, usando por lo menos **ocho** oraciones.

**MODELO** E1: *Primero, quiero renovar las alacenas de la cocina. Sugiero pintarlas.*

E2: *Buena idea. Me gusta. Sugiero que renovemos los mostradores.*

E1: *No quiero renovarlos. Quiero comprar unos nuevos.*

**14. El subjuntivo para expresar sentimientos, emociones y dudas.** Repasa **El subjuntivo para expresar sentimientos, emociones y dudas** en la página 121. Escribe una lista de los verbos y las expresiones que expresan sentimientos, emociones y dudas. ¿Qué verbos y expresiones **no** usan el subjuntivo, sino el indicativo? ¿Por qué? Ahora, haz las siguientes actividades.

B-24 to B-25

## B·26 Mis quehaceres

Siempre hay cosas que hacer y tu compañero/a te va a ayudar. Túrnense para expresar sus sentimientos con **me alegro, me gusta, me encanta,** etc.

**MODELO** E1: pintar la sala

E2: *Me alegro de que pintes la sala.*

1. comprar velas para el comedor...
2. organizar el sótano...
3. lavar las sábanas, las fundas y las almohadas...
4. limpiar el mostrador...
5. regar las flores...
6. sacar la mala hierba...

### Estrategia

Make an attempt to work with a different partner in every class. This enables you to help and learn from a variety of your peers, an important and highly effective learning technique. Equally important is the fact that working in small groups, rather than as a large class, gives you more opportunities and time to practice Spanish, as well as to realize how similar you and your fellow classmates really are as you get to know each other better.

## B·27 Optimista o pesimista

Hay optimistas y pesimistas en este mundo. ¡Hoy es tu día para jugar a ser el/la pesimista! Túrnense para responder de manera pesimista.

**MODELO** Creo que la jarra que me regaló mi madrina es de Picasso.

*No creo que aquella jarra sea de Picasso.*

1. Mi suegro cree que su aire acondicionado funciona muy bien.
2. Estoy segura de que Ingrid Hoffman cocina bien y nunca quema la comida.
3. Creo que el sótano de mis tíos necesita ser renovado.
4. Creo que te voy a regalar un florero para la Navidad.

**B·28** Lo siento, pero lo dudo

Tu compañero/a te va a decir las siguientes oraciones y tú no estás de acuerdo. Responde con **Dudo que...**, **No creo que...**, etc.

**MODELO**   E1: *Ferran Adrià quema la comida todos los días en su restaurante.*

E2: *Dudo que Adrià queme la comida todos los días...*

1. Mi hermano construye piscinas durante el verano.
2. Tengo una casa sin espejos.
3. Mis bisabuelos tienen un cuadro de José Clemente Orozco.
4. Mi vecino corta el césped todos los días.
5. Limpio el sótano todos los fines de semana.

 **B·29** Mis opiniones

Acabas de comprar una casa vieja que necesita muchas reparaciones. Da por lo menos **cinco** ideas que expresen duda, sentimientos o emociones sobre el proyecto. Túrnense.

**MODELO**   *No sé por dónde empezar. Quizás renueve la cocina. Es una lástima que no conozca un buen contratista. Temo que la renovación sea cara...*

**15. *Estar* + el participio pasado.** Repasa ***Estar* + el participio pasado** en la página 125 y haz las siguientes actividades.

B-26

 **B·30** Por favor

Siempre hay algo que hacer.

**Paso 1** Túrnense para responder de manera positiva a los siguientes mandatos de sus madres.

**MODELO**   E1: *Por favor, rieguen las flores.*

E2: *Ya están regadas.*

Por favor,...
1. laven las toallas.
2. enciende la chimenea.
3. reparen las persianas rotas.
4. cubre la almohada con una funda limpia.
5. laven las cacerolas en el fregadero.
6. organicen los comestibles en la despensa.
7. pon el café en la cafetera.
8. guarda la batidora en la alacena.

**Paso 2** Ahora cambia las respuestas al **imperfecto**.

**MODELO**   *Ya están regadas.*

*Ya estaban regadas.*

**B·31** ¿Eres competitivo/a?

Túrnense para hacer el papel de una persona que siempre quiere hacer las cosas mejor que los demás.

**MODELO** No tengo tiempo para renovar mi cocina.

*Mi cocina está bien renovada.*

1. No tengo tiempo para regar las flores.
2. Necesito guardar mis toallas limpias.
3. Tengo que organizar la despensa.
4. Necesito reparar las persianas rotas.
5. Nunca cierro las ventanas cuando llueve.

**B·32** ¡Ya soy responsable!

Imagínense que es la primera vez que viven solos y sus hermanos mayores están muy preocupados.

**Paso 1** Inventen una conversación entre ustedes y sus hermanos mayores. ¿Cuáles son las preguntas de los hermanos y cuáles son sus respuestas? Usen **el participio pasado.**

**MODELO** E1: *¿Pagaron las facturas de este mes?*

E2: *Sí, todas las facturas están pagadas.*

**Paso 2** Preséntenles la conversación a su profesor/a y a sus compañeros de clase.

## • Capítulo 4 •

B-27 to
B-28

**16. Las celebraciones y los eventos de la vida.** Repasa **Las celebraciones y los eventos de la vida** en la página 142. Luego, haz la siguiente actividad.

**B·33** Adivina

Piensa en una palabra o expresión del vocabulario de **Las celebraciones y los eventos de la vida.** Tu compañero/a tiene que hacerte preguntas a las que respondes **sí** o **no** para que tu compañero/a adivine la palabra o expresión. Túrnense.

**MODELO** E1: (la palabra que escogiste es *el Día de las Brujas*)

E2: *¿Es una celebración?*

E1: *Sí.*

E2: *¿Tiene lugar en la primavera?*

E1: *No.*

E2: *...*

**17. El pasado perfecto (pluscuamperfecto).** Repasa **El pasado perfecto (pluscuamperfecto)** en la página 147. ¿Cómo se forma? ¿A qué tiempo en inglés se corresponde? Ahora, haz las siguientes actividades.

B-29 to
B-30

## B·34 ¿Qué había pasado?

Describe lo que **había pasado** antes de sacar cada una de las siguientes fotos.

**MODELO**   *Los novios ya se habían casado cuando llegamos a la iglesia.*

## B·35 Antes de graduarme

¿Qué cosas interesantes habías hecho antes de graduarte de la escuela secundaria? En grupos de seis a ocho estudiantes, túrnense para compartir algunas de las cosas que habían hecho. Tienen que recordar y repetir lo que todas las demás personas dicen.

**MODELO**   E1: *Soy Joe. Antes de graduarme, había trabajado como carpintero.*

E2: *Soy Julie. Antes de graduarme, había visitado cinco estados de los Estados Unidos y Joe había trabajado como carpintero.*

E3: *Soy Jorge. Antes de graduarme, había estudiado un verano en España, Julie había visitado cinco estados de los Estados Unidos y Joe había trabajado como carpintero.*

**18. La comida y la cocina y Más comida.** Repasa el vocabulario en la página 152 de **La comida y la cocina** y también el vocabulario de **Más comida** en la página 157. Luego, haz las siguientes actividades.

B-31 to
B-32

## B 36 ¿Qué tipo de comida es?

**Paso 1** Organicen las diferentes comidas del vocabulario según las siguientes categorías.

**MODELO** VERDURAS: *el pepino, la zanahoria…*

| CARNES/AVES | PESCADO/ MARISCOS | FRUTAS | VERDURAS | POSTRES |
|---|---|---|---|---|
|  |  |  |  |  |
|  |  |  |  |  |

**Paso 2** Ahora, añadan otras comidas a las categorías.

## B 37 Firma aquí

Circula por la clase hasta encontrar a un estudiante que pueda contestar afirmativamente tu pregunta.

**MODELO** trabajar como camarero/a / hace un mes

E1: *¿Hace un mes que trabajas como camarera?*

E2: *Sí, hace un mes y medio que trabajo como camarera.*

E1: *Pues, firma aquí, por favor.*

*Sally*
_____

| 1. gustarle comer postres / hace muchos años _____ | 2. trabajar como camarero/a / hace un mes _____*Sally*_____ | 3. ver un programa de cocina / hace una semana _____ |
|---|---|---|
| 4. comer una comida balanceada con verduras, legumbres y frutas / hace una semana _____ | 5. preparar carne a la parrilla / hace tres semanas _____ | 6. comer palomitas de maíz en el cine / hace una semana _____ |

## B 38 ¿Cuáles son tus comidas favoritas?

Completa los siguientes pasos.

**Paso 1** Haz una lista bajo cada categoría de tus comidas favoritas y de cómo las prefieres: crudas, hervidas, asadas, a la parrilla o fritas.

| CRUDO/A (RAW) | HERVIDO/A (BOILED) | ASADO/A (GRILLED) | A LA PARRILLA (GRILLED; BARBECUED) | FRITO/A (FRIED) |
|---|---|---|---|---|
| *zanahorias* |  |  |  | *camarones* |
|  |  |  |  |  |

**Paso 2** Compara tu lista con las de otros compañeros.

**MODELO** E1: *¿Cuáles de las comidas prefieres fritas?*

E2: *Prefiero comer los camarones fritos.*

E1: *Yo prefiero comerlos asados.*

**B-33**

**19. El presente perfecto de subjuntivo.** Repasa **El presente perfecto de subjuntivo** en la página 161. ¿Cómo se forma? Escribe unas oraciones en español usando **el presente perfecto de subjuntivo** y di lo que significan en inglés. Ahora, haz las siguientes actividades.

## B·39 No te creo

Tienes una amiga que casi nunca dice la verdad. Responde a sus comentarios. Túrnense.

no creo   dudo   es imposible   es improbable   no es cierto

### Estrategia

Look at the *modelo* in **B-39.** What past tense is *cené?* If you need to review the preterit, go to pages 44 and 107.

**MODELO**   E1: *Cené con Luis Miguel.*

E2: *Dudo que hayas cenado con él.*

1. ¡Me comprometí! Mi novio es Rafael Nadal y me ha dicho que me ama.
2. Cuando estuve en Casa Botín, vi a Leticia Ortiz, la futura reina de España.
3. Acabo de escribir un libro de cocina y una casa editorial muy famosa lo quiere publicar.
4. Me invitaron a cocinar en el programa *Simply delicioso.*
5. Mis hermanastras abrieron un restaurante nuevo en Cancún. Está justo en la playa.

## B·40 ¿Plantada?

Esta noche, Gloria tiene una cita con una persona que no conoce. Tiene muchas dudas y se arrepiente de (*regrets*) haber aceptado salir con él. Además, dijo que iba a recogerla a las seis y ya son las siete. Terminen sus pensamientos usando siempre **el presente perfecto de subjuntivo** y otras palabras apropiadas. Sean creativos.

**MODELO**   Ojalá que él (no perderse)...

*Ojalá que él no se haya perdido al venir a recogerme.*

1. Espero que (comprarme flores)...
2. Dudo que (traerme chocolates)...
3. Ojalá que (no llegar a la dirección incorrecta)
4. Mi amiga insiste en que (salir con otra mujer)

## B·41 Ideas, por favor

Den su opinión y sus consejos en las siguientes situaciones. Después, compártanlos con otros compañeros de clase.

**MODELO** E1: *Siempre he querido bajar de peso y he empezado a comer y beber cosas más saludables como manzanas, lechuga y agua.*

E2: *¡Excelente! Es importante que hayas empezado a comer cosas saludables como frutas y verduras. También es bueno que hayas empezado a beber mucha agua porque llena el estómago.*

1. Quiero preparar una cena elegante para el aniversario de mis padres y empecé con los planes hace dos meses.
2. Vivo en un apartamento muy pequeño y sólo tengo una estufa sin horno. Tampoco tengo espacio para un horno de microondas. Decidí mudarme.
3. No sé cocinar y voy a tomar unas clases.
4. Después de pensarlo por sólo dos días, mi hermana decidió ser vegetariana y no le gustan las verduras. ¿Qué opinas?

## ● Capítulo 5 ●

SAM

B-34

**20. Los viajes.** Repasa el vocabulario de **Los viajes** en la página 180 y haz las siguientes actividades.

## B 42 ¡Juguemos!

Usando el vocabulario de **Los viajes,** jueguen al ahorcado (*Hangman*).

**MODELO** (escogiste la palabra *el paisaje*)

E1: __ __    __ __ __ __ __ __ __

E2: ¿*Hay una* a?

E1: *Sí. Hay dos.* __ *A* __ __ *A* __ __

---

### Estrategia

When studying vocabulary, it is good to write the words. Making a list helps you better remember vocabulary and lets you practice their spelling. Study the words from your written list by looking at the English word as a prompt and saying the Spanish word. Check off the words you know well and then concentrate on those you do not know yet.

---

## B 43 ¡Ganamos!

Han ganado un viaje en un crucero en un concurso. Escriban una lista de todos los preparativos que tienen que hacer antes de hacer el viaje, usando el vocabulario de **Los viajes.**

**21. Viajando por coche.** Repasa el vocabulario de **Viajando por coche** en la página 185 y haz las siguientes actividades.

B-35

B 44 **Dibujemos**

Escuchen mientras su profesor/a les da las instrucciones para esta actividad.

B 45 **¿Qué pasa?**

Describan el dibujo usando el vocabulario de **Viajando por coche.**

**22. Los pronombres relativos** *que* **y** *quien.* Repasa **Los pronombres relativos** *que* **y** *quien* en la página 187. Haz una lista con los usos de **que** y **quien.** Luego, haz las siguientes actividades.

**B-36**

### B·46  El cuento de Luz

Luz le escribe un e-mail a su amiga Rosario para contarle acerca de sus vacaciones. Descubre qué les pasó a ella y su familia, llenando los espacios en blanco con **que** o **quien/es.** Túrnense.

Hola Rosario:

Mando adjunto algunas fotos (1) _____ saqué durante las vacaciones. Hicimos un crucero (2) _____ costó bastante. Conocimos cinco puertos en cinco días. El guía, (3) _____ se llamaba Gregorio, nos hizo un itinerario muy interesante. Sin embargo, los otros viajeros con (4) _____ viajamos eran muy diferentes que nosotros. Nosotros queríamos ver todos los monumentos (5) _____ pudiéramos ver y ellos sólo querían tomar el sol. Decidimos alquilar un coche en Puerto San Miguel para conocer el paisaje. Después de dos horas manejando, nos dimos cuenta que nos habíamos perdido. Le preguntamos a un hombre indígena (6) _____ estaba en el campo. El señor, (7) _____ era muy amable, nos dijo que ¡estábamos sólo a cinco minutos del puerto! ¡Qué susto! Pero vimos mucho paisaje.

Besos,

Luz

### B·47  ¿Quién puede ser?

Túrnense para dar pistas (*clues*) sobre una persona que aparece en las siguientes fotos hasta que tu compañero/a pueda decir quién es. Enfóquense en el uso de **que** y **quien.**

**MODELO**    *Estoy pensando en una persona que lleva lentes.*

           *Estoy pensando en una persona a quien le gustan mucho las ciencias.*

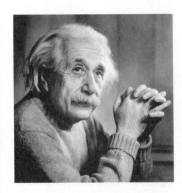

**B-37 to B-38**

**23. Las vacaciones.** Repasa el vocabulario de **Las vacaciones** en la página 190 y haz la siguiente actividad.

## B 48   Entrevista

Circula por la sala de clase haciendo y contestando las siguientes preguntas.

**Paso 1**  Debes hablar con por lo menos **cinco** personas diferentes para solicitar sus respuestas.

**Paso 2**  Comunica los resultados a la clase.

| 1. Cuando / viajar / ¿normalmente / quedarse / en hoteles de lujo o en hoteles más económicos? ¿Por qué?<br><br>E1: _____<br>E2: _____ | 2. Típicamente ¿en qué / ser / diferente / los hoteles de lujo y los hoteles más económicos?<br><br><br>E1: _____<br>E2: _____ | 3. ¿Te / gustar / tomar el sol / o / preferir / quedarse / bajo una sombrilla / cuando / estar / en la playa? ¿Por qué?<br><br>E1: _____<br>E2: _____ |
| 4. ¿Siempre / llevar / lentes de sol? ¿Qué marca (*brand*) / preferir? ¿Cuánto / te / costar? ¿Dónde / las / comprar? ¿Por qué / te / gustar?<br>E1: _____<br>E2: _____ | 5. ¿Coleccionar / sellos o tarjetas postales? ¿Conocer / a alguien que / los / coleccionar?<br><br><br>E1: _____<br>E2: _____ | 6. ¿De dónde / haber recibido / tarjetas postales? ¿A quiénes / las / haber mandado?<br><br><br>E1: _____<br>E2: _____ |

### Estrategia

Answer in complete sentences when working with your partner. Even though it may seem mechanical at times, using complete sentences leads to increased comfort in speaking Spanish.

**B-39**

**24. La tecnología y la informática.** Repasa el vocabulario de **La tecnología y la informática** en la página 195 y haz la siguiente actividad.

## B 49   La tecnología en mi vida

Juntos hagan un diagrama de Venn sobre la tecnología que usan en su trabajo o en la universidad, la que usan en su tiempo libre y la que usan en ambas situaciones. Compartan su información con otros estudiantes.

**MODELO**

TECNOLOGÍA QUE USO EN MI TRABAJO/ UNIVERSIDAD
*el fax*

TECNOLOGÍA QUE USO EN MI TRABAJO/ UNIVERSIDAD Y EN MI TIEMPO LIBRE
*la computadora*

TECNOLOGÍA QUE USO EN MI TIEMPO LIBRE
*la cámara digital*

**25. El subjuntivo con antecedentes indefinidos o que no existen.** Repasa la gramática **El subjuntivo con antecedentes indefinidos o que no existen** en la página 199. Explica qué quiere decir este concepto gramatical. Da algunos ejemplos de oraciones con este uso del subjuntivo. Luego, haz las siguientes actividades.

B-40 to B-41

---

**Estrategia**

As you work with your partner, always push yourself to be as creative as possible. By varying your answers, you practice and review more of the structures, which in turn helps you become a strong speaker of Spanish.

---

## B·50 ¿Existe?

Amalia y Susana son compañeras de cuarto y hablan sobre una variedad de temas. Formulen sus oraciones o preguntas y túrnense para contestarlas.

---

**Estrategia**

Remember that to determine whether you should use the subjunctive or the indicative, ask the question: Does the person, place, or thing/concept exist at that moment for the speaker? If it does, then use the indicative; if not, the subjunctive is needed.

---

**MODELO** Busco una computadora que (*reconocer*) mi voz.

AMALIA: *Busco una computadora que reconozca mi voz.*

SUSANA: *Yo también busco una computadora que reconozca mi voz y que me llame por teléfono cuando tenga un e-mail importante.*

1. No existen carros que (*ser*) realmente económicos.
2. ¿Hay computadoras que (*escribir*) lo que dice una persona?
3. Busco un teléfono celular que no (*ser*) muy complicado.
4. Necesito una contraseña que nadie (*poder*) copiar.
5. Quiero encontrar una impresora que (*imprimir, copiar y escanear*).
6. ¿Tienes un teléfono que (*mostrar*) películas?

## B·51  A repasar

Terminen las siguientes oraciones, primero, considerando que la(s) cosa(s) **no existe(n) todavía** y luego que **sí existe(n).**

**MODELO**   Quiero un teléfono celular que (no existe todavía)…

*Quiero un teléfono celular que no sea tan caro.*

Quiero el teléfono celular que (existe)…

*Quiero el teléfono celular que cuesta veinte dólares —como el que tiene Glynis.*

1. Mis padres quieren una computadora que…    4. Necesito el teléfono celular que…
2. Mis padres quieren la computadora que…     5. Busco una cámara digital que…
3. Necesito un teléfono celular que…          6. Compré la cámara digital que…

## B·52  La computadora ideal

Hoy en día, una computadora es mucho más que una computadora —es útil pero también puede ser casi como un juguete. ¿Cuáles son las características y usos más importantes para ti? Describe en **tres** o **cuatro** oraciones la computadora perfecta para ti, usando **el subjuntivo con antecedentes indefinidos o que no existen.** Después, comparte la descripción con tus compañeros.

**MODELO**   *Quiero una computadora que tenga teléfono y televisión…*

**SAM**

**26. Las acciones relacionadas con la tecnología.**  Repasa el vocabulario de **Las acciones relacionadas con la tecnología** en la página 201 y haz las siguientes actividades.

**B-42**

## B 53  ¡Tengo la pantalla negra!

Hace dos minutos que acabas de terminar una tesis para tu clase de literatura cuando de repente ¡tu computadora se congela! Llama y pide ayuda informática y describe en **ocho** pasos lo que hiciste. Incluye por lo menos **cinco** de los siguientes verbos. Túrnense.

| apagar  | borrar   | descargar | funcionar | grabar |
|---------|----------|-----------|-----------|--------|
| guardar | imprimir | navegar   | prender   | quemar |

## B 54  ¿Qué debo hacer?

Túrnense para darle consejos a su amiga Inés.

**MODELO**   INÉS: Quiero mostrarles las fotos de mis vacaciones en Puerto Rico.
             USTEDES: *Descarga las fotos y muéstranoslas.*

1. Tengo demasiados mensajes en mi correo electrónico.
2. Mi Blackberry se congeló.
3. Mi computadora funciona mal y tarda mucho en abrir las ventanas nuevas.
4. No me gusta leer los documentos que me mandan en la pantalla.
5. Este programa de computación no hace lo que necesito.
6. Necesito información sobre los cibercafés de Los Ángeles.

**Estrategia**

Concentrate on spelling all words correctly; for example, make sure you put accent marks where they belong with words that take accent marks. If necessary, review the rules regarding accent marks on p. 5.

**Estrategia**

In **B-54**, you need to use commands to interact with Inés. Which type of command will you use with a friend? How do you form the commands? If you need extra help forming commands, go to page 70 for a review.

CAPÍTULO PRELIMINAR B

## B·55 Nieto/a, ¿qué quiere decir...?

Tus abuelos acaban de comprar su primera computadora y ¡te necesitan! No pueden interpretar las instrucciones. Ayúdalos, dando definiciones para los siguientes términos. Túrnense.

**MODELO** Nieto/a, ¿qué quiere decir *prender?*

Abuelo, *prender* quiere decir encender la computadora.

**NIETO/A, ¿QUÉ QUIERE DECIR...?**

1. guardar   2. pegar   3. borrar   4. el mirón   5. el servidor

Episodio 6   B-43 to B-44

**27. Laberinto peligroso.** Lee y luego mira el video que es un resumen de los primeros episodios de **Laberinto peligroso.** Después, haz las siguientes actividades.

## B·56 ¿Quién es quién?

En grupos de cuatro, túrnense para describir quién es y cómo es cada personaje, indicando especialmente qué tipo de relación tiene con los demás personajes.

### Fíjate

It is important to note that the point of view of the speaker can be critical in choosing between the *preterit* and the *imperfect.* If the speaker views a particular action as *completed*, then the *preterit* is needed. If, for the speaker, the action is *incomplete, in progress, or ongoing,* the *imperfect* is needed.

1. Celia   2. Javier   3. Cisco   4. Dr. Huesos

## B·57 ¿Qué pasó?

Escribe un resumen de lo que ha pasado en **Laberinto peligroso.** Escoge una de las siguientes opciones para tu resumen.

1. Describe a cada personaje.   2. Escribe una síntesis de cada capítulo.

## B·58 ¿Qué ha ocurrido en cada lugar?

Escribe un resumen de lo que ha pasado en cada uno de los lugares importantes de **Laberinto peligroso.**

1. La universidad
2. El centro comercial
3. La charla sobre una vida saludable
4. El café
5. El apartamento de Celia
6. La biblioteca
7. La comisaría (el lugar donde trabaja la policía)

## B·59 ¿Qué piensas de lo que ha pasado hasta ahora?

Usando **el presente perfecto de subjuntivo**, completa cada reacción de forma lógica y con eventos de los primeros episodios de **Laberinto peligroso**. Túrnense.

**MODELO** No creo que...

*No creo que Celia y Cisco hayan robado los mapas.*

1. Me sorprende que...
2. Creo que es una lástima que...
3. Me asusta que...
4. Me gusta que...
5. No me gusta que...
6. Dudo que...

## B·60 ¿Qué piensas que va a pasar?

Escribe un párrafo sobre lo que piensas que va a pasar en los próximos episodios de **Laberinto peligroso**.

## Y por fin, ¿cómo andas?

Having completed this chapter, I now can...

| | Feel Confident | Need to Review |
|---|:---:|:---:|
| **Comunicación** | | |
| ● describe characteristics and personality traits of myself and others. | ❏ | ❏ |
| ● use verbs like *gustar*. | ❏ | ❏ |
| ● express what *has* or *had happened*. | ❏ | ❏ |
| ● suggest things to do using *Let's*... | ❏ | ❏ |
| ● express desires and give advice. | ❏ | ❏ |
| ● list and discuss different house construction materials, home surroundings, and interior and exterior decorations. | ❏ | ❏ |
| ● use definite and indefinite articles to accurately communicate about people, places, and things. | ❏ | ❏ |
| ● state the results of actions. | ❏ | ❏ |
| ● express doubts, feelings, and emotions. | ❏ | ❏ |
| ● identify foods and ways to prepare them. | ❏ | ❏ |
| ● discuss travel and means of transportation as well as technology. | ❏ | ❏ |
| ● connect sentences and clarify meaning using *que* or *quien*. | ❏ | ❏ |
| ● describe something that is uncertain or unknown. | ❏ | ❏ |
| **Laberinto peligroso** | | |
| ● narrate what has happened thus far to the protagonists in **Laberinto peligroso** and hypothesize about what will happen in future episodes. | ❏ | ❏ |

### Estrategia

The *¿Cómo andas?* and *Y por fin, ¿cómo andas?* sections are designed to help you assess your understanding of specific concepts. In *Capítulo Preliminar B*, there is one opportunity for you to reflect on how well you understand the concepts. Beginning with *Capítulo 7*, you will find three opportunities to stop and reflect on what you have learned. These checks help you become accountable for your own learning and determine what you need to review. Also, use the checklists as a way to communicate with your instructor about any concepts you still need to review. Additionally, you might also use your checklists as a way to study with a peer group or peer tutor. If you need to review a particular concept, more practice is available at the *¡Anda!* web site, where you will find online quizzes.

# Bienvenidos a mi mundo

¿Qué hay en tu ciudad? Generalmente, en una ciudad hay edificios, iglesias, casas y parques. También hay tiendas donde se venden productos especiales. ¡Exploremos los diferentes lugares de la ciudad!

*Galerías Pacífico en Buenos Aires, Argentina*

## PREGUNTAS

1. ¿En qué se especializan estas tiendas? ¿Hay tiendas similares en tu ciudad?

2. ¿Qué otras tiendas y negocios se encuentran en tu ciudad?

3. ¿Adónde vas para hacer compras? ¿Prefieres ir a una tienda de especialidades o a una tienda que tiene una variedad de productos? ¿Por qué?

# Comunicación

- Describing places in the city
- Expressing uncertainty of time, location, manner, and purpose

**VOCABULARIO 1**    ## Algunas tiendas y algunos lugares en la ciudad

7-1 to 7-4

la catedral • la fábrica • la fuente • el campo de golf • el consultorio • la mezquita • la frutería • la ferretería • la heladería • la zapatería • la pescadería • la tienda de ropa • los servicios • la carnicería • la juguetería • la pastelería • la panadería • la papelería

FARMACIA   DOCTOR PÉREZ   TINTORERÍA

---

### Fíjate

Often the suffix *-ería* is used to indicate where something is made or sold. For example, *flores* are sold in a *florería*, *carne* in a *carnicería*, and *zapatos* in a *zapatería*.

### Estrategia

As you acquire more Spanish in each chapter, try to write definitions in Spanish of your new vocabulary words. Learning new vocabulary will become easier the more you practice. Writing definitions in Spanish will also help you use your new vocabulary in sentences.

| **Para comprar cosas...** | *To buy things...* | | |
|---|---|---|---|
| el dependiente | *male store clerk* | la liquidación | *clearance sale* |
| la dependienta | *female store clerk* | el mostrador | *counter* |
| el dinero en efectivo | *cash* | la oferta | *offer* |
| el escaparate | *store window* | la rebaja | *sale; discount* |
| la ganga | *bargain* | la tarjeta de crédito | *credit card* |

## Querido diario:

Hace más de un mes que estoy aquí y ya es hora de conocer la ciudad. Es ridículo que no sepa donde están las tiendas de especialidades ni cuáles son los restaurantes buenos. ¡A investigar!

### Preguntas

① ¿Cuánto tiempo hace que Celia está en esta ciudad?
② Según Celia, ¿qué es ridículo? ¿Por qué?
③ Y tú, ¿cómo llegaste a conocer tu ciudad? ¿Cuál es tu tienda favorita? ¿Dónde está?

**REPASO**

SAM
MSL
7-5 to
7-6

### Ser y estar

In Celia's diary, she writes **estoy, es, están,** and **son.** From your earliest Spanish classes, you have been using the Spanish verbs **ser** and **estar,** which mean *to be,* to communicate effectively. The uses of these verbs are reviewed briefly below. For a complete review, refer to **Capítulo 4** of *¡Anda! Curso elemental* in Appendix 3.

**Estar** is used:
- to describe noninherent physical or personality characteristics or to indicate a state.
- to indicate the location of people, places, or things.
- with the present participle (**-ando, -iendo**) to create the **presente progresivo.**

**Fíjate**

*Estar* can also indicate a judgment or subjective perception (often translated as *seems, appears, acts,* or *looks*):

*Estás muy bonita con ese vestido verde.*

You look really pretty in that green dress.

**Fíjate**

*Estar* is also used in common expressions with *de +* noun to mean *to be in, to be on,* or *to be doing.*

| estar de buen humor | to be in a good mood |
|---|---|
| estar de acuerdo | to be in agreement, to agree |
| estar de moda | to be in style |
| estar de vacaciones | to be on vacation |
| estar de viaje | to be on a trip |

**Ser** is used:
- to describe inherent physical and personality characteristics.
- to explain what or who something or someone is.
- to tell time or to indicate when and/or where an event takes place.
- to tell where someone is from and to express nationality.

## 7·1    ¿Qué, quién o dónde?

Túrnense para crear oraciones de las siguientes palabras, usando siempre **ser** o **estar**.

**MODELO**    dependiente / detrás del mostrador

*El dependiente está detrás del mostrador.*

1. pastelería / en el centro de la ciudad
2. mi madre / dependienta en una tienda de moda
3. farmacia / la mejor del pueblo
4. tarjeta de crédito / en mi bolso
5. campo de golf / en las afueras / muy grande

## 7·2    ¿Dónde está?

Túrnense para decidir dónde está cada una de las siguientes personas.

*¡Anda! Curso intermedio,* Capítulo 2, El subjuntivo para expresar pedidos, mandatos y deseos, pág. 86.

**MODELO**    Mi novio me dice que me compre un vestido muy elegante pero no muy caro para llevar a la boda de su hermano.

*Está en una tienda de ropa elegante.*

1. Es imprescindible que Tanya prepare una cena deliciosa porque el jefe de su esposo viene a cenar. Al jefe no le gusta la carne.
2. Hoy es el cumpleaños de la hija de Marisol y Luis y es importante que tengan un pastel delicioso para celebrarlo con ella.
3. Pienso tener una fiesta y mis padres me dicen que compre unas invitaciones muy elegantes.
4. Los nietos de Paula vienen de visita y su esposo le sugiere que organice actividades para entretenerlos (*keep them entertained*).
5. El traje de Felipe está muy sucio y su madre desea que se lo ponga mañana para ir a la mezquita.
6. Quiero una tarjeta de crédito nueva que tenga mi foto.

### Estrategia

In **7-2,** what tense is *compre* in the *modelo?* What tense is *prepare* in item 1? Also note the following verbs: 2. *tengan*, 3. *compre*, 4. *organice*, 5. *ponga*, 6. *tenga*. Why do you need to use that tense in all of these sentences? If you are uncertain, review page 82 on uses of the *present subjunctive*.

**7-3** **Definiciones**

Crea definiciones para **cinco** de las palabras o expresiones del vocabulario nuevo, **Algunas tiendas y algunos lugares en la ciudad.** Después, compártelas con un/a compañero/a.

**MODELO** E1: *Pago con esto cuando no quiero usar ni cheques, ni tarjeta de crédito, ni tarjeta de débito. ¿Qué es?*

E2: *Es el dinero en efectivo.*

 *¡Anda! Curso intermedio,* Capítulo 4, La comida y la cocina, pág. 152; Más comida, pág. 157.

*¡Anda! Curso elemental,* Capítulo 7, La comida, Apéndice 2.

 **7-4** **Vamos de compras**

Tu compañero/a y tú van de compras. Tienes una lista de las cosas que necesitas comprar, y ahora tienes que decidir a qué lugares tienes que ir para comprarlas. Túrnense.

**MODELO** E1: *¿Qué necesitamos comprar primero?*

E2: *Necesitamos comprar pan para la cena.*

E1: *¿Dónde está la panadería?*

E2: *Está enfrente de la frutería…*

*pan*

*medicina*

*zapatos nuevos para la boda de mi prima*

*galletas*

*chuletas de cordero*

*helado para el cumpleaños de mi suegro*

*cosas para reparar la casa*

*sandía y toronjas*

**Fíjate**

Some things you might buy in a hardware store are: *un martillo* (a hammer), *unos clavos* (nails), and *unos tornillos* (screws).

¡Anda! Curso elemental, Capítulo 11, Las preposiciones y los pronombres preposicionales, Apéndice 3.

## 7-5 El mejor de los mejores

En tu opinión, ¿cuáles son los mejores negocios?

**Paso 1** Llena el cuadro con tus selecciones personales. Para los números 8, 9 y 10, selecciona tres lugares diferentes.

**Paso 2** Entrevista a tres compañeros/as para averiguar cuáles son sus preferencias.

**MODELO** E1: *¿Cuál es el mejor restaurante?*

E2: *Para mí, el mejor restaurante es El Caribe Grill.*
*¿Cuál es el mejor para ti?*

| EL/LA MEJOR | YO | E1 | E2 | E3 |
|---|---|---|---|---|
| 1. restaurante | | | | |
| 2. tintorería | | | | |
| 3. juguetería | | | | |
| 4. tienda de ropa | | | | |
| 5. heladería | | | | |
| 6. farmacia | | | | |
| 7. campo de golf | | | | |
| 8. ¿? | | | | |
| 9. ¿? | | | | |
| 10. ¿? | | | | |

**Paso 3** Comparte las selecciones con el/la profesor/a para saber cuáles son los negocios favoritos de la clase.

## 7-6 Nuestras preferencias

Túrnense para hacerse y contestar las siguientes preguntas.

1. Cuando quieres ir de compras, ¿adónde vas? ¿Cómo pagas generalmente?
2. ¿Cuál es tu tienda favorita? ¿Qué tipo de tienda es? ¿Qué fue la última cosa que compraste allí?
3. ¿Qué tiendas tienen los escaparates más interesantes?
4. ¿Tienes una pastelería favorita? ¿Por qué es tan buena?
5. ¿Cuál es la ferretería más conocida de tu pueblo o ciudad? ¿Por qué es tan conocida? ¿Dónde está?
6. ¿Cuáles de tus prendas (*garments*) llevas a una tintorería?
7. ¿Cuál es uno de los campos de golf más prestigiosos del mundo? ¿En qué estado o país está?

CAPÍTULO 7

**7-7  Mi pueblo ideal**

*¡Anda! Curso elemental*, Capítulo 4, Los lugares; Capítulo 10, Los medios de transporte; Capítulo 11, El medio ambiente, Apéndice 2.

Tienes la gran oportunidad de trabajar en equipo con el famosísimo arquitecto español Rafael Moneo. Van a planear una comunidad nueva, teniendo en cuenta el medio ambiente.

**Paso 1** Planea la comunidad del futuro, dibujando dónde se encuentran las tiendas y otros lugares de tu ciudad. Describe los materiales que se van y no se van a utilizar.

**Paso 2** Preséntale tus planes a un/a compañero/a de clase en por lo menos **doce** oraciones.

*¡Anda! Curso intermedio,* Capítulo 3, Los materiales de la casa y sus alrededores, pág. 106.

Rafael Moneo (n. 1937)

## GRAMÁTICA 2 — El subjuntivo en cláusulas adverbiales (expresando tiempo, manera, lugar e intención)

7-7 to 7-8   45, 46, 54

You have been practicing the use of the subjunctive to express wishes, doubts, feelings, and emotions. You have also used the subjunctive to talk about things and people that may or may not exist.

Before learning additional occasions to use the subjunctive, let's review the definition of a *clause*. A clause is a group of words that has a *subject* and a *verb* and is used as a part of a sentence. A clause can be *independent/main* (it expresses a complete thought and makes sense on its own) or *dependent/subordinate* (it is not a complete thought and cannot stand alone, nor does it make sense without another part of the sentence).

Look at the following sentence:

Tengo que ir al banco después de que salgamos del cine.

**I want to go to the bank...**
(*independent/main clause:* It makes sense by itself)

**... after we go to the movies.**
(*dependent/subordinate clause:* This is not a complete thought and does not make sense alone without another part of a sentence.)

**Dependent clauses** begin with a word called a *conjunction. Conjunctions* are words that connect two parts of a sentence. Conjunctions in English include *that, before, after,* etc.

You will now learn a series of words and phrases that may require the subjunctive when expressing time, manner, place, and/or purpose.

### Estrategia

You may remember that an *adverb* describes the time, manner, place, or purpose of an action. It usually answers the question *how? when? where?* or *why?*

*Tengo que ir al banco __después__.*
*I have to go to the bank __afterward__.* (Answering the question *when?*)

**1.** The **subjunctive** is **always used** after the following phrases (conjunctions):

| | | | |
|---|---|---|---|
| **a menos que** | *unless* | **en caso (de) que** | *in case* |
| **antes (de) que** | *before* | **para que** | *so that* |
| **con tal (de) que** | *provided that* | **sin que** | *without* |

Nos veremos en el campo de golf **a menos que** llueva.

*We'll see each other at the golf course unless it rains.*

Te voy a comprar el vestido **con tal (de) que** te lo pongas varias veces.

*I am going to buy you the dress provided that you wear it several times.*

Pasa por la tintorería **en caso (de) que** esté listo mi traje.

*Stop by the dry cleaners in case my suit is ready.*

**2.** The **indicative** is **always used** after these phrases when they are followed by a **fact**:

| | | | |
|---|---|---|---|
| **ahora que** | *now that* | **ya que** | *since, because* |
| **puesto que** | *given that* | | |

David es muy generoso **ahora que** tiene el trabajo de dependiente.

*David is very generous now that he has the job as a store clerk.*

**Puesto que** va a comprar un carro nuevo, me va a regalar el viejo.

*Given that he is buying a new car, he is giving me the old one.*

Mi hermano siempre me trae pasteles, **ya que** trabaja en una pastelería.

*My brother always brings me cakes, since he works in a bakery.*

**3.** With the following phrases, **both** the **indicative** and the **subjunctive** can be used:

| | | | |
|---|---|---|---|
| **a pesar de que** | *in spite of* | **después (de) que** | *after* |
| **aun cuando** | *even when* | **en cuanto** | *as soon as* |
| **aunque** | *although; even if* | **hasta que** | *until* |
| **cuando** | *when* | **luego que** | *as soon as* |
| **de manera que** | *so that* | **mientras (que)** | *while* |
| **de modo que** | *so that* | **tan pronto como** | *as soon as* |

To determine whether the subjunctive or the indicative is needed, one must ask the following question:

From the point of view of the speaker, has the action already occurred?

- 3.1 If the answer is *yes*, the **indicative** is needed.
- 3.2 If the answer is *no* (e.g., the action has yet to occur), the **subjunctive** must be used.
- 3.3 When the preceding adverbs of time express a **completed** or **habitual** action known to the speaker, it is clear that the action has already taken place, therefore requiring the use of the **indicative.** Compare these examples.

Vamos a ir a la farmacia **tan pronto como** mi hermano salga del consultorio.

*We will go to the pharmacy as soon as my brother leaves the doctor's office.*

● 3.4 From the speaker's point of view, the brother has *not* left the doctor's office yet.

Fuimos a la farmacia **tan pronto como** mi hermano salió del consultorio del médico.

*We went to the pharmacy as soon as my brother left the doctor's office.*

● 3.5 From the speaker's point of view, *yes*, the brother has left the doctor's office already.

Piensa trabajar en esa juguetería **aunque** no le gusten los niños.

*He is thinking about working in that toy store even though he doesn't/may not like children.*

Trabajó seis meses en esa juguetería **aunque** no le gustaban los niños.

*He worked in that toy store for six months although he didn't like children.*

**Note:** In a sentence with no change of subject, you should use the prepositions **antes de, después de, hasta, para,** and **sin** followed by the *infinitive*.

Necesitamos pasar por el banco **antes de salir** de viaje.

*We need to go to the bank before leaving on the trip.*

Ayer salimos de la tienda **sin** pagar.

*Yesterday we left the store without paying.*

*¡Anda! Curso intermedio,* Capítulo 2, El subjuntivo, pág. 82.

 **7·8** Buenas decisiones

Túrnense para escoger la forma correcta de cada verbo para completar las siguientes oraciones. Después, expliquen por qué escogieron esas formas.

1. No quiero ir al consultorio del médico a menos que (tengo, tenga) fiebre.
2. Necesitamos ir a la catedral antes de que el cura (se va, se vaya).
3. Necesitamos pasar por la panadería tan pronto como (salimos, salgamos) de clase.
4. Siempre preferimos hacer compras cuando (hay, haya) buenas ofertas.
5. La dependienta tiene que preparar los escaparates puesto que no (tenemos, tengamos) muchos clientes esta mañana.
6. En cuanto (termina, termine) la tarea, necesito ir a la tintorería para recoger los trajes.

**7·9** **En nuestra ciudad**

Terminen las siguientes oraciones. Necesitan decidir entre el uso del **subjuntivo** o del **indicativo** de los verbos en paréntesis. Túrnense.

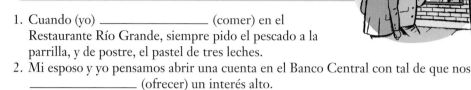

1. Cuando (yo) _____ (comer) en el Restaurante Río Grande, siempre pido el pescado a la parrilla, y de postre, el pastel de tres leches.
2. Mi esposo y yo pensamos abrir una cuenta en el Banco Central con tal de que nos _____ (ofrecer) un interés alto.
3. Mis amigos van a jugar al golf en el Campo Sotomayor tan pronto como _____ (llegar) de vacaciones a la República Dominicana.
4. La tienda favorita de tu padre debe de ser la Ferretería Mundo Nuevo ya que él _____ (ser) carpintero.
5. No pienso comprar nada allí hasta que _____ (empezar) la gran liquidación.

 **7·10** **Decisiones...**

Si estás en Puerto Vallarta, México, hay que visitar Los Chatos. ¡Es una pastelería increíble! Vamos a experimentarla a través de nuestra imaginación. Crea oraciones usando elementos de las dos columnas. Después, compártelas con un/a compañero/a.

**MODELO** No puedo hacer un pedido (*place an order*)... a menos que ustedes me (decir) lo que quieren.

*No puedo hacer un pedido a menos que ustedes me digan lo que quieren.*

**PASTELERÍA LOS CHATOS**

Nuestras especialidades son:

❋ pastel de chocolate
❋ pastel queso fresa
❋ pastel de zanahoria
❋ pastel de frutas
❋ tres leches con fruta

Colonización Olímpica · Puerto Vallarta, MX

1. _____ Sus hijos siempre están contentos...
2. _____ Podemos organizar la cena...
3. _____ Mi mamá va a querer comprar aquel pastel de chocolate...
4. _____ Pienso comprar el pastel de chocolate...
5. _____ Nos encantan los pasteles de tres leches...
6. _____ Van a tener dos pasteles nuevos esta semana...

a. a menos que (costar) más de doscientos pesos.
b. aunque normalmente no los (cambiar) hasta final de mes.
c. ya que (saber) qué vamos a servir de postre.
d. cuando (tener) un pastel de Los Chatos en la fiesta de cumpleaños.
e. a pesar de que no nos (gustar) la leche.
f. tan pronto como ella lo (ver).

7-9 to 7-10

# Notas culturales

## La ropa como símbolo cultural

Cuando vayas a un país diferente, fíjate en la ropa de los escaparates de las tiendas. Muchas veces la ropa refleja la cultura del lugar. Por ejemplo, una prenda (*garment*) típica de los países del Caribe es la *guayabera*. Es una camisa liviana (*lightweight*) de tela fresca como el algodón, que tiene cuatro bolsillos (*pockets*), muchos botones y se lleva fuera de los pantalones. Los hombres la llevan para estar cómodos en el clima caluroso.

En caso de que te encuentres al otro extremo del continente de Suramérica, es posible que veas una prenda asociada con la cultura paraguaya. Es la tela de *aho po'i*, y se usa igual para camisas de hombre que para blusas de mujer. Significa "ropa liviana" y suele ser de algodón con bordados a mano (*hand embroidery*).

En el interior del continente, puedes encontrar unas prendas distintivas de la cultura boliviana: la pollera, una falda con muchas capas (*layers*), la manta y el sombrero tipo Borsalino de las cholas bolivianas. Las cholas llevan esta ropa para que la gente las reconozca como indígenas orgullosas de su herencia y seres dignos de respeto.

## Preguntas

1. Describe las prendas mencionadas en la lectura.
2. ¿Cómo reflejan estas prendas su cultura de origen?
3. ¿Qué prendas son típicas de tu cultura? ¿Por qué son representativas de la cultura, en tu opinión? Compara las prendas representativas de tu cultura con las que se mencionan en la lectura.

### Fíjate

The *guayabera* is a comfortable shirt that is elegant in its simplicity. It has several rows of tiny pleats and can have intricate embroidery as well.

### Fíjate

The name of this cloth, *aho po'i*, comes from the indigenous language *guaraní*. Along with Spanish, *guaraní* is an official language of Paraguay.

### Fíjate

*Chola* refers to indigenous Bolivian women who have moved to urban areas from the countryside.

**7·11** Excusas, siempre excusas

A su amigo Pascal le encanta jugar al golf. Sin embargo, no le gusta viajar a ninguna parte —¡prefiere dormir siempre en su propia cama! Ustedes lo invitan a acompañarlos al campo de golf La Punta Espada Cap Cana en la República Dominicana. Contesten las siguientes preguntas como si fueran (*as if you were*) Pascal. Túrnense.

La Punta Espada Cap Cana

**MODELO**    E1: *¿Vas a ir al Caribe? El campo de golf es fantástico.* (a pesar de que)

E2: *No voy a ir al Caribe a pesar de que el campo de golf sea fantástico.*

1. Es uno de los mejores campos de golf de Latinoamérica. ¿Vienes? (aunque)
2. Hay un hotel magnífico al lado de La Punta Espada Cap Cana. ¿Quieres quedarte allí? (puesto que)
3. Hay unas tiendas muy buenas también. ¿Quieres ir de compras allí? (ya que)
4. Puedes usar mi tarjeta de crédito. No tienes que preocuparte por el dinero. (aun cuando)
5. ¿Cuándo piensas comprar tu boleto de avión? (para/para que)

 **7·12** Un sábado de maratón

Ustedes trabajan como voluntarios para una organización que ayuda a las familias sin casas. El sábado van a comprar regalos para algunas de las familias. ¿Adónde van a ir? ¿Qué van a comprar? ¿Cuándo lo van a hacer y en qué orden? Hagan una lista de las cosas que van a comprar y adonde tienen que ir para comprarlas. Usen las siguientes conjunciones.

**MODELO**    tan pronto como

*Tan pronto como nos despertemos, vamos a salir para el centro para comprar los regalos. Primero vamos a ir a la zapatería…*

1. después de que      3. cuando      5. mientras
2. en caso de que      4. para que      6. hasta que

**7·13** **¿Qué hago?**

Joaquín está perdido en el centro de tu ciudad. Está en la esquina de la Calle del Sol y Camino Real. Túrnense para darle indicaciones (*directions*) para llegar a los diferentes lugares de la ciudad usando las siguientes conjunciones y preposiciones.

| ahora que | en caso de que | para | cuando | después de | ya que |
|-----------|----------------|------|--------|------------|--------|

**MODELO** ya que / Banco Central

*Ya que estás en el parque, dobla a la izquierda en la Calle Ocho. Sigue derecho. El Banco Central está a la izquierda.*

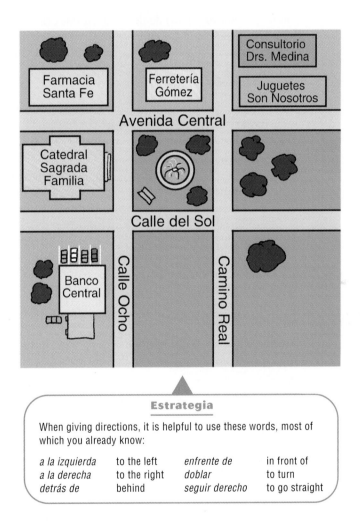

**Estrategia**

When giving directions, it is helpful to use these words, most of which you already know:

| *a la izquierda* | to the left | *enfrente de* | in front of |
|------------------|-------------|---------------|-------------|
| *a la derecha* | to the right | *doblar* | to turn |
| *detrás de* | behind | *seguir derecho* | to go straight |

1. Banco Central / la catedral
2. la catedral / Farmacia Santa Fe
3. Farmacia Santa Fe / Ferretería Gómez
4. Ferretería Gómez / Juguetes Son Nosotros
5. Juguetes Son Nosotros / Consultorio Doctores Medina

# ESCUCHA

7-11 to
7-12

| ESTRATEGIA | Determining setting and purpose |

Identifying the setting (place and time) and understanding the purpose of a message will help you anticipate what you will hear, thus facilitating comprehension. For example, determine where and when an event took place. If dates or hours are not identified, listen for verb tenses. Is the verb in the present, past, or future tense? To determine the purpose, ask yourself the following questions: Is the speaker selling something? Is the speaker reporting something? Is the message meant to be serious or humorous?

**7•14**    **Antes de escuchar**

Vas a escuchar un reportaje de la televisión. Primero, mira la foto. Describe lo que ves en la foto. ¿Cuál es el lugar? ¿Qué hace la persona? ¿Cuál crees que sea el tema de ese reportaje?

**7•15**    **A escuchar**

CD 3
Track 1

Lee toda la información de los siguientes pasos. Después, escucha el reportaje. La primera vez que lo escuches, completa el **Paso 1**. Escúchalo otra vez y completa el **Paso 2**.

**Paso 1** ¿Quiénes son estas personas?

1. _____ Paco
2. _____ Francisco
3. _____ Olga
4. _____ Jorge
5. _____ Yinyo

a. mujer joven de Costa Rica
b. reportero en Puerto Rico
c. hombre mayor, dueño
d. anfitrión (*host*) del programa
e. hombre de los EE.UU.

**Paso 2** Contesta las siguientes preguntas.
1. ¿Dónde toma lugar este reportaje?
2. ¿Qué es el tema del reportaje?

**7-16**    **Después de escuchar**

Inventa un postre o un helado nuevo para la Heladería de Lares y prepara una descripción para anunciarlo en una entrevista con un reportero.

## ¿Cómo andas?

Having completed the first **Comunicación**, I now can…

|  | Feel Confident | Need to Review |
|---|---|---|
| describe stores and other places in a city. (p. 274) | ❑ | ❑ |
| choose between **ser** or **estar** for description. (p. 275) | ❑ | ❑ |
| express uncertainty in time, place, manner, and purpose. (p. 279) | ❑ | ❑ |
| examine and compare culturally symbolic clothing. (p. 283) | ❑ | ❑ |
| determine setting and purpose in a listening passage. (p. 286) | ❑ | ❑ |

# Comunicación

- Describing products in stores
- Stating what is/was going on

**VOCABULARIO 3** — **Algunos artículos en las tiendas**    7-13 to 7-14

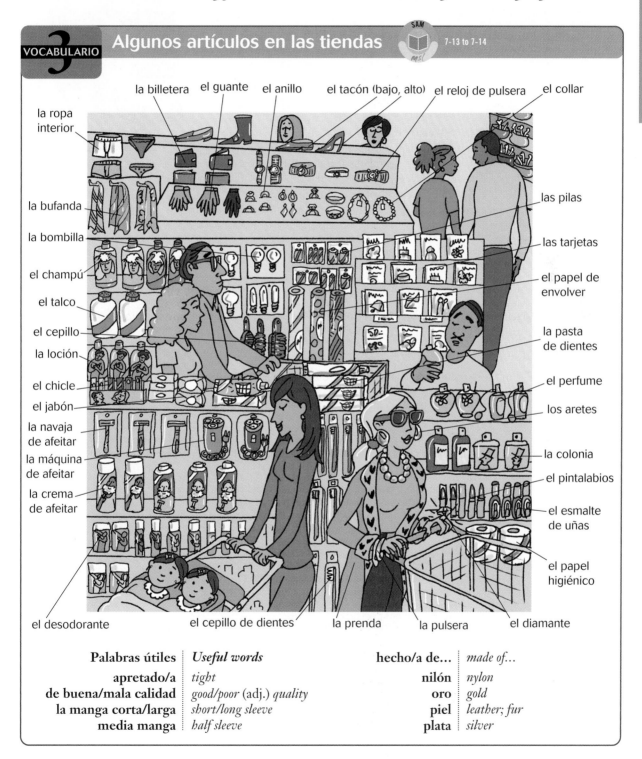

la billetera · el guante · el anillo · el tacón (bajo, alto) · el reloj de pulsera · el collar

la ropa interior

la bufanda

la bombilla

el champú

el talco

el cepillo

la loción

el chicle

el jabón

la navaja de afeitar

la máquina de afeitar

la crema de afeitar

las pilas

las tarjetas

el papel de envolver

la pasta de dientes

el perfume

los aretes

la colonia

el pintalabios

el esmalte de uñas

el papel higiénico

el desodorante · el cepillo de dientes · la prenda · la pulsera · el diamante

| Palabras útiles | *Useful words* | hecho/a de... | *made of...* |
|---|---|---|---|
| **apretado/a** | *tight* | **nilón** | *nylon* |
| **de buena/mala calidad** | *good/poor* (adj.) *quality* | **oro** | *gold* |
| **la manga corta/larga** | *short/long sleeve* | **piel** | *leather; fur* |
| **media manga** | *half sleeve* | **plata** | *silver* |

## ■ El parloteo de Cisco

Estoy buscando una nueva panadería. La que frecuentaba va a cerrar la semana que viene. El dependiente me dijo que los propietarios están abriendo otra tienda, pero muy lejos de aquí. ¡Qué lástima!

 **Deja un comentario para Cisco:**

 **REPASO**

### El presente progresivo

In Cisco's blog, he says **estoy buscando** and **están abriendo.** You may recognize these forms as the **presente progresivo.** If you want to emphasize that an action is occurring at the moment—that it is in progress—you can use this tense instead of the simple present indicative. The following is a brief review of the **presente progresivo.** For a complete review, refer to **Capítulo 5** of *¡Anda! Curso elemental* in Appendix 3.

SAM
7-15 to
7-16

Guide
**G**
MSL
31

1. The English *present progressive* is made up of a form of the verb *to be* + *present participle* (*-ing*).

   The form is the same in Spanish: **estar** + *present participle* (**-ando, -iendo**).

2. **Direct** and **indirect object pronouns**, as well as **reflexive pronouns**, either:

   a. precede the form of **estar**.

   OR

   b. can be attached to the end of the present participle (**-ando, -iendo**).

3. Verbs such as **decir, leer, ir,** and **servir** have irregular **-ando / -iendo** forms.

---

#### Fíjate

In addition to describing an action in progress at the moment of speaking, the progressive is also used to describe an action that is different from the norm.

*Este mes, estoy haciendo las compras en el mercado central en vez del Supermercado Biz.*
This month, I am shopping at the market instead of at Biz Supermarket.

---

#### Estrategia

Remember that some of the verbs that are irregular in the preterit also have an irregular present participle (*-ando/ -iendo*):

| | | | |
|---|---|---|---|
| pedir (e-i-i) | p**i**diendo | ir | **y**endo |
| repetir (e-i-i) | rep**i**tiendo | caer | ca**y**endo |
| dormir (o-ue-u) | d**u**rmiendo | leer | le**y**endo |
| morir (o-ue-u) | m**u**riendo | | |

## 7·17 Lo/La conozco bien

Es el fin de semana. Túrnense para describir lo que están haciendo sus amigos en este momento.

**MODELO** Vicente

*Vicente está mirando unos relojes de pulsera.*

1. Laura

2. Eva

3. Kyung

4. Silvia

5. Alberto

## 7·18 ¿Qué está comprando Inés?

*¡Anda! Curso elemental,* Capítulo 8, Las construcciones reflexivas, Apéndice 3.

Inés está en la tienda Falabella.

**Paso 1** Describan lo que ven en su bolsa.

**Paso 2** Túrnense para explicar para qué necesita cada artículo.

**MODELO** *Necesita el cepillo de dientes para cepillarse los dientes.*

**Paso 3** Creen oraciones en **el presente progresivo.**

**MODELO** *Inés se está cepillando los dientes.*

**7.19** Joyerías Helmlinger

Miren la página web de esta joyería, y después contesten las siguientes preguntas.

JOYERÍAS HELMLINGER

Joyerías Helmlinger, especialistas en el diseño de joyas en Santiago de Chile, cuenta con más de treinta y dos años de experiencia en brindarle joyería fina de la más alta calidad. Tenemos para todos los gustos: diseños clásicos y de vanguardia.

Le anunciamos con orgullo que somos "joyeros de familia" y le ofrecemos una amplia selección de joyas, incluyendo en nuestra línea de productos:

◆ diamantes de alta calidad ◆ anillos de oro (amarillo y blanco)
◆ perlas ◆ anillos de matrimonio
◆ collares ◆ aretes
◆ platería ◆ relojes de pulsera
◆ piedras preciosas: ◆ y mucho más…
   rubíes, zafiros, perlas

Estamos creando continuamente nuevos diseños exclusivos para nuestros clientes que buscan piezas de joyería únicas, fabricadas con materiales de la más alta calidad y con creatividad sin límites.

CONSULTE CON NUESTROS JOYEROS Y DESCUBRA LA DIFERENCIA EN TRADICIÓN Y DISEÑO DE JOYERÍA FINA PARA SATISFACER SUS SUEÑOS.

CALLE PROVIDENCIA 2433 ◆ TELÉFONO: 562-9324776

1. ¿Qué están promocionando en su página web?
2. ¿Qué están haciendo los diseñadores continuamente?
3. ¿Qué calidad de joyería está buscando una persona que compre en Helmlinger?
4. En tu opinión, ¿falta alguna información importante para los posibles clientes?

**7.20** En la tienda Mucha Moda

En grupos de tres, describan el dibujo. Cada estudiante debe crear por lo menos **cuatro** oraciones.

¡Anda! Curso elemental, Capítulo 3, Los colores; Capítulo 8, La ropa, Apéndice 2.

**7·21** Una conversación interesante

Estás en un almacén tipo Wal-Mart o Target y tu padre/madre/esposo/a te llama por teléfono celular. Cuéntale dónde estás, qué estás haciendo, qué necesitas comprar, etc. Tu compañero/a va a ser la persona que te llama. Después, túrnense. Usen **el presente progresivo** cuando puedan.

**MODELO**
E1: *¿Marisol?*
E2: *Hola papá.*
E1: *¿Dónde estás, hija?*
E2: *Estoy en la tienda Gran Mundo y están vendiendo todo muy barato — ¡es una ganga!*
E1: *¿Qué estás haciendo allí? Tú no necesitas nada.*
E2: *No es verdad, papá. Necesito…*

**GRAMÁTICA 4** Los tiempos progresivos: el imperfecto y *andar, continuar, seguir, ir* y *venir*

7-17 to 7-18    41

You have just reviewed the present progressive. There are other tenses that can be used with the present participle **(-ando / -iendo).** For example, the **imperfecto progresivo** is similar in usage to the imperfect. It is used to describe a past action in progress.

¿Te estabas maquillando mami...?

Lo vi cuando **estábamos volviendo** del centro.
*I saw him when we were returning from downtown.*

Chan **estaba mirando** los relojes de pulsera cuando llamaste.
*Chan was looking at the wristwatches when you called.*

¿Te **estabas maquillando** cuando el niño entró?
*Were you putting on your makeup when the little boy came in?*

Él **estaba buscando** muebles en el almacén.
*He was looking for furniture at the warehouse.*

Other verbs can be used with the present participle **(-ando, -iendo): andar, continuar, seguir, ir,** and **venir.** The use of each of these verbs subtly changes the meaning of the progressive.

• *Andar* **+ present participle** implies that the action in progress is not occurring in an organized fashion.

El dependiente nuevo **anda buscando** las prendas por todas partes.
*The new sales clerk is going around looking for the garments all over the place.*

• *Continuar/seguir* **+ present participle** means to keep on/to continue doing something.

**Seguimos buscando** el anillo que mi madre perdió esta mañana.
*We continue looking for the ring my mother lost this morning.*

• *Ir* **+ present participle** emphasizes progress toward a goal.

Los obreros **van avanzando** en la construcción de nuestra ferretería nueva.
*The workers are making progress on the construction of our new hardware store.*

• *Venir* **+ present participle** emphasizes the repeated or uninterrupted nature of an action over a period of time.

Hace dos años que mis hermanos **vienen haciendo** las mismas cosas molestas.
*For two years my brothers have been doing the same aggravating things.*

---

**Fíjate**

Remember that in Spanish the present progressive is *not* used to express the future.

Present progressive: *Están trabajando en la tintorería.*
They are working (right now) at the
dry cleaners.

Future: *Van a trabajar en la tintorería.*
They are going to work at the dry cleaners
(in the future).

---

## 7·22 Ahora mismo

¿Qué están haciendo las siguientes personas? Túrnense para crear oraciones usando **andar, continuar, seguir, ir** y **venir**.

**MODELO** Fabián (es arquitecto y está a punto de ver mucho progreso en un proyecto muy grande)

*Fabián va progresando en su proyecto.*

1. Maite (tiene mucho que hacer pero necesita terminar de limpiar su apartamento esta noche; se siente muy despistada)
2. Javier y Constanza (son muy trabajadores; estudian todos los días para sus clases y tienen dos exámenes mañana)
3. Mi mejor amigo (desde que lo conocí, me ha ayudado mucho; hace ocho años que lo conozco)
4. Nuestro/a profesor/a de español (le gusta hacer trabajo voluntario y así sirve a la comunidad tanto como a sus estudiantes)
5. Yo (duermo bien siempre y anoche dormí muy bien también)
6. Todos los compañeros de clase (cada día saben más y mejoran mucho)

## 7·23 Y ella dijo...

En grupos de cuatro, van a crear oraciones para añadir a las oraciones de sus compañeros. Necesitan usar el vocabulario nuevo del capítulo con **andar, continuar, seguir, ir** y **venir**. Sigan el modelo.

**MODELO** E1: *Ando buscando unos aretes de plata.*

E2: *Ando buscando unos aretes de plata y sigo trabajando muchas horas en el banco.*

E3: *Ando buscando unos aretes de plata. Sigo trabajando muchas horas en el banco. Y vengo diciendo que los pasteles de Los Chatos son los mejores.*

E4: …

## 7·24 Cuando era niño/a...

¿Qué hacías cuando ocurrieron los siguientes eventos? Termina las siguientes oraciones y después compártelas con un/a compañero/a.

**MODELO** tuviste tu primera pesadilla (*nightmare*)

*Estaba durmiendo.*

1. conociste a tu mejor amigo/a
2. recibiste el mejor regalo de tu vida
3. llegó Papá Noel por primera vez
4. supiste que ibas a estudiar en la universidad
5. te regalaron tu primera bicicleta
6. te llamó tu primer/a "amigo/a especial"

## PERFILES

SAM
7-19 to 7-20
M.SL

### Algunos diseñadores y creadores

*En el mundo hispano, como en los EE.UU., hay tiendas que se especializan en productos específicos. Aquí puedes conocer a las personas que hacen los productos que compras en estas tiendas.*

**Paloma Picasso** nació en el año 1949 y empezó su carrera de diseñadora temprano, trabajando con joyas. También ha creado una marca de perfume con su nombre. Hoy sigue diseñando una línea de joyas para la joyería Tiffany y Compañía. Su línea luce anillos, aretes y collares de oro, plata y con diamantes.

Si estás contemplando comprar unos muebles nuevos que tengan a la vez funcionalidad y un diseño moderno, considera los productos del diseñador **Sami Hayek** (n. 1973 en Coatzacoalcos, México). Fundó su negocio de diseño en el año 2003 y se especializa en los muebles. Tiene una lista impresionante de clientes de Hollywood y de negocios importantes.

**Narcisco Rodríguez** (n. 1961) empezó a trabajar en las compañías de moda de Donna Karan y Calvin Klein, dedicándose al diseño de prêt-à-porter (*ready-to-wear*) femenino para grandes almacenes. Tiene su propia línea de ropa y ha creado una colonia para hombres y un perfume para mujeres. Ha ganado premios como "mejor diseñador" en varias categorías y continúa diseñando ropa y fragancias.

#### Preguntas

1. ¿En qué creaciones se especializan estas personas? ¿En qué tipo de tiendas se encuentran sus productos?
2. ¿Cómo se comparan sus productos con los que usas?
3. ¿Qué diseñadores de productos similares conoces en los E.E.U.U.?

### 7·25 Entrevista

Túrnense para hacerse y contestar las siguientes preguntas.

1. ¿Qué andas buscando que no has encontrado todavía?
2. ¿Qué continúas haciendo que no debes hacer?
3. ¿Qué sigues esperando que ocurra en tu vida o en las vidas de tus padres?
4. ¿Qué notas vas sacando este semestre/trimestre?
5. ¿Qué sigues deseando hacer que nunca has hecho?

### 7·26 Nos vamos al spa

Sus amigos casi nunca hacen nada especial por sí mismos y cuando lo hacen, sienten que tienen que justificarlo. Los han invitado a ir con ustedes al Spa Corazón Patagonia en Chile por cinco días. Ayúdenles a justificar el viaje, usando formas del **progresivo** en **cinco** oraciones.

**MODELO** *Sigo trabajando demasiado y necesito descansar.*

# ¡Conversemos!

SAM
7-21 to 7-23

## ESTRATEGIAS COMUNICATIVAS
### Conversing on the phone and expressing agreement (Part 1)

Just as in English, there are conventions for speaking on the phone in Spanish, whether we are speaking in formal circumstances or talking with our friends.

During those conversations, we have the occasion to express agreement. Using the following expressions will help you.

**Conversando por teléfono**
- Aló./Bueno./Diga./Dígame.
- ¿Está _____ (en casa)?
- ¿De parte de quién?
- Le/Te habla.../Es.../Soy...
- Lo/La/Te llamo más tarde.
- No está./No se encuentra.
- ¿Puedo tomar algún recado?
- Gracias por haber(me) llamado.
- Oiga.../Oye...
- Mire/Mira...
- ¡No me diga/s!

**Expresando concordancia**
- Eso es./Así es.
- Cómo no./Por supuesto./Claro que sí./Desde luego.
- Exacto./Exactamente.
- (Estoy) de acuerdo.

**Fíjate**

Different countries tend to have different ways of answering the phone. For example, *Diga* tends to be used in Spain, and *Bueno* in Mexico. *Aló* is used in various countries.

**Speaking on the phone**
*Hello?*
*Is _____ there?/at home?*
*Who shall I say is calling?*
*This is...*
*I will call him/her/you later.*
*He/She is not home.*
*May I take a message?*
*Thank you for calling (me).*
*Hey...*
*Look...*
*You don't say!/No way!*

**Expressing agreement**
*That's it.*
*Of course.*
*Exactly.*
*Okay, I agree.*

CW
eBook

CD 3
Track 2

## 7·27 Diálogo

Escucha el diálogo y contesta las siguientes preguntas.

1. ¿Quién contestó el teléfono? ¿Qué dijo?
2. ¿Qué le dijo Adriana a la señora que la había llamado?
3. ¿Para qué invitó la mujer a Adriana a Chicago?

¡Anda! Curso elemental, Capítulo 8, La ropa, Apéndice 2.

## 7·28 El mercado de los mercados

Saliste para ir de compras al nuevo mercado de pulgas (*flea market*). No puedes creerlo... ¡tienen de todo! Llama a tu mejor amigo/a para decirle todo lo que tienen. Completa los siguientes pasos. Túrnense.

**Paso 1** Llama a tu amigo/a y otra persona contesta el teléfono. Dile que quieres hablar con tu amigo/a.

**Paso 2** Descríbele a tu amigo/a las cosas que ves. (Usa el vocabulario de la página 274, **Algunas tiendas y algunos lugares en la ciudad,** y de la página 287, **Algunos artículos en las tiendas.**)

**Paso 3** Tú ofreces comprarle unas cosas a tu amigo/a y él/ella está de acuerdo.

## 7·29 Una entrevista

Imagina que para tu trabajo tienes que entrevistar a la persona encargada de las modificaciones de la planificación de tu ciudad. Entrevista a esa persona por teléfono para conocer sus planes para las tiendas y otros lugares de la ciudad. En tu entrevista, incluye las siguientes expresiones: **a menos que, en caso de que, para que, con tal de que** y **aunque.** Túrnense.

## 7·30 Canal Véndelotodo

Estás haciendo una gira por el Canal Véndelotodo. Allí hay unas estrellas con sus productos: Joan Rivers con sus collares y "diamantes", Leonardo DiCaprio con unas bombillas "verdes", etc. Llama a un miembro de tu familia para contarle sobre los productos y las personas famosas que ves. Túrnense.

## 7·31 El remate

El señor Dineral es un hombre riquísimo y muy reservado. Quiere que vayas a un remate (*auction*) especial y ofrezcas por su parte (*you bid on his behalf*). Durante el remate, vas a estar comunicándote con él por teléfono. Él te va a decir si quiere ofrecer por un objeto y hasta cuánto quiere gastar. Cuando llegas al remate, te das cuenta que el señor es un poco excéntrico porque el remate es un poco "diferente". Por ejemplo, rematan una botella de esmalte de uñas que era de Paris Hilton.

**Paso 1**  Con un/a compañero/a, hagan una lista de las cosas excéntricas que van a rematar.

**Paso 2**  Creen unos diálogos entre tú y el señor Dineral durante el remate. Acuérdense de que hablan por teléfono porque el señor es muy reservado. Túrnense de papel.

**MODELO**  E1: *¿Aló?*

E2: *Sr. Dineral, le habla _____. Van a rematar una botella de esmalte de uñas de Paris Hilton.*

E1: *Bueno, ofrece hasta mil dólares…*

## 7·32 No lo veo

Normalmente es Rafa quien hace las compras, pero hoy tiene que ir Carmen, puesto que Rafa tiene que quedarse hasta tarde en el trabajo. El problema es que Carmen no puede encontrar nada en la tienda Buena Ganga, así que Carmen tiene que llamar a Rafa para preguntarle dónde se encuentran las cosas en la tienda.

**Paso 1**  Creen una lista de **diez** cosas que necesitan.

**Paso 2**  Túrnense, interpretando los papeles de Rafa y Carmen. Si quieren, pueden usar el dibujo de la página 287 para inspirarse.

# ESCRIBE

7-24 to
7-25

| ESTRATEGIA | Using a dictionary |

A key skill in writing in Spanish is learning to use the dictionary effectively. Dictionaries have conventions for presenting words, their pronunciation, and their meanings. Abbreviations are used, and there is always an abbreviation key at the beginning of the dictionary that explains them. Familiarize yourself with this key first. Sometimes other explanatory symbols and notes further explain word usage. Pay attention to all of these clues as you select the appropriate word(s) to express your meaning. Then double check by looking up the word in reverse: if you began with English–Spanish, then check the Spanish–English version to verify that you have chosen the correct way to express your intended meaning.

## 7•33 Antes de escribir

Vas a escribir un artículo de opinión para el periódico local, expresando tus ideas sobre los pequeños negocios comparados con una mega tienda en tu pueblo. Piensa en tus ideas y opiniones sobre la situación. Luego, organízalas lógicamente y con detalles. ¿Cuáles son algunas palabras de vocabulario que necesitas y que no conoces? Haz una lista de ellas.

## 7•34 A escribir

Ahora, para escribir tu artículo, completa estos pasos:

- Primero, usa el vocabulario y las estructuras gramaticales de este capítulo en el artículo.

- Presenta tu opinión claramente, usando las nuevas palabras en tus oraciones.

- Tu artículo debe consistir en por lo menos **diez** oraciones.

## 7•35 Después de escribir

Comparte tu artículo con un grupo de compañeros de clase. ¿Entienden ellos tu punto de vista/tu opinión? Explícales las palabras que no entiendan, basándote en tu investigación en el diccionario. ¿Escogiste las palabras apropiadas para expresarte?

## ¿Cómo andas?

Having completed the second **Comunicación,** I now can...

|  | Feel Confident | Need to Review |
|---|---|---|
| ● describe items sold in stores. (p. 287) | ❏ | ❏ |
| ● refer to ongoing actions in the past and present. (pp. 288, 291) | ❏ | ❏ |
| ● identify some people whose products are sold in stores. (p. 293) | ❏ | ❏ |
| ● make a phone call and express agreement. (p. 294) | ❏ | ❏ |
| ● use a bilingual dictionary effectively when writing. (p. 296) | ❏ | ❏ |

# Vistazo cultural

SAM

7-26 to
7-27

DVD/VHS

Vistas
culturales

## Algunos lugares y productos en las ciudades de Chile y Paraguay

Tengo un título en Ingeniería Comercial de la Universidad de Santiago de Chile. Siempre he querido dirigir mi propio negocio. En mis estudios aprendí mucho sobre las ciencias de la administración de empresas. Cuando tenga más experiencia, espero abrir mi propia tienda.

**Lic. Fernando Arrieta Guajardo**

**Falabella, un importante almacén de Chile**

Falabella es una de las compañías más grandes de Chile. Tiene almacenes en Chile, Argentina, Perú y Colombia. Cuando empezó en el año 1889, era una sastrería (*tailor shop*), pero hoy día se vende de todo en sus tiendas.

**La Mezquita As-Salam en Santiago, Chile**

Hoy día hay más de 3.000 musulmanes en Chile, y la población musulmana está creciendo poco a poco con la llegada de nuevos inmigrantes y también con las conversiones de personas que ya viven en el país. La primera mezquita de Chile, la Mezquita As-Salam, fue construida a principios de los años 1990.

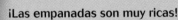

**¡Las empanadas son muy ricas!**

Una panadería es una tienda donde se vende pan. Por lo tanto, es natural que la tienda donde se venden empanadas se llame *empanadería*. La empanada es un pastel de masa (*dough*) con un relleno (*filling*) de varias cosas: pescado, carne, verduras, queso o realmente lo que a uno le guste.

**El volantín: un juguete muy popular en Chile**

¿Qué se puede encontrar en una juguetería? En Chile, tres juguetes muy comunes son el trompo (*top*), los zancos (*stilts*) y el volantín (*kite*). Un pasatiempo popular en Chile es hacer volar volantines. Durante las celebraciones de la independencia chilena, hay competiciones de volantines en todas partes del país.

### La Basílica de Nuestra Señora de los Milagros en Caacupé, Paraguay

El ocho de diciembre se celebra la fiesta de la Virgen en Caacupé, Paraguay. La catedral, la Basílica de Nuestra Señora de los Milagros, es un centro religioso y espiritual para el país. Miles de personas vienen caminando hasta cien kilómetros a modo de peregrinaje (*pilgrimage*).

### El arpa paraguaya es el instrumento nacional

En Asunción, hay fábricas donde se construyen unos instrumentos de cuerdas típicos y populares de Paraguay: el arpa paraguaya y la guitarra. El arpa paraguaya es apreciada en todas partes del mundo por su sonido distinto al de otros tipos de arpa. El arpa se hace usualmente de maderas locales.

### Las ruinas de las reducciones jesuitas de Trinidad, Paraguay

Cuando vayas a Paraguay, visita la Santísima Trinidad de Paraná: la mayor de las ruinas de las reducciones jesuitas y designada Patrimonio Cultural de la Humanidad por UNESCO. Trinidad era una ciudad con una plaza principal, fábricas para hacer bienes (*goods*) y casas individuales donde vivían los indígenas protegidos por los padres.

## Preguntas

1. Identifica los lugares de las ciudades mencionadas y determina si hay productos asociados con ellos.
2. ¿Existen estos lugares en tu ciudad o pueblo? ¿Cuáles? ¿En qué son similares y en qué son diferentes de los lugares indicados en Chile o Paraguay? Si estos lugares no existen en tu ciudad, ¿por qué sera?
3. En los capítulos anteriores, has aprendido sobre los productos y las prácticas culturales de otros países (por ejemplo, en el *Capítulo 4, ¡Celebremos!*, aprendimos sobre La Quema del Diablo en Guatemala, las procesiones religiosas de la Semana Santa en Guatemala y Honduras, Carnaval en La Ceiba, Honduras, las pupusas, etc.). Piensa en algunos ejemplos y compáralos con las prácticas y los productos que ves aquí (por ejemplo, el volantín, las empanadas o la fiesta de la Virgen en Caacupé, Paraguay). ¿En qué son similares y en qué son diferentes?

# Laberinto peligroso

## lectura

7-28 to 7-30

---

**ESTRATEGIA**    Identifying elements of texts: Tone and voice

In addition to understanding what is being said, it is also important to grasp *how* it is being said. **Tone** and **voice** are two important ways of determining *how*. **Tone** is the writer's attitude toward his/her readers and the subject(s). Tone reflects the feelings of the writer. **Voice** allows the reader to perceive a human personality through the language and sentence structure.

Therefore, ask yourself the following questions to determine tone and voice.

1. What language does the author use?

2. Is the passage serious, sarcastic, humorous, or perhaps neutral?

3. What words are used that make you think so?

4. How much of the author's beliefs and opinions are in the piece?

5. Is the author a formal observer, a reporter, or a vested participant in the passage?

6. What are the sentences like? Are they short, or long and descriptive?

Determining tone and voice helps you go beyond the literal meaning of what you read.

---

**7-36**    **Antes de leer**    En los episodios del **Capítulo 5,** después de decidir empezar a colaborar en sus respectivas investigaciones, Cisco y Celia fueron a la biblioteca para estudiar unos mapas y crónicas. Posteriormente, tuvieron que ir a la comisaría (*police station*) para declarar ante la policía. Antes de empezar a leer el episodio, contesta las siguientes preguntas.

1. ¿Qué importancia pueden tener los mapas y las crónicas que Celia y Cisco consultaron en la biblioteca?

2. ¿Por qué tuvieron que declarar Celia y Cisco ante la policía? ¿Crees que son inocentes? ¿Por qué?

3. Muchas veces, para comprender mejor una lectura, es útil identificar la voz y el tono del texto. ¿Cómo eran la voz y el tono de algunos de tus episodios favoritos? ¿Cómo crees que va a ser el tono de este episodio?

4. Lee rápidamente las primeras diez líneas del episodio y describe el tono y la voz de esa parte del texto. Identifica palabras del texto para apoyar tu descripción.

CD 3
Track 3    *in charge*

## DÍA 40    ¿Casualidades o conexiones?

Cuando llegaron a la casa de Cisco, era ya tarde y estaban agotados. Celia y Cisco habían estado varias horas en la comisaría hablando con el detective encargado° del caso. Después de declarar ante la policía, estaban realmente preocupados.

—Tú y yo sabemos que somos inocentes, pero no creo que le hayamos convencido al detective; creo que durante toda mi declaración estaba dudando de mi palabra. Está claro que somos los sospechosos principales en ese caso. ¡Es fundamental que le hagamos creer en nuestra inocencia! Tenemos que demostrarle que no hemos robado nada, que somos periodistas legítimos, y que estamos realizando una investigación legítima —dijo Celia, un poco agobiada°.

*weighed down, feeling down*

—Estoy completamente de acuerdo contigo, Celia. Por eso, es más importante ahora que nunca que sigamos investigando para que podamos resolver los dos casos, y para que la policía pueda saber con total seguridad que no somos los culpables. —respondió Cisco con firmeza.

—No sé qué nos espera, pero también creo que a pesar de que una persona misteriosa nos haya amenazado, tenemos que continuar tratando de descubrir la verdad —afirmó Celia convencida. —Y tienes razón, Cisco; en caso de que todo esté relacionado, también creo que deberíamos intentar resolver el caso del robo. Antes teníamos bastante trabajo solo con los asuntos de contrabando y las sustancias extraídas de plantas tropicales, y ahora parece que vamos a tener todavía más.

—A no ser que estemos viviendo muchas casualidades°, toda nuestra investigación sobre el contrabando de los productos de las selvas tropicales para la guerra biológica tiene que estar relacionada con esos mapas y esa crónica. Es la única explicación lógica —dijo Cisco.

*coincidences*

—Pero tenemos que descubrir la verdad sin que nadie se dé cuenta de lo que estamos haciendo. Hasta que el autor de esos crímenes esté en custodia de la policía, sé que tú y yo vamos a estar en peligro. Es imprescindible que sigamos adelante, pero tenemos que hacerlo con muchísimo cuidado —dijo Celia con mucha convicción.

—Es cierto lo que dices. Es evidente que no vamos a poder estar tranquilos hasta que hayamos resuelto todo y sepamos quién es el culpable —respondió Cisco, preocupado.

—Lo sé. Estoy segura de que cuando todo esto haya terminado, voy a necesitar otras vacaciones —respondió Celia, intentando hablar con un tono menos grave y más ligero.

Cisco y Celia se pusieron a estudiar las características del mapa y de la crónica que habían sido robados. Descubrieron que los dos estaban relacionados con una selva tropical en Centroamérica. Había mucho trabajo que hacer, así que decidieron dedicarse cada uno a una tarea distinta. Celia se dedicó a tratar de examinar la zona más de cerca, empleando Google Earth. Con las imágenes de satélite, logró ver el pueblo que aparecía en el mapa robado y que se mencionaba en la crónica. O bien por casualidad o bien por conexión directa entre los dos casos, pudo ver que el pueblo estaba en una zona muy rica en plantas medicinales. Mientras ella estudiaba esas imágenes y otros documentos relevantes, Cisco, por otro lado, andaba buscando información sobre otros mapas y crónicas relacionados con la misma región. Descubrió que en el ámbito internacional, otros mapas y crónicas también habían desaparecido. En la mayoría de los casos, las autoridades no habían sido capaces de descubrir quiénes eran los culpables.

—Aquí hay muchas casualidades. ¿Crees que es posible que haya alguna conexión entre las personas que han robado nuestra biblioteca y todos estos casos internacionales? —Cisco le preguntó a Celia.

—No solo creo que es posible, Cisco, me parece que es muy probable.

**7-37** **Después de leer** Contesta las siguientes preguntas.

1. ¿Qué preocupaciones tenían Celia y Cisco respecto a sus declaraciones en la comisaría?
2. ¿Por qué pensaban Celia y Cisco que era importante resolver el caso del mapa y la crónica robados?
3. ¿Qué relación había entre su investigación de las selvas tropicales y el mapa y la crónica robados?
4. ¿Por qué podía tener implicaciones internacionales el robo del mapa y de la crónica?
5. ¿Cómo era el tono del episodio?
6. ¿Por qué se titula el episodio *¿Casualidades o conexiones?*?

## video

**7-38** **Antes del video** En *¿Casualidades o conexiones?* viste algunas de las preocupaciones de Cisco y Celia que los motivaron a seguir adelante con sus investigaciones. En *¡Trazando rutas y conexiones!,* vas a ver cómo avanzan en sus investigaciones. Antes de ver el episodio, contesta las siguientes preguntas.

1. ¿Crees que Cisco y Celia realmente son sospechosos en el caso del robo del mapa y de la crónica? ¿Por qué?
2. ¿Qué conexiones crees que pueden haber entre la investigación de Celia y Cisco y el robo de mapas y crónicas?
3. ¿Cómo puede estar relacionado con todo eso el laboratorio donde trabaja Cisco?

Celia, te has traído media tienda.

Las propiedades medicinales de estas plantas pueden ser alteradas si caen en manos de contrabandistas, y el resultado puede ser muy peligroso para la sociedad.

Si estas sustancias caen en manos equivocadas, las consecuencias pueden ser muy peligrosas.

## ¡Trazando rutas y conexiones!

Relájate y disfruta el video.

**7-39** **Después del video** Contesta las siguientes preguntas.

1. ¿Dónde estaba Celia al principio del episodio y qué hacía?
2. ¿Qué descubrió Cisco en el correo electrónico que recibió antes de comer?
3. ¿Por qué se puso en contacto Celia con agentes federales?
4. ¿Qué descubrió Celia respecto al tráfico de sustancias químicas extraídas de plantas tropicales?
5. ¿Por qué tenía que ir Cisco a declarar otra vez?

## Y por fin, ¿cómo andas?

Having completed this chapter, I now can...

|  | Feel Confident | Need to Review |
|---|:---:|:---:|

### Comunicación
- discuss stores and other places in a city. (p. 274) ❏ ❏
- correctly choose between **ser** or **estar.** (p. 275) ❏ ❏
- express uncertainty in time, location, manner, and purpose. (p. 279) ❏ ❏
- determine setting and purpose when listening. (p. 286) ❏ ❏
- identify items sold in stores. (p. 287) ❏ ❏
- refer to ongoing actions in the past and present tenses. (pp. 288, 291) ❏ ❏
- make a phone call in a Spanish-speaking country. (p. 294) ❏ ❏
- use a bilingual dictionary effectively to improve writing. (p. 296) ❏ ❏

### Cultura
- examine and compare culturally representative apparel. (p. 283) ❏ ❏
- identify some people whose products are sold in stores. (p. 293) ❏ ❏
- share information about interesting stores, places, and products found in Chile and Paraguay. (p. 298) ❏ ❏

### Laberinto peligroso
- identify elements of texts: tone and voice. (p. 300) ❏ ❏
- discuss the possible connection and meaning of other missing maps and *cronista* journals. (p. 302) ❏ ❏
- express my opinion about Cisco's possible arrest. (p. 303) ❏ ❏

# VOCABULARIO ACTIVO

CW
eBook
CD 3
Tracks 4-8

| Algunas tiendas y algunos lugares en la ciudad | Some shops and places in the city |
| --- | --- |
| el campo de golf | golf course |
| la carnicería | butcher shop |
| la catedral | cathedral |
| el consultorio | doctor's office |
| la fábrica | factory |
| la farmacia | pharmacy |
| la ferretería | hardware store |
| la frutería | fruit store |
| la fuente | fountain |
| la heladería | ice cream store |
| la juguetería | toy store |
| la mezquita | mosque |
| la panadería | bread store; bakery |
| la papelería | stationery shop |
| la pastelería | pastry shop |
| la pescadería | fish store |
| los servicios | public restrooms |
| la tintorería | dry cleaners |
| la tienda de ropa | clothing store |
| la zapatería | shoe store |

| Para comprar cosas... | To buy things... |
| --- | --- |
| el/la dependiente/a | store clerk |
| el dinero en efectivo | cash |
| el escaparate | store window |
| la ganga | bargain |
| la liquidación | clearance sale |
| el mostrador | counter |
| la oferta | offer |
| la rebaja | sale; discount |
| la tarjeta de crédito | credit card |

| Algunos artículos en las tiendas | Some items in the stores |
| --- | --- |
| Artículos generales | General items |
| la bombilla | light bulb |
| el cepillo | brush |
| el cepillo de dientes | toothbrush |
| el champú | shampoo |
| el chicle | gum |
| la colonia | cologne |
| la crema de afeitar | shaving cream |
| el desodorante | deodorant |
| el esmalte de uñas | nail polish |
| el jabón | soap |
| la loción | lotion |
| la máquina de afeitar | electric shaver |
| la navaja de afeitar | razor |
| el papel de envolver | wrapping paper |
| el papel higiénico | toilet paper |
| la pasta de dientes | toothpaste |
| el perfume | perfume |
| las pilas | batteries |
| el pintalabios | lipstick |
| el talco | talcum powder |
| las tarjetas | cards; greeting cards |

| Algunas prendas, ropa y otras cosas | Some garments, clothes, and other things |
| --- | --- |
| el anillo | ring |
| los aretes | earrings |
| la bufanda | scarf |
| la billetera | wallet |
| el collar | necklace |
| el diamante | diamond |
| el guante | glove |
| la prenda | garment |
| la pulsera | bracelet |
| el reloj de pulsera | wristwatch |
| la ropa interior | underwear |
| el tacón (alto, bajo) | heel (high, low) |

| Palabras útiles | Useful words |
| --- | --- |
| apretado/a | tight |
| de buena/mala calidad | good/poor (adj.) quality |
| la manga corta/larga | short/long sleeve |
| media manga | half sleeve |
| hecho/a de... | made of... |
| nilón | nylon |
| oro | gold |
| piel | leather; fur |
| plata | silver |

# La vida profesional

¿Qué profesiones te interesan? ¿Prefieres trabajar con otras personas o a solas? ¿En una oficina o en una industria o afuera en la naturaleza? Exploremos el mundo del trabajo y la vida profesional.

## OBJETIVOS

## CONTENIDOS

### Comunicación

### Cultura

### Laberinto peligroso

*El mundo del trabajo*

## PREGUNTAS

1 ¿Qué profesiones te interesan? ¿Por qué?

2 ¿Para qué profesión estudias? Para hacer este trabajo, ¿qué más necesitas hacer después de terminar tus estudios en la universidad?

# Comunicación

- Describing professions and careers
- Expressing actions in the future
- Stating what would happen under certain conditions

**VOCABULARIO 1**  Algunas profesiones

SAM  M.S.L.  8-1 to 8-3

el ama de casa

el asistente de vuelo

la bombera

la abogada

la comerciante

el contador

el cajero
el cartero

el granjero

la mujer de negocios

la dentista

la secretaria

la escritora

la piloto

el maestro

el mecánico

el peluquero

el político

el veterinario

la reportera

VOTEN

la psicóloga

| Palabras útiles | *Useful words* | | |
|---|---|---|---|
| el abogado | *male lawyer* | el hombre de negocios | *businessman* |
| el/la agente | *agent* | el/la ingeniero/a | *(chemical) engineer* |
| el ama de casa | *male homemaker* | (químico/a) | |
| la asistente de vuelo | *female flight attendant* | el/la jefe/a | *boss* |
| el/la banquero/a | *banker* | la maestra | *female teacher* |
| el bombero | *male firefighter* | la mecánica | *female mechanic* |
| la cajera | *female cashier* | la peluquera | *female hairdresser* |
| la cartera | *female mail carrier* | el/la periodista | *journalist* |
| el comerciante | *male shopkeeper;* | el piloto | *male pilot* |
| | *merchant* | la política | *female politician* |
| el/la consejero/a | *counselor* | el/la propietario/a | *owner; landlord* |
| la contadora | *female accountant* | el reportero | *male reporter* |
| el dentista | *male dentist* | el psicólogo | *male psychologist* |
| el/la empleado/a | *employee* | el secretario | *male secretary* |
| el escritor | *male writer* | el/la supervisor/a | *supervisor* |
| el/la gerente/a | *manager* | la veterinaria | *female veterinarian* |
| la granjera | *female farmer* | | |

**Querido diario:**

Mis vecinos tienen profesiones muy variadas. La rubia de al lado es dependienta en un almacén, la uruguaya del apartamento 2F es presidenta de una compañía y el guapo del tercer piso es policía.

Preguntas

❶ ¿De quién(es) habla Celia?
❷ ¿Qué profesiones tienen ellos?
❸ ¿A qué profesión aspiras? ¿Y tus amigos?
   ¿Qué profesiones tienen tus parientes?

**REPASO**

SAM
8-4

Guide
**G**
2, 4

## Los adjetivos como sustantivos

In Celia's diary, she writes **la rubia, la uruguaya,** and **el guapo.** You may recall that dropping the noun creates *adjectives that function as nouns.* So instead of **la mujer rubia,** you can express the idea with **la rubia.**

Other points regarding adjectives used as nouns include:

1. The neuter definite article **lo,** when used with the masculine singular form of an adjective, also functions as a noun and is translated as "the... thing."
2. The words **más** and **menos** can precede the adjective.
3. Some common expressions with **lo** include:

| | | | |
|---|---|---|---|
| **lo malo** | *the bad thing* | **lo peor** | *the worst thing* |
| **lo mejor** | *the best thing* | **lo mismo** | *the same thing* |

For more information, refer to **Capítulo 10** of *¡Anda! Curso elemental* in Appendix 3.

## 8 1 Categorías

¿Cuáles de las profesiones y trabajos del vocabulario nuevo requieren, por regla general, título universitario? ¿Cuáles no lo requieren?

**Paso 1** Pongan las profesiones y trabajos bajo la categoría apropiada.

**MODELO** 1. REQUIEREN TÍTULO UNIVERSITARIO

abogado

2. NO REQUIEREN TÍTULO UNIVERSITARIO

cajero

**Paso 2** ¿Cuáles requieren títulos universitarios avanzados?

## 8 2 Asociaciones

¿Qué palabras (o personas) se asocian con los siguientes trabajos y profesiones?

**Paso 1** Túrnense para hacer asociaciones.

**MODELO** la peluquera

*pelo, cepillo, peinarse...*

1. el banquero
2. la escritora
3. la secretaria
4. el asistente de vuelo
5. la dentista
6. el periodista
7. el abogado
8. el cajero
9. el cartero

**Paso 2** Para cada profesión o trabajo de la lista, añadan una nacionalidad. Después, cambien la frase a una con adjetivo que funciona como sustantivo.

**MODELO** la peluquera

*la peluquera española*

*la española*

 *¡Anda! Curso elemental,* Capítulo Preliminar A, Los adjetivos de nacionalidad, Apéndice 2.

## 8 3 ¿Es verdad?

Decide si estas oraciones, por regla general, son ciertas o falsas. Si son falsas, corrígelas. Después, compara tus respuestas con las de un/a compañero/a.

**MODELO** Un ingeniero químico no necesita un título universitario.

*Falso. Un ingeniero químico necesita un título universitario.*

1. El veterinario es un doctor de animales.
2. El periodista es también escritor.
3. Un ama de casa trabaja de nueve a cinco.
4. Generalmente, los granjeros no tienen jefes.
5. Los pilotos y los asistentes de vuelo trabajan juntos.
6. No hay ningún requisito para ser bombero/a.

## 8 4  El/La asistente

Decidan cómo revisar las siguientes partes de este reporte de la compañía para que sean menos repetitivas, usando **los adjetivos como sustantivos**. También deben usar una expresión con **lo** (**lo interesante, lo bueno, lo mejor,** etc.), como en el modelo.

**MODELO**  Los carteros trabajan para todos los negocios del edificio. Los carteros nuevos trabajan cuarenta horas por semana y los carteros antiguos trabajan treinta horas por semana.

*Lo interesante es que los carteros trabajan para todos los negocios del edificio. Los nuevos trabajan cuarenta horas por semana y los antiguos trabajan treinta horas.*

1. Hay cinco contadores en total: dos de ellos tienen más de cinco años de experiencia con la compañía. Los tres contadores nuevos tienen menos de un año de experiencia con nosotros. Además, los tres contadores nuevos tienen títulos avanzados. Finalmente, de los tres contadores nuevos, dos son mujeres y uno es hombre.
2. La compañía emplea cuatro ingenieros químicos. Dos de los ingenieros son graduados de MIT y dos son graduados de UCLA. Los dos ingenieros de MIT tienen títulos de doctorado. Los ingenieros de UCLA son nuevos; llevan menos de un año en la compañía. Los ingenieros de UCLA han expresado interés en continuar con sus estudios.

## 8 5  ¿A quién conoces que...?

Circula por la clase hasta encontrar a un/a estudiante que pueda contestar afirmativamente cada una de las siguientes preguntas.

**MODELO**  conocer a un piloto

E1: *Marco, ¿conoces a un piloto?*

E2: *No, no conozco a ningún piloto.*

E1: *Sofia, ¿conoces a un piloto?*

E3: *Sí, mi primo es piloto.*

E1: Firma aquí, por favor.

| PREGUNTAS | FIRMA |
|---|---|
| 1. conocer a un/a piloto | *Sofía* |
| 2. haber trabajado como secretario/a o recepcionista | |
| 3. pensar que el trabajo de escritor es fácil | |
| 4. creer que los abogados ganan más dinero que los veterinarios | |
| 5. tener un pariente que trabaja como contador/a | |
| 6. haber llevado su coche a un/a mecánico/a recientemente | |
| 7. haber trabajado en un negocio que tiene más de veinte empleados | |
| 8. tener un amigo que es propietario/a de un negocio | |

## 86 En su opinión

Discutan las siguientes posibilidades, evitando siempre la repetición.

> ¡Anda! Curso intermedio, Capítulo 3, Los materiales de la casa y sus alrededores, pág. 106; Dentro del hogar, pág. 117; Capítulo 5, Las vacaciones, pág. 190.

**MODELO** ¿Cuál es la profesión…?      más/menos interesante

E1: *¿Cuál es la profesión más interesante?*

E2: *Para mí la más interesante es ingeniero. ¿Y para ti?*

E1: *La más interesante es psicólogo. Para mí la menos interesante es bombero.*
*¿Y para ti?*

E2: *Para mí la menos interesante es granjero.*

**¿CUÁL ES LA PROFESIÓN…?**

1. más/menos interesante
2. más/menos lucrativa
3. más/menos difícil
4. más/menos fácil

5. que requiere más/menos horas de trabajo
6. que requiere más/menos años de estudio universitario
7. que requiere más/menos creatividad
8. que mejor sirve a la comunidad

**GRAMÁTICA 2** **El futuro**

8-5 to 8-6      58

As in English, the **future** can be expressed in several ways. In Spanish so far, you have either used the present tense to indicate that an action will take place in the very near future or used the construction *ir + a + infinitivo* to express *to be going to do something:*

| | |
|---|---|
| **Hablamos** (*present*) con el agente esta tarde. | *We will speak with the agent this afternoon. / We are speaking to the agent this afternoon.* |
| **Vamos a hablar** (**ir + a +** infinitivo) con el agente esta tarde. | *We are going to speak with the agent this afternoon.* |

1. The **future** tense can express actions that will occur in the *near or distant future*. The future for regular verbs is formed by **adding the following endings to the infinitive.**

¡Mi hijito Juanito se graduará en menos de trece años!

|        | hablar     | leer     | escribir     |
|--------|------------|----------|--------------|
| yo     | hablaré    | leeré    | escribiré    |
| tú     | hablarás   | leerás   | escribirás   |
| él, ella, Ud. | hablará | leerá | escribirá |
| nosotros/as | hablaremos | leeremos | escribiremos |
| vosotros/as | hablaréis | leeréis | escribiréis |
| ellos/as, Uds. | hablarán | leerán | escribirán |

Note the following examples:

**Hablaremos** con el agente mañana.                *We will speak with the agent tomorrow.*

Mi hermano **será** escritor algún día.             *My brother will be a writer someday.*

¿**Sacarás** el título de veterinario?               *Will you receive your Veterinary Science degree?*

Mercedes y Cristóbal **conocerán** a mi             *Mercedes and Cristóbal will*
jefa la semana próxima.                              *meet my boss next week.*

Yo **iré** contigo si quieres.                       *I'll go with you if you like.*

2. The following are some common irregular verbs in the future. While the stems are irregular, the endings remain the same as for regular verbs.

   • The following verbs drop the infinitive vowel:

|        |         |                             |
|--------|---------|-----------------------------|
| haber  | habr-   | habré, habrás, habrá…       |
| poder  | podr-   | podré, podrás, podrá…       |
| querer | querr-  | querré, querrás, querrá…    |
| saber  | sabr-   | sabré, sabrás, sabrá…       |

   • These verbs replace the infinitive vowel with **d:**

|        |         |                             |
|--------|---------|-----------------------------|
| poner  | pondr-  | pondré, pondrás, pondrá…    |
| salir  | saldr-  | saldré, saldrás, saldrá…    |
| tener  | tendr-  | tendré, tendrás, tendrá…    |
| valer  | valdr-  | valdré, valdrás, valdrá…    |
| venir  | vendr-  | vendré, vendrás, vendrá…    |

   • These verbs have different irregularities:

|        |         |                             |
|--------|---------|-----------------------------|
| decir  | dir-    | diré, dirás, dirá…          |
| hacer  | har-    | haré, harás, hará…          |

3. The future can also be used to *indicate probability*. When you wish to express the English idea of *wonder, might, probably*, etc., in Spanish you use the future:

¿Dónde **estará** el consejero?          *I wonder where the counselor is/must be.*
¿Qué **querrá** el jefe?                  *What do you think the boss wants?*
¿Qué **estaremos** haciendo en quince años?  *(I wonder) What will we be doing in fifteen years?*

## 8·7 La corrida de toros

Escuchen mientras su profesor/a les da las instrucciones para este juego.

## 8·8 Pobre Alberto y Verónica

Alberto y Verónica no consiguieron el trabajo de verano que querían con el Banco Toda Confianza. Hicieron una lista sobre lo que podrán hacer la próxima vez para tener éxito. Usando los verbos de la lista, completen la conversación entre ellos con los verbos en el **futuro.** Túrnense.

| | | | |
|---|---|---|---|
| contestar | escuchar | hablar | investigar |
| llamar | llevar | poder | ponerse |
| preguntar | tener | traer | salir |

**MODELO**   traer

*Traeré cartas de referencia. —decidió Alberto.*

1. Yo _____ con unas personas que trabajan allí para entender mejor las responsabilidades del puesto (*position*). —comentó Verónica.
2. _____ la página web para obtener más información sobre el negocio. —se dijeron Alberto y Verónica.
3. Los dos no _____ jeans para la entrevista. _____ unos trajes elegantes.
4. ¿_____ temprano para poder llegar a tiempo? —le preguntó Verónica a Alberto.
5. Verónica no les _____ sobre el salario en la primera entrevista.
6. No los _____ el día siguiente para preguntarles si han tomado una decisión. _____ más paciencia. —dijo Alberto. Y papá, ¿_____ ir conmigo? —le preguntó Alberto.

## 8·9 ¿Y mañana?

Combinen los elementos de las columnas A, B y C, y escriban oraciones para describir qué harán estas personas mañana.

**MODELO**   el mecánico   reparar   el camión de mi amigo

*El mecánico reparará el camión de mi amigo.*

| COLUMNA A | COLUMNA B | COLUMNA C |
|---|---|---|
| el ingeniero | dar | los dientes de juicio a mi hermano |
| los carteros | empezar | para Europa en un avión grande |
| la dentista | escribir | el camión de mi amigo |
| el mecánico | poner | las cartas en el buzón |
| los periodistas | reparar | un reportaje sobre las elecciones |
| la consejera | sacar | consejos a todos los empleados |
| los pilotos | salir | con la construcción de la autopista |
| la política | venir | a la reunión para explicar el aumento de impuestos |

## 8·10  En quince años

¿Cómo será tu vida en quince años? Completa los siguientes pasos.

**Paso 1** Haz y luego contesta las siguientes preguntas con un/a compañero/a. Túrnense.

*¡Anda! Curso intermedio*, Capítulo 2, Algunos deportes, pág. 68, Algunos pasatiempos, pág. 81; Capítulo 3, Los materiales de la casa y sus alrededores, pág. 106, Dentro del hogar, pág. 117; Capítulo 4, Las celebraciones y los eventos de la vida, pág. 142; Capítulo 5, Los viajes, pág. 180.

**MODELO**   E1: *Mi compañera Marsha tendrá un puesto en IBM. Trabajará con las computadoras. Ella vivirá en Cary, Carolina del Norte...*

E2: *Mi compañero Mark trabajará como periodista. Reportará los deportes. Vivirá en Miami. Sus amigos vivirán en Miami también...*

1. ¿Qué trabajo / tener / tú? / Descríbelo.
2. ¿Dónde vivir / tú? / ¿Dónde / vivir / tus amigos?
3. ¿Cómo / ser / tu casa o apartamento?
4. ¿Estar / tú / casado/a? / ¿Tener / tú / hijos?
5. ¿Cómo / pasar / tu familia y tú / su tiempo libre?
6. ¿Adónde / ir / ustedes / de vacaciones?
7. ¿En qué / gastar / ustedes / el dinero?
8. ¿Cómo / servir / tú / a la comunidad?

**Paso 2** En grupos de cuatro, compartan sus ideas sobre el futuro de su compañero/a.

## 8·11  El año 2030

¿Cómo será el mundo en el año 2030?

**Paso 1** Escribe **cinco** preguntas sobre el futuro.

**Paso 2** Circula por la clase para hacerles esas preguntas a tus compañeros/as. Deben elaborar sus respuestas.

**MODELO**   E1: *¿Cómo cambiarán los modos de transporte?*

E2: *Los carros serán eléctricos y los aviones usarán una gasolina sintética. Viajaremos mucho por tren, que también usará un tipo de gasolina sintética...*

## Más profesiones

8-7 to 8-8

| | | | |
|---|---|---|---|
| **la banca** | *banking* | **la justicia criminal** | *criminal justice* |
| **las ciencias (acuáticas,** | *(aquatic, political)* | **el mercadeo** | *marketing* |
| **políticas)** | *science* | **la moda** | *fashion* |
| **el comercio/** | *business* | **la pedagogía** | *teaching* |
| **los negocios** | | **la psicología** | *psychology* |
| **la enfermería** | *nursing* | **la publicidad** | *advertising* |
| **la gerencia de hotel** | *hotel management* | **las ventas** | *(telemarketing)* |
| **la ingeniería** | *engineering* | **(por teléfono)** | *sales* |

COMUNICACIÓN

 ¡Anda! Curso elemental, Capítulo 2, Las materias y las especialidades, Apéndice 2.

trescientos diecisiete 317

CAPÍTULO 8

## 8-12 ¿Qué estudiarán?

Los siguientes estudiantes están interesados en estos trabajos. ¿Qué necesitarán estudiar después de graduarse de la escuela secundaria? Túrnense para hacerse y contestar las preguntas.

**MODELO** Víctor     médico

E1: *¿Qué estudiará Víctor?*

E2: *Víctor estudiará medicina.*

1. Daniel            enfermero
2. Caridad         gerente de un banco
3. Niko y Cristina   gerentes de hoteles
4. Esteban         ingeniero
5. Lola y Ana Lisa   psicólogas
6. Jorge Luis       hombre de negocios
7. Graciela         mujer policía
8. Julio y Mauricio   maestros
9. Tú                ¿?

### Estrategia

You may wish to review vocabulary dealing with *Las materias y las especialidades*, in *Capítulo 2* of Appendix 2.

 ¡Anda! Curso elemental Capítulo 2, Las materias y las especialidades; Capítulo 4, Trabajos y servicios voluntarios; Capítulo 8, La ropa; Capítulo 10, Los medios de transporte, El viaje; Capítulo 11, La política, Apéndice 2.

 ¡Anda! Curso intermedio, Capítulo 3, Los materiales de la casa y sus alrededores, pág. 106, Dentro del hogar, pág. 117; Capítulo 5, Los viajes, pág. 180, Las vacaciones, pág. 190; Capítulo 7, Algunas tiendas y algunos lugares en la ciudad, pág. 274, Algunos artículos en las tiendas, pág. 287.

## 8-13 Es interesante porque...

¿Cuáles son los aspectos positivos e interesantes de las siguientes profesiones? Juntos, hagan una lista para cada una de las siguientes profesiones.

**MODELO** la enfermería

*Es interesante porque siempre trabajas con la gente. Puedes ayudar a las personas enfermas y a sus familias. Eres un factor importante en el mejoramiento del paciente.*

1. la pedagogía
2. la gerencia de hotel
3. la publicidad
4. la justicia criminal
5. las ciencias políticas
6. la moda
7. la ingeniería
8. la banca

## 8-14 Tenemos puestos

 ¡Anda! Curso intermedio, Capítulo 5, El subjuntivo con antecedentes indefinidos o que no existen, pág. 199.

Terminen las siguientes oraciones con una carrera o profesión de la lista y con una descripción breve de la persona ideal para el puesto. No repitan las respuestas. Túrnense.

**MODELO** Queremos _____ que _____ (saber)...

*Queremos una secretaria que sepa hablar español.*

1. Buscamos un/a _____ que _____ (poder)...
2. Necesitamos un/a _____ que _____ (saber)...
3. Queremos un/a _____ que _____ (ser)...
4. Esperamos encontrar unos/as _____ que no _____ (ser)...
5. Deseamos un/a _____ que _____ (hacer)...

## 8·15 Algunos hispanos muy influyentes

**Paso 1** Lean la siguiente información sobre estos hispanos importantes.

**Sara Martínez Tucker** (n. 1955) es originalmente de Laredo, Texas. Se graduó con honores de la Universidad de Texas-Austin con un título en periodismo. Fue reportera para el periódico *San Antonio Express* antes de volver a UT para sacar la maestría en comercio. Ha servido como Subsecretaria de Educación del Departamento de Educación estadounidense y como directora del Hispanic Scholarship Fund.

**Alfredo Quiñones Hinojosa** nació en el año 1968 en Mexicali, México, cruzó la frontera de los EE.UU. con diecinueve años y menos de $5.00 en el bolsillo. Fue trabajador migratorio cuando empezó a tomar cursos en Delta Community College. Después, se matriculó en UC-Berkeley donde decidió estudiar medicina. Se graduó cum laude de la Facultad de Medicina de Harvard, y ahora "Doctor Q" es neurocirujano, profesor y director del programa de cirugía de tumores cerebrales de Johns Hopkins.

**Paso 2** Crea **cinco** preguntas sobre las carreras de estos hispanos y pregúntaselas a tu compañero/a. Usa **el futuro.**

**Paso 3** Ahora, piensa en tu futuro profesional. Escribe una descripción sobre lo que harás.

---

GRAMÁTICA **4** El condicional

 SAM

 Guide **G**

8-9 to 8-10      59

The **conditional** is used:

1. to explain what a person *would do* in a given situation.
2. to soften requests.
3. to refer to a past event that is future to another past event.

**A.** It is formed similarly to the future; that is, the infinitive is the stem. The following endings are attached to the infinitive:

...y podría dejar de trabajar y viajaría por el mundo...

|            | **preparar**   | **comer**   | **vivir**   |
|-----------:|----------------|-------------|-------------|
| yo         | prepararía     | comería     | viviría     |
| tú         | prepararías    | comerías    | vivirías    |
| él, ella, Ud. | prepararía  | comería     | viviría     |
| nosotros/as | prepararíamos | comeríamos  | viviríamos  |
| vosotros/as | prepararíais  | comeríais   | viviríais   |
| ellos/as, Uds. | prepararían | comerían   | vivirían    |

Note the following sentences :

1) —Con un millón de dólares, yo **dejaría** de trabajar y **viajaría** por el mundo —¡dos veces!

   *With a million dollars, I would stop working and travel around the world —twice!*

   —Ah, ¿sí? Yo me **compraría** una casa en la playa.

   *Oh, yeah? I would buy myself a house on the beach.*

2) ¿**Podrías** llamar al jefe, Violeta?

   *Could you call the boss, Violeta?*

   ¿**Querría** decirme dónde está la oficina del contador?

   *Would you tell me where the accountant's office is?*

3) Creíamos que **habría** menos publicidad para los puestos nuevos.

   *We thought there would be less advertising for the new positions.*

   Le dijimos al gerente que lo **llamaríamos** aquella tarde.

   *We told the manager that we would call him that afternoon.*

**B.** The irregular conditional stems are the same as the irregular future tense stems: The following verbs drop the infinitive vowel:

| haber  | habr-  | habría, habrías, habría…       |
|--------|--------|--------------------------------|
| poder  | podr-  | podría, podrías, podría…       |
| querer | querr- | querría, querrías, querría…    |
| saber  | sabr-  | sabría, sabrías, sabría…       |

> **Fíjate**
>
> The word "would" does not always translate as the conditional. Remember that when *would* means "used to," as in "When I was a child I would (used to) wake up early every Saturday to watch cartoons," the imperfect tense is needed.

These verbs replace the infinitive vowel with **-d:**

| poner | pondr- | pondría, pondrías, pondría…    |
|-------|--------|--------------------------------|
| salir | saldr- | saldría, saldrías, saldría…    |
| tener | tendr- | tendría, tendrías, tendría…    |
| valer | valdr- | valdría, valdrías, valdría…    |
| venir | vendr- | vendría, vendrías, vendría…    |

These verbs have different irregularities:

| decir | dir- | diría, dirías, diría…     |
|-------|------|---------------------------|
| hacer | har- | haría, harías, haría…     |

**C.** Just as there is the future of probability, there is also the conditional of probability. It is used to make a guess about the past and is often translated as *wonder*.

¿**Estaría** el reportero en la reunión con ellos?

*I wonder if the reporter was in the meeting with them.*

¿A qué hora **llegaría** la secretaria ayer?

*I wonder what time the secretary arrived yesterday.*

**Sería** a las ocho y media, como siempre.

*It would have been at 8:30, like always.*

## 8·16 Cambios

Cambien las siguientes frases en el **futuro** al **condicional**.

**MODELO**　　estudiaremos

　　　　　　　*estudiaríamos*

1. (yo) saldré
2. mis profesores irán
3. tú estudiarás
4. el atleta jugará

5. los estudiantes podrán
6. tú y yo pediremos
7. mis mejores amigos vendrán
8. mi familia comerá

## 8·17 Los planes de Fernanda

Fernanda quiere ser secretaria. Expliquen lo que ella haría, sola y con sus colegas, en ese puesto.

**MODELO**　　contestar el teléfono cuando la recepcionista no está

　　　　　　　*Contestaría el teléfono cuando la recepcionista no está.*

1. archivar documentos
2. escribir informes (reportes) con su jefa
3. hacer publicidad
4. asistir a reuniones para tomar apuntes
5. atender a los clientes con la recepcionista
6. traducir para los clientes que hablan español
7. coordinar las citas de la jefa

## 8·18 ¿Qué pasó?

Lucía ha perdido su trabajo. Escriban **seis** posibles causas de su pérdida de trabajo. Después, comparen sus razones con las de otros/as compañeros/as.

**MODELO**　　*Llegaría tarde al trabajo.*

8-11 to 8-12

## Notas culturales

### La etiqueta del negocio latino

Para tener éxito en el ambiente de los negocios latinos, es recomendable seguir una etiqueta basada en las normas culturales hispanas. Claro que hay diferencias entre los diferentes países y aun entre las compañías dentro del mismo país. Pero existen en general unas reglas (*rules*) que te servirán muy bien de guía al navegar por el mundo de los negocios latinos.

1. Los títulos son muy importantes. Usarlos es un signo de respeto; serás admirado si haces el esfuerzo de emplearlos.

2. Es mejor ser formal: en el lenguaje (*usted* en vez de *tú*), en la ropa (un traje o un vestido conservador y elegante) y en la deferencia que muestras a tus colegas.

3. Una reunión de negocios empezará con una conversación personal para que los participantes te conozcan mejor. Un intento de comenzar inmediatamente con el tema principal del negocio (a la manera estadounidense), eliminando este gesto personal, sería muy mal visto y podría arruinar el negocio desde el principio.

Seguir estas normas no te asegurará el éxito, pero sí te dará ciertas ventajas en el mundo latino de los negocios.

### Preguntas

1. ¿Por qué es buena idea seguir esta etiqueta de negocios?
2. ¿Cómo reflejan estas reglas la cultura latina en particular?
3. Haz una comparación de estas reglas con las normas estadounidenses de los negocios. ¿Qué reglas serían las más difíciles para ti? ¿Cuáles serían las más fáciles? ¿Por qué?

---

¡Anda! Curso intermedio, Capítulo 5, Los viajes, pág. 180; Viajando por coche, pág. 185; Las vacaciones, pág. 190.

**Estrategia**

Remember that in Spanish the word for "vacation" is always plural: *unas vacaciones.*

¡Anda! Curso elemental, Capítulo 10, Los medios de transporte, El viaje, Apéndice 2.

 **8·19** Unas vacaciones ideales

Estás ya pensando en las vacaciones de verano. Explícale a tu compañero/a cómo serían tus vacaciones ideales.

**MODELO** *Para mis vacaciones ideales, yo iría a Cancún. Me quedaría en el Hotel Palacio de la Luna…*

 **8·20** ¡La lotería!

Participas en la lotería de dos millones de dólares. En grupos de tres, compartan lo que harían con ese dinero. Pueden usar estas preguntas como guía: ¿Qué harías si ganaras (*if you won*)? ¿Seguirías trabajando? ¿Cómo cambiaría tu vida? ¿Qué harías con tanto dinero? ¿Qué comprarías?

# ESCUCHA

8-13 to 8-14

---

**ESTRATEGIA**    **Repeating/paraphrasing what you hear**

When you listen to a conversation, an announcement, a podcast, etc., you usually do not need to remember exactly what was said. To repeat or share that information, you would generally *paraphrase* what you heard —that is, retell it using different words or phrases.

---

### 8•21   Antes de escuchar

Emilio y Alicia son los propietarios de un negocio nuevo (y todavía pequeño) de importación. Aunque son inteligentes, enérgicos y trabajadores, no pueden hacerlo todo. Haz una lista de los diferentes puestos que tendría una compañía como ésa al empezar.

### 8•22   A escuchar

CD 3
Track 9

**Paso 1** Escucha la conversación entre Alicia y Emilio para averiguar el tema.

**Paso 2** Escucha otra vez, concentrándote en:
1. lo que dice Alicia sobre su trabajo.
2. la idea que tiene Emilio.
3. cómo responde Alicia a su idea.

**Paso 3** Parafrasea su conversación en **tres** oraciones.

### 8•23   Después de escuchar

Compara tu paráfrasis con las de otros/as compañeros/as y juntos decidan cuáles serían las características más importantes para empleados en este momento.

---

## ¿Cómo andas?

Having completed the first **Comunicación,** I now can...

|  | Feel Confident | Need to Review |
|---|:---:|:---:|
| • discuss jobs and professions. (pp. 308, 316) | ❏ | ❏ |
| • use adjectives as nouns to represent people, places, and things. (p. 309) | ❏ | ❏ |
| • express future actions. (p. 312) | ❏ | ❏ |
| • discuss what would happen or would be under certain conditions. (p. 318) | ❏ | ❏ |
| • describe proper etiquette for doing business in a Hispanic setting. (p. 321) | ❏ | ❏ |
| • repeat or paraphrase what I hear. (p. 322) | ❏ | ❏ |

# Comunicación

- Describing the business world and having interviews
- Stating what will or would have happened

**VOCABULARIO 5**   Una entrevista   SAM   8-15 to 8-16

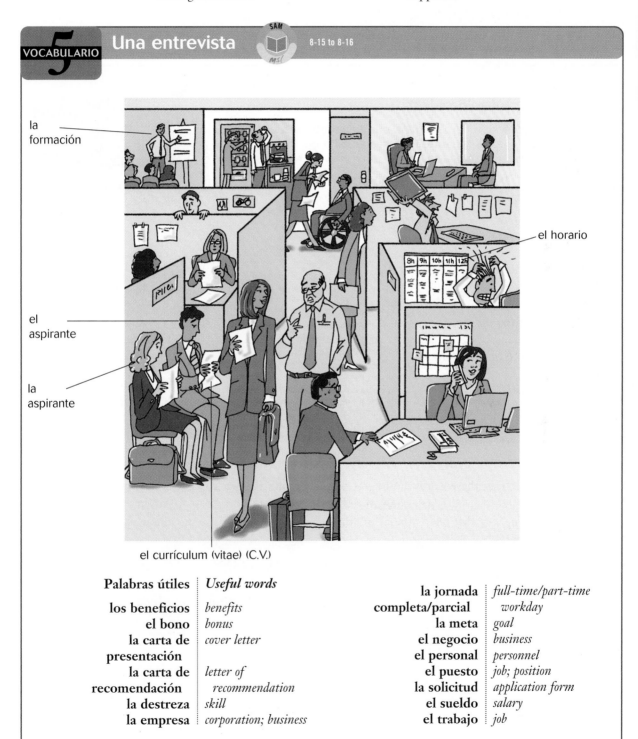

la formación

el horario

el aspirante

la aspirante

el currículum (vitae) (C.V.)

| Palabras útiles | *Useful words* |
|---|---|
| **los beneficios** | *benefits* |
| **el bono** | *bonus* |
| **la carta de presentación** | *cover letter* |
| **la carta de recomendación** | *letter of recommendation* |
| **la destreza** | *skill* |
| **la empresa** | *corporation; business* |

| | |
|---|---|
| **la jornada completa/parcial** | *full-time/part-time workday* |
| **la meta** | *goal* |
| **el negocio** | *business* |
| **el personal** | *personnel* |
| **el puesto** | *job; position* |
| **la solicitud** | *application form* |
| **el sueldo** | *salary* |
| **el trabajo** | *job* |

| Verbos | *Verbs* | | |
|---|---|---|---|
| ascender (e-ie) | *to advance; to be promoted; to promote* | publicitar | *to advertise, to publicize* |
| contratar | *to hire* | renunciar (a) | *to resign, to quit* |
| entrenar | *to train* | solicitar | *to apply for (a job); to solicit* |
| entrevistar | *to interview* | tener experiencia | *to have experience* |
| negociar | *to negotiate* | | |

### El parloteo de Cisco

Esta profesión de periodista que tengo ahora me interesa mucho —es fascinante. Pero ese trabajo que tenía antes en el restaurante —ay, comía muy bien en aquellos días.

**Deja un comentario para Cisco:**

**REPASO**

#### Los adjetivos demostrativos

In Cisco's blog, he talks about **esta profesión, ese trabajo,** and **aquellos días.** When you want to point out a specific person, place, thing, or idea, you use **demonstrative adjectives.**

| DEMONSTRATIVE ADJECTIVES | MEANING | REFERRING TO... |
|---|---|---|
| **este, esta, estos, estas** | *this, these* | something nearby |
| **ese, esa, esos, esas** | *that, those over there* | something farther away |
| **aquel, aquella, aquellos, aquellas** | *that, those (way) over there* | something even farther away in distance and/or time... perhaps not even visible |

8-17 to
8-18

21, 22

As adjectives, these words must agree in gender and number with the nouns they modify.

Remember that these demonstratives can also stand alone as pronouns. If you want to say "this one" or "that one," "these" or "those," as pronouns you use the following:

| **éste** | *this one* | **éstos** | *these* | **ésta** | *this one* | **éstas** | *these* |
|---|---|---|---|---|---|---|---|
| **ése** | *that one* | **ésos** | *those* | **ésa** | *that one* | **ésas** | *those* |
| **aquél/a/os/as** | *those (away in distance and/or time)* | | | | | | |

For more information on demonstrative adjectives, see **Capítulo 5** of *¡Anda! Curso elemental* in Appendix 3.

## 8 24   Todo un proceso

Su compañía tiene un puesto nuevo que sería perfecto para su amigo Roberto. Roberto está muy interesado y quiere que le den más información sobre el proceso de empleo en su compañía. Juntos, pongan las siguientes frases en orden para ayudar a su amigo.

_____ anunciar ese puesto

_____ contratar a ese empleado
nuevo

_____ solicitar ese trabajo

_____ renunciar ese trabajo

_____ ascender en esa empresa

_____ entrevistar para ese puesto

_____ negociar ese sueldo

## 8 25   Amigo/a, tienes razón

Tu amigo/a te da su opinión y tú respondes con una opinión similar. Cambia la forma de **este/a** a **ese/a** y añade (*add*) la palabra **también**. Después, compara tus oraciones con las de un/a compañero/a.

**MODELO**   TU AMIGO/A: El currículum de este señor es muy interesante.

TÚ: *Sí, y ese currículum es interesante también.*

1. Esta carta de presentación es excepcional.
2. Estos sueldos son muy altos para una empresa tan pequeña.
3. Este puesto en la escuela secundaria tiene un salario más alto que el puesto en la universidad.
4. Estas cartas de recomendación son muy buenas.
5. Estos trabajos son de jornada completa.
6. Esta oficina es impresionante.

## 8 26   El puesto perfecto para Francisca

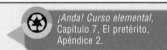

*¡Anda! Curso elemental,*
Capítulo 7, El pretérito,
Apéndice 2.

Completen la historia que Francisca le cuenta a Sonia con los verbos apropiados en **el pretérito** o **el infinitivo**.

| ascender | contratar | publicitar | renunciar (a) | solicitar | ver |

¡Hola, Sonia! Sabes que ya soy contadora titulada pero llevo semanas buscando un trabajo. Acabo de (1) _____ un puesto en el negocio Sedano que es perfecto para mí. Según una amiga mía, dos de los empleados con más experiencia (2) _____ sus puestos y la empresa empezó a (3) _____ esos trabajos sólo hace una semana. Después de ver el anuncio, fue muy fácil (4) _____ uno de los trabajos porque no requerían nada más que dos cartas de recomendación y el currículum.

(UNA SEMANA DESPUÉS)
Había tres jefes en la entrevista. Me gustaron esos jefes y me parece que a ellos les gusté también. Creo que me van a (5) _____. Tienen un programa de formación muy bueno para las personas que quieren (6) _____ rápidamente. Además, el sueldo, los beneficios... ¡todo es fantástico!

SUPERMERCADO
SEDANO
1,99   3/21,00
5,99   7,99
9,99   8/1,99

## 8 27  Todos los puestos no son iguales

Hablen de los trabajos que aparecen en los anuncios.

1. ¿Cuál es el más interesante? ¿Por qué?
2. ¿Cuál es el menos interesante? ¿Por qué?
3. ¿Cuáles serían los mejores puestos para ustedes? Expliquen.

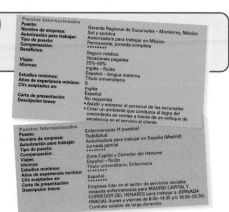

---

### El futuro perfecto

8-19 to
8-20

Like the **presente perfecto,** the **futuro perfecto** is formed with **haber** + past participle. In this case, the future of **haber** is used. This tense is the equivalent of *will have _____-ed* in English.

No te preocupes, Carlos. Habrás ascendido en menos de dos meses.

|  | solicitar | ascender | invertir |
|---|---|---|---|
| yo | habré solicitado | habré ascendido | habré invertido |
| tú | habrás solicitado | habrás ascendido | habrás invertido |
| él, ella, Ud. | habrá solicitado | habrá ascendido | habrá invertido |
| nosotros/as | habremos solicitado | habremos ascendido | habremos invertido |
| vosotros/as | habréis solicitado | habréis ascendido | habréis invertido |
| ellos/as, Uds. | habrán solicitado | habrán ascendido | habrán invertido |

● The irregular past participles are the same as for the other perfect tenses.

| abrir | **abierto** | morir | **muerto** | romper | **roto** |
|---|---|---|---|---|---|
| decir | **dicho** | poner | **puesto** | ver | **visto** |
| escribir | **escrito** | resolver | **resuelto** | volver | **vuelto** |
| hacer | **hecho** | | | | |

● The **futuro perfecto** expresses an action that *will have occurred* or *will be completed by an anticipated time in the future.*

**Habrás ascendido** en menos de dos meses.  *You will have advanced in less than two months.*

**Habré conseguido** mis metas antes de graduarme.  *I will have reached my goals before I graduate.*

**Habrán publicitado** la conferencia para finales de junio.  *They will have publicized the conference by the end of June.*

**8·28 Cambios**

Cambien las formas del **presente perfecto** al **futuro perfecto** para decir lo que habrán hecho estas personas para el año que viene.

**MODELO**   Noé ha solicitado el trabajo.

*Para el año que viene, Noé habrá solicitado el trabajo.*

> **Estrategia**
>
> Remember that the past participle does not change—only the form of *haber*.

1. El abogado ha ascendido.
2. Los agentes han llegado a un acuerdo.
3. La ingeniera ha terminado el proyecto.
4. Mi contadora y yo hemos hecho algunos cambios en mis finanzas.
5. El gerente ha escrito un reporte sobre la huelga.
6. Yo he puesto más dinero en el banco.

 **8·29 El círculo**

En grupos de cinco o seis, túrnense para decir algo que habrán hecho para la semana que viene. Hay que recordar y repetir lo que acaban de decir las otras personas. Sigan hasta que cada estudiante haya dicho **dos** oraciones.

**MODELO**   CORINA: *Habré terminado la novela para mi clase de inglés.*

ESTEBAN: *Corina habrá terminado la novela para su clase de inglés, y yo habré hecho la tarea de español.*

CARMELA: *Corina habrá terminado la novela para su clase de inglés, Esteban habrá hecho la tarea de español, y yo habré limpiado todo mi apartamento...*

**8·30 Las profesiones de mis amigos**

Piensa en cinco amigos o parientes de tu edad, más o menos, y di qué trabajos habrán conseguido para el año 2020. Después, comparte tu lista con un/a compañero/a.

| **Vocabulario útil** | | | |
|---|---|---|---|
| ser | *to be* | **conseguir un puesto** | *to get a job/position* |
| hacerse | *to become* | **de...** | *as...* |

**MODELO**   *Ignacio habrá conseguido un puesto de gerente en un hotel de lujo.*

 **8·31 Para finales del mes y del año**

Escribe una lista de por lo menos **seis** deportes, pasatiempos o cosas que habrás hecho para finales del mes. Luego, escribe otra lista de por lo menos **seis** cosas que habrás comprado o recibido como regalo para finales del año. Comparte tus listas con un/a compañero/a.

> ¡Anda! *Curso intermedio*, Capítulo 2, Algunos deportes, pág. 68; Algunos pasatiempos, pág. 81; Capítulo 3, Los materiales de la casa y sus alrededores, pág. 106; Dentro del hogar, pág. 117; Capítulo 4, Las celebraciones y los eventos de la vida, pág. 142; Capítulo 5, Los viajes, pág. 180; Capítulo 7, Algunos artículos en las tiendas, pág. 287.

**MODELO**   E1: *¿Qué habrás hecho como deporte o pasatiempo para finales del mes?*

E2: *Habré practicado yoga. También, mi padre y yo habremos hecho trabajo de carpintería...*

E1: *¿Qué habrás comprado o recibido como regalo para finales del año?*

E2: *Habré comprado una computadora nueva, un traje, unos libros...*

## El mundo de los negocios

8-21 to 8-22

la fábrica

la huelga

| Palabras útiles | *Useful words* |
|---|---|
| el acuerdo | *agreement* |
| la adquisición | *acquisition* |
| la agencia | *agency* |
| el ahorro | *savings* |
| la bancarrota | *bankruptcy* |
| la bolsa | *stock market* |
| la jubilación | *retirement* |
| la junta | *commission; board; committee* |
| el lucro | *profit* |
| el mercadeo | *marketing* |
| la venta | *sale* |
| el/la vocero/a | *spokesperson* |

| Algunos adjetivos | *Some adjectives* |
|---|---|
| actual | *current; present* |
| administrativo/a | *administrative* |
| ejecutivo/a | *executive* |
| financiero/a | *financial* |
| laboral | *work-related* |
| profesional | *professional* |
| sin fines de lucro | *nonprofit* |

| Algunos verbos | *Some verbs* |
|---|---|
| ahorrar | *to save* |
| apropiarse | *to take over; to appropriate* |
| despedir (e-i-i) | *to fire (from a job)* |
| fabricar | *to manufacture* |
| hacer publicidad | *to advertise* |
| hacer una huelga | *to strike* |
| invertir (e-ie-i) | *to invest* |
| jubilarse | *to retire* |

## 8 32 Mímica

Hagan mímica en grupos de cuatro con el vocabulario nuevo. Sigan jugando hasta que cada estudiante represente **tres** palabras nuevas diferentes.

## 8 33 Frases fracturadas

Usen las siguientes palabras para crear oraciones lógicas.

**MODELO**   acuerdo / comerciante / salvar / huelga

*El acuerdo entre los comerciantes nos salvó de la huelga.*

1. reportero / decir / hacer huelga / reunión inmediata / propietarios
2. junta / mandar / comerciantes / dejar de comprar / productos / fabricar / papel
3. problemas laborales / empezar / adquisición / agencia nueva / jubilación / presidente
4. venta / agencia / ser necesaria / más de un año / lucro

## 8 34 En nuestra opinión

Discutan las siguientes oraciones para determinar si están de acuerdo.

1. Es muy difícil ahorrar dinero.
2. La gente se declara en bancarrota por varias razones.
3. El mercadeo es la parte más importante de un negocio.
4. Las personas deben jubilarse antes de cumplir los setenta años.
5. Invertir en la bolsa es perder dinero.

> *¡Anda! Curso intermedio*, Capítulo 4, El presente perfecto de subjuntivo, pág. 161.

## 8 35 La búsqueda

Busca a alguien que tenga experiencia o que conozca a alguien que haya tenido experiencia con cada situación indicada.

**MODELO**   jubilarse

TÚ: *¿Conoces a alguien que se haya jubilado?*

MANNY: *Sí, mi abuelo acaba de jubilarse.*

| SITUACIÓN O EXPERIENCIA | PERSONA |
|---|---|
| 1. jubilarse | *el abuelo de Manny* |
| 2. participar en una huelga | |
| 3. trabajar con una compañía sin fines de lucro | |
| 4. saber negociar muy bien | |
| 5. ahorrar la mitad de su sueldo | |
| 6. servir en una junta de la universidad o del gobierno local | |
| 7. ser periodista o reportero | |
| 8. perder mucho dinero en la bolsa | |

## GRAMÁTICA 8 — El condicional perfecto

8-23 to 8-25 — 59, 64

The **condicional perfecto** is used to express an action that *would have* or *should have occurred under certain conditions but did not*. The English equivalent of this tense is *would have ___-ed / should have ___-ed*. The **condicional perfecto** is formed as follows:

Habría ahorrado dinero pero encontré este carro fantástico y...

|  | ahorrar | ascender | invertir |
|---|---|---|---|
| yo | habría ahorrado | habría ascendido | habría invertido |
| tú | habrías ahorrado | habrías ascendido | habrías invertido |
| él, ella, Ud. | habría ahorrado | habría ascendido | habría invertido |
| nosotros/as | habríamos ahorrado | habríamos ascendido | habríamos invertido |
| vosotros/as | habríais ahorrado | habríais ascendido | habríais invertido |
| ellos/as, Uds. | habrían ahorrado | habrían ascendido | habrían invertido |

**Note:** This tense is formed similarly to the future perfect. Review the following sentences.

Con mejor información, **habríamos apropiado** suficiente dinero.

*With better information, we would have appropriated sufficient money/funds.*

¿**Habrías invertido** más dinero en la bolsa el año pasado?

*Would you have invested more money in the stock market last year?*

Mi padre **habría ascendido** al puesto de ejecutivo financiero, pero se jubiló muy joven.

*My father would have advanced to the position of financial executive, but he retired very young.*

## 8·36 Dos años después

Cambien los verbos del **condicional** al **condicional perfecto** para expresar lo que estas personas habrían hecho.

**MODELO** Mayra invertiría más dinero en la bolsa.
*Mayra habría invertido más dinero en la bolsa.*

1. Daniel y yo ahorraríamos más dinero.
2. Papá, tú te jubilarías mucho más joven.
3. Su negocio produciría más productos "verdes".
4. Mi hermano se apropiaría de algunos de los negocios de la competencia.
5. Esos empleados harían una huelga bajo aquellas circunstancias.
6. Yo les daría más tiempo y dinero a las organizaciones sin fines de lucro.
7. El contador se lo diría todo al propietario antes de la bancarrota.

**8·37** Teléfono

Escuchen mientras su profesor/a les da las instrucciones para este juego, conocido en inglés como *Gossip*.

 **8·38** La aspirante ideal

La mujer que Emilio encontró para trabajar como asistente personal de Alicia sólo duró tres semanas —Alicia la despidió. Ayúdenle a Alicia a explicar cómo habría sido la asistente personal ideal (lo opuesto de esa mujer). Digan por lo menos **ocho** características y destrezas que debería haber tenido.

**MODELO**  *La asistente ideal habría sido muy simpática y positiva. Esa mujer era antipática y muy negativa. La aspirante ideal habría llegado a tiempo al trabajo y esa mujer siempre llegaba tarde…*

 **8·39** Lo que habría hecho…

Algo muy difícil —necesitas imaginar que tienes ochenta años y estás recordando unos momentos y eventos de tu vida. Completa los siguientes pasos.

**Paso 1** Imagina lo que podrías decir en cada caso.

**MODELO**  Con más tiempo        viajar
*Con más tiempo, habría viajado a más países del mundo.*

1. viajar         3. trabajar        5. decir        7. ¿?
2. hacer          4. escribir        6. comer        8. ¿?

**Paso 2** Comparte tus reflexiones con un/a compañero/a.

**MODELO**  E1: *Con más tiempo, habría viajado a muchos más países del mundo. ¿Y tú?*

E2: *Yo habría viajado a África para trabajar. ¿Qué habrías hecho tú?*

E1: *Yo habría adoptado a un niño…*

**Paso 3** Ahora, hablen de las cosas que ya habrán hecho para aquel entonces (*by then*).

**MODELO**  *Yo habré trabajado treinta años como propietario de un negocio de construcción de casas. Habré construido más de dos mil casas "verdes". Mi esposa y yo habremos estado casados por cincuenta años y habremos tenido tres hijos…*

## PERFILES

8-26 to 8-27

### El trabajo y los negocios

*Aquí tenemos ejemplos de personas que han tenido éxito en sus profesiones.*

**László Bíró** (1899–1985) debería de haber sido un periodista muy frustrado con sus implementos de escribir. Por eso, trabajando con su hermano, un químico, inventó el bolígrafo, llamado *la birome* en Argentina, su país de adopción. El "boli" fue el precursor del famoso bolígrafo *Bic*.

**Esther** (n. 1950) y **Alicia Koplowitz** (n. 1952) son dos hermanas españolas que recibieron la compañía Fomento de Construcciones y Contratas como herencia de su padre; la dirigieron entre los años 1989 y 1997. Ahora, son mujeres de negocios exitosas en campos diferentes: Esther con el negocio de construcción y Alicia con las inversiones (*investments*).

**Carlos Slim** (n. 1940) es un billonario mexicano que hizo su fortuna en la industria de telecomunicaciones. Su formación fue en la ingeniería; es un hombre muy astuto en el mundo de los negocios. En el futuro, tal vez pasará a ser número uno en la lista de Forbes.

### Preguntas

1. ¿Qué profesiones tienen estas personas?
2. ¿Por qué han tenido éxito en sus trabajos?
3. Compara las carreras indicadas aquí y las carreras presentadas en las secciones de *Perfiles* en los capítulos anteriores.

**8·40** El consejero de Daniela

Daniela está hablando con su consejero de trabajo. El consejero sabe que Daniela no es una persona muy organizada y además que hace todo a última hora. Él le da unas fechas límites (*deadlines*) dentro de las dos semanas próximas y Daniela responde si puede o no. Desarrollen la situación en unas **ocho** a **diez** oraciones de diálogo y representen la escena para sus compañeros/as de clase.

**MODELO**   CONSEJERO: *Hola, Daniela. ¿Has solicitado ese puesto que te interesaba tanto?*

DANIELA: *No, todavía no. He tenido mucho que hacer recientemente.*

CONSEJERO: *Pues, mira. Para el viernes ¿habrás terminado con la carta de presentación?…*

# ¡Conversemos!

SAM
8-28 to 8-29

---

**ESTRATEGIAS COMUNICATIVAS**    **Expressing good wishes, regret, comfort, or sympathy**

Whether in the world of work or on a personal basis, we sometimes need to congratulate or give condolences. As in English, there are different expressions for different occasions.

**Para felicitar a alguien**
- ¡Felicidades! / ¡Le/te felicito! / ¡Enhorabuena!
- ¡Qué maravilloso/extraordinario/estupendo!
- ¡Sensacional!/¡Fenomenal!/¡Bueno!

*Expressing good wishes*
*Congratulations!*
*How marvelous/ extraordinary/stupendous!*
*Sensational!/Phenomenal!/Good!*

**Para expresar pesar/consuelo o simpatía**
- Lo siento.
- ¡Qué pena/lástima!
- ¡Ánimo!
- Esto pasará pronto.
- No se/te preocupe/s.
- Tranquilo.
- Mis más sinceras condolencias.
- Mi más sentido pésame.

*Expressing regret/sympathy*
*I'm sorry.*
*What a shame/pity!*
*Cheer up!/Hang in there!*
*This will soon pass.*
*Don't worry.*
*Relax./Calm down.*
*My most heartfelt condolences.*
*You have my sympathy.*

---

CD 3
Track 10

## 8·41 Diálogo

Escucha el diálogo y contesta las siguientes preguntas.

1. ¿Qué pasó con Lalo y cómo reaccionó Roberto?
2. ¿Qué otras expresiones le habría podido decirle Roberto a Lalo al final?

---

## 8·42 ¿Qué hago?

Hace unos años, había un programa original de la televisión norteamericana que se llamaba *What's My Line?* En grupos de cuatro, uno de ustedes va a seleccionar una carrera, un puesto o una profesión sin compartirlo con sus compañeros. Los otros tres tienen que adivinar (*guess*) lo que escogiste y te hacen preguntas que requieren una respuesta de **sí** o **no**. Respondan con sus expresiones nuevas. Túrnense.

**MODELO**   E1: *(seleccionó gerente de un hotel)*

E2: *¿Trabajarás en una oficina?*

E1: *A veces sí, a veces no. Ánimo.*

E3: *¿Tendrás una jornada larga?*

E1: *Sí. Te felicito. Otra pregunta…*

> **Estrategia**
>
> Remember that *el futuro* can express probability (*wonder, might, probably*).

**Estrategia**

Consult p. 312 to review how to form the *future* and p. 326 for the *future perfect*.

## 8·43 ¿Qué será?

¿Cómo será el futuro? Crea **ocho** oraciones con **ocho verbos diferentes** con tus predicciones del futuro para ti, tu familia y el mundo en general. Tu compañero/a tiene que reaccionar a tus predicciones. Usen **el futuro** o **el futuro perfecto.** Túrnense.

**MODELO**　E1: *Me casaré dentro de cinco años.*

E2: *¡Te felicito!*

E2: *Mi hermano habrá perdido su puesto.*

E1: *Lo siento. ¡Ánimo! …*

## 8·44 Situaciones de la vida

En nuestras vidas, encontraremos todo tipo de situaciones… unas felices y otras tristes. Creen diálogos/conversaciones y hagan los papeles para las siguientes situaciones. Cada conversación debe tener por lo menos **cinco** oraciones.

Una conversación con un/a colega (*colleague*) que acaba de…

1. jubilarse.
2. recibir un bono.
3. renunciar su puesto.
4. ascender en la corporación.
5. ser despedido/a de su puesto.
6. recibir la noticia de que alguien muy querido ha muerto.

## 8·45 Una presentación formal

Hay muchas compañías con problemas financieros. Te invitaron a hacer una presentación sobre cómo evitar la inminente bancarrota de la Corporación X. Crea una presentación (con PowerPoint si quieres) para decirle a la junta qué habrías hecho (**condicional perfecto**) y lo que harías (**condicional**) para arreglar la situación en su lugar. Di por lo menos **diez** oraciones incluyendo expresiones de consuelo.

**Estrategia**

Use the following words in your interview: *los beneficios, el bono, la carta de recomendación, el currículum, las destrezas, el horario, la jornada, la meta,* and *tener experiencia.*

**Estrategia**

Remember that when addressing an employer, you would use *usted,* not *tú.*

## 8·46 ¡Éxito!

Solicitaron un puesto y los invitaron a entrevistar. Creen un diálogo sobre una entrevista incluyendo la siguiente información. Uno/a de ustedes hace el papel del jefe/de la jefa y el/la otro/a es el/la aspirante.

**Paso 1** Después de saludarse, su entrevista debe incluir por lo menos **diez** oraciones para cada uno de ustedes. El/La aspirante debe usar **el futuro** para decir lo que hará en el puesto. El/La jefe/a puede usar **el condicional** para preguntar lo que haría el/la aspirante en ciertas situaciones.

**Paso 2** Al final, el/la jefe/a le ofrecerá al/a la aspirante el puesto, y el/la aspirante reaccionará de manera apropiada.

# ESCRIBE

SAM
8-30 to
8-32

## ESTRATEGIA  Greetings and closings in letters

Business and personal letters employ certain conventional phrases for beginnings and endings. Business letters often have additional stock phrases used to indicate purpose, request information, and refer to enclosures.

| CARTA COMERCIAL | BUSINESS LETTER |
|---|---|
| **Saludos** | *Greetings* |
| **(Muy) Estimado/a señor/a + García:** | *Dear Mr./Mrs. García:* |
| **Muy señor/a mío/a:** | *Dear Sir/Madam:* |
| **A quien corresponda:** | *To Whom It May Concern:* |
| **Despedidas** | *Closings* |
| **(Muy) Atentamente,** | *Sincerely,* |
| **Cordialmente,** | *Cordially,* |

| CARTA PERSONAL | PERSONAL LETTER |
|---|---|
| **Saludos** | *Greetings* |
| **Querido/a Raúl/Pilar:** | *Dear Raúl/Pilar,* |
| **Despedidas** | *Closings* |
| **Un (fuerte) abrazo,** | *A (big) hug,* |
| **Con cariño,** | *With love,* |

### 8•47  Antes de escribir

Escribirás una carta de solicitud para obtener una entrevista con una compañía que tiene un trabajo que te interesa. Antes de escribirla, haz una lista de las calificaciones que tienes para el trabajo.

### 8•48  A escribir

Escribe tu carta de solicitud. Asegúrate de incluir:
* un saludo apropiado.
* una oración introductoria que presente el propósito de la carta.
* tus calificaciones para el trabajo (incluye tu educación y tus habilidades).
* lo que vas a adjuntar (si es apropiado; por ejemplo, un CV).
* una despedida apropiada.

> **Fíjate**
>
> The Spanish word for an enclosure in a letter is *adjunto*. *To enclose* something is *adjuntar*.

### 8•49  Después de escribir

Revisa tu carta una vez más para corregir los errores de gramática, vocabulario y ortografía. Ese tipo de errores asegurará que tu carta no tenga el éxito que esperas.

## ¿Cómo andas?

Having completed the second **Comunicación,** I now can...

|  | Feel Confident | Need to Review |
|---|:---:|:---:|
| ● discuss different aspects of the business world. (pp. 323, 328) | ❑ | ❑ |
| ● point out people, places, or things. (p. 324) | ❑ | ❑ |
| ● refer to what will have or would have happened. (pp. 326, 330) | ❑ | ❑ |
| ● identify some people with interesting professions. (p. 332) | ❑ | ❑ |
| ● express good wishes, regrets, comfort, or sympathy. (p. 334) | ❑ | ❑ |
| ● employ appropriate salutations and closings in letters. (p. 336) | ❑ | ❑ |

# Vistazo cultural

## Algunos negocios y profesiones en Argentina y Uruguay

SAM
8-33 to
8-34

DVD/VHS
Vistas
culturales

Para el año próximo habré terminado la Maestría en Economía en la Facultad de Ciencias Económicas de la Universidad de Buenos Aires. Mis especializaciones son Finanzas de las Empresas y Matemática Financiera. Me interesan los negocios y el manejo de las finanzas para el beneficio de la empresa y de la sociedad.

**Ana Mercedes Fanelli,
Maestría en Economía**

### El tango: una profesión y una pasión

El tango es otro símbolo cultural claramente asociado con Argentina y su cantante mejor conocido, Carlos Gardel. Bailar el tango requiere una atención y una devoción total. Así que la profesión del bailador/instructor de tango es más que un trabajo: es una pasión compartida con el pueblo argentino.

### El gaucho: Símbolo cultural de La Pampa

El gaucho es muy conocido como el vaquero (*cowboy*) de Argentina y Uruguay. Se encuentra en La Pampa y otros lugares rurales, trabajando con el ganado de vacuno (de vacas). Por eso, su caballo le resulta indispensable; se dice que un gaucho sin caballo sería como un hombre sin piernas.

### Los alfajores: el sabor argentino

La empresa de Alfajores Havanna empezó en el año 1948. Sus tres socios inventaron una galleta totalmente nueva: el alfajor. Con dos galletas rellenas (*filled*) con dulce de leche (sabor a caramelo) y cubiertas de chocolate, esta confección llegaría a ser un símbolo de lo argentino en todo el mundo.

## La industria de vinos

La viticultura (producción de vino) argentina es una industria muy fuerte. Argentina es el quinto país del mundo en la producción de vinos, con la mayoría de la cultivación de las uvas en la provincia de Mendoza. Esta industria ha ayudado mucho al mejoramiento de la economía del país.

### El mate: el símbolo de Uruguay

El mate es el receptáculo para el consumo de yerba mate, "la bebida nacional" de Uruguay. Los mates pueden ser sencillos o muy elaborados, según el gusto del artista que los hace. Tradicionalmente, se hacen de una calabaza, pero pueden ser de otros materiales también.

### Pedro Sevcec es un reportero mundial

Pedro Sevcec (n. 1950, Uruguay) es reportero de televisión; trabaja para Telemundo. Es también un periodista quien con veinticinco años de experiencia ha ganado muchos premios, incluso un *Emmy* por su reportaje de las noticias. Fue uno de los dos únicos reporteros invitados al primer banquete de estado (*state dinner*) que dio el Presidente Bush en el año 2001.

### Aeromás es un negocio uruguayo

Aeromás es un negocio de transporte aéreo privado basado en Montevideo, Uruguay; inició sus operaciones en el año 1983. Se puede contratar Aeromás para transportar correo y carga (*cargo*). Hay vuelos para viajeros en aeronaves ejecutivas con asistentes de vuelo. La empresa también ofrece el servicio de entrenamiento de pilotos.

## Preguntas

1. ¿Cuáles de las profesiones y los negocios te interesan? ¿Por qué?
2. ¿Cuáles de las profesiones mencionadas se pueden convertir en un negocio propio? ¿Cómo?
3. ¿Existen profesiones o negocios que son culturalmente estadounidenses? Explica.

# Laberinto peligroso

8-35 to 8-37

**ESTRATEGIA** Checking comprehension and determining/adjusting reading rate

Good readers adjust their reading rate depending on their purpose for reading and the nature of the text. When reading for pleasure, one tends to read faster. When reading for memory and comprehension for later recall, one tends to read more slowly. In the latter case, readers concentrate more and reread passages to ensure comprehension. They check their hypotheses, confirm or reject them, and move forward or back in the text accordingly.

**8-50** **Antes de leer** En los episodios del **Capítulo 7,** vimos cómo se complicaban los casos que Celia y Cisco están investigando. Antes de empezar a leer este episodio, completa los siguientes pasos.

1. ¿Qué pasó en la comisaría al final del último episodio?

2. Dependiendo del tipo de texto que estás leyendo y también de lo que necesitas comprender de ese texto, a veces es mejor leer más rápidamente y otras veces es mejor leer más lentamente. Por ejemplo, para las partes del texto que contienen información conocida, es mejor leer rápidamente; para las partes del texto que contienen nueva información, es recomendable leer más lentamente. Lee rápida y superficialmente el texto, buscando información repetida que ya has visto en episodios anteriores y también buscando datos nuevos. Marca las partes del texto que repitan información con una "r" y marca las partes nuevas con una estrella (*). Después de mirar todo el texto, lee las partes con "r" más rápidamente y las partes con estrella (*) con más cuidado.

3. Mientras lees, es útil hacerte preguntas básicas sobre los personajes, el lugar, el tiempo y la acción. ¿Qué preguntas te harías mientras lees? Aquí tienes algunas preguntas sobre los personajes para empezar. Escribe otras sobre el tiempo, el lugar y la acción del episodio.

| PERSONAJE(S) | ¿Qué personajes aparecen en el episodio? ¿Qué hace(n)? ¿Cómo se siente(n)? |
| --- | --- |
| LUGAR | |
| TIEMPO | |
| ACCIÓN | |

CD 3
Track 11

**DÍA 43** *Complicaciones en el caso*

Mientras investigaban el caso del mapa y de la crónica desaparecidos, Celia y Cisco descubrieron información relacionada con el tráfico de drogas procedentes° de las selvas tropicales. También encontraron datos° sobre la venta ilegal de

que vienen
información

340

reliquias° que habían sido robadas de tumbas precolombinas°. Seguían trabajando en casa de Cisco, buscando más información y leyendo artículos. Los dos habrían seguido leyendo en silencio, pero Cisco ya no podía concentrarse; estaba furioso por lo que iba descubriendo.

*objetos religiosos sagrados / de la época antes de la llegada de Cristóbal Colón a América Latina*

—No puedo creer que la gente haya podido estar traficando con todos estos materiales durante tanto tiempo —exclamó Cisco, indignado—. Según este artículo de un antropólogo forense, ¡ha sido un problema desde hace muchísimos años! ¿Cómo es posible que las autoridades no hayan podido controlar la situación? ¡Con toda la tecnología que tienen! ¡Yo habría resuelto el caso hace mucho tiempo ya!
—Lo sé, es una verdadera vergüenza, Cisco —respondió Celia, más calmada—. Pero supongo que también habrás visto que todos los casos son internacionales. Ese es el mayor problema.
—¿Y? —dijo Cisco, impaciente.
—Realmente, no es tan sencillo resolverlos —contestó Celia, intentando comprender la actitud de Cisco—. Requiere cooperación, colaboración y acuerdos entre los gobiernos de diferentes países. Si a eso también añadimos la inestabilidad política que ha caracterizado la historia de muchos países en América Latina, pues, deberías poder comprender un poco mejor lo complicado que realmente es este tipo de asunto. Me imagino que en muchos momentos nuestros agentes habrán tenido las manos atadas°. ¿Qué harías tú en esa situación?

*tied*

—No sé, pero haría algo. No me quedaría allí sentado, viendo cómo estos criminales trafican con materiales peligrosos y con artefactos tan importantes. No descansaría hasta encontrarlos. Actuaría para resolver el problema.
—Está bien. ¿Y ahora qué? ¿Quieres que sigamos discutiendo sobre lo que no han podido hacer las autoridades, o quieres que intentemos resolver los casos?
—Obviamente tendremos que seguir trabajando hasta que encontremos a los culpables. ¿Has aprendido algo útil en ese artículo que estás leyendo? —preguntó Cisco, más tranquilo.
—Algo, sí. Es de un criminólogo. Describe el perfil de algunos de los posibles clientes interesados en comprar este tipo de materiales —respondió Celia.
—Interesante. ¿Crees que los datos nos ayudarán con la investigación? —preguntó Cisco.
—Sirven para confirmar algunas de nuestras sospechas. Por ejemplo, afirma que el mercado más caliente para el tráfico de las sustancias extraídas de las plantas es el del bioterrorismo. También habla sobre el mercado internacional para los artefactos precolombinos y otras antigüedades. Establece una relación muy fuerte con el mundo del arte —explicó Celia.
—Pues, si eso es cierto, yo tengo una fuente° que creo que nos podría ayudar. Es un investigador muy conocido y su especialidad es los crímenes relacionados con el comercio ilegal de obras de arte. Lo llamaré ahora mismo —dijo Cisco mientras marcaba el número de teléfono.

*source*

Mientras esperaba con el teléfono en mano, alguien llamó a la puerta. Abrió la puerta pensando que era Javier; si no, no la habría abierto. Cuando vio que no era Javier, sino la policía, Cisco estaba sorprendido. Después de ver que Cisco discutía con los agentes, Celia estaba horrorizada cuando oyó a Cisco gritarles:
—¿Estoy arrestado?

**8-51** **Después de leer** Contesta las siguientes preguntas.

1. ¿Dónde estaban Celia y Cisco durante el episodio?
2. ¿Qué estaban haciendo al principio del episodio?
3. ¿Qué descubrió Cisco en el artículo que leyó? ¿Cuál era la especialidad del autor del artículo?
4. ¿Qué descubrió Celia en el artículo que leyó? ¿Cuál era la especialidad del autor del artículo?
5. ¿Cómo se sintió Cisco al principio del episodio? ¿Por qué?
6. ¿Cómo se sintió Celia al final del episodio? ¿Por qué?

# video

**8-52** **Antes del video** Antes de ver el episodio *¿Estoy arrestado?,* contesta las siguientes preguntas.

1. ¿Cómo terminó el episodio *Complicaciones en el caso*?
2. ¿Dónde piensas que va a tener lugar el episodio del video?
3. ¿Qué piensas que va a ocurrir en el episodio del video?

¿Debería saber las causas por las que han cerrado el laboratorio?

¿Por qué estará tan interesada en mi vida?

Mi madre es gerente de una empresa.

### ¿Estoy arrestado?

Relájate y disfruta el video.

Episodio 8

**8-53** **Después del video** Después de ver el episodio, contesta las siguientes preguntas.

1. ¿Dónde estaba Cisco al principio del episodio? ¿Qué hacía?
2. ¿Cómo les podría ayudar con el caso la fuente de Cisco?
3. ¿Qué personas aparecieron en las fotos que miraban Cisco y Celia?
4. ¿Quién llamó a Cisco al final del episodio?
5. ¿Adónde tuvo que ir Cisco al final del episodio?

## Y por fin, ¿cómo andas?

Having completed this chapter, I now can...

| | Feel Confident | Need to Review |
|---|---|---|
| **Comunicación** | | |
| ● compare and contrast jobs and professions. (pp. 308, 316) | ❏ | ❏ |
| ● employ adjectives as nouns to represent people, places, and things. (p. 309) | ❏ | ❏ |
| ● refer to actions in the future. (p. 312) | ❏ | ❏ |
| ● discuss what would happen to be or would be under certain conditions. (p. 318) | ❏ | ❏ |
| ● repeat or paraphrase what I hear. (p. 322) | ❏ | ❏ |
| ● discuss different aspects of the business world. (pp. 323, 328) | ❏ | ❏ |
| ● refer to what would or will have happened. (pp. 326, 330) | ❏ | ❏ |
| ● point out people, places, or things. (p. 324) | ❏ | ❏ |
| ● express good wishes, regrets, comfort, or sympathy. (p. 334) | ❏ | ❏ |
| ● employ appropriate greetings and closings in letters. (p. 336) | ❏ | ❏ |
| **Cultura** | | |
| ● state proper etiquette for doing business in a Hispanic setting. (p. 321) | ❏ | ❏ |
| ● identify individuals with interesting professions. (p. 332) | ❏ | ❏ |
| ● share information about professions and the world of business in Argentina and Uruguay. (p. 338) | ❏ | ❏ |
| **Laberinto peligroso** | | |
| ● adjust reading rate according to purpose and comprehension. (p. 340) | ❏ | ❏ |
| ● determine why the police visit Cisco. (p. 342) | ❏ | ❏ |
| ● hypothesize about Cisco's mysterious phone call. (p. 342) | ❏ | ❏ |

# VOCABULARIO ACTIVO

CW
eBook
CD 3
Tracks 12-19

## Algunas profesiones — *Some professions*

| | |
|---|---|
| el/la abogado/a | *lawyer* |
| el/la agente | *agent* |
| el ama de casa | *homemaker* |
| el/la asistente de vuelo | *flight attendant* |
| el/la banquero/a | *banker* |
| el/la bombero/a | *firefighter* |
| el/la cajero/a | *cashier* |
| el/la cartero/a | *mail carrier* |
| el/la comerciante | *shopkeeper; merchant* |
| el/la consejero/a | *counselor* |
| el/la contador/a | *accountant* |
| el/la dentista | *dentist* |
| el/la escritor/a | *writer/author* |
| el/la ingeniero/a (químico/a) | *(chemical) engineer* |
| el/la granjero/a | *farmer* |
| el hombre/la mujer de negocios | *businessman/woman* |
| el/la maestro/a | *teacher* |
| el/la mecánico | *mechanic* |
| el/la peluquero/a | *hair stylist* |
| el/la periodista | *journalist* |
| el/la piloto | *pilot* |
| el/la político/a | *politician* |
| el/la psicólogo/a | *psychologist* |
| el/la reportero/a | *reporter* |
| el /la secretario/a | *secretary* |
| el/la veterinario/a | *veterinarian* |

## Palabras útiles — *Useful words*

| | |
|---|---|
| el/la empleado/a | *employee* |
| el/la gerente/a | *manager* |
| el/la jefe/a | *boss* |
| el/la propietario/a | *owner; landlord* |
| el/la supervisor/a | *supervisor* |

## Más profesiones — *More professions*

| | |
|---|---|
| la banca | *banking* |
| las ciencias (acuáticas, políticas) | *(aquatic, political) science* |
| el comercio/los negocios | *business* |
| la enfermería | *nursing* |
| la gerencia de hotel | *hotel management* |
| la ingeniería | *engineering* |
| la justicia criminal | *criminal justice* |
| el mercadeo | *marketing* |
| la moda | *fashion* |
| la pedagogía | *teaching* |
| la psicología | *psychology* |
| la publicidad | *advertising* |
| las ventas (por teléfono) | *(telemarketing) sales* |

## Una entrevista — *An interview*

| | |
|---|---|
| el/la aspirante | *applicant* |
| los beneficios | *benefits* |
| el bono | *bonus* |
| la carta de presentación | *cover letter* |
| la carta de recomendación | *letter of recommendation* |
| el currículum (vitae) (C.V.) | *résumé* |
| la destreza | *skill* |
| la empresa | *corporation; business* |
| la formación | *training; education* |
| el horario | *schedule; timetable* |
| la jornada completa/parcial | *full-time/part-time workday* |
| la meta | *goal* |
| el negocio | *business* |
| el personal | *personnel* |
| el puesto | *job; position* |
| el sueldo | *salary* |
| la solicitud | *application form* |
| el trabajo | *job* |

| Algunos verbos | Some verbs |
|---|---|
| **ascender (e-ie)** | *to advance; to be promoted; to promote* |
| **contratar** | *to hire* |
| **entrenar** | *to train* |
| **entrevistar** | *to interview* |
| **negociar** | *to negotiate* |
| **publicitar** | *to advertise; to publicize* |
| **renunciar (a)** | *to resign; to quit* |
| **solicitar** | *apply for; to solicit* |
| **tener experiencia** | *to have experience* |

| El mundo de negocios | The business world |
|---|---|
| **el acuerdo** | *agreement* |
| **la adquisición** | *acquisition* |
| **la agencia** | *agency* |
| **el ahorro** | *savings* |
| **la bancarrota** | *bankruptcy* |
| **la bolsa** | *stock market* |
| **la fábrica** | *factory* |
| **la huelga** | *strike* |
| **la jubilación** | *retirement* |
| **la junta** | *commission; board; committee* |
| **el lucro** | *profit* |
| **la venta** | *sale* |
| **el/la vocero/a** | *spokesperson* |

| Algunos adjetivos | Some adjectives |
|---|---|
| **actual** | *current; present* |
| **administrativo/a** | *administrative* |
| **ejecutivo/a** | *executive* |
| **financiero/a** | *financial* |
| **laboral** | *work-related* |
| **profesional** | *professional* |
| **sin fines de lucro** | *nonprofit* |

| Algunos verbos | Some verbs |
|---|---|
| **ahorrar** | *to save* |
| **apropiarse** | *to take over; to appropriate* |
| **despedir (e-i-i)** | *to fire (from a job)* |
| **fabricar** | *to manufacture* |
| **hacer publicidad** | *to advertise* |
| **hacer una huelga** | *to strike* |
| **invertir (e-ie-i)** | *to invest* |
| **jubilarse** | *to retire* |

# 9

# ¿Es arte?

Hay muchos tipos de arte: la música, el teatro, el cine, el baile, los cuadros que encontramos en un museo y la literatura, para nombrar algunos. La expresión artística dentro del mundo hispanohablante es muy rica y variada: hay algo para todos los gustos. ¿Qué es arte para ti?

## OBJETIVOS

## CONTENIDOS

### Comunicación

- To explore the visual and performing arts, handicrafts, and the world of cinema and television
- To make comparisons of equality and inequality
- To make recommendations and suggestions, and to express volition
- To express doubt, emotions, and sentiments
- To describe something that is uncertain or unknown
- To discuss possible actions in the present and future
- To make inferences about what you hear
- To practice and use circumlocution
- To create strong introductions and conclusions in writing

### Cultura

- To learn about a pre-Columbian art museum
- To identify different artistic and expressive talents
- To share information about art, artists, and artisans in Peru, Bolivia, and Ecuador

### Laberinto peligroso

- To make inferences when reading
- To hypothesize about Dr. Huesos and the ominous man outside Celia's door
- To consider Celia's threatening e-mail and Cisco's predicament

*Don Quijote de la Mancha*

## PREGUNTAS

1 ¿Qué forma de arte se representa aquí?

2 ¿Cómo determinas si algo es "arte"?

3 ¿Qué talento artístico tienes? ¿Qué tipos de arte has explorado?

# Comunicación

- Describing the visual arts
- Expressing volition, doubts, sentiments, and emotions
- Sharing information about someone or something that may not exist

**VOCABULARIO 1**

## El arte visual

9-1 to 9-2

**Fíjate**

*El cuadro* can be both a picture and a painting. *La pintura* is a painting and can also mean paint.

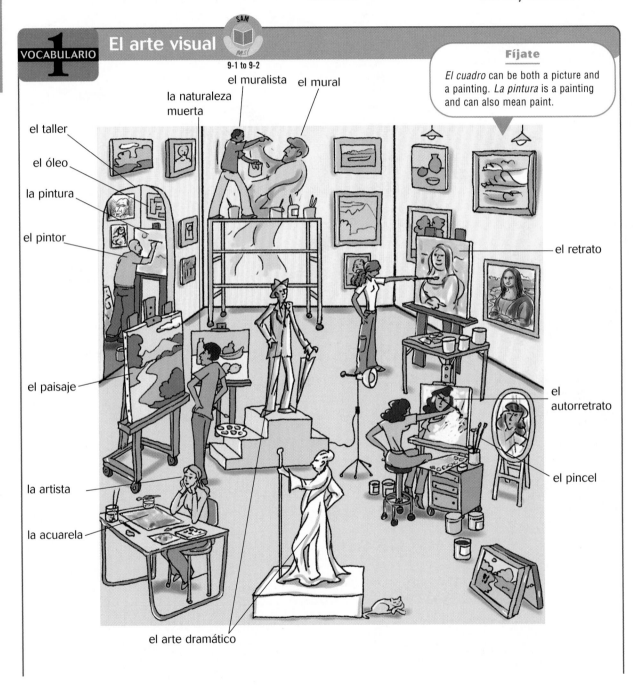

el muralista
el mural
la naturaleza muerta
el taller
el óleo
la pintura
el pintor
el retrato
el paisaje
el autorretrato
la artista
el pincel
la acuarela
el arte dramático

| Algunos adjetivos | Some adjectives | Algunos verbos | Some verbs | Algunas palabras útiles | Some useful words |
|---|---|---|---|---|---|
| cotidiano/a | everyday, daily | hacer a mano | to make by hand | el artista | male artist |
| estético/a | aesthetic | crear | to create | el dibujo | drawing |
| gráfico/a | graphic | dibujar | to draw | el diseño | design |
| innovador/a | innovative | encargarle | to commission | el grabado | etching |
| llamativo/a | colorful; showy; bright | (a alguien) | (someone) | la imagen | image |
| | | esculpir | to sculpt | el lienzo | canvas |
| talentoso/a | talented | exhibir | to exhibit | la materia | material; subject |
| técnico/a | technical | reflejar | to reflect | el motivo | motif; theme |
| visual | visual | representar | to represent | la muralista | female muralist |
| | | | | la obra maestra | masterpiece |
| | | | | la pintora | female painter |
| | | | | el valor | value |

### Querido diario:

Quiero comprar un cuadro pero no sé cuál. Me gusta uno sobre la naturaleza tanto como otro parecido, pero con más colores. Pero me interesa más un cuadro abstracto, como los de Miró. El precio es menos importante...

### Preguntas

1. ¿Qué quiere comprar Celia?
2. ¿Cuáles considera ella? ¿Cómo son? ¿Qué es lo menos importante para ella?
3. ¿Qué es más importante para ti en un objeto de arte? ¿la apariencia? ¿el precio?

## Las comparaciones de igualdad y desigualdad

**REPASO**

SAM
M.S.I
9-3 to 9-4

Guide
**G**
M.S.I
28, 29

In Celia's diary, she writes **tanto como, me interesa más,** and **menos importante.** These are words used to make comparisons. Below is a review of **el comparativo.**

**1.** The formula for comparing unequal things follows the same pattern as in English:

| **más** | + *adjective/adverb/noun* + **que** | *more... than* |
|---|---|---|
| **menos** | + *adjective/adverb/noun* + **que** | *less... than* |

> **Estrategia**
>
> When comparing numbers, *de* is used instead of *que.*
>
> *Esta exhibición de arte tiene más de doscientos cuadros.*

The adjectives **bueno/a, malo/a, grande,** and **pequeño/a** are irregular in the comparative form:

| **bueno/a** | *good* | → | **mejor** | *better* |
|---|---|---|---|---|
| **malo/a** | *bad* | → | **peor** | *worse* |
| **viejo/a** | *old* | → | **mayor** | *older* |
| **joven** | *young* | → | **menor** | *younger* |

> **Fíjate**
>
> **Mayor** and **menor** can also mean *larger* and *smaller,* respectively, when comparing countable things.

**2.** The formula for comparing two or more equal things also follows the same pattern as in English:

| **tan** | + *adjective/adverb* + **como** | *as... as* |
|---|---|---|
| **tanto/a/os/as** | + *noun* + **como** | *as much/many... as* |

For a complete review of the comparative, refer to **Capítulo 10** of *¡Anda! Curso elemental* in Appendix 3.

## 9·1 Definiciones

¿Qué palabras corresponden a las siguientes definiciones? Túrnense para dar sus respuestas.

**MODELO** el lugar donde el artista produce su arte
*taller*

1. el mejor cuadro de un artista; el cuadro insuperable (*unsurpassable*)
2. una pintura mucho más grande que un cuadro normal
3. un cuadro que representa a una persona
4. una pintura de frutas o verduras, por ejemplo
5. un tipo de pintura que pones en un lienzo
6. un cuadro que representa al pintor mismo

El taller de Frida Kahlo en Coyoacán, México

Dagli Orti/Picture Desk, Inc./Kobal Collection.

## 9·2 El juego de tres pistas

Escuchen mientras su profesor/a les explica el juego.

**MODELO** taller

PISTA 1: *lugar*
PISTA 2: *artista*
PISTA 3: *trabajar*

*¡Anda! Curso intermedio*, Capítulo 8, Los adjetivos demostrativos, pág. 324.

## 9·3 Creaciones

Creen oraciones usando **más... que** y **menos... que.** Combinen elementos de las columnas A, B, C y D.

**MODELO** Aquella artista    más...    creativo/a    que...
*Aquella artista es más creativa que los otros artistas que conozco.*

| COLUMNA A | COLUMNA B | COLUMNA C | COLUMNA D |
|-----------|-----------|-----------|-----------|
| Ese cuadro | más | llamativo/a | que... |
| Aquel artista | menos | innovador/a | |
| Aquella artista | | gráfico/a | |
| Estos diseños | | creativo/a | |
| Esta muralista | | talentoso/a | |
| Estas pinturas | | estético/a | |
| Aquellos grabados | | técnico/a | |

*El Altar,* Oswaldo Moncayo

Un cuadro de Ignacio Silva

## 9·4  Nuestras opiniones

¡Anda! *Curso intermedio*, Capítulo 1,
Algunos verbos como *gustar*, pág. 38.

Imagina que tu compañero/a y tú van a un museo.

**Paso 1** Lean la Guía del Ocio de Madrid para seleccionar adónde y cuándo quieren ir.

# GUÍA DEL OCIO MADRID

## MÚSICA

**sábado 4**

• **XVI Festival de Jazz:**

**Joe Henderson**
La Riviera. 21 h.
• **Alonso y Williams**
La Madriguera. 24 h.

**domingo 5**

• **Pedro Iturralde**
Clamores. Pases: 22.45 y
0.45 h. Entrada libre.

**lunes 6**

• **Moreiras Jazztet**
Café Central. 22 h.

## CINE

**Las vidas de Celia**
(2005, España)****
**Género:** Drama
**Director:** Antonio Chavarrías
**Interpretación:** Najwa Nimri,
Luis Tosar...
*Najwa Nimri da vida a una
mujer que intenta suicidarse la
misma noche que otra joven es
asesinada.*

**Mujeres en el parque**
(2006, España)*****
**Género:** Drama
**Director:** Felipe Vega
**Interpretación:** Adolfo
Fernández, Blanca Apilánez...
*Una película llena de pequeños
misterios, donde los personajes se
enfrentan a lo difícil de las
relaciones personales.*

**Volver** (2006, España)*****
**Género:** Comedia dramática
**Director:** Pedro Almodóvar
**Interpretación:** Penélope
Cruz, Carmen Maura...
*Se basa en la vida y los recuerdos
del director sobre su madre y el
lugar donde se crió.*

## EXPOSICIONES

• **Museo Nacional Centro
de Arte Reina Sofía**
Santa Isabel, 52.
Metro Atocha.
Tel. 91 467 50 62

Horario: de 10
a 21 h. Domingo
de 10 a 14.30 h.
Martes cerrado.

*Un recorrido del arte del
siglo XX, desde Picasso. Salas
dedicadas a los comienzos de la
vanguardia. Además, exposiciones
temporales.*

• **Museo del Prado**
Paseo del Prado, s/n. Metro
Banco de España.
Tel. 91 420 36 62 y 91 420 37 68
Horario: martes a sábado de
9 a 19 h. Domingo de 9 a 14 h.
Lunes cerrado.

*Todas las escuelas
españolas, desde los
frescos románicos
hasta el siglo
XVIII. Grandes
colecciones de
Velázquez, Goya,
Murillo, etc.*
*Importante representación de las
escuelas europeas (Rubens, Tiziano,
Durero, etc.). Escultura clásica
griega y romana y Tesoro del Delfín.*

Las Meninas, The Family of Philip IV 1656. Artist: VELAZQUEZ, Diego: 1599–1660: Spanish. Museo del Prado, Madrid/Dagli Orti/The Art Archive.

Pablo Picasso (1881–1973). "Las Meninas, after Velazquez, No. 1". 1957. Museo Picasso, Barcelona. ©2004 Estate of Pablo Picasso/Artists Rights Society (ARS), New York. Bridgeman-Giraudon/Art Resource, NY.

**Paso 2** Imaginen que están en la exposición que seleccionaron. Combinen las siguientes frases de las dos columnas para crear **seis** oraciones. Túrnense.

**MODELO**   Me interesa mucho más el arte dramático... que la pintura.
*Me interesa mucho más el arte dramático que la pintura.*

1. _____ Me interesa el proceso de crear los grabados...
2. _____ El dibujo de Picasso que les encanta a mis padres...
3. _____ El diseño del mural que más me gusta...
4. _____ Me fascina la combinación de materiales de ese artista...
5. _____ Nos faltan unos grabados...
6. _____ No les quedan más de cinco autorretratos...

a. es tan interesante como sus pinturas.
b. mejores que ésos para la exhibición en diciembre.
c. mucho más que aquellas combinaciones.
d. de Frida Kahlo en aquel museo.
e. tanto como el proceso de pintar cuadros.
f. es tan crítico como la creación de las imágenes.

**9 5** **¿Qué opinas?**

Circula por la clase haciendo y contestando las siguientes preguntas. Llena el cuadro con tus resultados.

| PREGUNTA | E1 | E2 | E3 | E4 | E5 |
|---|---|---|---|---|---|
| 1. ¿Te gustan más las pinturas al óleo o a la acuarela? | | | | | |
| 2. ¿Cuáles son más impresionantes: los murales o los cuadros de tamaño normal? | | | | | |
| 3. ¿Crees que sea tan fácil esculpir como dibujar? Explica. | | | | | |
| 4. En tu opinión ¿quién es el artista vivo con más talento? ¿Quién es el mejor artista muerto? | | | | | |
| 5. ¿Te interesan los autorretratos y retratos tanto como las pinturas de naturaleza muerta? | | | | | |
| 6. ¿Tienes la habilidad de pintar o dibujar un autorretrato? ¿Cómo sería tu autorretrato? | | | | | |

 **GRAMÁTICA 2** **Repaso del subjuntivo: en cláusulas sustantivas, adjetivales y adverbiales**

9-5 to 9-7 46, 47, 54, 67

- The **indicative** mood *states or inquires about facts,* that is, what happened, what is happening, or what will happen.
- The **subjunctive** mood is used to *express doubt, uncertainty, influence, opinion, feelings, hope, wishes,* or *desires* about events that are happening or might be happening now, have happened or might have happened in the past, or may happen in the future.

The following is a review of the uses of the subjunctive. To review the formation of the present subjunctive, refer to page 82; for a review of the present perfect subjunctive forms, see page 161.

**1. El subjuntivo en cláusulas sustantivas**

The subjunctive is used to express **volition** and **will, feelings** and **emotions, doubt, uncertainty,** and **probability** in the following ways:

**a. To recommend or request**

**Te recomiendo** que **vayas** a la exhibición de arte dramático esta tarde en el museo Arte Vivo.

*I recommend (that) you go to the performing arts exhibit at the Arte Vivo museum this afternoon.*

**Nos piden** que **compremos** unos grabados de unos edificios de la universidad.

*They are requesting that we buy some etchings of some university buildings.*

**b. To express wishes**

| | |
|---|---|
| **Deseo** que mis estudiantes **conozcan** el arte de Velázquez. | *I want (desire) my students to be familiar with Velázquez's art.* |
| **Espero** que **podamos** ir a España este verano para visitar sus museos. | *I hope (that) we can go to Spain this summer to visit the museums there.* |

**c. To report on other's requests, recommendations, or wishes**

| | |
|---|---|
| José y Gregorio **quieren** que sus padres los **lleven** al Museo del Prado este verano. | *José and Gregorio want their parents to take them to the Prado Museum this summer.* |
| Mis abuelos **nos exigen** que **vayamos** a la sinfónica. | *My grandparents are demanding that we go to the symphony.* |

- **Some verbs** used to express **requests, recommendations,** and **wishes** are:

| | | | |
|---|---|---|---|
| **aconsejar** | *to recommend; to advise* | **preferir (e-ie-i)** | *to prefer* |
| **desear** | *to wish* | **prohibir** | *to prohibit* |
| **esperar** | *to hope* | **proponer** | *to suggest; to recommend* |
| **exigir** | *to demand* | **querer (e-ie)** | *to want; to wish* |
| **insistir (en)** | *to insist* | **recomendar (e-ie)** | *to recommend* |
| **necesitar** | *to need* | **rogar (o-ue)** | *to beg* |
| **pedir (e-i-i)** | *to ask (for); to request* | **sugerir (e-ie-i)** | *to suggest* |

- The following are some common impersonal expressions that also express **requests, recommendations, wishes,** and **desires:**

| | | | |
|---|---|---|---|
| **Es importante que** | *It's important that* | **Es necesario que** | *It's necessary that* |
| **Es mejor que** | *It's better that* | **Es preferible que** | *It's preferable that* |

**d. To express feelings and emotions**

| | |
|---|---|
| **Nos gusta** que **quieras** pintar un mural en este lado del edificio. | *We like that you want to paint a mural on this side of the building.* |
| **Temo** que no **podamos** comprar el cuadro —es muy caro. | *I'm afraid we won't be able to buy the painting—it is very expensive.* |

- Verbs and phrases expressing **feelings** and **emotions** include:

| | |
|---|---|
| **alegrarse de** | *to be happy about* |
| **avergonzarse de (o-ue)** | *to feel (to be) ashamed of* |
| **Es bueno/malo** | *to be good/bad* |
| **Es una lástima** | *to be a shame* |
| **gustar** | *to like* |
| **sentir (e-ie-i)** | *to regret* |
| **temer/tener miedo (de)** | *to be afraid (of)* |

> **Estrategia**
>
> Remember that if there is no subject change, the infinitive is required, not the subjunctive.
>
> *Quiero hacer unos dibujos de los niños este fin de semana.*
>
> *Espero crear unos grabados interesantes de esas escenas.*

**e. To communicate doubts and probability**

| | |
|---|---|
| Marco **no cree** que ellos **sepan** apreciar su arte. | *Marco does not believe that they know how to appreciate his art.* |
| **Es probable** que **podamos** terminar de renovar el taller para septiembre. | *It's likely that we can finish renovating the art studio by September.* |

CAPÍTULO 9

- Verbs and expressions expressing **doubts** and **probability** include:

| | |
|---|---|
| **dudar** | *to doubt* |
| **Es dudoso** | *to be doubtful* |
| **Es probable** | *to be probable* |
| **no creer** | *not to believe; not to think* |
| **no estar seguro (de)** | *to be uncertain (of)* |
| **no pensar** | *not to think* |

Having studied the preceding examples of the subjunctive, answer the following questions to complete your review:

1. How many verbs are in each sentence?
2. Which verb is in the **indicative?**
3. Which verb is in the **subjunctive?**
4. Is there a different subject for each verb?
5. What word joins the two distinct parts of the sentence?
6. State a rule for the use of the subjunctive to express **volition** and **will, feelings** and **emotions, doubt, uncertainty,** and **probability.**

 Check your answers to the preceding questions in Appendix 1.

## 2. El subjuntivo con antecedentes indefinidos o que no existen

The subjunctive is also used to express the **possibility** that **something or someone** is **uncertain or nonexistent:**

| | |
|---|---|
| **Busco** un artista que **pueda** pintar unos retratos de mis hijos por un precio razonable. | *I am looking for an artist who can paint some portraits of my children for a reasonable price.* |
| ¿En esta exhibición **hay algún** paisaje que no **sea** impresionista? | *Is there a landscape in this exhibit that is not impressionistic?* |
| No **conocemos** a nadie que **sepa** esculpir tan bien como tu hermano Eduardo. | *We don't know anyone who knows how to sculpt as well as your brother Eduardo.* |

Having read the previous examples,

1. What kinds of verbs tell you that there is a possibility that something or someone is uncertain or nonexistent?
2. If you know that something or someone exists, do you use the indicative or the subjunctive?

 Check your answers to the preceding questions in Appendix 1.

## 3. El subjuntivo en cláusulas adverbiales

There are connecting words (*conjunctions*) that may or may not require the use of the subjunctive.

**Fíjate**

*Adverbial clauses* describe an action and are introduced by adverbial conjunctions.

**a. The subjunctive is *always* used after the following conjunctions:**
**a menos que, antes (de) que, con tal (de) que, en caso (de) que, para que,** and **sin que.**

Nos veremos en el concierto **a menos que llueva.** *We'll see each other at the concert unless it rains.*

Voy a ese museo primero **con tal (de) que haya** una exhibición nueva. *I am going to that museum first provided that there is a new exhibit.*

Pasa por la galería **en caso (de) que esté** Felipe. *Stop by the gallery in case Felipe is there.*

**b. The indicative is *always* used after the following conjunctions:**
**ahora que, puesto que,** and **ya que.**

David es muy generoso **ahora que es** un artista muy famoso. *David is very generous now that he is a famous artist.*

No piensan encargarle un retrato al óleo **puesto que prefieren** los retratos de fotografía. *They are not planning on commissioning an oil portrait from him, given that they prefer photographic portraits.*

**With the following conjunctions, either the *indicative* or the *subjunctive* can be used.**

| | | | |
|---|---|---|---|
| **aun cuando** | **cuando** | **después (de) que** | **luego que** |
| **aunque** | **de manera que** | **en cuanto** | **mientras que** |
| **a pesar de que** | **de modo que** | **hasta que** | **tan pronto como** |

● To determine which is needed, ask the question: *From the point of view of the speaker, has the action already occurred?*

   **a.** If the action has occurred, the **indicative** is needed.

   **b.** If the action has yet to occur, the **subjunctive** must be used.

<u>Vamos a ir</u> a ver los murales **tan pronto como lleguen** mis hermanos. *We will go see the murals as soon as my siblings arrive.*

<u>Piensa hacer</u> los juguetes a mano **aunque** no **tenga** tiempo. *He is thinking about making the toys by hand even though he may not have the time.*

<u>Siempre le compran</u> acuarelas **aunque cuestan** bastante dinero. *They always buy her watercolors although they are quite expensive.*

**c.** In a sentence with no change of subject, the prepositions *antes de, después de,* and *hasta* are followed by the infinitive.

<u>Necesitamos pasar</u> por el taller **antes de salir** de viaje. *We need to pass by the studio before we go on our trip.*

Having studied the previous examples, answer the following questions to complete your review:

1. Which conjunctions **always** use the subjunctive?

2. Which conjunctions **never** use the subjunctive?

3. Which conjunctions **sometimes** use the subjunctive?

4. What question do you ask yourself with these types of conjunctions?

 Check your answers to the preceding questions in Appendix 1.

**9·6** Karin Momberg

Karin Momberg es una artista chilena y española y nos está dando consejos de cómo apreciar el arte. Usen los siguientes verbos en **el subjuntivo** para crear sus recomendaciones.

| | | |
|---|---|---|
| aconsejar | proponer | recomendar |
| ser bueno | ser importante | sugerir |

*Un viaje emocionante,* de Karin Momberg

**MODELO** reconocer desde el principio que no les van a gustar todas las obras

*Les recomiendo que reconozcan desde el principio que no les van a gustar todas las obras.*

1. observar la obra desde varias distancias
2. observar la obra desde varios ángulos
3. determinar cómo está hecha la obra
4. estudiar el uso de los colores
5. reflexionar sobre el motivo del artista
6. ser crítico del tema y de la técnica
7. dejar que les hable la obra

 **9·7** La profesora de arte

La profesora Romero les da consejos a sus estudiantes nuevos. Completen las siguientes oraciones con la forma apropiada de los verbos en **el subjuntivo.**

**MODELO** recomendar estudiar mucho

*Les recomiendo que estudien mucho.*

1. ser necesario trabajar duro
2. sugerir hacer muchas investigaciones
3. ser obligatorio no copiar
4. aconsejar expresar su creatividad por diferentes medios
5. esperar sentir amor y entrega en lo que hacen

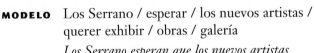 **9·8** La Galería de los Serrano

La familia Serrano tiene una galería de arte en Barcelona. Descubre un poco sobre la familia al crear oraciones con **el subjuntivo.** Después, compara tus oraciones con las de un/a compañero/a.

**MODELO** Los Serrano / esperar / los nuevos artistas / querer exhibir / obras / galería

*Los Serrano esperan que los nuevos artistas quieran exhibir sus obras en la galería.*

1. El Sr. Serrano / buscar / empleado / hablar inglés / entender / arte moderno
2. La Sra. Serrano / querer / hacer viaje / Buenos Aires / antes de que / (ellos) abrir / próxima exhibición
3. Los hijos Serrano / trabajar / galería / en cuanto / cumplir dieciocho años
4. Los Sres. Serrano / preferir / los hijos / estudiar mucho / y sacar título / comercio
5. Sin embargo, una hija / desear / estudiar / arte / para que / padres / poder vender / cuadros

## 9·9 El retrato

Joaquín se prepara para pintar el retrato de su amigo Teo. Terminen la siguiente descripción con la forma apropiada de uno de los siguientes verbos. Tienen que decidir si necesitan usar **el subjuntivo**, **el infinitivo** o **el indicativo**.

| decidir | estar | hacer | pintar | poder |
|---------|-------|-------|--------|-------|
| reflejar | sentarse | ser | ser | quedar |

Teo quiere que yo le (1) _____ un retrato. Primero, necesitamos (2) _____ si voy a hacer el cuadro al óleo, a la acuarela o si sería mejor un dibujo. Teo se decide por un retrato al óleo. Entonces, tengo que buscar un lienzo que (3) _____ del tamaño perfecto. Después, preparo la pintura y busco mis pinceles nuevos. Cuando todo (4) _____ preparado, determinamos la composición del cuadro y decidimos si queremos (5) _____ el retrato de perfil o de frente. Creo que estamos de acuerdo en que es preferible que (6) _____ de frente. Ahora, ¿lo queremos de medio cuerpo, de cuerpo entero o de cara nada más? Lo voy a hacer de medio cuerpo, así que le digo a Teo que (7) _____ para que yo (8) _____ empezar. Quiero que el retrato (9) _____ la personalidad de mi amigo —eso es lo más difícil de todo. Entonces, lo más crítico va a ser los ojos. Es necesario que (10) _____ perfectos.

### Estrategia

When you are requesting, recommending, suggesting, etc., that someone do something, the indirect object is present in the sentence. Verbs that commonly require the indirect object are: *aconsejar, exigir, pedir, recomendar, rogar, sugerir, prohibir*, and *proponer*.

*Yo te recomiendo que vayas a ver esa exhibición.*

*Yo (les) recomiendo a mis padres que visiten el Museo Guggenheim en Bilbao, España.*

## 9·10 El arte y tú

Usa las siguientes preguntas para compartir tus ideas sobre el arte con un/a compañero/a.

1. ¿Recomiendas que se pinten murales en las paredes y muros de los edificios en pueblos y ciudades? Explica.
2. Si quieres comprar un cuadro, ¿es importante que sea al óleo o puede ser a la acuarela u otra cosa?
3. ¿Es importante reconocer y entender el tema de un cuadro para poder apreciarlo?
4. ¿Qué medio artístico escogerías para un retrato tuyo: la fotografía, la escultura, el dibujo o la pintura?
5. ¿Quiénes son tus artistas favoritos y cuáles son tus cuadros favoritos? ¿Por qué?

## 9·11 Consejos

Siempre tenemos deseos y consejos para los demás. Expresen sus deseos y consejos para las siguientes personas.

**MODELO** A los Serrano / Les recomendamos que…

*Les recomendamos que busquen unos cuadros de artistas nuevos para exhibir en una sala aparte.*

| A LOS PROPIETARIOS DE UNA GALERÍA DE ARTE | A UN JOVEN QUE DESEA SER ARTISTA | A UN GRUPO DE ARTISTAS RECIÉN ESTABLECIDOS |
|---|---|---|
| 1. Les recomendamos que… | 1. Esperamos que… | 1. Es importante que… |
| 2. Es necesario que… | 2. Siempre le exigimos que… | 2. Le aconsejamos que… |
| 3. Sugerimos que… | 3. No es importante que… | 3. Esperamos que… |
| 4. ¿Creen que…? | 4. Le proponemos que… | 4. No dudamos que… |

### VOCABULARIO 3 · La artesanía

9-8 to 9-9

la talla

la cestería

la artesana

la tejedora

el tejido

el tapiz

la escultura

la escultora

el alfarero

la alfarería

el barro

la cerámica

| Algunas palabras útiles | *Some useful words* | | |
|---|---|---|---|
| **la alfarera** | *female potter* | **el escultor** | *female sculptor* |
| **el artesano** | *male artisan* | **el tejedor** | *male weaver* |
| **las artes decorativas/aplicadas** | *decorative/applied arts* | | |

## 9 12  Lo dudo

Cambien las siguientes oraciones para expresar duda. Usen los verbos y las expresiones de la página 354.

**MODELO**   Hay muchos artesanos en ese pueblo. (yo)

*Dudo que haya muchos artesanos en ese pueblo.*

1. El barro es perfecto para ese tipo de cerámica. (nosotros)
2. La alfarería de esas mujeres indígenas tiene mucho valor. (tú)
3. Estas plantas producen materia perfecta para la cestería. (ellas)
4. Ella sabe esculpir mejor que su profesor de escultura. (yo)
5. Van a exponer en su galería el tejido en que trabaja esa tejedora. (José y yo)

## 9 13  Parejas

Combinen las siguientes frases de las dos columnas para crear oraciones. Tienen que decidir si necesitan usar **el subjuntivo** o **el indicativo**.

> **Fíjate**
>
> Fernando Botero is a Colombian artist and sculptor.

**MODELO**   Busco un tapiz que…        (ser) del estilo indígena

*Busco un tapiz que sea del estilo indígena.*

1. _____ Busco un tejedor que…
2. _____ Encontré una escultura de Botero que…
3. _____ ¿Hay algún artesano que…?
4. _____ Tengo unos platos de cerámica que…
5. _____ No existe un alfarero que…
6. _____ Necesitamos un tapiz que…

   a. (saber) crear algo bello y útil a la vez
   b. (querer) usar el barro de esta zona del país
   c. (hacer) diseños modernos con muchos colores vibrantes en sus tejidos
   d. (comprar) en Triana, un barrio de Sevilla, España
   e. (poder colgar) al lado de éste muy antiguo
   f. (ser) una de las primeras que hizo

> **Fíjate**
>
> To see some of Gabriel Orozco's paintings, see the *¡Anda! Curso intermedio* web site.

## 9 14  Gabriel Orozco

Esther habla de su artista favorito. Lean lo que dice y subrayen (*underline*) **las cláusulas subordinadas.** Luego, expliquen por qué se usa **el indicativo** o **el subjuntivo** en cada caso.

Gabriel Orozco

> **Fíjate**
>
> *Las artes plásticas* are visual art that involve the use of materials that can be molded and modulated in some way. The term includes architecture, ceramics, glass, landscape, metalworking, mosaic, paper art, sculpture, textile art, and woodworking.

No creo que haya ningún artista que sea más creativo e innovador que Gabriel Orozco. Nació en Xalapa, México, se crió en la Ciudad de México y estudió en la Escuela Nacional de Artes Plásticas de la UNAM. Aunque durante los primeros años de su carrera fue más conocido y respetado internacionalmente que en su propio país, ahora se está empezando a apreciar su arte cada vez más en México. Se puede decir que ya es famoso ahora que es uno de los artistas plásticos más valorados en el mundo del arte. Sus obras incluyen la escultura, la fotografía, el video, el dibujo y el arte-objeto. También es conocido por sus instalaciones espontáneas que son una combinación de diferentes aspectos de su arte. Se dice que es uno de los diez creadores más importantes e influyentes de los últimos años.

Es interesante que no tenga ni estudio, ni taller, ni galería, puesto que prefiere crear, convirtiendo cualquier cosa en una experiencia estética. Encuentra las materias que usa para sus creaciones explorando, hasta en la basura, recoge latas, etiquetas de botellas de cerveza, restos de construcción, etc., para luego transformarlo todo en objetos de arte. Espera que los que vean su arte cuestionen sus ideas y perspectivas de la realidad. Quiere que ellos usen su imaginación y su propia creatividad al entregarse a sus creaciones.

**SAM** 9-10 to 9-11

## Notas culturales

### El Museo del Oro en Bogotá, Colombia

Para un visitante en Bogotá, Colombia, es recomendable que visite El Museo del Oro del Banco de la República; es una joya para el mundo del arte. Abrió a principios del año 1968 y ganó el Premio Nacional de Arquitectura. Fue renovado recientemente (2004–2008) y ahora tiene una nueva apariencia; es un nuevo museo con exhibiciones, servicios y tecnología del siglo XXI. La renovación fue motivada por un deseo de considerar todos los objetos del museo con una perspectiva nueva y comprensiva. Es importante que los artefactos se exhiban dentro de su contexto histórico pero con una conexión con el presente. De esta manera, se espera que tengan más sentido para los visitantes de hoy en día.

El Museo del Oro es único: tiene más de 33.000 objetos de artesanía y orfebrería (*crafting of precious metals*) representativos del período precolombino en sus colecciones. Los diseños y las imágenes de los artefactos son verdaderamente impresionantes y muestran una técnica muy avanzada para la época.

### Preguntas

1. ¿Qué contiene el museo que lo hace único? ¿Por qué se considera arte el contenido de este museo?
2. ¿Cómo se compara este museo con los que conoces?

## 9 15 Decisiones

En grupos de tres, hagan el papel de representantes de un museo pequeño de su pueblo o ciudad. Pueden comprar una obra nueva, gracias a un patrocinador (*patron*) muy generoso. Han considerado muchas, pero seleccionaron tres finalistas. Ahora tienen que tomar la decisión final. De las tres, ¿cuál prefieren? ¿Cuáles son sus razones?

## 9 16 La cerámica de Talavera

Vayan a la página web de *¡Anda! Curso intermedio* para investigar la cerámica de Talavera. Después, preparen un anuncio comercial para publicitar y vender esta cerámica en los EE.UU. Deben usar por lo menos **seis** oraciones en **el subjuntivo**.

# ESCUCHA

9-12 to 9-14

## ESTRATEGIA   Making inferences from what you hear

Sometimes when you are speaking with others, your listener may not interpret your message the way you meant it. Or, you may not express yourself exactly as you had wished. If these situations occur, the listener may *infer* (or *deduce*) a meaning different from what you intended. For example, if someone invites you to a concert and you hesitate before answering, he/she may infer that you do not really want to go. If, however, you say "I have to work," he/she will most likely think that you would like to go but have a schedule conflict.

### 9•17   Antes de escuchar

A David y a su hermano Martín les encantaría ir al concierto de su grupo favorito, Maná. Su madre, sin embargo, piensa que necesitan pasar más tiempo con la familia y deben asistir a eventos culturales. Ella les propone varias ideas. ¿Crees que a los jóvenes les van a interesar?

### 9•18   A escuchar

CD 4
Track 1

Completa los siguientes pasos.

**Paso 1** Escucha la primera vez para captar la idea general de la conversación.

**Paso 2** Lee las siguientes preguntas y escucha por segunda vez, ahora enfocándote en la información que necesitas para contestarlas.

1. ¿Qué deducen David y Martín que su mamá quiere que hagan?
2. ¿Qué piensas que va a pasar?

### 9•19   Después de escuchar

Descríbele a un/a compañero/a una conversación que tuviste recientemente en que o tú o la persona con quien estabas hablando no dijo exactamente lo que estaba pensando. ¿Qué dedujiste? ¿Qué era realmente lo que quería decir?

## ¿Cómo andas?

Having completed the first **Comunicación,** I now can...

|  | Feel Confident | Need to Review |
|---|---|---|
| • discuss the visual arts and handicrafts. (pp. 348, 358) | ❏ | ❏ |
| • make comparisons of equality and inequality. (p. 349) | ❏ | ❏ |
| • make recommendations and suggestions, and express volition. (p. 352) | ❏ | ❏ |
| • express doubt, emotions, and sentiments. (p. 353) | ❏ | ❏ |
| • describe something that is uncertain or unknown. (p. 354) | ❏ | ❏ |
| • share information about a pre-Columbian art museum. (p. 360) | ❏ | ❏ |
| • make inferences about what I hear. (p. 361) | ❏ | ❏ |

# Comunicación

- Describing the world of music, theater, cinema, and television
- Stating what may happen now and in the future

**VOCABULARIO 4**

## La música y el teatro

SAM   9-15 to 9-17

el órgano

el organista

el teclado

la solista

el trombón

el mariachi

el trio

el flamenco

el coro

el clarinete

el violín

el cuarteto

las cuerdas

la sinfónica

el reproductor de MP3

el saxofonista

el saxofón

las seguidoras

el ballet

la diva

el vestuario

el escenario

🔁 *¡Anda! Curso elemental,*
Capítulo 5, El mundo de la
música, Apéndice 2.

## La música

| Algunas palabras útiles | *Some useful words* |
|---|---|
| el/la compositor/a | *composer* |
| el espectáculo | *show* |
| los instrumentos de metal | *brass instruments* |
| los instrumentos de viento/de madera | *wind instruments, woodwinds* |
| el merengue | *merengue* |
| la música alternativa | *alternative music* |
| la música popular | *popular music* |
| la organista | *female organist* |
| la pieza musical | *musical piece* |
| la saxofonista | *female saxophonist* |
| los seguidores | *male fans; groupies* |
| el solista | *male soloist* |

## El teatro

| Algunas palabras útiles | *Some useful words* |
|---|---|
| la comedia | *comedy* |
| la danza | *dance* |
| el decorado | *set* |
| el/la directora/a de escena | *stage manager* |
| el drama | *drama* |
| el/la dramaturgo/a | *playwright* |
| la función | *show; production* |
| el miedo de salir en escena | *stage fright* |
| la obra de teatro | *play* |
| la tragedia | *tragedy* |

## El parloteo de Cisco

Deben escuchar la música que acabo de comprar; es la más suave de todas las grabaciones del conjunto *Bravo*. Los guitarristas son los más apasionados. Creo que soy el mejor aficionado porque compro todos sus CD.

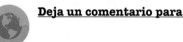

**Deja un comentario para Cisco:**

---

**REPASO**

### El superlativo

In Cisco's blog, he uses the words **la más suave, los más apasionados,** and **el mejor aficionado.** All are expressions of **el superlativo** in Spanish. The following is a review of the form and its uses.

**1.** To compare three or more people or things, use the superlative. The formula for expressing the superlative is the following:

**el/la/los/las** (*noun/s*) **+ más/menos +** *adjective* **+ (de)**

9-18 to 9-19

**2.** Just as in the comparative, the adjectives **bueno/a, malo/a, viejo/a,** and **joven** are irregular in the superlative.

30

| COMPARATIVE | | | | SUPERLATIVE | |
|---|---|---|---|---|---|
| **bueno/a** | *good* | **mejor** | *better* | **el/la mejor** | *the best* |
| **malo/a** | *bad* | **peor** | *worse* | **el/la peor** | *the worst* |
| **viejo/a** | *old* | **mayor** | *older* | **el/la mayor** | *the oldest* |
| **joven** | *young* | **menor** | *younger* | **el/la menor** | *the youngest* |

For a complete review of the superlative, refer to **Capítulo 10** of *¡Anda! Curso elemental* in Appendix 3.

---

 **9 20** La mímica

En grupos de cinco o seis, hagan mímica (*charades*) para practicar el vocabulario nuevo.

**Paso 1** Cada estudiante debe representar por lo menos **tres** palabras o expresiones nuevas.

**Paso 2** Elijan las **dos** mejores representaciones del grupo para presentárselas a todos y expliquen por qué fueron las mejores.

---

 **9 21** El/La mejor director/a de escena

Hagan una lista de las responsabilidades de un/a buen/a director/a de escena. Después, decidan cuáles son las responsabilidades más importantes y cuáles son menos importantes para el éxito de una obra de teatro.

---

**Vocabulario útil**

| | | | | | |
|---|---|---|---|---|---|
| **inspeccionar** | *to inspect* | **planear** | *to plan* | **organizar** | *to organize* |

**MODELO** *Tiene que inspeccionar el decorado.*

**9 22** Los instrumentos de orquesta

¡Anda! Curso elemental,
Capítulo 5, El mundo de
la música, Apéndice 2.

Miren la foto de la Orquesta Sinfónica de Puerto Rico e intenten
nombrar todos los instrumentos que conozcan. Después, creen
oraciones usando **el superlativo** y los instrumentos usados por la
orquesta sinfónica.

**MODELO**  *La flauta es el instrumento más pequeño de la
sinfónica.*

**9 23** Los mejores de los mejores

Circulen por la clase para preguntarles a sus compañeros sobre sus gustos y
preferencias.

**MODELO**  E1: *¿Quién tiene la mejor voz de hombre?*

E2: *Plácido Domingo tiene la mejor voz. ¿Qué opinas tú?*

1. la mejor voz de hombre
2. la mejor voz de mujer
3. el grupo musical más popular de los EE.UU.
4. el grupo musical más popular del mundo
5. la compañía de ballet más conocida de los EE.UU.

6. el/la mejor dramaturgo/a
7. la obra de teatro más interesante que has visto
8. el/la violinista/pianista/guitarrista, etc., más
   conocido/a del mundo

 **9 24** Personalmente

Por fin, tienen un poco de dinero para ir a un
concierto, al cine o al teatro. Completen los
siguientes pasos.

**Paso 1** Decidan adónde quieren ir.

**Paso 2** Ahora, túrnense para hacerse y contestar
las siguientes preguntas.

1. ¿Te consideras músico/a, escritor/a, artista,
   etc.? ¿Cuáles son tus habilidades al respecto?
2. ¿Qué instrumentos tocas? ¿Tocas bien o mal?
3. ¿Has participado en un ballet o en una obra
   de teatro? ¿Cuál fue tu papel (*role*)? ¿Había
   decorado y vestuario?
4. ¿Has ido a muchos conciertos? ¿Cuál es el
   mejor al que has asistido?
5. ¿Has asistido a una sinfónica? ¿Qué tocaron?
6. ¿Qué música y bailes conoces del mundo
   hispano? ¿De qué países son? ¿Te gustan?

**FESTIVAL DE ARTE**

**MÚSICA**
*viernes 10*
**Sinfónica Nacional**

Beethoven y Mozart
Teatro Nacional 22 h.

*domingo 12*
**Arturo Sandoval**

La Rivera 22.45 y 0.45 h.

*viernes 17*
**Eddie Palmieri**

El Congreso 22.45 y 0.45 h.

**CINE, BAILE y TEATRO**
*sábado 11*
**Romeo y Julieta**

**Director:** Mikhail Baryshnikov
**Interpretación:** Julio Bocca y Julie Kent
Teatro Colón 21 h.

## 9 25 Una buena filántropa

La Sra. de las Morenas quiere donar dos millones de dólares a tu universidad, expresamente para las artes. La universidad ha identificado varias posibilidades y ustedes, como consejeros de la Sra. de las Morenas, tienen que ayudarla a tomar su decisión. En grupos de tres, conversen para identificar las mejores recomendaciones finales. Preparen su presentación, usando **el subjuntivo, las comparaciones de igualdad y desigualdad** y **el superlativo** cuando sea posible.

**POSIBLES PROYECTOS:**

1. empezar un programa para los estudiantes de colegio donde los estudiantes universitarios de arte les den clases por las tardes
2. crear fondos permanentes para que los profesores de arte puedan hacer investigaciones en otras partes del mundo
3. establecer una escuela de ballet y baile moderno con fondos suficientes para atraer como profesor/a a un/a bailarín/bailarina conocido/a
4. establecer un teatro-laboratorio para los estudiantes de drama
5. dirigir al coro en una gira anual por diferentes partes del mundo durante diez años

## GRAMÁTICA 5 — Cláusulas condicionales de *si* (Parte 1)

9-20 to 9-21    62

A **si** (*if*) clause states *a condition that must be met in order for something else to happen.* These are *if... then...* statements.

- The verb in the *if*/**si** clause states the condition for something to happen. This condition is likely to take place. The verb in the *then* clause describes what could happen.

- Use this "formula" when expressing *if/then* statements in which the verb following **si** is in the **present indicative**. Note the sequence below:

**Si** (*If* ) + **present indicative** + *(then)* **present indicative**
+ *(then)* **future**
+ *(then)* **command**

> Si no te portas bien, tendrás que pasar la tarde en tu cuarto.

**Fíjate**

The *then* clause is known in grammatical terms as a *resultant clause.*

Study the examples below.

| | |
|---|---|
| **Si quieres, podemos** escuchar el *Concierto de Aranjuez* de Joaquín Rodrigo. | *If you would like, we can listen to* Concierto de Aranjuez, *by Joaquín Rodrigo.* |
| **Si quieres ir** a la sinfónica esta noche, te **llevo.** | *If you would like to go to the symphony tonight, I will take you.* |
| **Si vas** al teatro después, **iré** contigo. | *If you go to the theater afterwards, I will go with you.* |
| **Si** el conjunto no **toca** música popular, **buscaremos** otro club. | *If the band doesn't play popular music, we'll find another club.* |
| **Si tienes ganas** de escuchar y bailar flamenco, **vete** al bar La Trocha. | *If you feel like listening to and dancing flamenco, go to the bar La Trocha.* |
| **Si te gustan** las comedias, **cómprate** entradas para ese teatro. | *If you like comedies, buy tickets for that theater.* |

**9·26** **Muy probable**

¿Cuántas oraciones lógicas puedes formar en cuatro minutos, combinando elementos de las columnas A y B? Crea todas las oraciones que puedas y después compáralas con las de un/a compañero/a.

**Estrategia**

Remember that in the *then* (resultant) clause, it is possible to use the *present indicative, the future tense,* or a *command.*

**MODELO**   *Si quieres escuchar música alternativa, no vengas a mi casa.*

COLUMNA **A**
Si querer escuchar música alternativa…
Si tocar el merengue…
Si tener un clarinete…
Si gustar el baile flamenco…
Si no tener cuerdas nuevas…
Si no venir al espectáculo…

COLUMNA **B**
no poder usar esa guitarra española
bailar contigo
no venir a mi casa
tocar en la orquesta
tomar lecciones con Silvia
perder el show de los mariachis de
    Guadalajara

**Fíjate**

 To learn more about this famous rock band and to hear some of their music, visit the *¡Anda! Curso intermedio* web site.

**9·27** **Fher**

Termina el siguiente párrafo con las formas correctas de los verbos apropiados. Después, compara tus respuestas con las de un/a compañero/a.

Maná

| enojarse | estar | ganar | levantarse | llegar |
| llevarse (bien/mal) | perder | poder | prepararse | tener |

Hola, amigos. Me llamo José Fernando Emilio Olvera Sierra y soy originalmente de Puebla, México. Mis amigos me llaman Fher. Soy guitarrista, compositor y cantante principal del grupo Maná. Recientemente, hemos estado trabajando mucho —tanto en la música como en nuestra fundación Selva Negra y en otras cosas parecidas. Bueno, ustedes me preguntaron sobre un día normal para mí…

Si (1) _____ temprano, (2) _____ tiempo para leer el periódico antes de salir para el estudio. No me gusta andar corto de tiempo porque si (3) _____ tarde al ensayo, los otros miembros del grupo (4) _____ conmigo. Si no (5) _____ bien, (6) _____ tiempo y energía. Si no (7) _____ ensayar bien porque estamos frustrados o preocupados, no (8) _____ bien para nuestra representación en los Latin Grammy Awards. Aparte de la canción que vamos a representar, nos han nominado para cuatro premios. Y como ustedes pueden imaginar, si (9) _____ uno, (10) _____ muy contentos.

**9·28** La otra parte

Aquí tienen los posibles resultados, o sea, la otra mitad de las oraciones con **si.** Inventen la parte que falta.

**MODELO**    … voy al museo.

          *Si hay una exhibición de arte precolombino, voy al museo.*

1. … iremos al teatro.
2. … compro un reproductor de MP3.
3. … vete sola al espectáculo.
4. … aprende a tocar el teclado.

5. … serás el solista.
6. … entrevistamos a la diva.
7. … no llegaré a tiempo a la función.
8. … pídele una audición.

**9·29** Siempre la oposición

Catrina siempre se opone a lo que sus padres le dicen. Respondan a las sugerencias de los padres como si fueras Catrina, usando siempre el vocabulario de **La música y el teatro.**

**MODELO**    LOS PADRES: Si tienes tiempo, puedes limpiar tu cuarto.

             CATRINA:     *Si tengo tiempo, tocaré el órgano.*

1. Si puedes llegar temprano, vamos al cine.
2. Si terminas de leer el drama, podrás escribir el ensayo para la clase de inglés.
3. Si quieres comprar unas cuerdas nuevas para la guitarra vieja, vete a la tienda Música Central.
4. Si tienes miedo de salir en escena, debes ensayar delante del espejo.
5. Si ensayas más, serás mejor música.
6. Si quitas esa música fuerte, podrás oír lo que te estoy diciendo.

 ¡*Anda! Curso elemental,*
Capítulo 5, El mundo de la
música, Apéndice 2.

 **9·30** Mi media naranja (*My soul mate*)

Su profesor/a les va a dar instrucciones para esta actividad. ¡Diviértanse!

 **9·31** Si lo hacemos…

Túrnense para hacerse y contestar las siguientes preguntas.

1. Si estás seleccionando música para una fiesta en tu casa, ¿qué tipo de música escoges?
2. Si tus amigos y tú quieren ir a un concierto, ¿qué tipo de concierto prefieren —de música clásica, rock, pop, etc.?
3. Si tus padres te compran un reproductor de MP3 nuevo, ¿qué marca y modelo prefieres?
4. Si decido ir al teatro este fin de semana, ¿qué obra debo ver?
5. Si salen con sus amigos el sábado, ¿a dónde irán?
6. Si tienes tiempo libre esta noche, ¿qué piensas hacer?

CAPÍTULO 9

**VOCABULARIO**
**6**

## El cine y la televisión

SAM

9-22 to 9-23

*¡Anda! Curso elemental,*
Capítulo 5. El mundo del cine,
Apéndice 2.

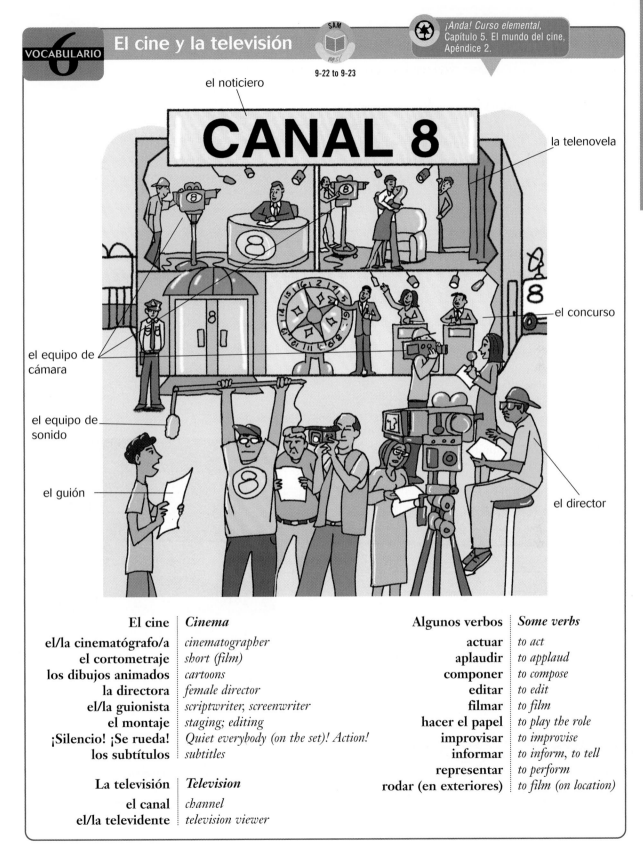

el noticiero

# CANAL 8

la telenovela

el concurso

el equipo de cámara

el equipo de sonido

el guión

el director

| El cine | *Cinema* | | Algunos verbos | *Some verbs* |
|---|---|---|---|---|
| el/la cinematógrafo/a | *cinematographer* | | actuar | *to act* |
| el cortometraje | *short (film)* | | aplaudir | *to applaud* |
| los dibujos animados | *cartoons* | | componer | *to compose* |
| la directora | *female director* | | editar | *to edit* |
| el/la guionista | *scriptwriter, screenwriter* | | filmar | *to film* |
| el montaje | *staging; editing* | | hacer el papel | *to play the role* |
| ¡Silencio! ¡Se rueda! | *Quiet everybody (on the set)! Action!* | | improvisar | *to improvise* |
| los subtítulos | *subtitles* | | informar | *to inform, to tell* |
| | | | representar | *to perform* |
| **La televisión** | *Television* | | rodar (en exteriores) | *to film (on location)* |
| el canal | *channel* | | | |
| el/la televidente | *television viewer* | | | |

## 9 32 Las diferencias

Expliquen la diferencia entre las siguientes palabras. Túrnense.

**MODELO** ensayar / representar

*Ensayar es prepararse para representar un papel a través de mucha práctica.*

1. el cortometraje / los dibujos animados
2. la telenovela / la televidente
3. improvisar / representar
4. el montaje / el guión
5. rodar / editar
6. el cinematógrafo / la directora

*¡Anda!* Curso elemental, Capítulo 5, *Hay que* + infinitivo, Apéndice 3.

## 9 33 Todo relacionado

Pon en orden lo que tiene que ocurrir para que una película salga bien. Después, compara tu lista con la de un/a compañero/a.

_____ Hay que seleccionar los actores, el equipo de cámara, el equipo de sonido, etc.
_____ Hay que preparar el montaje.
_____ Hay que montar el decorado.
_____ Un guionista identifica un tema o una historia para desarrollar o adaptar para el cine.
_____ Hay que rodar.
_____ Hay que hacerle publicidad a la película.
_____ El guionista o su agente les manda el guión a muchos directores de cine.
_____ Los actores tienen que ensayar mucho.
_____ Hay que identificar un buen guión.

## 9 34 Lo conocido

¿Qué personas, títulos u otras cosas asocian ustedes con las siguientes palabras? Compara tus ideas con las de un/a compañero/a.

**MODELO** el noticiero que les gusta más
*Noticiero Telemundo*

1. un cortometraje
2. una película reciente de dibujos animados
3. un/a director/a famoso/a
4. un guión más interesante que la novela en la cual se basa
5. el canal más popular entre tus amigos
6. el concurso más aburrido
7. una película con subtítulos
8. una telenovela

## 9 35 Profesiones sobresalientes

Elige una de las siguientes profesiones y haz una lista de las cualidades y habilidades que se requieren para tener éxito en esa profesión. Después, en grupos de cuatro, compartan sus listas.

1. músico/a
2. actor/actriz
3. artista
4. artesano/a
5. cantante
6. bailarín/bailarina

9-24 to 9-25

# PERFILES

## El arte como expresión personal

*El artista necesita expresarse mediante la forma más apropiada para sí mismo. Estas tres personas han logrado su expresión artística y personal, cada una de forma muy distinta.*

Si sabes algo del ballet, conocerás a **Julio Bocca** (n. 1967) quien es, sin duda, el bailarín argentino más famoso del mundo. Después de veinte años con el American Ballet Theatre, volvió a su país nativo en el año 2006 para trabajar con su propia compañía, el Ballet Argentino.

No hay guitarrista que simbolice más la música flamenca que **Paco de Lucía** (n. 1947). Este músico andaluz también ha experimentado con otros estilos como el jazz, e inclusive incorporó el cajón, instrumento afroperuano, en sus composiciones flamencas. Si quieres conocer la música flamenca, escucha a este maestro del arte.

Uno de los directores del cine mexicano más conocidos es **Alejandro González Iñárritu** (n. 1963). Su película *Amores perros* y muchos actores que trabajaron en ella ganaron varios premios. Al principio, planeaba una serie de once cortometrajes, pero al final seleccionó tres de las historias para elaborar la película definitiva.

### Preguntas

1. ¿Cómo se expresan artísticamente estas personas?
2. Si piensas en estas formas de expresión artística, ¿qué otros artistas conoces o puedes nombrar?
3. Considerando todas las formas de arte, en tu opinión, ¿quién es el/la artista más importante de tu época? Si piensas en todas las épocas, ¿quién será el más importante en tu opinión? ¿Qué tipo(s) de arte representa? ¿Por qué opinas así?

## 9 36 Los mejores y los peores

Escribe tus selecciones para las siguientes categorías y después, en grupos de tres, compartan la información.

|  | YO | ESTUDIANTE 1 | ESTUDIANTE 2 |
|---|---|---|---|
| mejor/peor artista |  |  |  |
| mejor/peor grupo musical |  |  |  |
| mejor/peor cantante |  |  |  |
| mejor/peor canción |  |  |  |
| mejor/peor programa de la tele |  |  |  |
| mejor/peor concurso de la tele |  |  |  |
| mejor/peor noticiero |  |  |  |

# ¡Conversemos!

9-26

## ESTRATEGIAS COMUNICATIVAS   Clarifying and using circumlocution

When speaking, you will occasionally need to clarify or elaborate what you are saying. Perhaps your listener(s) did not understand you; perhaps you felt you did not express yourself exactly as you wished; or perhaps you do not know the exact words or way to express what you want to say. Finding another way to say what you mean is known as using *circumlocution* and is a technique and skill that is important when communicating. Use the following expressions to begin your clarification, elaboration, or restatement.

- **Es decir...** *That's to say...*
- **O sea...** *That is...*
- **(Lo que) quiero decir...** *(What) I mean...*

- **Es que...** *It's that.../ The fact is that...*
- **En otras palabras...** *In other words...*

## 9·37 Diálogo

Escucha la conversación entre Mariela y José Luis y contesta las siguientes preguntas.

1. Deduciendo de su conversación, ¿a quién le gustan las artes modernas? ¿A quién le gustan las artes antiguas?
2. En realidad, ¿qué quería decirle Mariela a José Luis y qué quería decirle José Luis a Mariela?

## 9·38 Parecidos

Dicen que por cada diez personas encontrarás diez opiniones diferentes. Sin embargo, existen semejanzas también.

**Paso 1** Busca un/a compañero/a que tenga los mismos gustos que tú en uno de los cuatro siguientes temas: el arte, la música, el teatro o el cine/la televisión. Crea **cinco** preguntas y entrevista a **cinco** compañero/as para encontrar el/la compañero/a más parecido/a a ti.

**MODELO**   E1: *¿Te gustan las tragedias? Es decir, ¿te gustan las obras de Shakespeare?*

E2: *Sí, me gustan, pero no todas. O sea, no me gustan las tragedias modernas sino…*

**Paso 2** Hagan un reportaje oral en el que comparen sus semejanzas. Cada uno debe expresar sus ideas en por lo menos **ocho** oraciones.

## 9·39 Meter la pata

¿Cuántas veces has dicho algo que alguien interpretó mal? O ¿cuántas veces has dicho algo que no debías? Creen diálogos de las siguientes situaciones donde metiste la pata (*put your foot in your mouth*).

a. criticaste la música de tu mejor amigo/a
b. insististe en ir a una película y el guión fue horrible y todo el mundo gastó mucho dinero
c. visitaste a un/a amigo/a y criticaste su alfarería. Resulta que era de su madre.
d. ¿? (tu propia situación donde metiste la pata)

## 9·40 ¿Qué dirían?

Claro que hay excepciones, pero es posible predecir las opiniones de varias edades de personas. Creen diálogos de las siguientes personas sobre los siguientes temas. Cada diálogo debe tener por lo menos **doce** oraciones, usando expresiones de clarificación y de circunlocución, oraciones usando **el subjuntivo** y oraciones con **Si + presente.**

a. los dibujos animado de Disney o Steven Spielberg
b. el director mexicano Alejandro González Iñárritu
c. el bailarín Julio Bocca
d. la música de Paco de Lucía

e. el Museo del Oro de Bogotá, Colombia, y un museo en los EE.UU. que conozcan
f. la música alternativa
g. ¿? (un tema que seleccionen)

## 9·41 Y el premio va a...

Casi todos han visto los programas de premios como los Óscares, los Grammy, los Tony y los Latin Grammy. Ahora les toca a ustedes crear unos premios y aceptarlos.

**Paso 1** Creen unos premios para las siguientes situaciones. Hay que describir a los candidatos y explicar por qué merecen el premio.

a. un premio a la mejor pintura, cerámica, escultura o el mejor tejido
b. la mejor grabación de la música X
c. el/la mejor cinematógrafo/a, director/a, guionista, o el mejor vestuario o la mejor producción de teatro (danza, comedia, tragedia, etc.)

**Paso 2** Acepten los premios con un discurso.

## 9·42 ¡Silencio! ¡Se rueda!

Por fin les toca a ustedes. Hagan los papeles de las siguientes personas para crear su propio *Laberinto peligroso:* el/la cinematógrafo/a, el/la director/a, el/la guionista. También planeen el vestuario y el decorado. Finalmente, ¿hay una diva en su presentación? Si hay, ¿quién es? ¡Diviértanse!

# ESCRIBE

9-27

---

**ESTRATEGIA** | **Introductions and conclusions in writing**

The purpose of an introduction is to draw the reader in and focus him/her on your topic or theme. A good introduction engages the reader's attention, identifies the subject, and often sets the tone for the writing piece. A strong conclusion should underscore your main points in a nonfiction piece or the theme in a fictional work, maintain the reader's interest, and even motivate the reader to continue to learn about the topic or find out what happens next if it is fiction.

---

**9·43** **Antes de escribir**

Vas a escribir un cuento corto que describa una escena de una obra de arte —digamos una pintura. (Tu profesor/a te dará opciones para la obra si no tienes un cuadro favorito.) Mira el cuadro, piensa en dos o tres ideas principales de tu cuento que describan lo que ocurre en la obra. Piensa también en una oración introductoria que capte la atención del lector. Luego, considera una oración que resuma y subraye (*underscores*) tus ideas principales.

**9·44** **A escribir**

Ahora que tienes tus ideas organizadas, escribe tu cuento, prestando atención a la introducción y a la conclusión sobre todo. Asegúrate de que en el cuento:

• hayas empezado con una introducción que llame la atención del lector.
• hayas descrito lo que pasa en la pintura u otra obra de arte.
• hayas terminado con una conclusión que resuma el cuento y que mantenga el interés del lector.

**9·45** **Después de escribir**

Comparte tu cuento y una imagen de la obra de arte sobre la cual escribiste con dos compañeros.

## ¿Cómo andas?

Having completed the second **Comunicación,** I now can...

|  | **Feel Confident** | **Need to Review** |
|---|:---:|:---:|
| • share thoughts about the world of cinema, theater, music, and television. (pp. 362, 369) | ❏ | ❏ |
| • make superlative statements. (p. 364) | ❏ | ❏ |
| • discuss possible actions in the present and future. (p. 366) | ❏ | ❏ |
| • identify different expressive talents of Hispanic artists. (p. 371) | ❏ | ❏ |
| • use circumlocution to express meaning. (p. 372) | ❏ | ❏ |
| • create strong introductions and conclusions in my writing. (p. 374) | ❏ | ❏ |

# Vistazo cultural

## El arte de Perú, Bolivia y Ecuador

SAM
9-28 to 9-29

DVD/VHS

Vistas culturales

Estudio para sacar el bachillerato en Ciencias y Artes de Comunicación con mención en Artes Escénicas en la Pontificia Universidad Católica de Perú. En el futuro quiero ser director de teatro; preferiría trabajar en un teatro experimental con obras modernas.

**Germán Aguirre Zárate, estudiante de Teatro**

**Mario Vargas Llosa, peruano**

Lee una de las novelas de Mario Vargas Llosa (n. 1936), como *La casa verde* o *Conversación en la catedral*, si quieres entender algo de la cultura peruana. Es un escritor y novelista de talento enorme que ha ganado una gran cantidad de premios literarios. Es también dramaturgo, cuentista y político: se presentó como candidato para la presidencia de Perú en el año 1990.

**El cajón, instrumento peruano**

No hay instrumento de percusión más asociado con Perú que el cajón. Es probable que el cajón date de los tiempos coloniales, cuando los esclavos africanos lo empleaban para representar y reproducir la música de su herencia africana. Hoy en día, este instrumento folclórico forma parte indispensable de la música afro-peruana.

**Alonso Alegría, peruano**

Alonso Alegría (n. 1940) conoce bien el mundo del arte. Es escritor, dramaturgo, guionista, director teatral, columnista para el periódico *Perú 21* en Lima y profesor de Dramaturgia en la universidad. También es productor general del proyecto educativo "Mi Novela Favorita", programa radiofónico de literatura muy popular.

**Música folclórica boliviana**

Si quieres conocer la música folclórica de los países andinos, escucha algunas canciones interpretadas por el grupo boliviano Los Kjarkas. Fundado en el año 1965, este grupo es uno de los mejores representantes de la música boliviana. Tocan instrumentos folclóricos típicos y cantan en español y en quechua.

**Carla Ortiz, boliviana**

Desde niña, la boliviana Carla Ortiz (n. 1976) quería ser actriz. Empezó como modelo y luego pasó al campo de la televisión. Se mudó a México donde ha aparecido en muchas telenovelas. Actualmente, vive en Los Ángeles donde sigue apareciendo en la televisión. También actuó en la película *Los Andes no creen en Dios* (2007).

**Oswaldo Guayasamín, ecuatoriano**

Oswaldo Guayasamín (1919–1999) de Ecuador fue principalmente pintor, pero también diseñaba joyería y hacía objetos de artesanía de metal y de madera. Si examinas sus pinturas, verás reflejada una preocupación por el sufrimiento del ser humano y la denuncia de la miseria que las personas tienen que aguantar en la vida.

**Artesanía de Otavalo, Ecuador**

Ecuador es famoso por sus productos de artesanía, sobre todo en la provincia de Imbabura. Si deseas escoger entre una gran variedad de arte, debes ir al mercado de Otavalo. Allí encontrarás tejidos y tapices de colores y diseños bonitos, figuras de talla de madera bien elaboradas y mucho más.

## Preguntas

1. ¿Qué formas artísticas se mencionan aquí? ¿Cuál *vistazo* te interesa más? ¿Por qué?
2. Identifica varias relaciones entre los artistas mencionados en este capítulo.
3. ¿Es posible que el arte y el mundo profesional tengan conexiones? Piensa en las profesiones del *Capítulo 8* e identifica algunas que se conecten con las formas artísticas del *Capítulo 9*.

# Laberinto peligroso

## lectura

9-30 to 9-32

**Making inferences: Reading between the lines**

Inferring is drawing conclusions based on information provided, the reader's prior knowledge, and a general comprehension of the text. When you infer something, it is not explicitly stated but rather suggested by the author. For each inference you make, pinpoint the facts in the passage and also identify the background knowledge that has led you to your conclusion.

**9-46 Antes de leer** En los episodios del **Capítulo 8**, viste cómo la situación de Cisco se vuelve más peligrosa. Antes de empezar a leer este episodio, contesta las siguientes preguntas.

1. ¿Qué pasó al final del último episodio? ¿Dónde estaba Cisco? ¿Por qué estaba allí?

2. ¿Qué piensas que le habrá pasado a Cisco?

3. Basándote en el título de la lectura del **Capítulo 9**, ¿quién crees que protagoniza este episodio? ¿Por qué?

4. Muchas veces, para realmente comprender un texto es necesario que prestes tanta atención a lo que dice el texto implícitamente (no abiertamente) como a lo que dice explícitamente (abiertamente); es decir, es necesario leer entre líneas. Por ejemplo, en los episodios anteriores, la narración no ha hablado muy abiertamente sobre la relación entre los diferentes protagonistas, pero sí ha sugerido algo al respecto. Basándote en los episodios que has visto hasta el momento, ¿qué has deducido sobre la relación entre Celia y Cisco? Cuando contestes las preguntas de *Después de leer,* vas a tener más oportunidades para leer en concreto entre líneas en este episodio.

**DíA 44** *Sola y preocupada*

CD 4
Track 3

Celia tenía ganas de ver la comedia que se había estrenado en el teatro. Según los críticos, era la mejor obra de la temporada. Había pensado en ir sola, pero mientras esperaba a comprar su entrada cambió de idea. Pensó, —Aunque no me importa ir sola, prefiero que otra persona venga conmigo. Quizás invite a Javier o a Cisco. Dudo que a Javier le guste el teatro tanto como a Cisco. Javier prefiere el cine.— Inmediatamente decidió llamar a Cisco para ver si le gustaría acompañarla a la función. Cuando no contestó el teléfono de casa, intentó llamarlo a su celular. Tampoco lo contestó. Celia se dijo, —¡Qué extraño que haya salido sin el celular! Nunca va a ninguna parte sin ese teléfono. ¿Por qué no ha contestado? ¿Qué estará haciendo?—

Cuando salió del teatro, Celia no tenía muchas ganas de ir a casa para trabajar. Estaba un poco preocupada por Cisco. Se dijo, —Si me preocupo, entonces seguramente está perfectamente bien, tomando café con alguna de sus numerosas amigas. Pero si no me preocupo, entonces será que algo le ha pasado y necesita ayuda.— Se dio cuenta de la futilidad de sus pensamientos y se dijo —¡Celia, contrólate! ¡No es bueno que pienses en esas cosas!—. Tenía que trabajar en la investigación, pero no tenía ganas de hacerlo. Después de reflexionar un poco, tomó una decisión. —Voy a llamar a Javier; quizá él quiera ir al cine. Si me dice que sí, iremos al cine. Si me dice que no, entonces me iré a casa para seguir trabajando.— Lo llamó y él tampoco contestó el teléfono. —¿Estarán juntos Cisco y Javier? —se preguntó Celia.

Al llegar a casa, Celia se puso a trabajar inmediatamente. Después de empezar a leer un artículo interesante, empezó a sentirse más motivada. La información que había encontrado Cisco sobre el tráfico de artefactos precolombinos los había llevado a investigar más sobre el arte de diferentes grupos indígenas. Lo más llamativo de lo que descubría era la variedad de la artesanía de las culturas. Trabajaban en la alfarería, la cestería y la cerámica; creaban tapices, tejidos, esculturas de barro y figuras y objetos tallados en madera. Había todavía más diversidad en los temas de sus obras: en algunas representaban paisajes, otras eran retratos. En algunos dibujos y esculturas se centraban más en plantas y animales, mientras que en otras obras creaban diseños con figuras abstractas. Muchas obras reflejaban la vida cotidiana de la gente.

Aunque le fascinaba lo que aprendía sobre la artesanía de los indígenas, pronto se dio cuenta de que esos datos no eran tan importantes como otros. Por eso, se puso a leer artículos sobre las sustancias extraídas de las plantas. Lo que le pareció más llamativo de esos documentos eran las numerosas referencias al Dr. Huesos y su trabajo con las plantas. Por lo visto, era uno de los máximos expertos en el tema de las sustancias venenosas que se encuentran en las selvas tropicales. El artículo más reciente indicaba que el profesor había desaparecido durante un viaje a una selva en Guatemala, justo antes de la erupción de un volcán. Mientras Celia buscaba más información sobre el Dr. Huesos, alguien llamó a la puerta. Celia se levantó para ver quién era. Vio que era el hombre misterioso del café. Lo que no sabía era que el hombre llevaba un cuchillo.

**9-47** **Después de leer** Contesta las siguientes preguntas.

1. Según el texto, ¿por qué decidió Celia llamar a Cisco en lugar de Javier?
2. ¿Por qué crees que Celia llamó a Cisco? ¿Por qué crees eso?
3. Según el texto, ¿cómo se sentía Celia cuando no pudo hablar con Cisco?
4. ¿Cómo piensas tú que se sentía? ¿Por qué piensas eso?
5. Según el texto, ¿por qué llamó a Javier?
6. ¿Por qué crees que llamó a Javier? ¿Por qué crees eso?
7. ¿Por qué volvió Celia a su casa en lugar de ir al cine?
8. Según el texto, ¿qué tipo de arte hacían los indígenas en Latinoamérica?
9. ¿Qué le pasó al Dr. Huesos en Guatemala?
10. ¿Qué ocurrió al final del episodio?

# video

9-48 **Antes del video** Antes de ver el episodio del video, *Desaparecidos*, contesta las siguientes preguntas.

1. ¿Quién fue a la casa de Celia al final de la lectura? ¿Por qué crees que fue a su casa?
2. ¿Qué crees que le pasó al Dr. Huesos? ¿Por qué?
3. Basándote en el título del video, describe qué crees que va a pasar en el video.

Han encontrado el cadáver de un hombre en Guatemala. Según las autoridades podría ser el cuerpo del Dr. Huesos.

¿Cómo? ¿Asesinado?

Si hubiera venido, habría dejado (*would have left*) una clave, ¿no?

## *Desaparecidos*

**Episodio 9**

Relájate y disfruta el video.

9-49 **Después del video** Contesta las siguientes preguntas.

1. ¿Qué ocurrió con el hombre misterioso en este episodio?
2. ¿Quiénes entraron en casa de Celia? ¿Por qué entraron en su casa?
3. Según Javier, ¿qué le pasó al Dr. Huesos en Guatemala?
4. ¿Qué encontró Celia en la casa de Cisco?
5. ¿Qué hay en el museo?
6. ¿Qué es necesario que haga Celia si quiere que Cisco esté bien?
7. ¿Qué pasará si Celia intenta contactar a los detectives?

## Y por fin, ¿cómo andas?

Having completed this chapter, I now can...

|  | Feel Confident | Need to Review |
|---|---|---|

**Comunicación**

- share impressions and thoughts about the visual and performing arts, the world of cinema and television, and handicrafts. (pp. 348, 358, 362, 369) ❏ ❏
- make comparisons of equality and inequality. (p. 349) ❏ ❏
- make recommendations and suggestions, and express volition. (p. 352) ❏ ❏
- express doubt, emotions, and sentiments. (p. 353) ❏ ❏
- describe something that is uncertain or unknown. (p. 354) ❏ ❏
- make inferences about what I hear. (p. 361) ❏ ❏
- make superlative statements. (p. 364) ❏ ❏
- discuss possible actions in the present and future. (p. 366) ❏ ❏
- use circumlocution to get my point across. (p. 372) ❏ ❏
- create strong introductions and conclusions in narrative writing. (p. 374) ❏ ❏

**Cultura**

- share information about a pre-Columbian art museum. (p. 360) ❏ ❏
- identify Hispanic artists with different expressive talents. (p. 371) ❏ ❏
- discuss and compare art, artists, and artisans in Peru, Bolivia, and Ecuador. (p. 376) ❏ ❏

**Laberinto peligroso**

- read between the lines and make inferences when reading. (p. 378) ❏ ❏
- hypothesize about Dr. Huesos and the mysterious man outside Celia's door. (p. 379) ❏ ❏
- consider Celia's threatening e-mail and Cisco's predicament. (p. 380) ❏ ❏

# VOCABULARIO ACTIVO

| El arte visual | Visual arts |
|---|---|
| la acuarela | watercolor |
| el arte dramático | performance art |
| el/la artista | artist |
| el autorretrato | self-portrait |
| el dibujo | drawing |
| el diseño | design |
| el grabado | etching |
| la imagen | image |
| el lienzo | canvas |
| la materia | material; subject |
| el motivo | motif; theme |
| el mural | mural |
| el/la muralista | muralist |
| la naturaleza muerta | still life |
| la obra maestra | masterpiece |
| el óleo | oil painting |
| el pincel | paintbrush |
| el/la pintor/a | painter |
| la pintura | painting |
| el paisaje | landscape |
| el retrato | portrait |
| el taller | workshop, studio |
| el valor | value |

| Algunos adjetivos | Some adjectives |
|---|---|
| cotidiano/a | everyday; daily |
| estético/a | aesthetic |
| gráfico/a | graphic |
| innovador/a | innovative |
| llamativo/a | colorful; showy; bright |
| talentoso/a | talented |
| técnico/a | technical |
| visual | visual |

| Algunos verbos | Some verbs |
|---|---|
| crear | to create |
| dibujar | to draw |
| encargarle (a alguien) | to commission (someone) |
| esculpir | to sculpt |
| exhibir | to exhibit |
| hacer a mano | to make by hand |
| reflejar | to reflect |
| representar | to represent |

| La artesanía | Arts and crafts |
|---|---|
| la alfarería | pottery; pottery making |
| el/la alfarero/a | potter |
| las artes decorativas/ aplicadas | decorative/applied arts |
| el/la artesano/a | artisan |
| el barro | clay |
| la cerámica | ceramics |
| la cestería | basket weaving; basketry |
| el/la escultor/a | sculptor |
| la escultura | sculpture |
| la talla | wood sculpture; carving |
| el tapiz | tapestry |
| el/la tejedor/a | weaver |
| el tejido | weaving |

| El mundo de la música y del teatro | The world of music and theater |
|---|---|

| La música | Music |
|---|---|
| el clarinete | clarinet |
| el/la compositor/a | composer |
| el coro | choir |
| el cuarteto | quartet |
| las cuerdas | strings; string instruments |
| el espectáculo | show |
| el flamenco | flamenco |
| los instrumentos de metal, | brass instruments, |
| los instrumentos de viento/de madera | wood instruments, woodwinds |
| el mariachi | mariachi |
| el merengue | merengue |
| la música alternativa | alternative music |
| la música popular | popular music |
| el/la organista | organist |
| el órgano | organ |
| la pieza musical | musical piece |
| el reproductor de MP3 | MP3 player |
| el saxofón | saxophone |
| el/la saxofonista | saxophonist |
| los/las seguidores/as | fans; groupies |
| la sinfónica | symphony orchestra |
| el/la solista | soloist |
| el teclado | keyboard |
| el trío | trio |
| el trombón | trombone |
| el violín | víolín |

## El teatro — *Theater*

| | |
|---|---|
| el ballet | *ballet* |
| la comedia | *comedy* |
| la danza | *dance* |
| el/la director/a de escena | *stage manager* |
| la diva | *diva* |
| el drama | *drama* |
| el/la dramaturgo/a | *playwright* |
| el decorado | *set* |
| el escenario | *stage* |
| la función | *show; production* |
| la obra de teatro | *play* |
| el miedo de salir en escena | *stage fright* |
| la tragedia | *tragedy* |
| el vestuario | *costume; wardrobe; dressing room* |

## El mundo del cine y de la televisión — *The world of cinema and television*

### El cine — *Cinema*

| | |
|---|---|
| el/la cinematógrafo/a | *cinematographer* |
| el cortometraje | *short (film)* |
| los dibujos animados | *cartoons* |
| el/la director/a | *director* |
| el equipo de cámara/sonido | *camera/sound crew* |
| el guión | *script* |
| el/la guionista | *scriptwriter, screenwriter* |
| el montaje | *staging; editing* |
| ¡Silencio! | *Quiet everybody (on the set)!* |
| ¡Se rueda! | *Action!* |
| los subtítulos | *subtitles* |

## La televisión — *Television*

| | |
|---|---|
| el canal | *channel* |
| el concurso | *game show; pageant* |
| el noticiero | *news program* |
| la telenovela | *soap opera* |
| el/la televidente | *television viewer* |

## Algunos verbos — *Some verbs*

| | |
|---|---|
| actuar | *to act* |
| aplaudir | *to applaud* |
| componer | *to compose* |
| editar | *to edit* |
| filmar | *to film* |
| hacer el papel | *to play the role* |
| improvisar | *to rehearse; to improvise* |
| informar | *to inform; to tell* |
| representar | *to perform* |
| rodar (en exteriores) | *to film (on location)* |

# Un planeta para todos

Con más población y contaminación, la calidad de vida se reduce para toda cosa viva en el planeta, tanto para las personas como para los animales y las plantas. Cuidar de la naturaleza y los recursos que tiene la Tierra no es una opción: es una necesidad.

## OBJETIVOS

### Comunicación

- To share information about the environment
- To indicate purpose, time, and location
- To express prior recommendations, wants, doubts, and emotions
- To discuss actions completed before others in the past
- To recognize different listening contexts
- To identify a variety of animals and geographical features
- To express hypothetical or contrary-to-fact information
- To sequence temporal events
- To express agreement, disagreement, or surprise
- To link sentences when writing to be more cohesive, persuasive, and clear

### Cultura

- To share information about an environmental protection foundation
- To identify three Hispanic environmental activists
- To share information about conservation initiatives in Colombia and Venezuela

### Laberinto peligroso

- To recognize and identify characteristics of different text types
- To discover if Celia calls the police or keeps her mysterious appointment
- To find out what happened to Cisco

## CONTENIDOS

*El planeta en peligro*

## PREGUNTAS

1 ¿Qué tipo(s) de contaminación existe(n) en tu comunidad?

2 ¿Cuáles son algunos de los peligros de la contaminación del medio ambiente?

3 ¿Qué haces para contribuir a la contaminación? ¿Y para reducirla o disminuirla?

# Comunicación

- Describing the environment
- Expressing volition, doubts, sentiments, and emotions in the past
- Expressing actions completed before others in the past
- Expressing what had happened in the past

**VOCABULARIO 1**    **El medio ambiente**    SAM    10-1 to 10-3

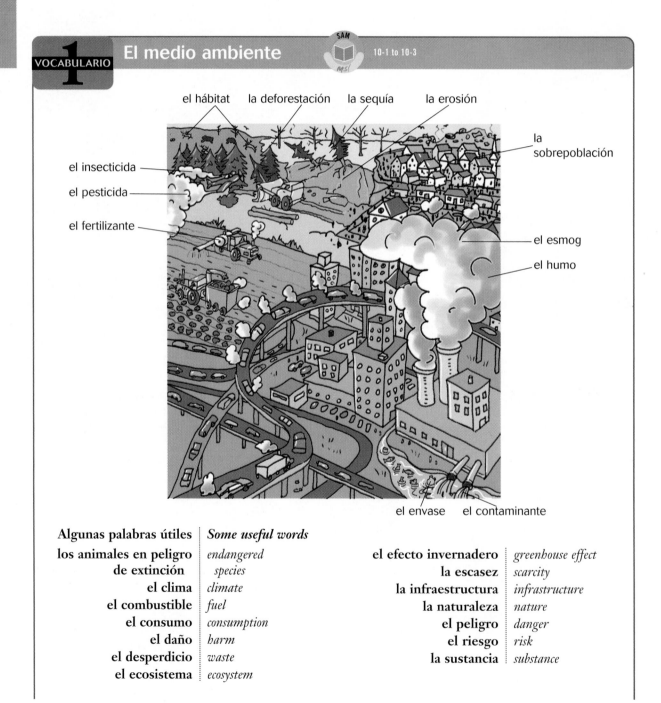

el hábitat    la deforestación    la sequía    la erosión

la sobrepoblación

el insecticida

el pesticida

el fertilizante

el esmog

el humo

el envase    el contaminante

| Algunas palabras útiles | Some useful words | | |
|---|---|---|---|
| los animales en peligro de extinción | *endangered species* | **el efecto invernadero** | *greenhouse effect* |
| **el clima** | *climate* | **la escasez** | *scarcity* |
| **el combustible** | *fuel* | **la infraestructura** | *infrastructure* |
| **el consumo** | *consumption* | **la naturaleza** | *nature* |
| **el daño** | *harm* | **el peligro** | *danger* |
| **el desperdicio** | *waste* | **el riesgo** | *risk* |
| **el ecosistema** | *ecosystem* | **la sustancia** | *substance* |

CAPÍTULO 10

| Algunos adjetivos | Some adjectives | Algunos verbos | Some verbs | | |
|---|---|---|---|---|---|
| árido/a | arid; dry | amenazar | to threaten | hacer ruido | to make noise |
| biodegradable | biodegradable | conservar | to conserve | mejorar | to improve |
| climático/a | climatic | cosechar | to harvest | preservar | to preserve |
| ecológico/a | ecological | dañar | to damage; to harm | prevenir | to prevent |
| exterminado/a | exterminated | desaparecer | to disappear | reducir | to reduce |
| renovable | renewable | descongelar | to thaw | reemplazar | to replace |
| tóxico/a | poisonous | desperdiciar | to waste | rescatar | to rescue |
| | | destruir | to destroy | sobrevivir | to survive |
| | | fabricar | to make; to produce | sostener | to sustain |

**Querido diario:**

Hay un gran problema en la Tierra con la cantidad de contaminación. Tenemos que luchar por la preservación de la naturaleza. Sin un intento serio de salvar el planeta ahora, ¿qué nos quedará más tarde?

Preguntas

1. Según Celia, ¿con qué tenemos un gran problema en la Tierra?
2. ¿Cuál es la solución, según Celia?
3. ¿Qué se hace regularmente en tu comunidad para el mejoramiento del planeta?

10-4 to 10-5

37

**REPASO**

### Las preposiciones y los pronombres preposicionales

In Celia's diary, she writes **con la cantidad, por la preservación,** and **sin un intento.** In **Capítulo 5,** you reviewed the uses of **por** and **para.** In addition to **por** and **para,** you have been using a variety of useful prepositions and prepositional phrases throughout *¡Anda! Curso intermedio.* They include:

| | | | |
|---|---|---|---|
| a | to; at | en | in, on; at |
| a la derecha de | to the right of | encima de | on top of |
| a la izquierda de | to the left of | enfrente de | across from; facing |
| acerca de | about | entre | among; between |
| (a)fuera de | outside of | excepto | except |
| al lado de | next to | hasta | until |
| antes de | before (time/space) | incluso | including |
| cerca de | near | lejos de | far from |
| con | with | menos | except |
| de | of; from | para | for; in order to |
| debajo de | under | por | for; through; by; because of |
| delante de | in front of | salvo | except; save |
| dentro de | inside of | según | according to |
| desde | from; since | sin | without |
| después de | after | sobre | over; about |
| detrás de | behind | | |

Also review the list of pronouns that are used immediately following prepositions.

**Fíjate**

*Tú* and *yo* (instead of *mí* and *ti)* are used with the prepositions *excepto, entre, según, menos, incluso,* and *salvo.*

| mí | *me* | nosotros/as | *us* |
|---|---|---|---|
| ti | *you* | vosotros/as | *you* |
| él | *him* | ellos | *them* |
| ella | *her* | ellas | *them* |
| usted | *you* | ustedes | *you* |

**Estrategia**

Remember that *con* has two special forms:

1. *con + mí = conmigo*     with me
2. *con + ti = contigo*     with you

*¿Vienes conmigo a la conferencia?*     Are you coming with me to the conference?
*Sí, voy contigo.*     Yes, I'm going with you.

For a complete review, refer to **Capítulo 11** of *¡Anda! Curso elemental* in Appendix 3.

## 10 1 Definiciones

Completa los siguientes pasos.

**Paso 1** Aquí tienen las definiciones. ¿Cuáles son las palabras?

**MODELO**     todo lo que nos rodea (*surrounds us*) y que debemos cuidar <u>para</u> mantenerlo limpio
*el medio ambiente*

**Estrategia**

Remember that *la tierra* means "land" or "soil", whereas *la Tierra* refers to the planet Earth.

1. la falta o insuficiencia de algo, por ejemplo el agua o la energía
2. una sustancia química tóxica que echamos encima de las plantas para controlar los insectos
3. la falta de agua en la Tierra
4. tener a demasiadas personas viviendo dentro de un área de la Tierra
5. preparar con anticipación lo necesario para evitar algo
6. liberar de un peligro o daño
7. que tiene la posibilidad de hacer de nuevo algo, o de volverlo a su primer estado
8. elementos o servicios que son necesarios para la creación y buena función de una organización

**Paso 2** Ahora subraya las preposiciones que hay en cada definición. Túrnense.

## 10 2 Nuestros problemas

Lean la conversación entre Delia y Fabián y completen los siguientes pasos.

**Paso 1** Subrayen todas **las preposiciones.**

DÍA MUNDIAL
DEL MEDIO AMBIENTE

DELIA: Fabián, ¿qué opinas de los problemas del medio ambiente?

FABIÁN: Bueno, creo que el crecimiento tan rápido de la población humana y el desarrollo tecnológico están produciendo un declive (*decline*) cada vez más acelerado en la calidad del medio ambiente y en su capacidad de sostener vida.

DELIA: Sí, estoy totalmente de acuerdo. Además, según los expertos, el dióxido de carbono atmosférico se ha incrementado un treinta por ciento en los últimos doscientos cincuenta años. El problema es que eso puede impedir que la radiación de onda larga escape al espacio exterior. Parece que producimos más calor mientras que es menos el que puede escapar.

FABIÁN: Sí, y ya sé a donde vas —la temperatura global de la Tierra está subiendo. Yo creo que el cambio climático es la cuestión crítica de nuestra época. Entonces las organizaciones nacionales e internacionales tienen que exigir que las empresas y las comunidades busquen la manera de reducir las emisiones de gases invernaderos.

DELIA: Y para que esto sea realidad, hay que buscar maneras de reducir emisiones de carbono. Todo eso va a requerir un gran mejoramiento en la eficiencia energética y en las fuentes alternativas de energía.

FABIÁN: Claro, y no te olvides de los bosques, los ríos y los océanos —el consumo tiene que ser ecológico para poder proteger y conservar la belleza que tenemos en nuestro mundo.

**Paso 2** Túrnense para contestar las siguientes preguntas.

1. Según Fabián, ¿qué está causando el declive acelerado en la calidad del medio ambiente?
2. Según Delia, ¿cuánto ha aumentado el nivel de dióxido de carbono en los dos últimos siglos?
3. ¿Cuál puede ser el efecto de ese aumento en el dióxido de carbono?
4. ¿Qué necesitan hacer tanto los países como la comunidad global para combatir eso y para proteger nuestro mundo?

## 10 3 Así es

Busquen la pareja más lógica para cada frase y creen **ocho** oraciones completas.

1. _____ Alguien bota el envase en el río y...
2. _____ El consumo de la energía para mantener el nivel de vida...
3. _____ Según las cifras, los EE.UU. desperdicia más...
4. _____ Antes de destruir todos los bosques...
5. _____ El mundo se está calentando hasta el punto de...
6. _____ Para reducir el consumo del petróleo...
7. _____ Sin preservar los recursos naturales...
8. _____ Después de dañar tanto a la Madre Tierra...

a. que cualquier otro país del planeta.
b. descongelar los polos norte y sur.
c. es impresionante ver cómo nos sigue sosteniendo.
d. el mundo será muy diferente para las generaciones del futuro.
e. es un gran desperdicio.
f. tenemos que usar los coches de gasolina mucho menos que ahora.
g. necesitamos un mejor plan para reforestar.
h. termina dentro del mar.

## 10 4 Encuesta

¿Eres "verde"? Completa los siguientes pasos para averiguarlo.

**Paso 1** Indica con qué frecuencia haces las siguientes acciones.

México, D.F.

| | NUNCA | A VECES | CASI SIEMPRE | SIEMPRE |
|---|---|---|---|---|
| 1. Hablar con mis amigos y parientes para animarlos a reciclar. | | | | |
| 2. No importarme pagar más por los productos que son orgánicos y/o biodegradables. | | | | |
| 3. Reciclar todo el papel que uso. | | | | |
| 4. Reciclar todos los envases posibles de vidrio, plástico, cartón y lata. | | | | |
| 5. No pensar comprar nada que dañe el ecosistema, incluso los pañales (*diapers*). | | | | |
| 6. Conducir menos para conservar energía y reducir la contaminación de aire. | | | | |
| 7. Conducir más lento y menos agresivamente para conservar energía. | | | | |
| 8. Leer el periódico y las revistas en el Internet. | | | | |
| 9. Buscar artículos y programas de televisión para poder aprender más sobre la ecología. | | | | |
| 10. Preocuparse por el agotamiento (*depletion*) de los recursos naturales. | | | | |

**Paso 2** Crea preguntas y házselas a por lo menos **cinco** compañeros/as de clase. Escribe sus respuestas.

**MODELO**   E1: *¿Hablas con tus amigos y parientes para animarlos a reciclar?*
               E2: *Sí, les hablo a veces.*

**Paso 3** En grupos de cuatro o cinco, discutan sus respuestas y creen gráficas que representen sus resultados.

CASI SIEMPRE

SIEMPRE

hablar con amigos

SIEMPRE   A VECES

pagar más por los productos orgánicos

## 10-5 La Selva Negra

En el **Capítulo 9,** hablamos de Maná. ¿Sabían que la fundación ecológica La Selva Negra es el brazo social de este grupo de rock? Vayan a la página web de *¡Anda! Curso intermedio* para ver artículos y fotos de algunos de sus proyectos dedicados a la protección y preservación del medio ambiente. Después, preparen una presentación de por lo menos **quince** oraciones sobre uno de los proyectos.

**Estrategia**

For some useful phrases to express agreement or disagreement, consult the *¡Conversemos!* section of this chapter on p. 412.

## 10-6 Debate

*¡Anda! Curso elemental,* Capítulo 11, El medio ambiente, Apéndice 2.

Formen equipos para debatir las posibles causas y soluciones a los siguientes problemas.

**PROBLEMAS:**

1. la sobrepoblación de algunos países del mundo
2. la deforestación
3. el alto consumo del petróleo
4. la dependencia de la energía combustible

## GRAMÁTICA 2 — El imperfecto de subjuntivo

 SAM 10-6 to 10-7

 Guide G 60

You already have learned and practiced when to use the subjunctive versus the indicative. You have been using the present and present perfect subjunctive. Now we will explore the past subjunctive, or **el imperfecto de subjuntivo.**

1. The imperfect subjunctive is used to refer to **past events that can include those that were incomplete, hypothetical, unreal, or indefinite.** It is used to express **past wishes, doubts,** and **suggestions.**

El granjero dudaba que la deforestación **pudiera** causar tanta erosión.
*The farmer doubted that deforestation could cause so much erosion.*

Los televidentes pidieron que **hubiera** más programas de temas ecológicos.
*The television viewers requested that there be more programs about ecological topics.*

Para el artista era importante que reciclara.

2. The imperfect subjunctive is also used to make **polite requests or statements** using **querer, poder,** and **deber.**

**Quisiera** saber cómo este pueblo piensa rescatarse.
*I would like to know how this town is planning on saving itself.*

¿**Pudieras** recomendarme un insecticida que no sea contaminante?
*Could you recommend me an insecticide that is not a contaminant?*

**Debieras** ir a la conferencia sobre el medio ambiente.
*You should go to the conference on the environment.*

**3.** You may use the imperfect subjunctive with **ojalá** when it means *I wish*.

Ojalá que **pudiéramos** rescatar los animales que casi están en peligro de extinción.     *I wish we could rescue the animals that are almost endangered species.*

**4. The imperfect subjunctive of regular and irregular verbs is formed by:**

   a. taking the **third person plural of the preterit,**
   b. dropping the **-ron** ending,
   c. adding the following endings:

|  |  | **conservar** | **sostener** | **sobrevivir** |
|---|---|---|---|---|
|  |  | (conserva**ron**) | (sostuvie**ron**) | (sobrevivie**ron**) |
| yo | **-ra** | conserva**ra** | sostuvie**ra** | sobrevivie**ra** |
| tú | **-ras** | conserva**ras** | sostuvie**ras** | sobrevivie**ras** |
| él, ella, Ud. | **-ra** | conserva**ra** | sostuvie**ra** | sobrevivie**ra** |
| nosotros/as | **-ramos** | conservá**ramos** | sostuvié**ramos** | sobrevivié**ramos** |
| vosotros/as | **-rais** | conserva**rais** | sostuvie**rais** | sobrevivie**rais** |
| ellos/as, Uds. | **-ran** | conserva**ran** | sostuvie**ran** | sobrevivie**ran** |

Note: A **written accent** is required on the *final vowel of the stem* in the **nosotros** form (first person plural).

**10·7** La corrida de toros

Escuchen mientras su profesor/a explica la actividad. Van a jugar este juego rápido para practicar las formas del **imperfecto de subjuntivo**.

**10·8** ¿Qué más?

♲ *¡Anda! Curso elemental*, Capítulo 11, El medio ambiente; La política, Apéndice 2.

Acaban de ver un programa documental en la televisión sobre la protección del medio ambiente donde hablaron muchos expertos y personas oficiales del gobierno. Terminen las siguientes oraciones usando siempre **el imperfecto de subjuntivo**.

**MODELO**   El alcalde nos exigió… (reducir)

*El alcalde nos exigió que redujéramos la cantidad de basura que producíamos.*

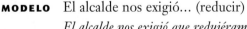

1. Los expertos esperaban que la gente… (saber)
2. Era imprescindible que yo… (no destruir)
3. El gobierno deseaba que los estados… (no utilizar)
4. Los oficiales nos sugirieron… (prevenir)
5. Un experto buscaba a un oficial que… (poder apoyar)
6. Nos mandó que… (evitar)

**10·13** Tiempo y modo

¡Anda! Curso elemental,
Capítulo 11, El medio
ambiente, Apéndice 2.

Cambien las siguientes frases para usar **el pasado perfecto de subjuntivo.**

**MODELO**   Es bueno / haya rescatado…

*Era bueno que hubiera rescatado el oso panda…*

1. Siento / hayamos dañado…
2. Es dudoso / ellos hayan sobrevivido…
3. Es importante / usted haya sostenido…
4. No creo / ella haya amenazado…
5. Ellos tener miedo de / María haya desaparecido…
6. Es (una) lástima / hayan destruido…

 **10·14** En el centro de reciclaje

¡Anda! Curso elemental,
Capítulo 11, El medio
ambiente, Apéndice 2.

Algunos voluntarios aparecieron ayer, pero
pasaron el día charlando y mucho se quedó sin
hacer (*a lot was left undone*). Ahora ustedes y sus
amigos tienen que hacerlo todo. Cambien los
verbos del pasado perfecto de indicativo al
**pasado perfecto de subjuntivo.**

**MODELO**   Cuando llegamos al centro:

No habían hecho nada del
trabajo del día anterior. (sentir)

*Cuando llegamos al centro sentíamos
que no hubieran hecho nada del
trabajo del día anterior.*

Cuando llegamos al centro:

1. No habían separado los periódicos. (molestarnos)
2. Habían dejado muchas cajas de plástico en la entrada. (sorprenderme)
3. Alguien había escrito "latas" en el recipiente general para el aluminio. (frustrarnos)
4. El director del centro nos dijo que había buscado a otras personas para ayudar en el futuro. (alegrarnos)
5. No había venido nadie que pudiera levantar una caja enorme de vidrio. (extrañarme)

**10·15** El verano pasado

Imaginen que los siguientes eventos ocurrieron el verano pasado. Túrnense para explicar cómo hubieran reaccionado.

**MODELO**   ir de vacaciones a Costa Rica (yo / ellos)

E1: *Me encantó que hubieran ido de vacaciones a Costa Rica.*

1. recibir un coche nuevo de sus padres (yo / Mariela)
2. romper con tu novio/a (nosotros / tú)
3. ganar $5.000 en la lotería (Jorge / Gustavo y Rafi)
4. casarse tu mejor amigo/a (ellos / tú)
5. romperse la pierna (yo / Victor)
6. perder su bolso (Cecilia / Amalia)

## Notas culturales

10-10 to 10-11

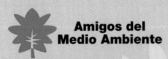

**Amigos del Medio Ambiente**

### Nuestra historia

En el año 1973, unos individuos de conciencia ambiental quisieron fundar una organización sin fines de lucro que tuviera el intento de mejorar el medio ambiente. Si estos individuos no hubieran tenido esta visión hacia el futuro, hoy no existiría Amigos del Medio Ambiente (AMA), que tanto ha progresado en esta área.

### Nuestra misión

Amigos del Medio Ambiente se dedica a la preservación del medio ambiente mediante la reducción del desperdicio y la contaminación con la promoción de programas que favorezcan la reducción de toda acción que dañe el ecosistema.

### Nuestros principios y acciones

⦿ Desarrollamos programas para reducir los efectos dañinos de la deforestación, la erosión, el efecto invernadero y los resultados del uso de los insecticidas y los pesticidas.

⦿ Trabajamos con los políticos para implementar unas leyes que protejan el medio ambiente y su flora y fauna.

⦿ Proponemos acciones para limpiar el aire y mejorar la calidad del agua de que tanto dependemos.

⦿ Insistimos en la educación para sostener los recursos naturales a fin de cambiar los hábitos de consumo del ser humano.

⦿ Reconocemos los derechos de las especies animales como seres no humanos y les brindamos respeto a su vida y su dignidad.

### Preguntas

1. ¿Cuándo fue fundada esta organización y quiénes la crearon?
2. Explica su misión en tus propias palabras. ¿Cómo cumplen con esta misión?
3. ¿Con qué organizaciones de los EE.UU. puedes comparar AMA? ¿En qué son similares y en qué son diferentes? ¿Qué opinas tú de este tipo de organizaciones?

## 10·16 Lo que hubiera hecho

Entrevista a tu compañero/a para averiguar todo lo que él/ella esperaba que el gobierno hubiera hecho en los últimos veinte años para conservar el medio ambiente. Usen el **pasado perfecto de subjuntivo.** Túrnense.

**MODELO**   *Esperaba que ya hubiera programas de reciclaje en las escuelas primarias...*

## 10·17 Un año académico en Latinoamérica

Imaginen que acaban de volver de un año académico en un país latinoamericano. Hagan comentarios sobre **ocho** aspectos (inventados) del año y lo que hubieran hecho antes de viajar a Latinoamérica. Usen el **pasado perfecto de subjuntivo.**

**MODELO**   *No pensaba que hubiera sido posible quedarme un año completo lejos de mi casa...*

# ESCUCHA

10-12
to 10-13

**ESTRATEGIA**  Listening in different contexts

If you are listening to a political commentary, a news broadcast, or some other type of public announcement, your listening is often guided by your personal interest as well as your own opinions and feelings regarding the topic. When you know something about a topic, your background knowledge will help you understand and remember more of what you hear. The degree to which you need to attend to a message depends on what you are listening to and who is delivering it.

**10•18**  ## Antes de escuchar

¿Has visto o escuchado anuncios sobre el medio ambiente? ¿Cuáles eran sus mensajes? ¿Qué recomendaban?

**10•19**  ## A escuchar

CD 4
Track 13

Vas a escuchar un anuncio de la radio sobre el medio ambiente, dirigido a los jóvenes ecuatorianos. Completa los siguientes pasos.

**Paso 1** Escucha la primera vez para captar la idea general del anuncio.

**Paso 2** Escucha de nuevo, esta vez enfocándote en la información necesaria para contestar las siguientes preguntas.

1. Según el joven, ¿cuál es la primera cosa que debemos hacer, en nuestras propias casas, para proteger el medio ambiente?
2. ¿Qué tenemos que hacer cuando usamos productos, por ejemplo para la limpieza?
3. ¿Cómo podemos reutilizar los envases?

**10•20**  ## Después de escuchar

Escribe tu propio anuncio para los jóvenes de tu pueblo o ciudad sobre un aspecto del medio ambiente que te interese. Después, compártelo con tus compañeros de clase.

## ¿Cómo andas?

Having completed the first **Comunicación,** I now can...

|  | Feel Confident | Need to Review |
|---|---|---|
| share information about the environment. (p. 386) | ❏ | ❏ |
| indicate purpose, time, and location. (p. 387) | ❏ | ❏ |
| express prior recommendations, wants, doubts, and emotions. (p. 391) | ❏ | ❏ |
| discuss actions completed before others in the past. (p. 394) | ❏ | ❏ |
| describe the principles and actions of an environmental agency. (p. 396) | ❏ | ❏ |
| recognize and comprehend information in a listening context. (p. 397) | ❏ | ❏ |

# Comunicación

- Describing the geographic world and its fauna
- Stating what might happen or what might have occurred in the past under certain conditions

**VOCABULARIO 4** Algunos animales  SAM  10-14 to 10-15

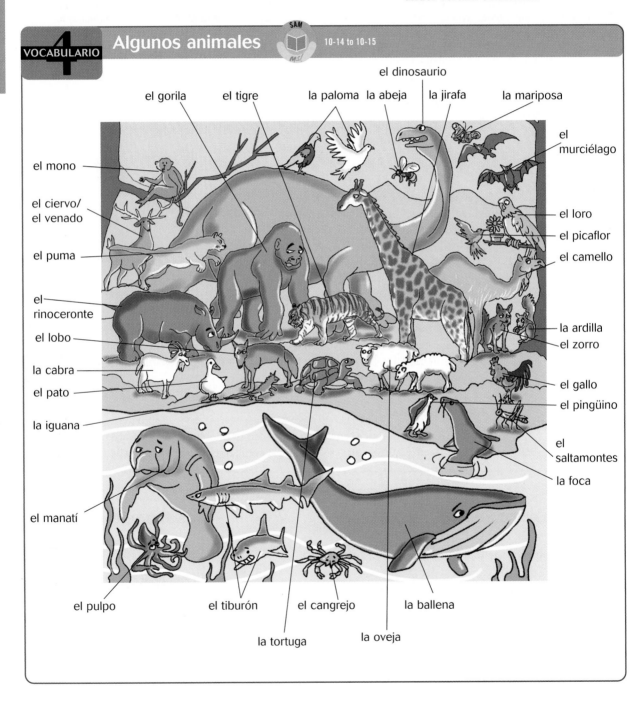

el gorila · el tigre · la paloma · la abeja · el dinosaurio · la jirafa · la mariposa

el murciélago

el mono

el ciervo/ el venado

el puma

el rinoceronte

el lobo

la cabra

el pato

la iguana

el manatí

el loro

el picaflor

el camello

la ardilla

el zorro

el gallo

el pingüino

el saltamontes

la foca

el pulpo · el tiburón · el cangrejo · la ballena

la tortuga · la oveja

### El parloteo de Cisco

¿Qué puedo hacer para preservar el medio ambiente, a fin de sostener una vida saludable para los seres humanos y los animales? Primero, puedo dejar de usar los envases no biodegradables.

 **Deja un comentario para Cisco:**

**REPASO**

**El uso del infinitivo después de las preposiciones**

In Cisco's blog, he writes **para preservar, a fin de sostener,** and **dejar de usar.** In Spanish, if you need to use a verb immediately after a preposition, it must always be in the **infinitive** form, as in the following sentences.

Tenemos que trabajar juntos **para mejorar** el medio ambiente.

*We have to work together to improve the environment.*

Saldrá **después de reciclar.**

*She will leave after recycling.*

For a complete review, refer to **Capítulo 11** of *¡Anda! Curso elemental* in Appendix 3.

10-16

## 10 21  Categorías

Organiza los animales del vocabulario según las siguientes categorías: **insecto, reptil, mamífero** y **ave.** Después, compara tus listas con las de un/a compañero/a.

| INSECTO | REPTIL | MAMÍFERO | AVE |
|---------|--------|----------|-----|
|         |        |          |     |
|         |        |          |     |
|         |        |          |     |
|         |        |          |     |
|         |        |          |     |
|         |        |          |     |
|         |        |          |     |
|         |        |          |     |
|         |        |          |     |

## 10 22 Los hábitats

¡Anda! Curso elemental,
Capítulo 11, Los animales,
Apéndice 2.

Están organizando un nuevo museo de historia natural en su pueblo o ciudad y quieren que ayuden con la organización de los animales para seis hábitats. Túrnense para indicar el hábitat de cada animal de la lista. **¡OJO!** Hay animales que pertenecen a más de un hábitat.

| LA GRANJA | EL BOSQUE | EL OCÉANO | LA SELVA | EL DESIERTO | LA LLANURA |
|---|---|---|---|---|---|
|  |  |  |  |  |  |
|  |  |  |  |  |  |

| | | |
|---|---|---|
| 1. la oveja | 6. el ciervo | 11. el gorila |
| 2. el rinoceronte | 7. la mariposa | 12. el camello |
| 3. la cabra | 8. la ardilla | 13. la iguana |
| 4. el tigre | 9. la foca | 14. el lobo |
| 5. el cangrejo | 10. el gallo | 15. el pulpo |

¡Anda! Curso
intermedio, Capítulo 8,
El condicional,
pág. 318.

## 10 23 ¿Qué harían?

¡Anda! Curso elemental,
Capítulo 11, Los animales,
Apéndice 2.

Hoy en día está muy de moda viajar a donde puedes interactuar con animales "exóticos". Expliquen a dónde irían o qué harían para poder hacer las siguientes cosas.

**MODELO**   para montar en camello

*Para montar en camello, tendría que ir al desierto del Sahara, por ejemplo, y buscar a alguien que tenga camellos.*

1. para atraer los picaflores
2. para ver una jirafa
3. para observar las ballenas
4. para evitar una serpiente peligrosa
5. para aprender más sobre el gorila

## 10 24 ¿Qué significan para ti?

Para muchas culturas, incluso para muchas personas, los animales son utilizados como símbolos. Juntos escojan **seis** animales que puedan ser sus símbolos. Después, compartan sus respuestas con sus compañeros.

**MODELO**    la paloma

*La paloma blanca es un símbolo de la paz.*

## 10 25 Cadenas

En grupos de cinco, van a crear oraciones sobre animales, usando siempre **el infinitivo después de las preposiciones.** Un/a compañero/a empieza con una oración y cada uno/a tiene que añadir una oración sobre el mismo animal.

**MODELO**    la paloma

E1: *Acabo de ver una paloma en el jardín de mi casa.*

E2: *Después de ver la paloma, saqué una foto.*

E3: *Antes de ver la paloma, estaba leyendo.*

E4: *Para ver una paloma, yo necesito ir al parque.*

E5: *Entre ver una paloma y ver un picaflor, prefiero el picaflor.*

1. la abeja
2. la mariposa
3. el lobo
4. el pingüino
5. la jirafa
6. el manatí
7. el puma
8. el murciélago
9. el mono

*¡Anda! Curso intermedio*, Capítulo 1, El presente perfecto de indicativo, pág. 46; Capítulo 4, El pretérito y el imperfecto, pág. 143; Capítulo 5, El pretérito y el imperfecto (cont.), pág. 196.

## 10 26 Búsqueda

Circula por la clase buscando a personas que hayan hecho las siguientes cosas. Si la persona lo ha hecho, debe firmar y explicar dónde y cuándo lo hizo.

**MODELO**    ¿Quién... intentar comunicarse con un gorila?

E1: *¿Has intentado comunicarte con un gorila?*

E2: *Sí, cuando tenía diez años fui con mis padres al parque zoológico y me fascinaron los gorilas. Intenté comunicarme con gestos (gestures).*

E3: *Pues, firma aquí...*

| ¿QUIÉN...? | | |
|---|---|---|
| nadar cerca de tiburones _____ | cargar (*to carry*) una serpiente _____ | ir de safari y estar cerca de un rinoceronte _____ |
| capturar un saltamontes _____ | ver un zorro en el jardín de su casa _____ | comer pulpo _____ |
| ir a un museo para ver los huesos de un dinosaurio _____ | tener un pato como animal doméstico _____ | tocar una iguana _____ |

## GRAMÁTICA 5 — Cláusulas de *si* (Parte 2)

SAM
10-17 to
10-18

Guide
G
62, 63

In **Capítulo 9,** you learned about **si** clauses with the **present indicative.** You will remember that the "formula" for sentence formation is:

*Si* + **present indicative** + **(then)**    **present indicative**
                      + **(then)**    **future**
                      + **(then)**    **command**

You can also use **si** clauses to express **hypothetical and contrary-to-fact information.**

• The "formula" for these sentences is:

*Si* + **imperfect subjunctive, conditional**
*Si* + **past perfect subjunctive, conditional perfect**

**Note:** The **si** clause can come either at the beginning or at the end of a sentence.

Si hubiera sido Tarzán, habría vivido con los monos.

Study the following examples:

**Si fuera** Tarzán, **viviría** con los monos.

**Si hubiera sido** Tarzán, **habría vivido** con los monos.

**Si Fernando pudiera** ir de safari, no **cazaría; sacaría** muchas fotos.

**Si Fernando hubiera podido** ir de safari, no **habría cazado; habría sacado** muchas fotos.

**Si encontrara** unos huesos importantes de dinosaurio en mi jardín, **sería** famosa.

**Si hubiera encontrado** unos huesos importantes de dinosaurio en mi jardín, **habría sido** famosa.

**Verían** muchos pingüinos **si vivieran** en el sur de la Patagonia.

**Habrían visto** muchos pingüinos **si hubieran vivido** en el sur de la Patagonia.

*If I were Tarzan, I would live with monkeys.*

*If I had been Tarzan, I would have lived with monkeys.*

*If Fernando could go on a safari, he would not hunt; he would take many photos.*

*If Fernando had been able to go on a safari, he would not have hunted; he would have taken many photos.*

*If I found some important dinosaur bones in my yard, I'd be famous.*

*If I had found some important dinosaur bones in my yard, I'd have been famous.*

*They would see many penguins if they lived in the southern part of Patagonia.*

*They would have seen many penguins if they had lived in the southern part of Patagonia.*

## 10·27 Si pudiera

Túrnense para terminar las siguientes oraciones.

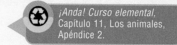

¡Anda! Curso elemental,
Capítulo 11, Los animales,
Apéndice 2.

**MODELO**    Si hubiera una culebra venenosa en mi casa…

*Si hubiera una culebra venenosa en mi casa, saldría inmediatamente*
*y gritaría "¡socorro!" (help).*

1. Si pudiera hacer un safari fotográfico…
2. Si viera en persona un animal salvaje…
3. Si tuviera una granja de ovejas…
4. Si estuviera en el desierto del Sahara…
5. Si quisiera proteger las tortugas…
6. Si hubiera muchos saltamontes en mi jardín…

## 10·28 La otra mitad

Ahora necesitan terminar las siguientes oraciones con **cláusulas de si**. Túrnense.

**MODELO**    … no nadaría en el mar por muchos meses.

*Si viera tiburones cerca de la playa, no nadaría en el mar por muchos meses.*

1. … iría a África.
2. … me compraría unas cabras.
3. … llamaría al 911 para que me llevaran al hospital inmediatamente.
4. … tendría los hábitats lo más naturales posibles para todos los animales.
5. … compraría unos patos.

## 10·29 El círculo

Escuchen mientras su profesor/a les da las instrucciones para este juego.

**MODELO**    E1: *Si no quisiera estudiar español…* (tira la pelota)

E2: (toma la pelota) *no estaría en esta clase.* (tira la pelota)

E3: (toma la pelota) *Si estuviera en Puerto Rico…* (tira la pelota)

E4: (toma la pelota) *¡iría a la playa ahora mismo!* (tira la pelota)…

## 10·30 La conferencia

Completen los siguientes pasos.

**Paso 1** Ustedes fueron a una conferencia sobre el medio ambiente el fin de semana pasado. Escriban **cinco** oraciones de lo que podría ocurrir si realmente quisiéramos dedicarnos a preservar el medio ambiente. Usen siempre **cláusulas de si**.

**Paso 2** Compartan sus oraciones con otros compañeros y juntos elijan las **tres** mejores oraciones para compartirlas con el/la profesor/a.

**MODELO**    *Si dejáramos de desperdiciar tanto, habría menos basura. Si camináramos*
*más y condujéramos menos…*

10-19 to 10-20

## VOCABULARIO 6 — Algunos términos geográficos

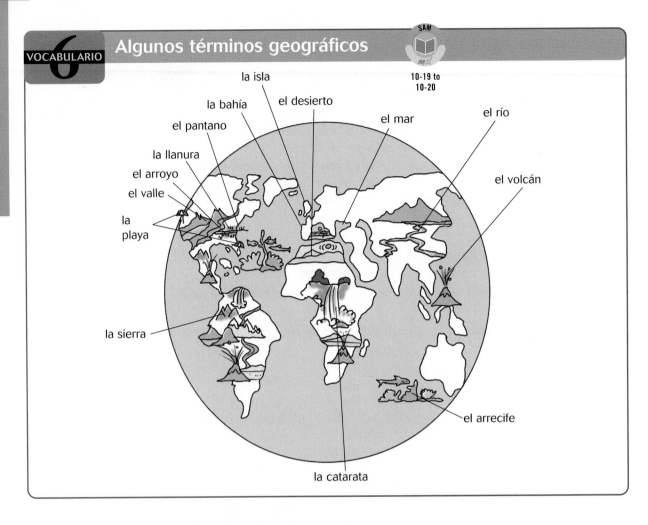

la isla
la bahía
el desierto
el mar
el río
el pantano
la llanura
el arroyo
el valle
la playa
la sierra
el volcán
el arrecife
la catarata

### 10 31 Lugares famosos

¿Pueden nombrar algunos lugares conocidos para cada término geográfico? Después, digan dónde se encuentran esos lugares.

**MODELO** bahías

*la bahía de Campeche, la bahía
Biscayne (bahía Vizcaína),...*

*La bahía de Campeche está en la costa
este de México, cerca del Yucatán.*

*La bahía de Biscayne está en el sur de Florida,...*

1. ríos
2. sierras
3. valles
4. cataratas
5. desiertos
6. islas
7. mares
8. volcanes

## 10 · 32 Los deportes y los pasatiempos

¡Anda! Curso elemental, Capítulo 2, Los deportes y los pasatiempos; Capítulo 11, Los animales, Apéndice 2.

¡Anda! Curso intermedio, Capítulo 1, Algunos verbos como gustar; pág. 38; Capítulo 2, Algunos deportes, pág. 68; Algunos pasatiempos, pág. 81.

Hablen de los deportes y los pasatiempos que pueden disfrutar en los siguientes lugares. Usen **gustar** y algunos **verbos como gustar**.

**MODELO**   en el lago

> E1: *¿Qué te gusta hacer en el lago?*
>
> E2: *Me encanta nadar, pescar y esquiar en el lago. ¿Y a ti?*
>
> E1: *Me gusta salir en barco.*

1. en las montañas
2. en la playa
3. en el río
4. en el bosque
5. en el océano/mar

## 10 · 33 Tres pistas

¡Anda! Curso elemental, Capítulo 11, El medio ambiente, Apéndice 2.

Escoge **cuatro** palabras del vocabulario nuevo y escribe **tres** pistas para cada una, yendo desde lo más general hasta lo más específico. Después, en grupos de cuatro, van a darles las pistas a sus compañeros para que ellos averigüen las palabras.

**MODELO**   el desierto

> PISTA 1: *No hay ni muchos animales ni muchas plantas.*
>
> PISTA 2: *Hace mucho calor.*
>
> PISTA 3: *Es un lugar de mucha sequía.*

¡Anda! Curso elemental, Capítulo 11, El medio ambiente; Los animales, Apéndice 2.

## 10 · 34 ¿Qué harías?

Acaban de ver una película documental que trata del medio ambiente y les inspiró. Expliquen qué harían para mejorar el medio ambiente en los siguientes lugares o situaciones. Usen **cláusulas de si**.

**MODELO**   el arrecife

> E1: *¿Qué harías para proteger los arrecifes?*
>
> E2: *Si fuera posible, prohibiría que los barcos se acercaran y mandaría que no botaran basura. ¿Y tú? ¿Qué harías?*

1. el río
2. la playa
3. la selva
4. el bosque
5. con dos millones de dólares
6. ser el/la director/a de una fundación para proteger el medio ambiente

## 10 35 Preguntas

¿Son similares o diferentes las experiencias y opiniones de tus compañeros/as de clase?
Completa los siguientes pasos para averiguarlo.

**Paso 1** Crea preguntas para tus compañeros.

**MODELO** *Si pudieras navegar cualquier río, ¿cuál sería? ¿Por qué?*

Una playa ecológica: Playa Escondida en Ecuador

| | |
|---|---|
| 1. Si / poder navegar / cualquier río / ¿cuál / ser? / ¿Por qué? | 5. ¿Cuáles / ser / algunos países / que / tener / volcanes activos? ¿Ver (*Have you seen*) / tú / un volcán en persona? |
| 2. Si /estar / ahora mismo en la playa / ¿con quién(es) / te gustar / estar? | 6. ¿Nadar (*have you swum*) / tú / alrededor de una catarata? Si / poder visitar / tú / unas cataratas famosas / ¿cuáles / visitar? |
| 3. ¿Cuáles / ser / las mejores playas? (pueden ser de los EE.UU. o de cualquier parte del mundo) | 7. Si / poder /tú /¿dónde / bucear o hacer snorkel? |
| 4. ¿Vivir / tú / cerca de un bosque? / ¿Caminar / tú / por un bosque de vez en cuando? / ¿Ver (*have you seen*) / tú / algunos animales allí? | 8. ¿Cuál / ser / el lugar más interesante / que / conocer / tú? / ¿Por qué / ser / tan interesante? |

**Paso 2** Haz una encuesta de tus compañeros/as.

**Paso 3** Comparte tus resultados con un/a compañero/a.

**Paso 4** Ve a la página web de *¡Anda! Curso intermedio* para escribir tus respuestas.

## GRAMÁTICA 7 — La secuencia de los tiempos verbales

 10-21 to 10-22

You have learned and have been practicing a number of tenses over the course of your Spanish studies. What follows is a synthesis and summary of what tenses go together to express certain conditions in the subjunctive.

### USING THE SUBJUNCTIVE

**1.** When the verb in the main clause is in the *present indicative*, *present perfect indicative*, or *future indicative*, or is *a command*, the **present** or **present perfect subjunctive** is generally used in the subordinate clause.

| MAIN CLAUSE | SUBORDINATE CLAUSE |
|---|---|
| *present indicative, present perfect indicative, future indicative,* **or command** | *present* or *present perfect subjunctive* |

No hay nadie que haya desperdiciado tanto como mis tíos.

a. The **present subjunctive** is used when the action of the subordinate clause occurs *at the same time* as the action in the main clause *or after* it:

MAIN CLAUSE    SUBORDINATE CLAUSE

Insistimos en **que** nuestros compañeros empiecen a reciclar el papel.
*We insist that our classmates begin to recycle paper.*

No hay nadie **que** desperdicie tanto como mi tío.
*There is no one who wastes as much as my uncle.*

b. The **present perfect subjunctive** is used when the action of the subordinate clause occurs *before* the action in the main clause:

MAIN CLAUSE    SUBORDINATE CLAUSE

Esperamos **que** todos nuestros compañeros hayan empezado a reciclar el papel.
*We hope that all our classmates have begun to recycle paper.*

No hay nadie **que** haya desperdiciado tanto como mis tíos.
*There is no one who has wasted as much as my aunt and uncle.*

**2.** When the verb in the main clause is in the *preterit, imperfect,* or *conditional indicative*, the **imperfect subjunctive** or the **past perfect subjunctive** form is generally used.

| MAIN CLAUSE | SUBORDINATE CLAUSE |
|---|---|
| *preterit, imperfect, or conditional indicative* | *imperfect subjunctive* or *past perfect subjunctive* |

Roberto insistió en **que** fuéramos al volcán.
*Roberto insisted that we go to the volcano.*

Pediría **que** viajáramos con él cada semana.
*He would ask that we travel with him each week.*

a. The *imperfect subjunctive* is used when the action of the subordinate clause occurs at the **same time** as the action in the main clause or **after** it:

MAIN CLAUSE        SUBORDINATE CLAUSE

Insistíamos en **que** todos nuestros compañeros reciclaran el papel.
*We insisted that all our classmates recycle paper.*

No había nadie **que** desperdiciara tanto como mi tío.
*There was no one who wasted as much as my uncle.*

b. The *past perfect subjunctive* is used when the action of the subordinate clause occurs **before** the action in the main clause:

MAIN CLAUSE        SUBORDINATE CLAUSE

Esperábamos **que** todos nuestros compañeros hubieran empezado a reciclar el papel.
*We hoped that all our classmates had begun to recycle paper.*

No había nadie **que** hubiera desperdiciado tanto como mi tío.
*There was no one who had wasted as much as my uncle.*

## 10·36 Reportaje

Lean las siguientes oraciones y completen los siguientes pasos.

**Paso 1** Subrayen **una** vez el verbo de la cláusula principal y **dos** veces el verbo de la cláusula subordinada.

1. Es bueno que protejan las tortugas del mar.
2. Me sugirieron que redujera la comida que yo les daba a las cabras.
3. Ella no quiso ir a la playa hasta que hubieran llegado sus amigos.
4. Queremos que el pueblo deje de usar tantos contaminantes.
5. No encontré a nadie que hubiera estado en la Patagonia.
6. Saldremos de casa en cuanto mis hermanos hayan capturado las iguanas.

**Paso 2** Indiquen si la acción de la cláusula subordinada ocurre **antes de (A)**, **después de (D)** o al mismo tiempo **(MT)** que la acción **de la cláusula principal.**

## 10·37  Formas

La práctica hace al maestro. Túrnense para completar los siguientes pasos.

**Paso 1** Completen las siguientes oraciones con las formas apropiadas de los verbos.

1. Su novio quería que le (comprar) unos patos para el lago que está delante de su casa.
2. No creía que el clima (cambiar) tanto.
3. Nos habría gustado que ellos (dejar) de cortar los árboles del pantano.
4. Los políticos exigen que la gente (reforestar) ese lugar en cuanto antes.
5. Ellos vendrán a vernos tan pronto como nosotros (llegar) del trabajo.
6. Buscamos a alguien que (querer) ir a la sierra con nosotros.

**Paso 2** Indiquen si la acción de la cláusula subordinada ocurre **antes de (A)**, **después de (D)** o **al mismo tiempo (MT)** que la acción de la cláusula principal.

## 10·38  A terminar

Ahora les toca a ustedes. Completen las siguientes oraciones usando siempre una forma apropiada del **subjuntivo** y el **vocabulario** de este capítulo.

1. Dicen que no van a reemplazar los métodos antiguos de producción hasta que...
2. Para la próxima presentación, el/la profesor/a quiere que...
3. Después de ver la cantidad de basura, yo dudaba que...
4. Cuando mi papá vio el zorro, temía que...
5. Insistimos en que...
6. Ojalá que...

¡Anda! Curso elemental, Capítulo 11, El medio ambiente, Apéndice 2.

## 10·39  Soluciones

En grupos de cuatro, piensen en los factores que afectan al mundo de los animales. Hablen de lo que se podría hacer para solucionar unos problemas y para evitar problemas en el futuro, usando **el subjuntivo** cuando sea posible.

**POSIBLES PROBLEMAS:**

1. el tratamiento de los animales en algunos parques zoológicos
2. la reducción de los bosques (y así del hábitat de muchos animales)
3. los problemas con los insectos
4. el trato (*treatment*) de los animales que se crían (*raise*) para comer
5. los animales en peligro de extinción

**MODELO**   *Es importante que los parques zoológicos sean lo más naturales posible.*
             *Es necesario que los animales tengan suficiente espacio para moverse bien.*
             *En el pasado, no era tan crítico que...*

10-23 to 10-24

# PERFILES

## Algunas personas con una conciencia ambiental

*A propósito o no, el ser humano ha contribuido mucho a la destrucción del medio ambiente. Estas tres personas admirables han dedicado sus vidas al combate de los problemas ambientales.*

El Parque Nacional Madidi no existiría si no fuera por la determinación de **Rosa María Ruiz,** una activista ecológica boliviana. Por medio de su trabajo, se protege esta área vasta que incluye una geografía muy variada: desde la sierra de los Andes hasta los valles de la selva tropical amazónica.

Si no hubiera tenido un gran interés y destreza en la cetrería (*falconry*), tal vez **Félix Rodríguez de la Fuente** (1928–1980) no habría llegado a ser el conservacionista español más conocido del siglo XX. Colaboró en una serie de programas de televisión y documentales muy populares sobre el tema de la preservación de la fauna y del medio ambiente.

Tal vez no se habría investigado el peligro que causan los clorofluorocarbonos (CFC) en la capa de ozono si a **Mario José Molina Henríquez** (n. 1943) no le hubiera interesado tanto la química de joven. Descubrió que estos gases dañan a la estratosfera. En el año1995, recibió el Premio Nobel con otros dos científicos por sus investigaciones.

## Preguntas

1. ¿Cómo han contribuido estas personas a la concienciación del público sobre el estado del medio ambiente?
2. ¿Qué piensas de la crisis del medio ambiente? ¿Qué puedes hacer para mejorar el medio ambiente?

## 10·40 Conversación

Es tiempo para conocer mejor a tus compañeros/as de clase. Completa los siguientes pasos.

**Paso 1** Contesta las siguientes preguntas con un/a compañero/a de clase. Túrnense.

1. Si pudieras vivir en cualquier lugar, ¿preferirías vivir en la sierra, la llanura, la costa u otro lugar? ¿Por qué? ¿Cómo sería el lugar perfecto para ti?
2. ¿Vivirías en un lugar donde pudiera ocurrir un desastre natural?
3. ¿Es importante que tu vida sea como la de tus padres? Explica.
4. ¿Cómo sería la vida perfecta para ti?
5. Si tu trabajo te mandara a otro país, ¿adónde te gustaría ir? Explica.
6. Cuando eras chico/a, ¿había algo que tus padres siempre querían que hicieras?
7. ¿Crees que haya más interés en el medio ambiente entre los jóvenes o las personas mayores?
8. ¿Quiénes tienen la responsabilidad de proteger el medio ambiente?

**Paso 2** Selecciona **dos** de las preguntas y házselas a **diez** compañeros/as de clase.

# ¡Conversemos!

10-25 to 10-26

## ESTRATEGIAS COMUNICATIVAS — Expressing agreement, disagreement, or surprise

When conversing, you have many occasions to express agreement, disagreement, or surprise about what you hear or read. What follows are useful expressions for you to use.

| Para expresar acuerdo | To express agreement |
|---|---|
| | |
| ■ Absolutamente. | Absolutely. |
| ■ Claro que sí./Por supuesto./ ¡Cómo no!/Desde luego. | Of course. |
| ■ Está bien. | Okay./It's alright. |
| ■ (Estoy) de acuerdo. | I agree./Okay. |
| ■ Eso es./Así es. | That's it. |
| ■ Es verdad./Es cierto. | It's true. |
| ■ Exacto./Exactamente. | Exactly. |
| ■ No hay duda./No cabe duda. | There's no doubt./ Without a doubt. |
| ■ No hay más remedio. | There's no other way/solution. |
| ■ Precisamente./ Efectivamente. | Precisely. |
| ■ Sin duda. | Without a doubt./ No doubt. |
| ■ Te digo./Ya lo creo. | I'm telling you.../ I'll say. |

| Para expresar desacuerdo | To express disagreement |
|---|---|
| | |
| ■ Al contrario. | On/To the contrary. |
| ■ Claro que no. | Of course not. |
| ■ De ninguna manera. | No way. |
| ■ En mi vida. | Never in my life. |
| ■ Me estás tomando el pelo. | You're kidding me/pulling my leg. |
| ■ Nada de eso. | Of course not. |
| ■ ¡Ni lo sueñes! | Don't even think about it! |
| ■ No estoy de acuerdo. | I don't agree. |
| ■ No puede ser. | It can't be. |
| ■ ¡Qué va! | No way! |

| Para expresar sorpresa | To express surprise |
|---|---|
| | |
| ■ ¡Imagínate!/¡Figúrate! | Imagine! |
| ■ ¡No me digas! | You don't say! |

CD 4
Track 14

## 10·41 Diálogo

Rosario acaba de recibir una llamada y quiere compartirla con su esposo, Marco. Escucha la conversación entre Rosario y Marco, y contesta las siguientes preguntas.

1. ¿Está Marco de acuerdo con lo que Rosario le dice? ¿Cómo lo sabes?
2. Al final, ¿cómo se expresa Marco?

## 10·42 Una entrevista

¡Qué suerte! Tienes la oportunidad de entrevistar a Al Gore, a Leonardo DiCaprio o a Rosa María Ruiz, tres personas que se han dedicado a asuntos verdes. Completa los siguientes pasos.

**Paso 1** Crea preguntas para hacérselas.

**Paso 2** Hagan los papeles del/de la entrevistador/a y los medio ambientalistas. Túrnense.

### Estrategia

Remember that you can use the imperfect subjunctive to soften requests. You may wish to use them when formulating your questions or comments for your interviews.

## 10·43 Tiempo para jugar

Pónganse en grupos de tres. Una persona sale del grupo y los otros dos estudiantes escogen un animal. Su compañero/a regresa al grupo y hace preguntas para adivinar el animal. Túrnense.

**MODELO** (el picaflor)

E1: *¿Es un mamífero?*

E2: *No.*

E1: *¿Es un pájaro?*

E3: *Así es...*

## 10·44 Si pudieras ser...

Es hora de ser creativos. Hablen de los siguientes temas.

1. Si pudieras ser cualquier animal, ¿cuál serías y por qué?
2. ¿Qué animal es el menos entendido y por qué?
3. ¿Qué animal es el más inteligente y por qué?
4. ¿Cuál es el animal que menos te gustaría encontrar?
5. ¿Cuál es el animal que más te gustaría ver en su hábitat natural?

## 10·45 Un ecotour

¿Tienes ganas de conocer los arrecifes de Puerto Rico, la catarata más alta del mundo en Venezuela o el desierto Atacama en Chile? Con un/a compañero/a, completen los siguientes pasos para planear un ecotour virtual.

**Paso 1** Escojan un lugar. Mientras deciden en qué lugar, usen las expresiones comunicativas nuevas para mostrar si están de acuerdo o no.

**Paso 2** Sugieran ideas de lo que la gente podría hacer para proteger y conservar el lugar para futuras generaciones.

## 10·46 ¡Eres el/la jefe/a!

Imagina que eres o el/la alcalde/sa de tu pueblo o ciudad, o el/la gobernador/a de tu estado, ¡o aún el/la presidente/a del país! Haz una presentación o un discurso para convencerle a un grupo de ciudadanos (*citizens*) de la importancia de conservar el medio ambiente. Incluye por lo menos **quince** oraciones. Por lo menos **dos** de las oraciones deben usar **el imperfecto de subjuntivo** y por lo menos **dos** deben usar **cláusulas de si.** Tu compañero/a va a añadir comentarios cuando está de acuerdo o no lo está con lo que dices. Túrnense.

**ESCRIBE**

10-27 to
10-29

---

| ESTRATEGIA | More on linking sentences |

In **Capítulo 2,** you learned how to use linking words to connect simple sentences, making them into more complex expressions of thought. The linking words below represent a progression toward an even more sophisticated connection of ideas.

| **Más palabras nexo** | *Additional linking words* | | |
|---|---|---|---|
| **además** | *besides* | **por otro lado** | *on the other hand* |
| **mientras** | *while* | **sin embargo** | *nevertheless* |
| **no obstante** | *notwithstanding* | **sino** | *but rather* |
| **por eso** | *for this reason* | | |

---

### 10•47　Antes de escribir

Vas a escribir un ensayo en el cual tratas de convencerle a tu comunidad que participe en un proyecto para mejorar el medio ambiente.

1. Primero, piensa en el proyecto "verde" que quieres proponer. Concibe una explicación sencilla pero informativa de ello.
2. Después, haz una lista de los beneficios que este proyecto les dará a las personas de la comunidad. También enumera las desventajas para el medio ambiente si el proyecto no logra completarse.

### 10•48　A escribir

Usa lo que has aprendido sobre la escritura de los capítulos anteriores (por ejemplo: emplea una introducción y una conclusión). Menciona por lo menos **tres beneficios y tres desventajas** que se puedan relacionar con el proyecto. Tu ensayo debe consistir de **cuatro** o **cinco** párrafos. Usa por lo menos **tres cláusulas de si condicionales.**

### 10•49　Después de escribir

Lee tu ensayo a la clase. Luego, solicita voluntarios para trabajar en el proyecto. Así verás si has logrado persuadir a los compañeros de la clase o no.

## ¿Cómo andas?

Having completed the second **Comunicación,** I now can...

|  | Feel Confident | Need to Review |
|---|---|---|
| ● identify a variety of animals and geographical features. (pp. 398, 404) | ❏ | ❏ |
| ● discuss conditional actions in the past. (p. 402) | ❏ | ❏ |
| ● sequence temporal events. (p. 407) | ❏ | ❏ |
| ● identify three Hispanic environmental activists. (p. 410) | ❏ | ❏ |
| ● express agreement, disagreement, and surprise. (p. 412) | ❏ | ❏ |
| ● link sentences to be more cohesive. (p. 414) | ❏ | ❏ |

# Vistazo cultural

## La naturaleza y la geografía de Colombia y Venezuela

Trabajo para la fundación Tierraviva de Venezuela. Desarrollamos programas educativos para promover la conservación del medio ambiente. Tomé estudios de maestría en el Centro de Estudios Forestales y Ambientales en la Universidad de los Andes de Mérida, Venezuela. Me fascina la naturaleza.

**Carolina Mora
Rojas, Ecóloga**

### El Parque Nacional Archipiélago Los Roques, Venezuela

Si Los Roques no hubiera sido creado en el año 1972 para proteger el ecosistema marino, tal vez el archipiélago no tendría hoy día los arrecifes mejor conservados del Caribe. El archipiélago contiene unas cincuenta islas diferentes. Sus playas de arena blanca atraen mucho turismo; también es un refugio para muchas especies de fauna.

### Un *tepuy* de Venezuela

El Monte Roraima es el mejor conocido y el más alto de los tepuyes del Parque Nacional Canaima. Es una meseta de unos 2.800 metros de altura, difícil de escalar. Por este aislamiento, los tepuyes son valorados por las especies de vegetación endémicas que existen en sus zonas más altas.

### Misión árbol: Un país petrolero implementa una política "verde"

Tal vez si no se implementara la iniciativa Misión árbol, Venezuela continuaría sufriendo de una tasa (*rate*) alta de deforestación. El objetivo es crear en la población venezolana una conciencia ambiental sobre la importancia de un equilibrio ecológico y animarla a que contribuya al uso sostenible de los bosques.

### El Día sin Carro

Un día cada febrero se denomina el "Día sin Carro" en Bogotá, Colombia. Si no fuera por el sistema extensivo de movilidad alternativa (las ciclorrutas), sería difícil circular durante El Día sin Carro. No obstante, los ciudadanos votaron para continuar con esta tradición, y Bogotá cuenta con la mayor participación del mundo latinoamericano.

### El manatí amazónico

Colombia tiene una gran biodiversidad de fauna. Entre las muchas especies que existen en los ecosistemas colombianos se encuentra el manatí amazónico, el más pequeño de todos los manatís. Se encuentra en los ríos de la parte sureste de Colombia, y figura en la lista de animales en peligro de extinción.

### ProAves y los pájaros de Colombia

Si pudiera proteger todas las especies de pájaros en peligro de extinción, ProAves lo haría. Esta fundación colombiana se dedica a estudiar las aves y a conservar su hábitat en la naturaleza. Colombia tiene el número más alto de especies de aves en el mundo.

### La Feria de las Flores

Si no fuera por la industria de floricultura en Colombia, posiblemente no tendrías rosas para el Día de la Madre o de San Valentín. Colombia es el segundo país del mundo en la exportación de flores, detrás de Holanda. En Medellín, cada año se celebra La Feria de las Flores.

## Preguntas

1. Identifica los vistazos que representan un esfuerzo para proteger el medio ambiente. ¿Qué opinas de estas acciones?
2. ¿Qué efectos tienen la geografía y el clima sobre la flora y la fauna en estas áreas?
3. ¿Por qué es importante considerar la interrelación entre todos los factores del medio ambiente? ¿Qué pasaría si no consideráramos estos factores?

# Laberinto peligroso

EPISODIO **10**

## lectura

10-32 to 10-34

| ESTRATEGIA | Identifying characteristics of different text types |

Different texts have different characteristics, and recognizing these at the outset will help your comprehension. For example, the characteristics of a poem are different from those of a newspaper article, which are in turn different from the instructions for putting together a multimedia entertainment center. Academic texts exhibit different characteristics from literary texts; reading for information differs from reading for pleasure. Recognition of these differences provides you, the reader, with aids for comprehension.

**10-50** **Antes de leer** Piensa en los episodios de *Laberinto peligroso* que has visto hasta el momento.

a. Pensando en la estrategia de identificar los diferentes tipos de discursos, ¿qué tipo de discurso ha tenido la mayoría de los episodios? ¿Diferentes secciones con subtítulos? ¿Diálogo? ¿Narración?

b. ¿Qué tipo de vocabulario han tenido? ¿Técnico? ¿Coloquial? ¿Formal?

c. Mira rápidamente el episodio e identifica los diferentes tipos de discurso que tiene. ¿Tiene diferentes secciones con subtítulos? ¿Tiene diálogo? ¿Tiene narración? ¿Qué es lo que predomina?

d. ¿Qué tipo de texto es *Laberinto peligroso*? ¿Cómo se distingue este episodio a los anteriores?

En los episodios de este capítulo, vas a ver cómo reacciona Celia ante la situación tan difícil en la que se encuentra. Antes de empezar a trabajar con la lectura, contesta las siguientes preguntas.

1. ¿Cuáles son algunos de los problemas importantes que has tenido que solucionar? ¿Y tu familia y tus amigos?

2. ¿Cuáles son los problemas que tu familia te puede ayudar a resolver? ¿Qué problemas prefieres que tus amigos te ayuden a solucionar? ¿Y un profesional, como un médico, un psicólogo, la policía, un abogado, etc.?

3. ¿Hay problemas que prefieres resolver tú solo/a? Si contestas sí, ¿cuáles son? Si no, ¿por qué no?

4. ¿Cuáles son las ventajas de compartir tus problemas con otras personas?

5. ¿Por qué crees que a veces la gente decide no compartir sus problemas y trata de resolverlos sin la ayuda de otras personas?

6. ¿Crees que es importante que la gente busque la ayuda de su familia, sus amigos y/o algún profesional cuando está en una situación difícil? ¿Por qué?

## A44 En peligro de extinción

Después de ver la amenaza de la mujer que le había escrito, Celia estaba muy nerviosa. Era más importante que nunca que resolviera los casos. La vida de Cisco dependía de ella. Se preguntó, si todavía fuera un agente federal, ¿qué haría? Casi de inmediato le vino la respuesta: no habría tenido otra opción que hablarlo con sus compañeros. Siempre trabajaban en equipo. Siempre tomaban las decisiones en equipo. Sin embargo, le parecía muy evidente que el caso actual era delicado; sabía que tenía que tener mucho cuidado. Todavía no quería que las autoridades supieran más sobre la desaparición de Cisco porque, por la seguridad de su amigo, no era nada recomendable que se involucraran° más. Sabía que no iban a mejorar nada y que era posible que crearan más riesgos° para Cisco y para ella también. Tenía mucho miedo de que su amigo estuviera en muchísimo peligro: la mujer le había dicho claramente que si llamaba a la policía, lo iba a matar. Y si ella no había podido hablar con él, ¿cómo podía estar segura de que no le habían hecho daño ya? Quizás incluso lo hubieran matado. Y si Cisco estaba bien y ella seguía las instrucciones de la mujer, ¿realmente iba a poder salvarle la vida? Por su experiencia como agente federal sabía exactamente cuáles eran los riesgos: era posible que, incluso después de seguir todas sus indicaciones, la mujer lo matara. También era posible que esa mujer tuviera planes de matarla a ella, si al final Celia decidiera ir al museo sola esa noche. No obstante, pasara lo que pasara, tenía muy claro que había que hacer todo lo posible por rescatar° a Cisco. Su amigo era listo, fuerte y duro; había sobrevivido muchas situaciones difíciles. Hasta que Celia no tuviera pruebas° convincentes de lo contrario, era importante que creyera firmemente que él estaba bien.

Agobiada° y confundida, decidió llamar a una amiga con la que antes había trabajado en el FBI, pero que ya no era agente sino que trabajaba en el departamento de fraude de una compañía internacional. Buscó el número de teléfono de su amiga y la llamó. Saltó el mensaje de su buzón de voz y Celia le dejó un mensaje pidiéndole que le devolviera la llamada lo antes posible y diciéndole que era urgente que hablara con ella sobre un asunto importante.

Mientras esperaba a que su amiga la llamara, se dio cuenta de que era preferible que se mantuviera ocupada con algo, que se distrajera de alguna manera. Decidió repasar las últimas búsquedas que Cisco y ella habían realizado. Era evidente que habían descubierto algo importante; si no hubieran encontrado nada, nadie estaría amenazándolos. Celia encontró un informe confidencial que había leído Cisco: se trataba de las sustancias medicinales de las plantas tropicales. El informe indicaba que, usando una sustancia extraída de unas plantas tropicales, se había desarrollado un antídoto muy fuerte con múltiples aplicaciones. La sustancia servía como antídoto contra la viruela°, y también eliminaba los efectos tóxicos de otras sustancias que algunos grupos terroristas estaban manipulando para usar como armas biológicas. Un grave problema era que la deforestación estaba amenazando esas plantas.

La tensión que sentía Celia en esos momentos se hizo muy evidente cuando, de pronto, sonó el teléfono, y se asustó. Lo contestó y era su amiga, la ex-agente federal. Después de contarle todo lo que había pasado, su amiga le dijo que llamara inmediatamente a la policía, que no había otra opción. Celia le dio las gracias por la ayuda y colgó el teléfono.

*got involved*
*risks*

*rescue*
*proof*

*Overwhelmed*

*smallpox*

**10-51** **Después de leer** Contesta las siguientes preguntas.

1. ¿Por qué le parecía tan urgente a Celia resolver los casos?
2. ¿Por qué no quería Celia enseñarles el mensaje de correo electrónico que había recibido a los detectives?
3. ¿Qué habría hecho si todavía hubiera sido una agente federal?
4. ¿Cuáles eran algunos de los riesgos que Celia tenía que tener en cuenta antes de actuar?
5. ¿A quién decidió pedirle ayuda con su situación?
6. ¿Qué información encontró cuando leyó el informe confidencial que había leído Cisco?
7. ¿Por qué se asustó cuando sonó el teléfono?
8. ¿Qué consejo recibió Celia durante su conversación telefónica?
9. ¿A qué se refiere el título del episodio?

## video

**10-52** **Antes del video** Antes de empezar a trabajar con el episodio del video, *¡Alto! ¡Tire el arma!,* contesta las siguientes preguntas.

1. ¿Crees que Celia va a seguir el consejo que recibió durante su conversación telefónica? ¿Por qué?
2. ¿Crees que Celia va a ir al museo sola o crees que va a pedir que le ayude otra persona? ¿Por qué? Si crees que va a pedirle la ayuda de otra persona, ¿a quién se la va la pedir? ¿Por qué?
3. Basándote en el título del video, ¿qué crees que va a pasar en este episodio?

¡Alto! ¡Policia! ¡Arriba las manos! ¡Tire el arma!

Me convenció que desactivara el sistema de seguridad y sacara unos mapas.

¿Qué relación tiene todo esto con la desaparición de Cisco?

## ¡Alto! ¡Tire el arma!

Relájate y disfruta el video.

**10-53** **Después del video** Contesta las siguientes preguntas.

1. Al final, ¿fue Celia al museo sola o buscó la ayuda de otra(s) persona(s)?
2. ¿Quién robó los mapas y las crónicas de la biblioteca? ¿Por qué los robó?
3. ¿Quién había amenazado a Cisco y a Celia? ¿Por qué los había amenazado?
4. ¿Quién era el Señor A. Menaza? ¿Por qué quería hacerles daño a Cisco y a Celia?
5. ¿Cómo concluyó el episodio?

## Y por fin, ¿cómo andas?

Having completed this chapter, I now can...

| | Feel Confident | Need to Review |
|---|---|---|
| **Comunicación** | | |
| • share information about the environment. (p. 386) | ❏ | ❏ |
| • indicate purpose, time, and location. (p. 387) | ❏ | ❏ |
| • express prior recommendations, wants, doubts, and emotions. (p. 391) | ❏ | ❏ |
| • discuss actions completed before others in the past. (p. 394) | ❏ | ❏ |
| • recognize different listening contexts. (p. 397) | ❏ | ❏ |
| • identify a variety of animals and geographical features. (pp. 398, 404) | ❏ | ❏ |
| • express hypothetical or contrary-to-fact information. (p. 402) | ❏ | ❏ |
| • sequence temporal events. (p. 407) | ❏ | ❏ |
| • express agreement, disagreement, and surprise. (p. 412) | ❏ | ❏ |
| • link sentences when writing to be more cohesive. (p. 414) | ❏ | ❏ |
| • recognize and use text types to aid in comprehension. (p. 418) | ❏ | ❏ |
| **Cultura** | | |
| • share information about an environmental protection foundation. (p. 396) | ❏ | ❏ |
| • identify three Hispanic environmental activists. (p. 410) | ❏ | ❏ |
| • share information about conservation initiatives in Colombia and Venezuela. (p. 416). | ❏ | ❏ |
| **Laberinto peligroso** | | |
| • recognize and identify characteristics of different text types. (p. 418) | ❏ | ❏ |
| • discover whether Celia calls the police or keeps her mysterious appointment. (p. 419) | ❏ | ❏ |
| • find out what happened to Cisco. (p. 420) | ❏ | ❏ |

# VOCABULARIO ACTIVO

CW
eBook
CD 4
Tracks 16-20

## El medio ambiente — *The environment*

| | |
|---|---|
| los animales en peligro de extinción | *endangered species* |
| el clima | *climate* |
| el combustible | *fuel* |
| el consumo | *consumption* |
| el contaminante | *contaminant* |
| el daño | *harm* |
| la deforestación | *deforestation* |
| el desperdicio | *waste* |
| el ecosistema | *ecosystem* |
| el efecto invernadero | *greenhouse effect* |
| el envase | *package; container* |
| la erosión | *erosion* |
| la escasez | *scarcity* |
| el esmog | *smog* |
| el fertilizante | *fertilizer* |
| el hábitat | *habitat* |
| el humo | *smoke* |
| la infraestructura | *infrastructure* |
| el insecticida | *insecticide* |
| la naturaleza | *nature* |
| el peligro | *danger* |
| el pesticida | *pesticide* |
| el riesgo | *risk* |
| la sequía | *drought* |
| la sobrepoblación | *overpopulation* |
| la sustancia | *substance* |

## Algunos adjetivos — *Some adjectives*

| | |
|---|---|
| árido/a | *arid; dry* |
| biodegradable | *biodegradable* |
| climático/a | *climatic* |
| ecológico/a | *ecological* |
| exterminado/a | *exterminated* |
| renovable | *renewable* |
| tóxico/a | *poisonous* |

## Algunos verbos — *Some verbs*

| | |
|---|---|
| amenazar | *to threaten* |
| conservar | *to conserve* |
| cosechar | *to harvest* |
| dañar | *to damage; to harm* |
| desaparecer | *to disappear* |
| descongelar | *to thaw* |
| desperdiciar | *to waste* |
| destruir | *to destroy* |
| fabricar | *to make; to produce* |
| hacer ruido | *to make noise* |
| mejorar | *to improve* |
| preservar | *to preserve* |
| prevenir | *to prevent* |
| reducir | *to reduce* |
| reemplazar | *to replace* |
| rescatar | *to rescue* |
| sobrevivir | *to survive* |
| sostener | *to sustain* |

| Algunos animales | Some animals |
|---|---|
| la abeja | bee |
| la ardilla | squirrel |
| la ballena | whale |
| la cabra | goat |
| el camello | camel |
| el cangrejo | crab |
| el ciervo/el venado | deer |
| el dinosaurio | dinosaur |
| la foca | seal |
| el gallo | rooster |
| el gorila | gorilla |
| la iguana | iguana |
| la jirafa | giraffe |
| el lobo | wolf |
| el loro | parrot |
| el manatí | manatee |
| la mariposa | butterfly |
| el mono | monkey |
| el murciélago | bat |
| la oveja | sheep |
| la paloma | pigeon; dove |
| el pato | duck |
| el picaflor | hummingbird |
| el pingüino | penguin |
| el pulpo | octopus |
| el puma | puma |
| el rinoceronte | rhinoceros |
| el saltamontes | grasshopper |
| el tiburón | shark |
| el tigre | tiger |
| la tortuga | turtle |
| el zorro | fox |

| Algunos términos geográficos | Some geographical terms |
|---|---|
| el arrecife | coral reef |
| el arroyo | stream |
| la bahía | bay |
| la catarata | waterfall |
| el desierto | desert |
| la isla | island |
| la llanura | plain |
| el mar | sea |
| el pantano | marsh |
| la playa | beach |
| el río | river |
| la sierra | mountain range |
| el valle | valley |
| el volcán | volcano |

# Hay que cuidarnos

Es muy importante cuidarse mucho para sentirse bien y no enfermarse. La buena salud es muy importante para el cuerpo entero: el aspecto físico, el aspecto mental y el aspecto emocional. Todos estos factores contribuyen a que tengamos una vida de buena calidad. ¡Así que hay que cuidarnos en todos los aspectos!

## OBJETIVOS

## CONTENIDOS

### Comunicación

**OBJETIVOS**

- To describe different parts of the body
- To express actions one does to oneself
- To relate impersonal information
- To discuss reciprocal actions
- To comment on what one hears
- To discuss ailments and mention possible treatments
- To make affirmative and/or negative statements
- To indicate unplanned occurrences
- To identify symptoms, conditions, and illnesses
- To relate what is or was caused by someone or something
- To pause, suggest an alternative, and express disbelief
- To determine audience and purpose for writing

**CONTENIDOS**

### Cultura

**OBJETIVOS**

- To explore methods of health care and treatment
- To identify three famous Hispanic physicians
- To investigate health care topics in Cuba, Puerto Rico, and the Dominican Republic

**CONTENIDOS**

### Laberinto peligroso

**OBJETIVOS**

- To assess a passage; responding and giving one's opinion
- To hypothesize about unresolved issues
- To discover the answers to unresolved issues from the author's point of view

**CONTENIDOS**

*¡A ponernos en forma!*

## PREGUNTAS

1  ¿Qué es necesario hacer para sentirse bien?

2  ¿Cuáles son las diferentes dimensiones de la salud?

3  ¿Qué haces para cuidarte?

# Comunicación

- Describing the human body
- Expressing impersonal actions
- Expressing reciprocal actions

**VOCABULARIO 1** La cara y el cuerpo humano    11-1 to 11-2

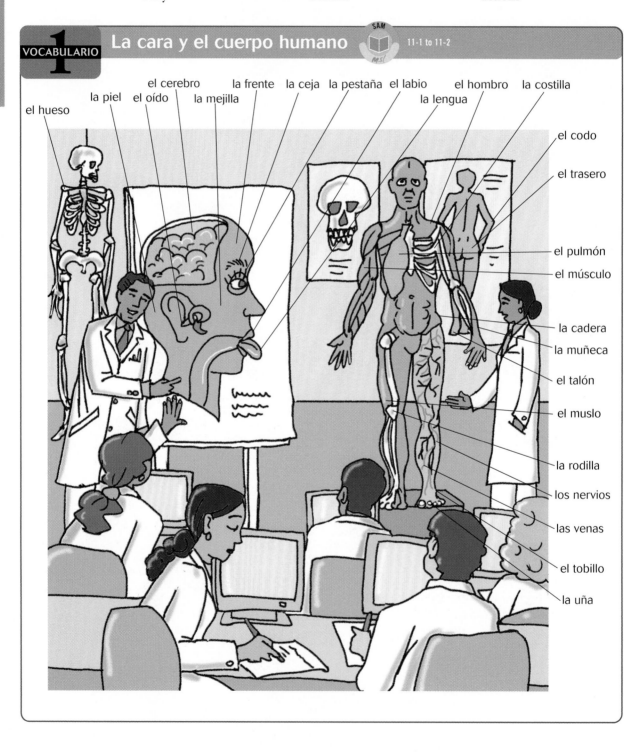

el cerebro
la frente
la ceja
la pestaña
el labio
el hombro
la costilla
la piel
el oído
la mejilla
la lengua
el hueso
el codo
el trasero
el pulmón
el músculo
la cadera
la muñeca
el talón
el muslo
la rodilla
los nervios
las venas
el tobillo
la uña

**Querido diario:**

Cuando me levanté esta mañana, tenía dolor de garganta y fiebre; ¡ay, no quiero enfermarme! Iba a salir con mis amigas, pero es mejor que me quede en casa hoy.

### Preguntas

1. ¿Cómo se sentía Celia al levantarse?
2. ¿Por qué piensa que va a enfermarse?
3. ¿Qué haces cuando no te sientes bien? ¿Te quedas en cama o llamas al médico?

**11-3 to 11-4**

**REPASO**

### Los verbos reflexivos

In Celia's diary, she writes **me levanté, enfermarme,** and **me quede.** These are all reflexive verb forms, used when the subject both performs and receives the action of the verb. *Reflexive verbs* are always accompanied by a *reflexive pronoun* (**me, te, se, nos, os, se).**

**25, 26**

● The following are some common reflexive verbs.

| | | |
|---|---|---|
| acordarse (de) (o-ue) | ducharse | ponerse (la ropa) |
| acostarse (o-ue) | irse | ponerse (nervioso/a) |
| afeitarse | lavarse | quedarse |
| arreglarse | levantarse | quitarse (la ropa) |
| bañarse | llamarse | reunirse |
| callarse | maquillarse | secarse |
| cepillarse | olvidarse (de) | sentarse (e-ie) |
| divertirse (e-ie-i) | peinarse | sentirse (e-ie-i) |
| dormirse (o-ue-u) | | vestirse (e-i-i) |

> **Fíjate**
>
> Remember that reflexive verbs can be in any tense.

For more information on reflexive constructions, refer to **Capítulo 8** of *¡Anda! Curso elemental* in Appendix 3.

 **11-1** ¿Qué parte?

Decidan con qué categorías se asocia cada una de las siguientes palabras.

**CATEGORÍAS**

| | | |
|---|---|---|
| la cabeza | la pierna y el pie | el cuerpo (parte interior, no visible) |
| la cara | el brazo y la mano | el cuerpo (parte exterior, visible) |

**MODELO**   1. la lengua

*la cara/la cabeza/el cuerpo (parte interior, no visible)*

| | | | |
|---|---|---|---|
| 1. la pestaña | 5. el cerebro | 9. las costillas | 13. las venas |
| 2. las mejillas | 6. la muñeca | 10. el codo | 14. el hueso |
| 3. la piel | 7. las uñas | 11. los hombros | 15. los labios |
| 4. el talón | 8. la rodilla | 12. el muslo | 16. la frente |

**11-2** **La parte necesaria**

¡Anda! Curso elemental, Capítulo 9, El cuerpo humano, Apéndice 2.

Para cada una de las siguientes acciones, túrnense para determinar con qué partes del cuerpo se puede asociar.

**MODELO** levantarse

*las piernas y los pies*

1. maquillarse
2. olvidarse
3. sentarse
4. peinarse
5. afeitarse
6. ducharse

**11-3** **Escucha bien**

¡Anda! Curso elemental, Capítulo 9, El cuerpo humano, Apéndice 2.

Tu profesor/a te va a describir a una "persona". Necesitas dibujar exactamente lo que él/ella te dice. Después, compara tu dibujo con el de un/a compañero/a.

| **Vocabulario útil** | | | |
|---|---|---|---|
| **ancho/a** *wide* | **corto/a** *short* | **fuerte** *strong* | **largo/a** *long* |

**11-4** **Procesos naturales**

Describan los procesos que se asocian con las siguientes acciones.

| **Vocabulario útil** | | |
|---|---|---|
| **doblarse** *bend* | **estirarse** *stretch* | **meterse** *to get into* |

**MODELO** sentarse

*Hay que doblarse las piernas y ponerse en un asiento.*

1. acostarse
2. dormirse
3. cepillarse los dientes
4. bañarse
5. levantarse
6. ponerse la ropa

¡Anda! Curso elemental, Capítulo 8, La ropa, Apéndice 2.

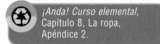

**11-5** **¿Qué les pasa?**

Aquí tienen a Alberto y Sofía, quienes acaban de levantarse. Describan a cada uno, y después expliquen lo que necesitan hacer ellos para prepararse bien para unas entrevistas muy importantes que tienen esta mañana.

Alberto

Sofía

## 11 6 ¿Cuál es tu rutina diaria?

Entrevista a **cinco** compañeros/as para saber qué hacen en un día normal.

**Paso 1** Escribe por lo menos **diez** preguntas. Puedes dividir las preguntas en cuatro categorías: **por la mañana, durante el día, por la noche** y **en general.**

**Paso 2** Anota tus resultados en la página web de *¡Anda! Curso intermedio.*

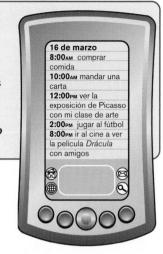

```
16 de marzo
8:00AM  comprar
comida
10:00AM mandar una
carta
12:00PM ver la
exposición de Picasso
con mi clase de arte
2:00PM  jugar al fútbol
8:00PM  ir al cine a ver
la película Drácula
con amigos
```

---

## GRAMÁTICA 2 — *Se* impersonal

SAM 11-5 to 11-6    Guide 43

So far, you have used the pronoun **se**:

1. **as an indirect object pronoun** (replacing **le** or **les**).

| | |
|---|---|
| Le doy las pestañas postizas a María. | *I am giving the false eyelashes to María.* |
| **Se** las doy a María. | *I am giving them to her.* |

Se dice que ha tenido cirugía plástica…

2. **with reflexive verbs.**

| | |
|---|---|
| Cuando Milagros **se** levanta, la primera cosa que hace siempre es cepillar**se** los dientes. | *When Milagros gets up, the first thing she always does is brush her teeth.* |

3. Another use of **se** is the **impersonal se.** The **impersonal se** is used to express the concepts of *one, you, people,* or *they,* all in general terms. In this construction, **se:**

   ● functions as an *indefinite* or *unknown (unimportant) subject.*
   ● is *always* in the **third-person singular** form of the verb.

| | |
|---|---|
| **Se dice** que Tania siempre lleva pestañas postizas. | *People say that Tania always wears false eyelashes.* |
| **Se sabe** que el sol es malo para la piel. | *It is known that the sun is bad for skin.* |
| **Se permite** un beso en la mejilla al conocerse. | *You are/One is allowed a kiss on the cheek upon meeting.* |

**11·7** Chismes

¡Cómo habla la gente! Cambien las siguientes oraciones impersonales que usan la tercera persona plural a oraciones con **el *se* impersonal.**

**MODELO** Dicen que esa actriz tiene las caderas muy anchas.

*Se dice que esa actriz tiene las caderas muy anchas.*

1. Dicen que los tacones altos pueden dañar los tobillos y las rodillas.
2. No permiten beber alcohol en este restaurante.
3. No hacen suficiente ejercicio en la escuela.
4. Creen que los nervios se tranquilizan con el ejercicio diario.
5. Escuchan música rock en el gimnasio.

---

### Estrategia

The third-person plural of the verb can also be used to express impersonal subjects ("they"):

| | |
|---|---|
| ***Dicen*** que Tania siempre lleva pestañas postizas. | They say that Tania always wears false eyelashes. |
| ***Permiten*** un beso en la mejilla al conocerse. | They allow a kiss on the cheek upon meeting. |

---

 **11·8** Del sujeto al impersonal

Cambien las siguientes oraciones, que tienen sujetos específicos, a oraciones con **el *se* impersonal,** según el modelo.

**MODELO** Aquellas mujeres dicen que los cirujanos plásticos nos pueden hacer más jóvenes.

*Se dice que los cirujanos plásticos nos pueden hacer más jóvenes.*

1. A veces algunas personas menosprecian (*underestimate*) la fuerza del cuerpo.
2. Todo el mundo sabe que hay que proteger el cuerpo mediante una buena alimentación y el ejercicio.
3. Mucha gente entiende que no se debe fumar, tomar drogas ilícitas, ni abusar del alcohol.
4. Algunos reconocen que hay que cepillarse los dientes por lo menos dos veces al día.
5. Muchas mujeres piensan que las uñas largas y pintadas son elegantes.

*¡Anda! Curso elemental*, Capítulo 11, Las preposiciones y los pronombres preposicionales, Apéndice 3.

## 11·9 Sí, se puede

La familia Sánchez habla de temas que encuentran en el periódico, y los Sánchez siempre tienen una solución para los demás. Digan sus soluciones, usando siempre **el *se* impersonal**.

**MODELO** necesitar un pintalabios / para pintar labios

*Se necesita un pintalabios para pintar los labios.*

1. no permitir fumar / malo para pulmones
2. poder ver huesos / en una radiografía
3. poder ver venas / a través de la piel
4. usar crema solar con rayos UVA / protegerse del sol
5. comprar crema / ponerse arrugas de la frente

## 11·10 ¿Qué nos recomiendan?

Miren el cartel sobre la buena salud y escriban **ocho** recomendaciones que encuentran allí, usando **el subjuntivo** y el *se* **impersonal**. Después, compartan sus recomendaciones con sus compañeros/as.

*¡Anda! Curso intermedio*, Capítulo 2, El subjuntivo para expresar pedidos, mandatos y deseos, pág. 86.

### Vocabulario útil

| | |
|---|---|
| Recomienda que… | Es importante que… |
| Es imprescindible que… | Es necesario que… |

**MODELO** *Es importante que se coma bien.*

*¡Anda! Curso elemental*, Capítulo 2, Los deportes y los pasatiempos, Apéndice 2.

*¡Anda! Curso intermedio*, Capítulo 2, Algunos deportes, pág. 68; Algunos pasatiempos, pág. 81.

## 11·11 Lo que se sabe

Seguramente has visto en las revistas los artículos y las encuestas que te preguntan sobre lo que sabes de la salud. Con un/a compañero/a, completen las siguientes oraciones para mostrar lo que se sabe sobre la buena salud. Túrnense. ¿Qué calificación (*score*) se dan?

**MODELO** Para mantener un peso saludable, se tiene que…

*Para mantener un peso saludable, se tiene que comer menos, alimentarse bien, hacer ejercicio y descansar.*

1. Se necesita hacer por lo menos treinta minutos de actividad física moderada por lo menos cinco días a la semana. Se dice que cinco actividades buenas para el corazón, los pulmones y los músculos son…
2. Si se dedica a tener una rutina de ejercicio sin fallar, se necesita…
3. Si uno se quiere divertir, debe…
4. Si se ha estado inactivo/a durante mucho tiempo, se recomienda…
5. Se dice que las personas activas…

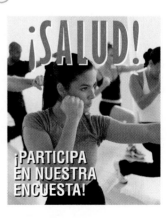

miCOach, un
innovador sistema
de entrenamiento
personal.

## 11·12 Un/a entrenador/a personal

Conseguiste el puesto de entrenador/a personal en el gimnasio Vida nueva. Con un/a
compañero/a, hagan los papeles del/de la entrenador/a y su cliente. Túrnense.

**MODELO**   E1 (CLIENTE):        *¿Cómo se hace más fuerte el corazón y los pulmones?*

E2 (ENTRENADOR/A): *Se hace más fuerte el corazón y los pulmones haciendo
ejercicios como correr o nadar.*

| 1. ¿Cómo / hacer / más fuerte / el corazón y los pulmones? | 2. ¿Cómo / deber / proteger / los oídos / cuando / nadar? | 3. ¿Cómo / adelgazar? |
|---|---|---|
| 4. ¿Cuáles / ser / los ejercicios que / hacer / para aumentar los músculos? | 5. ¿Cuántas veces al día / deber / comer? | 6. ¿Cómo / quemar / más calorías al día? |

**GRAMÁTICA 3**

## Las construcciones recíprocas: *nos* y *se*

11-7 to      27
11-8

The plural reflexive pronouns **nos** and **se** can be used to express reciprocal
actions, conveyed in English by *each other* or *one another.*

Nosotros **nos habíamos comunicado**
por e-mail todos los días.

*We had communicated with each other
every day by e-mail.*

Ellos **se llamaban** cada mañana antes
de levantarse.

*They called/used to call one another each
morning before they got up.*

Los novios **van a verse** de nuevo este
verano en Santo Domingo.

*The sweethearts are going to see each other
again this summer in Santo Domingo.*

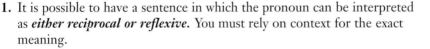

¡Se miran, y es amor a
primera vista!

**1.** It is possible to have a sentence in which the pronoun can be interpreted
as *either reciprocal or reflexive.* You must rely on context for the exact
meaning.

Fabiola y Beltrán **se están mirando** en el
espejo.

*Fabiola and Beltrán are looking at each other in
the mirror.*

OR

*Fabiola and Beltrán are looking at themselves in
the mirror.*

**2.** When the context is not clear, the reciprocal can be clarified by the phrase **(el) uno a(l) otro** or **(los)
unos a (los) otros.** Note that masculine forms are used unless both subjects are feminine, in which
case it would be **(la) una a (la) otra** or **(las) unas a (las) otras.**

Fabiola y Beltrán se están mirando **(el) uno
a(l) otro.**

*Fabiola and Beltrán are looking at each other.*

**11·13** El uno al otro

Miren los dibujos y describan lo que están haciendo las personas.

**MODELO**

| **Vocabulario útil** | |
|---|---|
| **abrazar** *to hug* | **despedir (e-i-i)** *to say good-bye* |
| **besar** *to kiss* | **saludar** *to greet, to say hi* |

*Se hablan.*

1. 　2. 　3. 　4. 　5.

¿a las 6?　sí, en tu casa

---

**11·14** La reciprocidad y los amigos

¿Cómo se comportan tus amigos y tú? Completa los siguientes pasos.

**Paso 1** Indica qué cosas tus amigos y tú hacen los unos con los otros y con qué frecuencia.

| ACCIONES RECÍPROCAS | FRECUENCIA | LAS RESPUESTAS DE TU COMPAÑERO/A |
|---|---|---|
| visitar unos a otros | *todos los días* | *lo mismo* |
| prestar dinero | | |
| ayudar con los estudios | | |
| contar sus problemas | | |
| criticar unos a otros | | |
| felicitarse por sus éxitos | | |

> **Estrategia**
> Use words that you know to express frequency, such as *de vez en cuando*, *a menudo*, *nunca*, and *jamás*.

**Paso 2** Pregúntale a un/a compañero/a si hace las mismas cosas con sus amigos.

**MODELO**　E1: *¿Se visitan tus amigos y tú?*

　　E2: *Sí, mis amigos de la universidad y yo nos visitamos mucho.*

　　E1: *¿Con qué frecuencia?*

　　E2: *Nos visitamos todos los días. En cambio, con los amigos de mi pueblo nos visitamos una vez cada dos meses. ¿Y tú? ¿Se visitan tus amigos y tú?*

## 11·15 La reciprocidad y la familia

En sus familias, ¿se llevan bien el uno con el otro?

**Paso 1** Con un/a compañero/a, usando los siguientes verbos, túrnense para hablar de lo que ocurre entre ustedes y sus parientes. Deben decir por lo menos **cuatro acciones recíprocas** cada uno.

| | | | |
|---|---|---|---|
| apoyar | criticar | entender | querer |
| ayudar | dar consejos | gritar | regalar |
| comunicar | decir mentiras/la verdad | pelear | respetar |

**MODELO** *Mis primos y yo siempre nos apoyamos. Mis hermanos y yo nos criticamos mucho…*

**Paso 2** Ahora, compartan sus respuestas con sus compañeros/as.

**MODELO** *Teri y sus primos siempre se apoyan, pero ella y sus hermanos se critican mucho…*

---

**SAM** 11-9 to 11-10

## Notas culturales

### La medicina tradicional o alternativa

Según la Organización Mundial de la Salud (OMS), el ochenta por ciento de la población mundial utiliza alguna forma de medicina tradicional regularmente. Por supuesto, la gente en los países hispanos tiene acceso a la atención médica y a diferentes expertos en el campo de la salud. Hay oficinas de consulta y hospitales con todo el equipo moderno para tratar cualquier problema que se presente. Además, hay farmacias de turno que están abiertas las veinticuatro horas del día, ofreciendo las medicinas necesarias.

Pero en muchos de estos países hay también una fuerte tradición de medicina alternativa. Las personas, particularmente en las zonas rurales de Latinoamérica, suelen emplear remedios caseros (*home remedies*), o tradicionales, en vez de buscar el consejo y la ayuda de los profesionales médicos, que a veces no se encuentran en estos lugares lejanos. En los mercados al aire libre se vende todo tipo de hierbas para curar cualquier dolor, enfermedad o condición dañina (*harmful*) para la salud.

Se debe mencionar también el curanderismo, otra tradición muy arraigada (*rooted*) en la cultura latina. Los curanderos suelen emplear las hierbas, el masaje y a veces los rituales para curar a sus pacientes física y espiritualmente.

### Preguntas

1. ¿Qué tipos de cuidado de salud se mencionan aquí? ¿Con cuáles tienes experiencia?
2. ¿Quiénes usan formas alternativas de medicina? ¿Por qué crees que se usan?
3. ¿Qué tipos de remedios caseros o tradicionales conoces? ¿Qué opinas de la medicina alternativa?

# 11·16 ¿Cómo las contestan?

Después de un semestre entero juntos, se conocen bien, ¿no? Pues, ya veremos. Completa los siguientes pasos.

**Paso 1** Contesta las siguientes preguntas como si fueras tu compañero/a.

**Paso 2** Hazle las preguntas a tu compañero/a para saber las respuestas correctas. ¿Se conocen bien?

| PREGUNTA | ¿CÓMO CONTESTARÍA TU COMPAÑERO/A? | LA RESPUESTA CORRECTA SEGÚN TU COMPAÑERO/A |
|---|---|---|
| 1. ¿Se hablan en persona tu mejor amigo/a y tú todas las noches? | | |
| 2. ¿Se compran regalos a menudo tus parientes? Explica. | | |
| 3. ¿Se ven todos los días tus amigos y tú? Cuando se ven, ¿qué hacen? | | |
| 4. ¿Se comunican con frecuencia tus padres, hermanos u otros parientes y tú? ¿Cuáles son los modos de comunicación más comunes para ustedes? | | |
| 5. En su tiempo libre, ¿dónde se encuentran tus amigos y tú? | | |
| 6. ¿Se dejan mensajes en Facebook o se mandan mensajes de texto tus compañeros/as y tú? | | |
| 7. ¿Cómo se saludan tus amigos y tú cuando se ven? | | |
| 8. ¿Se conocen tus padres y tus amigos de la universidad? | | |

# ESCUCHA

11-11 to 11-12

**ESTRATEGIA** | **Commenting on what you heard**

Sometimes it is not enough to just understand what you have heard. You may need to use the information you have just learned in some way in a real-world setting. For example, you may need to respond to something

you have heard by taking some sort of action. Or you may want to make a comment to someone about what you have heard. Beyond simply reporting the facts, you also react by adding your own comments.

## 11·17 Antes de escuchar

Vas a escuchar un informe de la radio. Primero completa los siguientes pasos.

**Paso 1** Mira la foto. Describe lo que ves en la foto.

**Paso 2** Contesta las siguientes preguntas.

1. ¿Estás preocupado/a por tu salud?
2. ¿Sigues una dieta especial?
3. ¿Haces ejercicio?
4. ¿Tienes un entrenamiento (*training*) físico especial?

CAPÍTULO 11

CD 4
Track 21

### 11·18 A escuchar

Lee toda la información en los siguientes pasos. Después, escucha el informe.
La primera vez que lo escuches, completa el **Paso 1.** Escúchalo otra vez y completa
el **Paso 2.**

**Paso 1** Contesta las siguientes preguntas generales.
1. ¿Qué es el tema del informe?
2. Según el informe, ¿cuáles son los tres puntos más importantes para perder peso?

**Paso 2** Apunta (*Jot down*) **cuatro** comentarios sobre el informe.

### 11·19 Después de escuchar

Comparte tus comentarios en grupos de tres o cuatro estudiantes. ¿Con quiénes estás
de acuerdo? ¿Con quiénes de tu grupo no estás de acuerdo y por qué?

## ¿Cómo andas?

Having completed the first **Comunicación,** I now can...

|  | Feel Confident | Need to Review |
|---|---|---|
| ● describe different parts of the body. (p. 426) | ❏ | ❏ |
| ● express actions I do to myself and that others do to themselves. (p. 427) | ❏ | ❏ |
| ● relate impersonal information. (p. 429) | ❏ | ❏ |
| ● discuss reciprocal actions. (p. 432) | ❏ | ❏ |
| ● discuss some forms of alternative medicine and health care in Hispanic countries. (p. 434) | ❏ | ❏ |
| ● comment on what I hear. (p. 435) | ❏ | ❏ |

# Comunicación

- Describing ailments, medical attention, and treatment
- Indicating unplanned occurrences
- Expressing an action caused by someone or something

**VOCABULARIO 4**

## La atención médica

SAM   11-13 to 11-14

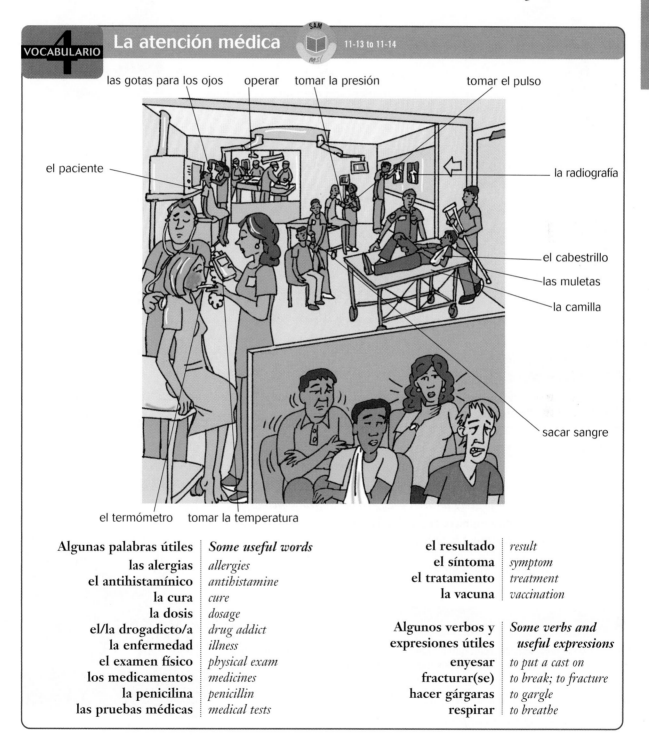

las gotas para los ojos   operar   tomar la presión   tomar el pulso

el paciente

la radiografía

el cabestrillo

las muletas

la camilla

sacar sangre

el termómetro   tomar la temperatura

| Algunas palabras útiles | *Some useful words* |
|---|---|
| las alergias | *allergies* |
| el antihistamínico | *antihistamine* |
| la cura | *cure* |
| la dosis | *dosage* |
| el/la drogadicto/a | *drug addict* |
| la enfermedad | *illness* |
| el examen físico | *physical exam* |
| los medicamentos | *medicines* |
| la penicilina | *penicillin* |
| las pruebas médicas | *medical tests* |

| | |
|---|---|
| el resultado | *result* |
| el síntoma | *symptom* |
| el tratamiento | *treatment* |
| la vacuna | *vaccination* |

| Algunos verbos y expresiones útiles | *Some verbs and useful expressions* |
|---|---|
| enyesar | *to put a cast on* |
| fracturar(se) | *to break; to fracture* |
| hacer gárgaras | *to gargle* |
| respirar | *to breathe* |

## El parloteo de Cisco

Tengo la gripe. Odio enfermarme. Si tomo algo, tal vez me sienta mejor. ¿Hay alguien que me pueda recomendar un buen médico? No conozco a ninguno.

 **Deja un comentario para Cisco:**

**REPASO**

11-15 to 11-16

### Las expresiones afirmativas y negativas

In Cisco's blog, he writes **algo, alguien,** and **ninguno.** As you know, these are affirmative and negative expressions. The following is a brief review.

| EXPRESIONES AFIRMATIVAS | | EXPRESIONES NEGATIVAS | |
|---|---|---|---|
| a veces | *sometimes* | jamás | *never; not ever* (emphatic) |
| algo | *something/anything; somewhat* | nada | *nothing; not at all* |
| alguien | *someone* | nadie | *no one, nobody* |
| algún | *some/any* | ningún | *none* |
| alguno/a/os/as | *some/any* | ninguno/a/os/as | *none* |
| siempre | *always* | nunca | *never* |
| o... o | *either... or* | ni... ni | *neither... nor* |

For a complete review, refer to **Capítulo 4** of *¡Anda! Curso elemental* in Appendix 3.

---

## 11 20 Nunca va

Elijan la palabra o expresión que no va con las otras y expliquen por qué. Túrnense y traten de usar **expresiones afirmativas o negativas.**

**MODELO** las pruebas médicas, los síntomas, el tratamiento, la vacuna

E1: *"La vacuna" no va con las otras palabras. Nunca se usa una vacuna como tratamiento.*

E2: *Estoy de acuerdo. Las otras palabras tienen una progresión. Si alguien tiene unos síntomas, va para unas pruebas médicas y luego sigue un tratamiento.*

1. la penicilina, el antihistamínico, la camilla, la vacuna
2. respirar, sacar sangre, tomar la presión, tomar el pulso
3. la radiografía, las pruebas médicas, la cura, el examen físico
4. operar, el tratamiento, los medicamentos, el drogadicto

## 11 21 Están equivocados

Samuel y Rosario siempre dicen que no hay ningún beneficio en hacer ejercicio regularmente. Corrijan sus comentarios usando **expresiones afirmativas.**

**MODELO** Jamás ayuda a tratar la depresión.

*Hacer ejercicio siempre ayuda a tratar la depresión.*

1. No disminuye ningún riesgo de tener una enfermedad grave.
2. No reduce ningún efecto del envejecimiento (*aging*).
3. No aumenta nada la energía.
4. Nunca te ayuda a dormir mejor.
5. No alivia ni el estrés ni la ansiedad.
6. No ayuda nada a mantener los tendones y los ligamentos flexibles.

## 11 22 No, mil veces no

Túrnense para contestar las siguientes preguntas de manera negativa.

**MODELO**   ¿Usas muletas a veces?

*No, nunca uso muletas./No, no uso muletas nunca.*

1. Entre la gente famosa, ¿conoces a alguien que sea drogadicto?
2. ¿Conoces a alguien que tenga una enfermedad grave?
3. ¿La enfermera siempre te toma la presión o el pulso?
4. ¿Necesitas alguna vacuna para el viaje?
5. ¿Siempre te duele algo?
6. Cada vez que vas al médico, ¿te hacen pruebas médicas?
7. ¿Alguien te opera mañana?
8. ¿Te han enyesado alguna parte del cuerpo?

## 11 23 Haciendo preguntas

¿Cuántas preguntas pueden crear? Completen los siguientes pasos.

**Paso 1** Formen oraciones interrogativas con los elementos de las tres columnas más otras palabras necesarias. Formen sus oraciones interrogativas para que requieran unas repuestas más elaboradas que **sí** o **no**.

**MODELO**   algunos        síntomas          el cáncer

*¿Cuáles son algunos síntomas del cáncer?*

| COLUMNA 1 | COLUMNA 2 | COLUMNA 3 |
|---|---|---|
| alguien | cura | el cáncer |
| alguno/a/os/as | resultados | el hueso del pie |
| siempre | síntomas | aquella enfermedad |
| alguna vez | fracturarse | las pruebas médicas |
| a veces | ocurrir | la máquina de radiografía |
| algo | sacar sangre | ser alérgico al medicamento |
| o… o | estar mal la dosis | tomar la presión |

**Paso 2** Ahora contesten las preguntas que crearon.

**MODELO**   E1: *¿Cuáles son algunos síntomas del cáncer?*

E2: *Algunos síntomas incluyen el cansancio, el adelgazamiento…*

## 11·24 Un examen físico muy completo

¡Anda! Curso elemental, Capítulo 9, Unas enfermedades y tratamientos médicos, Apéndice 2.

Piensen en ocasiones en que fueron al médico para un examen físico y completen los siguientes pasos.

**Paso 1** Hagan una lista de las acciones del/de la enfermero/a y del/de la médico/a durante un examen físico muy completo.

1. *preguntarle al paciente si tiene algunos problemas físicos*
2. *sacarle sangre...*

**Paso 2** Piensen en los exámenes físicos que han tenido ustedes. Digan si los/las enfermeros/as y los/las médicos/as les han hecho estas cosas **siempre, a veces** o **nunca**.

**MODELO**    E1: *Siempre me preguntan si tengo algún problema físico. ¿Y tú?*

E2: *A veces me preguntan si tengo problemas. ¿A ti siempre te miran el oído?...*

## 11·25 Encuentra a alguien que...

Circula por la clase para averiguar la frecuencia con que se han encontrado en las siguientes situaciones. Entrevista a tus compañeros/as. Luego, comparte los resultados con la clase.

**MODELO**    fracturarse un pie

E1: *¿Te fracturaste un pie alguna vez?*

E2: *Sí, una vez me fracturé un pie.*

E1: *Firma aquí, por favor.*

### Estrategia

Remember that when completing signature search activities like **11-25**, it is important to move quickly around the room, trying to get as many different signatures as possible while asking and answering all questions in Spanish.

| | NUNCA | UNA VEZ | MÁS DE UNA VEZ | SIEMPRE |
|---|---|---|---|---|
| 1. fracturarse un brazo o una pierna | | *Josefina* | | |
| 2. hacer gárgaras | | | | |
| 3. tomar penicilina para una infección | | | | |
| 4. usar un termómetro por su propia cuenta (*by oneself*) | | | | |
| 5. tener alergias | | | | |
| 6. ponerse gotas en los ojos | | | | |
| 7. sacarte una radiografía | | | | |
| 8. tomar muchos medicamentos | | | | |
| 9. respirar de manera profunda | | | | |

## GRAMÁTICA 5 — El *se* inocente (*Se* for unplanned occurrences)

11-17 to
11-18

The passive **se** can also be used with certain verbs to indicate something *unplanned, unexpected,* and *no one's fault.*

● In this use of **se:**

1. **Se** is invariable.
2. The indirect object pronoun refers to the person the action "happens to."
3. The subject (which comes at or toward the end of the sentence) and verb agree.
4. Optional nouns or pronouns can be used for clarification.

Al médico se le perdieron
los papeles.

● The "formula" for this use of **se** is:

**(Optional noun or pronoun) + se + Indirect Object Pronoun + Verb + Subject + (rest of sentence)**

Note the following color-coded examples.

A Hortensia se le rompieron los lentes.          *Hortensia broke her glasses.*
Se me olvidaron las gotas para las alergias.      *I forgot the drops for my allergies.*
Se les quedó el dinero para pagar la factura      *They left the money to pay the hospital bill at*
   del hospital en casa.                                    *home.*

● The following verbs frequently use this construction with **se:**

| acabar | caer | escapar | ir | ocurrir | olvidar | perder | quedar | romper |
|--------|------|---------|-----|---------|---------|--------|--------|--------|

**Note:** With the *se* of unplanned occurrences, a definite (**el, la, los, las**) or indefinite (**un, unos, una, unas**) article is used *instead of* a possessive adjective (**mi/s, tu/s,** etc.), as is the case in English.

¿Se te cayeron *las* muletas?          *Did your crutches fall?*
¿Se te ocurre *un* tratamiento?        *Does a treatment occur to you?*
Se me olvidó *el* termómetro.          *I forgot my thermometer.*
Se les perdieron *las* radiografías.   *They lost their X-rays.*

You may remember a similar usage of definite articles with body parts or clothing from **Capítulo 3.**

Se le rompieron *los brazos* en el accidente.     *He broke his arms in the accident.*
Se puso *el suéter* porque tenía frío.            *She put on her sweater because she was cold.*

## 11·26 ¿Qué les pasó?

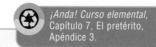
¡Anda! Curso elemental, Capítulo 7, El pretérito, Apéndice 3.

Miren los dibujos y descríbanlos, usando las siguientes palabras y el **se** inocente.

| acabar | caer | escapar | olvidar | perder | romper |
|---|---|---|---|---|---|

**MODELO**

*A Sonia se le olvidaron los lentes.*

¡Anda! Curso intermedio, Capítulo 3, El pretérito, pág. 107.

Sonia

1.

Esteban

2.

Lucía y Beto

3.

Sra. Sánchez

4.

Mateo

5.

Lola

## 11·27 Un día muy malo para el Dr. Gómez

Lean sobre lo que le pasó ayer al Dr. Gómez y completen los pasos que siguen.

Ayer fue uno de los peores días que el Dr. Gómez, un médico nuevo del Hospital Universitario Virgen del Rocío en Sevilla, España, ha tenido jamás. Desde el primer momento, todo fue de mal en peor (*from bad to worse*). Para empezar se le olvidó poner el despertador y se levantó tarde. Tenía que estar en el hospital muy temprano porque iba a operar a un paciente a las siete. Salió de casa a eso de las siete menos cuarto. De camino al hospital, el coche se quedó parado porque se le acabó la gasolina. Llamó a *Mondial Assistance* y por fin lo rescataron (*they saved him*).

　　Cuando llegó al hospital, todo el mundo lo estaba esperando. ¡Qué vergüenza! No se le había ocurrido llamar a nadie para decirle lo que le había pasado y todos estaban muy preocupados. Les pidió perdón a todos y por fin entraron en la sala de operación. Cuando estaban a punto de empezar, se dieron cuenta de que se les habían perdido las radiografías. Buscaban por todas partes cuando una enfermera las encontró debajo de la bandeja (*tray*) de los instrumentos. ¿Qué más le podía ocurrir al médico joven? Pues, siempre puede haber algo peor... Al recoger las radiografías, la enfermera le dio a la bandeja con el codo y ¡se le cayeron todos los instrumentos al suelo! Con tres horas de retraso, empezaron la operación. Menos mal que eso les salió bien. El resto del día fue más o menos normal hasta el momento de irse el doctor a casa. Se cayó en el estacionamiento y se le rompió el tobillo. ¿Lo puedes creer?

**Paso 1** Subrayen los usos del **se** inocente.

**Paso 2** Sin volver a mirar el pasaje, traten de recordar todo lo que le pasó al Dr. Gómez aquel día. Túrnense para hacer una lista de todas las acciones imprevistas (*unforeseen*).

**Paso 3** Revisen la lista para confirmar el orden cronológico. ¿Cuántas acciones imprevistas encontraron?

**Fíjate**

*Mondial Assistance* is an international road assistance company similar to AAA in the United States.

**11·28** ¿Cómo responde el Dr. Gómez?

El jefe recibe una queja (*complaint*) y llama al Dr. Gómez para enterarse de lo que realmente ocurrió. Contesten como si fueran el Dr. Gómez. Túrnense.

**MODELO**   ¿Por qué no me llamaste? (olvidar)

  *Lo siento. Se me olvidó llamarte.*

1. ¿Por qué no llegaste a tiempo? (quedar)
2. ¿Por qué tuviste que llamar a la asistencia en carretera *Mondial Assistance*? (acabar)
3. ¿Por qué estaban preocupados todos tus compañeros? (olvidar)
4. ¿Por qué no pudieron empezar la operación en seguida? (perder/caer)
5. ¿Por qué no puedes trabajar mañana? (romper)

 **11·29** Leo

Nuestro amigo Leo siempre está entre el hospital y la casa; creemos que es hipocondríaco. Terminen sus oraciones, usando siempre el **se** inocente. Túrnense.

**MODELO**   Vamos a la farmacia porque (acabar)…

  *Vamos a la farmacia porque se me acabaron los medicamentos.*

1. Me tienen que hacer de nuevo todas las pruebas porque (perder)…
2. La enfermera me pidió perdón porque (olvidar)…
3. Las alergias son horribles hoy porque (quedar)…
4. No puedo tomarme la temperatura porque (caer)…
5. Mi médico tiene que hablar con unos especialistas porque no (ocurrir)…

 **11·30** ¿Qué nos ocurre?

¡Anda! Curso intermedio, Capítulo 1, El presente perfecto de indicativo, pág. 46.

Circula por la clase para encontrar a compañeros a quienes les han ocurrido las siguientes acciones imprevistas. Hay que usar **el presente perfecto** en las preguntas y es importante elaborar tus respuestas.

**MODELO**   ocurrir una solución a un problema grande

  TÚ: *¿Se te ha ocurrido una solución a un problema grande?*

  MARTA: *Sí, se me ha ocurrido una solución a un problema grande. Tuve un accidente de carro y me costó mucho dinero reparar el carro. Se me ocurrió que sería una buena idea vender el coche y comprar algo más barato.*

| ACCIÓN IMPREVISTA | COMPAÑERO/A |
|---|---|
| ocurrir una solución a un problema grande | *Marta* |
| romper una pierna | |
| perder las llaves | |
| quedar el coche sin gasolina en la autopista | |
| olvidar pagar una factura importante | |
| caer los libros en un charco (*puddle*) | |
| acabar el dinero antes de terminar el semestre | |

**VOCABULARIO 6**

## Algunos síntomas, condiciones y enfermedades

11-19 to
11-20

---

### Estrategia

Note how many of the words in this list are cognates. You may want to master these words first and then add those that are unfamiliar to you.

---

| Algunas palabras útiles | *Some useful words* |
|---|---|
| el alcoholismo | *alcoholism* |
| la apendicitis | *appendicitis* |
| la artritis | *arthritis* |
| el ataque al corazón | *heart attack* |
| la bronquitis | *bronchitis* |
| el cáncer | *cancer* |
| la depresión | *depression* |
| la diabetes | *diabetes* |
| el dolor de cabeza | *headache* |
| los escalofríos | *chills* |
| la hipertensión | *high blood pressure* |
| la inflamación | *inflammation* |
| la jaqueca | *migraine; severe headache* |
| el mareo/los mareos | *dizziness* |
| la mononucleosis | *mononucleosis* |
| la narcomanía | *drug addiction* |

| | |
|---|---|
| las náuseas | *nausea* |
| la obesidad | *obesity* |
| las paperas | *mumps* |
| la presión alta/baja | *high/low (blood) pressure* |
| la quemadura | *burn* |
| el sarampión | *measles* |
| el SIDA | *AIDS* |
| la varicela | *chicken pox* |

| Algunos verbos útiles | *Some useful verbs* |
|---|---|
| dejar de fumar cigarrillos | *to quit smoking cigarettes* |
| desmayarse | *to faint* |
| hincharse | *to swell* |
| torcerse | *to sprain* |
| vomitar | *to vomit* |

**11·31** Algunos síntomas

¿Cuáles son las posibles enfermedades que corresponden a los siguientes síntomas?

**MODELO**   ¡Qué dolor! No puedo ni pensar ni concentrarme en nada. La luz me molesta y también el ruido...
*el dolor de cabeza*

1. No me vacunaron y ahora me están saliendo unas manchitas rojas. También tengo fiebre...
2. Tengo dolores de estómago muy fuertes —tan fuertes que vomito a causa del dolor...
3. Me duele el pecho y cuando toso, tengo una tos profunda y productiva...
4. Me duelen las articulaciones (*joints*) de los dedos de la mano y las tengo hinchadas e inflamadas...
5. Siento un dolor fuerte de pecho que se extiende también por el hombro y el brazo izquierdo. Estoy sudando y tengo mareo...
6. Estaba corriendo por el parque y pisé una piedra bastante grande. Me caí y al caerme, escuché un ruido "pop" y sentí dolor. Tengo el tobillo hinchado...

 **11·32** Una condición común

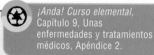
*¡Anda! Curso elemental,* Capítulo 9, Unas enfermedades y tratamientos médicos, Apéndice 2.

¿Han tenido fascitis plantar o conocen a alguien que haya sufrido de esta irritación del pie?

**Paso 1** Lean la descripción sobre esta enfermedad.

# TODO MÉDICO

La fascitis plantar es una de las causas más comunes del dolor en la parte trasera del talón, del arco o de ambas áreas. La faja plantar es un ligamento grueso y fibroso en la parte trasera del pie que tiene muy poco estiramiento o flexibilidad. Este ligamento se une al talón y se estira a lo largo del pie hasta la bola. Los dolores causados por la fascitis plantar son bastante comunes en adultos, generalmente a partir de los veinte años, y en atletas.

Las dos indicaciones más comunes de esa condición son el dolor al caminar, sobre todo al levantarse, y la inflamación (que puede causar que esa parte del pie se hinche). Algunas posibles causas incluyen: aumento de

peso; aumento repentino de actividades físicas que involucran movimientos forzados, golpes o mala técnica (como correr, tenis, fútbol y básquetbol); caminar descalzo°; tener una pierna más corta que la otra; estar de pie muchas horas a largo plazo; y usar zapatos que no soportan el arco, no amortiguan° bien o que no son lo suficientemente flexibles.

Como tratamiento, las recomendaciones incluyen:
• descansar el pie, o sea, hacer menos ejercicio que implique poner peso en esa parte del pie
• levantar el pie para reducir la hinchazón
• aplicar hielo en el talón y el arco por unos veinte minutos tres veces al día

• utilizar plantilla ortopédica en el zapato que amortigüe el talón
• estirar el pie con ejercicios específicos para aumentar la flexibilidad del plantar
• evitar ir descalzo

El tiempo que tarda en recuperarse de la fascitis plantar depende de las actividades o problemas que la causaron. Pueden pasar semanas o hasta meses de recuperación antes de que la fascitis plantar se sane° por completo. En casos más problemáticos, se recomiendan medicamentos antiinflamatorios y/o posibles inyecciones de esteroides.

*sin zapatos*

*absorb shock*

*heals*

> **Fíjate**
>
> *Hinchazón* and the verb *hincharse* are from the same word family. Therefore, what do you think *hinchazón* means?

**Paso 2** Escriban **cinco** quejas que una persona que sufra de esa condición pueda tener.

**MODELO**   *No puedo llevar zapatos con tacones porque me duele demasiado el pie.*

**Paso 3** Escriban **tres** quejas o síntomas que una persona pueda tener para **dos** de las siguientes condiciones o enfermedades:

**la depresión**          **la hipertensión**          **la diabetes**

## 11 33 ¿Adónde se va cuando...?

¡Anda! Curso elemental, Capítulo 9, Unas enfermedades y tratamientos médicos, Apéndice 2.

¿Adónde se va para curarse o buscar tratamiento para las siguientes condiciones?

**Paso 1** Pon una equis (**X**) en la(s) columna(s) apropiada(s).

| CONDICIÓN | A LA CAMA | A LA FARMACIA | AL CONSULTORIO DEL MÉDICO | AL HOSPITAL | A LA SALA DE URGENCIAS |
|---|---|---|---|---|---|
| 1. una jaqueca | X | X | | | |
| 2. inflamación de un dedo a causa de una herida | | | | | |
| 3. un ataque al corazón | | | | | |
| 4. la bronquitis | | | | | |
| 5. los mareos y las náuseas | | | | | |
| 6. una quemadura grave de la cara | | | | | |
| 7. el sarampión | | | | | |
| 8. los escalofríos | | | | | |
| 9. un dolor de espalda | | | | | |
| 10. ¿...? | | | | | |
| 11. ¿...? | | | | | |

> **Estrategia**
> Personalize the list with two additional medical conditions.

**Paso 2** Comparte tus resultados con un/a compañero/a.

**MODELO**　un catarro

E1: *Cuando se tiene catarro, primero se va a la farmacia y después a la cama para descansar.*

E2: *Estoy de acuerdo. Cuando tengo catarro, también voy primero a la farmacia y luego a la cama para descansar.*

¡Anda! Curso elemental, Capítulo 9, Unas enfermedades y tratamientos médicos, Apéndice 2.

## 11 34 ¿Que harían?

¡Anda! Curso intermedio, Capítulo 8, El condicional, pág. 318; Capítulo 10, Cláusulas de *si* (Parte 2), pág. 402.

En grupos de cuatro, hablen de lo que ustedes harían en las siguientes situaciones.

**MODELO**　romperse el brazo

E1: *¿Qué harían si se les rompiera el brazo?*

E2: *Iría a la sala de urgencias.*

E3: *Yo también, pero primero llamaría a alguien para que me ayudara. Le diría que me pusiera un cabestrillo.*

> **Fíjate**
> In *Capítulo 4* you learned the verb *hervir (e-ie-i).* Therefore, what is *agua hirviente?*

E4: *Yo no. Un cabestrillo puede causar más daño, ¿no? Querría ir rápidamente a una clínica o al hospital y tomaría algo para el dolor.*

1. tener náuseas y estar vomitando
2. toser mucho y no poder respirar bien
3. quemarse con agua hirviente
4. torcerse la rodilla
5. tener fiebre alta, escalofríos y dolores en todo el cuerpo

## 11 35 ¿Somos sanos?

¡Anda! Curso elemental, Capítulo 9, Unas enfermedades y tratamientos médicos, Apéndice 2.

Van a hablar de las condiciones y enfermedades que han tenido. Entrevístense usando las siguientes preguntas como guía, y creen **cinco preguntas adicionales.**

1. ¿Cuáles son las enfermedades que tuviste de niño/a?, ¿de adolescente?, ¿de mayor?
2. ¿Cuáles fueron los tratamientos que te dieron para esas enfermedades?
3. ¿Cuántas veces has sido paciente en un hospital?
4. ¿Cuántas veces has estado en una sala de urgencias?
5. ¿Cuántas veces al año sueles ir al médico?

---

**GRAMÁTICA 7**   La voz pasiva

11-21 to   44
11-22

Just as in English, Spanish has both the *active* and *passive* voice. Let's look at the construction in English first.

**A.** In an **active voice sentence,** the *subject does the acting* expressed by the verb, and the *direct object receives the action*:

> **subject (doer) + verb + object (recipient)**

Tina **took** the medicine.     *Tina tomó la medicina.*

**B.** A **passive voice sentence** is the reverse of the active voice. That is, the *subject receives the action* and the *doer is expressed with a prepositional phrase* (by + doer):

Se fuman muchos cigarrillos en este país.

> **subject (recipient) + to be (*ser*) + past participle + preposition + doer**

The medicine **was taken** by Tina.     *La medicina fue tomada por Tina.*

- As you can see, the passive voice construction in Spanish is similar to the English passive construction. The difference is that Spanish has **two ways** of expressing the **passive voice:**

  1. **Passive with ser,** as in the examples above, and

  2. **Passive *se*.**

**C.** The **passive *se*** is related to the **impersonal *se*** (see p. 429 of this chapter). In the **passive *se*** construction:

- **se** is considered an unchanging part of the verb.

- the ***thing*** being acted upon becomes the subject of the sentence.

- the ***thing*** will always necessitate either a ***third person singular*** or ***plural verb.***

The formula for the **passive *se*** is:

> **Se + third person singular or plural verb + the *thing* being acted upon**

Se mandó dinero a los enfermos.               *Money was sent to the sick people.*
Se compraron muchos medicamentos para curarlos.   *A lot of medicine was purchased to cure them.*

**D.** What follows is an explanation of when you should use the **passive** with **ser** and when you should use **passive** *se.*

1. When the **passive** with **ser** is used, the doer of the action is usually either stated in the sentence, introduced by the preposition **por,** or strongly implied through context.

2. The **passive** with **ser** is not as commonly used in spoken Spanish as the **passive** *se.* **Passive** with **ser** is more common in writing, generally used to vary style.

3. When the doer is unknown or unimportant to the message, the **passive** *se* should be used.

4. In general, when the **_doer is known,_** the **active voice** is used in Spanish rather than the **passive** with **ser.**

Study the following examples.

1. The **passive** with **ser:**

El pulso **fue tomado** por la enfermera.　　*The pulse was taken by the nurse.*
La presión **fue tomada** por el médico.　　*The blood pressure was taken by the doctor.*
Los resultados **fueron escritos** por la cirujana.　　*The results were written by the surgeon.*
Las recetas **fueron escritas** por el neurólogo.　　*The prescriptions were written by the neurologist.*

2. The **passive** *se:*

**Se tomó** el pulso.　　*The pulse was taken.*
**Se tomó** la presión.　　*The blood pressure was taken.*
**Se escribieron** los resultados.　　*The results were written.*
**Se escribieron** las recetas.　　*The prescriptions were written.*

1. What are the nouns (*people, places, or things*) in the sample sentences of the **passive** with **ser?**

2. In the **passive** with **ser** sentences,
   a. what form (person: e.g., 1st, 2nd, 3rd) of the verb is used?
   b. what determines whether the verb is singular or plural?
   c. with what does the past participle **(-ado / -ido)** agree?

3. With the **passive** *se* sentences, do you still have the same subjects and objects as in the **passive** with **ser?**

4. What form of the verb is used with the **passive** *se?* What determines if that form is singular or plural?

5. Is the doer clear in the **passive** *se* sentences?

**A¹** Check your answers to the preceding questions in Appendix 1.

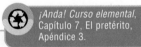

*¡Anda! Curso elemental,*
Capítulo 7, El pretérito,
Apéndice 3.

# 11·36 Práctica

Completa las siguientes oraciones con las formas apropiadas de los verbos en paréntesis para crear oraciones con el **ser pasivo.** Después, comparte tus oraciones con un/a compañero/a.

**MODELO**　Dijeron que los mareos (causar) principalmente por el dolor.
　　　　*Dijeron que los mareos fueron causados principalmente por el dolor.*

1. La inflamación (descubrir) por su médico.
2. Ayer las pruebas médicas (hacer) por esas enfermeras.
3. El drogadicto (detener) por la policía después de robar el banco.
4. El primer artículo sobre el SIDA, aún no nombrado, (escribir) por Michael Gottlieb en el año 1981.
5. En aquellos tiempos, mis grandes dolores de cabeza (causar) por mis hijos.

**Fíjate**

*El SIDA* is the Spanish acronym for AIDS. It stands for *el síndrome de inmunodeficiencia adquirida*.

**Estrategia**

Take advantage of activities like **11-37** to challenge yourself to go beyond a simple answer, providing as much pertinent information as you can.

## 11·37 Los beneficios

Dicen que los ejercicios de resistencia son tan importantes como los ejercicios aeróbicos. ¿Cuáles son los beneficios de hacer este tipo de ejercicio? Creen una oración con el *se* pasivo para cada beneficio mencionado. Túrnense.

**MODELO**  perder peso
*Al hacer ejercicios de resistencia, se pierde peso.*

1. aumentar la masa muscular
2. fortalecer los huesos
3. quemar grasa
4. aumentar la fuerza
5. mejorar la coordinación
6. perder peso

## 11·38 En el hospital

**Estrategia**

For *Paso 1*, you will use the passive *se*.

Siempre hay reglas para todos los lugares públicos. Generalmente, ¿qué cosas se pueden hacer y qué cosas no se pueden hacer en un hospital?

**Paso 1** Hagan dos listas: una de las cosas que se hacen y otra de las cosas que no se hacen en un hospital.

**MODELO**  SE HACE(N)
*Se comen las verduras.*
*Se escriben los resultados todos los días.*

NO SE HACE(N)
*No se fuman cigarrillos.*

**Paso 2** Creen letreros para algunas acciones de las listas.

**MODELO**

**Se permite comer en la cafetería.**

**No se permite fumar en el hospital.**

Hospital de la Santa Creu i de Sant Pau, Barcelona, España

**Estrategia**

For *Paso 2*, you will use the impersonal *se*. To review the impersonal *se*, go to page 429.

## 11·39 Un hospital lleno de sonrisas

Miren el anuncio del Hospital Universitario Virgen del Rocío, y después contesten las siguientes preguntas.

**MODELO** ¿Qué se nota desde el primer momento?

*Se nota una gran diferencia entre este hospital y los otros.*

1. ¿Qué se recibe desde el primer momento?
2. ¿Cómo se describen a los profesionales del hospital?
3. ¿Cómo se trata a los pacientes?
4. ¿Dónde se encuentra el hospital?
5. ¿Cómo se pone en contacto con el hospital?

### Hospital Universitario Virgen del Rocío

# Un hospital lleno de sonrisas

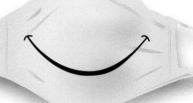

Desde el primer momento en que usted entra a nuestro hospital, notará una gran diferencia. Recibirá la atención personal que usted merece de profesionales dedicados a cambiar vidas y apasionados por este compromiso. Creemos que un equipo contento y satisfecho resulta en pacientes contentos y satisfechos. Para nosotros, curar significa mucho más que tratar con medicamentos —tratamos al ser completo.

### Hospital Universitario Virgen del Rocío

Ubicado en el corazón de Sevilla, usted nos puede encontrar en la Avenida Manuel Siurot s/n, SEVILLA.

Teléfonos: Centralita 955 012000
Atención al usuario 955 012125
Fax 955 013473

## 11·40 Quiero ir a un hospital que...

*¡Anda! Curso intermedio,*
Capítulo 5, El subjuntivo con antecedentes indefinidos o que no existen, pág. 199.

Imagínense que ustedes o uno de sus parientes tienen que ingresar (*to be admitted*) en el hospital. ¿Cuáles son sus consideraciones al escoger el mejor hospital? Creen **seis** oraciones y usen **el subjuntivo** y **el** *se* **pasivo**.

**MODELO** *Buscamos un hospital en que se encuentren médicos excelentes.*

## PERFILES

11-23 to
11-24

### Algunas personas innovadoras en el campo de la medicina

*Con la posibilidad de contagiarse de tantas enfermedades, es difícil cuidarse por completo. Cuando uno se enferma, es bueno recibir tratamiento médico. Estas tres personas han encontrado la cura para algunas enfermedades serias.*

El doctor colombiano **José Ignacio Barraquer** (1916–1998) se conoce como "el padre de la cirugía refractiva". Diseñó varios instrumentos para la cirugía de la córnea. Sus estudios e inventos fueron los precursores del procedimiento *Lasik* que se usa hoy en día. La "k" se deriva de su procedimiento *keratomileusis*.

El Premio Nóbel de Fisiología y Medicina del año 1980 fue otorgado al **Doctor Baruj Benacerraf** y dos colegas por su trabajo sobre la estructura de las superficies (*surfaces*) celulares que son genéticamente determinadas y que afectan las reacciones inmunológicas. El patólogo nació en Venezuela en el año 1920 y es de herencia judeo-española.

**El Doctor René Favaloro** (1923–2000) fue cirujano e inventor de un procedimiento fenomenal. En el año 1962, viajó a la Clínica Cleveland donde se especializó en cirugía torácica y cardiovascular. En el año 1967, realizó con éxito la técnica del by-pass aorta coronaria. En el año 1971, volvió a su país natal de Argentina para trabajar.

### Preguntas

1. Las invenciones de estas personas han cambiado mucho el campo de la medicina. ¿Cómo piensas que se les ocurrieron sus ideas?

2. En el **Capítulo 10,** aprendiste sobre varios individuos que han hecho una contribución positiva al planeta en el campo del medio ambiente. ¿Cómo se comparan los hechos (*deeds*) de esas personas con las que se presentan aquí?

# ¡Conversemos!

SAM
11-25 to
11-26

---

**ESTRATEGIAS COMUNICATIVAS** | Pausing, suggesting an alternative, and expressing disbelief

There are times when communicating that you need to pause and take time to compose your thoughts. On still other occasions you may need to suggest an alternative or express disbelief.

Use these new expressions with the others you have learned in *¡Anda! Curso intermedio* to initiate and maintain conversations on a wide variety of topics!

| Pausas | *Pauses* |
|---|---|
| ■ A ver... | *Let's see...* |
| ■ Bueno... | *Well.../OK...* |
| ■ Este... | *Well.../Um...* |
| ■ La verdad es que... | *The truth is...* |
| ■ O sea... | *That is....* |
| ■ Pues... | *Um.../Well...* |
| ■ Sabes... | *You know...* |

| Para sugerir una alternativa | *To suggest an alternative* |
|---|---|
| ■ ¿No cree(s)(n) que...? | *Don't you think that...?* |
| ■ Propongo que... | *I propose that...* |

| | |
|---|---|
| ■ Sería mejor... | *It would be better to...* |
| ■ Recomiendo que... | *I recommend that...* |
| ■ Sugiero que... | *I suggest that...* |

| Para expresar incredulidad | *To express disbelief* |
|---|---|
| ■ ¿De veras? | *Really?* |
| ■ ¿En serio? | *Seriously?* |
| ■ Lo dudo. | *I doubt it.* |
| ■ ¡No me diga(s)! | *You don't say!/No way!* |
| ■ No lo creo. | *I don't believe it./think so.* |
| ■ ¡No puede ser! | *It can't be!* |
| ■ Parece mentira. | *It's hard to believe.* |

---

CW
eBook

CD 4
Track 22

## 11·41 Diálogo

Gregorio llegó a la casa de su amigo y se encontró con una sorpresa. ¡Carlos había tenido un accidente! Escucha para descubrir qué pasó y contesta las siguientes preguntas.

1. ¿Quién usa más pausas, Gregorio o Carlos? ¿Por qué?
2. ¿Cuáles son algunas de las expresiones que Gregorio utiliza para expresar su incredulidad?

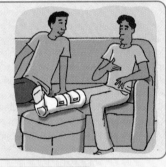

---

 *¡Anda! Curso elemental*, Capítulo 9, Unas enfermedades y tratamientos. Apéndice 2.

## 11·42 Doctor, me duele...

Hagan los papeles de un/a médico/a y un/a paciente.

**Paso 1** Si haces el papel del paciente, completa el formulario y haz una lista de tus síntomas.

**Paso 2** Si haces el papel del/de la médico/a, haz una lista de tus preguntas.

**Paso 3** Al final, el/la médico/a debe darle al/a la paciente sus conclusiones y recomendar un tratamiento.

Para cada "visita al médico" el/la paciente y el/la médico/a deben decir por lo menos **ocho** oraciones cada uno. Túrnense.

---

**HOSPITAL GENERAL DE MÉXICO**

Por favor complete este formulario con la mayor precisión posible. Toda la siguiente información es confidencial y será utilizada en caso de emergencia. Escriba legiblemente, por favor.

NOMBRE _____
DIRECCIÓN _____

1. ¿Está bajo tratamiento por alguna enfermedad? Explique.

2. ¿Toma algún tipo de medicamento? _____
3. ¿Qué medicinas tomas? _____

**CONDICIONES MÉDICAS**
Indique cualquier enfermedad que haya tenido en el pasado, poniendo la fecha en que comenzó.

| | | |
|---|---|---|
| ___ alergias | ___ cáncer | ___ mononucleosis |
| ___ apendicitis | ___ diabetes | ___ náuseas |
| ___ artritis | ___ glaucoma | ___ presión alta/baja |
| ___ ataque cardíaco | ___ jaqueca | ___ sarampión |
| ___ bronquitis | ___ mareos | ___ varicela |

¿Ha tenido otra condición que no se menciona aquí?
_____

## 11•43 Investigaciones criminales

Son científicos forenses como en el programa de televisión *CSI*. Investiguen los siguientes casos y creen diálogos entre ustedes para hacer hipótesis sobre los siguientes casos.

a. el cuerpo de un adolescente masculino encontrado en el parque principal debajo de un árbol
b. el cuerpo de un anciano encontrado en su casa
c. los cuerpos de una mujer y un hombre en el arrecife
d. el cuerpo de una mujer en un valle cerca del desierto

## 11•44 Las radiografías

Un médico de otra ciudad quiere consultar con ustedes sobre los siguientes casos. Miren las radiografías y creen un diálogo sobre las posibles condiciones o enfermedades y los tratamientos necesarios.

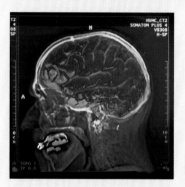
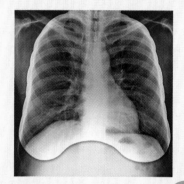
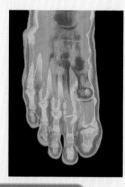

⊕ *¡Anda! Curso elemental,*
Capítulo 11, Los animales.
Apéndice 2.

## 11•45 Los animales nos necesitan también

Imaginen que trabajan en una oficina veterinaria con animales domésticos o en el campo con animales salvajes. Hagan los papeles de los veterinarios para determinar las enfermedades de los animales.

### Fíjate

What follows are useful words that are specific to animals.

| | |
|---|---|
| el ala | *wing* |
| la cola | *tail* |
| la garra | *claw* |
| la pata | *foot, paw* |
| el pico | *beak* |

 ## 11•46 Médicos sin fronteras

Fundado en el año 1971, *Médicos sin fronteras* es una organización humanitaria que provee ayuda a más de setenta países mundiales. Vayan a la página web de *¡Anda! Curso intermedio* para investigarla, y comuniquen lo que encuentren. Escriban por lo menos **ocho** oraciones sobre lo que aprenden.

 **ESCRIBE**

11-27 to
11-28

| ESTRATEGIA | Determining audience and purpose |

As a writer, you must decide on a purpose and select the audience for whom you are writing.

Your purpose is your goal for writing. For example, do you want to convince or inform?

After determining your purpose, you need to consider your audience. Is your writing directed to a friend, to someone you do not know, or to the general public? Is it a narration or is it intended as a directive to someone? If your audience is of a more formal nature, you will need to use a formal style to convey your message.

**11•47** **Antes de escribir**

Vas a escribir un guión para un cortometraje. El tema es la atención médica.

1. Primero, decide el tema sobre la atención médica y el propósito (*purpose*) del video.
2. Entonces, piensa en el público objetivo del video, o sea ¿será el público otros estudiantes de tu universidad o el público en general?
3. Después, organiza tus ideas y haz una lista de los detalles que quieres precisar.

**11•48** **A escribir**

Al escribir tu guión, considera lo siguiente:

1. Piensa en las otras estrategias de escritura de los capítulos anteriores como "conectando tus oraciones".
2. Emplea la gramática y el vocabulario que has aprendido no sólo en este capítulo, sino también durante este semestre y los anteriores.
3. Considera usar un "editor" de tu clase (*peer editor*).

---

### Sample Peer-Editing Guide/Worksheet

**I. Clarity of expression**

1. What is the main idea (purpose) of the narration and who is the audience? State it in your own words; then verify with the author.

   _____
   _____

2. My favorite part is:

   _____
   _____

3. Something I do not understand:

   _____
   _____

**II. Grammar and punctuation**

The peer editor should check for the following:

1. Agreement/*Concordancia*
   _____ subject/verb agreement
   _____ noun/adjective agreement
2. _____ Usage of the preterit and the imperfect, where appropriate
3. _____ Usage of subjunctive, where appropriate
4. _____ Spelling and accent marks

---

**11•49** **Después de escribir**

Preséntale tu guión a la clase. Si hay tiempo, improvisa y rueda tu cortometraje.

## ¿Cómo andas?

Having completed the second **Comunicación,** I now can...

|  | Feel Confident | Need to Review |
|---|---|---|
| • relate information regarding medical attention. (p. 437) | ❏ | ❏ |
| • make affirmative and/or negative statements. (p. 438) | ❏ | ❏ |
| • discuss unplanned occurrences. (p. 441) | ❏ | ❏ |
| • share information about ailments and their symptoms. (p. 444) | ❏ | ❏ |
| • share what is or was caused by someone or something. (p. 447) | ❏ | ❏ |
| • identify three well-known Hispanics in the medical profession and what they developed. (p. 451) | ❏ | ❏ |
| • pause, suggest an alternative, and express disbelief. (p. 452) | ❏ | ❏ |
| • determine audience and purpose for writing. (p. 454) | ❏ | ❏ |

# Vistazo cultural

SAM
M.S.

11-29 to
11-30

DVD/VHS
M.S.

Vistas
culturales

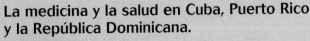

**La medicina y la salud en Cuba, Puerto Rico
y la República Dominicana.**

Estudio para obtener mi bachillerato en Educación con
concentración en Educación Física en la Universidad de
Puerto Rico, en el recinto de Arecibo. Quisiera ser maestra
de Educación Física en un colegio secundario; creo que es
importante mantenerse en buena forma.

**Victoria Colón Soto,
estudiante de Educación Física**

### Un médico y científico cubano

El Doctor Carlos Juan Finlay
(1833–1915) fue un médico y
científico cubano. Se le atribuye
el descubrimiento que el
mosquito era el agente
transmisor de la enfermedad
de la fiebre amarilla. Sus
teorías engendraron una
controversia médica que duró
veinte años hasta que sus
ideas fueron comprobadas por
un equipo de médicos estadounidenses.

### El cuidado médico cubano

El cuidado médico cubano tiene fama de ser
gratis y de alta calidad; existen hospitales con
personal de buena formación y de costos muy
bajos. Pero hay personas que dicen que esta
asistencia médica de buena reputación no está
disponible para los cubanos, sino que sólo es
para los extranjeros.

### Puerto Rico: un líder en la industria farmacéutica

Desde el año 1957, cuando se abrió la
primera fábrica farmacéutica, Puerto Rico
ha sido un líder mundial en la industria
que fabrica y prepara los productos
químicos medicinales. Todas las
compañías principales de esta industria
mantienen plantas en la isla y se
aprovechan del sistema favorable de
impuestos e incentivos ofrecidos.

### Cirujano general puertorriqueño

Richard Carmona nació en el Harlem hispano de Nueva York en el año 1949 de familia puertorriqueña. Fue designado Cirujano General de los EE.UU. por el Presidente Bush y sirvió en ese puesto hasta el año 2006. Su abuela lo inspiró cuando le dijo que nunca es tarde para mejorar la salud.

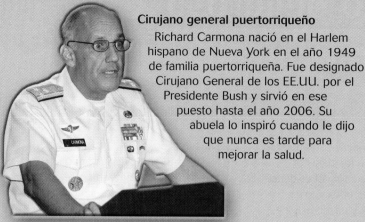

### Activista dominicana

Después de ser infectada con el virus del SIDA, la actriz dominicana Ilka Tanya Payán (1943–1996) se convirtió en una activista en la lucha contra esta enfermedad. En marzo del año 2002, un parque en la ciudad de Nueva York fue dedicado en su honor.

### Medicinas herbales y tradiciones dominicanas

El uso de las medicinas herbales y tradicionales prevalece en la República Dominicana, como en otros países hispanohablantes, sobre todo en las áreas rurales donde la gente no tiene acceso ni a la tecnología ni a los servicios modernos de la medicina. Se dice que el conocimiento dominicano de estas medicinas se parece al de los indígenas.

### Anamú: planta medicinal

Anamú es una planta herbácea perenne tropical que se usa para los tratamientos médicos en Cuba, Puerto Rico y la República Dominicana, entre otros países. Tiene fuerte olor a ajo y se le atribuyen propiedades que ayudan con la inflamación, el dolor de cabeza y hasta con los tumores causados por el cáncer.

## Preguntas

1. Identifica los *vistazos* que representan la medicina moderna y los que representan la medicina del pasado: la medicina tradicional y la medicina alternativa. ¿En qué son similares y en qué son diferentes?
2. ¿Cómo se considera la medicina alternativa entre las personas que conoces? ¿Cuál es tu opinión sobre los tratamientos alternativos o tradicionales?
3. ¿Por qué es importante considerar el cuerpo entero cuando se trata de curar una enfermedad? ¿Cuáles son las dimensiones que hay que tratar?

# Laberinto peligroso

## lectura

SAM 11-31 to 11-33

---

**ESTRATEGIA** | **Assessing a passage, responding, and giving an opinion**

When reading critically, you need to assess a passage for clarity of presentation, credibility of evidence offered, and logic of examples. Questions to ask yourself may be:

1. Are you persuaded and/or convinced by the author's point of view?
2. Are all sides of an issue represented?
3. If all sides are not represented, do you agree or disagree with the side presented?

Situations arise when you are asked to respond and give your opinion. To help you respond and give your opinion, try the following technique. Underline the portions of the passage with which you agree or disagree, then state why. Give additional supporting details if possible.

---

 **11-50** **Antes de leer** Todavía hay muchas preguntas para las que no tenemos respuestas. Antes de empezar a leer el texto, completa los siguientes pasos.

1. Piensa en algunas preguntas de las que todavía no sabes la respuesta o en algunos asuntos de la narrativa que no se han resuelto todavía. Escribe todas las preguntas y los asuntos que puedas.
2. Compara tus preguntas y asuntos con los de uno/a de tus compañeros/as de clase.
3. Con tu compañero/a, habla sobre las posibles respuestas y soluciones a las preguntas que han escrito.
4. Leer de forma analítica requiere que prestes mucha atención a la credibilidad y la lógica de un texto. Piensa en las posibles respuestas de las que has hablado con tu compañero/a. Hablen sobre la credibilidad y la lógica de las ideas que han compartido.
5. Mientras lees el texto, presta atención a las ideas y opiniones presentadas y apunta en una columna las ideas con las que estás de acuerdo y en otra, las ideas con las que no estás de acuerdo. Intenta justificar tus propias perspectivas de forma lógica y convincente.

| ESTOY DE ACUERDO | | NO ESTOY DE ACUERDO | |
|---|---|---|---|
| IDEA/OPINIÓN | MI JUSTIFICACIÓN | IDEA/OPINIÓN | MI JUSTIFICACIÓN |
| | | | |

## ¿Caso cerrado?

Los detectives que habían trabajado duro en la investigación sobre los mapas y la crónica desaparecidos se alegraron de que por fin se hubiera resuelto ese caso. Sin embargo, después de terminar con las entrevistas con todas las personas involucradas en la investigación, se dieron cuenta de que todavía había muchas preguntas para las que todavía no tenían ninguna respuesta. Empezaron a preguntarse si en algún momento realmente iban a saber toda la verdad sobre el asunto. Aunque realmente querían descubrir toda esa verdad, por las características del caso, dudaban mucho de que fuera posible.

El detective Ramos estaba preocupado por todo lo que la Srta. Cortez le había contado sobre cómo se había sentido tan enferma. Estaba convencido de que ella había sido envenenada. Era la única forma de explicar las náuseas que había sufrido, y el hecho de que se había desmayado. También podía servir para explicar los mensajes amenazantes que le habían enviado. Sabía que era posible que hubiera sido episodios aislados, sin ninguna conexión ni importancia. Pero si eso fuera cierto, serían muchas casualidades,° y los detectives no pueden permitirse el lujo° de creer en las casualidades. Todo tiene que tener su explicación y su lógica. *coincidences/ luxury*

Al detective también le preocupaba la situación del Dr. Huesos. ¿Era suyo el cuerpo que habían encontrado en Guatemala cerca del volcán? Y si no era su cuerpo, ¿dónde estaba el Dr. Huesos? ¿Por qué había desaparecido? Y ¿quién era el muerto? Le molestaba no poder saber nada con seguridad hasta que llegaran los resultados de los análisis de ADN.

Otro interrogante que le quedaba tenía que ver con el laboratorio donde había trabajado Cisco. ¿Por qué lo habían cerrado tan abruptamente? ¿Tenía alguna relación el Sr. A. Menaza con ese lugar? Pensaba que tenía que haber una relación directa, pero nadie había podido establecer esa relación. Y la pregunta fundamental de todo el caso: ¿dónde estaba ese hombre? No iba a poder considerar el caso realmente cerrado hasta que las autoridades lo encontraran y lo detuvieran. Quería dedicar todo su esfuerzo a eso, pero sabía que no iba a ser posible. Aunque no sabía exactamente dónde estaba, era evidente que ya no estaba en la ciudad, quizá ni siquiera estuviera en el país. Estuviera donde estuviera, el Sr. A. Menaza ya era un problema para otras personas inocentes, para otros detectives. El detective Ramos sabía que en algún momento ese hombre iba a cometer un error y que iba a acabar en la cárcel°. Sólo esperaba que eso ocurriera antes de que Menaza tuviera la oportunidad de llevar a cabo sus planes de violencia y destrucción. *jail*

Finalmente, el detective —quizá por pura curiosidad o quizá por la compasión y empatía que habían inspirado en él —se preguntó también por los destinos de las diferentes personas que había conocido, especialmente la bibliotecaria y aquellos dos periodistas. ¿Cuánto tiempo tendría que pasar la pobre bibliotecaria en la cárcel? ¿Habrá aprendido esa mujer tan ingenua° de sus graves errores? ¿Qué pasaría con esos periodistas tan audaces y tan buenos investigadores? ¿Se darían cuenta por fin de que se quieren? *naive*

**11-51** **Después de leer** Contesta las siguientes preguntas.

1. ¿Qué pensaba el detective Ramos que le pasaba a Celia en la conferencia y en el café?
2. ¿Quién creía el detective Ramos que le mandó los mensajes misteriosos a Celia?
3. ¿Quién creía el detective Ramos que fue la persona que murió en Guatemala?
4. ¿Pensaba el detective Ramos que había alguna relación entre el Sr. Menaza y el laboratorio?
5. Para el detective Ramos, ¿cuál era la pregunta más importante del caso?
6. ¿Cuáles eran las otras preguntas que se hacía el detective?

# video

**11-52** **Antes del video** En la lectura de este capítulo, has empezado a explorar algunos de los asuntos de *Laberinto peligroso* que no se han resuelto. En el video, vas a ver la resolución de esos asuntos. Antes de ver el video, contesta las siguientes preguntas.

1. ¿Crees que Celia fue envenenada o crees que fueron episodios aislados? ¿Por qué?
2. ¿Quién crees que le mandó a Celia los mensajes misteriosos? ¿Por qué?
3. ¿Qué crees que pasó con el Dr. Huesos? ¿Crees que se murió en Guatemala? ¿Por qué?
4. ¿Crees que el Sr. Menaza tenía algo que ver con el laboratorio donde trabajaba Cisco? ¿Por qué?
5. ¿Dónde crees que está el Sr. Menaza? ¿Qué crees que está haciendo?
6. ¿Qué crees que va a pasar entre Celia y Cisco en el futuro? ¿Por qué?

¿Envenenaron a Celia durante la recepción?

¿Por qué llevaba el Sr. Menaza un cuchillo el primer día de clases?

¿Creen ustedes que Cisco y Celia están enamorados y van a comenzar una relación?

**Episodio 11**

## *Atando cabos*

Relájate y disfruta el video.

**11-53** **Después del video** Contesta las siguientes preguntas.

1. ¿Cuál fue la causa de la náusea y el desmayo de Celia?
2. ¿Quién puso el mensaje misterioso en el bolso de Celia?
3. ¿Qué pasó con el cuerpo que se descubrió en Guatemala y con el Dr. Huesos?
4. ¿Por qué llevaba el Sr. Menaza un cuchillo?
5. ¿Qué relación tenía el Sr. Menaza con el laboratorio?
6. ¿Qué pasó con la bibliotecaria?
7. ¿Qué pasó entre Celia y Cisco?
8. ¿Dónde está el Sr. Menaza?

## Y por fin, ¿cómo andas?

Having completed this chapter, I now can...

|  | Feel Confident | Need to Review |
|---|:---:|:---:|
| **Comunicación** | | |
| ● describe different parts of the body. (p. 426) | ❏ | ❏ |
| ● express actions I do to myself and others do to themselves. (p. 427) | ❏ | ❏ |
| ● relate impersonal information. (p. 429) | ❏ | ❏ |
| ● discuss reciprocal actions. (p. 432) | ❏ | ❏ |
| ● comment on what I hear. (p. 435) | ❏ | ❏ |
| ● share information regarding medical attention. (p. 437) | ❏ | ❏ |
| ● make affirmative and/or negative statements. (p. 438) | ❏ | ❏ |
| ● indicate unplanned occurrences. (p. 441) | ❏ | ❏ |
| ● identify symptoms, conditions, and illnessess. (p. 444) | ❏ | ❏ |
| ● relate what is or was caused by someone or something. (p. 447) | ❏ | ❏ |
| ● pause, suggest an alternative, and express disbelief. (p. 452) | ❏ | ❏ |
| ● determine audience and purpose for writing. (p. 454) | ❏ | ❏ |
| **Cultura** | | |
| ● discuss health issues and medical care in Latin America. (p. 434) | ❏ | ❏ |
| ● identify three famous Hispanic physicians. (p. 451) | ❏ | ❏ |
| ● share information about health care as well as conventional and alternative medicine in Cuba, Puerto Rico, and the Dominican Republic. (p. 456) | ❏ | ❏ |
| **Laberinto peligroso** | | |
| ● assess a passage and then respond and give my opinion. (p. 458) | ❏ | ❏ |
| ● hypothesize about unresolved issues in *Laberinto peligroso*. (p. 459) | ❏ | ❏ |
| ● discover the answers to unresolved issues in *Laberinto peligroso* from the point of view of the author. (p. 460) | ❏ | ❏ |

# VOCABULARIO ACTIVO

## La cara — *The face*

| | |
|---|---|
| la ceja | *eyebrow* |
| la frente | *forehead* |
| el labio | *lip* |
| la lengua | *tongue* |
| la mejilla | *cheek* |
| el oído | *inner ear* |
| la pestaña | *eyelash* |
| la piel | *skin* |

## El cuerpo humano — *The human body*

| | |
|---|---|
| la cadera | *hip* |
| el cerebro | *brain* |
| el codo | *elbow* |
| la costilla | *rib* |
| el hombro | *shoulder* |
| el hueso | *bone* |
| la muñeca | *wrist* |
| el músculo | *muscle* |
| el muslo | *thigh* |
| el trasero | *buttocks* |
| los nervios | *nerves* |
| el pulmón | *lung* |
| la rodilla | *knee* |
| el talón | *heel* |
| el tobillo | *ankle* |
| la uña | *nail* |
| las venas | *veins* |

## La atención médica — *Medical attention*

| | |
|---|---|
| el antihistamínico | *antihistamine* |
| el cabestrillo | *sling* |
| la camilla | *stretcher* |
| la cura | *cure* |
| la dosis | *dosage* |
| las gotas para los ojos | *eyedrops* |
| las muletas | *crutches* |
| el paciente | *patient* |
| la penicilina | *penicillin* |
| la radiografía | *X-ray* |
| el resultado | *result* |
| el síntoma | *symptom* |
| el termómetro | *thermometer* |
| la vacuna | *vaccination* |

## Algunos verbos y expresiones útiles — *Some useful verbs and expressions*

| | |
|---|---|
| enyesar | *to put a cast on* |
| fracturar(se) | *to break; to fracture* |
| hacer gárgaras | *to gargle* |
| operar | *to operate* |
| respirar | *to breathe* |
| sacar sangre | *to draw blood* |
| tomar la presión | *to take someone's blood pressure* |
| tomar el pulso | *to take someone's pulse* |
| tomar la temperatura | *to check someone's temperature* |

## Algunas palabras útiles — *Some useful words*

| | |
|---|---|
| las alergias | *allergies* |
| el/la drogadicto/a | *drug addict* |
| la enfermedad | *illness* |
| el examen físico | *physical exam* |
| los medicamentos | *medicines* |
| las pruebas médicas | *medical tests* |
| el tratamiento | *treatment* |

| Algunos síntomas, condiciones y enfermedades | Some symptoms, conditions, and illnesses |
|---|---|
| el alcoholismo | alcoholism |
| la apendicitis | appendicitis |
| la artritis | arthritis |
| el ataque al corazón | heart attack |
| la bronquitis | bronchitis |
| el cáncer | cancer |
| la depresión | depression |
| la diabetes | diabetes |
| el dolor de cabeza | headache |
| los escalofríos | chills |
| la hipertensión | high blood pressure |
| la inflamación | inflammation |
| la jaqueca | migraine; severe headache |
| el mareo/los mareos | dizziness |
| la mononucleosis | mononucleosis |
| la narcomanía | drug addiction |
| las náuseas | nausea |
| la obesidad | obesity |
| las paperas | mumps |
| la presión alta/baja | high/low (blood) pressure |
| la quemadura | burn |
| el sarampión | measles |
| el SIDA | AIDS |
| la varicela | chicken pox |

| Algunos verbos útiles | Some useful verbs |
|---|---|
| dejar de fumar cigarrillos | to quit smoking cigarettes |
| desmayarse | to faint |
| hincharse | to swell |
| torcerse | to sprain |
| vomitar | to vomit |

# 12

# Y por fin, ¡lo sé!

## OBJETIVOS

**Comunicación**

- To express ideas on topics such as shopping and commerce, professions and the world of business, visual and performing arts, the environment and its impact on animals and their habitats, and health-related issues
- To convey ideas about what is or has been going on
- To share information about what will take place or what will have taken place
- To relate what would take place or what would have taken place
- To express wishes, wants, hopes, desires, and opinions on a variety of topics
- To make cause and effect statements

**Cultura**

- To share information about Chile, Paraguay, Argentina, Uruguay, Peru, Bolivia, Ecuador, Venezuela, Colombia, Cuba, the Dominican Republic, and Puerto Rico
- To compare and contrast the countries and people you learned about in *Capítulos 7–11*

This final chapter is designed for you to see just how much Spanish you have acquired thus far. The *major points* of *Capítulos 7–11* are recycled here, and no new vocabulary is presented.

All learners are different in terms of what they have mastered and what they still need to practice. Therefore, take the time with this chapter to determine what you feel confident with and what you personally need to work on. And remember, language learning is a process. Like any skill, learning Spanish requires practice, review of the basics, and then more practice!

Before we begin revisiting the important grammar concepts, go to the end of each chapter, to the *Vocabulario activo* summary sections, and review the vocabulary that you have learned. Doing so now will help you successfully and creatively complete the following recycling activities. Continue to consult the *Vocabulario activo* summary pages frequently as you progress through this chapter.

# Organizing Your Review

Successful language learners use certain processes for reviewing a world language. What follows are tips to help you organize your review. There is no one correct way to study, but these are some strategies that will best utilize your time and energy.

## ❶ REVIEWING STRATEGIES

1. Make a list of the *major* topics you have studied and need to review, dividing them into categories: *vocabulary, grammar,* and *culture.* These are the topics on which you need to focus the majority of your time and energy.

   *Note:* The two-page chapter openers for each chapter can help you determine the major topics.

2. Allocate a minimum of an hour each day over a period of days to review. Budget the majority of your time for the major topics. After beginning with the major grammar and vocabulary topics, review the secondary/supporting grammar topics and the culture. Cramming the night before an exam is *not* an effective way to review and retain information.

3. Many educational researchers suggest that you start your personal review with the most recent chapter or, for this review, with **Capítulo 11.** The most recent chapter is the freshest in your mind, so you tend to remember the concepts better, and you will experience quick success in your review. Go over all the chapters and concepts *before* you begin the activities in **Capítulo 12.** Your personal review will give you an overview before you begin to follow this chapter's organized approach to putting it all together.

4. Spend the largest amount of time on concepts where you determine *you* need to improve. Revisit the self-assessment tool **Y por fin, ¿cómo andas?** in each chapter to see how you rated yourself. This tool is designed to help you become good at self-assessing what *you* need to work on the most.

## ❷ REVIEWING GRAMMAR

1. When reviewing grammar, begin with the *major* points. In intermediate Spanish, the major points are the *present* and *imperfect subjunctive* and their uses. Yes, you have had other grammar points over the course of this semester and your previous Spanish studies that merit attention such as the *future* and *conditional,* but the subjunctive is where you should focus the majority of your attention. Once you feel confident using the subjunctive, then proceed with the additional grammar points and review them. These would include not only the new grammar such as the *future* and *conditional* tenses, but also the **Repaso** grammar points such as the *preterit* and the *imperfect.*

2. Good ways to review include redoing activities in your textbook, redoing activities in your **Student Activities Manual,** and (re)doing activities on **MySpanishLab™.**

## ❸ REVIEWING VOCABULARY

When studying vocabulary, there is a variety of techniques that you will find useful.

1. It is helpful to group words thematically. Use the drawings from each vocabulary presentation to create sentences, using all of the vocabulary words possible.

2. Attempt to define words in Spanish.

3. For some vocabulary, it may be most helpful to look at the English word, and then say or write the word in Spanish.

4. Make a special list of words that are difficult for you to remember, writing them in a small notebook. Pull out the notebook every time you have a few minutes (between classes, waiting in line at the grocery store, etc.) to review the words.

5. The **Vocabulario activo** summary pages at the end of each chapter will help you organize the most important words of each chapter.

6. Saying vocabulary (which includes verbs) out loud helps you retain the words better and incorporate them into your personal active vocabulary.

## ❹ OVERALL REVIEW TECHNIQUES

1. Get together with someone with whom you can practice speaking Spanish. It is always good to structure your oral practice. One way of doing this is to take the composite art pictures from *¡Anda! Curso intermedio* and say as many things as you can about each picture. Have a friendly challenge to see who can make more complete sentences or create the longest story about the pictures. You can also structure the practice by creating solely *subjunctive* sentences, for example, or expressing *if/then* ideas as you speak. This practice will help you build your confidence and practice stringing sentences together to speak in paragraphs.

2. Yes, it is important for you to know "mechanical" pieces of information such as verb endings for tenses. *But it is much more important* for you to be able to take those mechanical pieces of information and put them all together, communicating in a meaningful and creative way in your speaking and writing on the themes of *Capítulos 7–11*. Also remember that *Capítulos 7–11* are built upon previous knowledge that you acquired in the beginning chapters of *¡Anda! Curso intermedio.*

3. Learning a language is like learning any other skill, such as playing a musical instrument, playing a sport, cooking, or doing a craft. It takes practice to perfect such a skill. For example, musicians may spend hours and hours practicing scales or arpeggios. We also learn from our mistakes. For example, golfers analyze their swings and baseball pitchers analyze their pitches when they are not satisfied with their performance. Learning Spanish is the same. You will need to practice the basics—such as using the subjunctive correctly—in context. Repeat activities in the **Student Activities Manual** or on **MySpanishLab™,** or create dialogues in your head or with a friend where you consciously use the new structures or vocabulary. You will also need to analyze your personal errors so that you can learn from them in an attempt not to repeat the same mistakes.

4. You are on the road to success when you can demonstrate that you can speak and write in paragraphs that express the present, past, and future tenses. Along with expressing ideas in the three major time frames, it is important to demonstrate the richness of your vocabulary, employing a wide variety of verbs and other types of words. Keep up the good work!

12-1 to
12-5

# Comunicación

## • Capítulo 7 •

¡Anda! Curso intermedio, Capítulo 7, Algunas tiendas y algunos
lugares en la ciudad, pág. 274; Capítulo 7, Ser y estar, pág. 275;
Capítulo 7, El subjuntivo en cláusulas adverbiales, pág. 279.

## 12 1 Turistas

Unas familias bolivianas de Rurrenabaque llegaron a su ciudad para pasar
unas semanas. Organicen una gira por su pueblo/ciudad para orientarlos,
mostrándoles por lo menos **diez** tiendas y lugares y cómo llegar allí.

### Estrategia

Before beginning each activity, make
sure that you have carefully reviewed
the identified recycled concepts so that
you are able to move seamlessly
through the activities as you put it all
together.

### Estrategia

Before beginning actividad **12-1,** you
may wish to make yourself a chart of
the conjunctions (*connecting words*)
that use the subjunctive, the ones that
do not, and the ones that use the
subjunctive sometimes, depending on
the circumstance. Put this chart in a
handy place where you can access it to
study.

**Paso 1** Hagan un mapa con las tiendas y los lugares. Si no existe un lugar,
por ejemplo, si no hay una pescadería, recomiéndenles otro lugar
donde se puede comprar pescado.

**Paso 2** Repasen las conjunciones que se usan con **el subjuntivo** (por
ejemplo: **a menos que, antes de que,** etc.) o que no se usan con
el subjuntivo (por ejemplo: **ahora que, puesto que,** etc.) o que
dependen del contexto (por ejemplo: **a pesar de que, hasta que,
tan pronto como**). Hagan una lista de las tres categorías de
conjunciones. Si necesitan ayuda, consulten la página 280.

**Paso 3** Describan las tiendas o lugares, cómo se llega allí y qué cosas se
encuentran en cada tienda. Usen por lo menos **ocho** de las
conjunciones. Túrnense.

### Estrategia

Another way to approach actividad
**12-1** is to do *Paso 3* as if you were
talking on the phone. That way, you
can practice your communicative
strategies from p. 294.

¡*Anda! Curso intermedio*, Capítulo 7, Algunos artículos en las tiendas, pág. 287; Capítulo 7, Los tiempos progresivos: el imperfecto: *andar, continuar, seguir, ir* y *venir*, pág. 291.

¡*Anda! Curso elemental*, Capítulo 4, Los lugares, Apéndice 2; Capítulo 5, Los pronombres de complemento directo, Apéndice 3.

## 12·2 Túrnense

La visita de las familias de la actividad **12-1** fue un éxito. Para agradecerles su ayuda, ellos los invitaron a su ciudad, Rurrenabaque, Bolivia. Después de que llegaron, sus anfitriones (*hosts*) les dieron un mapa de "Rurre", como los residentes llaman esta ciudad. Como ustedes van a quedarse unas semanas, necesitan comprar unas cosas.

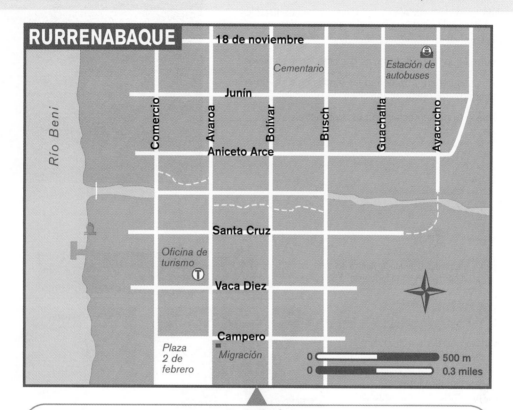

### Estrategia

You may wish to review the *Estrategias comunicativas* in *Capítulo 4*, on p. 166, for giving directions.

**Paso 1** Hagan una lista de las cosas que necesitan o que quieren comprar.

**Paso 2** Pregúntenles a sus anfitriones dónde pueden comprar cada cosa. Pueden empezar sus preguntas con "Ando buscando"...

**Paso 3** Túrnense haciendo los papeles del/de la turista norteamericano/a y del/de la anfitrión/anfitriona boliviano/a. Si haces el papel del/de la boliviano/a, dile a tu compañero/a cómo se llega a cada tienda o lugar, usando el mapa de Rurre.

### Estrategia

Organize your thoughts in chronological order, and use transitions in your paragraphs. Consider words such as *primero, segundo, tercero, luego, después,* and *finalmente.*

**MODELO** E1 (TURISTA): *Ando buscando unas pilas. Las necesito para que funcione mi despertador. ¿Dónde puedo comprarlas?*

E2 (ANFITRIONA): *Las tienen en la ferretería. Hay una ferretería en...*

### Estrategia

Focus on being creative with actividad **12-2,** thinking of as many instances as possible where you could use the *subjunctive* as well as using the richest possible vocabulary.

## 12 3 Una ciudad verde

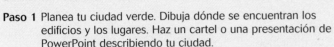

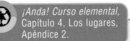
*¡Anda! Curso elemental,* Capítulo 4, Los lugares, Apéndice 2.

*¡Anda! Curso intermedio,* Capítulo 3, Los materiales de la casa y sus alrededores, pág. 106; Dentro del hogar: la sala, la cocina y el dormitorio, pág. 117.

Es importante vivir una vida "verde" para proteger el planeta, no sólo para nosotros sino también para las futuras generaciones. Si pudieras planear la ciudad ideal de una manera verde, ¿cómo sería? También piensa en las cosas que usamos diariamente o que queremos como lujo (*luxury*). ¿Cómo caben en un mundo verde?

**Paso 1** Planea tu ciudad verde. Dibuja dónde se encuentran los edificios y los lugares. Haz un cartel o una presentación de PowerPoint describiendo tu ciudad.

**Paso 2** Describe la construcción de las casas y de los edificios.

**Paso 3** ¿Qué cosas tienen o no tienen las familias que viven en tu comunidad? Por ejemplo, ¿se usan las bombillas "verdes"?

**Paso 4** Comparte tu presentación con tus compañeros.

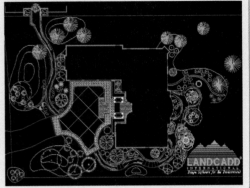

*¡Anda! Curso intermedio,* Capítulo 3, Dentro del hogar: la sala, la cocina y el dormitorio, pág. 117.

*¡Anda! Curso elemental,* Capítulo 3, La casa: Los muebles y otros objetos de la casa; Capítulo 8, La ropa, Apéndice 2.

## 12 4 ¿Eres diseñador/a?

Sami Hayek (hermano de la actriz Salma Hayek) es un diseñador mexicano de muebles y otras cosas para la casa. Parte de su misión es respetar el medio ambiente con su modo de empaquetar su mercancía.

Manolo Blahnik es otro diseñador famoso. Es español (nació en las Islas Canarias) y diseña zapatos, esmaltes de uñas para Estée Lauder y otros productos.

**Paso 1** Escoge a uno de los diseñadores famosos con quien te gustaría trabajar.

**Paso 2** Escribe un perfil personal donde te presentes. Explica quién eres, qué trabajo estás haciendo, qué cosas son importantes para ti, etc. Debes incluir por lo menos **diez** oraciones. Piensa en los usos del **subjuntivo** y **los tiempos progresivos.**

Sami Hayek (n. 1973)          Manolo Blahnik (n. 1942)

**Paso 3** Prepara una presentación oral diciendo por qué mereces trabajar con Sami o Manolo. También presenta algunas de tus ideas para crear productos nuevos. Debes incluir por lo menos **diez oraciones.** De nuevo, ten en cuenta los usos del **subjuntivo** y **los tiempos progresivos.**

**Paso 4** Comparte tu perfil y tu presentación oral con un/a compañero/a.

**Estrategia**

In this chapter you will encounter a variety of rubrics to self-assess how well you are doing. Using them will help you track your progress.

All aspects of our lives benefit from self-reflection and self-assessment. Learning Spanish is an aspect of our academic and future professional lives that benefits greatly from just such a self-assessment. Also coming into play is the fact that as college students, you are personally being held accountable for your learning and are expected to take ownership for your performance. Having said that, we instructors can assist you greatly by letting you know what we expect of you. It will help you determine how well you are doing with the recycling of **Capítulo Preliminar B** and **Capítulo 7**. This rubric is meant first and foremost for you to use as a self-assessment, but you also can use it to peer-assess. Your instructor may use the rubric to assess your progress as well.

## Rúbrica

**Estrategia**

You and your instructor can use this rubric to assess your progress for actividades **12-1** through **12-4**.

| | 3 Exceeds Expectations | 2 Meets Expectations | 1 Approaches Expectations | 0 Does Not Meet Expectations |
|---|---|---|---|---|
| **Duración y precisión** | • Has at least 10 sentences and includes all the required information.<br>• May have errors, but they do not interfere with communication. | • Has 7–9 sentences and includes all the required information.<br>• May have errors, but they rarely interfere with communication. | • Has 4–7 sentences and includes some of the required information.<br>• Has errors that interfere with communication. | • Supplies fewer sentences and little of the required information in *Approaches Expectations*.<br>• If communicating at all, has frequent errors that make communication limited or impossible. |
| **Gramática nueva del *Capítulo 7*** | • Makes excellent use of the **subjunctive with conjunctions** and the **progressive tenses,** and uses a variety of verbs when appropriate. | • Makes good use of the **subjunctive with conjunctions** and the **progressive tenses,** and uses a variety of verbs when appropriate. | • Makes infrequent use of the **subjunctive with conjunctions** and the **progressive tenses.** Does use a variety of verbs when appropriate. | • Uses rarely, if at all, the **subjunctive with conjunctions** and the **progressive tenses.** |
| **Vocabulario nuevo del *Capítulo 7*** | • Uses many of the new **stores, places,** and other new vocabulary words of the chapter. | • Uses a variety of the new **stores, places,** and other new vocabulary words of the chapter. | • Uses some of the new **stores, places,** and other new vocabulary words of the chapter. | • Uses little, if any, new vocabulary that pertains to **stores** and **places.** |
| **Gramática y vocabulario del repaso/ reciclaje del *Capítulo 7*** | • Does an excellent job using review grammar (such as using **ser** and **estar**) and vocabulary to support what is being said.<br>• Uses a wide array of review verbs.<br>• Uses some review vocabulary but predominantly focuses on new vocabulary. | • Does a good job using review grammar (such as using **ser** and **estar**) and vocabulary to support what is being said.<br>• Uses an array of review verbs.<br>• Uses some review vocabulary but predominantly focuses on new vocabulary. | • Does an average job using review grammar (such as using **ser** and **estar**) and vocabulary to support what is being said.<br>• Uses some review verbs.<br>• Uses some review vocabulary and some new vocabulary. | • If speaking at all, relies almost completely on vocabulary from beginning Spanish course.<br>• Verbs are almost solely in the present tense. |
| **Esfuerzo** | • Clearly the student made his/her best effort. | • The student made a good effort. | • The student made an effort. | • Little or no effort went into the activity. |

12-6 to 12-10

## • Capítulo 8 •

### 12 5 ¿Qué harán?

¿Puedes ver el futuro? Imagina que tienes una bola de cristal y puedes ver el futuro. Para cada persona en los siguientes imágenes, imagina una profesión o trabajo que harán y dale pistas a tu compañero/a para que lo adivine. Usa el **futuro**. Túrnense.

*¡Anda! Curso intermedio*, Capítulo 8, Algunas profesiones, pág. 308; Más profesiones, pág. 316; El futuro, pág. 312.

1.

2.

3.

4. yo

**MODELO**   E1: *El niño que aparece en la primera foto, con la camiseta azul, trabajará con las manos. Coserá. Hará diseños para la ropa de hombres y mujeres. Será como un artista. ¿Qué piensas que hará la niña que aparece en la primera foto con la camiseta blanca?*

E2: *Trabajará en la industria de la moda…*

## 12 6 Mi recomendación sería...

Tienes la oportunidad de trabajar como consejero profesional. Tienes clientes que quieren empezar su carrera profesional y otros que quieren cambiar de profesión.

¡Anda! Curso intermedio, Capítulo 2, El subjuntivo para expresar pedidos, mandatos y deseos, pág. 86; Capítulo 8, Algunas profesiones, pág. 308; Más profesiones, pág. 316; El condicional, pág. 318.

**Paso 1** Para poder hacer tus recomendaciones, haz las preguntas de este cuestionario que le vas a dar a tu "cliente" para que responda.

**MODELO**   E1: *¿Es necesario que trabajes con las manos?*

E2: *No, detesto trabajar con las manos. Quiero trabajar en una oficina…*

| PREGUNTA: ¿ES NECESARIO QUE…? | ME ENCANTA | ME MOLESTA | ME DA IGUAL (*IT'S ALL THE SAME TO ME*) |
|---|---|---|---|
| trabajar con las manos | | | |
| trabajar con la gente | | | |
| trabajar solo/a | | | |
| escribir | | | |
| usar tecnología | | | |
| viajar | | | |
| ser el/la jefe/a | | | |
| leer e investigar cosas científicas | | | |
| arreglar cosas | | | |
| trabajar con animales | | | |
| estar al aire libre | | | |
| estar en una oficina | | | |
| tener una rutina | | | |

**Paso 2** Haz tus recomendaciones basadas en las respuestas del cuestionario. Usa **el condicional** en tus recomendaciones.

**MODELO**   *Veo que escribiste que te molesta trabajar con las manos. Entonces no sería buena idea considerar los trabajos de mecánico o granjero…*

**Estrategia**

Make sure you review the formation of the conditional on page 318 before doing *Paso 2* of **12-6** and actividad **12-7**.

## 12 7 ¿Qué o quién serías?

¡Anda! Curso elemental, Capítulo 8, La ropa, Apéndice 2.

¡Anda! Curso intermedio, Capítulo 3, Dentro del hogar: la sala, la cocina y el dormitorio, pág. 117; Capítulo 5, Viajando por coche, pág. 185; Capítulo 7, Algunos artículos en las tiendas, pág. 287.

Quizás hayas ido a una fiesta donde han jugado *Si pudieras ser cualquier persona o cosa, ¿quién o qué serías y por qué?* Juega con un/a compañero/a. Usa por lo menos **seis** razones en tu descripción. Usa **el condicional.** Túrnense y diviértanse.

**Si fuera…**

1. un tipo de zapato

2. un aparato eléctrico

3. un mueble

4. un medio de transporte

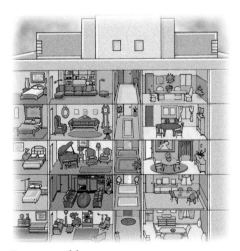

5. una comida

**MODELO** *Si fuera un zapato, sería un zapato con tacón alto. El tacón tendría diamantes, y la piel sería fina y suave. Caminaría en los hoteles de lujo…*

**12 8** **¿Qué habrás hecho?**

*¡Anda! Curso intermedio,* Capítulo 8, Una entrevista, pág. 323; El mundo de los negocios, pág. 328.

Es el año 2020. ¿Qué habrán hecho tú y tus amigos profesionalmente? Dile a tu compañero/a **ocho** cosas que habrán hecho.

**MODELO** *Habré solicitado un trabajo y me habré entrevistado para varios puestos. Me habrán contratado en una compañía buena. Mis amigos habrán hecho lo mismo; algunos se habrán mudado a otros estados...*

**Estrategia**

What do *Habré solicitado* and *se habrán mudado* mean in the *modelo*? What is the rule for forming *I, you, they, etc., will have -ed*?

 *¡Anda! Curso elemental,* Capítulo 3, La casa; Los muebles y otros objetos de la casa; Los colores, Apéndice 2.

*¡Anda! Curso intermedio,* Capítulo 3, Los materiales de la casa y sus alrededores, pág. 106; Dentro del hogar: la sala, la cocina y el dormitorio, pág. 117.

 **12 9** **Si hubieran tenido más...**

¡Esta casa necesita mucho trabajo! Si las personas que vivían allí hubieran tenido más dinero y más tiempo, ¿qué habrían hecho? Descríbesela a un/a compañero/a en por lo menos **diez** oraciones, incluyendo todos los detalles posibles (muebles, colores, etc.). Túrnense.

**Si hubiera(n) tenido más dinero y tiempo...**

**MODELO** *Si aquella familia hubiera tenido más tiempo, habría renovado la cocina. Probablemente, las personas habrían pintado la cocina de color amarillo...*

# Rúbrica

**Estrategia**

You and your instructor can use this rubric to assess your progress for actividades **12-5** through **12-9**.

| | 3 <br> **Exceeds Expectations** | 2 <br> **Meets Expectations** | 1 <br> **Approaches Expectations** | 0 <br> **Does Not Meet Expectations** |
|---|---|---|---|---|
| **Duración y precisión** | ● Has at least 8 sentences and includes all the required information. <br> ● May have errors, but they do not interfere with communication. | ● Has 5–7 sentences and includes all the required information. <br> ● May have errors, but they rarely interfere with communication. | ● Has 4 sentences and includes some of the required information. <br> ● Has errors that interfere with communication. | ● Supplies fewer sentences and little of the required information in *Approaches Expectations*. <br> ● If communicating at all, has frequent errors that make communication limited or impossible. |
| **Gramática nueva del** *Capítulo 8* | ● Makes excellent use of the **future, conditional, future perfect, conditional perfect,** and *si* **clauses** when appropriate. | ● Makes good use of the **future, conditional, future perfect, conditional perfect,** and *si* **clauses** when appropriate. | ● Makes use of the **future, conditional, future perfect, conditional perfect,** and *si* **clauses** when appropriate. | ● Uses little, if any, of the **future, conditional, future perfect, conditional perfect,** and *si* **clauses.** |
| **Vocabulario nuevo del** *Capítulo 8* | ● Uses many new vocabulary words pertaining to the **world of work.** | ● Uses a variety of new vocabulary pertaining to the **world of work.** | ● Uses some of the new vocabulary pertaining to the **world of work.** | ● Uses little, if any, of the new vocabulary pertaining to the **world of work.** |
| **Gramática y vocabulario del repaso/reciclaje del** *Capítulo 8* | ● Does an excellent job using review grammar and vocabulary to support what is being said. <br> ● Uses some review vocabulary but predominantly focuses on new vocabulary. | ● Does a good job using review grammar and vocabulary to support what is being said. <br> ● Uses some review vocabulary but predominantly focuses on new vocabulary. | ● Does an average job using review grammar and vocabulary to support what is being said. <br> ● Uses mostly review vocabulary and some new vocabulary. | ● If speaking at all, relies almost completely on vocabulary and grammar from beginning Spanish course. <br> ● Vocabulary is almost solely review vocabulary. |
| **Esfuerzo** | ● Clearly the student made his/her best effort. | ● The student made a good effort. | ● The student made an effort. | ● Little or no effort went into the activity. |

12-11 to 12-16

• Capítulo 9 •

¡Anda! Curso intermedio, Capítulo 3, El subjuntivo para expresar sentimientos, emociones y dudas, pág. 121; Capítulo 9, El arte visual, pág. 348; La artesanía, pág. 358.

## 12 10 Es posible que...

Los artistas trabajan en un mundo muy creativo. Imaginen cómo son sus vidas. Creen **ocho** oraciones sobre las posibilidades de sus vidas. Usen **el subjuntivo.** Túrnense.

**MODELO**

E1: *Es posible que el alfarero use un barro local.*

E2: *El artista no quiere que llueva para poder pintar un paisaje.*

## 12 11 El arte nos inspira

Dicen que el famoso artista mexicano Diego Rivera dijo: —*Sueño mucho. Pinto más cuando no estoy pintando. Está en el subconsciente—.* Completen los siguientes pasos para ver cómo el arte ocupa una parte importante de nuestras vidas.

**Estrategia**

Before beginning actividad **12-11** review the vocabulary on pp. 348 and 358 in *Capítulo 9,* and incorporate as many of the words as possible in your responses.

Diego Rivera          *La elaboración de un fresco* (1931), un mural de Diego Rivera

**Paso 1** Selecciona a un artista visual o de la artesanía. Puedes seleccionar entre los siguientes artistas:

| | | |
|---|---|---|
| Diego Velázquez | Oswaldo Guayasamín | José Clemente Orozco |
| Pablo Picasso | Carmen Lomas Garza | Fernando Botero |
| Frida Kahlo | Diego Rivera | Manuel Jiménez |

**Fíjate**

Manuel Jiménez is a Mexican wood carver of *alebrijes.*

**Paso 2** Describe una de sus obras de arte. Utiliza por lo menos **catorce oraciones,** usando **el subjuntivo.**

**Paso 3** Habla sobre tu artista con un/a compañero/a. Incluye en tu informe una foto del/de la artista y una foto de una de sus obras de arte.

**Estrategia**

You and your partner may wish to structure actividad **12-11** as a conversation between two of the artists. Or you could have a conversation with one of the artists, where either you or your partner plays the role of the artist.

## 12  12  ¡Adivinanza!

⊛ *¡Anda! Curso elemental,*
Capítulo 5, El mundo de la
música, Apéndice 2.

Piensa en algunas personas o en cosas
asociadas con la música o el teatro. Crea
pistas para que tu compañero/a pueda
adivinar quién o qué es.

**MODELO**   E1: *Es un tipo de música de*
*México. Los instrumentos*
*incluyen las cuerdas y los*
*instrumentos de metal.*
*Si quieres escuchar esta*
*música, puedes comprar*
*un CD del Trío Pancho.*
*¿Qué tipo de música es?*

E2: *¿Será el mariachi?*

E1: *¡Correcto!*

## 12  13  ¿Supiste lo que pasó?

⊛ *¡Anda! Curso elemental,*
Capítulo 5, El mundo del cine,
Apéndice 2.

¿Te gustan las películas o prefieres la televisión?

**Paso 1** Descríbele detalladamente a un/a
compañero/a una película o un programa de
televisión que hayas visto últimamente o que
te gustaría ver porque dicen que es bueno/a.
Usa **el vocabulario del mundo del cine y de
la televisión,** usando por lo menos **diez**
oraciones y **las cláusulas de** *si* **en el
presente.**

### Estrategia

It is rare that a person remembers *everything* he or
she hears! It is important that you feel comfortable
asking someone to repeat information or requesting
clarification.

**Paso 2** Explícale a la clase lo que te dijo tu
compañero/a.

# Rúbrica

**Estrategia**

You and your instructor can use this rubric to assess your progress for actividades **12-10** through **12-13**.

| | 3 Exceeds Expectations | 2 Meets Expectations | 1 Approaches Expectations | 0 Does Not Meet Expectations |
|---|---|---|---|---|
| **Duración y precisión** | • Has at least 8 sentences and includes all the required information.<br>• May have errors, but they do not interfere with communication. | • Has 5–7 sentences and includes all the required information.<br>• May have errors, but they rarely interfere with communication. | • Has 4 sentences and includes some of the required information.<br>• Has errors that interfere with communication. | • Supplies fewer sentences and little of the required information in *Approaches Expectations*.<br>• If communicating at all, has frequent errors that make communication limited or impossible. |
| **Gramática nueva del *Capítulo* 9** | • Makes excellent use of the **subjunctive.** | • Makes good use of the **subjunctive.** | • Makes use of the **subjunctive.** | • Uses little if any of the **subjunctive.** |
| **Vocabulario nuevo del *Capítulo* 9** | • Uses many new **art, music,** and **film** vocabulary words. | • Uses a variety of the new **art, music,** and **film** vocabulary words. | • Uses some of the new **art, music,** and **film** vocabulary words. | • Uses little, if any, of the new vocabulary. |
| **Gramática y vocabulario del repaso/reciclaje del *Capítulo* 9** | • Does an excellent job using review grammar and vocabulary to support what is being said.<br>• Uses some review vocabulary but predominantly focuses on new vocabulary. | • Does a good job using review grammar and vocabulary to support what is being said.<br>• Uses some review vocabulary but predominantly focuses on new vocabulary. | • Does an average job using review grammar and vocabulary to support what is being said.<br>• Uses mostly review vocabulary and some new vocabulary. | • If speaking at all, relies almost completely on vocabulary and grammar from beginning Spanish course.<br>• Vocabulary is almost solely review vocabulary. |
| **Esfuerzo** | • Clearly the student made his/her best effort. | • The student made a good effort. | • The student made an effort. | • Little or no effort went into the activity. |

SAM
12-17 to 12-20

• **Capítulo 10** •

¡Anda! Curso intermedio, Capítulo 10, El medio ambiente, pag. 386; Algunos animales, pag. 398; Algunos términos geográficos, pág. 404.

## 12 14 Reportando...

¡Anda! Curso elemental, Capítulo 11, El medio ambiente, Apéndice 2.

Imagina que eres un/a periodista como Celia, Cisco o Javier de *Laberinto peligroso* y que escribiste uno de los siguientes artículos sobre el medio ambiente.

**Paso 1** Escoge uno de los temas y cuéntale a tu compañero/a lo que reportaste en el artículo. Usa **el imperfecto de subjuntivo** o **el pluscuamperfecto de subjuntivo** cuando sea apropiado. Túrnense.

**Paso 2** Ahora escojan juntos otro tema/artículo. En el mundo de las noticias, los detalles siempre son importantes. ¿Quién de ustedes dos puede decir más oraciones sobre el tema? De nuevo, usa **el imperfecto** o **el pluscuamperfecto de subjuntivo** cuando sea apropiado.

**Estrategia**

You may wish to review the imperfect subjunctive on p. 391 and the pluperfect subjunctive on p. 394 to assist you with actividad **12-14.**

## 12 15 Un cortometraje

Creen un cortometraje sobre el mundo de los animales y cómo les afectan los cambios del medio ambiente.

**Paso 1** Escojan entre **cinco** y **ocho** animales.

**Paso 2** Investiguen cómo han cambiado sus hábitats a causa de los cambios del medio ambiente.

**Paso 3** Incluyan por lo menos **dos** oraciones que empiecen con **Si hubieran hecho/conservado/no destruido...**

**Paso 4** Su cortometraje debe tener por lo menos **quince** oraciones.

> ### Estrategia
> You and your instructor can use this rubric to assess your progress for actividades **12-14** and **12-15**.

## Rúbrica

|  | 3 Exceeds Expectations | 2 Meets Expectations | 1 Approaches Expectations | 0 Does Not Meet Expectations |
|---|---|---|---|---|
| **Duración y precisión** | • Has at least 12 sentences and includes all the required information.<br>• May have errors, but they do not interfere with communication. | • Has 8–11 sentences and includes all the required information.<br>• May have errors, but they rarely interfere with communication. | • Has 5–7 sentences and includes some of the required information.<br>• Has errors that interfere with communication. | • Supplies fewer sentences and little of the required information in *Approaches Expectation.*<br>• If communicating at all, has frequent errors that make communication limited or impossible. |
| **Gramática nueva del *Capítulo 10*** | • Makes excellent use of the **imperfect** and **past perfect subjunctive** as well as employs the **sequence of tenses.** | • Makes good use of the **imperfect** and **past perfect subjunctive** as well as employs the **sequence of tenses.** | • Makes use of the **imperfect** and **past perfect subjunctive** as well as employs the **sequence of tenses.** | • Uses little, if any, of the **imperfect** and **past perfect subjunctive;** employs the **sequence of tenses** infrequently, if at all. |
| **Vocabulario nuevo del *Capítulo 10*** | • Uses many new **environmental, animal,** and **geographic** vocabulary words. | • Uses a variety of the new **environmental, animal,** and **geographic** vocabulary words. | • Uses some of the new **environmental, animal,** and **geographic** vocabulary words. | • Uses little, if any, of the new vocabulary. |
| **Gramática y vocabulario del repaso/reciclaje del *Capítulo 10*** | • Does an excellent job using review grammar and vocabulary to support what is being said.<br>• Uses some review vocabulary but predominantly focuses on new vocabulary. | • Does a good job using review grammar and vocabulary to support what is being said.<br>• Uses some review vocabulary but predominantly focuses on new vocabulary. | • Does an average job using review grammar and vocabulary to support what is being said.<br>• Uses mostly review vocabulary and some new vocabulary. | • If speaking at all, relies almost completely on vocabulary and grammar from beginning Spanish course.<br>• Vocabulary is almost solely review vocabulary. |
| **Esfuerzo** | • Clearly the student made his/her best effort. | • The student made a good effort. | • The student made an effort. | • Little or no effort went into the activity. |

12-21 to 12-26

● **Capítulo 11** ●

## 12·16 Ayudándolos

El 2 de mayo del 2008, después de 9.000 años de silencio, el volcán Chaitén de Chile hizo erupción de una manera a la vez espectacular y peligrosa. La Oficina Nacional de Emergencia (ONE) anunció que había granjeros y animales en peligro. Si hubieras estado allí, ¿qué habrías hecho para ayudarlos?

**Paso 1** Como parte del equipo médico, haz una lista de las partes del cuerpo que habrías examinado.

**Paso 2** Después de hacer tu lista de las partes del cuerpo que habrían necesitado atención, ¿qué habrías hecho? Dile a tu compañero/a por lo menos **doce** oraciones sobre lo que se habría podido hacer. Usa **se** cuando sea necesario. Túrnense.

## 12·17 Nuestras prioridades

Por todo el mundo se encuentran dificultades a la hora de establecer prioridades en la salud pública. Con recursos económicos limitados, los políticos y otros profesionales tratan de establecer cuáles deben ser sus prioridades.

**Paso 1** Con un/a compañero/a, pongan la lista de enfermedades de la página 444 en su orden de prioridad.

**Paso 2** Justifiquen sus decisiones.

**Paso 3** ¿Fue difícil hacer la lista de prioridades? ¿Por qué? Comparen su lista con las de otros estudiantes.

## 12·18 Un lema para todo

El mercadeo y los políticos nos bombardean con lemas. Ahora te toca a ti.

**Paso 1** Crea **cinco** lemas para la salud, usando **se** y **la voz pasiva**.

**¡Hagamos ejercicio!**

**Se hacen más fuertes los pulmones y los músculos con sólo treinta minutos de ejercicio diario.**

**Paso 2** Comparte tus lemas con tres compañeros.

**Paso 3** Seleccionen los **tres** mejores lemas de tu grupo para compartir con sus compañeros.

# Rúbrica

**Estrategia**

You and your instructor can use this rubric to assess your progress for actividades **12-16** through **12-18**.

| | 3<br>**Exceeds Expectations** | 2<br>**Meets Expectations** | 1<br>**Approaches Expectations** | 0<br>**Does Not Meet Expectations** |
|---|---|---|---|---|
| **Duración y precisión** | • Has at least 8 sentences and includes all the required information.<br>• May have errors, but they do not interfere with communication. | • Has 5–7 sentences and includes all the required information.<br>• May have errors, but they rarely interfere with communication. | • Has 4 sentences and includes some of the required information.<br>• Has errors that interfere with communication. | • Supplies fewer sentences and little of the required information in *Approaches Expectations.*<br>• If communicating at all, has frequent errors that make communication limited or impossible. |
| **Gramática nueva del** *Capítulo 11* | • Makes excellent use of *se* and the **passive voice.** | • Makes good use of *se* and the **passive voice.** | • Makes use of *se* and the **passive voice.** | • Makes little or no use of *se* and the **passive voice.** |
| **Vocabulario nuevo del** *Capítulo 11* | • Uses many new **health-related words.** | • Uses a variety of the new **health-related words.** | • Uses some of the new **health-related words.** | • Uses little, if any, of the new vocabulary. |
| **Gramática y vocabulario del repaso/reciclaje del** *Capítulo 11* | • Does an excellent job using review grammar and vocabulary to support what is being said.<br>• Uses some review vocabulary but predominantly focuses on new vocabulary. | • Does a good job using review grammar and vocabulary to support what is being said.<br>• Uses some review vocabulary but predominantly focuses on new vocabulary. | • Does an average job using review grammar and vocabulary to support what is being said.<br>• Uses mostly review vocabulary and some new vocabulary. | • If speaking at all, relies almost completely on vocabulary and grammar from beginning Spanish course.<br>• Vocabulary is almost solely review vocabulary. |
| **Esfuerzo** | • Clearly the student made his/her best effort. | • The student made a good effort. | • The student made an effort. | • Little or no effort went into the activity. |

SAM
12-27 to 12-31

## • Un poco de todo •

 **12·19** Nuestro medio ambiente y aún más

¡Son famosos! Descubrieron que tu compañero/a y tú son expertos en uno de los siguientes temas y los invitaron a presentar sus investigaciones en los programas de *Oprah* y *Cristina*.

**Paso 1** Creen juntos un reportaje para la televisión sobre uno de los siguientes temas:

1. el medio ambiente, los animales y el mundo "verde"
2. cómo prepararse para la jubilación
3. la salud y cómo cuidarse
4. el arte, la música, el cine y la televisión

**Paso 2** Preséntenles su reportaje a sus compañeros de clase.

**12 20** ¡Mentiras!

Escribe **diez** oraciones falsas sobre *Laberinto peligroso*. Tu compañero/a tiene que corregirlas. Dale un punto por cada oración que haya corregido. ¿Quién gana?

 **12 21** Descripciones ◄ *¡Anda! Curso intermedio,* Capítulo 1, El aspecto físico y la personalidad, pág. 32; Otras características personales, pág. 33.

Piensa en las características físicas y las personalidades de los personajes de *Laberinto peligroso* y completa los siguientes pasos.

**Paso 1** Escribe descripciones de los personajes de *Laberinto peligroso*. Cada descripción debe tener por lo menos **diez** oraciones.

**Paso 2** Comparte tus descripciones con unos compañeros para que adivinen de qué personajes se tratan.

**Paso 3** Ahora comparte tus descripciones con compañeros de otros grupos. ¿Pueden adivinar quiénes son?

 **12 22** Tus propios laberintos peligrosos

¡Ahora te toca a ti! Puedes seleccionar entre las siguientes actividades basadas en *Laberinto peligroso*.

1. Imagina que eres como Oprah o Cristina y que tienes la oportunidad de entrevistar a los actores de *Laberinto peligroso*. Prepara la entrevista con un/a compañero/a.
2. Escribe tu propia versión reducida de *Laberinto peligroso*. ¿Termina igual que el original? Compara tu versión con la de un/a compañero/a.
3. Escribe y filma *Laberinto peligroso II*. Al final, ¿qué pasa con el Sr. A. Menaza y con la bibliotecaria? Preséntale tu película a la clase.

# • Cultura •

## 12 23 ¿Sabías que...?

Completa los siguientes pasos.

**Paso 1** Escribe una o dos cosas interesantes que no sabías antes pero que aprendiste sobre cada uno de los siguientes países.

| CHILE | PARAGUAY | ARGENTINA | URUGUAY |
|---|---|---|---|
| 1. | 1. | 1. | 1. |
| 2. | 2. | 2. | 2. |

| PERÚ | BOLIVIA | ECUADOR | COLOMBIA |
|---|---|---|---|
| 1. | 1. | 1. | 1. |
| 2. | 2. | 2. | 2. |

| VENEZUELA | CUBA | LA REPÚBLICA DOMINICANA | PUERTO RICO |
|---|---|---|---|
| 1. | 1. | 1. | 1. |
| 2. | 2. | 2. | 2. |

**Paso 2** Compara la información con el lugar donde tú vives, el estado o el país. ¿En qué son similares y en qué son diferentes?

## 12·24 Los símbolos nacionales

Escoge **tres** países distintos. Luego escoge un símbolo que represente cada uno de los tres países. Describe estos símbolos que has escogido para cada nación y habla de cómo y por qué son representativos de los países. Después, haz una comparación entre los países y sus símbolos.

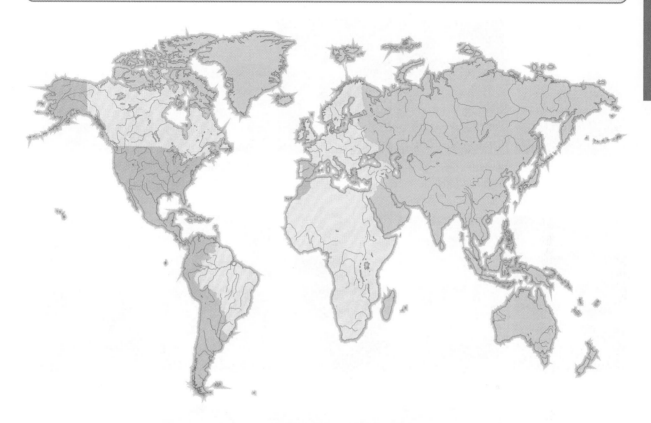

## 12·25 ¿El ecoturismo o una expedición científica?

¡Qué suerte! Recibiste la distinción de ser el/la mejor estudiante de español y puedes elegir entre un viaje de ecoturismo o una expedición antropológica en Latinoamérica.

**Paso 1** Piensa en lo que aprendiste de cada país y decide adónde quieres ir para divertirte e investigar más.

**Paso 2** Describe el lugar específico que vas a visitar y explica por qué, cómo, cuándo, etc. Si hay dos países con lugares similares, compáralos e indica por qué seleccionaste uno en particular.

**Paso 3** Selecciona a algunas personas de aquel país a quienes te gustaría conocer. Si están muertos, ¿por qué te habría gustado conocerlos?

## 12·26 ¿Qué más quieres saber?

Has conocido un poco a algunas personas distinguidas de los países que estudiamos en los capítulos anteriores. ¿Qué más quieres saber de ellos? Escribe por lo menos **diez** preguntas que quieres hacerles. Si se han muerto, ¿qué te habría gustado preguntarles? Usa **el subjuntivo** y **la gramática** de este semestre.

Pío Pico

Jennifer López y Marc Anthony

Rafael Nadal

Sandra Taruella e Isabel López

Patricia Quintana

Franklin Díaz-Chang

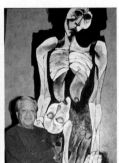

Oswaldo Guayasamín

Paloma Picasso

Las hermanas Koplowitz: Esther y Alicia

Carlos Slim

Julio Bocca

Mario José Molina Henríquez

## 12-27 Querido/a autor/a

Escríbele una carta a uno de los autores de las selecciones de *Letras*. Dile lo que más te gusta de su obra y posiblemente lo que no te gusta o lo que no entiendes muy bien. Compara su escritura con la de otro/a autor/a que leíste.

### Y por fin, ¿cómo andas?

Having completed this chapter, I now can...

| | Feel Confident | Need to Review |
|---|:---:|:---:|
| **Comunicación** | | |
| ● convey ideas about what is or has been going on. | ❏ | ❏ |
| ● share information about what will take place or what will have taken place. | ❏ | ❏ |
| ● relate what would take place or what would have taken place. | ❏ | ❏ |
| ● express wishes, wants, hopes, desires, and opinions on a variety of topics. | ❏ | ❏ |
| ● make cause and effect statements. | ❏ | ❏ |
| ● express ideas on topics such as shopping and commerce, professions and the world of business, visual and performing arts, the environment and its impact on animals and their habitats, and health and related issues. | ❏ | ❏ |
| **Cultura** | | |
| ● share information about Chile, Paraguay, Argentina, Uruguay, Peru, Bolivia, Ecuador, Venezuela, Colombia, Cuba, the Dominican Republic, and Puerto Rico. | ❏ | ❏ |
| ● compare and contrast the countries and people I learned about in *Capítulos 7–11*. | ❏ | ❏ |

## CAPÍTULO PRELIMINAR A

**8. Los verbos con cambio de raíz**

1. What is a rule that you can make regarding all four groups (**e → ie, e → i, o → ue,** and **u → ue**) of stem-changing verbs and their forms?

   *Nosotros/vosotros* **look like the infinitive. All the other forms have a spelling change.**

2. With what group of stem-changing verbs would you place the following verbs?

   | | | | |
   |---|---|---|---|
   | demostrar | o → ue | encerrar | e → ie |
   | devolver | o → ue | perseguir | e → i |

**10. Un repaso de *ser* y *estar***

Compare the following sentences and answer the questions below.

Su hermano **es** simpático.

Su hermano **está** enfermo.

1. Why do you use a form of **ser** in the first sentence?

   **It is a characteristic that remains relatively constant.**

2. Why do you use a form of **estar** in the second sentence?

   **It describes a physical condition that can change.**

**11. El verbo *gustar***

1. To say you like or dislike one thing, what form of **gustar** do you use?

   **gusta**

2. To say you like or dislike more than one thing, what form of **gustar** do you use?

   **gustan**

3. Which words in the examples mean *I?* **(me)** *You?* **(te)** *He/She?* **(le)** *You (all)?* **(les/os)** *They?* **(les)** *We?* **(nos)**

4. If a verb is needed after **gusta/gustan,** what form of the verb do you use?

   **You use the infinitive form of the verb.**

## CAPÍTULO 1

**Repaso: El pretérito**

1. What are the endings for regular **-ar** verbs in the preterit?

   **-é, -aste, -ó, -amos, -asteis, -aron**

2. What do you notice about the endings for regular **-er** and **-ir** verbs?

   **They are the same.**

3. What forms require written accent marks?

   **Accent marks are needed on the *yo* and *él/ella/Ud.* forms.**

## CAPÍTULO 2

**2. Los mandatos de *nosotros/as***

1. Where are object pronouns placed when used with affirmative commands?

   **They follow, and are attached to, the command.**

2. Where are object pronouns placed when used with negative commands?

   **They precede the command.**

3. When do you need to add a written accent mark?

   **Add a written accent mark when pronunciation would change without it.**

**4. El subjuntivo para expresar pedidos (*requests*), mandatos y deseos**

1. In **Part A,** how many verbs are in each sample sentence?

   **There are two verbs in each sentence.**

2. Which verb is in the present indicative: the verb in blue or the one in red?

   **The verb in blue is in the present indicative.**

3. Which verb is in the present subjunctive: the verb in blue or the one in red?

   **The verb in red is in the present subjunctive.**

4. Is there a different subject for each verb?

   **yes**

5. What word joins the two distinct parts of the sentence?

   **the conjunction *que***

6. State a rule for the use of the subjunctive in the sentences from **Part A.**

   **The present subjunctive is used when the verb in the present indicative requests or suggests something. There must be a change of subject also.**

7. State a rule for the sentences in **Part B.**

   **If the subject does not change, the infinitive is used.**

## CAPÍTULO 3

**4. El subjuntivo para expresar sentimientos, emociones y dudas**

Having studied the previous presentation on the subjunctive, answer the following questions:

1. In which part of the sentence do you place the verb that expresses feelings, emotions, or doubts: before or after **que?**

   **before** *que*

2. Where do you put the subjunctive form of the verb: before or after **que?**

   **after** *que*

3. What word joins the two parts of the sentence?

   **the conjunction** *que*

4. When you have only one subject/group of people and you are expressing **feelings, emotions, doubt,** or **probability,** do you use a subjunctive sentence?

   **No, the infinitive is used.**

5. *Estar* + el participio pasado

   Based on the examples above, what rule can you state with regard to what determines the endings of the past participles (**-ado/-ido**) when used as adjectives?

   **When used as an adjective, the past participle must agree in number and gender with the noun it modifies.**

## CAPÍTULO 4

2. **El pasado perfecto (pluscuamperfecto)**

   1. How do you form the past perfect tense?

      **The past perfect tense is formed with** *haber* **in the imperfect and the past participle.**

   2. How does the form compare with the present perfect tense (**he hablado, has comido, han ido,** etc.)?

      **It is similar, but** *haber* **must be in the imperfect (a past) tense.**

   3. To make the sentence negative in the past perfect, where does the word **no** go?

      **It goes before/in front of the form of** *haber.*

   4. Which verbs have irregular past participles?

      **several verbs: e.g., abrir, decir, escribir, hacer, morir, poner, volver, ver**

5. **El presente perfecto de subjuntivo**

   1. How is the present perfect subjunctive formed?

      **It is formed with the present subjunctive of** *haber* **and the past participle.**

   2. When is it used?

      **It is used when the subjunctive mood is needed in a sentence.**

## CAPÍTULO 9

2. **Repaso del subjuntivo: en cláusulas sustantivas, adjetivales y adverbiales**

   ### El subjuntivo en cláusulas sustantivas

   Having studied the preceding examples of the subjunctive, answer the following questions to complete your review:

1. How many verbs are in each sentence?

   **two**

2. Which verb is in the **indicative?**

   **the one in the main clause/before (in front of)** *que*

3. Which verb is in the **subjunctive?**

   **the verb in the subordinate clause/after (to the right of)** *que*

4. Is there a different subject for each verb?

   **yes**

5. What word joins the two distinct parts of the sentence?

   *que*

6. State a rule for the use of the subjunctive to express **volition and will, feelings and emotions, doubt, uncertainty,** and **probability.**

   **When the verb in the main clause expresses doubt, uncertainty, influence, opinion, feelings, hope, wishes, or desires and there is a change of subject, the verb in the second (subordinate) clause must be in the subjunctive.**

### El subjuntivo con antecedentes indefinidos o que no existen

Having read the previous examples,

1. What kinds of verbs tell you that there is a possibility that something or someone is uncertain or nonexistent?

   **verbs such as** *buscar, no conocer,* **and** *dudar*

2. If you know that something or someone exists, do you use the indicative or the subjunctive?

   **If the person, place, or thing being talked about exists in the mind of the speaker, then the indicative is used. If not, the subjunctive is needed.**

### El subjuntivo en cláusulas adverbiales

Having studied the previous examples, answer the following questions to complete your review:

1. Which conjunctions **always** use the subjunctive?

   **The** *subjunctive* **is always used after these conjunctions:** *a menos que, en caso (de) que, antes (de) que, para que, con tal (de) que,* **and** *sin que.* **After** *aunque, a pesar de que, cuando, en cuanto, tan pronto como,* **and** *después que,* **you use the subjunctive if the action has not yet occurred.**

2. Which conjunctions **never** use the subjunctive?

   **The indicative is always used after these conjunctions:** *ahora que, puesto que,* **and** *ya que.* **After** *aunque, a pesar de que, cuando, en cuanto, tan pronto como,* **and** *después que,* **you use the indicative if the action has already occurred.**

3. Which conjunctions **sometimes** use the subjunctive? What question do you ask yourself with these types of conjunctions?

*Aunque, a pesar de que, cuando, en cuanto, tan pronto como,* and *después que* **sometimes use the subjunctive. With these conjunctions, you must ask yourself whether the action has already occurred. If so, the indicative is used; if not, the subjunctive is used. Always use the indicative after** *ahora que, puesto que,* **and** *ya que.* **Always use the subjunctive after** *a menos que, en caso (de) que, antes (de) que, para que, con tal (de) que,* **and** *sin que.*

## CAPÍTULO 11

7. **La voz pasiva**

1. What are the nouns (*people, places, or things*) in the sample sentences of **passive** with **ser?**

   a. **pulso (subject), enfermera (object of preposition)**

   b. **presión (subject), médico (object of preposition)**

   c. **resultados (subject), cirujana (object of preposition)**

   d. **recetas (subject), neurólogo (object of preposition)**

2. In the **passive** with **ser** sentences,

   a. what form (person: e.g., 1st, 2nd, 3rd) of the verb is used?

   **3rd person**

   b. what determines whether the verb is singular or plural?

   **the subject**

   c. with what does the past participle (**-ado/-ido**) agree?

   **the subject**

3. With the **passive** *se* sentences, do you still have the same subjects and objects as in the **passive** with **ser?**

   **no, only subjects (recipients)**

4. What form of the verb is used with the **passive** *se?* What determines if that form is singular or plural?

   **3rd person; must agree with the subject**

5. Is the doer clear in the **passive** *se* sentences?

   **no**

# APPENDIX 2

| Los saludos | *Greetings* |
|---|---|
| **Bastante bien.** | *Just fine.* |
| **Bien, gracias.** | *Fine, thanks.* |
| **Buenos días.** | *Good morning.* |
| **Buenas noches.** | *Good evening.; Good night.* |
| **Buenas tardes.** | *Good afternoon.* |
| **¿Cómo está usted?** | *How are you?* (formal) |
| **¿Cómo estás?** | *How are you?* (familiar) |
| **¡Hola!** | *Hi!; Hello!* |
| **Más o menos.** | *So-so.* |
| **Muy bien.** | *Really well.* |
| **¿Qué tal?** | *How's it going?* |
| **Regular.** | *Okay.* |
| **¿Y tú?** | *And you?* (familiar) |
| **¿Y usted?** | *And you?* (formal) |

| Las despedidas | *Farewells* |
|---|---|
| **Adiós.** | *Good-bye.* |
| **Chao.** | *Bye.* |
| **Hasta luego.** | *See you later.* |
| **Hasta mañana.** | *See you tomorrow.* |
| **Hasta pronto.** | *See you soon.* |

| Las presentaciones | *Introductions* |
|---|---|
| **¿Cómo te llamas?** | *What is your name?* (fam.) |
| **¿Cómo se llama usted?** | *What is your name?* (formal) |
| **Encantado/a.** | *Pleased to meet you.* |
| **Igualmente.** | *Likewise.* |
| **Me llamo…** | *My name is…* |
| **Mucho gusto.** | *Nice to meet you.* |
| **Quiero presentarte a…** | *I would like to introduce you to…* (familiar) |
| **Quiero presentarle a…** | *I would like to introduce you to…* (formal) |
| **Soy…** | *I am…* |

| Expresiones útiles para la clase | *Useful classroom expressions* |
|---|---|
| Preguntas y respuestas | *Questions and answers* |
| **¿Cómo?** | *What?; How?* |
| **¿Cómo se dice…** | *How do you say…* |
| **en español?** | *in Spanish?* |
| **¿Cómo se escribe…** | *How do you write…* |
| **en español?** | *in Spanish?* |
| **(No) comprendo.** | *I (don't) understand.* |
| **Lo sé.** | *I know.* |
| **No lo sé.** | *I don't know.* |
| **No.** | *No.* |
| **Sí.** | *Yes.* |
| **¿Qué es esto?** | *What is this?* |
| **¿Qué significa?** | *What does it mean?* |
| **¿Quién?** | *Who?* |

| Expresiones de cortesía | *Polite expressions* |
|---|---|
| **De nada.** | *You're welcome.* |
| **Gracias.** | *Thank you.* |
| **Por favor.** | *Please.* |

| Mandatos para la clase | *Classroom instructions (commands)* |
|---|---|
| **Abra(n) el libro en la página…** | *Open your book to page…* |
| **Cierre(n) el/los libros.** | *Close your book/s.* |
| **Conteste(n).** | *Answer.* |
| **Escriba(n).** | *Write.* |
| **Escuche(n).** | *Listen.* |
| **Lea(n).** | *Read.* |
| **Repita(n).** | *Repeat.* |
| **Vaya(n) a la pizarra.** | *Go to the board.* |

| Las nacionalidades | *Nationalities* |
|---|---|
| **alemán/alemana** | *German* |
| **canadiense** | *Canadian* |
| **chino/a** | *Chinese* |
| **cubano/a** | *Cuban* |
| **español/a** | *Spanish* |
| **francés/francesa** | *French* |
| **inglés/inglesa** | *English* |
| **japonés/japonesa** | *Japanese* |
| **mexicano/a** | *Mexican* |
| **nigeriano/a** | *Nigerian* |
| **estadounidense (norteamericano/a)** | *American* |
| **puertorriqueño/a** | *Puerto Rican* |

| Los números 0–30 | *Numbers 0–30* |
|---|---|
| **cero** | *0* |
| **uno** | *1* |
| **dos** | *2* |
| **tres** | *3* |
| **cuatro** | *4* |
| **cinco** | *5* |
| **seis** | *6* |
| **siete** | *7* |
| **ocho** | *8* |
| **nueve** | *9* |
| **diez** | *10* |
| **once** | *11* |
| **doce** | *12* |
| **trece** | *13* |
| **catorce** | *14* |
| **quince** | *15* |
| **dieciséis** | *16* |
| **diecisiete** | *17* |
| **dieciocho** | *18* |
| **diecinueve** | *19* |
| **veinte** | *20* |
| **veintiuno** | *21* |
| **veintidós** | *22* |

| | |
|---|---|
| veintitrés | 23 |
| veinticuatro | 24 |
| veinticinco | 25 |
| veintiséis | 26 |
| veintisiete | 27 |
| veintiocho | 28 |
| veintinueve | 29 |
| treinta | 30 |

## La hora — *Telling time*

| | |
|---|---|
| A la…/A las… | *At… o'clock.* |
| ¿A qué hora…? | *At what time…?* |
| … de la mañana | *… in the morning* |
| … de la noche | *… in the evening* |
| … de la tarde | *… in the afternoon* |
| ¿Cuál es la fecha de hoy? | *What is today's date?* |
| Es la…/Son las… | *It's… o'clock.* |
| Hoy es… | *Today is…* |
| Mañana es… | *Tomorrow is…* |
| la medianoche | *midnight* |
| el mediodía | *noon* |
| ¿Qué día es hoy? | *What day is today?* |
| ¿Qué hora es? | *What time is it?* |

## Los días de la semana — *Days of the week*

| | |
|---|---|
| lunes | *Monday* |
| martes | *Tuesday* |
| miércoles | *Wednesday* |
| jueves | *Thursday* |
| viernes | *Friday* |
| sábado | *Saturday* |
| domingo | *Sunday* |

## Los meses del año — *Months of the year*

| | |
|---|---|
| enero | *January* |
| febrero | *February* |
| marzo | *March* |
| abril | *April* |
| mayo | *May* |
| junio | *June* |
| julio | *July* |
| agosto | *August* |
| septiembre | *September* |
| octubre | *October* |
| noviembre | *November* |
| diciembre | *December* |

## Las estaciones — *Seasons*

| | |
|---|---|
| el invierno | *winter* |
| la primavera | *spring* |
| el otoño | *autumn; fall* |
| el verano | *summer* |

## Expresiones del tiempo — *Weather expressions*

| | |
|---|---|
| Está nublado. | *It's cloudy.* |
| Hace buen tiempo. | *The weather is nice.* |
| Hace calor. | *It's hot.* |
| Hace frío. | *It's cold.* |
| Hace mal tiempo. | *The weather is bad.* |
| Hace sol. | *It's sunny.* |
| Hace viento. | *It's windy.* |
| Llueve. | *It's raining.* |
| la lluvia | *rain* |
| Nieva. | *It's snowing.* |
| la nieve | *snow* |
| la nube | *cloud* |
| ¿Qué tiempo hace? | *What's the weather like?* |
| el sol | *sun* |
| la temperatura | *temperature* |
| el viento | *wind* |

## Unos verbos — *Some verbs*

| | |
|---|---|
| gustar | *to like* |
| ser | *to be* |

## CAPÍTULO 1  DE *¡ANDA! CURSO ELEMENTAL*

## La familia — *Family*

| | |
|---|---|
| el/la abuelo/a | *grandfather/grandmother* |
| los abuelos | *grandparents* |
| el/la esposo/a | *husband/wife* |
| el/la hermano/a | *brother/sister* |
| los hermanos | *brothers and sisters; siblings* |
| el/la hijo/a | *son/daughter* |
| los hijos | *sons and daughters; children* |
| la madrastra | *stepmother* |
| la madre/la mamá | *mother/mom* |
| el padrastro | *stepfather* |
| el padre/el papá | *father/dad* |
| los padres | *parents* |
| el/la primo/a | *cousin* |
| los primos | *cousins* |
| el/la tío/a | *uncle/aunt* |
| los tíos | *aunts and uncles* |

## La gente — *People*

| | |
|---|---|
| el/la amigo/a | *friend* |
| el/la chico/a | *boy/girl* |
| el hombre | *man* |
| el/la joven | *young man/young woman* |
| el/la muchacho/a | *boy/girl* |
| la mujer | *woman* |
| el/la niño/a | *little boy/little girl* |
| el/la novio/a | *boyfriend/girlfriend* |
| el señor (Sr.) | *man; gentleman; Mr.* |
| la señora (Sra.) | *woman; lady; Mrs.* |
| la señorita (Srta.) | *young woman; Miss* |

## Los adjetivos — *Adjectives*

| La personalidad y otros rasgos | *Personality and other characteristics* |
|---|---|
| aburrido/a | *boring* |
| antipático/a | *unpleasant* |
| bueno/a | *good* |
| cómico/a | *funny; comical* |

| | |
|---|---|
| inteligente | *intelligent* |
| interesante | *interesting* |
| malo/a | *bad* |
| paciente | *patient* |
| perezoso/a | *lazy* |
| pobre | *poor* |
| responsable | *responsible* |
| rico/a | *rich* |
| simpático/a | *nice* |
| tonto/a | *silly; dumb* |
| trabajador/a | *hard-working* |

**Las características físicas** — *Physical characteristics*

| | |
|---|---|
| alto/a | *tall* |
| bajo/a | *short* |
| bonito/a | *pretty* |
| débil | *weak* |
| delgado/a | *thin* |
| feo/a | *ugly* |
| fuerte | *strong* |
| gordo/a | *fat* |
| grande | *big; large* |
| guapo/a | *handsome/pretty* |
| joven | *young* |
| mayor | *old* |
| pequeño/a | *small* |

**Los números 31–100** — *Numbers 31–100*

| | |
|---|---|
| treinta y uno | *31* |
| treinta y dos | *32* |
| treinta y tres | *33* |
| treinta y cuatro | *34* |
| treinta y cinco | *35* |
| treinta y seis | *36* |
| treinta y siete | *37* |
| treinta y ocho | *38* |
| treinta y nueve | *39* |
| cuarenta | *40* |
| cuarenta y uno | *41* |
| cincuenta | *50* |
| cincuenta y uno | *51* |
| sesenta | *60* |
| setenta | *70* |
| ochenta | *80* |
| noventa | *90* |
| cien | *100* |

**Los verbos** — *Verbs*

| | |
|---|---|
| tener | *to have* |

**Otras palabras útiles** — *Other useful words*

| | |
|---|---|
| muy | *very* |
| (un) poco | *(a) little* |

**Vocabulario útil** — *Useful vocabulary*

| | |
|---|---|
| más | *plus* |
| menos | *minus* |
| son | *equals* |
| por ciento | *percent* |

| | |
|---|---|
| por | *times; by* |
| dividido por | *divided by* |

CAPÍTULO 2   DE ¡ANDA! CURSO ELEMENTAL

**Las materias y las especialidades** — *Subjects and majors*

| | |
|---|---|
| la administración de empresas | *business* |
| la arquitectura | *architecture* |
| el arte | *art* |
| la biología | *biology* |
| las ciencias (*pl.*) | *science* |
| el derecho | *law* |
| el idioma | *language* |
| los idiomas (*pl.*) | *languages* |
| la informática | *computer science* |
| la literatura | *literature* |
| las matemáticas (*pl.*) | *mathematics* |
| la medicina | *medicine* |
| la música | *music* |
| la pedagogía | *education* |
| el periodismo | *journalism* |
| la psicología | *psychology* |

**Los deportes y los pasatiempos** — *Sports and pastimes*

| | |
|---|---|
| bailar | *to dance* |
| caminar | *to walk* |
| escuchar música | *to listen to music* |
| hacer ejercicio | *to exercise* |
| ir de compras | *to go shopping* |
| jugar al básquetbol | *to play basketball* |
| jugar al béisbol | *to play baseball* |
| jugar al fútbol | *to play soccer* |
| jugar al fútbol americano | *to play football* |
| jugar al golf | *to play golf* |
| jugar al tenis | *to play tennis* |
| montar en bicicleta | *to ride a bike* |
| nadar | *to swim* |
| patinar | *to skate* |
| tocar un instrumento | *to play an instrument* |
| tomar el sol | *sunbathe* |
| ver la televisión | *to watch TV* |

**En la sala de clase** — *In the classroom*

| | |
|---|---|
| los apuntes (*pl.*) | *notes* |
| el bolígrafo | *ballpoint pen* |
| el borrador | *eraser* |
| el/la compañero/a de clase | *classmate* |
| la composición | *composition* |
| el cuaderno | *notebook* |
| el escritorio | *desk* |
| el/la estudiante | *student* |
| el examen | *exam* |
| el lápiz | *pencil* |
| el libro | *book* |

| | |
|---|---|
| el mapa | *map* |
| la mesa | *table* |
| la mochila | *book bag; knapsack* |
| el papel | *paper* |
| la pared | *wall* |
| la pizarra | *chalkboard* |
| el/la profesor/a | *professor* |
| la puerta | *door* |
| la sala de clase | *classroom* |
| la silla | *chair* |
| la tarea | *homework* |
| la tiza | *chalk* |
| la ventana | *window* |

| Emociones y estados | *Emotions and states of being* |
|---|---|
| aburrido/a | *bored (with **estar**)* |
| cansado/a | *tired* |
| contento/a | *content; happy* |
| enfermo/a | *ill; sick* |
| enojado/a | *angry* |
| feliz | *happy* |
| nervioso/a | *upset; nervous* |
| preocupado/a | *worried* |
| triste | *sad* |

| Los números 100–1.000 | *Numbers 100–1,000* |
|---|---|
| cien | *100* |
| ciento uno | *101* |
| ciento dos | *102* |
| ciento dieciséis | *116* |
| ciento veinte | *120* |
| doscientos | *200* |
| doscientos uno | *201* |
| trescientos | *300* |
| cuatrocientos | *400* |
| quinientos | *500* |
| seiscientos | *600* |
| setecientos | *700* |
| ochocientos | *800* |
| novecientos | *900* |
| mil | *1,000* |

| Los verbos | *Verbs* |
|---|---|
| abrir | *to open* |
| aprender | *to learn* |
| comer | *to eat* |
| comprar | *to buy* |
| comprender | *to understand* |
| contestar | *to answer* |
| correr | *to run* |
| creer | *to believe* |
| enseñar | *to teach; to show* |
| escribir | *to write* |
| esperar | *to wait for; to hope* |
| estar | *to be* |
| estudiar | *to study* |
| hablar | *to speak* |
| leer | *to read* |
| llegar | *to arrive* |
| necesitar | *to need* |

| | |
|---|---|
| preguntar | *to ask (a question)* |
| preparar | *to prepare; to get ready* |
| recibir | *to receive* |
| regresar | *to return* |
| terminar | *to finish; to end* |
| tomar | *to take; to drink* |
| trabajar | *to work* |
| usar | *to use* |
| vivir | *to live* |

| Los lugares | *Places* |
|---|---|
| el apartamento | *apartment* |
| la biblioteca | *library* |
| la cafetería | *cafeteria* |
| el centro estudiantil | *student center; student union* |
| el cuarto | *room* |
| el edificio | *building* |
| el estadio | *stadium* |
| el gimnasio | *gymnasium* |
| el laboratorio | *laboratory* |
| la librería | *bookstore* |
| la residencia estudiantil | *dormitory* |
| la tienda | *store* |

| Las palabras interrogativas | *Interrogative words* |
|---|---|
| ¿Adónde? | *To where?* |
| ¿Cómo? | *How?* |
| ¿Cuál? | *Which (one)?* |
| ¿Cuáles? | *Which (ones)?* |
| ¿Cuándo? | *When?* |
| ¿Cuánto/a? | *How much?* |
| ¿Cuántos/as? | *How many?* |
| ¿Dónde? | *Where?* |
| ¿Por qué? | *Why?* |
| ¿Qué? | *What?* |
| ¿Quién? | *Who?* |
| ¿Quiénes? | *Who?* |

| La residencia | *The dorm* |
|---|---|
| la calculadora | *calculator* |
| el/la compañero/a de cuarto | *roommate* |
| la computadora | *computer* |
| el despertador | *alarm clock* |
| el dinero | *money* |
| el disco compacto (el CD) | *compact disk* |
| el DVD | *DVD* |
| el horario (de clases) | *schedule (of classes)* |
| el radio/la radio | *radio* |
| el reloj | *clock; watch* |
| el reproductor de CD/DVD | *CD/DVD player* |
| el televisor | *TV set* |

| Otras palabras útiles | *Other useful words* |
|---|---|
| a menudo | *often* |
| a veces | *sometimes; from time to time* |
| ayer | *yesterday* |

| | |
|---|---|
| cerca (de) | *close; near* |
| con | *with* |
| el curso | *course* |
| difícil | *difficult* |
| el equipo | *team* |
| fácil | *easy* |
| hasta | *until* |
| hay | *there is; there are* |
| hoy | *today* |
| lejos (de) | *far (from); far away* |
| mañana | *tomorrow* |
| más | *more* |
| menos | *less* |
| mucho | *a lot* |
| nunca | *never* |
| la pelota | *ball* |
| pero | *but* |
| poco | *a little; few* |
| el semestre | *semester* |
| también | *too; also* |
| y | *and* |

## CAPÍTULO 3  DE ¡ANDA! CURSO ELEMENTAL

| La casa | *The house* |
|---|---|
| el altillo | *attic* |
| el balcón | *balcony* |
| el baño | *bathroom* |
| la cocina | *kitchen* |
| el comedor | *dining room* |
| el cuarto | *room* |
| el dormitorio | *bedroom* |
| la escalera | *staircase* |
| el garaje | *garage* |
| el jardín | *garden* |
| la oficina | *office* |
| el piso | *floor; story* |
| la planta baja | *ground floor* |
| el primer piso | *second floor* |
| la sala | *living room* |
| el segundo piso | *third floor* |
| el sótano | *basement* |
| el suelo | *floor* |
| el techo | *roof* |
| el tercer piso | *fourth floor* |

| Los verbos | *Verbs* |
|---|---|
| conocer | *to be acquainted with; to know* |
| dar | *to give* |
| decir | *to say; to tell* |
| hacer | *to do; to make* |
| oír | *to hear* |
| poder | *to be able to* |
| poner | *to put; to place* |
| querer | *to want; to love* |
| salir | *to leave; to go out* |
| traer | *to bring* |

| | |
|---|---|
| venir | *to come* |
| ver | *to see* |

| Los muebles y otros objetos de la casa | *Furniture and other objects in the house* |
|---|---|

| La sala y el comedor | *The living room and dining room* |
|---|---|
| la alfombra | *rug; carpet* |
| el estante de libros | *bookcase* |
| la lámpara | *lamp* |
| el mueble | *piece of furniture* |
| los muebles | *furniture* |
| el sillón | *armchair* |
| el sofá | *sofa* |

| La cocina | *The kitchen* |
|---|---|
| la estufa | *stove* |
| el lavaplatos | *dishwasher* |
| el microondas | *microwave* |
| el refrigerador | *refrigerator* |

| El baño | *The bathroom* |
|---|---|
| la bañera | *bathtub* |
| el bidet | *bidet* |
| la ducha | *shower* |
| el inodoro | *toilet* |
| el lavabo | *sink* |

| El dormitorio | *The bedroom* |
|---|---|
| la almohada | *pillow* |
| el armario | *armoire; closet; cabinet* |
| la cama | *bed* |
| la colcha | *bedspread; comforter* |
| la manta | *blanket* |
| las sábanas | *sheets* |
| el tocador | *dresser* |

| Otras palabras útiles en la casa | *Other useful words in the house* |
|---|---|
| amueblado/a | *furnished* |
| la cosa | *thing* |
| el cuadro | *picture; painting* |
| el objeto | *object* |
| la planta | *plant* |

| Los quehaceres de la casa | *Household chores* |
|---|---|
| arreglar | *to straighten up; to fix* |
| ayudar | *to help* |
| cocinar, preparar la comida | *to cook* |
| guardar | *to put away; to keep* |
| hacer la cama | *to make the bed* |
| lavar los platos | *to wash dishes* |
| limpiar | *to clean* |
| pasar la aspiradora | *to vacuum* |
| poner la mesa | *to set the table* |
| sacar la basura | *to take out the garbage* |
| sacudir el polvo | *to dust* |

| Los colores | Colors |
|---|---|
| amarillo | yellow |
| anaranjado | orange |
| azul | blue |
| beige | beige |
| blanco | white |
| gris | gray |
| marrón | brown |
| morado | purple |
| negro | black |
| rojo | red |
| rosado | pink |
| verde | green |

| Expresiones con *tener* | Expressions with tener |
|---|---|
| tener... años | to be... years old |
| tener calor | to be hot |
| tener cuidado | to be careful |
| tener éxito | to be successful |
| tener frío | to be cold |
| tener ganas de + (*infinitive*) | to feel like + (verb) |
| tener hambre | to be hungry |
| tener miedo | to be afraid |
| tener prisa | to be in a hurry |
| tener razón | to be right |
| tener sed | to be thirsty |
| tener sueño | to be sleepy |
| tener suerte | to be lucky |
| tener vergüenza | to be embarrassed |

| Los números 1.000–100.000.000 | Numbers 1,000–100,000,000 |
|---|---|
| mil | 1,000 |
| mil uno | 1,001 |
| mil diez | 1,010 |
| dos mil | 2,000 |
| treinta mil | 30,000 |
| cien mil | 100,000 |
| cuatrocientos mil | 400,000 |
| un millón | 1,000,000 |
| dos millones | 2,000,000 |
| cien millones | 100,000,000 |

| Otras palabras útiles | Other useful words |
|---|---|
| a la derecha (de) | to the right (of) |
| a la izquierda (de) | to the left (of) |
| al lado (de) | beside |
| antiguo/a | old |
| la calle | street |
| el campo | country |
| la ciudad | city |
| contemporáneo/a | contemporary |
| desordenado/a | messy |
| encima (de) | on top (of) |
| humilde | humble |
| limpio/a | clean |
| moderno/a | modern |
| nuevo/a | new |
| la ropa | clothes; clothing |

| | |
|---|---|
| siempre | always |
| sucio/a | dirty |
| tener que + (*infinitive*) | to have to + (verb) |
| tradicional | traditional |
| viejo/a | old |

## CAPÍTULO 4  DE *¡ANDA! CURSO ELEMENTAL*

| Los lugares | Places |
|---|---|
| el almacén | department store |
| el banco | bank |
| el bar; el club | bar; club |
| el café | cafe |
| el cajero automático | ATM machine |
| el centro | downtown |
| el centro comercial | mall; business/shopping district |
| el cibercafé | Internet café |
| el cine | movie theater |
| el club campestre | country club |
| la iglesia | church |
| el mercado | market |
| el museo | museum |
| la oficina de correos; correos | post office |
| el parque | park |
| la plaza | town square |
| el restaurante | restaurant |
| el supermercado | supermarket |
| el teatro | theater |
| el templo | temple |

| Unos verbos | Some verbs |
|---|---|
| buscar | to look for |
| estar de acuerdo | to agree |
| mandar una carta | to send/mail a letter |

| Otras palabras útiles | Other useful words |
|---|---|
| detrás (de) | behind |
| enfrente (de) | in front (of) |
| el/la mejor | the best |
| el/la peor | the worst |
| la ciudad | city |
| la cuenta | bill; account |
| la película | movie; film |
| el pueblo | town; village |

| Trabajos y servicios voluntarios | Volunteer opportunities |
|---|---|
| apoyar a un/a candidato/a | to support a candidate |
| la artesanía | arts and crafts |
| el campamento de niños | summer camp |
| la campaña política | political campaign |
| la canoa | canoe |
| circular una petición | to circulate a petition |
| el/la consejero/a | counselor |
| deber | ought to; should |

| | | | |
|---|---|---|---|
| hacer una caminata | to take a walk | algún | some; any |
| la hoguera | campfire | alguno/a/os/as | some; any |
| ir de excursión | to take a short trip | jamás | never; not ever (emphatic) |
| llevar a alguien al médico | to take someone to the doctor | nada | nothing |
| | | nadie | no one; nobody |
| trabajar como voluntario/a | to volunteer | ni... ni | neither... nor |
| organizar | to organize | ningún | none |
| las personas mayores, los mayores | elderly people | ninguno/a/os/as | none |
| | | nunca | never |
| repartir comidas | to hand out/deliver food | o... o | either... or |
| la residencia de ancianos | nursing home/assisted living facility | siempre | always |
| la tienda de campaña | tent | |
| trabajar como voluntario/a | to volunteer | |

CAPÍTULO 5 DE ¡ANDA! CURSO ELEMENTAL

| ¿Qué tienen que hacer? (Verbos con cambio de raíz) | What do they have to do? (Stem-changing verbs) | El mundo de la música | The world of music |
|---|---|---|---|
| | | el/la artista | artist |
| almorzar (ue) | to have lunch | la batería | drums |
| cerrar (ie) | to close | el/la baterista | drummer |
| comenzar (ie) | to begin | el/la cantante | singer |
| costar (ue) | to cost | el concierto | concert |
| demostrar (ue) | to demonstrate | el conjunto | group; band |
| devolver (ue) | to return (an object) | el/la empresario/a | agent; manager |
| dormir (ue) | to sleep | la gira | tour |
| empezar (ie) | to begin | las grabaciones | recordings |
| encerrar (ie) | to enclose | la guitarra | guitar |
| encontrar (ue) | to find | el/la guitarrista | guitarist |
| entender (ie) | to understand | el/la músico/a | musician |
| jugar (ue) | to play | la música | music |
| mentir (ie) | to lie | la orquesta | orchestra |
| morir (ue) | to die | el/la pianista | pianist |
| mostrar (ue) | to show | el piano | piano |
| pedir (i) | to ask for | el tambor | drum |
| pensar (ie) | to think | el/la tamborista | drummer |
| perder (ie) | to lose; to waste | la trompeta | trumpet |
| perseguir (i) | to chase | el/la trompetista | trumpet player |
| preferir (ie) | to prefer | | |
| recomendar (ie) | to recommend | Unos géneros musicales | Some musical genres |
| recordar (ue) | to remember | el jazz | jazz |
| repetir (i) | to repeat | la música clásica | classical music |
| seguir (i) | to follow; to continue (doing something) | la música popular | pop music |
| | | la ópera | opera |
| servir (i) | to serve | el rock | rock |
| volver (ue) | to return | la salsa | salsa |

| Otros verbos | Other verbs | Unas características | Some characteristics |
|---|---|---|---|
| ir | to go | apasionado/a | passionate |
| saber | to know | cuidadoso/a | careful |
| | | fino/a | fine; delicate |
| Otras palabras útiles | Other useful words | lento/a | slow |
| el deber | obligation; duty | suave | smooth |
| el voluntariado | volunteerism | | |
| | | Unos verbos | Some verbs |
| Expresiones afirmativas y negativas | Affirmative and negative expressions | dar un concierto | to give/perform a concert |
| | | ensayar | to practice/rehearse |
| a veces | sometimes | grabar | to record |
| algo | something; anything | hacer una gira | to tour |
| alguien | someone | | |

A10

| | |
|---|---|
| sacar un CD | to release a CD |
| tocar | to play (a musical instrument) |

**Otras palabras útiles** — *Other useful words*

| | |
|---|---|
| el/la aficionado/a | fan |
| la fama | fame |
| el género | genre |
| la habilidad | ability; skill |
| la letra | lyrics |
| el ritmo | rhythm |
| el sabor | flavor |
| la voz | voice |

**El mundo del cine** — *The world of cinema*

| | |
|---|---|
| el actor | actor |
| la actriz | actress |
| la entrada | ticket |
| la estrella | star |
| la pantalla | screen |
| una película… | a… film; movie |
| de acción | action |
| de ciencia ficción | science fiction |
| documental | documentary |
| dramática | drama |
| de guerra | war |
| de humor | funny; comedy |
| de misterio | mystery |
| musical | musical |
| romántica | romantic |
| de terror | horror |

**Otras palabras útiles** — *Other useful words*

| | |
|---|---|
| el estreno | opening |
| la película | film; movie |
| una película… | a… movie |
| aburrida | boring |
| animada | animated |
| conmovedora | moving |
| creativa | creative |
| emocionante | moving |
| entretenida | entertaining |
| épica | epic |
| espantosa | scary |
| estupenda | stupendous |
| imaginativa | imaginative |
| impresionante | impressive |
| pésima | heavy; depressing |
| sorprendente | surprising |
| trágica | tragic |

**Los números ordinales** — *Ordinal numbers*

| | |
|---|---|
| primer, primero/a | first |
| segundo/a | second |
| tercer, tercero/a | third |
| cuarto/a | fourth |
| quinto/a | fifth |
| sexto/a | sixth |
| séptimo/a | seventh |
| octavo/a | eighth |
| noveno/a | ninth |
| décimo/a | tenth |

**Unos verbos** — *Some verbs*

| | |
|---|---|
| estrenar una película | to release a film/movie |
| presentar una película | to show a film/movie |

**Vocabulario útil** — *Useful vocabulary*

| | |
|---|---|
| el idioma/la lengua | language |
| la paz | peace |
| respetar | to respect |

## CAPÍTULO 7 DE ¡ANDA! CURSO ELEMENTAL

**Las carnes y las aves** — *Meat and poultry*

| | |
|---|---|
| las aves | poultry |
| el bistec | steak |
| la carne | meat |
| la hamburguesa | hamburger |
| el jamón | ham |
| el perro caliente | hot dog |
| el pollo | chicken |

**El pescado y los mariscos** — *Fish and seafood*

| | |
|---|---|
| el atún | tuna |
| los camarones (pl.) | shrimp |
| el pescado | fish |

**Las frutas** — *Fruit*

| | |
|---|---|
| la banana/el plátano | banana |
| el limón | lemon |
| la manzana | apple |
| el melón | melon |
| la naranja | orange |
| la pera | pear |
| el tomate | tomato |

**Las verduras** — *Vegetables*

| | |
|---|---|
| la cebolla | onion |
| el chile | chili pepper |
| la ensalada | salad |
| los frijoles (pl.) | beans |
| la lechuga | lettuce |
| el maíz | corn |
| la papa /la patata | potato |
| las papas fritas (pl.) | french fries; potato chips |
| la verdura | vegetable |

**Los postres** — *Desserts*

| | |
|---|---|
| los dulces | candy; sweets |
| las galletas | cookies; crackers |
| el helado | ice cream |
| el pastel | pastry; pie |
| el postre | dessert |
| la torta | cake |

| Las bebidas | Beverages |
|---|---|
| el agua (con hielo) | water (with ice) |
| el café | coffee |
| la cerveza | beer |
| el jugo | juice |
| la leche | milk |
| el refresco | soft drink |
| el té (helado/caliente) | tea (iced/hot) |
| el vino | wine |

| Más comidas | More foods |
|---|---|
| el arroz | rice |
| el cereal | cereal |
| el huevo | egg |
| el pan | bread |
| el queso | cheese |
| la sopa | soup |
| la tostada | toast |

| Las comidas | Meals |
|---|---|
| el almuerzo | lunch |
| la cena | dinner |
| la comida | food; meal |
| el desayuno | breakfast |
| la merienda | snack |

| Verbos | Verbs |
|---|---|
| almorzar (ue) | to have lunch |
| andar | to walk |
| beber | to drink |
| cocinar | to cook |
| conducir | to drive |
| cenar | to have dinner |
| desayunar | to have breakfast |
| merendar (ie) | to have a snack |

| Los condimentos y las especias | Condiments and spices |
|---|---|
| el aceite | oil |
| el azúcar | sugar |
| la mantequilla | butter |
| la mayonesa | mayonnaise |
| la mermelada | jam; marmalade |
| la mostaza | mustard |
| la pimienta | pepper |
| la sal | salt |
| la salsa de tomate | ketchup |
| el vinagre | vinegar |

| Unos términos de cocina | Cooking terms |
|---|---|
| a la parrilla | grilled |
| al horno | baked |
| asado/a | roasted; grilled |
| bien cocido/a | well done |
| bien hecho/a | well cooked |
| caliente | hot (temperature) |
| cocido/a | boiled; baked |
| crudo/a | rare; raw |
| duro/a | hard-boiled |

|  |  |
|---|---|
| fresco/a | fresh |
| frito/a | fried |
| helado/a | iced |
| hervido/a | boiled |
| picante | spicy |
| poco hecho/a | rare |
| término medio | medium |

| En el restaurante | In the restaurant |
|---|---|
| el/la camarero/a | waiter/waitress |
| el/la cliente/a | customer; client |
| el/la cocinero/a | cook |
| la cuchara | soup spoon; tablespoon |
| la cucharita | teaspoon |
| el cuchillo | knife |
| la especialidad de la casa | specialty of the house |
| el mantel | tablecloth |
| el menú | menu |
| el plato | plate; dish |
| la propina | tip |
| la servilleta | napkin |
| la tarjeta de crédito | credit card |
| la taza | cup |
| el tenedor | fork |
| el vaso | glass |

| Verbos | Verbs |
|---|---|
| pagar | to pay |
| pedir (i) | to order |
| reservar una mesa | to reserve a table |

| Otras palabras útiles | Other useful words |
|---|---|
| anoche | last night |
| anteayer | the day before yesterday |
| el año pasado | last year |
| ayer | yesterday |
| barato/a | cheap |
| ¡Buen provecho! | Enjoy your meal! |
| caro/a | expensive |
| cerca (de) | near |
| debajo (de) | under; underneath |
| encima (de) | on top (of); above |
| el fin de semana pasado | last weekend |
| el... (jueves) pasado | last... (Thursday) |
| La cuenta, por favor. | The check, please. |
| la semana pasada | last week |
| más tarde que | later than |
| más temprano que | earlier than |

## CAPÍTULO 8 DE ¡ANDA! CURSO ELEMENTAL

| La ropa | Clothing |
|---|---|
| el abrigo | overcoat |
| la bata | robe |
| la blusa | blouse |
| el bolso | purse |
| las botas (pl.) | boots |

A12

| | |
|---|---|
| los calcetines (*pl.*) | *socks* |
| la camisa | *shirt* |
| la camiseta | *T-shirt* |
| la chaqueta | *jacket* |
| el cinturón | *belt* |
| el conjunto | *outfit* |
| la corbata | *tie* |
| la falda | *skirt* |
| la gorra | *cap* |
| los guantes | *gloves* |
| el impermeable | *raincoat* |
| los jeans (*pl.*) | *jeans* |
| las medias (*pl.*) | *stockings; hose* |
| los pantalones (*pl.*) | *pants* |
| los pantalones cortos (*pl.*) | *shorts* |
| el paraguas | *umbrella* |
| el pijama | *pajamas* |
| la ropa interior | *underwear* |
| las sandalias (*pl.*) | *sandals* |
| el sombrero | *hat* |
| la sudadera | *sweatshirt* |
| el suéter | *sweater* |
| los tenis (*pl.*) | *tennis shoes* |
| el traje | *suit* |
| el traje de baño | *swimsuit; bathing suit* |
| el vestido | *dress* |
| las zapatillas (*pl.*) | *slippers* |
| los zapatos (*pl.*) | *shoes* |

## Las telas y los materiales — *Fabrics and materials*

| | |
|---|---|
| el algodón | *cotton* |
| el cuero | *leather* |
| la lana | *wool* |
| el poliéster | *polyester* |
| la seda | *silk* |
| la tela | *fabric* |

## Unos adjetivos — *Some adjectives*

| | |
|---|---|
| ancho/a | *wide* |
| atrevido/a | *daring* |
| claro/a | *light (colored)* |
| cómodo/a | *comfortable* |
| corto/a | *short* |
| de cuadros | *checked* |
| de lunares | *polka-dotted* |
| de rayas | *striped* |
| elegante | *elegant* |
| estampado/a | *print; with a design or pattern* |
| estrecho/a | *narrow; tight* |
| formal | *formal* |
| informal | *casual* |
| largo/a | *long* |
| liso/a | *solid-colored* |
| oscuro/a | *dark* |

## Unos verbos — *Some verbs*

| | |
|---|---|
| llevar | *to wear; to take; to carry* |
| llevar puesto | *to wear; to have on* |
| quedar bien/mal | *to fit well/poorly* |

## Otras palabras útiles — *Other useful words*

| | |
|---|---|
| la moda | *fashion; style* |
| el/la modelo | *model* |

## Unos verbos como *gustar* — *Verbs similar to gustar*

| | |
|---|---|
| encantar | *to love; delight* |
| fascinar | *to fascinate* |
| hacer falta | *to need; to be lacking* |
| importar | *to matter; to be important* |
| molestar | *to bother* |

## Unos verbos reflexivos — *Some reflexive verbs*

| | |
|---|---|
| acordarse de (o → ue) | *to remember* |
| acostarse (o → ue) | *to go to bed* |
| afeitarse | *to shave* |
| arreglarse | *to get ready* |
| bañarse | *to bathe* |
| callarse | *to get/keep quiet* |
| cepillarse (el pelo, los dientes) | *to brush (one's hair, teeth)* |
| despertarse (e → ie) | *to wake up; to awaken* |
| divertirse (e → ie → i) | *to enjoy oneself; to have fun* |
| dormirse (o → ue → u) | *to fall asleep* |
| ducharse | *to shower* |
| irse | *to go away; to leave* |
| lavarse | *to wash oneself* |
| levantarse | *to get up; to stand up* |
| llamarse | *to be called* |
| maquillarse | *to put on makeup* |
| peinarse | *to comb one's hair* |
| ponerse (la ropa) | *to put on (one's clothes)* |
| ponerse (nervioso/a) | *to get (nervous)* |
| quedarse | *to stay; to remain* |
| quitarse (la ropa) | *to take off (one's clothes)* |
| reunirse | *to get together; to meet* |
| secarse | *to dry off* |
| sentarse (e → ie) | *to sit down* |
| sentirse (e → ie → i) | *to feel* |
| vestirse (e → i → i) | *to get dressed* |

## CAPÍTULO 9   DE *¡ANDA! CURSO ELEMENTAL*

## El cuerpo humano — *The human body*

| | |
|---|---|
| la boca | *mouth* |
| el brazo | *arm* |
| la cabeza | *head* |
| la cara | *face* |
| la cintura | *waist* |
| el corazón | *heart* |
| el cuello | *neck* |
| el cuerpo | *body* |
| el dedo (de la mano) | *finger* |
| el dedo (del pie) | *toe* |
| el diente | *tooth* |
| la espalda | *back* |

| | |
|---|---|
| el estómago | stomach |
| la garganta | throat |
| la mano | hand |
| la nariz | nose |
| el oído | inner ear |
| el ojo | eye |
| la oreja | ear |
| el pecho | chest |
| el pelo | hair |
| el pie | foot |
| la pierna | leg |

| Unos verbos | Some verbs |
|---|---|
| doler (ue) | to hurt |
| estar enfermo/a | to be sick |
| estar sano/a; saludable | to be healthy |
| ser alérgico/a (a) | to be allergic (to) |

| Otras palabras útiles | Other useful words |
|---|---|
| la salud | health |
| la sangre | blood |

| Unas enfermedades y tratamientos médicos | Illnesses and medical treatments |
|---|---|
| el antiácido | antacid |
| el antibiótico | antibiotic |
| la aspirina | aspirin |
| el catarro/el resfriado | cold |
| la curita | adhesive bandage |
| el/la doctor/a | doctor |
| el dolor | pain |
| el/la enfermero/a | nurse |
| el estornudo | sneeze |
| el examen físico | physical exam |
| la farmacia | pharmacy |
| la fiebre | fever |
| la gripe | flu |
| la herida | wound; injury |
| el hospital | hospital |
| la inyección | shot |
| el jarabe | cough syrup |
| el/la médico/a | doctor |
| la náusea | nausea |
| las pastillas | pills |
| la receta | prescription |
| la sala de urgencias | emergency room |
| la tos | cough |
| la venda/el vendaje | bandage |

| Unos verbos | Some verbs |
|---|---|
| acabar de + (infinitive) | to have just finished + (doing something) |
| cortar(se) | to cut (oneself) |
| curar | to cure |
| curar(se) | to be cured |
| enfermar(se) | to get sick |
| estornudar | to sneeze |
| evitar | to avoid |
| guardar cama | to stay in bed |

| | |
|---|---|
| lastimar(se) | to get hurt |
| mejorar(se) | to improve; to get better |
| ocurrir | to occur |
| quemar | to burn |
| quemar(se) | to get burned |
| romper(se) | to break |
| tener... | |
|    alergia (a) | to be allergic (to) |
|    (un) catarro, resfriado | to have a cold |
|    (la/una) gripe | to have the flu |
|    una infección | to have an infection |
|    tos | to have a cough |
|    un virus | to have a virus |
| tener dolor de... | to have a... |
|    cabeza | headache |
|    espalda | backache |
|    estómago | stomachache |
|    garganta | sore throat |
| toser | to cough |
| tratar de | to try to |
| vendar(se) | to bandage (oneself); to dress (a wound) |

## CAPÍTULO 10 DE ¡ANDA! CURSO ELEMENTAL

| El transporte | Transportation |
|---|---|
| el autobús | bus |
| el avión | airplane |
| la bicicleta | bicycle |
| el camión | truck |
| el carro/el coche | car |
| el metro | subway |
| la moto(cicleta) | motorcycle |
| el taxi | taxi |
| el tren | train |

| Otras palabras útiles | Other useful words |
|---|---|
| la autopista | highway; freeway |
| el boleto | ticket |
| la calle | street |
| la cola | line (of people) |
| la estación de servicio | gas station |
| el estacionamiento | parking |
| la licencia (de conducir) | driver's license |
| la multa | traffic ticket; fine |
| la parada | bus stop |
| el peatón | pedestrian |
| el policía | policeman |
| el ruido | noise |
| el semáforo | traffic light |
| el tráfico | traffic |

| Unas partes de un vehículo | Parts of a vehicle |
|---|---|
| el aire acondicionado | air conditioning |
| el baúl | trunk |
| la calefacción | heat |
| el limpiaparabrisas | windshield wiper |

| | |
|---|---|
| la llanta | *tire* |
| la llave | *key* |
| el motor | *motor; engine* |
| el parabrisas | *windshield* |
| el tanque | *gas tank* |
| el volante | *steering wheel* |

### Unos verbos útiles — *Some useful verbs*

| | |
|---|---|
| arreglar/hacer la maleta | *to pack a suitcase* |
| bajar (de) | *to get down (from); to get off (of)* |
| cambiar | *to change* |
| caminar, ir a pie | *to walk; to go on foot* |
| dejar | *to leave* |
| doblar | *to turn* |
| entrar | *to enter* |
| estacionar | *to park* |
| funcionar | *to work; to function* |
| ir de vacaciones | *to go on vacation* |
| ir de viaje | *to go on a trip* |
| irse del hotel | *to leave the hotel; to check out* |
| llenar | *to fill* |
| manejar/conducir | *to drive* |
| prestar | *to loan; to lend* |
| registrarse (en el hotel) | *to check in* |
| revisar | *to check; to overhaul* |
| sacar la licencia | *to get a driver's license* |
| salir | *to leave; to go out* |
| subir (a) | *to go up; to get on* |
| viajar | *to travel* |
| visitar | *to visit* |
| volar (o → ue) | *to fly; to fly away* |

### El viaje — *The trip*

| | |
|---|---|
| el aeropuerto | *airport* |
| la agencia de viajes | *travel agency* |
| el/la agente de viajes | *travel agent* |
| el barco | *boat* |
| el boleto de ida y vuelta | *round-trip ticket* |
| la estación (de tren, de autobús) | *(train, bus) station* |
| el extranjero | *abroad* |
| la maleta | *suitcase* |
| el pasaporte | *passport* |
| la reserva | *reservation* |
| el sello | *postage stamp* |
| la tarjeta postal | *postcard* |
| las vacaciones | *vacation* |
| los viajeros | *travelers* |
| el vuelo | *flight* |

### El hotel — *The hotel*

| | |
|---|---|
| el botones | *bellman* |
| el cuarto doble | *double room* |
| el cuarto individual | *single room* |
| la recepción | *front desk* |

### Unos lugares — *Some places*

| | |
|---|---|
| el lago | *lake* |
| las montañas | *mountains* |
| el parque de atracciones | *theme park* |
| la playa | *beach* |

## CAPÍTULO 11 DE *¡ANDA! CURSO ELEMENTAL*

### Unos animales — *Some animals*

| | |
|---|---|
| el caballo | *horse* |
| el cerdo | *pig* |
| el conejo | *rabbit* |
| el elefante | *elephant* |
| la gallina | *chicken, hen* |
| el gato | *cat* |
| la hormiga | *ant* |
| el insecto | *insect* |
| el león | *lion* |
| la mosca | *fly* |
| el mosquito | *mosquito* |
| el oso | *bear* |
| el pájaro | *bird* |
| el perro | *dog* |
| el pez (*pl.*, los peces) | *fish* |
| la rana | *frog* |
| la rata | *rat* |
| el ratón | *mouse* |
| la serpiente | *snake* |
| el toro | *bull* |
| la vaca | *cow* |

### Unos verbos — *Some verbs*

| | |
|---|---|
| cuidar | *to take care of* |
| montar (a caballo) | *to ride a horse* |
| preocuparse por | *to worry about; to concern oneself with* |

### Las cuestiones políticas — *Political issues*

| | |
|---|---|
| el bienestar | *well-being; welfare* |
| la defensa | *defense* |
| la delincuencia | *crime* |
| el desempleo | *unemployment* |
| la deuda (externa) | *(foreign) debt* |
| el impuesto | *tax* |
| la inflación | *inflation* |

### Otras palabras útiles — *Other useful words*

| | |
|---|---|
| un animal doméstico | *a domesticated animal; pet* |
| un animal en peligro de extinción | *an endangered species* |
| un animal salvaje | *a wild animal* |
| el árbol | *tree* |
| el bosque | *forest* |
| la cueva | *cave* |
| la finca | *farm* |
| la granja | *farm* |

| | | | |
|---|---|---|---|
| el hoyo | hole | la huelga | strike |
| el lago | lake | el/la presidente/a | president |
| la montaña | mountain | el rey/la reina | king/queen |
| el océano | ocean | el/la senador/a | senator |
| peligroso/a | dangerous | | |
| el río | river | **Las preposiciones** | *Prepositions* |
| la selva | jungle | a | *to; at* |

**El medio ambiente** — *The environment*

| | | | |
|---|---|---|---|
| el aluminio | aluminum | a la derecha de | *to the right of* |
| la botella | bottle | a la izquierda de | *to the left of* |
| la caja (de cartón) | (cardboard) box | acerca de | *about* |
| la contaminación | pollution | (a)fuera de | *outside of* |
| el derrame de petróleo | oil spill | al lado de | *next to* |
| el huracán | hurricane | antes de | *before (time/space)* |
| el incendio | fire | cerca de | *near* |
| la inundación | flood | con | *with* |
| la lata | can | de | *of; from; about* |
| el papel | paper | debajo de | *under; underneath* |
| el periódico | newspaper | delante de | *in front of* |
| el plástico | plastic | dentro de | *inside of* |
| el sunami | tsunami | desde | *from* |
| el terremoto | earthquake | después de | *after* |
| la tormenta | storm | detrás de | *behind* |
| el tornado | tornado | en | *in* |
| el vidrio | glass | encima de | *on top of* |
| | | enfrente de | *across from; facing* |
| | | entre | *among; between* |

**Unos verbos** — *Some verbs*

| | | | |
|---|---|---|---|
| apoyar | to support | hasta | *until* |
| botar | to throw away | lejos de | *far from* |
| combatir | to fight; to combat | para | *for; in order to* |
| contaminar | to pollute | por | *for; through; by; because of* |
| cuidar | to take care of | según | *according to* |
| elegir (i → i) | to elect | sin | *without* |
| estar en huelga | to be on strike | sobre | *over; about* |
| evitar | to avoid | | |
| hacer daño | to (do) damage; to harm | **Las administraciones y** | *Administrations and* |
| llevar a cabo | to carry out | **los regímenes** | *regimes* |
| luchar | to fight; to combat | el congreso | *congress* |
| matar | to kill | la democracia | *democracy* |
| meterse en política | to get involved in politics | la dictadura | *dictatorship* |
| plantar | to plant | el estado | *state* |
| preocuparse por | to worry about; to concern oneself with | el gobierno | *government* |
| | | la ley | *law* |
| proteger | to protect | la monarquía | *monarchy* |
| reciclar | to recycle | la presidencia | *presidency* |
| reforestar | to reforest | la provincia | *province* |
| rehusar | to refuse | la región | *region* |
| resolver (o → ue) | to resolve | el senado | *senate* |
| sembrar (e → ie) | to sow | | |
| volver | to return | **Las elecciones** | *Elections* |
| votar | to vote | la campaña | *campaign* |
| | | el discurso | *speech* |
| | | la encuesta | *survey; poll* |

**La política** — *Politics*

| | | | |
|---|---|---|---|
| el alcalde/la alcaldesa | mayor | el partido político | *political party* |
| el/la candidato/a | candidate | el voto | *vote* |
| el/la dictador/a | dictator | | |
| el/la diputado/a | deputy; representative | **Otras palabras útiles** | *Other useful words* |
| el/la gobernador/a | governor | el aire | *air* |
| la guerra | war | la basura | *garbage* |
| | | la calidad | *quality* |

| | | | |
|---|---|---|---|
| la capa de ozono | *ozone layer* | puro/a | *pure* |
| el cielo | *sky; heaven* | el recurso natural | *natural resource* |
| el desastre | *disaster* | la selva tropical | *jungle; (tropical) rain forest* |
| la destrucción | *destruction* | la Tierra | *Earth* |
| la ecología | *ecology* | la tierra | *land; soil* |
| el efecto invernadero | *global warming* | la tragedia | *tragedy* |
| la lluvia ácida | *acid rain* | el vertedero | *dump* |
| la naturaleza | *nature* | vivo/a | *alive; living* |
| el planeta | *planet* | | |

# APPENDIX 3

## El alfabeto

The Spanish alphabet is quite similar to the English alphabet except in the ways the letters are pronounced. Learning the proper pronunciation of the individual letters in Spanish will help you pronounce new words and phrases.

| LETTER | LETTER NAME | EXAMPLES | LETTER | LETTER NAME | EXAMPLES |
|--------|-------------|----------|--------|-------------|----------|
| a | a | **a**diós | n | ene | **n**oche |
| b | be | **b**uenos | ñ | eñe | ma**ñ**ana |
| c | ce | **c**lase | o | o | có**m**o |
| ch | che | **Ch**ile | p | pe | **p**or favor |
| d | de | **d**ía | q | cu | **q**ué |
| e | e | **e**spañol | r | ere o erre | seño**r**a, ca**rr**o |
| f | efe | **p**or favor | s | ese | **s**aludos |
| g | ge | lue**g**o | t | te | **t**arde |
| h | hache | **h**ola | u | u | **u**sted |
| i | i | seño**r**ita | v | ve o uve | nue**v**e |
| j | jota | **j**ulio | w | doble ve o uve doble | **W**ashington |
| k | ka | **k**ilómetro | x | equis | e**x**amen |
| l | ele | **l**uego | y | i griega | **y**o |
| ll | elle | Sevi**ll**a | z | zeta | pi**z**arra |
| m | eme | **m**adre | | | |

## Los pronombres personales

The chart below lists the subject pronouns in Spanish and their equivalents in English. As you will note, Spanish has several equivalents for *you*.

| | | | |
|--|--|--|--|
| **yo** | *I* | **nosotros/as** | *we* |
| **tú** | *you* (familiar) | **vosotros/as** | *you* (plural, Spain) |
| **usted** | *you* (formal) | **ustedes** | *you* (plural) |
| **él** | *he* | **ellos** | *they* (masculine) |
| **ella** | *she* | **ellas** | *they* (feminine) |

Generally speaking, **tú** (you, singular) is used for people with whom you are on a first-name basis, such as family members and friends.

**Usted,** abbreviated **Ud.,** is used with people you do not know well, or with people with whom you are not on a first-name basis. **Usted** is also used with older people, or with those to whom you want to show respect.

Spanish shows gender more clearly than English. **Nosotros** and **ellos** are used to refer to either all males or to a mixed group of males and females. **Nosotras** and **ellas** refer to an all-female group.

## El verbo *ser*

Consider the verb *to be* in English. The *to* form of a verb, as in *to be* or *to see* is called an *infinitive*. Note that *to be* has different forms for different subjects.

| to be | | | |
|-------|--|--|--|
| I | **am** | we | **are** |
| you | **are** | you (all) | **are** |
| he, she, it | **is** | they | **are** |

Verbs in Spanish also have different forms for different subjects.

| ser (*to be*) | | | | | |
|---|---|---|---|---|---|
| **Singular** | | | **Plural** | | |
| yo | **soy** | *I am* | nosotros/as | **somos** | *we are* |
| tú | **eres** | *you are* | vosotros/as | **sois** | *you are* |
| él, ella, Ud. | **es** | *he/she is, you are* | ellos/as, Uds. | **son** | *they are, you are* |

- In Spanish, subject pronouns are not required but rather used for clarification or emphasis. Pronouns are indicated by the verb ending. For example:

  **Soy** means *I am*.

  **Es** means either *he is*, *she is*, or *you* (formal) *are*.

- If you are using a subject pronoun, it will appear first, followed by the form of the verb that corresponds to the subject pronoun, and then the rest of the sentence, as in the examples:

  Yo **soy** Mark.         **Soy** Mark.
  Él **es** inteligente.   **Es** inteligente.

## El verbo *tener*

A very common verb in Spanish is **tener** (*to have*). The present tense forms of the verb **tener** follow.

| tener (*to have*) | | | | | |
|---|---|---|---|---|---|
| **Singular** | | | **Plural** | | |
| yo | **tengo** | *I have* | nosotros/as | **tenemos** | *we have* |
| tú | **tienes** | *you have* | vosotros/as | **tenéis** | *you have* |
| él, ella, Ud. | **tiene** | *he/she has, you have* | ellos/as, Uds. | **tienen** | *they have, you have* |

## La formación de preguntas y las palabras interrogativas

### Asking yes/no questions

Yes/no questions in Spanish are formed in two different ways:

a. Adding question marks to the statement.

Antonio habla español.   →   ¿Antonio habla español?
*Antonio speaks Spanish.*        *Does Antonio speak Spanish?* or *Antonio speaks Spanish?*

As in English, your voice goes up at the end of the sentence. Remember that written Spanish has an upside-down question mark at the beginning of a question.

b. Inverting the order of the subject and the verb.

Antonio habla español.   →   ¿Habla Antonio español?
SUBJECT + VERB                VERB + SUBJECT
*Antonio speaks Spanish.*        *Does Antonio speak Spanish?*

## Answering yes/no questions

Answering questions is also like English.

| | |
|---|---|
| ¿Habla Antonio español? | *Does Antonio speak Spanish?* |
| **Sí,** habla español. | *Yes, he speaks Spanish.* |
| **No, no** habla español. | *No, he does not speak Spanish.* |

Notice that in the negative response to the question above, both English and Spanish have two negative words.

## Information questions

Information questions begin with interrogative words. Study the list of question words below and remember, accents are used on all interrogative words and also on exclamatory words: **¡Qué bueno!** (*That's great!*).

| Las palabras interrogativas | *Interrogative words* |
|---|---|
| **¿Adónde?** | *To where?* |
| **¿Cómo?** | *How?* |
| **¿Cuál?** | *Which (one)?* |
| **¿Cuáles?** | *Which (ones)?* |
| **¿Cuándo?** | *When?* |
| **¿Cuánto/a?** | *How much?* |
| **¿Cuántos/as?** | *How many?* |
| **¿Dónde?** | *Where?* |
| **¿Por qué?** | *Why?* |
| **¿Qué?** | *What?* |
| **¿Quién?** | *Who?* |
| **¿Quiénes?** | *Who?* |

## El verbo *estar*

Another verb that expresses *to be* in Spanish is **estar.** Like **tener** and **ser, estar** is not a regular verb; that is, you cannot simply drop the infinitive ending and add the usual **-ar** endings.

**estar** (*to be*)

| Singular | | Plural | |
|---|---|---|---|
| yo | **estoy** | nosotros/as | **estamos** |
| tú | **estás** | vosotros/as | **estáis** |
| él, ella, Ud. | **está** | ellos/as, Uds. | **están** |

**Ser** and **estar** are not interchangeable because they are used differently. Two uses of **estar** are:

1. To describe the location of someone or something.

| | |
|---|---|
| Manuel **está** en la sala de clase. | *Manuel is in the classroom.* |
| Nuestros padres **están** en México. | *Our parents are in Mexico.* |

2. To describe how someone is feeling or to express a change from the norm.

| | |
|---|---|
| **Estoy** bien. ¿Y tú? | *I'm fine. And you?* |
| **Estamos** tristes hoy. | *We are sad today. (Normally we are upbeat and happy.)* |

## Algunos verbos irregulares

Look at the present tense forms of the verbs below. Notice that they all follow the same patterns that you learned to form the present tense of regular verbs, *except* in the **yo** form.

| | dar (*to give*) | conocer (*to be acquainted with*) | hacer (*to do; to make*) | poner (*to put; to place*) |
|---|---|---|---|---|
| yo | do**y** | cono**zco** | ha**go** | pon**go** |
| tú | das | conoces | haces | pones |
| él, ella, Ud. | da | conoce | hace | pone |
| nosotros/as | damos | conocemos | hacemos | ponemos |
| vosotros/as | dais | conocéis | hacéis | ponéis |
| ellos/as, Uds. | dan | conocen | hacen | ponen |

| | salir (*to leave; to go out*) | traer (*to bring*) | ver (*to see*) |
|---|---|---|---|
| yo | sal**go** | traigo | veo |
| tú | sales | traes | ves |
| él, ella, Ud. | sale | trae | ve |
| nosotros/as | salimos | traemos | vemos |
| vosotros/as | salís | traéis | veis |
| ellos/as, Uds. | salen | traen | ven |

Two additional groups of very common irregular verbs follow. Note that **venir** is formed like **tener**.

| | decir (*to say; to tell*) | oír (*to hear*) | venir (*to come*) |
|---|---|---|---|
| yo | digo | oigo | vengo |
| tú | dices | oyes | vienes |
| él, ella, Ud. | dice | oye | viene |
| nosotros/as | decimos | oímos | venimos |
| vosotros/as | decís | oís | venís |
| ellos/as, Uds. | dicen | oyen | vienen |

| | poder (*to be able to*) | querer (*to want; to love*) |
|---|---|---|
| yo | puedo | quiero |
| tú | puedes | quieres |
| él, ella, Ud. | puede | quiere |
| nosotros/as | podemos | queremos |
| vosotros/as | podéis | queréis |
| ellos/as, Uds. | pue**den** | quieren |

## Algunas expresiones con *tener*

The verb **tener,** besides meaning *to have,* is used in a variety of expressions.

| | |
|---|---|
| **tener... años** | *to be... years old* |
| **tener calor** | *to be hot* |
| **tener cuidado** | *to be careful* |
| **tener éxito** | *to be successful* |
| **tener frío** | *to be cold* |
| **tener ganas de + (infinitive)** | *to feel like + (verb)* |
| **tener hambre** | *to be hungry* |
| **tener miedo** | *to be afraid* |
| **tener prisa** | *to be in a hurry* |
| **tener razón** | *to be right* |
| **tener sed** | *to be thirsty* |
| **tener sueño** | *to be sleepy* |
| **tener suerte** | *to be lucky* |
| **tener vergüenza** | *to be embarrassed* |

### Hay

To say *there is* or *there are* in Spanish, you use **hay.** The irregular form **hay** comes from the verb **haber.**

| | |
|---|---|
| **Hay** un baño en mi casa. | *There is one bathroom in my house.* |
| **Hay** cuatro dormitorios también. | *There are also four bedrooms.* |
| —¿**Hay** tres baños en tu casa? | *Are there three bathrooms in your house?* |
| —No, no **hay** tres baños. | *No, there aren't three bathrooms.* |

## CAPÍTULO 4  DE *¡ANDA! CURSO ELEMENTAL*

### Saber y conocer

Both **conocer** and **saber** mean *to know.*

**saber** (*to know*)

| Singular | | Plural | |
|---|---|---|---|
| yo | sé | nosotros/as | sabemos |
| tú | sabes | vosotros/as | sabéis |
| él, ella, Ud. | sabe | ellos/as, Uds. | saben |

The verbs are not interchangeable. Note when to use each.
*Use **conocer** to express *being familiar or acquainted with people, places, and things.*

| | |
|---|---|
| Ellos **conocen** los mejores restaurantes de la ciudad. | *They know the best restaurants in the city.* |
| Sí, **conozco** a tu hermano, pero no muy bien. | *Yes, I know your brother, but not very well.* |

Note:

1. When expressing that *a person* is known, you must use **a.** For example, *Conozco **a** tu hermano...*

2. When **a** is followed by **el, a + el = al.** For example, **Conozco al** señor (a + el señor)...

* Use **saber** to express *knowing facts, pieces of information,* or *how to do something.*

| | |
|---|---|
| ¿Qué **sabes** sobre la música de Guatemala? | *What do you know about Guatemalan music?* |
| Yo **sé** tocar la guitarra. | *I know how to play the guitar.* |

### Los verbos con cambio de raíz

Change e → ie
**cerrar** (*to close*)

| Singular | | Plural | |
|---|---|---|---|
| yo | cierro | nosotros/as | cerramos |
| tú | cierras | vosotros/as | cerráis |
| él, ella, Ud. | cierra | ellos/as, Uds. | cierran |

Other verbs like **cerrar** (e → ie) are:

| **comenzar** | *to begin* | **pensar** | *to think* |
|---|---|---|---|
| **empezar** | *to begin* | **perder** | *to lose; to waste* |
| **entender** | *to understand* | **preferir** | *to prefer* |
| **mentir** | *to lie* | **recomendar** | *to recommend* |

Change e → i
**pedir** (*to ask for*)

| Singular | | Plural | |
|---|---|---|---|
| yo | pido | nosotros/as | pedimos |
| tú | pides | vosotros/as | pedís |
| él, ella, Ud. | pide | ellos/as, Uds. | piden |

Other verbs like **pedir** (e → i) are:

| **repetir** | *to repeat* | **servir** | *to serve* |
|---|---|---|---|
| **seguir*** | *to follow; to continue (doing something)* | | |

*Note: The **yo** form of **seguir** is **sigo.**

Change o → ue
**encontrar** (*to find*)

| Singular | | Plural | |
|---|---|---|---|
| yo | encuentro | nosotros/as | encontramos |
| tú | encuentras | vosotros/as | encontráis |
| él, ella, Ud. | encuentra | ellos/as, Uds. | encuentran |

Other verbs like **encontrar** (o → ue) are:

| **almorzar** | *to have lunch* | **mostrar** | *to show* |
|---|---|---|---|
| **costar** | *to cost* | **recordar** | *to remember* |
| **dormir** | *to sleep* | **volver** | *to return* |
| **morir** | *to die* | | |

Change u → ue
**jugar** (*to play*)

| Singular | | Plural | |
|---|---|---|---|
| yo | juego | nosotros/as | jugamos |
| tú | juegas | vosotros/as | jugáis |
| él, ella, Ud. | juega | ellos/as, Uds. | juegan |

### El verbo ir

Another important verb in Spanish is **ir.** Note its irregular present tense forms below.

**ir** (*to go*)

| Singular | | Plural | |
|---|---|---|---|
| yo | voy | nosotros/as | vamos |
| tú | vas | vosotros/as | vais |
| él, ella, Ud. | va | ellos/as, Uds. | van |

**Voy** al parque. ¿**Van** ustedes también?

*I'm going to the park. Are you all going too?*

No, no **vamos** ahora. Preferimos **ir** más tarde.

*No, we're not going now. We prefer to go later.*

### Ir + a + infinitivo

You can use a present tense form of **ir + a +** an infinitive to talk about actions that will take place in the future.

**Voy a mandar** esta carta. ¿Quieres ir conmigo?

*I'm going to mail this letter. Do you want to come with me?*

Sí. Luego, ¿**vas a almorzar?**

*Yes. Then, are you going to have lunch?*

Sí, **vamos a comer** comida guatemalteca en el restaurante Tikal.

*Yes, we are going to eat Guatemalan food at Tikal Restaurant.*

¡Perfecto! Ya sé que **voy a pedir** unas empanadas.

*Perfect! I already know that I am going to order some empanadas.*

Muy bien. Pero, primero, tengo que ir al banco. ¡**Vamos a necesitar** dinero!

*OK. But first I have to go to the bank. We are going to need money!*

### Las expresiones afirmativas y negativas

Unlike English, Spanish can have two or more negatives in the same sentence. A double negative is actually quite common. For example, **No tengo nada que hacer** is *I don't have anything to do.*

| Expresiones afirmativas | | Expresiones negativas | |
|---|---|---|---|
| a veces | *sometimes* | jamás | *never; not ever* (emphatic) |
| algo | *something/ anything* | nada | *nothing* |
| alguien | *someone* | nadie | *no one; nobody* |
| algún | *some/any* | ningún | *none* |
| alguno/a/os/as | *some/any* | ninguno/a/os/as | *none* |
| siempre | *always* | nunca | *never* |
| o... o | *either... or* | ni... ni | *neither... nor* |

1. **Nadie, nunca,** and **jamás** can go before or after the verb, but when the word **no** is used in the same sentence, **no** goes before the verb and the negative word goes after the verb.

**No** viene **nadie** para tomarle la presión.

*No one is coming to take his blood pressure.*

**Nadie** viene para tomarle la presión.

**No** vienes **nunca** a la clínica con nosotras.

*You never come to the clinic with us.*

**Nunca** vienes a la clínica con nosotras.

2. **Algún** and **ningún**

   a. Forms of **algún** and **ningún** need to agree in gender and number with the noun they modify.

   b. **Algún** and **ningún** are used when followed by masculine singular nouns.

   c. When no noun follows, use **alguno** or **ninguno** when referring to masculine singular nouns, and **alguna** or **ninguna** when referring to feminine singular nouns.

¿Tienes a **algún** paciente que se haya curado de esa enfermedad?

No, no tengo a **ninguno.** La verdad es que **ninguna** enfermedad de los pulmones es fácil de curar.

### Un repaso de *ser* y *estar*

You have learned two Spanish verbs that mean *to be* in English. These verbs, **estar** and **ser,** are contrasted below.

**\*Estar** is used:

- **To describe physical or personality characteristics that can change, or to indicate a change in condition**

Esos dependientes **están** enfermos y por eso no pudieron venir a trabajar hoy.

*Those salesclerks are sick and therefore could not come to work today.*

Jorge y Julia **están** tristes.

*Jorge and Julia are sad.*

La cocina **está** sucia.

*The kitchen is dirty.*

- **To describe the location of people or places**

El cine Rialto **está** en la Calle Ochoa.

*The Rialto movie theater is on Ochoa Street.*

**Estamos** en el centro comercial.

*We're at the mall.*

¿Dónde **estás** tú?

*Where are you?*

- **With the present participle (-ando, -iendo) to create the presente progresivo**

**Estoy** comiendo en el Restaurante Río Viejo con mis padres ahora mismo. Después te llamo.

*I'm eating at the Río Viejo Restaurant with my parents right now. I'll call you later.*

**\* Ser** is used:

- **To describe physical or personality characteristics that remain relatively constant**

Este banquero **es** muy listo.

*This banker is really clever.*

Yanina **es** guapa.

*Yanina is pretty.*

Su tienda de campaña **es** amarilla.

*Their tent is yellow.*

Las casas **son** grandes.

*The houses are large.*

- **To explain what or who someone or something is**

La Sra. García **es** la dueña de la cadena de tiendas Mucha Moda.

*Mrs. García es the owner of the Mucha Moda chain of stores.*

Marisol **es** mi hermana.

*Marisol is my sister.*

- **To tell time, or to tell when or where an event takes place**

El concierto de Juanes **es** en el Teatro Coliseo y **es** a las ocho de la tarde.

*The Juanes concert is at the Coliseo Theater at 8:00 P.M.*

**Son** las ocho.

*It's eight o'clock.*

Mi clase de español **es** a las las ocho y **es** en Peabody Hall.

*My Spanish class is at eight o'clock and is in Peabody Hall.*

- **To tell where someone is from and to express nationality**

Todos los meseros **son** de Guadalajara. **Son** mexicanos, no guatemaltecos.

*All the servers/waiters are from Guadalajara. They are Mexican, not Guatemalan.*

**Somos** hondureños.

Ellos **son** de Guatemala.

**Son** guatemaltecos.

*We are Honduran.*

*They are from Guatemala.*

*They are Guatemalan.*

## CAPÍTULO 5 DE ¡ANDA! CURSO ELEMENTAL

### Los adjetivos demostrativos

When you want to point out a specific person, place, thing, or idea, you use a *demonstrative adjective*. In Spanish, they are:

| Demonstrative Adjectives | Meaning | Referring to... |
|---|---|---|
| este, esta, estos, estas | *this, these* | something nearby |
| ese, esa, esos, esas | *that, those over there* | something farther away |
| aquel, aquella, aquellos, aquellas | *that, those (way) over there* | something even farther away in distance and/or time... perhaps not even visible |

Because forms of **este, ese,** and **aquel** are adjectives, they must agree in gender and number with the nouns they modify. Note the following examples.

**Este** sueldo es muy bajo y **esos** beneficios son terribles.

*This salary is very low and those benefits are terrible.*

**Esas** destrezas son necesarias para una maestra competente.

*Those skills are necessary for a competent teacher.*

**Aquella** aspirante no tiene la formación que requiere **este** trabajo.

*That applicant does not have the training that this job requires.*

### Los pronombres demostrativos

Demonstrative pronouns take the place of nouns. They are identical in form and meaning to the demonstrative adjectives, with the exception of the ***accent mark***.

| Masculino | Femenino | Meaning |
|---|---|---|
| éste | ésta | *this one* |
| éstos | éstas | *these* |
| ése | ésa | *that one* |
| ésos | ésas | *those* |
| aquél | aquélla | *that one (way over there/not visible)* |
| aquéllos | aquéllas | *those (way over there/not visible)* |

A demonstrative pronoun must agree in gender and number with the noun it replaces. Observe how demonstrative adjectives and demonstrative pronouns are used in the following sentences.

Yo quiero comprar **este CD,** pero mi hermana quiere comprar **ése.**

*I want to buy this CD, but my sister wants to buy that one.*

—¿Te gusta **esa guitarra?**

*Do you like that guitar?*

—No, a mí me gusta **ésta.**

*No, I like this one.*

**Estos instrumentos** son interesantes, pero prefiero tocar **ésos.**

*These instruments are interesting, but I prefer to play those.*

En **esta** calle hay varios cines. ¿Quieres ir a **aquél?**

*There are several movie theaters on this street. Do you want to go to that one over there?*

### Los adverbios

Many Spanish adverbs end in **-mente,** which is equivalent to the English *-ly*. They describe a verb and usually answer the question *how*. These Spanish adverbs are formed as follows:

1. Add **-mente** to the *feminine singular* form of an *adjective*.

| ADJETIVOS | | ADVERBIOS |
|---|---|---|
| **Masculino** | **Femenino** | |
| rápido → | *rápida* + -mente → | **rápidamente** |
| lento → | *lenta* + -mente → | **lentamente** |
| tranquilo → | *tranquila* + -mente → | **tranquilamente** |

2. If an *adjective* ends in a *consonant* or in **-e,** simply add **-mente.**

| ADJETIVOS | | ADVERBIOS |
|---|---|---|
| **Masculino** | **Femenino** | |
| fácil → | *fácil* + -mente → | **fácilmente** |
| suave → | *suave* + -mente → | **suavemente** |

*Note that if an adjective has a written accent, it is retained when **-mente** is added.

### El presente progresivo

If you want to emphasize that an action is occurring at the moment—that it is in progress—you can use the **present progressive** instead of the simple present.

1. The English *present progressive* is made up of a form of the verb *to be* + *present participle* (*-ing*). The form is the same in Spanish: *estar* + present participle (*-ando, -iendo*).

¿Qué **estás** compr**ando?**

*What are you buying?*

¿**Estás** com**iendo** helado?

*Are you eating ice cream?*

Tu novio **está** mir**ando** los anillos.

*Your boyfriend is looking at rings.*

¿**Están** consider**ando** los zapatos con los tacones altos?

*Are they considering the shoes with the high heels?*

Me **estoy** afeit**ando.**/ **Estoy** afeit**ándo**me.

*I'm shaving.*

2. The following verbs have irregular present participles.

| | | | |
|---|---|---|---|
| creer | creyendo | perseguir | persiguiendo |
| leer | leyendo | repetir | repitiendo |
| ir | yendo | seguir | siguiendo |
| decir | diciendo | servir | sirviendo |
| mentir | mintiendo | dormir | durmiendo |
| pedir | pidiendo | morir | muriendo |
| preferir | prefiriendo | | |

3. Object pronouns as well as reflexive pronouns can either be placed before the form of **estar** or attached to the *present participle*. Attaching them to the participle will necessitate an accent mark.

| | |
|---|---|
| Se está durmiendo *o* Está durmiéndose. | *She's falling asleep.* |
| Se los estamos dando *o* Estamos dándoselos. | *We are giving it to them.* |

### Los números ordinales

The first ten ordinal numbers in Spanish are listed below. They are the most commonly used.

| | |
|---|---|
| **primer, primero/a** | *first* |
| **segundo/a** | *second* |
| **tercer, tercero/a** | *third* |
| **cuarto/a** | *fourth* |
| **quinto/a** | *fifth* |
| **sexto/a** | *sixth* |
| **séptimo/a** | *seventh* |
| **octavo/a** | *eighth* |
| **noveno/a** | *ninth* |
| **décimo/a** | *tenth* |

1. Ordinal numbers are adjectives and agree in number and gender with the nouns they modify.

| | |
|---|---|
| el **cuarto** año | *the fourth year* |
| la **octava** sinfonía | *the eighth symphony* |

2. Before a masculine singular noun, **primero** and **tercero** are shortened to **primer** and **tercer.**

| | |
|---|---|
| el **primer** concierto | *the first concert* |
| el **tercer** curso de español | *the third Spanish course* |

3. As seen in the examples above, ordinal numbers usually *precede* the noun.

### *Hay que* + infinitivo

The expression **hay que** + *infinitive* is used to communicate responsibility, obligation, or the importance of something. **Hay que** + *infinitive* means:

*It is necessary to…*
*You must…*
*One must/should…*

| | |
|---|---|
| Para ser un músico bueno, **hay que** ensayar mucho. | *To be a good musician, one must rehearse a lot.* |
| **Hay que** estudiar mucho para sacar buenas notas. | *It is necessary to study a lot to receive good grades.* |
| **Hay que** ver la nueva película de Almodóvar. | *You must see the new Almodóvar film.* |

### Los pronombres de complemento directo y la "a" personal

*Direct objects* receive the action of the verb and answer the questions *What?* or *Whom?*

*Note the following examples of *direct objects* in Spanish.

| | |
|---|---|
| María toca **dos instrumentos** muy bien. | *María plays two instruments very well.* |
| Sacamos **un CD** el primero de septiembre. | *We are releasing a CD the first of September.* |
| ¿Tienes **las entradas**? | *Do you have the tickets?* |
| No conozco a **Antonio Banderas.** | *I do not know Antonio Banderas.* |
| Siempre veo a **Shakira** en la televisión. | *I always watch Shakira on TV.* |

Now that you have learned about direct objects, a more global way of stating the rule is: When direct objects refer to *people*, you must use the personal **a.** Review the following examples.

| People | Things |
|---|---|
| ¡Veo **a** *Cameron Díaz*! | ¡Veo *el coche* de Cameron Díaz! |
| Hay que ver **a** *mis padres*. | Hay que ver *la película*. |
| ¿**A** qué *actores* conoces? | ¿Qué *ciudades* conoces? |

As in English, we can replace direct objects nouns with *direct object pronouns*. Note the following examples.

| | |
|---|---|
| María **los** toca muy bien. | *María plays them very well.* |
| **Lo** sacamos el primero de septiembre. | *We are releasing it the first of September.* |
| ¿**Las** tienes? | *Do you have them?* |
| No **lo** conozco. | *I do not know him.* |
| Siempre **la** veo en la televisión. | *I always see her on TV.* |

In Spanish, direct object pronouns *agree in gender and number with the nouns they replace.* The chart below lists the direct object pronouns.

| | SINGULAR | | PLURAL |
|---|---|---|---|
| **me** | *me* | **nos** | *us* |
| **te** | *you* | **os** | *you all* |
| **lo, la** | *him, her, it, you* | **los, las** | *them, you all* |

### Placement of direct object pronouns

Direct object pronouns are:

1. Placed before the verb.

2. Attached to *infinitives* or to the *present participle* (**-ando, -iendo**).

| | | |
|---|---|---|
| ¿Tienes los discos compactos? | → | Sí, **los** tengo. |
| Tengo que traer los instrumentos. | → | **Los** tengo que traer. / Tengo que traer**los.** |
| Tiene que llevar su guitarra. | → | **La** tiene que llevar. / Tiene que llevar**la.** |

—¿Por qué estás preparando la comida para tu madre?
—**La** estoy preparando porque mi madre está enferma. / Estoy preparándo**la** porque mi madre está enferma.

## CAPÍTULO 7 DE *¡ANDA! CURSO ELEMENTAL*

### El pretérito

To express something you did or something that occurred in the past, you can use the **pretérito** (*preterit*).

## Los verbos regulares

*Note the endings for regular verbs in the **pretérito** below.

|  | -ar: comprar | -er: comer | -ir: vivir |
|---|---|---|---|
| yo | compré | comí | viví |
| tú | compraste | comiste | viviste |
| él, ella, Ud. | compró | comió | vivió |
| nosotros/as | compramos | comimos | vivimos |
| vosotros/as | comprasteis | comisteis | vivisteis |
| ellos/as, Uds. | compraron | comieron | vivieron |

| | |
|---|---|
| Pablo se **afeitó** la barba y el bigote. | *Pablo shaved his beard and mustache.* |
| ¿Ah, sí? Su novia **llegó** ayer y seguramente **se quejó**. | *Oh yeah? His girlfriend arrived yesterday and she must have complained.* |
| Precisamente. **Empezó** a llamarlo "Oso". | *Exactly. She started to call him "Bear."* |

## Algunos verbos irregulares en el pretérito

Remember that the following verbs are irregular in the **pretérito;** they follow a pattern of their own. Study the verb charts to refresh your memory regarding the similarities and differences among the forms.

|  | andar | estar | tener |
|---|---|---|---|
| yo | anduve | estuve | tuve |
| tú | anduviste | estuviste | tuviste |
| él, ella, Ud. | anduvo | estuvo | tuvo |
| nosotros/as | anduvimos | estuvimos | tuvimos |
| vosotros/as | anduvisteis | estuvisteis | tuvisteis |
| ellos/as, Uds. | anduvieron | estuvieron | tuvieron |

| | |
|---|---|
| El verano pasado **anduvimos** mucho por la playa. | *Last summer we walked on the beach a lot.* |
| ¿En qué bar **estuvieron** Uds.? | *In which bar were you all?* |
| Juan **tuvo** muy buena suerte —¡**ganó** la lotería! | *Juan was really lucky—he won the lottery!* |

|  | conducir | traer | decir |
|---|---|---|---|
| yo | conduje | traje | dije |
| tú | condujiste | trajiste | dijiste |
| él, ella, Ud. | condujo | trajo | dijo |
| nosotros/as | condujimos | trajimos | dijimos |
| vosotros/as | condujisteis | trajisteis | dijisteis |
| ellos/as, Uds. | condujeron | trajeron | dijeron |

| | |
|---|---|
| **Conduje** el coche nuevo de mi padre anoche. | *I drove my father's new car last night.* |

| | |
|---|---|
| Rubén **trajo** a su madre a la fiesta. | *Rubén brought his mother to the party.* |
| ¿**Dijeron** la verdad sobre el accidente? | *Did they tell the truth about the accident?* |

|  | ir | ser |
|---|---|---|
| yo | fui | fui |
| tú | fuiste | fuiste |
| él, ella, Ud. | fue | fue |
| nosotros/as | fuimos | fuimos |
| vosotros/as | fuisteis | fuisteis |
| ellos/as, Uds. | fueron | fueron |

| | |
|---|---|
| Ayer **cené** con Ana. | *I had dinner with Ana yesterday.* |
| La cena **fue** deliciosa. | *The dinner was delicious.* |
| **Fuimos** al mercado para comprar mariscos. | *We went to the market to buy seafood.* |
| La gente del mercado **fue** muy amable. | *The people at the market were very kind.* |

|  | dar | ver | venir |
|---|---|---|---|
| yo | di | vi | vine |
| tú | diste | viste | viniste |
| él, ella, Ud. | dio | vio | vino |
| nosotros/as | dimos | vimos | vinimos |
| vosotros/as | disteis | visteis | vinisteis |
| ellos/as, Uds. | dieron | vieron | vinieron |

|  | hacer | querer |
|---|---|---|
| yo | hice | quise |
| tú | hiciste | quisiste |
| él, ella, Ud. | hizo | quiso |
| nosotros/as | hicimos | quisimos |
| vosotros/as | hicisteis | quisisteis |
| ellos/as, Uds. | hicieron | quisieron |

|  | poder | poner | saber |
|---|---|---|---|
| yo | pude | puse | supe |
| tú | pudiste | pusiste | supiste |
| él, ella, Ud. | pudo | puso | supo |
| nosotros/as | pudimos | pusimos | supimos |
| vosotros/as | pudisteis | pusisteis | supisteis |
| ellos/as, Uds. | pudieron | pusieron | supieron |

| | |
|---|---|
| Juan me **dio** un regalo. | *Juan gave me a gift.* |
| **Vimos** a mucha gente rara en la fiesta. | *We saw many strange people at the party.* |

| ¿**Vinieron** sus tíos también? | *Did his aunt and uncle come as well?* |
| No **pudieron. Tuvieron** que trabajar. | *They couldn't. They had to work.* |
| ¿Qué **hizo** Juan después de la fiesta? | *What did Juan do after the party?* |

### Verbos con cambio de raíz

1. With **stem-changing verbs,** the first letters in parentheses after the infinitives represent the *present-tense* spelling changes. **Most stem-changing verbs (o-ue) and (e-ie) are regular in the preterit.**

Common stem-changing verbs are:

**(e → ie)**

cerrar *to close*
despertar(se) *to wake up*
entender *to understand*
recomendar *to recommend*

**(o → ue)**

perder *to lose*
sentar(se) *to sit, sit down*
costar *to cost*
encontrar *to find*
mostrar *to show*
recordar *to remember*
volver *to return*

2. The **-ir** stem changing verbs are irregular in the **él** and **ellos** forms of the **pretérito**. Note in the following chart how the spelling change is indicated.

| | dormir (o → ue → u) | pedir (e → i → i) | preferir (e → ie → i) |
|---|---|---|---|
| yo | dormí | pedí | preferí |
| tú | dormiste | pediste | preferiste |
| él, ella, Ud. | durmió | pidió | prefirió |
| nosotros/as | dormimos | pedimos | preferimos |
| vosotros/as | dormisteis | pedisteis | preferisteis |
| ellos/as, Uds. | durmieron | pidieron | prefirieron |

**(o → ue → u)**

morir — *to die*

**(e → i → i)**

repetir — *to repeat*
servir — *to serve*
seguir — *to follow*
vestir(se) — *to dress, get dressed*

**(e → ie → i)**

divertirse — *to have a good time*
mentir — *to lie*
sentir(se) — *to feel*

| Anoche los niños **durmieron** por primera vez en su dormitorio nuevo. | *Last night the children slept in their new bedroom for the first time.* |

| Mi madre nos **sirvió** la comida en el comedor y usó los platos especiales. | *My mother served us the meal in the dining room and used the special dishes.* |
| Mis primos hicieron la fiesta en el jardín y todos **se divirtieron** mucho. | *My cousins had the party in the garden and everyone had a great time.* |

3. Verbs that end in **-car** (buscar, sacar), **-zar** (comenzar, almorzar, empezar), and **-gar** (pagar, jugar) have spelling changes in the **yo** form of the preterit.

| | bus**car** c → qu | comen**zar** z → c | pa**gar** g → gu |
|---|---|---|---|
| yo | bus**qué** | comen**cé** | pa**gué** |
| tú | buscaste | comenzaste | pagaste |
| él, ella, Ud. | buscó | comenzó | pagó |
| nosotros/as | buscamos | comenzamos | pagamos |
| vosotros/as | buscasteis | comenzasteis | pagasteis |
| ellos/as, Uds. | buscaron | comenzaron | pagaron |

Note:

- **c** changes to **qu** to preserve the sound of the hard **c** of the infinitive
- **g** changes to **gu** to preserve the sound of the hard **g** (**g** before **e** or **i** sounds like the **j** sound in Spanish)

| Te **busqué** en la cocina, pero no te encontré. | *I looked for you in the kitchen but didn't find you.* |
| **Pagué** $500 por el sofá. | *I paid $500 for the sofa.* |
| Ayer **comencé** a redecorar el comedor. | *Yesterday I began to redecorate the dining room.* |

4. Verbs that end in **-eer** (creer, leer) and **-uir** (construir, contribuir) have a *y* in the **él** and **ellos** forms.

| | creer | construir |
|---|---|---|
| yo | creí | construí |
| tú | creiste | construiste |
| él, ella, Ud. | cre**yó** | constru**yó** |
| nosotros/as | creimos | construimos |
| vosotros/as | creisteis | construisteis |
| ellos/as, Uds. | cre**yeron** | constru**yeron** |

| Mis hermanos **leyeron** las instrucciones para montar el estante, pero no las **pudieron** comprender. | *My brothers read the directions for putting together the book-case but could not understand them.* |

### CAPÍTULO 8   DE *¡ANDA! CURSO ELEMENTAL*

### Los pronombres de complemento indirecto

The indirect object indicates *to whom* or *for whom* an action is done. Note these examples:

## Los pronombres de complemento indirecto

| | |
|---|---|
| me | *to/for me* |
| te | *to/for you* |
| le | *to/for him, her, you* (Ud.) |
| nos | *to/for us* |
| os | *to/for you all* (vosotros) |
| les | *to/for them, you all* (Uds.) |

| | | |
|---|---|---|
| Mi madre | **me** | compra mucha ropa. |
| Mi madre | **te** | compra mucha ropa. |
| Mi madre | **le** | compra mucha ropa a mi hermano. |
| Mi madre | **nos** | compra mucha ropa. |
| Mi madre | **os** | compra mucha ropa. |
| Mi madre | **les** | compra mucha ropa a mis hermanos. |

| | |
|---|---|
| ¿**Me** traes la falda de rayas? | *Will you bring me the striped skirt?* |
| Su novio **le** regaló la chaqueta de cuero. | *Her boyfriend gave her the leather jacket.* |
| Mi hermana **me** compró la blusa de seda. | *My sister bought me the silk blouse.* |
| Nuestra compañera de cuarto **nos** lavó la ropa. | *Our roommate washed our clothes for us.* |

### Some things to remember:

1. Like direct object pronouns, indirect object pronouns *precede* the verb and can also be *attached to infinitives and present participles* (**-ando, -iendo**).

| | |
|---|---|
| ¿**Me** quieres dar el dinero? | *Do you want to give me the money?* |
| ¿Quieres dar**me** el dinero? | |
| ¿**Me** vas a dar el dinero? | *Are you going to give me the money?* |
| ¿Vas a dar**me** el dinero? | |
| ¿**Me** estás dando el dinero? | *Are you giving me the money?* |
| ¿Estás dándo**me** el dinero? | |
| Manolo **te** puede comprar la gorra en la tienda. | *Manolo can buy you the hat at the store.* |
| Manolo puede comprar**te** la gorra en la tienda. | |
| Su hermano **le** va a regalar una camiseta. | *Her brother is going to give her a T-shirt.* |
| Su hermano va a regalar**le** una camiseta. | |

2. To clarify or emphasize the indirect object, a prepositional phrase (**a** + *prepositional pronoun*) can be added, as in the following sentences. Clarification of **le** and **les** is especially important because they can refer to different people (*him, her, you, them, you all*).

| | |
|---|---|
| **Le** presto el abrigo **a él,** pero no **le** presto nada **a ella.** | *I'm loaning him my coat, but I'm not loaning her anything.* (clarification) |
| ¿**Me** preguntas **a mí?** | *Are you asking me?* (emphasis) |

3. As you have seen, indirect object pronouns are used without the indirect object noun when the person to/for whom the action is being done is known.

## *Gustar* y verbos como *gustar*

As you already know, the verb **gustar** is used to express likes and dislikes. **Gustar** functions differently from other verbs.

- The person, thing, or idea that is liked is the *subject* (S) of the sentence.
- The person who likes the other person, thing, or idea is the *indirect object* (IO).

Consider the chart below:

| | | | |
|---|---|---|---|
| (A mí) | **me** | gusta el traje. | *I like the suit.* |
| (A ti) | **te** | gusta el traje. | *You like the suit.* |
| (A él) | **le** | gusta el traje. | *He likes the suit.* |
| (A ella) | **le** | gusta el traje. | *She likes the suit.* |
| (A Ud.) | **le** | gusta el traje. | *You like the suit.* |
| (A nosotros/as) | **nos** | gusta el traje. | *We like the suit.* |
| (A vosotros/as) | **os** | gusta el traje. | *You (all) like the suit.* |
| (A ellos/as) | **les** | gusta el traje. | *They like the suit.* |
| (A Uds.) | **les** | gusta el traje. | *You (all) like the suit.* |

### Note:

1. The construction **a** + *pronoun* (**a mí, a ti, a él,** etc.) or **a** + *noun* is optional most of the time. It is used for clarification or emphasis. Clarification of **le gusta** and **les gusta** is especially important because the indirect object pronouns **le** and **les** can refer to different people (*him, her, you, them, you all*).

| | |
|---|---|
| **A él le gusta** llevar ropa cómoda. (clarification) | *He likes to wear comfortable clothes.* |
| **A Ana le gusta** llevar ropa cómoda. (clarification) | *Ana likes to wear comfortable clothes.* |
| **Me gustan** esos pantalones de lunares. | *I like those pants with the polka dots.* |
| **A mí me gustan** más ésos de rayas (emphasis). | *I like those striped ones even more.* |

2. Use the plural form **gustan** when what is liked (the subject of the sentence) is plural.

| | | |
|---|---|---|
| Me gusta **el traje.** | → | Me gusta**n** **los trajes.** |
| *I like the suit.* | | *I like the suits.* |

3. To express the idea that one likes *to do* something, **gustar** is followed by an infinitive. In that case, you always use the singular **gusta,** even when you use more than one infinitive in the sentence:

| | |
|---|---|
| **Me gusta ir** de compras por la mañana. | *I like to go shopping in the morning.* |
| A Pepe **le gusta leer** revistas de moda y **llevar** ropa atrevida. | *Pepe likes to read fashion magazines and wear daring clothing.* |
| **Nos gusta hacer** ejercicio y **andar** antes de ir a clase. | *We like to exercise and walk before going to class.* |

The verbs listed below function in the same way as **gustar:**

| | |
|---|---|
| **encantar** | *to love; delight* |
| **fascinar** | *to fascinate* |
| **hacer falta** | *to need; be lacking* |
| **importar** | *to matter; be important* |
| **molestar** | *to bother* |

| **Me encanta** ir de compras. | *I love to go shopping. (Shopping delights me.)* |
| A Doug y a David **les fascina** la tienda de ropa Rugby. | *The Rugby clothing store fascinates (is fascinating to) Doug and David.* |
| ¿**Te hace falta** dinero para comprar el vestido? | *Do you need (are you lacking) money to buy the dress?* |
| A Juan **le importa** el precio de la ropa, no la moda. | *The price of the clothing, not the style, matters (is important) to Juan.* |
| **Nos molestan** las personas que llevan sandalias en invierno. | *People who wear sandals in the winter bother us.* |

## Los pronombres de complemento directo e indirecto usados juntos

Note how direct and indirect object pronouns are used together in the same sentence. In the following sample sentences, the indirect object pronoun precedes the direct object pronoun.

| La profesora **nos** está devolviendo **los exámenes.** | → | La profesora **nos los** está devolviendo. |
| *The professor is giving us back the exams.* | | *The professor is giving them back to us.* |
| ¡Ella no **nos** regala **las notas**! | → | ¡Ella no **nos las** regala! |
| *She does not give away grades!* | | *She does not give them to us!* |
| Tatiana **me** pide **dinero** ahora. | → | Tatiana **me lo** pide ahora. |
| *Tatiana is asking me for money now.* | | *Tatiana is asking me for it now.* |
| Mi novio **me** trae **la comida.** | → | Mi novio **me la** trae. |
| *My boyfriend brings me food.* | | *My boyfriend brings it to me.* |

**¡Ojo!** A change occurs when you use **le** or **les** along with a direct object pronoun that begins with *l* (**lo, la, los, las**): **le** or **les** changes to **se.**

le → se

| Tatiana **le** pide **un favor a él.** | → | Tatiana **se lo** pide a él. |
| Memo **le** lleva **comida a su novia.** | → | Memo **se la** lleva a su novia. |
| La profesora no **le** regala **la nota al estudiante.** | → | La profesora no **se la** regala al estudiante. |

les → se

| La profesora **les** devuelve **los exámenes a ellos.** | → | La profesora **se los** devuelve a ellos. |
| Ella **les** da **buenas notas a todos los estudiantes.** | → | Ella **se las** da a todos los estudiantes. |
| Yo no **le** pido **un favor al profesor.** | → | Yo no **se lo** pido al profesor. |

Direct and indirect object pronouns may also be attached to infinitives and present participles. Note that when the pronouns are attached, an accent is placed over the final vowel of the infinitive and the next-to-last vowel of the participle.

| ¿Aquel abrigo? Mi madre **me lo** va a comprar. | |
| ¿Aquel abrigo? Mi madre va a comprár**melo.** | *That coat over there? My mother is going to buy it for me.* |
| **Me lo** está comprando ahora. | |
| Está comprándo**melo** ahora. | *She is buying it for me now.* |

## Las construcciones reflexivas

### Los verbos reflexivos

When the subject both performs and receives the action of the verb, a reflexive verb and pronoun are used. Look at the chart that follows; the reflexive pronouns are boldfaced.

| | **despertarse** | *to wake up* |
| --- | --- | --- |
| yo | **me** despierto | *I wake (myself) up* |
| tú | **te** despiertas | *you wake (yourself) up* |
| él, ella, Ud. | **se** despierta | *he/she/you wake (him/her/yourself) up* |
| nosotros/as | **nos** despertamos | *we wake (ourselves) up* |
| vosotros/as | **os** despertáis | *you all wake (yourselves) up* |
| ellos/as, Uds. | **se** despiertan | *they/you wake (themselves/yourselves) up* |

Reflexive pronouns follow the same rules for position as other object pronouns.

**Reflexive pronouns:**

1. precede a conjugated verb.
2. can be attached to infinitives and present participles (**-ando, -iendo**).

| Te vas a **duchar.** | *You are going to shower.* |
| Vas a **ducharte.** | |
| ¿Se van a **duchar** esta noche? | *Are they going to shower tonight?* |
| ¿Van a **ducharse** esta noche? | |
| ¿Se están **duchando** ahora? | *Are they showering now?* |
| ¿Están **duchándose** ahora? | |

\* Note that some verbs change their meaning slightly between nonreflexive and reflexive forms. For example: *dormir* (to sleep) and *dormirse* (to fall asleep); *ir* (to go) and *irse* (to leave).

## El imperfecto

The **imperfecto** expresses habitual or ongoing past actions, provides descriptions, and describes conditions.

|         | pintar      | componer     | construir      |
|---------|-------------|--------------|----------------|
| yo      | pintaba     | componía     | construía      |
| tú      | pintabas    | componías    | construías     |
| él, ella, Ud. | pintaba | componía    | construía      |
| nosotros/as | pintábamos | componíamos | construíamos |
| vosotros/as | pintabais | componíais  | construíais    |
| ellos/as, Uds. | pintaban | componían   | construían     |

Mis hermanos y yo **pintábamos** la cerca todos los veranos.

*My brothers and I used to paint the fence every summer.*

Mi padres **componían** los juguetes que rompíamos.

*My father would repair the toys that we broke.*

**Construía** castillos en la arena y pescaba en la orilla.

*I built castles in the sand and fished on the shore.*

There are *only three irregular verbs* in the imperfect: **ir, ser,** and **ver.**

|         | ir      | ser     | ver      |
|---------|---------|---------|----------|
| yo      | iba     | era     | veía     |
| tú      | ibas    | eras    | veías    |
| él, ella, Ud. | iba | era   | veía     |
| nosotros/as | íbamos | éramos | veíamos |
| vosotros/as | ibais | erais  | veíais   |
| ellos/as, Uds. | iban | eran | veían    |

Todos los viernes **íbamos** a fiestas en casa de nuestros primos.

*Every Friday we would go to parties at our cousins' house.*

**Eran** siempre magníficas con mucha música, comida increíble y buenos amigos.

*They were always magnificent/ great, with a lot of music, incredible food, and good friends.*

No nos **veíamos** mucho durante la semana, pero **nos divertíamos** juntos los fines de semana.

*We did not see each other much during the week, but we had fun together on the weekends.*

### 1. To provide background information, set the stage, or express a condition that existed

**Llovía** mucho.

*It was raining a lot.*

**Era** una noche oscura y nublada.

*It was a dark, cloudy night.*

**Estábamos** en el segundo año de la universidad.

*We were in the second year of college.*

### 2. To describe habitual or often-repeated actions

**Trabajábamos** en la construcción de casas todos los veranos.

*We worked (used to work) in construction every summer.*

Cuando **era** pequeña, Cristina **diseñaba** ropa para sus muñecas.

*When she was little, Cristina designed (used to design) clothing for her dolls.*

Cada año mi padre **hacía** un presupuesto para la familia.

*Every year my father made a budget for the family.*

Some words or expressions for describing habitual and repeated actions are:

| **a menudo** | *often* |
|---|---|
| **casi siempre** | *almost always* |
| **frecuentemente** | *frequently* |
| **generalmente** | *generally* |
| **mientras** | *while* |
| **muchas veces** | *many times* |
| **mucho** | *a lot* |
| **normalmente** | *normally* |
| **siempre** | *always* |
| **todos los días** | *every day* |

### 3. To express *was or were ___ing*

¿**Reparabas** la puerta?

*Were you repairing the door?*

**Hablaban** con el arquitecto cuando yo llegué.

*They were talking to the architect when I arrived.*

Alberto **pagaba** las facturas mientras Alicia **guardaba** los libros.

*Alberto was paying bills while Alicia was putting away books.*

### 4. To tell time in the past

**Era** la una y yo todavía **buscaba** los azulejos perfectos.

*It was 1:00 and I was still looking for the perfect tiles.*

**Eran** las siete y media y el contratista **hablaba** con sus obreros.

*It was 7:30 and the contractor was talking to his workers.*

## CAPÍTULO 9  DE ¡ANDA! CURSO ELEMENTAL

### Un resumen de los pronombres de complemento directo, indirecto y reflexivos

Here is a summary of the forms, functions, and positioning of the *direct* and *indirect object pronouns*, as well as the *reflexive pronouns*:

| LOS PRONOMBRES DE COMPLEMENTO **DIRECTO** | | LOS PRONOMBRES DE COMPLEMENTO **INDIRECTO** | | LOS PRONOMBRES **REFLEXIVOS** | |
|---|---|---|---|---|---|
| Direct object pronouns tell *what* or *who* receives the action of the verb. They replace direct object nouns and are used to avoid repetition. | | Indirect object pronouns tell *to whom* or *for whom* something is done or given. | | Reflexive pronouns indicate that the *subject* of a sentence or clause *receives the action of the verb.* | |
| me | *me* | me | *to/for me* | me | *myself* |
| te | *you* | te | *to/for you* | te | *yourself* |
| lo, la | *him/her/ you/it* | le (se) | *to/for him/ her/you* | se | *himself/ herself/yourself* |
| nos | *us* | nos | *to/for us* | nos | *ourselves* |
| os | *you (all)* | os | *to/for you (all)* | os | *yourselves* |
| los, las | *them/you* | les (se) | *to/for them/ you* | se | *themselves/ yourselves* |

Felipe va a comprar un Porche hoy. **Lo** compra por cincuenta mil dólares. Dice que quiere regalárse**lo** a su esposa. *Felipe is buying a Porche today. He is buying it for $50,000. He says that he wants to give it to his wife.*

**Le** compra el coche ahora. **Le** va a regalar el coche para su cumpleaños; es muy gastador. *He is buying her the car now. He is going to give her the car for her birthday; he is very extravagant.*

**Se** afeita el bigote y la barba. Ahora **se** parece a Matt Damon. *He is shaving his moustache and beard. Now he looks like Matt Damon.*

## Position

- **Object pronouns and reflexive pronouns come *before* the verb.**

Su esposo **le** compra una peluca nueva. *Her husband is buying her a new wig.*

Después **se la** va a poner antes de maquillar**se**. *Then she is going to put it on before she puts on her makeup.*

- **Object pronouns and reflexive pronouns can also be attached to the end of:**

### infinitives

La peluquera **le** va a cortar el pelo a las cuatro. *The hairdresser is going to cut his hair at four o'clock.*

La peluquera va a cortar**le** el pelo a las cuatro.

Después **se** va a reunir con sus amigos. *Then he will meet with his friends.*

Después va a reunir**se** con sus amigos.

### present participles (-ando, -iendo)

**La** está leyendo ahora. *He is reading it now.*

Está leyéndo**la** ahora.

**Se** está poniendo histérico. *He is becoming hysterical.*

Está poniéndo**se** histérico.

## Sequence

- **When a direct (DO) and indirect object (IO) pronoun are used together, the *indirect object precedes the direct object*.**

- **If both the direct and the indirect object pronoun begin with the letter *l*, the indirect object pronoun changes from *le* or *les* to *se*, as in the next example.**

Quiero mandar la carta al director ahora mismo. *I want to send the letter to the director right now.*

**Se la** quiero mandar ahora mismo. *I want to send it to him right now.*

Quiero mandár**sela** ahora mismo.

## La "a" personal

You may recall that **a** is sometimes known as the **personal a.** When direct objects refer to *people*, you must use the personal **a.** Review the following examples.

| PEOPLE | THINGS |
|---|---|
| Veo **a** *Jorge*, el chico callado. | Veo *el coche* de Jorge, el chico callado. |
| Tenemos que ver **a** *nuestros padres.* | Tenemos que ver *el tatuaje de mi padre.* |
| ¿**A** qué *actores* conoces? | ¿Qué *ciudades* conoces? |

## ¡Qué! y ¡cuánto!

You have used **qué** and **cuánto** as interrogative words, but these words can also be used in exclamatory sentences.

—Felipe, ¡**qué** anillo! *Felipe, what a ring!*

—María, ¡**cuánto** te quiero! *María, I love you so much!*

—Mi cabeza, ¡**qué** dolor! *My head—what pain!*

—**Cuánto** lo siento. *I'm so sorry. (How sorry I am.)*

—¡**Qué** susto! ¡Se cortó el dedo! *What a scare! He cut his finger!*

—Se ve muy mal. ¡**Qué** feo! *It looks really bad. How awful! (It looks awful/ugly.)*

—¡**Qué** doctor! Le salvó la vida. *What a doctor! He saved his life. I'm so thankful. (How grateful I am.)*

—**Cuánto** se lo agradezco.

* Note that in the examples above, **cuánto** accompanies *verbs* and is masculine and singular. When **cuánto** accompanies *nouns*, it must agree with them in gender and number:

—¡**Cuántas** recetas y todavía estoy tosiendo! *So many prescriptions and I am still coughing!*

—Sí, y ¡**cuántos** estudiantes con la misma cosa! *Yes, and so many students with the same thing!*

---

## El pretérito y el imperfecto

The preterit and the imperfect are two past tenses that are not interchangeable. The point of view of the speaker is important in choosing between the two. If the speaker views a particular action as *completed*, then the *preterit* is needed. If, for the speaker, the action is *incomplete*, *in progress*, or *ongoing*, the *imperfect* is needed. The uses of the two tenses are contrasted below.

| PRETÉRITO | IMPERFECTO |
|---|---|
| 1. To relate an event or occurrence that refers to **one specific time in the past** | 1. To express **habitual** or **often-repeated actions** |
| **Fuimos** a una boda en Santiago el año pasado. *We went to a wedding in Santiago last year.* | **Íbamos** a Santiago todos los veranos. *We used to go to Santiago every summer.* |
| El día antes de la boda, **comimos** en el restaurante La Puerta del Sol y nos gustó mucho. *The night before the wedding, we ate at La Puerta del Sol restaurant and we liked it a lot.* | **Comíamos** en el restaurante La Puerta del Sol todos los lunes. *We used to eat at La Puerta del Sol restaurant every Monday.* |

| | |
|---|---|
| 2. To relate an act **begun or completed in the past**<br><br>**Empezó** a llover.<br>*It started to rain.*<br><br>**Se casaron** el sábado pasado.<br>*They got married last Saturday.*<br><br>La boda **comenzó** a las cinco.<br>*The wedding began at 5:00.* | 2. To express *was or were* _____*ing*<br><br>**Llovía** sin parar.<br>*It rained without stopping.*<br><br>En la Capilla del Mar las bodas **ocurrían** todos los sábados.<br>*In the Capilla del Mar weddings occurred every Saturday.*<br><br>**Comenzaba** la boda cuando llegamos.<br>*The wedding was beginning when we arrived.* |
| 3. To relate a **sequence of events**, each completed and each one moving the narrative along toward its conclusion<br><br>El novio **llegó** tarde, se vistió rápidamente y entró en la capilla.<br>*The groom arrived late, dressed quickly, and entered the chapel.*<br><br>Al día siguiente **salieron** en su luna de miel.<br>*The next day they left on their honeymoon.*<br><br>**Fueron** a Macchu Picchu y allí **vieron** muchos ejemplos de la magnífica arquitectura inca. Después **anduvieron** un poco por el camino de los incas. Se **divirtieron** mucho.<br>*They went to Macchu Picchu, and there they saw many examples of the magnificent Incan architecture. Afterward they walked a bit on the Incan road. They had a great time.* | 3. To provide **background** information, set the stage, or express a pre-existing condition<br><br>**Era** un día magnífico. El sol **brillaba** en un cielo azul claro.<br>*It was a magnificent day. The sun was shining in a bright blue sky.*<br><br>Los recién casados **llevaban** pantalones cortos y lentes de sol.<br>*The newlyweds were wearing shorts and sunglasses.*<br><br>El camino **era** estrecho y **había** muchos turistas.<br>*The path was narrow and there were many tourists.* |
| 4. To relate an action that took place within a **specified or specific amount (segment) of time**<br><br>Aquella noche **bailaron** (por) dos horas.<br>*That night they danced for two hours.*<br><br>**Celebramos** (por) cinco horas.<br>*We celebrated for five hours.*<br><br>Después **estuvieron** en la playa por tres días.<br>*Afterwards they were at the beach for three days.*<br><br>**Vivimos** en Punta Arenas (por) seis años.<br>*We lived in Punta Arenas for six years.* | 4. To **tell time** in the past<br><br>**Era** la una.<br>*It was 1:00.*<br><br>**Eran** las tres y media.<br>*It was 3:30.*<br><br>**Era** muy tarde.<br>*It was very late.*<br><br>**Era** la medianoche.<br>*It was the middle of the night (midnight).* |

| WORDS AND EXPRESSIONS THAT COMMONLY SIGNAL: | |
|---|---|
| **PRETERIT** | **IMPERFECT** |
| anoche<br>anteayer<br>ayer<br>de repente (*suddenly*)<br>el fin de semana pasado<br>el mes pasado<br>el lunes pasado/el martes pasado, etc.<br>esta mañana<br>una vez, dos veces, etc.<br>siempre (when an end point is obvious) | a menudo<br>cada semana/mes/año<br>con frecuencia<br>de vez en cuando (*once in a while*)<br>muchas veces<br>frecuentemente<br>todos los lunes/martes/etc.<br>todas las semanas<br>todos los días/meses/años<br>siempre (when an event is repeated with no particular end point) |

* Note that the preterit and imperfect can be used in the same sentence:

| | |
|---|---|
| **Cantaban** cuando **llegaron** los novios. | *They were singing when the bride and groom arrived.* |
| **Terminaba** la ceremonia cuando ella **se despidió.** | *He was finishing the ceremony when she said good-bye.* |

What follows are additional uses of the preterit and the imperfect: preterit versus the imperfect in simultaneous and recurrent actions.

• When recurrent actions or conditions are described, the preterit indicates that the actions or conditions have already taken place and are viewed as completed; the imperfect emphasizes habitual or repeated past actions or conditions.

| | |
|---|---|
| El verano pasado **fuimos** a la playa, donde **tomamos** el sol en la orilla y **descansamos** bajo una sombrilla. | *Last summer we went to the beach, where we sunbathed by the shore and rested under an umbrella.* |
| En el verano **íbamos** a la playa, donde **tomábamos** el sol en la orilla y **descansábamos** bajo una sombrilla. | *In the summer we would go to the beach, where we used to sunbathe by the shore and rest under an umbrella.* |

Cuando **estuvimos** en el extranjero, **cambiamos** mucho el itinerario y **visitamos** lugares que no habíamos pensado visitar antes.

*When we were abroad, we changed the itinerary a lot and visited places we hadn't planned on visiting before/ previously.*

Cuando **estábamos** en el extranjero, **cambiábamos** mucho el itinerario y **visitábamos** lugares que no **pensábamos** visitar antes.

*When we were abroad, we would change the itinerary a lot and would visit places that we didn't plan on visiting before.*

• When two or more past events or conditions are mentioned together, it is common to use the imperfect in one clause to describe the setting, conditions, or actions in progress while using the preterit in the other to tell what happened.

Cuando el avión **aterrizó** en San Juan, **eran** las cinco de la tarde y **llovía** a cántaros.

*When the plane landed in San Juan, it was five o'clock and raining cats and dogs.*

El recepcionista **hablaba** con el portero cuando **llegamos** al hotel.

*The receptionist was talking to the doorman when we arrived at the hotel.*

El huésped **buscaba** sus llaves cuando **entró** la camarera.

*The guest was looking for his keys when the maid entered.*

## Expresiones con *hacer*

The verb **hacer** means *to do* or *to make*. It also appears in idiomatic expressions dealing with weather.

There are some additional special constructions with **hacer** that deal with time. **Hace** is used:

1. to discuss an action that began in the past but is still going on in the present.

| **hace** + *period of time* + **que** + *verb in the present tense* |
| --- |

**Hace** diez años **que** no como carne.

*I haven't eaten meat in ten years.*

**Hace** un mes **que** busco esos ingredientes exóticos.

*I've been looking for those exotic ingredients for a month.*

**Hace** dos semanas **que** tengo el nuevo libro de recetas.

*I've had the new cookbook for two weeks.*

2. to ask how long something has been going on.

| **cuánto (tiempo)** + **hace** + **que** + *verb in present tense* |
| --- |

¿Cuántos años **hace que** coleccionas estas recetas?

*How many years have you been collecting these recipes?*

¿Cuánto tiempo **hace que** buscan un nuevo cocinero?

*How long have they been looking for a new cook?*

¿Cuántas semanas **hace que** trabajas en este restaurante?

*How many weeks have you been working in this restaurant?*

3. in the preterit to tell how long ago something happened.

| **hace** + *period of time* + **que** + *verb in the preterit* |
| --- |

**Hace** un mes **que** empecé a preparar panqueques para mis hijos ¡y les encantan!

*I began to make pancakes for my children a month ago, and they love them!*

**Hace** dos días **que** fuimos al mercado de aire libre.

*We went to the open-air market two days ago.*

**Hace** dos semanas **que** vi el programa.

*I saw the program two weeks ago.*

or

| *verb in the preterit* + **hace** + *period of time* |
| --- |

Empecé a preparar panqueques para mis hijos **hace** un mes ¡y les encantan!

*I began to make pancakes for my children a month ago, and they love them!*

Fuimos al mercado de aire libre **hace** dos días.

*We went to the open-air market two days ago.*

Vi el programa **hace** dos semanas.

*I saw the program two weeks ago.*

\* Note that in this construction **hace** can either precede or follow the rest of the sentence. When it follows, **que** is not used.

4. to ask how long ago something happened.

| **cuánto (tiempo)** + **hace** + **que** + *verb in preterit* |
| --- |

¿Cuánto tiempo **hace que** empezaste a preparar panqueques para tus hijos?

*How long ago did you begin to make pancakes for your children?*

¿Cuánto tiempo **hace que** limpiaste la cocina?

*How long has it been since you cleaned the kitchen?*

## CAPÍTULO 10 DE ¡ANDA! CURSO ELEMENTAL

### Los mandatos informales

When you need to give instructions, advise, or ask people to do something, you use commands. If you are addressing a friend or someone you normally address as **tú**, you use informal commands.

1. The affirmative *tú* command form is the same as the *él, ella, Ud.* form of the present tense of the verb:

| Infinitive | | Present tense | Affirmative *tú* command |
| --- | --- | --- | --- |
| llenar | él, ella, Ud. | llena | llena |
| leer | él, ella Ud. | lee | lee |
| pedir | él, ella Ud. | pide | pide |

Llena el tanque. — *Fill the tank.*

Dobla a la derecha. — *Turn right.*

Conduce con cuidado. — *Drive carefully.*

Pide permiso. — *Ask permission.*

**There are eight common verbs that have irregular affirmative tú commands:**

| decir | **di** | ir | **ve** | salir | **sal** | tener | **ten** |
| --- | --- | --- | --- | --- | --- | --- | --- |
| hacer | **haz** | poner | **pon** | ser | **sé** | venir | **ven** |

**Sé** respetuoso con los peatones.

*Be respectful of pedestrians.*

**Ten** cuidado al conducir.

*Be careful when driving.*

**Ven** al aeropuerto con tu pasaporte.

*Come to the airport with your passport.*

**Pon** las llaves en la mesa.

*Put the keys on the table.*

2. To form the negative *tú* commands:

   a. Take the **yo** form of the present tense of the verb.
   b. Drop the **-o** ending.
   c. Add *-es* for **-ar** verbs, and add *-as* for **-er** and **-ir** verbs.

| Infinitive | Present tense | | Negative *tú* command |
|---|---|---|---|
| llenar | yo llen**ø** | + es | no llen**es** |
| leer | yo le**ø** | + as | no le**as** |
| pedir | yo pid**ø** | + as | no pid**as** |

No llen**es** el tanque.

*Don't fill the tank.*

No dobl**es** a la derecha.

*Don't turn right.*

No conduz**cas** muy rápido.

*Don't drive very fast.*

No pid**as** permiso.

*Don't ask permission.*

Verbs ending in **-car, -gar,** and **-zar** have a spelling change in the negative **tú** command. These spelling changes are needed to preserve the sound of the infinitive ending.

| Infinitive | Present tense | | Negative *tú* command |
|---|---|---|---|
| sacar | yo saco | c → qu | no sa**qu**es |
| llegar | yo llego | g → gu | no lle**gu**es |
| empezar | yo empiezo | z → c | no empie**c**es |

3. Object and reflexive pronouns are used with *tú* commands in the following ways:

   a. They are *attached* to the end of *affirmative* commands. When the command is made up of more than two syllables after the pronoun(s) is/are attached, a written accent mark is placed over the stressed vowel.

Se pinchó una llanta. **¡Cámbiamela!**

*I got a flat tire. Change it for me!*

Tu bicicleta no funciona. **Revísala.**

*Your bike does not work. Check it.*

Me gusta tu coche. **Préstamelo.**

*I like your car. Loan it to me.*

Llegamos tarde. **¡Estaciónate,** por favor!

*We are late. Park, please!*

   b. They are placed *before negative* **tú** commands.

No se nos pinchó una llanta.

*We don't have a flat tire.*

¡No **me la** cambies!

*Don't change it for me!*

Tu bicicleta funciona.

*Your bicycle works.*

No **la** vendas.

*Don't sell it.*

No me gusta ese coche.

*I don't like that car.*

No **me lo** compres.

*Don't buy it for me.*

Llegamos tarde.

*We are late.*

No **te** estaciones aquí, por favor.

*Do not park here, please.*

## Los mandatos formales

When you need to influence others by making a request, giving advice, or giving orders to people you normally treat as **Ud.** or **Uds.**, you use formal commands. The forms of these commands are similar to the negative **tú** command forms.

1. To form the **Ud.** and **Uds.** commands:

   a. Take the **yo** form of the present tense of the verb.
   b. Drop the **-o** ending.
   c. Add **-e(n)** for **-ar** verbs, and add **-a(n)** for **-er** and **-ir** verbs.

| INFINITIVE | PRESENT TENSE | | UD. COMMANDS | UDS. COMMANDS |
|---|---|---|---|---|
| limpiar | yo limpi**ø** | + e(n) | (no) limpi**e** | (no) limpi**en** |
| leer | yo le**ø** | + a(n) | (no) le**a** | (no) le**an** |
| pedir | yo pid**ø** | + a(n) | (no) pid**a** | (no) pid**an** |

**Limpie** los palos de golf para mí, por favor. **Límpiemelos,** por favor.

*Please clean the golf clubs. Please clean them.*

**No compre** esa bicicleta roja.

*Don't buy that red bicycle.*

**No la compre.**

*Don't buy it.*

**No patinen** en la calle y **no dejen** sus monopatines en la calle. **No los dejen** en la calle.

*Don't skate on the street and don't leave your skateboards on the street. Don't leave them on the street.*

**Lean** las direcciones cuidadosamente sobre los nuevos artículos deportivos. **Léanlas** cuidadosamente.

*Read the directions for the new sporting equipment carefully. Read them carefully.*

2. Verbs ending in **-car, -gar,** and **-zar** have a spelling change in the **Ud.** and **Uds.** commands. These spelling changes are needed to preserve the sound of the infinitive ending.

| INFINITIVE | PRESENT TENSE | | UD./UDS. COMMANDS |
|---|---|---|---|
| sacar | yo saco | c → q | sa**qu**e(n) |
| llegar | yo llego | g → gu | lle**gu**e(n) |
| empezar | yo empiezo | z → c | empie**c**e(n) |

3. These verbs also have irregular forms for the **Ud./Uds.** commands:

| | |
|---|---|
| dar | **dé(n)** |
| estar | **esté(n)** |
| ir | **vaya(n)** |
| saber | **sepa(n)** |
| ser | **sea(n)** |

4. Finally, compare the forms of the **tú** and **Ud./Uds.** commands:

|  | TÚ COMMANDS | | UD./UDS. COMMANDS | |
|---|---|---|---|---|
|  | AFFIRMATIVE | NEGATIVE | AFFIRMATIVE | NEGATIVE |
| hablar | habl**a** | no habl**es** | habl**e(n)** | no habl**e(n)** |
| comer | com**e** | no com**as** | com**a(n)** | no com**a(n)** |
| pedir | pid**e** | no pid**as** | pid**a(n)** | no pid**a(n)** |

## Otras formas del posesivo

You have learned how to say *my, your, his, ours,* etc. (**mi/s, tu/s, su/s, nuestro/a/os/as, vuestro/a/os/as, su/s**). In Spanish you can also show possession with the long (or stressed) forms, the equivalent of the English *of mine, of yours, of his, of hers, of ours,* and *of theirs.*

| Singular | | Plural | | |
|---|---|---|---|---|
| **Masculine** | **Feminine** | **Masculine** | **Feminine** | |
| mío | mía | míos | mías | *mine* |
| tuyo | tuya | tuyos | tuyas | *yours* (fam.) |
| suyo | suya | suyos | suyas | *his, hers, yours, theirs* (form.) |
| nuestro | nuestra | nuestros | nuestras | *ours* |
| vuestro | vuestra | vuestros | vuestras | *yours* (fam.) |

| | | |
|---|---|---|
| **Mi** coche funciona bien. | **El coche mío** funciona bien. | **El mío** funciona bien. |
| **Nuestros** boletos cuestan mucho. | **Los boletos nuestros** cuestan mucho. | **Los nuestros** cuestan mucho. |
| ¿Dónde están **tus** llaves? | ¿Dónde están **las llaves tuyas?** | ¿Dónde están **las tuyas?** |
| **Su** multa es de $100. | **La multa suya** es de $100. | **La suya** es de $100. |

* Note that the third person forms (**suyo/a/os/as**) can have more than one meaning. To avoid confusion, you can use:

| | *article + noun + de + subject pronoun:* |
|---|---|
| | el coche de él/ella |
| el coche suyo | el coche de Ud. |
| | el coche de ellos/ellas |
| | el coche de Uds. |

## El comparativo y el superlativo

### El comparativo

1. The formula for comparing unequal things follows the same pattern as in English:

**más** + *adjective/adverb/noun* + **que**
**menos** + *adjective/adverb/noun* + **que**

| | |
|---|---|
| La exhibición de escultura es **más** interesante **que** la exhibición de pintura. | *The sculpture exhibit is more interesting than the exhibit of paintings.* |
| Hay **menos** obras maestras **que** en años pasados. | *There are **fewer** masterpieces **than** in years past.* |
| La acuarela se vendió **más** rápido **que** el óleo. | *The watercolor sold faster **than** the oil painting.* |

• When comparing numbers, **de** is used instead of **que**:

| | |
|---|---|
| El museo tiene **más de** doscientos cuadros. | *The museum has **more than** two hundred paintings* |

2. The formula for comparing two or more *equal* things also follows the same pattern as in English:

**tan** + *adjective/adverb* + **como**      *as... as*
**tanto(a/os/as)** + *noun* + **como**      *as much/many... as*

| | |
|---|---|
| Este pintor no es **tan** innovador **como** aquél. | *This painter is not **as** innovative **as** that one (over there).* |
| Me parece que el artista no tiene **tanta** habilidad **como** él cree. | *It seems to me that the artist does not have **as much** ability **as** he thinks.* |
| Los cuadros de Manuel no tienen **tanto** valor **como** los cuadros de su padre. | *Manuel's paintings are not **as** valuable **as** his father's.* |

### El superlativo

1. To compare three or more people or things, use the superlative. The formula for expressing the superlative is:

**el, la, los, las** (*noun*) + **más/menos** + *adjective* (+ **de**)

| | |
|---|---|
| Éste es el coro **más grande del** mundo. | *This is the largest choir in the world.* |
| ¿Cuál es la sinfonía **más reconocida de** Beethoven? | *Which is Beethoven's most recognized symphony?* |
| El Teatro Colón es **el más antiguo de** la ciudad. | *The Colón Theater is the oldest in the city.* |

2. The adjectives *bueno/a, malo/a, grande,* and *pequeño/a* are irregular in the comparative and the superlative.

| | Comparative | | | Superlative | |
|---|---|---|---|---|---|
| bueno/a | *good* | mejor | *better* | el/la mejor | *the best* |
| malo/a | *bad* | peor | *worse* | el/la peor | *the worst* |
| grande | *big* | mayor | *bigger* | el/la mayor | *the biggest* |
| pequeño/a | *small* | menor | *smaller* | el/la menor | *the smallest* |

| | |
|---|---|
| En mi opinión, Paco de Lucía es **el mejor** guitarrista del flamenco. | *In my opinion Paco de Lucía is the best flamenco guitarrist.* |
| Esta obra de teatro tiene que ser **la peor** que he visto en mi vida. | *This play has to be the worst I have seen in my life.* |
| Aunque Julia es **la menor**, tiene la voz más fuerte de la familia. | *Although Julia is the youngest, she has the strongest voice in the family.* |

## CAPÍTULO 11 DE ¡ANDA! CURSO ELEMENTAL

### El subjuntivo

In Spanish, *tenses* such as the present, past, and future are grouped under two different moods: the **indicative** mood and the **subjunctive** mood.

Indicative mood | Subjunctive mood
Present | Present
Past | Past
Future | Future

- The *indicative* mood reports what happened, is happening, or will happen.

- The *subjunctive* mood, on the other hand, is used to express doubt, insecurity, influence, opinion, feelings, hope, wishes, or desires that can be happening now, have happened in the past, or will happen in the future.

## Present subjunctive

To form the subjunctive, take the **yo** form of the present indicative, drop the final **-o**, and add the following endings.

| Present indicative | *yo* form | | Present subjunctive |
|---|---|---|---|
| estudiar | estudiø | + e | **estudie** |
| comer | comø | + a | **coma** |
| vivir | vivø | + a | **viva** |

| | estudiar | comer | vivir |
|---|---|---|---|
| yo | estudie | coma | viva |
| tú | estudies | comas | vivas |
| él, ella, Ud. | estudie | coma | viva |
| nosotros/as | estudiemos | comamos | vivamos |
| vosotros/as | estudiéis | comáis | viváis |
| ellos/as, Uds. | estudien | coman | vivan |

Es probable que los entrenadores **estudien** bien el video del partido para saber cómo mejorar el equipo. | *It is likely that the coaches study the video of the game carefully to know how to improve the team.*

Es necesario que todos los jugadores **coman** bien antes del partido. | *It is necessary that all the players eat well before the game.*

Es importante que **vivamos** una vida sana. | *It is important that we live a healthy life.*

## Irregular forms

- Verbs with irregular **yo** forms mantain this irregularity in all forms of the present subjunctive. Note the following examples.

| | conocer | hacer | poner | venir |
|---|---|---|---|---|
| yo | conozca | haga | ponga | venga |
| tú | conozcas | hagas | pongas | vengas |
| él, ella, Ud. | conozca | haga | ponga | venga |
| nosotros/as | conozcamos | hagamos | pongamos | vengamos |
| vosotros/as | conozcáis | hagáis | pongáis | vengáis |
| ellos/as, Uds. | conozcan | hagan | pongan | vengan |

Ojalá que **conozcamos** a los nuevos jugadores antes de empezar la temporada. | *I hope we meet the new players before the season begins.*

Es necesario que **pongamos** todo el equipaje deportivo en nuestro carro porque ellos no lo pueden llevar. | *It is necessary that we put all the sports equipment in our car because they can't take it.*

- Verbs ending in **-car, -gar,** and **-zar** have a spelling change in all present subjunctive forms, in order to maintain the sound of the infinitive.

| | | Present indicative | Present subjunctive |
|---|---|---|---|
| buscar | c → qu | yo busco | bus**que** |
| pagar | g → gu | yo pago | pa**gue** |
| empezar | z → c | yo empiezo | empie**ce** |

| | buscar | pagar | empezar |
|---|---|---|---|
| yo | busque | pague | empiece |
| tú | busques | pagues | empieces |
| él, ella, Ud. | busque | pague | empiece |
| nosotros/as | busquemos | paguemos | empecemos |
| vosotros/as | busquéis | paguéis | empecéis |
| ellos/as, Uds. | busquen | paguen | empiecen |

Es bueno que te **busquemos** un casco ahora si piensas jugar en el equipo de la universidad. | *It's good that we're looking for a helmet for you now if you are planning to play on the university team.*

Es muy importante que **empieces** a entrenar todos los días si quieres tener éxito. | *It is very important that you begin to practice every day if you want to be successful.*

## Stem-changing verbs

In the present subjunctive, stem-changing **-ar** and **-er** verbs make the same vowel change that they do in the present indicative: **e → ie** and **o → ue**.

| | pensar (e → ie) | poder (o → ue) |
|---|---|---|
| yo | piense | pueda |
| tú | pienses | puedas |
| él, ella, Ud. | piense | pueda |
| nosotros/as | pensemos | podamos |
| vosotros/as | penséis | podáis |
| ellos/as, Uds. | piensen | puedan |

Ojalá que **piensen** en nosotros cuando sean atletas famosos. | *I hope they think about us when they are famous athletes.*

Es improbable que **puedan** ser buenos atletas de pista y campo porque no les gusta correr. | *It's unlikely that they can be good track and field athletes because they don't like to run.*

Es malo que siempre **perdamos** cuando jugamos contra Real Madrid. | *It's bad that we always lose when we play against Real Madrid.*

The pattern is different with the **-ir** stem-changing verbs. In addition to their usual changes of **e → ie, e → i,** and **o → ue**, in the **nosotros** and **vosotros** forms, the stem vowels change from **ie → i** and **ue → u**.

| | sentir (e → ie, i) | dormir (o → ue, u) |
|---|---|---|
| yo | sienta | duerma |
| tú | sientas | duermas |
| él, ella, Ud. | sienta | duerma |
| nosotros/as | sintamos | durmamos |
| vosotros/as | sintáis | durmáis |
| ellos/as, Uds. | sientan | duerman |

Es imprescindible que nosotros **durmamos** por lo menos ocho horas si queremos ganar el partido mañana.

*It's essential that we sleep at least eight hours if we want to win the game tomorrow.*

Es triste que **se sientan** tan mal cuando nosotros **nos sintamos** tan bien.

*It's sad that they feel so bad when we feel so well.*

The **e → i** stem-changing verbs keep the change in all forms.

|  | pedir (e → i, i) |
|---|---|
| yo | pida |
| tú | pidas |
| él, ella, Ud. | pida |
| nosotros/as | pidamos |
| vosotros/as | pidáis |
| ellos/as, Uds. | pidan |

Ojalá que nos **pidan** nuestras opiniones sobre el partido —¡fue horrible!

*I hope they ask us for our opinions about the game— it was horrible!*

Es dudoso que esta cancha nos **sirva** para entrenar —es muy pequeña.

*It is doubtful that this court will work for us to practice on— it is really small.*

## Irregular verbs in the present subjunctive

- The following verbs are irregular in the subjunctive.

|  | dar | estar | saber | ser | ir |
|---|---|---|---|---|---|
| yo | dé | esté | sepa | sea | vaya |
| tú | des | estés | sepas | seas | vayas |
| él, ella, Ud. | dé | esté | sepa | sea | vaya |
| nosotros/as | demos | estemos | sepamos | seamos | vayamos |
| vosotros/as | deis | estéis | sepáis | seáis | vayáis |
| ellos/as, Uds. | den | estén | sepan | sean | vayan |

**Dar** has a written accent on the first- and third-person singular forms (**dé**) to distinguish it from the preposition **de.**

All forms of **estar,** except the **nosotros** form, have a written accent in the present subjunctive.

¡Ojalá que **seamos** los campeones de este año!

*I hope we are this year's champions!*

Es increíble que **estén** todavía en el gimnasio — fueron allí a las ocho de la mañana.

*It is incredible that they are still at the gym—they went there at 8:00 this morning.*

Es necesario que **vaya** contigo para comprar la tabla de surf porque yo tengo el dinero.

*It is necessary that I go with you to buy the surfboard because I have the money.*

## Using the subjunctive

One of the uses of the subjunctive is with fixed expressions that communicate opinion, doubt, probability, and wishes. They are always followed by the subjunctive.

### Opinion

| | |
|---|---|
| Es bueno/malo/mejor que… | *It's good/bad/better that…* |
| Es importante que… | *It's important that…* |
| Es increíble que… | *It's incredible that…* |
| Es una lástima que… | *It's a pity/shame that…* |
| Es necesario que… | *It's necessary that…* |
| Es preferible que… | *It's preferable that…* |
| Es raro que… | *It's rare/unusual that…* |

### Doubt and probability

| | |
|---|---|
| Es dudoso que… | *It's doubtful that…* |
| Es imposible que… | *It's impossible that…* |
| Es improbable que… | *It's unlikely that…* |
| Es posible que… | *It's possible that…* |
| Es probable que… | *It's likely that…* |

### Wishes and hopes

| | |
|---|---|
| Ojalá (que)… | *Let's hope that…/Hopefully…* |

## *Por* y *para*

Spanish has two main words to express *for*: **por** and **para.** They have distinct uses and are not interchangeable.

| **Por** is used to express: | **Para** is used to express: |
|---|---|
| 1. Duration of time (*during, for*) | 1. Point in time or a deadline (*for, by*) |
| Pensamos en el viaje **por** una semana antes de comprar los boletos. <br> *We thought about the trip for a week before buying the tickets.* | El mecánico va a revisar el coche **para** el viernes. <br> *The mechanic is going to check the car by Friday.* |
| Estuve en Madrid **por** dos meses el año pasado. <br> *I was in Madrid for two months last year.* | Necesitamos comprar los boletos de ida y vuelta **para** el doce de marzo. <br> *We need to buy the round-trip tickets by the twelfth of March.* |
| Nos visitaron **por** varias horas anoche. <br> *They visited us for several hours last night.* | Van a abrir la autopista **para** las once. <br> *They are going to open the highway by eleven o'clock.* |
| 2. Movement or location (*through, along, past, around*) | 2. Destination (*for*) |
| Viajó **por** el campo de camino a la ciudad. <br> *He traveled through the countryside on his way to the city.* | Hoy a las diez salgo **para** Cancún. <br> *Today at 10:00 I leave for Cancún.* |
| Caminamos **por** el parque antes de ir a cenar. <br> *We walked around the park before going to dinner.* | Manejábamos **para** el hotel cuando vimos el accidente. <br> *We were driving to the hotel when we saw the accident.* |
| Pasaron **por** mi casa antes de ir a la estación de tren. <br> *They passed by my house before going to the train station.* | El autobús va **para** Santiago primero. <br> *The bus is headed for Santiago first.* |

**3. Motive** (*on account of, because of, for*)

Decidieron quedarse en un hotel de lujo **por** sus abuelos.
*They decided to stay in a luxury hotel because of their grandparents.*

Volamos en vez de conducir **por** falta de tiempo.
*We flew instead of driving because of a lack of time.*

**4. Exchange** (*in exchange for*)

Felipe pagó sesenta dólares **por** su pasaporte.
*Felipe paid sixty dollars for his passport.*

Le dimos las gracias **por** toda su ayuda con el viaje.
*We thanked him for all his help with the trip.*

Estacionamos al lado del aeropuerto **por** $10 al día.
*We parked beside the airport for $10 a day.*

**5. Means** (*by*)

Mis padres por fin decidieron viajar a Patagonia **por** autobús.
*My parents finally decided to travel to Patagonia by bus.*

Hablamos con él **por** teléfono antes de mandarle el dinero.
*We talked to him by phone before we sent him the money.*

En vez de ir caminando fuimos **por** metro.
*Instead of walking we went by subway.*

**3. Recipients or intended person or persons** (*for*)

Tengo una propina **para** el botones.
*I have a tip for the bellhop.*

Compramos el carro para nuestro hijo.
*We bought the car for our son.*

Trabajo **para** el agente de viajes más conocido de la ciudad.
*I work for the best-known travel agent in the city.*

**4. Comparison** (*for*)

**Para** un hombre que viaja tanto, no le gusta volar.
*For a man who travels a lot, he does not like to fly.*

Tiene un sistema de trenes excelente **para** un país en desarrollo.
*It has an excellent train system for a developing country.*

**Para** un carro barato, tiene todas las cosas de lujo que necesito yo.
*For a cheap car, it has all the luxury items that I need.*

**5. Purpose or goal** (*to, in order to*)

**Para** conservar la gasolina y ahorrar dinero, decidí comprar un coche pequeño.
*To conserve gas and save money, I decided to buy a small car.*

Mi hermana tiene que prepararse bien **para** sacar la licencia.
*My sister has to prepare herself well to get her license.*

**Para** entrar por la puerta principal, necesitamos cruzar aquí.
*To enter by the main door, we need to cross here.*

---

## Las preposiciones y los pronombres preposicionales

Besides the prepositions **por** and **para,** there is a variety of useful prepositions and prepositional phrases.

| | |
|---|---|
| **a** | *to; at* |
| **a la derecha de** | *to the right of* |
| **a la izquierda de** | *to the left of* |
| **acerca de** | *about* |
| **(a)fuera de** | *outside of* |
| **al lado de** | *next to* |
| **antes de** | *before* (*time/space*) |
| **cerca de** | *near* |
| **con** | *with* |
| **de** | *of; from; about* |
| **debajo de** | *under; underneath* |
| **delante de** | *in front of* |
| **dentro de** | *inside of* |
| **desde** | *from* |
| **después de** | *after* |
| **detrás de** | *behind* |
| **en** | *in* |
| **encima de** | *on top of* |
| **enfrente de** | *across from; facing* |
| **entre** | *among; between* |
| **hasta** | *until* |
| **lejos de** | *far from* |
| **para** | *for; in order to* |
| **por** | *for; through; by; because of* |
| **según** | *according to* |
| **sin** | *without* |
| **sobre** | *over; about* |

El centro de reciclaje está **a la derecha del** supermercado.
*The recycling center is to the right of the supermarket.*

La alcadesa va a hablar **acerca de** los problemas que tenemos con la protección del cocodrilo cubano.
*The mayor is going to speak about the problems we are having with the protection of the Cuban crocodile.*

Vimos un montón de plástico **encima del** papel.
*We saw a mountain of plastic on top of the paper.*

Quieren sembrar flores **enfrente del** vertedero.
*They want to plant flowers in front of the dump.*

El proyecto no puede tener éxito **sin** el apoyo del gobierno local.
*The project cannot be successful without the support of the local government.*

## Los pronombres preposicionales

The following pronouns follow prepositions.

| | | | |
|---|---|---|---|
| **mí** | *me* | **nosotros/as** | *us* |
| **ti** | *you* | **vosotros/as** | *you* |
| **él** | *him* | **ellos** | *them* |
| **ella** | *her* | **ellas** | *them* |
| **usted** | *you* | **ustedes** | *you* |

**Para mí,** es muy importante resolver el problema de la lluvia ácida.
*For me, it's really important to solve the problem of acid rain.*

¿Qué candidato está sentado **enfrente de ti**?
*Which candidate is seated in front of you?*

Se fueron de la huelga **sin nosotros.**
*They left the strike without us.*

Trabajamos **con ellos** para proteger el medio ambiente.
*We work with them to protect the environment.*

**A36**

\* Note that **con** has two special forms:

**1.** con + mí = **conmigo** *with me*

**2.** con + ti = **contigo** *with you*

—¿Vienes **conmigo** al discurso? — *Are you coming with me to listen to the speech?*

—Sí, voy **contigo.** — *Yes, I'm going with you.*

## El infinitivo después de preposiciones

In Spanish, if you need to use a verb immediately after a preposition, it must always be in the **infinitive** form. Study the following examples:

**Antes de reciclar** las latas, debes limpiarlas. — *Before recycling the cans, you should clean them.*

**Después de pisar** la hormiga, la niña empezó a llorar. — *After stepping on the ant, the little girl began to cry.*

Es fácil decidir **entre reciclar** y **botar.** — *It is easy to decide between recycling and throwing away.*

Necesitamos trabajar con personas de todos los países **para proteger** mejor la Tierra. — *We need to work with people from all countries in order to better protect the Earth.*

Ganaste el premio **por estar** tan interesado en el medio ambiente. — *You won the prize for being so interested in the environment.*

No podemos vivir **sin trabajar** juntos. — *We cannot live without working together.*

## Regular Verbs: Simple Tenses

| Infinitive Present Participle Past Participle | Indicative | | | | | Subjunctive | | Imperative |
|---|---|---|---|---|---|---|---|---|
| | Present | Imperfect | Preterit | Future | Conditional | Present | Imperfect | |
| hablar hablando hablado | hablo hablas habla hablamos habláis hablan | hablaba hablabas hablaba hablábamos hablabais hablaban | hablé hablaste habló hablamos hablasteis hablaron | hablaré hablarás hablará hablaremos hablaréis hablarán | hablaría hablarías hablaría hablaríamos hablaríais hablarían | hable hables hable hablemos habléis hablen | hablara hablaras hablara habláramos hablarais hablaran | habla (tú), no hables hable (usted) hablemos hablen (Uds.) |
| comer comiendo comido | como comes come comemos coméis comen | comía comías comía comíamos comíais comían | comí comiste comió comimos comisteis comieron | comeré comerás comerá comeremos comeréis comerán | comería comerías comería comeríamos comeríais comerían | coma comas coma comamos comáis coman | comiera comieras comiera comiéramos comierais comieran | come (tú), no comas coma (usted) comamos coman (Uds.) |
| vivir viviendo vivido | vivo vives vive vivimos vivís viven | vivía vivías vivía vivíamos vivíais vivían | viví viviste vivió vivimos vivisteis vivieron | viviré vivirás vivirá viviremos viviréis vivirán | viviría vivirías viviría viviríamos viviríais vivirían | viva vivas viva vivamos viváis vivan | viviera vivieras viviera viviéramos vivierais vivieran | vive (tú), no vivas viva (usted) vivamos vivan (Uds.) |

*Vosotros* **Commands**

| | | |
|---|---|---|
| hablar | comer | vivir |
| hablad, no habléis | comed, no comáis | vivid, no viváis |

# Regular Verbs: Perfect Tenses

| | Indicative | | | | | | | | | | Subjunctive | | | | | |
|---|---|---|---|---|---|---|---|---|---|---|---|---|---|---|---|---|
| | Present Perfect | | Past Perfect | | Preterit Perfect | | Future Perfect | | Conditional Perfect | | Present Perfect | | Past Perfect | |

| Present Perfect | Past Perfect | Preterit Perfect | Future Perfect | Conditional Perfect | Present Perfect | Past Perfect |
|---|---|---|---|---|---|---|
| he | había | hube | habré | habría | haya | hubiera |
| has | habías | hubiste | habrás | habrías | hayas | hubieras |
| ha **hablado** | había **hablado** | hubo **hablado** | habrá **hablado** | habría **hablado** | haya **hablado** | hubiera **hablado** |
| hemos **comido** | habíamos **comido** | hubimos **comido** | habremos **comido** | habríamos **comido** | hayamos **comido** | hubiéramos **comido** |
| habéis **vivido** | habíais **vivido** | hubisteis **vivido** | habréis **vivido** | habríais **vivido** | hayáis **vivido** | hubierais **vivido** |
| han | habían | hubieron | habrán | habrían | hayan | hubieran |

# Irregular Verbs

| Infinitive / Present Participle / Past Participle | Indicative | | | | | | Subjunctive | | Imperative |
|---|---|---|---|---|---|---|---|---|---|
| | Present | Imperfect | Preterit | Future | Conditional | Present | Imperfect | |

| Infinitive Present Participle Past Participle | Present | Imperfect | Preterit | Future | Conditional | Present | Imperfect | Imperative |
|---|---|---|---|---|---|---|---|---|
| andar andando andado | ando andas anda andamos andáis andan | andaba andabas andaba andábamos andabais andaban | anduve anduviste anduvo anduvimos anduvisteis anduvieron | andaré andarás andará andaremos andaréis andarán | andaría andarías andaría andaríamos andaríais andarían | ande andes ande andemos andéis anden | anduviera anduvieras anduviera anduviéramos anduvierais anduvieran | anda (tú), no andes ande (usted) andemos anden (Uds.) |
| caer cayendo caído | caigo caes cae caemos caéis caen | caía caías caía caíamos caíais caían | caí caíste cayó caímos caísteis cayeron | caeré caerás caerá caeremos caeréis caerán | caería caerías caería caeríamos caeríais caerían | caiga caigas caiga caigamos caigáis caigan | cayera cayeras cayera cayéramos cayerais cayeran | cae (tú), no caigas caiga (usted) caigamos caigan (Uds.) |
| dar dando dado | doy das da damos dais dan | daba dabas daba dábamos dabais daban | di diste dio dimos disteis dieron | daré darás dará daremos daréis darán | daría darías daría daríamos daríais darían | dé des dé demos deis den | diera dieras diera diéramos dierais dieran | da (tú), no des dé (usted) demos den (Uds.) |

# Irregular Verbs (continued)

| Infinitive / Present Participle / Past Participle | Indicative Present | Imperfect | Preterit | Future | Conditional | Subjunctive Present | Imperfect | Imperative |
|---|---|---|---|---|---|---|---|---|
| decir / diciendo / dicho | digo / dices / dice / decimos / decís / dicen | decía / decías / decía / decíamos / decíais / decían | dije / dijiste / dijo / dijimos / dijisteis / dijeron | diré / dirás / dirá / diremos / diréis / dirán | diría / dirías / diría / diríamos / diríais / dirían | diga / digas / diga / digamos / digáis / digan | dijera / dijeras / dijera / dijéramos / dijerais / dijeran | di (tú), no digas, diga (usted), digamos, decid (vosotros), no digáis, digan (Uds.) |
| estar / estando / estado | estoy / estás / está / estamos / estáis / están | estaba / estabas / estaba / estábamos / estabais / estaban | estuve / estuviste / estuvo / estuvimos / estuvisteis / estuvieron | estaré / estarás / estará / estaremos / estaréis / estarán | estaría / estarías / estaría / estaríamos / estaríais / estarían | esté / estés / esté / estemos / estéis / estén | estuviera / estuvieras / estuviera / estuviéramos / estuvierais / estuvieran | está (tú), no estés, esté (usted), estemos, estad (vosotros), no estéis, estén (Uds.) |
| haber / habiendo / habido | he / has / ha / hemos / habéis / han | había / habías / había / habíamos / habíais / habían | hube / hubiste / hubo / hubimos / hubisteis / hubieron | habré / habrás / habrá / habremos / habréis / habrán | habría / habrías / habría / habríamos / habríais / habrían | haya / hayas / haya / hayamos / hayáis / hayan | hubiera / hubieras / hubiera / hubiéramos / hubierais / hubieran | |
| hacer / haciendo / hecho | hago / haces / hace / hacemos / hacéis / hacen | hacía / hacías / hacía / hacíamos / hacíais / hacían | hice / hiciste / hizo / hicimos / hicisteis / hicieron | haré / harás / hará / haremos / haréis / harán | haría / harías / haría / haríamos / haríais / harían | haga / hagas / haga / hagamos / hagáis / hagan | hiciera / hicieras / hiciera / hiciéramos / hicierais / hicieran | haz (tú), no hagas, haga (usted), hagamos, haced (vosotros), no hagáis, hagan (Uds.) |
| ir / yendo / ido | voy / vas / va / vamos / vais / van | iba / ibas / iba / íbamos / ibais / iban | fui / fuiste / fue / fuimos / fuisteis / fueron | iré / irás / irá / iremos / iréis / irán | iría / irías / iría / iríamos / iríais / irían | vaya / vayas / vaya / vayamos / vayáis / vayan | fuera / fueras / fuera / fuéramos / fuerais / fueran | ve (tú), no vayas, vaya (usted), vamos, no vayamos, id (vosotros), no vayáis, vayan (Uds.) |

# Irregular Verbs (continued)

| Infinitive / Present Participle / Past Participle | Indicative | | | | | | Subjunctive | | Imperative |
|---|---|---|---|---|---|---|---|---|---|
| | Present | Imperfect | Preterit | Future | Conditional | | Present | Imperfect | |
| oír<br>oyendo<br>oído | oigo<br>oyes<br>oye<br>oímos<br>oís<br>oyen | oía<br>oías<br>oía<br>oíamos<br>oíais<br>oían | oí<br>oíste<br>oyó<br>oímos<br>oísteis<br>oyeron | oiré<br>oirás<br>oirá<br>oiremos<br>oiréis<br>oirán | oiría<br>oirías<br>oiría<br>oiríamos<br>oiríais<br>oirían | | oiga<br>oigas<br>oiga<br>oigamos<br>oigáis<br>oigan | oyera<br>oyeras<br>oyera<br>oyéramos<br>oyerais<br>oyeran | oye (tú),<br>no oigas<br>oiga (usted)<br>oigamos<br>oigan (Uds.) |
| poder<br>pudiendo<br>podido | puedo<br>puedes<br>puede<br>podemos<br>podéis<br>pueden | podía<br>podías<br>podía<br>podíamos<br>podíais<br>podían | pude<br>pudiste<br>pudo<br>pudimos<br>pudisteis<br>pudieron | podré<br>podrás<br>podrá<br>podremos<br>podréis<br>podrán | podría<br>podrías<br>podría<br>podríamos<br>podríais<br>podrían | | pueda<br>puedas<br>pueda<br>podamos<br>podáis<br>puedan | pudiera<br>pudieras<br>pudiera<br>pudiéramos<br>pudierais<br>pudieran | |
| poner<br>poniendo<br>puesto | pongo<br>pones<br>pone<br>ponemos<br>ponéis<br>ponen | ponía<br>ponías<br>ponía<br>poníamos<br>poníais<br>ponían | puse<br>pusiste<br>puso<br>pusimos<br>pusisteis<br>pusieron | pondré<br>pondrás<br>pondrá<br>pondremos<br>pondréis<br>pondrán | pondría<br>pondrías<br>pondría<br>pondríamos<br>pondríais<br>pondrían | | ponga<br>pongas<br>ponga<br>pongamos<br>pongáis<br>pongan | pusiera<br>pusieras<br>pusiera<br>pusiéramos<br>pusierais<br>pusieran | pon (tú),<br>no pongas<br>ponga (usted)<br>pongamos<br>pongan (Uds.) |
| querer<br>queriendo<br>querido | quiero<br>quieres<br>quiere<br>queremos<br>queréis<br>quieren | quería<br>querías<br>quería<br>queríamos<br>queríais<br>querían | quise<br>quisiste<br>quiso<br>quisimos<br>quisisteis<br>quisieron | querré<br>querrás<br>querrá<br>querremos<br>querréis<br>querrán | querría<br>querrías<br>querría<br>querríamos<br>querríais<br>querrían | | quiera<br>quieras<br>quiera<br>queramos<br>queráis<br>quieran | quisiera<br>quisieras<br>quisiera<br>quisiéramos<br>quisiérais<br>quisieran | quiere (tú),<br>no quieras<br>quiera (usted)<br>queramos<br>quieran (Uds.) |
| saber<br>sabiendo<br>sabido | sé<br>sabes<br>sabe<br>sabemos<br>sabéis<br>saben | sabía<br>sabías<br>sabía<br>sabíamos<br>sabíais<br>sabían | supe<br>supiste<br>supo<br>supimos<br>supisteis<br>supieron | sabré<br>sabrás<br>sabrá<br>sabremos<br>sabréis<br>sabrán | sabría<br>sabrías<br>sabría<br>sabríamos<br>sabríais<br>sabrían | | sepa<br>sepas<br>sepa<br>sepamos<br>sepáis<br>sepan | supiera<br>supieras<br>supiera<br>supiéramos<br>supiérais<br>supieran | sabe (tú),<br>no sepas<br>sepa (usted)<br>sepamos<br>sepan (Uds.) |

# Irregular Verbs (continued)

| Infinitive / Present Participle / Past Participle | Indicative Present | Indicative Imperfect | Indicative Preterit | Indicative Future | Indicative Conditional | Subjunctive Present | Subjunctive Imperfect | Imperative |
|---|---|---|---|---|---|---|---|---|
| salir<br>saliendo<br>salido | salgo<br>sales<br>sale<br>salimos<br>salís<br>salen | salía<br>salías<br>salía<br>salíamos<br>salíais<br>salían | salí<br>saliste<br>salió<br>salimos<br>salisteis<br>salieron | saldré<br>saldrás<br>saldrá<br>saldremos<br>saldréis<br>saldrán | saldría<br>saldrías<br>saldría<br>saldríamos<br>saldríais<br>saldrían | salga<br>salgas<br>salga<br>salgamos<br>salgáis<br>salgan | saliera<br>salieras<br>saliera<br>saliéramos<br>salierais<br>salieran | sal (tú),<br>no salgas<br>salga (usted)<br>salgamos<br>salgan (Uds.) |
| ser<br>siendo<br>sido | soy<br>eres<br>es<br>somos<br>sois<br>son | era<br>eras<br>era<br>éramos<br>erais<br>eran | fui<br>fuiste<br>fue<br>fuimos<br>fuisteis<br>fueron | seré<br>serás<br>será<br>seremos<br>seréis<br>serán | sería<br>serías<br>sería<br>seríamos<br>seríais<br>serían | sea<br>seas<br>sea<br>seamos<br>seáis<br>sean | fuera<br>fueras<br>fuera<br>fuéramos<br>fuerais<br>fueran | sé (tú),<br>no seas<br>sea (usted)<br>seamos<br>sed (vosotros),<br>no seáis<br>sean (Uds.) |
| tener<br>teniendo<br>tenido | tengo<br>tienes<br>tiene<br>tenemos<br>tenéis<br>tienen | tenía<br>tenías<br>tenía<br>teníamos<br>teníais<br>tenían | tuve<br>tuviste<br>tuvo<br>tuvimos<br>tuvisteis<br>tuvieron | tendré<br>tendrás<br>tendrá<br>tendremos<br>tendréis<br>tendrán | tendría<br>tendrías<br>tendría<br>tendríamos<br>tendríais<br>tendrían | tenga<br>tengas<br>tenga<br>tengamos<br>tengáis<br>tengan | tuviera<br>tuvieras<br>tuviera<br>tuviéramos<br>tuvierais<br>tuvieran | ten (tú),<br>no tengas<br>tenga (usted)<br>tengamos<br>tened (vosotros),<br>no tengáis<br>tengan (Uds.) |
| traer<br>trayendo<br>traído | traigo<br>traes<br>trae<br>traemos<br>traéis<br>traen | traía<br>traías<br>traía<br>traíamos<br>traíais<br>traían | traje<br>trajiste<br>trajo<br>trajimos<br>trajisteis<br>trajeron | traeré<br>traerás<br>traerá<br>traeremos<br>traeréis<br>traerán | traería<br>traerías<br>traería<br>traeríamos<br>traeríais<br>traerían | traiga<br>traigas<br>traiga<br>traigamos<br>traigáis<br>traigan | trajera<br>trajeras<br>trajera<br>trajéramos<br>trajerais<br>trajeran | trae (tú),<br>no traigas<br>traiga (usted)<br>traigamos<br>traed (vosotros),<br>no traigáis<br>traigan (Uds.) |
| venir<br>viniendo<br>venido | vengo<br>vienes<br>viene<br>venimos<br>venís<br>vienen | venía<br>venías<br>venía<br>veníamos<br>veníais<br>venían | vine<br>viniste<br>vino<br>vinimos<br>vinisteis<br>vinieron | vendré<br>vendrás<br>vendrá<br>vendremos<br>vendréis<br>vendrán | vendría<br>vendrías<br>vendría<br>vendríamos<br>vendríais<br>vendrían | venga<br>vengas<br>venga<br>vengamos<br>vengáis<br>vengan | viniera<br>vinieras<br>viniera<br>viniéramos<br>vinierais<br>vinieran | ven (tú),<br>no vengas<br>venga (usted)<br>vengamos<br>venid (vosotros),<br>no vengáis<br>vengan (Uds.) |

# Irregular Verbs (continued)

| Infinitive<br>Present Participle<br>Past Participle | Indicative | | | | | Subjunctive | | Imperative |
|---|---|---|---|---|---|---|---|---|
| | Present | Imperfect | Preterit | Future | Conditional | Present | Imperfect | |
| ver<br>viendo<br>visto | veo<br>ves<br>ve<br>vemos<br>véis<br>ven | veía<br>veías<br>veía<br>veíamos<br>veíais<br>veían | vi<br>viste<br>vio<br>vimos<br>visteis<br>vieron | veré<br>verás<br>verá<br>veremos<br>veréis<br>verán | vería<br>verías<br>vería<br>veríamos<br>veríais<br>verían | vea<br>veas<br>vea<br>veamos<br>veáis<br>vean | viera<br>vieras<br>viera<br>viéramos<br>vierais<br>vieran | ve (tú),<br>no veas<br>vea (usted)<br>veamos<br>ved (vosotros),<br>no veáis<br>vean (Uds.) |

# Stem-Changing and Orthographic-Changing Verbs

| Infinitive<br>Present Participle<br>Past Participle | Indicative | | | | | Subjunctive | | Imperative |
|---|---|---|---|---|---|---|---|---|
| | Present | Imperfect | Preterit | Future | Conditional | Present | Imperfect | |
| almorzar (z, c)<br>almorzando<br>almorzado | almuerzo<br>almuerzas<br>almuerza<br>almorzamos<br>almorzáis<br>almuerzan | almorzaba<br>almorzabas<br>almorzaba<br>almorzábamos<br>almorzabais<br>almorzaban | almorcé<br>almorzaste<br>almorzó<br>almorzamos<br>almorzasteis<br>almorzaron | almorzaré<br>almorzarás<br>almorzará<br>almorzaremos<br>almorzaréis<br>almorzarán | almorzaría<br>almorzarías<br>almorzaría<br>almorzaríamos<br>almorzaríais<br>almorzarían | almuerce<br>almuerces<br>almuerce<br>almorcemos<br>almorcéis<br>almuercen | almorzara<br>almorzaras<br>almorzaras<br>almorzáramos<br>almorzarais<br>almorzaran | almuerza (tú)<br>no almuerces<br>almuerce (usted)<br>almorcemos<br>almorzad (vosotros)<br>no almorcéis<br>almuercen (Uds.) |
| buscar (c, qu)<br>buscando<br>buscado | busco<br>buscas<br>busca<br>buscamos<br>buscáis<br>buscan | buscaba<br>buscabas<br>buscaba<br>buscábamos<br>buscabais<br>buscaban | busqué<br>buscaste<br>buscó<br>buscamos<br>buscasteis<br>buscaron | buscaré<br>buscarás<br>buscará<br>buscaremos<br>buscaréis<br>buscarán | buscaría<br>buscarías<br>buscaría<br>buscaríamos<br>buscaríais<br>buscarían | busque<br>busques<br>busque<br>busquemos<br>busquéis<br>busquen | buscara<br>buscaras<br>buscara<br>buscáramos<br>buscarais<br>buscaran | busca (tú)<br>no busques<br>busque (usted)<br>busquemos<br>buscad (vosotros)<br>no busquéis<br>busquen (Uds.) |

# Stem-Changing and Orthographic-Changing Verbs (continued)

| Infinitive / Present Participle / Past Participle | Indicative | | | | | Subjunctive | | Imperative |
|---|---|---|---|---|---|---|---|---|
| | Present | Imperfect | Preterit | Future | Conditional | Present | Imperfect | |
| corregir (g, j)<br>corrigiendo<br>corregido | corrijo<br>corriges<br>corrige<br>corregimos<br>corregís<br>corrigen | corregía<br>corregías<br>corregía<br>corregíamos<br>corregíais<br>corregían | corregí<br>corregiste<br>corrigió<br>corregimos<br>corregisteis<br>corrigieron | corregiré<br>corregirás<br>corregirá<br>corregiremos<br>corregiréis<br>corregirán | corregiría<br>corregirías<br>corregiría<br>corregiríamos<br>corregiríais<br>corregirían | corrija<br>corrijas<br>corrija<br>corrijamos<br>corrijáis<br>corrijan | corrigiera<br>corrigieras<br>corrigiera<br>corrigiéramos<br>corrigierais<br>corrigieran | corrige (tú)<br>no corrijas<br>corrija (usted)<br>corrijamos<br>corregid (vosotros)<br>no corrijáis<br>corrijan (Uds.) |
| dormir (ue, u)<br>durmiendo<br>dormido | duermo<br>duermes<br>duerme<br>dormimos<br>dormís<br>duermen | dormía<br>dormías<br>dormía<br>dormíamos<br>dormíais<br>dormían | dormí<br>dormiste<br>durmió<br>dormimos<br>dormisteis<br>durmieron | dormiré<br>dormirás<br>dormirá<br>dormiremos<br>dormiréis<br>dormirán | dormiría<br>dormirías<br>dormiría<br>dormiríamos<br>dormiríais<br>dormirían | duerma<br>duermas<br>duerma<br>durmamos<br>durmáis<br>duerman | durmiera<br>durmieras<br>durmiera<br>durmiéramos<br>durmierais<br>durmieran | duerme (tú),<br>no duermas<br>duerma (usted)<br>durmamos<br>dormid (vosotros),<br>no durmáis<br>duerman (Uds.) |
| incluir (y)<br>incluyendo<br>incluido | incluyo<br>incluyes<br>incluye<br>incluimos<br>incluis<br>incluyen | incluía<br>incluías<br>incluía<br>incluíamos<br>incluíais<br>incluían | incluí<br>incluiste<br>incluyó<br>incluimos<br>incluisteis<br>incluyeron | incluiré<br>incluirás<br>incluirá<br>incluiremos<br>incluiréis<br>incluirán | incluiría<br>incluirías<br>incluiría<br>incluiríamos<br>incluiríais<br>incluirían | incluya<br>incluyas<br>incluya<br>incluyamos<br>incluyáis<br>incluyan | incluyera<br>incluyeras<br>incluyera<br>incluyéramos<br>incluyerais<br>incluyeran | incluye (tú),<br>no incluyas<br>incluya (usted)<br>incluyamos<br>incluid (vosotros),<br>no incluyáis<br>incluyan (Uds.) |
| llegar (g, gu)<br>llegando<br>llegado | llego<br>llegas<br>llega<br>llegamos<br>llegáis<br>llegan | llegaba<br>llegabas<br>llegaba<br>llegábamos<br>llegabais<br>llegaban | llegué<br>llegaste<br>llegó<br>llegamos<br>llegasteis<br>llegaron | llegaré<br>llegarás<br>llegará<br>llegaremos<br>llegaréis<br>llegarán | llegaría<br>llegarías<br>llegaría<br>llegaríamos<br>llegaríais<br>llegarían | llegue<br>llegues<br>llegue<br>lleguemos<br>lleguéis<br>lleguen | llegara<br>llegaras<br>llegara<br>llegáramos<br>llegarais<br>llegaran | llega (tú)<br>no llegues<br>llegue (usted)<br>lleguemos<br>llegad (vosotros)<br>no lleguéis<br>lleguen (Uds.) |
| pedir (i, i)<br>pidiendo<br>pedido | pido<br>pides<br>pide<br>pedimos<br>pedís<br>piden | pedía<br>pedías<br>pedía<br>pedíamos<br>pedíais<br>pedían | pedí<br>pediste<br>pidió<br>pedimos<br>pedisteis<br>pidieron | pediré<br>pedirás<br>pedirá<br>pediremos<br>pediréis<br>pedirán | pediría<br>pedirías<br>pediría<br>pediríamos<br>pediríais<br>pedirían | pida<br>pidas<br>pida<br>pidamos<br>pidáis<br>pidan | pidiera<br>pidieras<br>pidiera<br>pidiéramos<br>pidierais<br>pidieran | pide (tú),<br>no pidas<br>pida (usted)<br>pidamos<br>pedid (vosotros),<br>no pidáis<br>pidan (Uds.) |

# Stem-Changing and Orthographic-Changing Verbs (continued)

| Infinitive Present Participle Past Participle | Indicative | | | | | Subjunctive | | Imperative |
|---|---|---|---|---|---|---|---|---|
| | Present | Imperfect | Preterit | Future | Conditional | Present | Imperfect | |
| pensar (ie)<br>pensando<br>pensado | pienso<br>piensas<br>piensa<br>pensamos<br>penséis<br>piensan | pensaba<br>pensabas<br>pensaba<br>pensábamos<br>pensabais<br>pensaban | pensé<br>pensaste<br>pensó<br>pensamos<br>pensasteis<br>pensaron | pensaré<br>pensarás<br>pensará<br>pensaremos<br>pensaréis<br>pensarán | pensaría<br>pensarías<br>pensaría<br>pensaríamos<br>pensaríais<br>pensarían | piense<br>pienses<br>piense<br>pensemos<br>penséis<br>piensen | pensara<br>pensaras<br>pensara<br>pensáramos<br>pensarais<br>pensaran | piensa (tú),<br>no pienses<br>piense (usted)<br>pensemos<br>pensad (vosotros),<br>no penséis<br>piensen (Uds.) |
| producir (zc)<br>produciendo<br>producido | produzco<br>produces<br>produce<br>producimos<br>producís<br>producen | producía<br>producías<br>producía<br>producíamos<br>producíais<br>producían | produje<br>produjiste<br>produjo<br>produjimos<br>produjisteis<br>produjeron | produciré<br>producirás<br>producirá<br>produciremos<br>produciréis<br>producirán | produciría<br>producirías<br>produciría<br>produciríamos<br>produciríais<br>producirían | produzca<br>produzcas<br>produzca<br>produzcamos<br>produzcáis<br>produzcan | produjera<br>produjeras<br>produjera<br>produjéramos<br>produjerais<br>produjeran | produce (tú),<br>no produzcas<br>produzca (usted)<br>produzcamos<br>pruducid<br>(vosotros), no<br>produzcáis<br>produzcan (Uds.) |
| reír (i, i)<br>riendo<br>reído | río<br>ríes<br>ríe<br>reímos<br>reís<br>ríen | reía<br>reías<br>reía<br>reíamos<br>reíais<br>reían | reí<br>reíste<br>rio<br>reímos<br>reísteis<br>rieron | reiré<br>reirás<br>reirá<br>reiremos<br>reiréis<br>reirán | reiría<br>reirías<br>reiría<br>reiríamos<br>reiríais<br>reirían | ría<br>rías<br>ría<br>riamos<br>riáis<br>rían | riera<br>rieras<br>riera<br>riéramos<br>rierais<br>rieran | ríe (tú),<br>no rías<br>ría (usted)<br>riamos<br>reíd (vosotros),<br>no riáis<br>rían (Uds.) |
| seguir (i, i) (ga)<br>siguiendo<br>seguido | sigo<br>sigues<br>sigue<br>seguimos<br>seguís<br>siguen | seguía<br>seguías<br>seguía<br>seguíamos<br>seguíais<br>seguían | seguí<br>seguiste<br>siguió<br>seguimos<br>seguisteis<br>siguieron | seguiré<br>seguirás<br>seguirá<br>seguiremos<br>seguiréis<br>seguirán | seguiría<br>seguirías<br>seguiría<br>seguiríamos<br>seguiríais<br>seguirían | siga<br>sigas<br>siga<br>sigamos<br>sigáis<br>sigan | siguiera<br>siguieras<br>siguiera<br>siguiéramos<br>siguierais<br>siguieran | sigue (tú),<br>no sigas<br>siga (usted)<br>sigamos<br>seguid (vosotros),<br>no sigáis<br>sigan (Uds.) |
| sentir (ie, i)<br>sintiendo<br>sentido | siento<br>sientes<br>siente<br>sentimos<br>sentís<br>sienten | sentía<br>sentías<br>sentía<br>sentíamos<br>sentíais<br>sentían | sentí<br>sentiste<br>sintió<br>sentimos<br>sentisteis<br>sintieron | sentiré<br>sentirás<br>sentirá<br>sentiremos<br>sentiréis<br>sentirán | sentiría<br>sentirías<br>sentiría<br>sentiríamos<br>sentiríais<br>sentirían | sienta<br>sientas<br>sienta<br>sintamos<br>sintáis<br>sientan | sintiera<br>sintieras<br>sintiera<br>sintiéramos<br>sintierais<br>sintieran | siente (tú),<br>no sientas<br>sienta (usted)<br>sintamos<br>sentid (vosotros),<br>no sintáis<br>sientan (Uds.) |

# Stem-Changing and Orthographic-Changing Verbs (continued)

| Infinitive Present Participle Past Participle | Indicative | | | | | Subjunctive | | Imperative |
| | Present | Imperfect | Preterit | Future | Conditional | Present | Imperfect | |
|---|---|---|---|---|---|---|---|---|
| volver (ue) | vuelvo | volvía | volví | volveré | volvería | vuelva | volviera | vuelve (tú), |
| volviendo | vuelves | volvías | volviste | volverás | volverías | vuelvas | volvieras | no vuelvas |
| vuelto | vuelve | volvía | volvió | volverá | volvería | vuelva | volviera | vuelva (usted) |
| | volvemos | volvíamos | volvimos | volveremos | volveríamos | volvamos | volviéramos | volvamos |
| | volvéis | volvíais | volvisteis | volveréis | volveríais | volváis | volvierais | volved (vosotros), |
| | vuelven | volvían | volvieron | volverán | volverían | vuelvan | volvieran | no volváis |
| | | | | | | | | vuelvan (Uds.) |

## A

**a** to; at (10)
**a bordo** on board (5)
**a causa de** because of (5)
**a continuación** following (2)
**a la derecha de** to the right of (**10**)
**a la izquierda de** to the left of (**10**)
**a la parrilla** grilled; barbecued (**4**)
**a lo largo de** along (2)
**a menos que** unless (7)
**a menudo** often (PA)
**a pesar de que** in spite of (**7**)
**a propósito** by the way (4)
**A quién corresponda** To whom it may concern (8)
**a través (de)** through (5)
**a veces** sometimes (**11**)
**A ver…** Let's see… (**11**)
**abajo** below (2)
**abeja, la** bee (**10**)
**abogado/a, el/la** lawyer (**8**)
**abrazar** to hug (2)
**Abrazos** Hugs (8)
**abrir** to open (PA, **1**)
**Absolutamente.** Absolutely. (10)
**acá** here (1)
**acabar** to end (2)
**acabar de** to have just (3)
**aceituna, la** olive (**4**)
**acelerador, el** accelerator; gas pedal (**5**)
**aceptar una invitación** to accept an invitation (3)
**acera, la** sidewalk (**3**)
**acerca de** about (3, 10)
**aclarar** to clarify (5)
**acogedor/a** cozy (**4**)
**aconsejar** to recommend; to advise (1, **2**, 9)
**acordarse de (ue)** to remember (PA)
**acostarse (ue)** to go to bed (4)
**actual** current; present (**8**)
**actualizar** to update (5)
**actuar** to act (8, **9**)
**acuarela, la** watercolor (4, **9**)
**acuerdo, el** compromise; agreement (2, **8**, 10)
**además** besides (**10**)
**adentro** inside (3)
**adivinar** to guess (PA, 8)
**adjunto/a** attached (PB)
**administrativo/a** administrative (8)
**adobe, el** adobe (3)
**adolescencia, la** adolescence (**1**)

**adquisición, la** acquisition (**8**)
**aduana, la** customs (**5**)
**afeitarse** to shave (11)
**aficionado/a, el/la** fan (1)
**afirmativamente** affirmatively (1)
**(a)fuera (de)** outside (of) (2, 10)
**afueras, las** outskirts (7)
**agencia, la** agency (8)
**agencia de viajes, la** travel agency (6)
**agente, el/la** agent (8)
**agobiado/a** weighed down; feeling down; overwhelmed (7, 10)
**agotado/a** exhausted (**1**)
**agotamiento, el** depletion (10)
**agradable** agreeable; pleasant (**1**)
**agradecer** to thank (5)
**agradecido/a** grateful (3)
**agua corriente, el** running water (3)
**agua dulce, el** fresh water (5)
**aguacate, el** avocado (**4**)
**aguantar** to tolerate (9)
**ahijado/a, el/la** godson/daughter (**1**)
**ahora que** now that (**7**)
**ahorrar** to save (8)
**ahorro, el** savings (8)
**aire acondicionado, el** air conditioning (3)
**aislado/a** isolated (11)
**aislamiento, el** isolation (10)
**ajo, el** garlic (**4**)
**al aire libre** in the open air (2)
**Al contrario.** On/To the contrary. (10)
**al final** at the end (4)
**al lado de** next to (**10**)
**Al llegar a…, doble/n…** When you get to…, turn… (4)
**al principio** at first; first; in the beginning (3, 4)
**alacena, la** cupboard (**3**)
**alcachofa, la** artichoke (4)
**alcoholismo, el** alcoholism (11)
**alegrarse (de)** to be happy (about) (3, 9)
**alegre** happy; cheerful (**1**)
**alergia, la** allergy (**11**)
**alfarería, la** pottery; pottery making (9)
**alfarero/a, el/la** potter (9)
**alfombra, la** rug (4)
**algo** something/anything; somewhat (**11**)
**algodón, el** cotton (7)

**alguien** someone (**11**)
**algún** some/any (**11**)
**alguno/a/os/as** some/any (**11**)
**alimentación, la** diet (PB)
**alma, el** soul (2)
**almacén, el** store (3)
**almohada, la** pillow (**3**)
**almorzar (ue)** to have lunch (PA)
**Aló.** Hello. (7)
**alquilar** to rent (3)
**alquilar un coche** to rent a car (5)
**alquiler, el** rent (2, **3**)
**alrededores, los** surroundings (3)
**altar, el** altar (4)
**altura, la** height (5)
**aludir** to allude (4, 7)
**ama de casa, el** homemaker (**8**)
**amable** nice (**1**)
**ámbito, el** space (7)
**ambos/as** both (PB)
**amenaza, la** threat (10)
**amenazar** to threaten (**10**)
**amortiguar** to absorb shock (11)
**amplio/a** ample (3)
**anaranjado/a** orange (4)
**ancho/a** wide (**11**)
**anciano/a** elderly (**1**)
**andar** to walk (1)
**anfibio, el** amphibian (10)
**anfitrión/anfitriona, el/la** host/hostess (7, 12)
**anillo, el** ring (7)
**animal, el** animal (**10**)
**animales en peligro de extinción, los** endangered species (**10**)
**animar** to encourage (2)
**¡Ánimo!** Cheer up!; Hang in there! (8)
**aniversario de boda, el** wedding anniversary (4)
**anteayer** the day before yesterday (5)
**antes (de) que** before (time/space) (4, 7, 10)
**antiguo/a** old (3)
**antihistamínico, el** antihistamine (**11**)
**antorcha, la** torch (4)
**anunciar** to announce (7)
**anuncio, el** advertisement (PA)
**añadir** to add (PA, **3**, **4**)
**apagar** to turn off (2)
**aparato, el** apparatus (5)
**aparecer** to appear (PA)
**apariencia, la** appearance (**1**)
**apartar** to separate (3)

---

* Chapter numbers that are boldfaced indicate that the word is active vocabulary in that particular chapter.

**apendicitis, la** appendicitis (**11**)
**apio, el** celery (**4**)
**aplaudir** to applaud (**9**)
**aplicado/a** applied (**5**)
**apoyar** to support (**3**)
**apoyo, el** support (**1**)
**Apreciado/a señor/a...** Dear Mr./Mrs... (**8**)
**apreciar** to appreciate (**5**)
**aprender** to learn (PA)
**apretado/a** tight (**7**)
**apropiado/a** appropriate (**1, 2**)
**apropiarse** to take over; to appropriate (**8**)
**aprovecharse de** to take advantage of (**11**)
**apuntar** to note (**4**)
**aquel/la** (*adj.*) that (way) over there (**8**)
**aquél/la/los/las** (*pron.*) that/those (away in distance and/or time) (**8**)
**aquellos/as** (*adj.*) those (way) over there (**8**)
**árbitro/a, el/la** referee; umpire (**2**)
**árbol, el** tree (**3**)
**archivo, el** file (**5**)
**archivo adjunto, el** attachment (**5**)
**ardilla, la** squirrel (**10**)
**arena, la** sand (**5**)
**aretes, los** earrings (**7**)
**árido/a** arid; dry (**10**)
**arma, el** weapon (**4**)
**armario, el** armoire; closet; cabinet (**3**)
**arpa, el** harp (**7**)
**arquitecto/a, el/la** architect (**3**)
**arraigado/a** rooted (**11**)
**arrancar** to boot up; to start up (**5**)
**arrecife, el** coral reef (**10**)
**arreglar** to straighten up; to fix (**1, 8**)
**arreglo, el** arrangement (**5**)
**arrepentimiento, el** regret (**8**)
**arrepentirse de (ie, i)** to repent; to regret (**4**)
**arriba** above; up (**5**)
**arroba, la** at (in a URL) (**5**)
**arroyo, el** stream (**10**)
**arruga, la** wrinkle (**11**)
**arruinar** to ruin (**8**)
**arte dramático, el** performance art (**9**)
**arte visual, el** visual arts (**9**)
**artes aplicadas, las** applied arts (**9**)
**artes decorativas, las** decorative arts (**9**)
**artes marciales, las** martial arts (**2**)
**artesanía, la** arts and crafts (**9**)
**artesano/a, el/la** artisan (**9**)
**articulación, la** joint (**11**)
**artículo, el** item (**7**)
**artista, el/la** artist (**9**)
**artritis, la** arthritis (**11**)
**asado/a** grilled (**4**)

**asar** to roast; to broil (**4**)
**ascender (ie)** to advance; to be promoted; to promote (**8**)
**asegurar** to insure (**2**)
**aserrín, el** sawdust (**4**)
**así** thus (**2**)
**Así es.** That's it. (**7, 10**)
**asistente de vuelo, el/la** flight attendant (**8**)
**asistir a** to attend (**5**)
**asociar** to associate (**4**)
**aspecto físico, el** physical appearance (**1**)
**aspirante, el/la** applicant (**8**)
**asqueado/a** disgusted (**1**)
**asunto, el** subject (**3**)
**asustado/a** frightened (**1**)
**asustar** to frighten (**3**)
**atado/a** tied (**8**)
**ataque al corazón, el** heart attack (**11**)
**atasco, el** traffic jam (**5**)
**atención médica, la** medical attention (**11**)
**atleta, el/la** athlete (**2**)
**atlético/a** athletic (**2**)
**atletismo, el** track and field (**2**)
**atraer** to attract (**10**)
**aun cuando** even when (**7**)
**aunque** although; even if (**1, 7**)
**austral** southern (**5**)
**autopista, la** turnpike; highway; freeway (**5**)
**autorretrato, el** self-portrait (**9**)
**avanzar** to advance (**4**)
**avaro/a** miserly (**4**)
**ave, el** (*f.*) bird (**5**)
**avergonzado/a** embarrassed; ashamed (**1**)
**avergonzarse de (ue)** to feel/be ashamed of (**3, 9**)
**averiguar** to find out (PA)
**aves, las** poultry; birds (**4**)
**ayuda, la** help (**3**)
**azulejos, los** ceramic tiles (**3**)

# B

**bahía, la** bay (**10**)
**bailar** to dance (PA)
**baile, el** dance (**4**)
**bajar de** to get off (**2**)
**ballena, la** whale (**10**)
**ballet, el** ballet (**9**)
**banca, la** banking (**8**)
**bancarrota, la** bankruptcy (**8**)
**bandeja, la** tray (**11**)
**bandera, la** flag (**4**)
**banquero/a, el/la** banker (**8**)
**banquete de estado, el** state dinner (**8**)

**banquito, el** little stool (**4**)
**baño de vapor, el** steam bath (**2**)
**barba, la** beard (**1**)
**barbacoa, la** barbecue (**3**)
**barra, la** slash (in a URL) (**5**)
**barrer** to sweep (**3**)
**barrio, el** neighborhood (**2, 3**)
**barro, el** clay (**9**)
**basar** to base (**3**)
**bastante** enough (**2**)
**bastón de esquí, el** ski pole (**2**)
**bate, el** bat (**2**)
**batido, el** milkshake (**4**)
**batidora, la** handheld beater; mixer; blender (**3**)
**batir** to beat (**4**)
**bautizo, el** baptism (**4**)
**bebé, el** baby (**4**)
**beber** to drink (PA)
**beca, la** scholarship (**9**)
**beneficios, los** benefits (**8**)
**beneficioso/a** beneficial (**5**)
**besito, el** little kiss (**2**)
**beso, el** kiss (**4**)
**bibliotecario/a, el/la** librarian (**5**)
**bien hecho/a** well done (**5**)
**bienes, los** goods (**7**)
**bienes raíces** real estate (**3**)
**bigote, el** moustache (**1**)
**billares, los** billiards hall (**2**)
**billetera, la** wallet (**7**)
**biodegradable** biodegradable (**10**)
**bisabuelo/a, el/la** great-grandfather/great-grandmother (**1**)
**bocina, la** (car) horn (**5**)
**boda, la** wedding (**3, 4**)
**bola, la** ball (**11**)
**bolsa, la** stock market (**8**)
**bolsillo, el** pocket (**7**)
**bolso, el** handbag (**7**)
**bombardear** to bombard (**1**)
**bombero/a, el/la** firefighter (**8**)
**bombilla, la** lightbulb (**4, 7**)
**bombón, el** sweet; candy (**4**)
**bono, el** bonus (**8**)
**bordado a mano, el** hand embroidery (**7**)
**borrar** to delete; to erase (**5**)
**bosque, el** forest (**2**)
**botar** to throw out (**10**)
**boxear** to box (**2**)
**breve** brief (**5**)
**brindar** to offer (**7**)
**brisa, la** breeze (**4**)
**broma, la** joke (**3**)
**bronquitis, la** bronchitis (**11**)
**bruscamente** brusquely (**4**)
**bucear** to scuba dive (**2**)
**buceo, el** diving (**2**)
**bueno/a** good (**9**)
**¡Bueno!** Good! (**8**)

**Bueno.** Hello? (7)
**Bueno...** Well...; OK... (11)
**bufanda, la** scarf (7)
**búsqueda, la** search (2)
**buzón, el** mailbox (8)

## C

**caber** to fit (3)
**cabestrillo, el** sling (11)
**cabeza, la** head (1)
**cabra, la** goat (10)
**cacerola, la** saucepan (3)
**cada** each (PA)
**cadáver, el** corpse (9)
**cadena, la** chain (3, 7)
**cadena (de televisión), la** (television) network (PA)
**cadera, la** hip (11)
**caer bien/mal** to like/dislike someone (1)
**cafetera, la** coffeemaker (3)
**caída, la** fall (3)
**caja, la** box (PB)
**cajero/a, el/la** cashier (8)
**calabaza, la** squash; pumpkin (4)
**calavera, la** skull (4)
**calefacción, la** heat; heating (3)
**calentar (ie)** to heat (3, 4)
**calidad, la** quality (5)
**calificación, la** qualification; score (8, 11)
**callado/a** quiet (1)
**callarse** to become quiet; to keep quiet (PA)
**caluroso/a** hot (7)
**calvo/a** bald (1)
**cámara, la** camera (5)
**cámara digital, la** digital camera (5)
**cámara web, la** web camera (5)
**camarero/a, el/la** maid; waiter/waitress (5)
**camarones, los** shrimp (4)
**camello, el** camel (10)
**camilla, la** stretcher (11)
**caminata, la** long walk (1)
**camino, el** route; path; dirt road (5)
**camioneta, la** van; station wagon; small truck (5)
**campeón, el** champion (male) (2)
**campeona, la** champion (female) (2)
**campeonato, el** championship (2)
**campo, el** field (2)
**campo de golf, el** golf course (7)
**canal, el** channel (5, 9)
**canas, las** gray hair (1)
**cáncer, el** cancer (11)
**cancha, la** court (sports) (2)
**cangrejo, el** crab (4, 10)
**cantante, el/la** singer (PA)
**cantar** to sing (PA)

**cantidad, la** quantity (PA)
**caña de azúcar, la** sugar cane (5)
**capa, la** layer (7)
**captar** to capture (2)
**cara, la** face (1, 11)
**características notables, las** notable characteristics (1)
**características personales, las** personal characteristics (1)
**cárcel, la** prison (11)
**carga, la** cargo (8)
**cargar** to carry (8)
**carne, la** meat (4)
**carne de cerdo, la** pork (4)
**carne de cordero, la** lamb (4)
**carne de res, la** beef (4)
**carne molida, la** ground beef (4)
**carnicería, la** butcher shop (7)
**caro/a** expensive (2)
**carpintero/a, el/la** carpenter (3)
**carrera, la** career; race (1, 2)
**carretera, la** highway (5)
**carta, la** menu (4)
**carta de presentación, la** cover letter (8)
**carta de recomendación, la** letter of recommendation (8)
**carta personal, la** personal letter (8)
**cartel, el** poster (12)
**cartero/a, el/la** mail carrier (8)
**casado/a** married (1)
**casarse** to marry; to get married (1)
**casco, el** helmet (2)
**casi** almost (5)
**castaño/a** brunette; brown (1)
**casualidad, la** coincidence (5, 7, 11)
**catarata, la** waterfall (10)
**catedral, la** cathedral (7)
**cazar** to go hunting (2)
**ceja, la** eyebrow (1, 11)
**celebración, la** celebration (4)
**celebrar** to celebrate (4)
**celoso/a** jealous (1)
**cemento, el** cement (3)
**cenar** to have dinner (3)
**cepillo, el** brush (7)
**cepillo de dientes, el** toothbrush (7)
**cerámica, la** ceramics (9)
**cerca, la** fence (3)
**cerca de** near (10)
**cercano/a** close by (5)
**cerebro, el** brain (11)
**cereza, la** cherry (4)
**cerrar (ie)** to close (PA)
**césped, el** grass; lawn (3)
**cesta, la** basket; shopping basket (2, 7)
**cestería, la** basket weaving; basketry (9)
**cetrería, la** falconry (10)
**champú, el** shampoo (7)
**Chao.** Bye. (1)

**charco, el** puddle (11)
**charla, la** talk (PB)
**charlar** to chat (10)
**chequeo, el** check (5)
**chicle, el** gum (7)
**chimenea, la** fireplace; chimney (3)
**chistoso/a** funny (1)
**chófer, el/la** chauffeur (5)
**chuleta, la** chop (4)
**cicatriz, la** scar (1)
**ciencias (acuáticas, políticas), las** (aquatic, political) science (8)
**ciertas cosas,** certain things (5)
**ciervo, el** deer (10)
**cifra, la** figure; number (10)
**cifrar** to encrypt (5)
**cine, el** cinema; films; movies (9)
**cinematógrafo/a, el/la** cinematographer (9)
**cinturón de seguridad, el** seat belt (5)
**circular** to circulate (PA)
**ciruela, la** plum (4)
**cirujano/a, el/la** surgeon (2)
**cita, la** date (1, 4); appointment (8)
**ciudadano/a, el/la** citizen (10)
**claridad, la** clarity (5)
**clarinete, el** clarinet (9)
**¡Claro!** Sure!; Of course! (1, 3)
**Claro que no.** Of course not. (10)
**Claro que sí.** Of course. (7, 10)
**clave, la** clue (9)
**clima, el** climate (10)
**climático/a** climatic (10)
**cobrar** to charge (5)
**cocina, la** kitchen (3)
**cocinar** to cook (PA)
**cóctel, el** cocktail (5)
**codo, el** elbow (11)
**col, la** cabbage (4)
**colaborador/a, el/la** collaborator (4)
**coleccionar estatuillas** to collect figurines (2)
**coleccionar sellos** to collect stamps (2)
**coleccionar tarjetas de béisbol** to collect baseball cards (2)
**colega, el/la** colleague (1, 8)
**colgar (ue)** to hang (3)
**coliflor, la** cauliflower (4)
**collar, el** necklace (7)
**colonia, la** cologne (7)
**combustible, el** fuel (10)
**comedia, la** comedy (9)
**comentar en un blog** to post to a blog (2)
**comenzar (ie)** to begin (PA)
**comer** to eat (PA)
**comerciante, el/la** shopkeeper; store owner; merchant (8)
**comercio, el** business (8)

**comestible, el** food (4)
**comisaría, la** police station (PB, 7)
**¿Cómo?** What? (2)
**¿Cómo amaneció usted/
amaneciste?** How are you this
morning? (1)
**¿Cómo andas?** How are you doing?
(PA)
**Cómo no.** Of course. (7, 10)
**¿Cómo voy/llego a...?** How do I
go/get to...? (4)
**cómodo/a** comfortable (1)
**comparar con** to compare with (3)
**compartir** to share (PA)
**compatible** compatible (5)
**competencia, la** competition (2)
**competición, la** competition (2)
**competir (i)** to compete (2)
**competitivo/a** competitive (2)
**cómplice, el/la** accomplice (5)
**componer** to repair; to fix an object
(3); to compose (9)
**comportamiento, el** behavior (4)
**comportarse** to behave (11)
**compositor/a, el/la** composer (9)
**comprar** to buy (PA)
**comprender** to understand (PA)
**comprobar (ue)** to check; to confirm
(PA, 11)
**compromiso, el** engagement (4)
**común** common (4)
**con** with (10)
**Con cariño** With love (8)
**¡Con mucho gusto!** It would be a
pleasure! (3)
**Con permiso.** With your permission;
Excuse me. (2)
**con tal (de) que** provided that (7)
**concebir (i)** to conceive; to think up
(10)
**concluir** to conclude (3)
**concordancia, la** agreement (5, 7)
**concurso, el** game show; pageant;
contest (5, 9)
**condición, la** condition (11)
**conducir** to drive; to direct (4)
**conectado** online (5)
**conectar** to connect (5)
**confundido/a** confused (1)
**congelar** to freeze; to crash (5)
**conocer** to be acquainted with (PA)
**conocido/a** known (1)
**conseguir un puesto de...** to get a
job/position as... (8)
**consejero/a, el/la** counselor (1, 8)
**consejo, el** advice (2)
**conservar** to conserve (10)
**construir** to construct (3)
**consultorio, el** doctor's office (7)
**consumo, el** consumption (10)
**contador/a, el/la** accountant (8)

**contaminante, el** contaminant (10)
**contar (ue)** to tell (1)
**contener (ie)** to contain (5)
**contestar** to answer (PA)
**contigo** with you (2)
**contraseña, la** password (5)
**contratar** to hire (8)
**contratista, el/la** contractor (3)
**contrato, el** contract (2)
**controvertido/a** controversial (3)
**convenir (ie)** to agree (1)
**copa, la** goblet; wine glass (3)
**Cordialmente** Cordially (8)
**coro, el** choir (9)
**corregir (i)** to correct (PA)
**correo de voz, el** voicemail (5)
**correo electrónico, el** e-mail (4, 5)
**correr** to run (PA)
**cortar** to cut (5)
**cortar el césped** to cut the grass (3)
**cortina, la** curtain (3)
**corto/a** short (11)
**cortometraje, el** short (film) (9)
**cosechar** to harvest (10)
**coser** to sew (2)
**costa, la** coast (8)
**costar (ue)** to cost (PA)
**costilla, la** rib (11)
**cotidiano/a** everyday; daily (9)
**crear** to create (PA, 9)
**crecer** to grow (7)
**creencia, la** belief (4)
**creer** to believe (PA)
**crema de afeitar, la** shaving cream (7)
**criar** to raise (4)
**criarse** to grow up (4)
**crónica, la** chronicle (5)
**crucero, el** cruise ship (5)
**crudo/a** raw (4)
**cruzar** to cross (5)
**cuadra, la** city block (1, 3)
**cuadro, el** square (PA); painting (3)
**cualidad, la** quality (of a person) (PA)
**cuando** when (2, 7)
**cuarteto, el** quartet (9)
**cuarto, el** room (3)
**cubierto/a** covered (8)
**cubrir** to cover (3, 4)
**cuchillo, el** knife (1)
**cuentista, el/la** story writer (9)
**cuerdas, las** strings; string
instruments (7, 9)
**cuerpo humano, el** human body (11)
**cueva, la** cave (3)
**cuidado, el** care (2)
**cuidadoso/a** careful (1)
**cuidarse** to take care of oneself (4)
**Cuídese./Cuídate.** Take care. (1)
**culpa, la** blame (4)
**culpable** guilty (7)
**cumpleaños, el** birthday (1, 4)

**cumplir** to complete (3)
**cumplir... años** to have a birthday; to
turn... years old (4)
**cuñado/a, el/la** brother-in-law/
sister-in-law (1)
**cura, el** priest (4)
**cura, la** cure (11)
**curativo/a** curative (3)
**currículum (vitae) (C.V.), el** résumé
(8)
**curso, el** class (3)
**cursor, el** cursor (5)
**curva, la** curve (3)

## D

**danza, la** dance (9)
**dañar** to damage; to harm (10)
**dañino/a** harmful (11)
**daño, el** harm (10)
**dar** to give (PA)
**dar a luz** to give birth (4)
**darse cuenta de** to realize (2)
**darse prisa** to hurry (PA)
**datar de** to date from (3)
**datos, los** data (5)
**de** of; from (10)
**de buena/mala calidad** good/poor
quality (7)
**de mal en peor** from bad to worse
(11)
**de mal gusto** in bad taste (4)
**de manera que** so that (7)
**de modo que** so that (7)
**De ninguna manera.** No way. (10)
**de nuevo** again (1)
**¿De parte de quién?** Who shall I say
is calling? (7)
**de repente** all of a sudden (5)
**De Ud. Atentamente** Sincerely (8)
**¿De veras?** Really? (11)
**debajo de** under (10)
**deber (+inf.)** should; must (PA)
**débil** weak (2)
**decir** to say; to tell (PA, 1)
**declarar** to testify (7)
**declive, el** decline (10)
**decorado, el** set (9)
**decorar** to decorate (2)
**decreto, el** decree (4)
**deforestación, la** deforestation (10)
**dejar** to leave (2)
**dejar de** to stop; to cease (8)
**dejar de fumar cigarrillos** to quit
smoking cigarettes (11)
**delante** up front (PA)
**delante de** in front of (10)
**demasiado/a/os/as** too much/many
(1)
**demostrar (ue)** to demonstrate (PA)
**dentista, el/la** dentist (8)

**dentro de** inside of (**10**)
**dependiente/a, el/la** store clerk (**7**)
**deportes, los** sports (**2**)
**deportista** sporty; sports-loving person (**2**)
**deportivo/a** sports-related (**2**)
**depresión, la** depression (**11**)
**deprimido/a** depressed (**1**)
**derretir (i)** to melt (**4**)
**desacuerdo, el** disagreement (**10**)
**desafío, el** challenge (**2**)
**desanimar** to discourage (**2**)
**desaparecer** to disappear (**10**)
**desaparición, la** disappearance (**2**)
**desarrollar** to develop (**8**)
**desastre, el** disaster (**10**)
**descalzo/a** barefoot (**11**)
**descanso, el** rest (**1**)
**descargar** to download (**5**)
**desconectado/a** offline (**5**)
**descongelar** to thaw (**10**)
**desconocido/a** unknown (**5**)
**describir** to describe (PA)
**descubrir** to discover (**1**)
**desde** from; since (**10**)
**Desde luego.** Of course. (**7, 10**)
**deseado/a** desired (**5**)
**desear** to wish (**2, 9**)
**desenchufar** to unplug (**5**)
**deseo, el** wish (**2**)
**desfile, el** parade (**4**)
**deshacer** to undo (**5**)
**desierto, el** desert (**10**)
**desmayarse** to faint (**3, 11**)
**desodorante, el** deodorant (**7**)
**desorganizado/a** disorganized (**1**)
**despedida, la** farewell (**1**); closing (**8**)
**despedir (i)** to fire (from a job) (**8**)
**despedirse (i)** to say goodbye (**1**)
**despensa, la** pantry (**3**)
**desperdiciar** to waste (**10**)
**desperdicio/desperdicios, el/los** waste; waste products (**5, 10**)
**despistado/a** absentminded; scatterbrained (**1**)
**desplazado/a** displaced (**10**)
**después (de) (que)** afterward; after (**4, 7, 10**)
**destacar(se)** to stand out (**3, 8**)
**destreza, la** skill (**8**)
**destruir** to destroy (**10**)
**detallado/a** detailed (PA)
**detalle, el** detail (**3**)
**detener (ie)** to detain (**11**)
**detrás** in the back (PA)
**detrás de** behind (**10**)
**devolver (ue)** to return (an object) (PA)
**Día de la Independencia, el** Independence Day (**4**)
**Día de la Madre, el** Mother's Day (**4**)

**Día de las Brujas, el** Halloween (**4**)
**Día de los Muertos, el** Day of the Dead (**4**)
**Día de San Valentín, el** Valentine's Day (**4**)
**Día del Padre, el** Father's Day (**4**)
**diabetes, la** diabetes (**11**)
**diablo, el** devil (**5**)
**diálogo, el** dialogue (**1**)
**diamante, el** diamond (**7**)
**diario/a** daily (PA)
**diario, el** diary (**1**)
**dibujar** to draw (PA, **9**)
**dibujo, el** drawing (PA, **9**)
**dibujos animados, los** cartoons (**9**)
**dientes de juicio, los** wisdom teeth (**8**)
**difunto/a, el/la** deceased (**4**)
**Diga/Dígame.** Hello? (**7**)
**digital** digital (**5**)
**digitalizar** to digitalize (**5**)
**digno/a** worthy (**7**)
**dinero en efectivo, el** cash (**7**)
**dinosaurio, el** dinosaur (**10**)
**dirección, la** address (**5**)
**director/a, el/la** director (**9**)
**director/a de escena, el/la** stage manager (**9**)
**dirigir** to direct; to steer (**2**)
**discapacitado/a** physically handicapped (**1**)
**disco duro, el** hard drive (**5**)
**discordia, la** discord (**3**)
**Disculpa/Discúlpame.** Excuse me. (*fam.*) (**2**)
**disculparse** to apologize (**2**)
**Disculpe/Discúlpeme.** Excuse me. (*form.*) (**2**)
**Disculpen/Discúlpenme.** Excuse me. (*form. pl.*) (**2**)
**discutir** to argue; to discuss (**1, 4**)
**diseñador/a, el/la** designer (**3**)
**diseño, el** design (**2, 9**)
**disfrazarse** to wear a costume; to disguise oneself (**4**)
**disfrutar** to enjoy (**2**)
**disminuir** to diminish (**11**)
**Distinguido/a señor/a…** Dear Mr./Mrs… (**8**)
**distinguir** to distinguish (**10**)
**distinto/a** different; distinct (**1**)
**distraerse** to get distracted (**4**)
**diva, la** diva (**9**)
**diversión, la** diversion (**3**)
**divertirse (ie, i)** to enjoy oneself; to have fun (PA)
**divorciado/a** divorced (**1**)
**divorciarse** to divorce; to get divorced (**1**)
**doblarse** to bend (**11**)
**Doble/n a la derecha/izquierda.** Turn right/left. (**4**)

**docena, la** dozen (**4**)
**doctorado, el** doctorate degree (**5**)
**dolor de cabeza, el** headache (**11**)
**dona, la** donut (**4**)
**dondequiera** wherever (**3**)
**dormir (ue, u)** to sleep (PA)
**dormitorio, el** bedroom (**3**)
**dosis, la** dosage (**11**)
**drama, el** drama (**9**)
**dramatizar** to dramatize (**2**)
**dramaturgo/a, el/la** playwright (**9**)
**drogadicto/a, el/la** drug addict (**11**)
**ducharse** to shower (**11**)
**duda, la** doubt (**3**)
**dudar** to doubt (**3, 9**)
**dueño/a, el/la** owner (**3**)
**dulce** sweet (**3**)
**durar** to last (**3**)
**durazno, el** peach (**4**)

# E

**ecológico/a** ecological (**10**)
**ecosistema, el** ecosystem (**10**)
**edad, la** age (**1**)
**edificio, el** building (PA)
**editar** to edit (**9**)
**educado/a** polite (**1**)
**Efectivamente.** Precisely. (**10**)
**efecto invernadero, el** greenhouse effect (**10**)
**egoísta** selfish (**1**)
**Eh…** Um… (**11**)
**ejecutivo/a** executive (**8**)
**ejecutivo/a, el/la** executive (**5**)
**ejemplo, el** example (**3**)
**el** the (PA)
**elaborar** to elaborate; to produce (**1, 5**)
**electricista, el/la** electrician (**3**)
**elegir (i)** to choose (**3**)
**elote, el** ear of corn (**4**)
**e-mail, el** e-mail (**5**)
**embarazada** pregnant (**1**)
**emisora, la** broadcasting station (PA)
**emoción, la** excitement (**2**)
**emocionante** exciting (**5**)
**emocionar** to move (emotionally) (**4**)
**empaquetar** to pack up (**12**)
**empate, el** tie (game) (**2**)
**empezar (ie)** to begin (PA)
**empleado/a, el/la** employee (**8**)
**emplear** to use; to employ (**7, 8**)
**empleo, el** job (**1**)
**empresa, la** corporation; business (**8**)
**en** in; on (**10**)
**En absoluto.** Absolutely. (**1, 10**)
**en aquel entonces** back then (**10**)
**en caso (de) que** in case (**7**)
**en cuanto** as soon as (**7**)
**En mi vida.** Never in my life. (**10**)

**En otras palabras...** In other words... (9)

**en seguida** immediately (after) (4)

**¿En serio?** Seriously? (11)

**enamorado/a** in love (**1**)

**enamorarse (de)** to fall in love (with) (**4**)

**encabezado/a por** headed by (1)

**encantar** to adore; to enchant (**1**)

**encargado/a** in charge (7)

**encargarle (a alguien)** to commission (someone) (**9**)

**encender (ie)** to turn on (4)

**encerrar (ie)** to enclose (PA)

**enchufar** to plug in (**5**)

**enchufe, el** plug (**5**)

**encima** in addition (3)

**encima de** on top of (5, **10**)

**encontrar (ue)** to find (PA)

**encuesta, la** survey (11)

**enemigo/a, el/la** enemy (6)

**enfermedad, la** illness (**11**)

**enfermería, la** nursing (**8**)

**enfocar** to focus (3)

**enfoque, el** focus (4)

**enfrente (de)** in front (of); across from; facing (3, **10**)

**engañar** to deceive (**4**)

**engendrar** to generate (11)

**¡Enhorabuena!** Congratulations! (8)

**enlace, el** link (**5**)

**enojado/a** angry (**1**)

**enseñar** to teach; to show (PA)

**entender (ie)** to understand (PA)

**entonces** then; next (**4**)

**entrada, la** entry (5)

**entre** among; between (PA, **10**)

**entre sí** among themselves (1)

**entregar** to hand in (5)

**entrenador/a, el/la** coach; trainer (**2**)

**entrenamiento, el** training (11)

**entrenar** to train (2, **8**)

**entretener (ie)** to entertain (7)

**entrevista, la** interview (PA, **8**)

**entrevistar** to interview (PB, **8**)

**envase, el** package; container (**10**)

**envejecer** to grow old; to age (**1**)

**envejecimiento, el** aging (11)

**envenenar** to poison (4)

**enviar** to send (4)

**enyesar** to put a cast on (**11**)

**época, la** period, stage (4)

**equipaje, el** luggage (**5**)

**equipo, el** team (**2**)

**equipo de cámara/sonido, el** camera/sound crew (**9**)

**equipo deportivo, el** sporting equipment (**2**)

**equivocado/a** wrong (5)

**erosión, la** erosion (**10**)

**Es...** This is... (7)

**Es cierto.** It's true. (10)

**Es decir...** That's to say... (9)

**Es importante que...** It is important that... (2, 9)

**Es mejor que...** It's better that/than... (2, 9)

**Es necesario que...** It's necessary that... (2, 9)

**Es preferible que...** It's preferable that... (2, 9)

**Es que...** It's that...; The fact is that... (9)

**Es verdad.** It's true. (PA, 10)

**escalar** to climb (**2**)

**escalera, la** staircase; stairs (3)

**escalofríos, los** chills (**11**)

**escanear** to scan (**5**)

**escáner, el** scanner (**5**)

**escaparate, el** store window (7)

**escasez, la** scarcity (10)

**escenario, el** scenario (6); stage (9)

**esclavo/a, el/la** slave (9)

**escoger** to choose (PA)

**escolar** school (*adj.*) (2)

**escribir** to write (PA, **1**)

**escritor/a, el/la** writer; author (3, **8**)

**escuela secundaria, la** high school (1)

**esculpir** to sculpt (**9**)

**escultor/a, el/la** sculptor (**9**)

**escultura, la** sculpture (PA, **9**)

**ese/a** (*adj.*) that (**8**)

**ése/a** (*pron.*) that one (**8**)

**esfuerzo, el** effort (6)

**esmalte de uñas, el** nail polish (7)

**esmog, el** smog (**10**)

**Eso es.** That's it. (7, 10)

**esos/as** (*adj.*) those (**8**)

**ésos/as** (*pron.*) those over there (**8**)

**espacio, el** space (1)

**espárragos, los** asparagus (**4**)

**especia, la** spice (4)

**especialidad, la** specialty (7)

**especializarse** to specialize (3)

**especie, la** species (4)

**espectáculo, el** show (**9**)

**espejito, el** little mirror (1)

**espejo, el** mirror (2, **3**)

**espejo retrovisor, el** rearview mirror (**5**)

**esperar** to wait for; to hope (PA, **2, 9**)

**espinacas, las** spinach (**4**)

**espontáneo/a** spontaneous (9)

**esqueleto, el** skeleton (4)

**esquiar** to ski (**2**)

**¿Está _____ (en casa)?** Is ___ there?/at home? (7)

**Está bien.** Okay; It's alright. (10)

**¿Está/s/n libre/s...?** Are you (all) free...? (3)

**establecer** to establish (9)

**estación, la** station (4)

**estacionamiento, el** parking lot (11)

**estadio, el** stadium (**2**)

**estado, el** state (PA)

**estanque, el** pond (**3**)

**estante, el** shelf (2)

**estar** to be (PA, **7**)

**estar comprometido/a** to be engaged (**4**)

**estar de acuerdo** to agree (PA)

**estar de oferta** to be on sale (2)

**estar embarazada** to be pregnant (**4**)

**este, el** east (**5**)

**este/a** (*adj.*) this (**8**)

**éste/a** (*pron.*) this one (**8**)

**Este...** Well...; Ah...; Um... (11)

**estético/a** aesthetic (9)

**estilo, el** style (1)

**Estimado/a señor/a...** Dear Mr./Mrs... (8)

**estirarse** to stretch (**11**)

**Esto pasará pronto.** This will soon pass. (8)

**estos/as** (*adj.*) these (**8**)

**éstos/as** (*pron.*) these (**8**)

**(Estoy) de acuerdo.** Okay; I agree. (7, 10)

**Estoy perdido/a.** I'm lost. (4)

**estrella, la** star (**4**)

**estrenar** to show for the first time (1)

**estrés, el** stress (2)

**estudiar** to study (PA)

**estudio, el** studio; study (3, **5**)

**estufa, la** stove (4)

**etapa, la** stage (2)

**etapas de la vida, las** stages of life (**1**)

**etiqueta, la** etiquette (8); label (9)

**evento de la vida, el** life event (**4**)

**evitar** to avoid (8)

**Exactamente.** Exactly. (7, 10)

**Exacto.** Exactly. (7, 10)

**exagerar** to exaggerate (5)

**examen físico, el** physical exam (**11**)

**excursionista, el/la** hiker (**2**)

**exhibir** to exhibit (**9**)

**exigente** demanding (3)

**exigir** to demand (**2, 9**)

**existente** existing (3)

**experimentar** to experience (1)

**explicación, la** explanation (6)

**explicar** to explain (PA)

**exposición, la** exposition (5)

**expresar emoción** to express emotions (**5**)

**extensión, la** expanse (2)

**exterminado/a** exterminated (**10**)

**extinguirse** to become extinct (4)

**extraer** to extract (3)

**extranjero, el** abroad (**5**)

**extraño/a** strange (4)

**extraterrestre** otherworldly (5)

**extrovertido/a** extroverted (**1**)

# F

**fábrica, la** factory (**7, 8**)
**fabricado/a** made (5)
**fabricar** to manufacture; to make; to produce (**8, 10**)
**factura (mensual), la** (monthly) bill (**3**)
**fallar** to fail (11)
**faltar** to need; to lack (**1**)
**fama, la** fame (3)
**familia, la** family (**1**)
**farmacia, la** pharmacy (**7**)
**faro, el** headlight (5)
**fascinar** to fascinate (**1**)
**fecha, la** date (4)
**fecha límite, la** deadline (8)
**¡Felicidades!** Congratulations! (8)
**felicitar** to express good wishes (8)
**¡Fenomenal!** Phenomenal! (5, 8)
**ferretería, la** hardware store (**7**)
**fertilizante, el** fertilizer (**10**)
**festejar** to celebrate (6)
**fiebre, la** fever (7)
**figurar** to figure (PA)
**¡Figúrate!** Imagine! (10)
**fijarse en** to pay attention to (4)
**filmar** to film (**9**)
**fin, el** end (5)
**finalmente** finally; in the end (PA, **4**)
**financiero/a** financial (8)
**fingir** to pretend (5)
**firmar (los documentos)** to sign (papers) (PA, **5**)
**firmeza, la** firmness (7)
**flamenco, el** flamenco (**9**)
**flan, el** caramel custard (4)
**flojo/a** lazy (**1**)
**florero, el** vase (3)
**fluido/a** fluent (8)
**foca, la** seal (10)
**folleto, el** brochure (4)
**fondos, los** funds (9)
**formación, la** education; training (5, **8**)
**¡Formidable!** Super! (5)
**forzar (ue)** to force (4)
**foto, la** photo (PA)
**fracturar(se)** to break; to fracture (**11**)
**frase, la** sentence (PA)
**fregadero, el** kitchen sink (3)
**freír (i)** to fry (4)
**frenesí, el** frenzy (6)
**frenos, los** braces (**1**); brakes (5)
**frente, la** forehead (**1, 11**)
**fresa, la** strawberry (**4**)
**frito/a** fried (4)
**frontera, la** border (5)
**fruta, la** fruit (**4**)
**frutería, la** fruit store (**7**)
**fuego, el** fire (3)

**fuego (lento, mediano, alto), el** (low, medium, high) heat (**4**)
**fuente, la** fountain (**7**); source (8)
**fuerte** strong (**11**)
**función, la** show; production (**9**)
**funda (de almohada), la** pillowcase (3)
**fundado/a por** founded by (1)
**furioso/a** furious (**1**)

# G

**galleta, la** cookie (7)
**gallo, el** rooster (**10**)
**ganado de vacas/vacuno, el** cattle (8)
**ganar** to win (**2**)
**ganga, la** bargain (**7**)
**garganta, la** throat (11)
**gastador/a** extravagant; wasteful (**1**)
**gastar** to spend; to wear out; to waste (2, **3**)
**gaucho, el** cowboy (8)
**gemelos, los** twins (**1**)
**generación, la** generation (1)
**generoso/a** generous (**1**)
**geográfico/a** geographical (**10**)
**gerencia de hotel, la** hotel management (8)
**gerente/a, el/la** manager (4, **8**)
**gesto, el** gesture (8, **10**)
**gira, la** tour (5)
**glicina, la** wisteria (2)
**gobierno, el** government (3)
**golpe, el** blow (11)
**gorila, el** gorilla (**10**)
**gorro, el** cap (4)
**gotas para los ojos, las** eyedrops (**11**)
**gozar** to enjoy (1)
**grabado, el** etching (**9**)
**Gracias por haber(me) llamado.** Thank you for calling (me). (7)
**gracioso/a** funny (**2**)
**graduación, la** graduation (4)
**gráfico/a** graphic (**9**)
**granja, la** farm (10)
**granjero/a, el/la** farmer (8)
**gratis** free (2)
**gripe, la** flu (**11**)
**gritar** to yell (6)
**grosero/a** rude (**1**)
**grueso/a** thick (11)
**guante, el** glove (7)
**guardar** to put away; to keep; to save; to file (3, **5**)
**guardia de seguridad, el/la** security guard (5)
**guía, el/la** guide (5)
**guiar** to guide (4)
**guión, el** script (9)
**guionista, el/la** scriptwriter; screenwriter (**9**)
**guisado, el** stew (4)

**guisantes, los** peas (4)
**gustar** to like (**3, 9**)
**Gusto en verlo/la/te.** Nice to see you. (1)
**gustos, los** likes (1)

# H

**hábil** capable (3)
**habilidad, la** ability (2)
**habitar** to live in (3)
**hábitat, el** habitat (**10**)
**hablar** to speak (PA)
**hacer** to do; to make (PA, **1**)
**hacer a mano** to make by hand (9)
**hacer artesanía** to do crafts (2)
**hacer clic** to click (5)
**hacer el papel** to play the role (3, **9**)
**hacer gárgaras** to gargle (11)
**hacer jogging** to jog (2)
**hacer juego** to match (3)
**hacer la conexión** to log on (5)
**hacer publicidad** to advertise (8)
**hacer ruido** to make noise (10)
**hacer surf** to surf (2)
**hacer trabajo de carpintería** to do woodworking (2)
**hacer un crucero** to go on a cruise (5)
**hacer un pedido** to place an order (7)
**hacer una huelga** to strike; to go on strike (8)
**hacer volar un volantín** to fly a kite (7)
**hacerse** to become (8)
**hacerse daño** to get hurt (1)
**harina, la** flour (4)
**harto/a** fed up (**1**)
**hasta (que)** until (7, **10**)
**Hasta la próxima.** Till the next time. (1)
**hay** there is; there are (PA)
**hecho, el** deed (11)
**hecho de nilón** made of nylon (7)
**hecho de oro** made of gold (7)
**hecho de piel** made of leather/fur (7)
**hecho de plata** made of silver (7)
**heladería, la** ice-cream store (**7**)
**herencia, la** heritage; inheritance (PA, **1**)
**herida, la** wound (4)
**hermanastro/a, el/la** stepbrother/stepsister (**1**)
**herramienta, la** tool (3)
**hervido/a** boiled (4)
**hervir (ie, i)** to boil (4)
**hierba, la** grass (3); herb (11)
**hijastro/a, el/la** stepson/stepdaughter (**1**)
**hijo/a único/a, el/la** only child (1)
**hincharse** to swell (11)
**hipertensión, la** high blood pressure (**11**)

**hipoteca, la** mortgage (**3**)
**hispanohablante, el** Spanish speaker (PA)
**historia, la** story (**4**)
**hogar, el** home (**3**)
**hoja, la** leaf (PA)
**hombre de negocios, el** businessman (**8**)
**hombro, el** shoulder (**11**)
**honesto/a** honest (**1**)
**hongos, los** mushrooms (**4**)
**honradez, la** honesty; integrity (**4**)
**honrar** to honor (**4**)
**horario, el** schedule; timetable (**1**, **8**)
**horno, el** oven (**3**)
**hotel, el** hotel (**5**)
**hotel de lujo, el** luxury hotel (**5**)
**hoy en día** today; nowadays (PA)
**hoyo, el** hole (**2**)
**huelga, la** strike (**8**)
**hueso, el** bone (**10**, **11**)
**huésped, el/la** guest (**2**, **5**)
**humilde** humble (**4**)
**humo, el** smoke (**10**)

## I

**icono, el** icon (**5**)
**igual** same (**1**)
**iguana, la** iguana (**10**)
**imagen, la** image (**5**, **9**)
**¡Imagínate!** Imagine! (**10**)
**importar** to matter (**1**)
**imprescindible** essential (**7**)
**impresora, la** printer (**5**)
**imprevisto/a** unforeseen (**11**)
**imprimir** to print (**5**)
**improvisar** to improvise (**9**)
**impuesto, el** tax (**8**)
**incluso** including (**5**)
**incómodo/a** uncomfortable (**5**)
**incorporar** to incorporate (**3**)
**incredulidad, la** disbelief (**11**)
**indicaciones, las** directions (**4**)
**indicar** to indicate (PA)
**indignado/a** indignant (**4**)
**infanta, la** daughter of a king of Spain (**1**)
**inflamación, la** inflammation (**11**)
**informar** to inform, to tell (**9**)
**informática, la** computer science (**5**)
**informe, el** report (**3**)
**infraestructura, la** infrastructure (**10**)
**ingeniería, la** engineering (**3**, **8**)
**ingeniero/a (químico/a), el/la** (chemical) engineer (**8**)
**ingenuo/a** naive (**11**)
**ingrediente, el** ingredient (**4**)
**ingresar** to be admitted (**11**)
**inminente** imminent (**8**)
**innovador/a** innovative (**9**)

**inolvidable** unforgettable (**1**)
**insecticida, el** insecticide (**10**)
**insinuante** flirtatious (**1**)
**insistir (en)** to insist (**2**, **9**)
**inspeccionar** to inspect (**9**)
**inspirar** to inspire (**1**)
**instrumentos de metal, los** brass instruments (**9**)
**instrumentos de viento/madera, los** wood instruments; woodwinds (**9**)
**insuperable** unsurpassable (**9**)
**intentar** to try (**1**)
**intento, el** intention (**3**)
**intercambiar** to exchange (**5**)
**intercambio, el** exchange (**5**)
**interesar** to interest (**1**)
**interiorista, el/la** interior designer (**3**)
**Internet, el** Internet (**5**)
**introvertido/a** introverted (**1**)
**inversión, la** investment (**8**)
**invertir (ie, i)** to invest (**8**)
**investigador/a, el/la** investigator (**1**)
**invitado/a, el/la** guest (**4**)
**invitar a alguien** to extend an invitation; to invite someone (**3**)
**involucrarse** to get involved (**10**)
**ir** to go (PA)
**ir de camping** to go camping (**2**)
**irse** to go away; to leave (PA)
**isla, la** island (**5**, **10**)
**itinerario, el** itinerary (**5**)

## J

**jabón, el** soap (**7**)
**jamás** never; not ever (emphatic) (**2**, **11**)
**jaqueca, la** migraine; severe headache (**11**)
**jardín, el** garden (**3**)
**jardinería, la** gardening (**3**)
**jardinero/a, el/la** gardener (**3**)
**jarra, la** pitcher (**3**)
**jefe/a, el/la** boss (**8**)
**jirafa, la** giraffe (**10**)
**jornada completa/parcial, la** full-time/part-time workday (**8**)
**joven** young (**9**)
**joyas, las** jewelery (**7**)
**joyería, la** jewelery store (**4**)
**jubilación, la** retirement (**1**, **8**)
**jubilarse** to retire (**8**)
**jugar (ue)** to play (PA)
**jugar a las cartas** to play cards (**2**)
**jugar a las damas** to play checkers (**2**)
**jugar a videojuegos** to play video games (**2**)
**jugar al ahorcado** to play hangman (PB)
**jugar al ajedrez** to play chess (**2**)
**jugar al boliche** to bowl (**2**)

**jugar al hockey (sobre hielo; sobre hierba)** to play hockey (ice; field) (**2**)
**jugar al póquer** to play poker (**2**)
**jugar al voleibol** to play volleyball (**2**)
**juguete, el** toy (**1**)
**juguetería, la** toy store (**7**)
**junta, la** commission; board; committee (**8**)
**junto/a** together (PA)
**justicia criminal, la** criminal justice (**8**)
**justificar** to justify (**1**)
**justo/a** just; right (**4**)
**juventud, la** youth (**1**)

## K

**karting, el** go-kart racing (**5**)
**kilogramo, el** kilogram (2.2 pounds) (**4**)

## L

**la** the (PA)
**La verdad es que...** The truth is... (**11**)
**laberinto, el** labyrinth (**1**)
**labio, el** lip (**1**, **11**)
**laboral** work-related (**8**)
**ladrillo, el** brick (**3**)
**ladrón/ladrona, el/la** thief (**5**)
**lago, el** lake (**5**)
**langosta, la** lobster (**4**)
**lanzador zurdo, el** left-handed pitcher (**2**)
**largo/a** long (**11**)
**las** the (PA)
**Lástima pero...** It's a shame/pity but... (**3**)
**lata, la** can (**9**)
**lavadora, la** washing machine (**3**)
**lavarse** to wash oneself (PA)
**Le/s saluda atentamente** Sincerely (**8**)
**¡Le/Te felicito!** Congratulations! (**8**)
**Le/Te habla...** This is... (**7**)
**¿Le/Te importa (si...)?** Do you mind (if...)? (**5**)
**¿Le/Te parece bien?** Do you like the suggestion? (**5**)
**leer** to read (PA)
**leer cuentos cortos** to read short stories (**2**)
**leer libros de aventuras** to read adventure books (**2**)
**leer libros de espías** to read spy novels (**2**)
**legumbre, la** vegetable (**4**)
**lejos de** far from (**10**)
**lema, el** slogan (**3**)

**lengua, la** language (PA); tongue (**11**)
**lentes de sol, los** sunglasses (**5**)
**leproso/a, el/la** leper (**5**)
**letra, la** letter (**1**)
**letras, las** letters (literature) (**1**)
**letrero, el** sign (**11**)
**levantar pesas** to lift weights (**2**)
**levantarse** to get up; to stand up (PA)
**libertad, la** freedom (**2**)
**licenciatura, la** degree (academic) (**5**)
**lienzo, el** canvas (**9**)
**liga, la** league (**1**)
**ligero/a** light (**2**)
**limosina, la** limousine (**5**)
**liquidación, la** clearance sale (**7**)
**liviano/a** lightweight (**7**)
**llamada, la** phone call (**2**)
**llamarse** to be called; to be named (PA)
**llamativo/a** striking; colorful; showy; bright (3, **9**)
**llanura, la** plain (**10**)
**llegar** to arrive (PA)
**llenar** to fill (**1**)
**Lo dudo.** I doubt it. (**11**)
**Lo/La/Te llamo más tarde.** I will call you later. (**7**)
**lo malo** the bad thing (**8**)
**lo mejor** the best thing (**8**)
**lo mismo** the same thing (**8**)
**lo peor** the worst thing (**8**)
**(Lo que) quiero decir…** (What) I mean… (**9**)
**Lo siento.** I'm sorry. (**8**)
**Lo siento, pero no puedo esta vez/en esta ocasión. Tengo otro compromiso.** I'm sorry, but I can't this time. I have another commitment./I have other plans. (**3**)
**lobo, el** wolf (**10**)
**localizar** to find (**3**)
**loción, la** lotion (**7**)
**logro, el** success (**8**)
**loro, el** parrot (**10**)
**los** the (PA)
**luchar** to fight (**10**)
**lucir** to show; to display (**7**)
**lucro, el** profit (**8**)
**luego** then; next (**4**)
**luego que** as soon as (**7**)
**lugar, el** place (**7**)
**lujo, el** luxury (2, **12**)
**luna de miel, la** honeymoon (**4**)
**lunar, el** beauty mark; mole (**1**)

# M

**madera, la** wood (**3**)
**madrina, la** godmother (**1**)
**maestría, la** masters (degree) (**8**)
**maestro/a, el/la** teacher (**8**)

**maleducado/a** impolite; rude (**1**)
**malo/a** bad (**9**)
**maltratar** to abuse (**1**)
**malvado/a** evil (**4**)
**mamífero, el** mammal (**10**)
**manatí, el** manatee (**10**)
**manchita, la** little spot (**11**)
**mandar** to send (**4**)
**mandato, el** command (**2**)
**manejo, el** management (**8**)
**manga corta, la** short sleeve (**7**)
**manga larga, la** long sleeve (**7**)
**mango, el** mango (**4**)
**manguera, la** garden hose (**3**)
**mano, la** hand (PA)
**mantener (ie)** to maintain (**2**)
**mantequilla, la** butter (**4**)
**mapa, el** map (**5**)
**maquillarse** to put on makeup (PA)
**máquina de afeitar, la** electric shaver/razor (**7**)
**máquina de fax, la** fax machine (**5**)
**mar, el** sea (**10**)
**maravilloso/a** marvelous (**3**)
**marca, la** brand (5, PB)
**marcar** to dial; to mark (**8**)
**mareo/mareos, el/los** dizziness (**11**)
**mariachi, el** mariachi (**9**)
**marido, el** husband (**1**)
**mariposa, la** butterfly (**10**)
**mariscos, los** seafood (**4**)
**marrón** brown (**4**)
**más que nunca** more than ever (**4**)
**más tarde** later (**4**)
**masa, la** dough (**7**)
**máscara, la** mask (**2**)
**materia, la** material; subject (**9**)
**materiales de la casa, los** housing materials (**3**)
**mayor** older (**9**)
**mayor, el/la** the oldest (**9**)
**mayoría, la** majority (**2**)
**Me da igual.** It's all the same to me. (**12**)
**Me da mucha pena pero…** I'm really sorry but… (**3**)
**Me estás tomando el pelo.** You're kidding me/pulling my leg. (**10**)
**¿Me podría/n decir cómo se llega a…?** Could you (all) tell me how to get to…? (**4**)
**mecánico/a, el/la** mechanic (**8**)
**media manga** half sleeve (**7**)
**media naranja, la** soul mate (**9**)
**medicamento, el** medicine (**11**)
**medio, el** middle (**1**)
**medio ambiente, el** environment (5, **10**)
**medios, los** means (**9**)
**mejilla, la** cheek (1, **11**)
**mejor** better (PA, **9**)

**mejor, el/la** the best (PA, **9**)
**mejoramiento, el** improvement (**3**)
**mejorar** to improve (2, **10**)
**menor** younger (**9**)
**menor, el/la** the youngest (**9**)
**menos** less (**2**)
**menospreciar** to underestimate (**11**)
**mensaje de texto, el** text message (**5**)
**mente, la** mind (**4**)
**mentir (ie, i)** to lie (PA)
**mentira, la** lie (**2**)
**mentón, el** chin (**1**)
**mercadeo, el** marketing (**8**)
**mercado, el** market (**4**)
**mercado de pulgas, el** flea market (**7**)
**merecer** to deserve (**9**)
**merengue, el** merengue (**9**)
**meta, la** goal (3, **8**)
**metano, el** methane (**5**)
**meter la pata** to put your foot in your mouth (**9**)
**meterse** to get in(to) (5, **11**)
**método, el** method (**5**)
**mezcla, la** mixture (**1**)
**mezclar** to mix (**4**)
**mezquita, la** mosque (**7**)
**mi/s** my (PA)
**Mi más sentido pésame.** You have my sympathy. (**8**)
**microondas, el** microwave (**3**)
**miedo de salir en escena, el** stage fright (**9**)
**miel, la** honey (**4**)
**miembro, el** member (**1**)
**mientras (que)** while (PA, **7, 10**)
**mío/a/os/as** mine (PA)
**Mire/Mira…** Look… (**7**)
**mirón, el** lurker (**5**)
**Mis más sinceras condolencias.** My most heartfelt condolences. (**8**)
**mismo/a** oneself (**2**)
**mitad, la** half (PB)
**mítico/a** mythical (**4**)
**mito, el** myth (**2**)
**moda, la** fashion (3, **8**)
**molestar** to bother (**1**)
**molesto/a** annoyed (**4**)
**mono, el** monkey (**10**)
**mononucleosis, la** mononucleosis (**11**)
**montaje, el** staging; editing (**9**)
**montaña rusa, la** roller coaster (**1**)
**montar** to assemble (**9**)
**montar a caballo** to go horseback riding (**2**)
**montón, el** pile (**4**)
**monumento nacional, el** national monument; monument of national importance (**5**)
**moreno/a** black (hair) (**1**)
**morir (ue, u)** to die (PA, **1**)

**mortero, el** mortar (3)
**mostrador, el** counter(top) (**3, 7**)
**mostrar (ue)** to show (PA)
**motivo, el** motif; theme (**9**)
**moto, la** motorcycle (PA)
**mudanza, la** move (3)
**mudarse** to move (3)
**muerte, la** death (**1**)
**mujer, la** wife (**1**)
**mujer de negocios, la** businesswoman (**8**)
**muletas, las** crutches (**11**)
**multitarea, la** multitasking (5)
**mundial** (*adj.*) world (2)
**muñeca, la** wrist (**11**)
**mural, el** mural (**9**)
**muralista, el/la** muralist (**9**)
**murciélago, el** bat (**10**)
**muro, el** wall (around a house) (3)
**músculo, el** muscle (**11**)
**música, la** music (**9**)
**música alternativa, la** alternative music (**9**)
**música popular, la** popular music (**9**)
**muslo, el** thigh (**11**)
**musulmán/musulmana, el/la** Muslim man/woman (7)
**Muy atentamente** Sincerely (**8**)
**(Muy) Buenos/Buenas.** Good morning/afternoon. (1)
**Muy estimado/a señor/a...** Dear Mr./Mrs.... (8)
**Muy respetuosamente** Respectfully yours (8)
**Muy señor/a mío/a...** Dear Sir/Madam... (8)

## N

**nacer** to be born (**1**)
**nacimiento, el** birth (**1, 4**)
**nada** nothing; not at all (**11**)
**Nada de eso.** Of course not. (10)
**nadie** no one; nobody (**11**)
**narcomanía, la** drug addiction (**11**)
**narrar** to narrate (6)
**naturaleza, la** nature (**10**)
**naturaleza muerta, la** still life (**9**)
**náuseas, las** nausea (**11**)
**navaja de afeitar, la** razor (7)
**navegador, el** browser (5)
**navegador personal, el** GPS (5)
**navegar** to navigate; to surf (5)
**Navidad, la** Christmas (**4**)
**necesitar** to need (PA, 2, 9)
**negar (ie)** to deny (3)
**negociar** to negotiate (**8**)
**negocio/negocios, el/los** business (PB, **8**)
**nervio, el** nerve (**11**)
**ni... ni** neither... nor (**11**)

**¡Ni lo sueñes!** Don't even think about it! (10)
**nieto/a, el/la** grandson/granddaughter (**1**)
**ningún** none (**11**)
**ninguno/a/os/as** none (**11**)
**niñez, la** childhood (**1**)
**nivel, el** level (2, 4)
**No cabe duda.** There's no doubt; Without a doubt. (10)
**no creer** not to believe; not to think (3, 9)
**¿No cree(s)(n) que...?** Don't you think that...? (11)
**No es verdad.** It's not true. (PA)
**No está.** He/She is not home. (7)
**no estar seguro (de)** to be uncertain (3, 9)
**No estoy de acuerdo.** I don't agree. (10)
**no hay de qué** you're welcome (2)
**No hay duda.** There's no doubt; Without a doubt. (10)
**No hay más remedio.** There's no other way/solution. (10)
**No lo creo.** I don't believe it; I don't think so. (11)
**¡No me diga/s!** You don't say!; No way! (5, 7, 10, 11)
**no obstante** notwithstanding (**10**)
**no pensar (ie)** not to think (3, 9)
**¡No puede ser!** This/It can't be! (5, 10, 11)
**No se encuentra.** He/She is not home. (7)
**No se/te preocupe/s.** Don't worry. (8)
**nombrar** to name (PA)
**norte, el** north (5)
**Nos vemos.** See you. (1)
**Nos/Me encantaría (pero)...** We/I would love to (but)... (3)
**noticiero, el** news program (9)
**novicio/a** novice (2)
**novio/a, el/la** boyfriend/girlfriend; groom/bride (4)
**nuera, la** daughter-in-law (**1**)
**nuestro/a/os/as** our/s (PA)
**nunca** never (**11**)

## O

**o** or (2)
**o... o** either... or (11)
**O sea...** That is... (9, 11)
**obesidad, la** obesity (**11**)
**obra, la** work (3)
**obra de teatro, la** play (9)
**obra maestra, la** masterpiece (**9**)
**obrero/a, el/la** worker (3)
**obtener (ie)** to obtain (4)

**ocultar** to hide (3)
**ocupar** to occupy (2)
**oeste, el** west (5)
**oferta, la** (special) offer (5, **7**)
**oficina, la** office (3)
**oficina de turismo, la** tourism office (5)
**ofrecer** to offer (2); to bid (7)
**oído, el** inner ear (**11**)
**Oiga...** Hey... (*form.*) (7)
**oír** to hear (PA)
**óleo, el** oil painting (**9**)
**olla, la** pot (3)
**olvidado/a** forgotten (5)
**onda, la** wave (10)
**operar** to operate (**11**)
**oponer** to oppose (9)
**opuesto/a** opposite (1)
**oración, la** sentence (PA)
**ordenar** to put in order (PA)
**orfebrería, la** crafting of precious metals (9)
**organista, el/la** organist (**9**)
**organizado/a** organized (1)
**organizar** to organize (**9**)
**órgano, el** organ (**9**)
**orgullo, el** pride (5)
**orgulloso/a** proud (**1**)
**oscuro/a** dark (4)
**otorgar** to award (**11**)
**oveja, la** sheep (**10**)
**Oye...** Hey... (*fam.*) (7)

## P

**paciente, el/la** patient (**11**)
**padrino, el** godfather (**1**)
**página principal, inicial, de hogar, la** home page (5)
**país, el** country (PA)
**paisaje, el** countryside (5); landscape (**9**)
**pájaro, el** bird (4)
**palo (de golf; de hockey), el** golf club; hockey stick (2)
**paloma, la** pigeon; dove (10)
**palomitas de maíz, las** popcorn (4)
**pan dulce, el** sweet roll (4)
**panadería, la** bread store; bakery (7)
**panqueque, el** pancake (4)
**pantalla, la** screen (2, 5)
**pantano, el** marsh; wetland (10)
**pañal, el** diaper (10)
**papaya, la** papaya (4)
**papel, el** paper; role (5)
**papel de envolver, el** wrapping paper (7)
**papel higiénico, el** toilet paper (7)
**papelería, la** stationery shop (7)
**papelito, el** little piece of paper (PA)
**paquete, el** package (5)

**par, el** pair (2)
**para** for; in order to (**5, 10**)
**para aquel entonces** by then (8)
**para que** so that (**7**)
**parachoques, el** bumper (5)
**parada, la** stop (2)
**parador, el** inn (3)
**parafrasear** to paraphrase (8)
**paráfrasis, la** loose interpretation (8)
**paraíso, el** paradise (2)
**pararse** to stop (1)
**Parece mentira.** It's hard to believe. (11)
**parecer** to seem; to appear (**1**)
**parecido/a** similar (9)
**pared, la** wall (3)
**pareja, la** couple; partner (**1**)
**pariente/a, el/la** relative (**1**)
**parloteo, el** chat (1)
**párrafo, el** paragraph (1)
**parte de un vehículo, la** part of a car (5)
**partido, el** game (2)
**pasado, el** past (3)
**pasar** to pass (2)
**pasatiempos, los** pastimes (2)
**Pascua, la** Easter (4)
**pasear en barco (de vela)** to sail (2)
**paseo, el** promenade (1)
**pasillo, el** hall (3)
**paso, el** step; stage (PA)
**paso de peatones, el** crosswalk (**5**)
**pasta de dientes, la** toothpaste (7)
**pastel, el** pastry; pie (2)
**pastelería, la** pastry shop (**7**)
**patinar en monopatín** to skateboard (2)
**patines, los** skates (2)
**pato, el** duck (10)
**patrocinador/a, el/la** patron (9)
**pausa, la** pause (11)
**pavo, el** turkey (4)
**paz, la** peace (10)
**pecas, las** freckles (**1**)
**pedagogía, la** teaching (8)
**pedazo, el** piece (4)
**pedido, el** request; order (2, 5)
**pedir (i)** to ask (for); to request (PA, **2, 9**)
**pedir clarificación** to ask for clarification (2)
**pedir perdón** to excuse yourself (2)
**pegar** to hit (1); to paste (5)
**peinarse** to comb one's hair (11)
**pelar** to peel (4)
**pelear(se)** to fight (2, 4)
**peligro, el** danger (1, 10)
**peligroso/a** dangerous (1)
**pelirrojo/a** red-haired (1)
**pelo, el** hair (**1**)
**pelo canoso, el** gray hair (1)

**pelo corto, el** short hair (**1**)
**pelo lacio, el** straight hair (**1**)
**pelo largo, el** long hair (**1**)
**pelo rizado, el** curly hair (**1**)
**pelota, la** ball (PA, **2**)
**peluca, la** wig (**1**)
**peluquero/a, el/la** hair stylist/dresser (**8**)
**pendientes, los** earrings (7)
**penicilina, la** penicillin (**11**)
**pensamiento, el** thought (2)
**pensar (ie)** to think (PA)
**peor** worse (9)
**peor, el/la** the worst (9)
**pepino, el** cucumber (4)
**perder (ie)** to lose (PA); to waste (2)
**perderse (ie)** to get lost (5)
**Perdón./Perdóname.** Pardon. (*fam.*) (2)
**Perdóneme.** Pardon. (*form.*) (2)
**Perdón, ¿sabe/n usted/ustedes llegar al…?** Pardon, do you (all) know how to get to…? (4)
**peregrinaje, el** pilgrimage (7)
**perfil, el** profile (PA)
**perforación del cuerpo, la** body piercing (1)
**perfume, el** perfume (7)
**periodista, el/la** journalist (PA, **8**)
**perla, la** pearl (7)
**permiso, el** permission (5)
**pero** but (2)
**perseguir (i)** to chase (PA)
**persianas, las** blinds (3)
**personaje principal, el** main character (1)
**personal, el** personnel (8)
**personalidad, la** personality (1)
**pertenecer** to belong (2)
**pesadilla, la** nightmare (7)
**pesado/a** dull; tedious (1)
**pesas, las** weights (2)
**pescadería, la** fish store (7)
**pescado, el** fish (4)
**pescar** to fish (2)
**peso, el** weight (4)
**pestañas, las** eyelashes (**1, 11**)
**pesticida, el** pesticide (10)
**picaflor, el** hummingbird (**10**)
**piedra, la** stone (3)
**piel, la** skin (1, 11); fur; leather (7)
**pieza, la** piece (7)
**pieza musical, la** musical piece (9)
**pila, la** battery (7)
**pilates, el** Pilates (2)
**piloto, el/la** pilot (8)
**piloto de carreras, el/la** race car driver (5)
**pimiento, el** pepper (4)
**pincel, el** paintbrush (9)
**pingüino, el** penguin (5, 10)

**pino, el** pine tree (3)
**pintado/a** painted (5)
**pintalabios, el** lipstick (7)
**pintar** to paint (**2, 3**)
**pintor/a, el/la** painter (**9**)
**pintura, la** painting (**9**)
**piña, la** pineapple (**4**)
**pirámide, la** pyramid (1)
**piraña, la** piranha (5)
**pisar** to step on (2)
**piscina, la** swimming pool (3)
**piso, el** apartment (4)
**pista, la** track; rink (2); clue (2, PB)
**planear** to plan (9)
**plátano, el** plantain (4)
**platillo, el** saucer (3)
**plato, el** main dish (4)
**plato hondo, el** bowl (3)
**playa, la** beach (10)
**plomero/a, el/la** plumber (3)
**poder (ue)** to be able to (PA)
**poder, el** power (PA)
**poderoso/a** powerful (1)
**¿Podrías venir…?** Could you come…? (3)
**político/a, el/la** politician (8)
**poner** to put; to place (PA, **1**)
**poner en orden** to put in order (PB)
**ponerse (la ropa)** to put on (one's clothes) (PA)
**ponerse (nervioso/a)** to become (nervous) (PA)
**ponerse de acuerdo** to agree; to reach an agreement (2, 3)
**por** for; through; by; because of (**5, 10**)
**por ciento** percent (PB)
**por eso** for this reason (**10**)
**por fin,** finally; in the end (PA, **4**)
**por lo menos** at least (PA)
**por medio de** by means of (10)
**por otro lado** on the other hand (10)
**por su propria cuenta** by oneself (11)
**por suerte** luckily (PA)
**¡Por supuesto!** Sure!; Of course! (PA, 3, 7, 10)
**por último** last (in a list) (**4**)
**porque** because (2)
**portada, la** entrance (4)
**portarse bien** to behave well (1)
**portarse mal** to misbehave (1)
**portero/a, el/la** doorman; porter (5)
**postre, el** dessert (4)
**practicar artes marciales, las** to do martial arts (2)
**practicar ciclismo, el** to go cycling (2)
**practicar esquí acuático, el** to go waterskiing (2)
**practicar lucha libre, la** to wrestle (2)
**precario/a** precarious (3)
**Precisamente.** Precisely. (10)

**precisar** to say exactly; to specify (11)
**predecir (i)** to predict (1)
**preferir (ie, i)** to prefer (PA, **2, 9**)
**preguntar** to ask (a question) (PA)
**premio, el** prize (1)
**prenda, la** garment (7)
**prender** to start (5)
**preparar** to prepare; to get ready (PA)
**preparativos, los** preparations (PB)
**preponderante** predominant (10)
**preservar** to preserve (**10**)
**presión alta/baja, la** high/low (blood) pressure (**11**)
**préstamo, el** loan (3)
**prestar atención** to pay attention (4)
**presumido/a** conceited; arrogant (1)
**presupuesto, el** budget (3)
**prevenir (ie)** to prevent (**10**)
**primer día/mes, el** the first day/month (**4**)
**primera comunión, la** First Communion (4)
**primero** at first; first; in the beginning (**4**)
**primito/a, el/la** little cousin (2)
**princesa, la** princess (1)
**príncipe, el** prince (1)
**privado/a** private (4)
**probar (ue)** to try (1)
**procedente** coming (8)
**procedimiento, el** procedure (11)
**profesión, la** profession (8)
**profesional** professional (8)
**programa de computación, el** software (5)
**prohibir** to prohibit (**2, 9**)
**promover (ue)** to promote (9)
**pronóstico del tiempo, el** weather report (2)
**pronto** soon (4)
**propiedad, la** property (3)
**propietario/a, el/la** owner; landlord (7, **8**)
**propina, la** tip (3)
**propio/a** own (PA)
**proponer** to suggest; to recommend (**2, 9**)
**Propongo que...** I propose that... (11)
**propósito, el** aim (5); purpose (11)
**proteger** to protect (5)
**proveer** to provide (11)
**proyecto, el** project (3)
**prueba, la** proof (10)
**prueba médica, la** medical test (**11**)
**psicología, la** psychology (8)
**psicólogo/a, el/la** psychologist (8)
**publicidad, la** advertising (8)
**publicitar** to advertise; to publicize (8)
**¿Puede/n usted/ustedes decirme dónde está...?** Can you tell me where... is? (4)

**¿Puedo tomar algún recado?** Can I take a message? (7)
**puerto, el** port (5)
**pues** well; since (2)
**Pues...** Um...; Well... (11)
**puesto, el** job; position (1, **8**)
**puesto que** given that (7)
**pulmón, el** lung (**11**)
**pulpo, el** octopus (10)
**pulsar el botón derecho** to right-click (5)
**pulsera, la** bracelet (7)
**puma, el** puma (10)
**punto, el** dot (in a URL) (**5**)
**puro/a** pure (5)

## Q

**que** that; who; which; whom (2)
**¡Qué barbaridad!** How awful! (5)
**¡Qué bueno!** Good! (5)
**¿Qué dice/s?** What do you say? (5)
**¿Qué dijiste/dijo?** What did you say? (2)
**¡Qué emoción!** How exciting!; How cool! (5)
**¡Qué estupendo!** How stupendous! (8)
**¡Qué extraordinario!** How extraordinary! (8)
**¡(Qué) Gusto en verlo/la/te!** How nice to see you! (1)
**¿Qué hay de nuevo?** What's new? (1)
**¿Qué le/te parece?** What do you think (about the idea)? (5)
**Que le/te vaya bien.** Take care. (1)
**¡Qué maravilloso!** How marvelous! (8)
**¿Qué me cuentas?** What do you say?; What's up? (1)
**¿Qué opina/s?** What do you think? (5)
**¡Qué pena/lástima!** What a shame/pity! (5, 8)
**¿Qué quiere decir...?** What does... mean? (2)
**¿Qué significa...?** What does... mean? (2)
**¿Qué tal amaneció usted/ amaneciste?** How are you this morning? (2)
**¡Qué va!** No way! (10)
**quedar** to have something left (**1**)
**quedarse** to stay; to remain (PA)
**quedarse sin hacer** to be left undone (10)
**queja, la** complaint (11)
**quemadura, la** burn (**11**)
**quemar** to burn (3)
**querer (ie)** to want; to love; to wish (PA, **2, 9**)

**Querido/a...** Dear... (8)
**Queridos amigos míos** My dear friends (8)
**quien(es)** that; who (2)
**quinceañera, la** fifteenth birthday celebration (4)
**Quisiera invitarte/le/les...** I would like to invite you (all)... (3)
**quitarse (la ropa)** to take off (one's clothes) (PA)
**quizás** maybe (2)

## R

**radiografía, la** X-ray (**11**)
**rapidez, la** speed (5)
**raqueta, la** racket (2)
**raro/a** strange (1)
**rato, el** little while (3)
**ratón, el** mouse (5)
**razón, la** reason (PA)
**reaccionar** to react (5)
**real** royal (1)
**rebaja, la** sale; discount (7)
**recalentar (ie)** to reheat (4)
**recepcionista, el/la** receptionist (5)
**receptáculo, el** receptacle (8)
**receptor, el** catcher (1)
**receta, la** recipe (4)
**rechazar una invitación** to decline an invitation (3)
**recibir** to receive (PA)
**reciclar** to recycle (5)
**recién** recently (PB)
**recoger** to pick up (1)
**recomendar (ie)** to recommend (PA, **2, 9**)
**Recomiendo que...** I recommend that... (11)
**reconocer** to recognize; to admit (PA, **4**)
**recordar (ue)** to remember; to remind (PA, **1**)
**recorrido, el** trip (5)
**recortar** to cut off (5)
**recrear** to recreate (3)
**recreativo/a** recreational (2)
**recuerdo, el** memory (1); souvenir (5)
**recurso, el** resource (4)
**Red, la** Internet; Web (5)
**reducir** to reduce (10)
**reemplazar** to replace (10)
**reflejar** to reflect (3, 9)
**reflexionar** to reflect (1)
**regalar** to give (3)
**regalo, el** present (4)
**regar (ie) las flores** to water the flowers (3)
**regla, la** rule (8)
**regresar** to return (PA)
**regreso, el** return (5)

**reina, la** queen (1)
**reinar** to reign (2)
**reiniciar** to reboot (**5**)
**reino, el** kingdom (1)
**relajarse** to relax (2)
**reliquia, la** relic (8)
**relleno, el** filling (4, 7)
**relleno/a** filled (8)
**reloj de pulsera, el** wristwatch (**7**)
**remate, el** auction; sale (7)
**remedio casero, el** home remedy (11)
**remo, el** rowing (**2**)
**remodelar** to remodel; to renovate (**3**)
**renovable** renewable (**10**)
**renovar** to remodel; to renovate; to renew (**3**)
**renunciar (a)** to resign; to quit (**8**)
**reñir (i)** to scold (1)
**reparación, la** repair (3)
**reparar** to repair (**3**)
**repasar** to review (5)
**repaso, el** review (PA)
**repetir (i)** to repeat (PA)
**Repite/a, por favor.** Repeat, please. (**2**)
**reportaje, el** report (1)
**reportero/a, el/la** reporter (8)
**representar** to represent; to perform (**9**)
**reproductor de CD/DVD, el** CD/DVD player (5)
**reproductor de MP3, el** MP3 player (**9**)
**requerir (ie)** to require (10)
**requisito, el** requirement (8)
**rescatar** to rescue (**10**)
**resolver (ue)** to solve (**1**)
**respirar** to breathe (**11**)
**respuesta, la** answer (1)
**restaurar** to restore (5)
**resultado, el** result; score (PA, **2**, **11**)
**resumen, el** summary (1)
**resumir** to summarize (4)
**retrato, el** portrait (**9**)
**reunirse** to get together; to meet (PA)
**revisar** to review (2)
**revista, la** magazine (3)
**revolver (ue)** to stir (4)
**rey, el** king (1)
**riesgo, el** risk (**10**)
**rincón, el** corner (4)
**rinoceronte, el** rhinoceros (**10**)
**río, el** river (**10**)
**rito, el** rite (4)
**rivalidad, la** rivalry (2)
**robar** to rob (5)
**robo, el** robbery (5)
**rodar (ue) (en exteriores)** to film (on location) (**9**)
**rodear** to surround (10)
**rodilla, la** knee (**11**)

**rogar (ue)** to beg (**2, 9**)
**romper** to break (**1**)
**ropa, la** clothing (**7**)
**ropa interior, la** underwear (**7**)
**rosado/a** pink (4)
**roto/a** broken (3)
**rubio/a** blond (**1**)
**ruido, el** noise (2)
**ruinas, las** ruins (3)
**ruleta, la** roulette (PA)

## S

**sábana, la** sheet (3)
**saber** to know (3)
**Sabes…** You know… (11)
**sabor, el** flavor (4)
**sabotear** to hack (**5**)
**sacar** to obtain (3)
**sacar fotos** to take pictures/photos (5)
**sacar la mala hierba** to weed (3)
**sacar la sangre** to draw blood (**11**)
**sala, la** living room (3)
**salchicha, la** sausage (4)
**salir (con)** to leave (PA); to go out (with) (4)
**salón, el** salon (1)
**saltamontes, el** grasshopper (10)
**saludable** healthy (4)
**saludar** to greet (1)
**saludo, el** greeting (1, 8)
**Saludos a (nombre)/todos por su/tu casa.** Say hi to (name)/everyone at home. (1)
**salvaje** wild (10)
**salvar** to save (10)
**sanarse** to heal (11)
**sandía, la** watermelon (4)
**sano/a** healthy (2)
**santo/a, el/la** saint (4)
**sarampión, el** measles (11)
**sardina, la** sardine (4)
**sartén, la** skillet; frying pan (3)
**sastrería, la** tailor shop (7)
**saxofón, el** saxophone (9)
**saxofonista, el/la** saxophonist (9)
**¡Se rueda!** Action! (9)
**secadora, la** dryer (3)
**secretario/a, el/la** secretary (8)
**seguidores/as, los/las** fans; groupies (9)
**seguir (i)** to follow; to continue (doing something) (PA)
**según** according to (PA, 10)
**seguridad, la** confidence (5)
**seguro/a** safe (2)
**seguro del coche, el** car insurance (5)
**seguro médico, el** medical insurance (8)
**seleccionar** to select (1)
**selva, la** jungle (3)

**selva nubosa, la** cloud forest (5)
**semejanza, la** similarity (PA)
**seminario, el** seminar (1)
**sencillo/a** modest; simple (**1**)
**sendero, el** path (4)
**¡Sensacional!** Sensational! (8)
**sensible** sensitive; perceptive (**1**)
**sentarse (ie)** to sit down (PA)
**sentido, el** sense (2)
**sentimiento, el** feeling (3)
**sentir (ie, i)** to regret (3, 9)
**sentirse (ie, i)** to feel (PA)
**señalar** to signal (3)
**separarse** to separate; to get separated (**1**)
**sequía, la** drought (**10**)
**ser** to be (PA, **7**, **8**)
**ser, el** being (11)
**ser amado, el** loved one (4)
**ser buena gente** to be a good person (**1**)
**ser bueno/malo** to be good/bad (3, 9)
**ser dudoso** to be doubtful (3, 9)
**ser humano, el** human being (5)
**ser mala gente** to be a bad person (1)
**ser probable** to be probable (3, 9)
**ser una lástima** to be a shame (3, 9)
**Sería mejor…** It would be better to… (**11**)
**serie, la** series (4)
**serio/a** serious (**1**)
**servicio, el** room service (5)
**servicios, los** public restrooms (**7**)
**servidor, el** server (**5**)
**servir (i)** to serve (PA, **4**)
**si** if (PA)
**SIDA, el** AIDS (11)
**siempre** always (**11**)
**sierra, la** mountain range (**10**)
**Siga/n derecho/todo recto.** Go straight. (4)
**siglo, el** century (6)
**significado, el** meaning (1)
**significar** to mean (6)
**signo, el** sign (8)
**siguiente** following (PA)
**¡Silencio!** Quiet everybody (on the set)! (9)
**simpatía, la** sympathy (8)
**sin (que)** without (4, **7**, 10)
**Sin duda.** Without a doubt.; No doubt. (10)
**sin embargo** nevertheless (10)
**sin fines de lucro** nonprofit (8)
**sinfónica, la** symphony orchestra (9)
**sino** but rather (**10**)
**síntoma, el** symptom (4, 11)
**sobre** over; about (**10**)
**sobre, el** envelope (5)
**sobre todo** above all (3)
**sobrepoblación, la** overpopulation (**10**)

**sobrevivir** to survive (**10**)
**sobrino/a, el/la** nephew/niece (**1**)
**socio/a, el/la** associate (**8**)
**¡Socorro!** Help! (**10**)
**soler (ue)** to be accustomed to (**4**)
**solicitar** to apply for (a job); to solicit (**8**)
**solicitud, la** application form (**8**)
**solista, el/la** soloist (**9**)
**soltero/a** single (not married) (**1**)
**soltero/a, el/la** single man; single woman (**1**)
**sombra, la** shadow (**6**)
**sombrilla, la** beach umbrella (**5**)
**sonar (ue)** to seem familiar; to sound (**2**)
**soñar (ue)** to dream (**4**)
**sondeo, el** survey (**10**)
**sonido, el** sound (**7**)
**sonreír (i)** to smile (**5**)
**sonrisa, la** smile (**2**)
**sopera, la** soup bowl (**3**)
**sorprendido/a** surprised (**1**)
**sorpresa, la** surprise (**10**)
**sospechoso/a, el/la** suspect (**4**)
**sostener (ie)** to sustain (**10**)
**sótano, el** basement (**3**)
**su/s** his/her/its/your (*form.*)/their (PA)
**suavemente** smoothly (**2**)
**subir** to go up (**2**)
**subrayar** to underline (**1**); to underscore (**9**)
**subtítulos, los** subtitles (**9**)
**suceso, el** event (**1**)
**sucursal, la** branch (office) (**8**)
**suegro/a, el/la** father-in-law/ mother-in-law (**1**)
**sueldo, el** salary (**8**)
**suelo, el** ground (**1**)
**sueño, el** dream (**3**)
**sufrimiento, el** suffering (**5**)
**sufrir** to suffer (**2**)
**sugerencia, la** suggestion (**5**)
**sugerido/a** suggested (**1**)
**sugerir (ie, i)** to suggest (**2, 3, 9**)
**sugerir una alternativa** to suggest an alternative (**11**)
**Sugiero que...** I suggest that... (**11**)
**superficie, la** surface (**11**)
**supervisor/a, el/la** supervisor (**8**)
**supuestamente** allegedly (**3**)
**sur, el** south (**1, 5**)
**sustancia, la** substance (**10**)
**sustantivo, el** noun (PA)
**susto, el** scare (PB)
**suyo/a/os/as** his/hers/yours (*form.*)/theirs (PA)

**T**

**taberna, la** tavern (**4**)
**tabla de surf, la** surfboard (**2**)

**tacaño/a** cheap (**1**)
**tacón (alto, bajo), el** heel (high, low) (**7**)
**talco, el** talcum powder (**7**)
**talentoso/a** talented (**9**)
**talla, la** wood sculpture; carving (**9**)
**taller, el** workshop; studio (**9**)
**talón, el** heel (of the foot) (**11**)
**tamaño, el** size (**2**)
**tampoco** nor; neither (PA)
**tan... como** as... as (**9**)
**tan pronto como** as soon as (**7**)
**tanto/a/os/as... como** as much/many... as (**9**)
**tapiz, el** tapestry (**9**)
**tardar** to be slow (**5**)
**tarjeta, la** card; greeting card (**7**)
**tarjeta de crédito, la** credit card (**7**)
**tasa, la** rate (**10**)
**tatuaje, el** tattoo (**1**)
**Te digo...** I'm telling you... (**10**)
**teatro, el** theater (**9**)
**teclado, el** keyboard (**5, 9**)
**técnico/a** technical (**9**)
**tecnología, la** technology (**5**)
**tejedor/a, el/la** weaver (**9**)
**tejer** to knit (**2**)
**tejido, el** weaving (**9**)
**tela, la** fabric (**7**)
**telefonista, el/la** telephone operator (**5**)
**teléfono celular, el** cell phone (**5**)
**teléfono de ayuda, el** help line (**6**)
**telenovela, la** soap opera (**4, 9**)
**televidente, el/la** television viewer (**9**)
**televisión, la** television (**9**)
**tema, el** subject; theme (**1**)
**temer** to be afraid (of) (**3, 9**)
**templo, el** temple (**3**)
**temporada, la** season (**2**)
**tener (ie)** to have (PA)
**tener en común** to have in common (PA)
**tener en cuenta** to keep in mind (**3**)
**tener éxito** to be successful (**2**)
**tener experiencia** to have experience (**8**)
**tener ganas de + (infinitive)** to feel like + (verb) (**2**)
**tener miedo (de)** to be afraid (of) (**3, 9**)
**tener que ver (con)** to have to do with (**4**)
**tener razón** to be right (PA)
**tener una cita** to have a date (**4**)
**teñido/a** dyed (**1**)
**teñirse (i) el pelo** to dye one's hair (**1**)
**teórico/a** theoretical (**1**)
**terco/a** stubborn (**1**)
**terminar** to finish; to end (PA)
**término de la cocina, el** cooking term (**4**)

**término deportivo, el** sports term (**2**)
**termómetro, el** thermometer (**11**)
**ternera, la** veal (**4**)
**terreno, el** terrain; land; field (**2**)
**tertulia, la** social gathering (**3**)
**tesis, la** thesis (PB)
**tiburón, el** shark (**5, 10**)
**tienda, la** shop; store (**7**)
**tienda de ropa, la** clothing store (**7**)
**tigre, el** tiger (**10**)
**tímido/a** shy (**1**)
**tintorería, la** dry cleaners (**7**)
**tirar** to throw (PA)
**tirar un platillo volador** to throw a frisbee; to play frisbee (**2**)
**titulado/a, el/la** graduate (**8**)
**título, el** title, degree (**1, 7**)
**toalla, la** towel (**3**)
**tobillo, el** ankle (**11**)
**tocador, el** dresser (**3**)
**tocar (un instrumento)** to play (an instrument) (**9**)
**tocino, el** bacon (**4**)
**tomar** to take; to drink (PA)
**tomar apuntes** to take notes (**8**)
**tomar el pulso** to take someone's pulse (**11**)
**tomar la presión** to take someone's blood pressure (**11**)
**tomar la temperatura** to check someone's temperature (**11**)
**Tome/n un taxi/autobus.** Take a taxi/bus. (**4**)
**tonelada, la** ton (**10**)
**tono de voz, el** tone of voice (**1**)
**torcerse (ue)** to sprain (**11**)
**torneo, el** tournament (**2**)
**toronja, la** grapefruit (**4**)
**tortuga, la** turtle (**10**)
**toser** to cough (**11**)
**tóxico/a** poisonous (**10**)
**trabajar** to work (PA)
**trabajar en el jardín** to garden (**2**)
**trabajo, el** job (**8**)
**traducir** to translate (**8**)
**traer** to bring (PA)
**tragedia, la** tragedy (**9**)
**Tranquilo.** Relax.; Calm down. (**8**)
**tranquilo/a** calm (**3**)
**transmisión, la** transmission (**5**)
**transporte, el** transportation (**5**)
**trasero, el** buttocks (**11**)
**trasero/a** back; rear (**11**)
**traslado, el** transfer (**5**)
**tratamiento, el** treatment (**10, 11**)
**tratar** to treat (**4**)
**tratar de** to try (**1**)
**tratarse de** to deal with; to have to do with (**4**)
**trato, el** treatment (**10**)
**trenza, la** braid (**1**)

**trío, el** trio (**9**)
**trombón, el** trombone (**9**)
**trompo, el** top (toy) (7)
**tu/s** your (*fam.*) (PA)
**tumba, la** tomb (4)
**turnarse** to take turns (PA)
**tuyo/a/os/as** yours (*fam.*) (PA)

## U

**ubicarse** to be located (4)
**último/a** last (1)
**un/o/a** one (PA)
**Un (fuerte) abrazo** A (big) hug (8)
**Un atento saludo** Sincerely (8)
**Un cariñoso/afectuoso saludo** A
  fond greeting (8)
**Un cordial saludo** Cordially (8)
**uña, la** nail (**11**)
**unos/as** some (PA)
**usar** to use (PA)
**uso, el** use (5)
**útil** useful (1)
**utilizar** to use; to utilize (1)

## V

**vacuna, la** vaccination (**11**)
**valle, el** valley (**10**)
**valor, el** value (6, **9**)
**vaquero, el** cowboy (8)
**varicela, la** chicken pox (**11**)
**variedad, la** variety (5)
**Vaya/n derecho/todo recto.** Go
  straight. (4)

**vecino/a, el/la** neighbor (PA, **3**)
**vehículo utilitario deportivo, el**
  SUV (5)
**vejez, la** old age (**1**)
**vela, la** candle (**3**)
**velocidad, la** speed (5)
**vena, la** vein (**11**)
**venado, el** deer (10)
**vendedor/a, el/la** seller; vendor (2)
**venenoso/a** poisonous (9)
**venir (ie)** to come (PA)
**venta, la** sale (6, **8**)
**ventanilla, la** ticket window (2)
**ventas (por teléfono), las**
  (telemarketing) sales (**8**)
**ver** to see (PA, **1**)
**verdadero/a** true (PB)
**verdura, la** vegetable (4)
**vergüenza, la** shame (8)
**verso, el** line; verse (4)
**vertedero, el** garbage dump (10)
**verter (ie)** to pour (4)
**vestuario, el** costume; wardrobe;
  dressing room (**9**)
**veterinario/a, el/la** veterinarian (8)
**vez, la** time (2)
**viajar por** to tour (5)
**viajes, los** travel; trips (5)
**viejo/a** old (9)
**violín, el** violin (9)
**viruela, la** smallpox (10)
**víspera, la** eve (4)
**vista, la** view; vista (3)
**vistazo, el** look; glance (1)
**visual** visual (9)

**viticultura, la** winegrowing (8)
**viudo/a, el/la** widower/widow (**1**)
**viviendas, las** living quarters (3)
**vivir** to live (PA)
**vocero/a, el/la** spokesperson (8)
**volantín, el** kite (7)
**volcán, el** volcano (5, **10**)
**volver (ue)** to return (PA, **1**)
**vomitar** to vomit (**11**)
**vuelo, el** flight (5)
**vuelta, la** race (2)
**vuestro/a/os/as** your/s (*fam. pl. Spain*)
  (PA)

## Y

**y** and (**2**)
**Ya lo creo.** I'll say. (**10**)
**¡Ya no lo aguanto!** I can't take it any
  more! (5)
**ya que** since; because (**7**)
**yerno, el** son-in-law (**1**)
**yeso, el** plaster (**3**)
**yoga, el** yoga (2)

## Z

**zafiro, el** sapphire (7)
**zanahoria, la** carrot (4)
**zancos, los** stilts (7)
**zapatería, la** shoe store (7)
**zorro, el** fox (**10**)

## A

**A (big) hug** Un (fuerte) abrazo (8)
**A fond greeting** Un cariñoso/afectuoso saludo (8)
**ability** la habilidad (2)
**able to, to be** poder (ue) (PA)
**about** acerca de (3); sobre (10)
**above** arriba (5)
**above all** sobre todo (3)
**abroad** el extranjero (5)*
**absentminded** despistado/a (1)
**Absolutely.** Absolutamente; En absoluto. (1, 10)
**absorb shock, to** amortiguar (11)
**abuse, to** maltratar (1)
**accelerator** el acelerador (5)
**accept an invitation, to** aceptar una invitación (3)
**accomplice** el/la cómplice (5)
**according to** según (PA, 10)
**accountant** el/la contador/a (8)
**accustomed to, to be** soler (ue) (4)
**acquainted with, to be** conocer (PA)
**acquisition** la adquisición (8)
**across from** enfrente de (3, 10)
**act, to** actuar (8, 9)
**Action!** ¡Se rueda! (9)
**add, to** añadir (PA, 3, 4)
**address** la dirección (5)
**administrative** administrativo/a (8)
**admit, to** reconocer (PA, 4)
**admitted, to be** ingresar (11)
**adobe** el adobe (3)
**adolescence** la adolescencia (1)
**adore, to** encantar (1)
**advance, to** avanzar (4); ascender (ie) (8)
**advertise, to** hacer publicidad; publicitar (8)
**advertisement** el anuncio (PA)
**advertising** la publicidad (8)
**advice** el consejo (2)
**advise, to** aconsejar (1, 2, 9)
**aesthetic** estético/a (9)
**affirmatively** afirmativamente (1)
**afraid (of), to be** temer; tener miedo (de) (3, 9)
**after** después (de) (que) (4, 7, 10)
**afterward** después (de) (4)
**again** de nuevo (1)
**age** la edad (1)
**age, to** envejecer (1)
**agency** la agencia (8)
**agent** el/la agente (8)

**aging** el envejecimiento (11)
**agree, to** estar de acuerdo; convenir (ie); ponerse de acuerdo (PA, 1, 2, 3)
**agreeable** agradable (1)
**agreement** la concordancia (5); el acuerdo (7, 8, 10)
**Ah…** Este… (11)
**AIDS** el SIDA (11)
**aim** el propósito (5)
**air conditioning** el aire acondicionado (3)
**alcoholism** el alcoholismo (11)
**allegedly** supuestamente (3)
**allergy** la alergia (11)
**allude, to** aludir (4, 7)
**almost** casi (5)
**along** a lo largo de (2)
**altar, el** altar (4)
**alternative music** la música alternativa (9)
**although** aunque (1, 7)
**always** siempre (11)
**among** entre (PA, 10)
**among themselves** entre sí (1)
**amphibian** el anfibio (10)
**ample** amplio/a (3)
**and** y (2)
**angry** enojado/a (1)
**animal** el animal (10)
**ankle** el tobillo (11)
**announce, to** anunciar (7)
**annoyed** molesto/a (4)
**answer** la respuesta (1)
**answer, to** contestar (PA)
**antihistamine** el antihistamínico (11)
**any** algún; alguno/a/os/as (11)
**anything** algo (11)
**apartment** el piso (4)
**apologize, to** disculparse (2)
**apparatus** el aparato (5)
**appear, to** aparecer; parecer (PA, 1)
**appearance** la apariencia (1)
**appendicitis** la apendicitis (11)
**applaud, to** aplaudir (9)
**applicant** el/la aspirante (8)
**application form** la solicitud (8)
**applied** aplicado/a (5)
**applied arts** las artes aplicadas (9)
**apply for (a job), to** solicitar (un puesto) (8)
**appointment** la cita (8)
**appreciate, to** apreciar (5)
**appropriate** apropiado/a (1, 2)
**appropriate, to** apropiarse (8)

**(aquatic, political) science** las ciencias (acuáticas, políticas) (8)
**architect** el/la arquitecto/a (3)
**Are you (all) free…?** ¿Está/s/n libre/s…? (3)
**argue, to** discutir (1, 4)
**arid** árido/a (10)
**armoire** el armario (3)
**arrangement** el arreglo (5)
**arrive, to** llegar (PA)
**arrogant** presumido/a (1)
**arthritis** la artritis (11)
**artichoke** la alcachofa (4)
**artisan** el/la artesano/a (9)
**artist** el/la artista (9)
**arts and crafts** la artesanía (9)
**as… as** tan… como (9)
**as much/many… as** tanto/a/os/as… como (9)
**as soon as** en cuanto; luego que; tan pronto como (7)
**ashamed** avergonzado/a (1)
**ashamed of, to feel/be** avergonzarse de (ue) (3, 9)
**ask (a question), to** preguntar (PA)
**ask (for), to** pedir (i) (PA, 2, 9)
**ask for clarification, to** pedir clarificación (2)
**ask for input, to** pedir información (5)
**asparagus** los espárragos (4)
**assemble, to** montar (9)
**associate** el/la socio/a (8)
**associate, to** asociar (4)
**at** a (10)
**at (in a URL)** la arroba (5)
**at first** al principio; primero (3, 4)
**at least** por lo menos (PA)
**at the end** al final (4)
**athlete** el/la atleta (2)
**athletic** atlético/a (2)
**attached** adjunto/a (PB)
**attachment** el archivo adjunto (5)
**attend, to** asistir a (5)
**attract, to** atraer (10)
**auction** el remate (7)
**author** el/la escritor/a (3, 8)
**avocado** el aguacate (4)
**avoid, to** evitar (8)
**award, to** otorgar (11)

## B

**baby** el bebé (4)
**bachelor(ette)** el/la soltero/a (1)
**back** trasero/a (11)

---

* Chapter numbers that are boldfaced indicate that the word is active vocabulary in that particular chapter.

back then en aquel entonces (10)
bacon el tocino (4)
bad malo/a (9)
bad, to be ser malo (3, 9)
bad person, to be a ser mala gente (1)
the bad thing, the lo malo (8)
bag el bolso (7)
bakery la panadería (7)
bald calvo/a (1)
ball la pelota (PA, 2); la bola (11)
ballet el ballet (9)
banker el/la banquero/a (8)
banking la banca (8)
bankruptcy la bancarrota (8)
baptism el bautismo (4)
barbecue la barbacoa (3)
barbecued a la parrilla (4)
barefoot descalzo/a (11)
bargain la ganga (7)
base, to basar (3)
basement el sótano (3)
basket la cesta (2)
basket weaving/basketry la cestería (9)
bat el bate (para los deportes) (2); el murciélago (animal) (10)
battery la pila (7)
bay la bahía (10)
be, to estar; ser (PA, 7, 8)
beach la playa (10)
beach umbrella la sombrilla (5)
beard la barba (1)
beat, to batir (4)
beauty mark el lunar (1)
because porque (2); ya que (7)
because of a causa de (5); por (10)
become, to hacerse (8)
become (nervous), to ponerse (nervioso/a) (PA)
bed, to go to acostarse (ue) (4)
bedroom el dormitorio (3)
bee la abeja (10)
beef la carne de res (4)
before (time/space) antes (de) que (4, 7, 10)
beg, to rogar (ue) (2, 9)
begin, to comenzar (ie); empezar (ie) (PA)
behave, to portarse (1); comportarse (11)
behave well, to portarse bien (1)
behavior el comportamiento (4)
behind detrás de (10)
being el ser (11)
belief la creencia (4)
believe, to creer (PA)
belong, to pertenecer (2)
below abajo (2)
bend, to doblarse (11)
beneficial beneficioso/a (5)
benefits los beneficios (8)

besides además (10)
best, the el/la mejor (PA, 9)
best thing, the lo mejor (8)
better mejor (PA, 9)
between entre (PA, 10)
bid, to ofrecer (7)
bill (monthly) la factura (mensual) (3)
billiards hall los billares (2)
biodegradable biodegradable (10)
bird el pájaro; el ave (f.) (4, 5)
birth el nacimiento (1, 4)
birthday el cumpleaños (1, 4)
birthday, to have a cumplir... años (4)
black (hair) moreno/a (1)
blame la culpa (1)
blender la batidora (3)
blinds las persianas (3)
blond rubio/a (1)
blood pressure, to take someone's tomarle la presión (11)
blow el golpe (11)
board (corporate) la junta (8)
body piercing la perforación del cuerpo (1)
boil, to hervir (ie, i) (4)
boiled hervido/a (4)
bombard, to bombardear (1)
bone el hueso (10, 11)
bonus el bono (8)
boot up, to arrancar (5)
border la frontera (5)
born, to be nacer (1)
boss el/la jefe/a (8)
both ambos/as (PB)
bother, to molestar (1)
bowl el plato hondo (3)
bowl, to jugar al boliche (2)
box la caja (PB)
box, to boxear (2)
boyfriend el novio (4)
bracelet la pulsera (7)
braces los frenos (1, 5)
braid la trenza (1)
brain el cerebro (11)
brakes los frenos (1, 5)
branch (office) la sucursal (8)
brand la marca (5, PB)
brass instruments los instrumentos de metal (9)
bread store la panadería (7)
break, to romper (1); fracturar(se) (11)
breathe, to respirar (11)
breeze la brisa (4)
brick el ladrillo (3)
bride la novia (4)
brief breve (5)
bright llamativo/a (3, 9)
bring, to traer (PA)
broadcasting station la emisora (PA)
brochure el folleto (4)

broil, to asar (4)
broken roto/a (3)
bronchitis la bronquitis (11)
brother-in-law el cuñado (1)
brown castaño; marrón (1, 4)
browser el navegador (5)
brunette castaño/a (1)
brush el cepillo (7)
brusquely bruscamente (4)
budget el presupuesto (3)
building el edificio (PA)
bumper el parachoques (5)
burn la quemadura (11)
burn, to quemar (5)
business el negocio; los negocios; el comercio; la empresa (PB, 8)
businessman/woman el/la hombre/mujer de negocios (8)
but pero (2)
but rather sino (10)
butcher shop la carnicería (7)
butter la mantequilla (4)
butterfly la mariposa (10)
buttocks el trasero (11)
buy, to comprar (PA)
by por (10)
by means of por medio de (10)
by oneself por su propria cuenta (11)
by the way a propósito (4)
by then para aquel entonces (8)
Bye. Chao. (1)

## C

cabbage la col (4)
cabinet el armario (3)
called, to be llamarse (PA)
calm tranquilo/a (3)
Calm down. Tranquilo. (8)
camel el camello (10)
camera la cámara (5)
camera crew el equipo de cámara (9)
camping, to go ir de camping (2)
can la lata (9)
Can I take a message? ¿Puedo tomar algún recado? (7)
Can you tell me where... is? ¿Puede/n usted/ustedes decirme dónde está...? (4)
cancer el cáncer (11)
candle la vela (3)
candy el bombón (4)
canvas el lienzo (9)
cap el gorro (4)
capable hábil (5)
capture, to captar (2)
car insurance el seguro del coche (5)
caramel custard el flan (4)
card la tarjeta (7)
cards, to play jugar a las cartas (2)
care el cuidado (2)

career la carrera (1, 2)
careful cuidadoso/a (1)
cargo la carga (8)
carpenter el/la carpintero/a (3)
carrot la zanahoria (4)
carry, to cargar (10)
cartoons los dibujos animados (9)
carving la talla (9)
cash el dinero en efectivo (7)
cashier el/la cajero/a (8)
cast on, to put a enyesar (11)
catcher el receptor (1)
cathedral la catedral (7)
cattle el ganado de vacas/vacuno (8)
cauliflower la coliflor (4)
cave la cueva (3)
CD/DVD player el reproductor de CD/DVD (5)
cease, to dejar de (8)
celebrate, to celebrar; festejar (4, 6)
celebration la celebración (4)
celery el apio (4)
cell phone el teléfono celular (5)
cement el cemento (3)
century el siglo (6)
ceramic tiles los azulejos (3)
ceramics la cerámica (9)
certain things ciertas cosas (5)
chain la cadena (3, 7)
challenge el desafío (2)
champion el campeón/la campeona (2)
championship el campeonato (2)
channel el canal (5, 9)
charades, to play hacer mímica (PA)
charge, to cobrar (5)
chase, to perseguir (i) (PA)
chat el parloteo (1)
chat, to charlar (10)
chauffeur el chófer (5)
cheap tacaño/a (1)
check el chequeo (5)
check, to comprobar (ue) (PA)
check someone's temperature, to tomar la temperatura (11)
checkers, to play jugar a las damas (2)
cheek la mejilla (1, 11)
Cheer up! ¡Ánimo! (8)
cheerful alegre (1)
(chemical) engineer el/la ingeniero/a (químico/a) (8)
cherry la cereza (4)
chess, to play jugar al ajedrez (2)
chicken pox la varicela (11)
childhood la niñez (5)
chills los escalofríos (11)
chimney la chimenea (3)
chin el mentón (1)
choir el coro (9)
choose, to escoger; elegir (i) (PA, 3)

chop la chuleta (4)
Christmas la Navidad (4)
chronicle la crónica (5)
cinema el cine (9)
cinematographer el/la cinematógrafo/a (9)
circulate, to circular (PA)
citizen el/la ciudadano/a (10)
city block la cuadra (1, 3)
clarify, to aclarar (5)
clarinet el clarinete (9)
clarity la claridad (5)
class el curso; la clase (3)
clay el barro (9)
clearance sale la liquidación (7)
click, to hacer clic (5)
climate el clima (10)
climatic climático/a (10)
climb, to escalar (2)
close, to cerrar (ie) (PA)
close by cercano/a (5)
closet el armario (3)
closing (of a letter) la despedida (8)
clothing la ropa (7)
clothing store la tienda de ropa (7)
cloud forest la selva nubosa (5)
clue la pista (2, PB); la clave (9)
coach el/la entrenador/a (2)
coast la costa (8)
cocktail el cóctel (5)
coffeemaker la cafetera (3)
coincidence la casualidad (5, 7, 11)
collaborator el/la colaborador/a (4)
colleague el/la colega (1, 8)
collect baseball cards, to coleccionar tarjetas de béisbol (2)
collect figurines, to coleccionar estatuillas (2)
collect stamps, to coleccionar sellos (2)
cologne la colonia (7)
colorful llamativo/a (3, 9)
comb one's hair, to peinarse (11)
come, to venir (ie) (PA)
comedy la comedia (9)
comfortable cómodo/a (1)
coming procedente (8)
command el mandato (2)
commission la junta (8)
commission (someone), to encargarle (a alguien) (9)
committee la junta (8)
common común (4)
common, to have in tener en común (PA)
compare with, to comparar con (3)
compatible compatible (5)
compete, to competir (i) (2)
competition la competencia; la competición (2)
competitive competitivo/a (2)

complaint la queja (11)
complete, to cumplir (3)
compose, to componer (9)
composer el/la compositor/a (9)
compromise el acuerdo (2)
computer science la informática (5)
conceited presumido/a (1)
conceive, to concebir (i) (10)
conclude, to concluir (3)
condition la condición (11)
confidence la seguridad (5)
confirm, to comprobar (ue) (11)
confused confundido/a (1)
Congratulations! ¡Enhorabuena!; ¡Felicidades!; ¡Le/Te felicito! (8)
connect, to conectar (5)
conserve, to conservar (10)
construct, to construir (3)
consumption el consumo (10)
contain, to contener (ie) (5)
container el envase (10)
contaminant el contaminante (10)
contest el concurso (5)
continue (doing something), to seguir (i) (PA)
contract el contrato (2)
contractor el/la contratista (3)
controversial controvertido/a (3)
cook, to cocinar (PA)
cookie la galleta (7)
cooking term el término de la cocina (4)
coral reef el arrecife (10)
Cordially Cordialmente; Un cordial saludo (8)
corner el rincón (4)
corporation la empresa (8)
corpse el cadáver (9)
correct, to corregir (i) (PA)
cost, to costar (ue) (PA)
costume el vestuario (9)
cotton el algodón (7)
cough, to toser (11)
Could you (all) tell me how to get to...? ¿Me podría/n decir cómo se llega a...? (4)
Could you come...? ¿Podrías venir...? (3)
counselor el/la consejero/a (1, 8)
counter(top) el mostrador (3, 7)
country el país (PA)
countryside el paisaje (5)
couple la pareja (1)
court (sports) la cancha (2)
cover, to cubrir (3, 4)
cover letter la carta de presentación (8)
covered cubierto/a (8)
cowboy el gaucho; el vaquero (8)
cozy acogedor/a (4)
crab el cangrejo (4, 10)

**crafting of precious metals** la orfebrería (**9**)

**crafts, to do** hacer artesanía (**2**)

**crash, to (computer)** congelar (**5**)

**create, to** crear (PA, **9**)

**credit card** la tarjeta de crédito (**7**)

**criminal justice** la justicia criminal (**8**)

**cross, to** cruzar (**5**)

**crosswalk** el paso de peatones (**5**)

**cruise, to go on a** hacer un crucero (**5**)

**cruise ship** el crucero (**5**)

**crutches** las muletas (**11**)

**cucumber** el pepino (**4**)

**cupboard** la alacena (**3**)

**curative** curativo/a (**3**)

**cure** la cura (**11**)

**curly hair** el pelo rizado (**1**)

**current** actual (**8**)

**cursor** el cursor (**5**)

**curtain** la cortina (**3**)

**curve** la curva (**3**)

**customs** la aduana (**5**)

**cut, to** cortar (**5**)

**cut the grass, to** cortar el césped (**3**)

**cycling, to go** las practicar ciclismo (**2**)

# D

**daily** diario/a (PA); cotidiano/a (**9**)

**damage, to** dañar (**10**)

**dance** el baile (**4**); la danza (**9**)

**dance, to** bailar (PA)

**danger** el peligro (**1, 10**)

**dangerous** peligroso/a (**1**)

**dark** oscuro/a (**1**)

**data** los datos (**5**)

**date** la fecha (**1**); la cita (**4**)

**date from, to** datar de (**3**)

**date, to have a** tener una cita (**4**)

**daughter of a king of Spain** la infanta (**1**)

**daughter-in-law** la nuera (**1**)

**day before yesterday, the** anteayer (**5**)

**Day of the Dead** el Día de los Muertos (**4**)

**deadline** la fecha límite (**8**)

**deal with, to** tratarse de (**4**)

**Dear...** Querido/a... (**8**)

**Dear Mr./Mrs....** Apreciado/a señor/a...; Distinguido/a señor/a...; Estimado/a señor/a...; Muy estimado/a señor/a... (**8**)

**Dear Sir/Madam...** Muy señor/a mío/a... (**8**)

**death** la muerte (**1**)

**deceased** el/la difunto/a (**4**)

**deceive, to** engañar (**4**)

**decline** el declive (**10**)

**decline an invitation, to** rechazar una invitación (**3**)

**decorate, to** decorar (**2**)

**decorative arts** las artes decorativas (**9**)

**decree** el decreto (**4**)

**deed** el hecho (**11**)

**deer** el ciervo; el venado (**10**)

**deforestation** la deforestación (**10**)

**degree** el título (**7**); la licenciatura (**5**)

**delete, to** borrar (**5**)

**demand, to** exigir (**2, 9**)

**demanding** exigente (**3**)

**demonstrate, to** demostrar (ue) (PA)

**dentist** el/la dentista (**8**)

**deny, to** negar (ie) (**3**)

**deodorant** el desodorante (**7**)

**depletion** el agotamiento (**10**)

**depressed** deprimido/a (**1**)

**depression** la depresión (**11**)

**describe, to** describir (PA)

**desert** el desierto (**10**)

**deserve, to** merecer (**9**)

**design** el diseño (**2, 9**)

**designer** el/la diseñador/a (**3**)

**desired** deseado/a (**5**)

**dessert** el postre (**4**)

**destroy, to** destruir (**10**)

**detail** el detalle (**3**)

**detailed** detallado/a (PA)

**detain, to** detener (ie) (**11**)

**develop, to** desarrollar (**8**)

**devil** el diablo (**5**)

**diabetes** la diabetes (**11**)

**dial, to** marcar (**8**)

**dialogue** el diálogo (**1**)

**diamond** el diamante (**7**)

**diaper** el pañal (**10**)

**diary** el diario (**1**)

**die, to** morir (ue, u) (PA, **1**)

**diet** la alimentación (PB)

**different** distinto/a (**1**)

**digital** digital (**5**)

**digital camera** la cámara digital (**5**)

**digitalize, to** digitalizar (**5**)

**diminish, to** disminuir (**11**)

**dinner, to have** cenar (**3**)

**dinosaur** el dinosaurio (**10**)

**direct, to** dirigir; conducir (**2, 4**)

**directions** las indicaciones (**4**)

**director** el/la director/a (**9**)

**dirt road** el camino (**5**)

**disagreement** el desacuerdo (**10**)

**disappear, to** desaparecer (**10**)

**disappearance** la desaparición (**2**)

**disaster** el desastre (**10**)

**disbelief** la incredulidad (**11**)

**discord** la discordia (**3**)

**discount** la rebaja (**7**)

**discourage, to** desanimar (**2**)

**discover, to** descubrir (**1**)

**discuss, to** discutir (**1, 4**)

**disguise oneself, to** disfrazarse (**4**)

**disgusted** asqueado/a (**1**)

**dislike someone, to** caer mal (**1**)

**disorganized** desorganizado/a (**1**)

**displaced** desplazado/a (**10**)

**display, to** lucir (**7**)

**distinct** distinto/a (**1**)

**distinguish, to** distinguir (**10**)

**distracted, to get** distraerse (**4**)

**diva** la diva (**9**)

**diversion** la diversión (**3**)

**diving** el buceo (**2**)

**divorce, to** divorciarse (**1**)

**divorced** divorciado/a (**1**)

**divorced, to get** divorciarse (**1**)

**dizziness** el/los mareo/s (**11**)

**do, to** hacer (PA, **1**)

**Do you like the suggestion?** ¿Le/Te parece bien? (**5**)

**Do you mind (if...)?** ¿Le/Te importa (si...)? (**5**)

**doctor's office** el consultorio (**7**)

**doctorate degree** el doctorado (**5**)

**Don't even think about it!** ¡Ni lo sueñes! (**10**)

**Don't worry.** No se/te preocupe/s. (**8**)

**Don't you think that...?** ¿No cree(s)(n) que...? (**11**)

**donut** la dona (**4**)

**doorman** el/la portero/a (**5**)

**dosage** la dosis (**11**)

**dot (in a URL)** el punto (**5**)

**doubt** la duda (**3**)

**doubt, to** dudar (**3, 9**)

**doubtful, to be** ser dudoso/a (**3, 9**)

**dough** la masa (**7**)

**dove** la paloma (**10**)

**download, to** descargar (**5**)

**dozen** la docena (**4**)

**drama** el drama (**9**)

**dramatize, to** dramatizar (**2**)

**draw, to** dibujar (PA, **9**)

**draw blood, to** sacar la sangre (**11**)

**drawing** el dibujo (PA, **9**)

**dream** el sueño (**3**)

**dream, to** soñar (ue) (**4**)

**dresser** el tocador (**3**)

**dressing room** el vestuario (**9**)

**drink, to** beber; tomar (PA)

**drive, to** conducir (**4**)

**drought** la sequía (**10**)

**drug addict** el/la drogadicto/a (**11**)

**drug addiction** la narcomanía (**11**)

**dry** árido/a (**10**)

**dry cleaners** la tintorería (**7**)

**dryer** la secadora (**3**)

**duck** el pato (**10**)

**dull** pesado/a (**1**)

**dye one's hair, to** teñirse (i) el pelo (**1**)

**dyed** teñido/a (**1**)

# E

each cada (PA)
ear of corn el elote (4)
earrings los aretes; los pendientes (7)
east el este (5)
Easter la Pascua (4)
eat, to comer (PA)
ecological ecológico/a (10)
ecosystem el ecosistema (10)
edit, to editar (9)
education la formación (5, 8)
effort el esfuerzo (6)
either... or o... o (11)
elaborate, to elaborar (1, 5)
elbow el codo (11)
elderly anciano/a (1)
electric shaver/razor la máquina de afeitar (7)
electrician el/la electricista (3)
e-mail el correo electrónico; el e-mail (4, 5)
embarrassed avergonzado/a (1)
employ, to emplear (7, 8)
employee el/la empleado/a (8)
enchant, to encantar (1)
enclose, to encerrar (ie) (PA)
encourage, to animar (2)
encrypt, to cifrar (5)
end el fin (5)
end, to terminar; acabar (PA, 2)
endangered species los animales en peligro de extinción (10)
enemy el/la enemigo/a (6)
engaged, to be estar comprometido/a (4)
engagement el compromiso (4)
engineer (chemical) el/la ingeniero/a (químico/a) (8)
engineering la ingeniería (3, 8)
enjoy, to gozar; disfrutar (1, 2)
enjoy oneself, to divertirse (ie, i) (PA)
enough bastante (2)
entertain, to entretener (ie) (7)
entrance la portada (4)
entry la entrada (5)
envelope el sobre (5)
environment el medio ambiente (5, 10)
erase, to borrar (5)
erosion la erosión (10)
essential imprescindible (7)
establish, to establecer (9)
etching el grabado (9)
etiquette la etiqueta (8, 9)
eve la víspera (4)
even if aunque (7)
even when aun cuando (7)
event el suceso (1)
everyday cotidiano/a (9)
evil malvado/a (4)

Exactly. Exactamente./Exacto. (7, 10)
exaggerate, to exagerar (5)
example el ejemplo (3)
exchange el intercambio (5)
exchange, to intercambiar (5)
excitement la emoción (2)
exciting emocionante (5)
Excuse me. Disculpa./Discúlpame. (fam.); Disculpe(n)./Discúlpe(n)me. (form.) (2)
excuse yourself, to pedir disculpas (2)
executive ejecutivo/a (8)
executive el/la ejecutivo/a (5)
exhausted agotado/a (1)
exhibit, to exhibir (9)
existing existente (3)
expanse la extensión (2)
expensive caro/a (2)
experience, to experimentar (1)
experience, to have tener experiencia (8)
explain, to explicar (PA)
explanation la explicación (6)
exposition la exposición (5)
express emotions, to expresar emoción (5)
express good wishes, to felicitar (8)
extend an invitation, to invitar a alguien (3)
exterminated exterminado/a (10)
extinct, to become extinguirse (4)
extract, to extraer (3)
extravagant gastador/a (1)
extroverted extrovertido/a (1)
eyebrow la ceja (1, 11)
eyedrops las gotas para los ojos (11)
eyelashes las pestañas (1, 11)

# F

fabric la tela (7)
face la cara (1, 11)
facing enfrente de (3, 10)
factory la fábrica (7, 8)
fail, to fallar (11)
faint, to desmayarse (3, 11)
falconry la cetrería (10)
fall la caída (3)
fall in love (with), to enamorarse (de) (4)
fame la fama (3)
family la familia (1)
fan el/la aficionado/a (1)
far from lejos de (10)
farewell la despedida (1)
farm la granja (10)
farmer el/la granjero/a (8)
fascinate, to fascinar (1)
fashion la moda (3, 8)
Father's Day el Día del Padre (4)
father-in-law el suegro (1)

fax machine la máquina de fax (5)
fed up harto/a (1)
feel, to sentirse (ie, i) (PA)
feel like + (verb), to tener ganas de + (infinitive) (2)
feeling el sentimiento (3)
feeling down agobiado/a (7)
fence la cerca (3)
fertilizer el fertilizante (10)
fever la fiebre (7)
field el campo; el terreno (2, 4)
fifteenth birthday celebration la quinceañera (4)
fight, to pelear(se) (2, 4); luchar (10)
figure la cifra (10)
figure, to figurar (PA)
file el archivo (5)
file, to guardar (3, 5)
fill, to llenar (1)
filled relleno/a (8)
filling el relleno (4, 7)
film, to filmar (9)
film (on location), to rodar (ue) (en exteriores) (9)
films el cine (9)
finally por fin; finalmente (PA, 4)
financial financiero/a (8)
find, to encontrar (ue); localizar (PA, 3)
find out, to averiguar (PA)
finish, to terminar (PA)
fire el fuego; la quema (3, 4)
fire (from a job), to despedir (i) (8)
firefighter el/la bombero/a (8)
fireplace la chimenea (3)
firmness la firmeza (7)
first al principio; primero (3, 4)
First Communion la primera comunión (4)
first day/month el primer día/mes (4)
fish el pescado (4)
fish, to pescar (2)
fish store la pescadería (7)
fit, to caber (3)
fix, to arreglar (8)
fix an object, to componer (3)
flag la bandera (4)
flamenco el flamenco (9)
flavor el sabor (4)
flea market el mercado de pulgas (7)
flight el vuelo (5)
flight attendant el/la asistente de vuelo (8)
flirtatious insinuante (1)
flour la harina (4)
flu la gripe (11)
fluent fluido/a (8)
fly a kite, to hacer volar un volantín (7)
focus el enfoque (4)
focus, to enfocar (3)
follow, to seguir (i) (PA)

**following** siguiente; a continuación (PA, 2)

**foot in your mouth, to put your** meter la pata (9)

**for** para; por (5, 10)

**for this reason** por eso (10)

**force, to** forzar (ue) (4)

**forehead** la frente (1, 11)

**forest** el bosque (2)

**forgotten** olvidado/a (5)

**founded by** fundado/a por (1)

**fountain** la fuente (7)

**fox** el zorro (10)

**fracture, to** fracturar(se) (11)

**freckles** las pecas (1)

**free** gratis (2)

**freedom** la libertad (2)

**freeway** la autopista (5)

**freeze, to** congelar (5)

**frenzy** el frenesí (6)

**fresh water** el agua dulce (5)

**fried** frito/a (4)

**frighten, to** asustar (3)

**frightened** asustado/a (1)

**frisbee, to play** tirar un platillo volador (2)

**from** desde; de (10)

**from bad to worse** de mal en peor (11)

**fruit** la fruta (4)

**fruit store** la frutería (7)

**fry, to** freír (i) (4)

**frying pan** la sartén (3)

**fuel** el combustible (10)

**full-time workday** la jornada completa (8)

**fun, to have** divertirse (ie, i) (PA)

**funds** los fondos (9)

**funny** chistoso/a; gracioso/a (1, 2)

**fur** la piel (7)

**furious** furioso/a (1)

## G

**game** el partido (2)

**game show** el concurso (9)

**garbage dump** el vertedero (10)

**garden** el jardín (3)

**garden, to** trabajar en el jardín (2)

**garden hose** la manguera (3)

**gardener** el/la jardinero/a (3)

**gardening** la jardinería (3)

**gargle, to** hacer gárgaras (11)

**garlic** el ajo (4)

**garment** la prenda (7)

**gas pedal** el acelerador (5)

**generate, to** engendrar (11)

**generation** la generación (1)

**generous** generoso/a (1)

**geographical** geográfico/a (10)

**gesture** el gesto (8, 10)

**get a job/position as..., to** conseguir un puesto de... (8)

**get in(to), to** meterse (5, 11)

**get off, to** bajar de (2)

**get together, to** reunirse (PA)

**get up, to** levantarse (PA)

**giraffe** la jirafa (10)

**girlfriend** el/la novio/a (4)

**give, to** dar; regalar (PA, 3)

**give birth, to** dar a luz (4)

**given that** puesto que (7)

**glance** el vistazo (1)

**glove** el guante (7)

**go, to** ir (PA)

**go away, to** irse (PA)

**go out (with), to** salir (con) (PA, 4)

**Go straight.** Siga/n derecho/todo recto./Vaya/n derecho/todo recto. (4)

**go up, to** subir (2)

**goal** la meta (3, 8)

**goat** la cabra (10)

**goblet** la copa (3)

**goddaughter** la ahijada (1)

**godfather** el padrino (1)

**godmother** la madrina (1)

**godson** el ahijado (1)

**go-kart racing** el karting (5)

**golf club** el palo de golf (2)

**golf course** el campo de golf (7)

**good** bueno/a (9)

**Good!** ¡Qué bueno! (5); ¡Bueno! (8)

**good, to be** ser bueno (3, 9)

**Good morning/afternoon.** (Muy) Buenos/Buenas. (1)

**good person, to be a** ser buena gente (1)

**good quality** (*adj.*) de buena calidad (7)

**goods** los bienes (7)

**gorilla** el gorila (10)

**government** el gobierno (3)

**GPS** el navegador personal (5)

**graduate, el/la** titulado/a (8)

**graduation** la graduación (4)

**granddaughter** la nieta (1)

**grandson** el nieto (1)

**grapefruit** la toronja (4)

**graphic** gráfico/a (9)

**grass** la hierba; el césped (3)

**grasshopper** el saltamontes (10)

**grateful** agradecido/a (3)

**gray hair** las canas; el pelo canoso (1)

**great-grandfather** el bisabuelo (1)

**great-grandmother** la bisabuela (1)

**greenhouse effect** el efecto invernadero (10)

**greet, to** saludarse (1)

**greeting** el saludo (1, 8)

**greeting card** la tarjeta (7)

**grilled** a la parrilla; asado/a (4)

**groom** el novio (4)

**ground** el suelo (1)

**ground beef** la carne molida (4)

**groupies** los/las seguidores/as (9)

**grow, to** crecer (7)

**grow old, to** envejecer (1)

**grow up, to** criarse (4)

**guess, to** adivinar (PA, 8)

**guest** el/la huésped; el/la invitado/a (2, 4, 5)

**guide** el/la guía (5)

**guide, to** guiar (4)

**guilty** culpable (7)

**gum** el chicle (7)

## H

**habitat** el hábitat (10)

**hack, to** sabotear (5)

**hair** el pelo (1)

**hair stylist/dresser** el/la peluquero/a (8)

**half** la mitad (PB)

**half sleeve** media manga (7)

**hall** el pasillo (3)

**Halloween** el Día de las Brujas (4)

**hand** la mano (PA)

**hand embroidery** el bordado a mano (7)

**hand in, to** entregar (1)

**handheld beater** la batidora (3)

**hang, to** colgar (ue) (3)

**Hang in there!** ¡Ánimo! (8)

**hangman, to play** jugar al ahorcado (PB)

**happy** alegre (1)

**happy (about), to be** alegrarse (de) (3, 9)

**hard drive** el disco duro (5)

**hardware store** la ferretería (7)

**harm** el daño (10)

**harm, to** dañar (10)

**harmful** dañino/a (11)

**harp** el arpa (7)

**harvest, to** cosechar (10)

**have, to** tener (ie) (PA)

**have to do with, to** tener que ver (con); tratarse de (4)

**He/She is not home.** No está.; No se encuentra. (7)

**head** la cabeza (1)

**headache** el dolor de cabeza (11); (severe) la jaqueca (11)

**headed by** encabezado/a por (1)

**headlight** el faro (5)

**heal, to** sanarse (11)

**healthy** sano/a; saludable (2, 4)

**hear, to** oír (PA)

**heart attack** el ataque al corazón (11)

**heat (low, medium, high)** el fuego (lento, mediano, alto) (4)

**heat** la calefacción (**3**)
**heat, to** calentar (ie) (**3**, **4**)
**heating** la calefacción (**3**)
**heel (high, low)** el tacón (alto, bajo) (**7**)
**heel (of the foot)** el talón (**11**)
**height** la altura (**5**)
**Hello?** Aló; Bueno; Diga; Dígame. (**7**)
**helmet** el casco (**2**)
**help** la ayuda (**3**)
**Help!** ¡Socorro! (**10**)
**help line** el teléfono de ayuda (**6**)
**her** su/s (**PA**)
**herb** la hierba (**11**)
**here** acá (**1**)
**heritage** la herencia (**PA**, **1**)
**hers** suyo/a/os/as (**PA**)
**Hey...** Oiga...; Oye... (**7**)
**hide, to** ocultar (**3**)
**high blood pressure** la presión alta; la hipertensión (**11**)
**high school** la escuela secundaria (**1**)
**highway** la carretera (**5**); la autopista (**5**)
**hiker** el/la excursionista (**2**)
**hip** la cadera (**11**)
**hire, to** contratar (**8**)
**his** su/s; suyo/a/os/as (**PA**)
**hit, to** pegar (**1**)
**hockey (ice; field), to play** jugar al hockey (sobre hielo; sobre hierba) (**2**)
**hockey stick** el palo de hockey (**2**)
**hole** el hoyo (**2**)
**home** el hogar (**3**)
**home page** la página principal, inicial, de hogar (**5**)
**home remedy** el remedio casero (**11**)
**homemaker** el ama de casa (**8**)
**honest** honesto/a (**1**)
**honesty** la honradez (**4**)
**honey** la miel (**4**)
**honeymoon** la luna de miel (**4**)
**honor, to** honrar (**4**)
**hope, to** esperar (**PA**, **2**, **9**)
**horn (car)** la bocina (**5**)
**horseback riding, to go** montar a caballo (**2**)
**host/hostess** el/la anfitrión/anfitriona (**7**, **12**)
**hot** caluroso/a (**7**)
**hotel** el hotel (**5**)
**hotel management** la gerencia de hotel (**8**)
**housing materials** los materiales de la casa (**3**)
**How are you doing?** ¿Cómo andas? (**PA**)
**How are you this morning?** ¿Cómo/Qué tal amaneció usted/amaneciste? (**1**)
**How awful!** ¡Qué barbaridad! (**5**)

**How cool!** ¡Qué emoción! (**5**)
**How do I go/get to...?** ¿Cómo voy/llego a...? (**4**)
**How exciting!** ¡Qué emoción! (**5**)
**How extraordinary!** ¡Qué extraordinario! (**8**)
**How marvelous!** ¡Qué maravilloso! (**8**)
**How nice to see you!** ¡(Qué) Gusto en verlo/la/te! (**1**)
**How stupendous!** ¡Qué estupendo! (**8**)
**hug, to** abrazar (**8**)
**Hugs** Abrazos (**8**)
**human being** el ser humano (**5**)
**human body** el cuerpo humano (**11**)
**humble** humilde (**4**)
**hummingbird** el picaflor (**10**)
**hunting, to go** cazar (**2**)
**hurry, to** darse prisa (**PA**)
**hurt, to get** hacerse daño (**1**)
**husband** el marido (**1**)

# I

**I agree.** (Estoy) de acuerdo. (**7**, **10**)
**I can't take it anymore!** ¡Ya no lo aguanto! (**5**)
**I don't agree.** No estoy de acuerdo. (**10**)
**I don't believe it.** No lo creo. (**11**)
**I don't think so.** No lo creo. (**11**)
**I doubt it.** Lo dudo. (**11**)
**I propose that...** Propongo que... (**11**)
**I recommend that...** Recomiendo que... (**11**)
**I suggest that...** Sugiero que... (**11**)
**I will call you later.** Lo/La llamo más tarde. (**7**)
**I would like to invite you (all)...** Quisiera invitarte/le/les... (**3**)
**I'll say.** Ya lo creo. (**10**)
**I'm lost.** Estoy perdido/a. (**4**)
**I'm really sorry but...** Me da mucha pena pero... (**3**)
**I'm sorry.** Lo siento. (**8**)
**I'm sorry, but I can't this time, I have another commitment./I have other plans.** Lo siento, pero no puedo esta vez/en esta ocasión. Tengo otro compromiso. (**3**)
**I'm telling you...** Te digo... (**10**)
**ice-cream store** la heladería (**7**)
**icon** el icono (**5**)
**if** si (**PA**)
**iguana** la iguana (**10**)
**illness** la enfermedad (**11**)
**image** la imagen (**5**, **9**)
**Imagine!** ¡Imagínate!; ¡Figúrate! (**10**)
**immediately (after)** en seguida (**4**)
**imminent** inminente (**8**)

**impassioned, to become** apasionarse (**3**)
**impolite** maleducado/a (**1**)
**improve, to** mejorar (**2**, **10**)
**improvement** el mejoramiento (**3**)
**improvise, to** improvisar (**9**)
**in** en (**10**)
**in addition** encima (**3**)
**in bad taste** de mal gusto (**4**)
**in case** en caso (de) que (**7**)
**in charge** encargado/a (**7**)
**in front (of)** enfrente (de) (**3**, **10**); delante de (**10**)
**in love** enamorado/a (**1**)
**in order to** para (**10**)
**In other words...** En otras palabras... (**9**)
**in spite of** a pesar de que (**7**)
**in the back** detrás (**PA**)
**in the beginning** al principio; primero (**3**, **4**)
**in the end** por fin; finalmente (**PA**, **4**)
**in the open air** al aire libre (**2**)
**including** incluso (**5**)
**incorporate, to** incorporar (**3**)
**Independence Day** el Día de la Independencia (**4**)
**indicate, to** indicar (**PA**)
**indignant** indignado/a (**4**)
**inflammation** la inflamación (**11**)
**inform, to** informar (**9**)
**infrastructure** la infraestructura (**10**)
**ingredient** el ingrediente (**4**)
**inheritance** la herencia (**PA**, **1**)
**inn** el parador (**5**)
**inner ear** el oído (**11**)
**innovative** innovador/a (**9**)
**insecticide** el insecticida (**10**)
**inside** adentro (**3**)
**inside of** dentro de (**10**)
**insist, to** insistir (en) (**2**, **9**)
**inspect, to** inspeccionar (**9**)
**inspire, to** inspirar (**1**)
**insure, to** asegurar (**2**)
**integrity** la honradez (**4**)
**intention** el intento (**3**)
**interest, to** interesar (**1**)
**interior designer** el/la interiorista (**3**)
**Internet** el Internet; la Red (**5**)
**interview** la entrevista (**PA**, **8**)
**interview, to** entrevistar (**PB**, **8**)
**introverted** introvertido/a (**1**)
**invest, to** invertir (ie, i) (**8**)
**investigator** el/la investigador/a (**1**)
**investment** la inversión (**8**)
**invite someone, to** invitar a alguien (**3**)
**involved, to get** involucrarse (**10**)
**Is _____ there?/at home?** ¿Está _____ (en casa)? (**7**)
**island** la isla (**5**, **10**)

**isolated** aislado/a (11)
**isolation** el aislamiento (10)
**It is important (that)...** Es importante que... (2, 9)
**It would be a pleasure!** ¡Con mucho gusto! (3)
**It would be better to...** Sería mejor... (11)
**It's a shame/pity but...** Lástima pero... (3)
**It's all the same to me.** Me da igual. (12)
**It's alright.** Está bien. (10)
**It's better (that)...** Es mejor que... (2, 9)
**It's hard to believe.** Parece mentira. (11)
**It's necessary (that)...** Es necesario que... (2, 9)
**It's not true.** No es verdad. (PA)
**It's preferable (that)...** Es preferible que... (2, 9)
**It's that...** Es que... (9)
**It's true.** Es verdad. (PA, 10); Es cierto. (10)
**item** el artículo (7)
**itinerary** el itinerario (5)
**its** su/s (PA)

## I

**jealous** celoso/a (1)
**jewelery** las joyas (7)
**jewelery store** la joyería (4)
**job** el empleo (1); el puesto (1, 8); el trabajo (8)
**jog, to** hacer jogging (2)
**joint** la articulación (11)
**joke** la broma (3)
**journalist** el/la periodista (PA, 8)
**jungle** la selva (3)
**just** justo (4)
**just, to have** acabar de (3)
**justify, to** justificar (1)

## K

**keep, to** guardar (3, 5)
**keep in mind, to** tener en cuenta (3)
**keep quiet, to** callarse (PA)
**keyboard** el teclado (5, 9)
**kilogram (2.2 pounds)** el kilogramo (4)
**king** el rey (1)
**kingdom** el reino (1)
**kiss** el beso (4)
**kitchen** la cocina (3)
**kitchen sink** el fregadero (3)
**kite** el volantín (7)
**knee** la rodilla (11)
**knife** el cuchillo (1)

**knit, to** tejer (2)
**know, to** saber (3)
**known** conocido/a (1)

## L

**label** la etiqueta (8, 9)
**labyrinth** el laberinto (1)
**lack, to** faltar (1)
**lake** el lago (5)
**lamb** la carne de cordero (4)
**land** el terreno (2)
**landlord** el/la propietario/a (8)
**landscape** el paisaje (9)
**language** la lengua (PA)
**last** último/a (1)
**last (in a list)** por último (4)
**last, to** durar (3)
**later** más tarde (4)
**lawn** el césped (3)
**lawyer** el/la abogado/a (8)
**layer** la capa (7)
**lazy** flojo/a (1)
**leaf** la hoja (PA)
**league** la liga (1)
**learn, to** aprender (PA)
**leather** la piel (7)
**leave, to** irse; dejar; salir (con) (PA, 2, 4)
**left undone, to be** quedarse sin hacer (10)
**left-handed pitcher** el lanzador zurdo (2)
**leper** el/la leproso/a (5)
**less** menos (2)
**Let's see...** A ver... (11)
**letter** la letra (1)
**letter of recommendation** la carta de recomendación (8)
**letters (literature)** las letras (1)
**level** el nivel (2, 4)
**librarian** el/la bibliotecario/a (5)
**lie** la mentira (2)
**lie, to** mentir (ie, i) (PA)
**life event** el evento de la vida (4)
**lift weights, to** levantar pesas (2)
**light** ligero/a (2)
**lightbulb** la bombilla (4, 7)
**lightweight** liviano/a (7)
**like, to** gustar (3, 9)
**like someone, to** caer bien (1)
**likes** los gustos (1)
**limousine** la limosina (5)
**line (in poetry)** el verso (4)
**link** el enlace (5)
**lip** el labio (1, 11)
**lipstick** el pintalabios (7)
**little cousin** el/la primito/a (2)
**little kiss** el besito (5)
**little mirror** el espejito (1)
**little piece of paper** el papelito (PA)

**little spot** la manchita (11)
**little stool** el banquito (4)
**little while** el rato (3)
**live, to** vivir (PA)
**live in, to** habitar (3)
**living quarters** las viviendas (3)
**living room** la sala (3)
**loan** el préstamo (3)
**lobster** la langosta (4)
**located, to be** ubicarse (4)
**log on, to** hacer la conexión (5)
**long** largo/a (11)
**long hair** el pelo largo (1)
**long sleeve** la manga larga (7)
**long walk** la caminata (1)
**look** el vistazo (1)
**Look...** Mire/Mira... (7)
**loose interpretation** la paráfrasis (8)
**lose, to** perder (ie) (PA, 2)
**lost, to get** perderse (ie) (5)
**lotion** la loción (7)
**love, to** querer (ie) (PA, 2)
**loved one** ser amado (4)
**low blood pressure** la presión baja (11)
**luckily** por suerte (PA)
**luggage** el equipaje (5)
**lunch, to have** almorzar (ue) (PA)
**lung** el pulmón (11)
**lurker** el mirón (5)
**luxury** el lujo (2, 12)
**luxury hotel** el hotel de lujo (5)

## M

**made** fabricado/a (5)
**made of fur** hecho de piel (7)
**made of gold** hecho de oro (7)
**made of leather** hecho de piel (7)
**made of nylon** hecho de nilón (7)
**made of silver** hecho de plata (7)
**magazine** la revista (3)
**maid** el/la camarero/a (5)
**mail carrier** el/la cartero/a (8)
**mailbox** el buzón (8)
**main character** el/la personaje principal (1)
**main dish** el plato (4)
**maintain, to** mantener (ie) (2)
**majority** la mayoría (2)
**make, to** hacer (PA, 1); fabricar (10)
**make by hand, to** hacer a mano (9)
**make noise, to** hacer ruido (10)
**makeup, to put on** maquillarse (PA)
**mammal** el mamífero (10)
**management** el manejo (8)
**manager** el/la gerente/a (4, 8)
**manatee** el manatí (10)
**mango** el mango (4)
**manufacture, to** fabricar (8)
**map** el mapa (5)

**mariachi** el mariachi (**9**)
**mark, to** marcar (**8**)
**market** el mercado (**4**)
**marketing** el mercadeo (**8**)
**married** casado/a (**1**)
**married, to get** casarse (**1**)
**marry, to** casarse (**1**)
**marsh** el pantano (**10**)
**martial arts** las artes marciales (2)
**martial arts, to do** practicar las artes marciales (**2**)
**marvelous** maravilloso/a (3)
**mask** la máscara (2)
**masterpiece** la obra maestra (**9**)
**masters (degree)** la maestría (8)
**match, to** hacer juego (3)
**material** la materia (**9**)
**matter, to** importar (**1**)
**maybe** quizás (2)
**mean, to** significar (6)
**meaning** el significado (1)
**means** los medios (9)
**measles** el sarampión (**11**)
**meat** la carne (**4**)
**mechanic** el/la mecánico/a (**8**)
**medical attention** la atención médica (**11**)
**medical insurance** el seguro médico (8)
**medical test** la prueba médica (**11**)
**medicine** el medicamento (**11**)
**meet, to** reunirse (PA)
**melt, to** derretir (i) (**4**)
**member** el miembro (**1**)
**memory** el recuerdo (1, **5**)
**menu** la carta (4)
**merchant** el/la comerciante (**8**)
**merengue** el merengue (**9**)
**methane** el metano (5)
**method** el método (5)
**microwave** el microondas (3)
**middle** el medio (1)
**migraine** la jaqueca (**11**)
**milkshake** el batido (**4**)
**mind** la mente (4)
**mine** mío/a/os/as (PA)
**mirror** el espejo (2, 3)
**misbehave, to** portarse mal (**1**)
**miserly** avaro/a (4)
**mix, to** mezclar (**4**)
**mixer** la batidora (3)
**mixture** la mezcla (1)
**modest** sencillo/a (**1**)
**mole** el lunar (**1**)
**monkey** el mono (10)
**mononucleosis** la mononucleosis (**11**)
**monument of national importance** el monumento nacional (**5**)
**more than ever** más que nunca (4)
**mortar** el mortero (3)
**mortgage** la hipoteca (3)

**mosque** la mezquita (**7**)
**Mother's Day** el Día de la Madre (**4**)
**mother-in-law** la suegra (**1**)
**motif** el motivo (**9**)
**motorcycle** la moto (PA)
**mountain range** la sierra (**10**)
**mouse** el ratón (**5**)
**moustache** el bigote (**1**)
**move, to** mudarse (3)
**move** la mudanza (3)
**move (emotionally), to** emocionar (4)
**movies** el cine (9)
**MP3 player** el reproductor de MP3 (**9**)
**multitasking** la multitarea (**5**)
**mural** el mural (**9**)
**muralist** el/la muralista (**9**)
**muscle** el músculo (**11**)
**mushrooms** los hongos (**4**)
**music** la música (**9**)
**musical piece** la pieza musical (**9**)
**Muslim man/woman** el/la musulmán/musulmana (**7**)
**must** deber (+inf.) (**PA**)
**my** mi/s (**PA**)
**My dear friends** Queridos amigos míos (8)
**My most heartfelt condolences.** Mis más sinceras condolencias. (8)
**myth** el mito (2)
**mythical** mítico/a (4)

# N

**nail** la uña (**11**)
**nail polish** el esmalte de uñas (**7**)
**naive** ingenuo/a (11)
**name, to** nombrar (PA)
**named, to be** llamarse (PA)
**narrate, to** narrar (6)
**national monument** el monumento nacional (**5**)
**nature** la naturaleza (**10**)
**nausea** las náuseas (**11**)
**navigate, to** navegar (**5**)
**near** cerca de (**10**)
**necklace** el collar (**7**)
**need, to** necesitar; faltar (PA, **1, 2, 9**)
**negotiate, to** negociar (8)
**neighbor** el/la vecino/a (PA, 3)
**neighborhood** el barrio (2, 3)
**neither** tampoco (PA)
**neither... nor** ni... ni (**11**)
**nephew** el sobrino (**1**)
**nerve** el nervio (**11**)
**never** nunca; jamás (2, **11**)
**Never in my life.** En mi vida. (10)
**nevertheless** sin embargo (**10**)
**news program** el noticiero (**9**)
**next** luego; entonces (4)

**next to** al lado de (**10**)
**nice** amable (**1**)
**Nice to see you.** Gusto en verlo/la/te. (1)
**niece** la sobrina (**1**)
**nightmare** la pesadilla (7)
**No doubt.** Sin duda. (10)
**no one** nadie (**11**)
**No way!** ¡No me diga/s! (5, 7, 10, 11); De ninguna manera. (10)
**nobody** nadie (**11**)
**noise** el ruido (2)
**none** ningún; ninguno/a/os/as (**11**)
**nonprofit** sin fines de lucro (8)
**nor** tampoco (PA)
**north** el norte (5)
**not at all** nada (**11**)
**not ever** (*emphatic*) jamás (2, **11**)
**not to believe** no creer; no pensar (3, 9)
**not to think** no creer; no pensar (ie) (3, 9)
**notable characteristics** las características notables (**1**)
**note, to** apuntar (4)
**nothing** nada (**11**)
**notwithstanding** no obstante (**10**)
**noun** el sustantivo (PA)
**novice** novicio/a (2)
**now that** ahora que (**7**)
**nowadays** hoy en día (PA)
**number** la cifra (10)
**nursing** la enfermería (8)

# O

**obesity** la obesidad (**11**)
**obtain, to** sacar; obtener (ie) (3, 4)
**occupy, to** ocupar (2)
**octopus** el pulpo (**10**)
**of** de (**10**)
**Of course.** Claro., Claro que sí.; Cómo no.; Desde luego.; Por supuesto. (PA, 1, 3, 7, 10)
**Of course not.** Claro que no.; Nada de eso. (10)
**offer, to** ofrecer (2); brindar (7)
**office** la oficina (3)
**offline** desconectado (5)
**often** a menudo (PA)
**oil painting** el óleo (**9**)
**OK...** Bueno... (11)
**Okay.** (Estoy) de acuerdo.; Está bien. (7, 10)
**old** antiguo/a (3); viejo/a (9)
**old age** la vejez (**1**)
**older** mayor (9)
**oldest, the** el/la mayor (9)
**olive** la aceituna (4)
**on board** a bordo (5)
**on sale, to be** estar de oferta (2)

**on the other hand** por otro lado (**10**)

**on top of** encima de (5, **10**)

**On/To the contrary.** Al contrario. (10)

**one** un/o/a (PA)

**oneself** mismo/a (2)

**online** conectado/a (5)

**only child** el/la hijo/a único/a (**1**)

**open, to** abrir (PA, **1**)

**operate, to** operar (**11**)

**oppose, to** oponer (9)

**opposite** opuesto/a (1)

**or** o (2)

**orange** anaranjado/a (4)

**order** el pedido (2, 5)

**order, to put in** ordenar (PA); poner en orden (PB)

**organ** el órgano (9)

**organist** el/la organista (**9**)

**organize, to** organizar (**9**)

**organized** organizado/a (**1**)

**otherworldly** extraterrestre (5)

**our/s** nuestro/a/os/as (PA)

**outside (of)** (a)fuera (de) (2, **10**)

**outskirts** las afueras (7)

**oven** el horno (3)

**over** sobre (**10**)

**overpopulation** la sobrepoblación (**10**)

**overwhelmed** agobiado/a (10)

**own** propio/a (PA)

**owner** el/la dueño/a (**3**); el/la propietario/a (7, **8**)

## P

**pack up, to** empaquetar (12)

**package** el paquete (5); el envase (10)

**pageant** el concurso (PB, **9**)

**paint, to** pintar (**2, 3**)

**paintbrush** el pincel (9)

**painted** pintado/a (5)

**painter** el/la pintor/a (**9**)

**painting** el cuadro (PA, **3**); la pintura (**9**)

**pair** el par (2)

**pancake** el panqueque (4)

**pantry** la despensa (3)

**papaya** la papaya (4)

**paper** el papel (5)

**parade** el desfile (4)

**paradise** el paraíso (2)

**paragraph** el párrafo (1)

**paraphrase, to** parafrasear (8)

**Pardon.** Perdón./Perdóname. (*fam.*)/ Perdóneme. (*form.*) (2)

**Pardon, do you (all) know how to get to…?** Perdón, ¿sabe/n usted/ustedes llegar al…? (4)

**parking lot** el estacionamiento (11)

**parrot** el loro (**10**)

**part of a car** la parte de un vehículo (5)

**partner** la pareja (**1**)

**part-time workday** la jornada parcial (8)

**pass, to** pasar (2)

**password** la contraseña (5)

**past** el pasado (3)

**paste, to** pegar (5)

**pastimes** los pasatiempos (2)

**pastry** el pastel (2)

**pastry shop** la pastelería (7)

**path** el sendero; el camino (4, **5**)

**patient** el/la paciente (**11**)

**patron** el/la patrocinador/a (9)

**pause** la pausa (**11**)

**pay attention (to), to** prestar atención; fijarse (en) (4)

**peace** la paz (10)

**peach** el durazno (4)

**pearl** la perla (7)

**peas** los guisantes (4)

**peel, to** pelar (4)

**penguin** el pingüino (5, **10**)

**penicillin** la penicilina (**11**)

**pepper** el pimiento (4)

**percent** por ciento (PB)

**perceptive** sensible (1)

**perform, to** representar (9)

**performance art** el arte dramático (9)

**perfume** el perfume (7)

**period (of time)** época (4)

**permission** el permiso (5)

**personal characteristics** las características personales (**1**)

**personal letter** la carta personal (8)

**personality** la personalidad (1)

**personnel** el personal (8)

**pesticide** el pesticida (10)

**pharmacy** la farmacia (7)

**Phenomenal!** ¡Fenomenal! (5, **8**)

**phone call** la llamada (2)

**photo** la foto (PA)

**physical appearance** el aspecto físico (1)

**physical exam** el examen físico (**11**)

**physically handicapped** discapacitado/a (**1**)

**pick up, to** recoger (1)

**pie** el pastel (2)

**piece** el pedazo (**4**); la pieza (7)

**pigeon** la paloma (**10**)

**Pilates** el pilates (2)

**pile** el montón (4)

**pilgrimage** el peregrinaje (7)

**pillow** la almohada (3)

**pillowcase** la funda (de almohada) (3)

**pilot** el/la piloto (8)

**pine tree** el pino (3)

**pineapple** la piña (**4**)

**pink** rosado/a (4)

**piranha** la piraña (5)

**pitcher** la jarra (3)

**place** el lugar (7)

**place, to** poner (PA, **1**)

**place an order, to** hacer un pedido (7)

**plain** la llanura (10)

**plan, to** planear (9)

**plantain** el plátano (4)

**plaster** el yeso (3)

**play** la obra de teatro (9)

**play, to** jugar (ue) (PA)

**play (an instrument), to** tocar (un instrumento) (9)

**playwright** el/la dramaturgo/a (9)

**pleasant** agradable (1)

**plug** el enchufe (5)

**plug in, to** enchufar (5)

**plum** la ciruela (4)

**plumber** el/la plomero/a (3)

**pocket** el bolsillo (7)

**poison, to** envenenar (4)

**poisonous** venenoso/a; tóxico/a (9, **10**)

**poker, to play** jugar al póquer (2)

**police station** la comisaría (PB, 7)

**polite** educado/a (**1**)

**politician** el/la político/a (**8**)

**pond** el estanque (3)

**poor quality** (*adj.*) de mala calidad (7)

**popcorn** las palomitas de maíz (4)

**popular music** la música popular (9)

**pork** la carne de cerdo (4)

**port** el puerto (5)

**porter** el/la portero/o (5)

**portrait** el retrato (9)

**position** el puesto (1, **8**)

**post to a blog, to** comentar en un blog (2)

**poster** el cartel (12)

**pot** la olla (3)

**potter** el/la alfarero/a (9)

**pottery** la alfarería (9)

**pottery making** la alfarería (9)

**poultry** las aves (4)

**pour, to** verter (ie) (4)

**power** el poder (PA)

**powerful** poderoso/a (1)

**precarious** precario/a (3)

**Precisely.** Efectivamente.; Precisamente. (10)

**predict, to** predecir (i) (1)

**predominant** preponderante (10)

**prefer, to** preferir (ie, i) (PA, **2, 9**)

**pregnant** embarazada (1)

**pregnant, to be** estar embarazada (4)

**preparations** los preparativos (PB)

**prepare, to** preparar (PA)

**present** (*adj.*) actual (8)

**present** el regalo (4)

**preserve, to** preservar (10)

**pretend, to** fingir (5)
**prevent, to** prevenir (ie) (**10**)
**pride** el orgullo (5)
**priest** el cura (4)
**prince** el príncipe (1)
**princess** la princesa (1)
**print, to** imprimir (5)
**printer** la impresora (5)
**prison** la cárcel (11)
**private** privado/a (4)
**prize** el premio (1)
**probable, to be** ser probable (**3, 9**)
**procedure** el procedimiento (11)
**produce, to** elaborar (1, 5); fabricar (**10**)
**production** la función (**9**)
**profession** la profesión (**8**)
**professional** profesional (**8**)
**profile** el perfil (PA)
**profit** el lucro (**8**)
**prohibit, to** prohibir (**2, 9**)
**project** el proyecto (3)
**promenade** el paseo (1)
**promote, to** ascender (ie); promover (ue) (**8, 9**)
**promoted, to be** ascender (ie) (**8**)
**proof** la prueba (**10**)
**property** la propiedad (3)
**protect, to** proteger (5)
**proud** orgulloso/a (**1**)
**provide, to** proveer (11)
**provided that** con tal (de) que (7)
**psychologist** el/la psicólogo/a (**8**)
**psychology** la psicología (**8**)
**public restrooms** los servicios (7)
**publicize, to** publicitar (**8**)
**puddle** el charco (11)
**pulse, to take someone's** tomarle el pulso (**11**)
**puma** el puma (**10**)
**pumpkin** la calabaza (4)
**pure** puro/a (4)
**purpose** el propósito (11)
**put, to** poner (PA, **1**)
**put away, to** guardar (3, 5)
**put on (one's clothes), to** ponerse (la ropa) (PA)
**pyramid** la pirámide (1)

## Q

**qualification** la calificación (8)
**quality** la calidad (5)
**quality (of a person)** la cualidad (PA)
**quantity** la cantidad (PA)
**quartet** el cuarteto (**9**)
**queen** la reina (1)
**quiet** callado/a (**1**)
**quiet, to become** callarse (PA)
**Quiet everybody (on the set)!** ¡Silencio! (**9**)

**quit, to** renunciar (a) (**8**)
**quit smoking cigarettes, to** dejar de fumar cigarrillos (**11**)

## R

**race** la carrera; la vuelta (1, **2**)
**race car driver** el/la piloto de carreras (5)
**racket** la raqueta (**2**)
**raise, to** criar (**10**)
**rate** la tasa (**10**)
**raw** crudo/a (4)
**razor** la navaja de afeitar (7)
**reach an agreement, to** ponerse de acuerdo (2, **3**)
**react, to** reaccionar (5)
**read, to** leer (PA)
**read adventure books, to** leer libros de aventuras (**2**)
**read short stories, to** leer cuentos cortos (**2**)
**read spy novels, to** leer libros de espías (**2**)
**ready, to get** preparar (PA)
**real estate** bienes raíces (3)
**realize, to** darse cuenta de (2)
**Really?** ¿De veras? (11)
**rear** trasero/a (11)
**rearview mirror** el espejo retrovisor (5)
**reason** la razón (PA)
**reboot, to** reiniciar (5)
**receive, to** recibir (PA)
**recently** recién (PB)
**receptacle** el receptáculo (**8**)
**receptionist** el/la recepcionista (5)
**recipe** la receta (4)
**recognize, to** reconocer (PA, 4)
**recommend, to** aconsejar; proponer; recomendar (ie) (PA, 1, 2, **9**)
**recreate, to** recrear (3)
**recreational** recreativo/a (2)
**recycle, to** reciclar (5)
**red-haired** pelirrojo/a (**1**)
**reduce, to** reducir (**10**)
**referee** el/la árbitro/a (**2**)
**reflect, to** reflexionar (1); reflejar (3, **9**)
**regret** el arrepentimiento (**8**)
**regret, to** sentir (ie, i) (**3, 9**); arrepentirse de (ie, i) (4)
**reheat, to** recalentar (ie) (4)
**reign, to** reinar (2)
**relative** el/la pariente/a (**1**)
**Relax.** Tranquilo. (8)
**relax, to** relajarse (2)
**relic** la reliquia (8)
**remain, to** quedarse (PA)
**remember, to** acordarse de (ue); recordar (ue) (PA, **1**)
**remind, to** recordar (ue) (PA, **1**)

**remodel, to** remodelar; renovar (**3**)
**renew, to** renovar (**3**)
**renewable** renovable (**10**)
**renovate, to** remodelar; renovar (**3**)
**rent** el alquiler (2, **3**)
**rent, to** alquilar (**3**)
**rent a car, to** alquilar un coche (5)
**repair** la reparación (3)
**repair, to** componer; reparar (**3**)
**repeat, to** repetir (i) (PA)
**Repeat, please.** Repite/a, por favor. (2)
**repent, to** arrepentirse de (ie, i) (4)
**replace, to** reemplazar (**10**)
**report** el reportaje; el informe (1, 3)
**reporter** el/la reportero/a (**8**)
**represent, to** representar (**9**)
**request** el pedido (2, 5)
**request, to** pedir (i) (PA, 2, 9)
**require, to** requerir (ie) (**10**)
**requirement** el requisito (**8**)
**rescue, to** rescatar (**10**)
**resign, to** renunciar (a) (**8**)
**resource** el recurso (4)
**Respectfully yours** Muy respetuosamente (8)
**rest** el descanso (1)
**restore, to** restaurar (5)
**result** el resultado (PA, **11**)
**résumé** el currículum (vitae) (C.V.) (**8**)
**retire, to** jubilarse (**8**)
**retirement** la jubilación (**1, 8**)
**return** el regreso (5)
**return, to** regresar; volver (ue) (PA, **1**)
**return (*an object*), to** devolver (ue) (PA)
**review** el repaso (PA)
**review, to** revisar; repasar (2, 5)
**rhinoceros** el rinoceronte (**10**)
**rib** la costilla (**11**)
**right** justo/a (4)
**right, to be** tener razón (PA)
**right-click, to** pulsar el botón derecho (5)
**ring** el anillo (7)
**rink** la pista (**2**)
**risk** el riesgo (**10**)
**rite** el rito (4)
**rivalry** la rivalidad (2)
**river** el río (**10**)
**roast, to** asar (4)
**rob, to** robar (5)
**robbery** el robo (5)
**role** el papel (5)
**role, to play the** hacer el papel (3, **9**)
**roller coaster** la montaña rusa (1)
**room** el cuarto (3)
**room service** el servicio (5)
**rooster** el gallo (**10**)
**rooted** arraigado/a (11)
**roulette** la ruleta (PA)

**route** el camino (**5**)
**rowing** el remo (**2**)
**royal** real (**1**)
**rude** grosero/a; maleducado/a (**1**)
**rug** la alfombra (**4**)
**ruin, to** arruinar (**8**)
**ruins** las ruinas (**3**)
**rule** la regla (**8**)
**run, to** correr (**PA**)
**running water** el agua corriente (**3**)

## S

**safe** seguro/a (**2**)
**sail, to** pasear en barco (de vela) (**2**)
**saint** el/la santo/a (**4**)
**salary** el sueldo (**8**)
**sale** la rebaja (**7**), la venta (**6, 8**)
**salon** el salón (**1**)
**same** igual (**1**)
**same thing, the** lo mismo (**8**)
**sand** la arena (**5**)
**sapphire** el zafiro (**7**)
**sardine** la sardina (**4**)
**saucepan** la cacerola (**3**)
**saucer** el platillo (**3**)
**sausage** la salchicha (**4**)
**save, to** guardar (**3, 5**); ahorrar (**8**); salvar (**10**)
**savings** el ahorro (**8**)
**sawdust** el aserrín (**4**)
**saxophone** el saxofón (**9**)
**saxophonist** el/la saxofonista (**9**)
**say, to** decir (**PA, 1**)
**say exactly, to** precisar (**11**)
**say goodbye, to** despedirse (i) (**1**)
**Say hi to (name)/everyone at home.** Saludos a (nombre)/todos por su/tu casa. (**1**)
**scan, to** escanear (**5**)
**scanner** el escáner (**5**)
**scar** la cicatriz (**1**)
**scarcity** la escasez (**10**)
**scare** el susto (**PB**)
**scarf** la bufanda (**7**)
**scatterbrained** despistado/a (**1**)
**scenario** el escenario (**6**)
**schedule** el horario (**1, 8**)
**scholarship** la beca (**9**)
**school** (*adj.*) escolar (**2**)
**science (aquatic, political)** las ciencias (acuáticas, políticas) (**8**)
**scold, to** reñir (i) (**1**)
**score** el resultado (**2**); la calificación (**11**)
**screen** la pantalla (**2, 5**)
**screenwriter** el/la guionista (**9**)
**script** el guión (**9**)
**scriptwriter** el/la guionista (**9**)
**scuba dive, to** bucear (**2**)
**sculpt, to** esculpir (**9**)

**sculptor** el/la escultor/a (**9**)
**sculpture** la escultura (**PA, 9**)
**sea** el mar (**10**)
**seafood** los mariscos (**4**)
**seal** la foca (**10**)
**search** la búsqueda (**2**)
**season** la temporada (**2**)
**seat belt** el cinturón de seguridad (**5**)
**secretary** el/la secretario/a (**8**)
**security guard** el/la guardia de seguridad (**5**)
**see, to** ver (**PA, 1**)
**See you.** Nos vemos. (**1**)
**seem, to** parecer (**1**)
**seem familiar, to** sonar (ue) (**2**)
**select, to** seleccionar (**1**)
**selfish** egoísta (**1**)
**self-portrait** el autorretrato (**9**)
**seller** el/la vendedor/a (**2**)
**seminar** el seminario (**1**)
**send, to** enviar; mandar (**4**)
**Sensational!** ¡Sensacional! (**8**)
**sense** el sentido (**2**)
**sensitive** sensible (**1**)
**sentence** la frase; la oración (**PA**)
**separate, to** separarse; apartar (**1, 3**)
**separated, to get** separarse (**1**)
**series** la serie (**4**)
**serious** serio/a (**1**)
**Seriously?** ¿En serio? (**11**)
**serve, to** servir (i) (**PA, 4**)
**server** el servidor (**5**)
**set** el decorado (**9**)
**severe headache** la jaqueca (**11**)
**sew, to** coser (**2**)
**shadow** la sombra (**6**)
**shame** la vergüenza (**8**)
**shame, to be a** ser una lástima (**3, 9**)
**shampoo** el champú (**7**)
**share, to** compartir (**PA**)
**shark** el tiburón (**5, 10**)
**shave, to** afeitarse (**11**)
**shaving cream** la crema de afeitar (**7**)
**sheep** la oveja (**10**)
**sheet** la sábana (**3**)
**shelf** el estante (**2**)
**shoe store** la zapatería (**7**)
**shop** la tienda (**7**)
**shopkeeper** el/la comerciante (**8**)
**shopping basket** la cesta (**7**)
**short** corto/a (**11**)
**short (film)** el cortometraje (**9**)
**short hair** el pelo corto (**1**)
**short sleeve** la manga corta (**7**)
**should** deber (+ inf.) (**PA**)
**shoulder** el hombro (**11**)
**show** el espectáculo; la función (**9**)
**show, to** enseñar (**PA**); mostrar (ue) (**PA**); lucir (**7**)
**show for the first time, to** estrenar (**1**)

**shower, to** ducharse (**11**)
**showy** llamativo/a (**3, 9**)
**shrimp** los camarones (**4**)
**shy** tímido/a (**1**)
**sidewalk** la acera (**3**)
**sign** el signo; el letrero (**8, 11**)
**sign (papers), to** firmar (los documentos) (**PA, 5**)
**signal, to** señalar (**3**)
**similar** parecido/a (**9**)
**similarity** la semejanza (**PA**)
**simple** sencillo/a (**1**)
**since** pues (**2**); ya que (**7**); desde (**10**)
**Sincerely** De Ud. Atentamente; Le/s saluda atentamente; Muy atentamente; Un atento saludo (**8**)
**sing, to** cantar (**PA**)
**singer** el/la cantante (**PA**)
**single (not married)** soltero/a (**1**)
**sister-in-law** la cuñada (**1**)
**sit down, to** sentarse (ie) (**PA**)
**size** el tamaño (**1**)
**skateboard, to** patinar en monopatín (**2**)
**skates** los patines (**2**)
**skeleton** el esqueleto (**4**)
**ski, to** esquiar (**2**)
**ski pole** el bastón de esquí (**2**)
**skill** la destreza (**8**)
**skillet** la sartén (**3**)
**skin** la piel (**1, 11**)
**skull** la calavera (**4**)
**slash (in a URL)** la barra (**5**)
**slave** el/la esclavo/a (**9**)
**sleep, to** dormir (ue, u) (**PA**)
**sling** el cabestrillo (**11**)
**slogan** el lema (**3**)
**slow, to be** tardar (**5**)
**small truck** la camioneta (**5**)
**smallpox** la viruela (**10**)
**smile** la sonrisa (**2**)
**smile, to** sonreír (i) (**5**)
**smog** el esmog (**10**)
**smoke** el humo (**10**)
**smoothly** suavemente (**2**)
**so that** de manera que; de modo que; para que (**7**)
**soap** el jabón (**7**)
**soap opera** la telenovela (**4, 9**)
**social gathering** la tertulia (**3**)
**software** el programa de computación (**5**)
**solicit, to** solicitar (**8**)
**soloist** el/la solista (**9**)
**solve, to** resolver (ue) (**1**)
**some** unos/as (**PA**); algún, alguno/a/os/as (**11**)
**someone** alguien (**11**)
**something** algo (**11**)
**something left, to have** quedar (**1**)
**sometimes** a veces (**11**)

**somewhat** algo (**11**)
**son-in-law** el yerno (**1**)
**soon** pronto (**4**)
**soul** el alma (**2**)
**soul mate** la media naranja (**9**)
**sound** el sonido (**7**)
**sound, to** sonar (ue) (**2**)
**sound crew** el equipo de sonido (**9**)
**soup bowl** la sopera (**3**)
**source** la fuente (**8**)
**south** el sur (**1, 5**)
**southern** austral (**5**)
**souvenir** el recuerdo (**1, 5**)
**space** el espacio (**1**); el ámbito (**7**)
**Spanish speaker** el hispanohablante (PA)
**speak, to** hablar (PA)
**(special) offer** la oferta (**5, 7**)
**specialize, to** especializarse (**3**)
**specialty** la especialidad (**7**)
**species** la especie (**4**)
**specify, to** precisar (**11**)
**speed** la rapidez; la velocidad (**5, 5**)
**spend, to** gastar (**2, 3**)
**spice** la especia (**4**)
**spinach** las espinacas (**4**)
**spokesperson** el/la vocero/a (**8**)
**spontaneous** espontáneo/a (**9**)
**sporting equipment** el equipo deportivo (**2**)
**sports** los deportes (**2**)
**sports term** el término deportivo (**2**)
**sports-loving (person)** deportista (**2**)
**sports-related** deportivo (**2**)
**sporty** deportista (**2**)
**sprain, to** torcerse (ue) (**11**)
**square** el cuadro (PA, **3**)
**squash** la calabaza (**4**)
**squirrel** la ardilla (**10**)
**stadium** el estadio (**2**)
**stage** el paso; la etapa; la época (PA, **2, 4**); el escenario (**9**)
**stage fright** el miedo de salir en escena (**9**)
**stage manager** el/la director/a de escena (**9**)
**stages of life** las etapas de la vida (**1**)
**staging** el montaje (**9**)
**staircase** la escalera (**3**)
**stairs** la escalera (**3**)
**stand out, to** destacar(se) (**3, 8**)
**stand up, to** levantarse (PA)
**star** la estrella (**4**)
**start, to** prender (**5**)
**start up, to** arrancar (**5**)
**state** el estado (PA)
**state dinner** el banquete de estado (**8**)
**station** la estación (**4**)
**station wagon** la camioneta (**5**)
**stationery shop** la papelería (**7**)
**stay, to** quedarse (PA)

**steam bath** el baño de vapor (**2**)
**steer, to** dirigir (**2**)
**step** el paso (PA)
**step on, to** pisar (**2**)
**stepbrother** el hermanastro (**1**)
**stepdaughter** la hijastra (**1**)
**stepsister** la hermanastra (**1**)
**stepson** el hijastro (**1**)
**stew** el guisado (**4**)
**still life** la naturaleza muerta (**9**)
**stilts** los zancos (**7**)
**stir, to** revolver (ue) (**4**)
**stock market** la bolsa (**8**)
**stone** la piedra (**3**)
**stop** la parada (**2**)
**stop, to** pararse (**1**); dejar de (**8**)
**store** el almacén (**3**); la tienda (**7**)
**store clerk** el/la dependiente/a (**7**)
**store owner** el/la comerciante (**8**)
**store window** el escaparate (**7**)
**story** la historia (**4**)
**story writer** el/la cuentista (**9**)
**stove** la estufa (**4**)
**straight hair** el pelo lacio (**1**)
**straighten up, to** arreglar (**1**)
**strange** raro/a; extraño/a (**1, 4**)
**strawberry** la fresa (**4**)
**stream** el arroyo (**10**)
**stress** el estrés (**2**)
**stretch, to** estirarse (**11**)
**stretcher** la camilla (**11**)
**strike** la huelga (**8**)
**strike, to** hacer una huelga (**8**)
**striking** llamativo/a (**3, 9**)
**string instruments** las cuerdas (**7, 9**)
**strings** las cuerdas (**7, 9**)
**strong** fuerte (**11**)
**stubborn** terco/a (**1**)
**studio** el estudio (**3, 5**); el taller (**9**)
**study** el estudio (**3, 5**)
**study, to** estudiar (PA)
**style** el estilo (**1**)
**subject** el tema (**1**); el asunto (**3**); la materia (**9**)
**substance** la sustancia (**10**)
**subtitles** los subtítulos (**9**)
**success** el logro (**8**)
**successful, to be** tener éxito (**2**)
**suddenly** de repente (**5**)
**suffer, to** sufrir (**2**)
**suffering** el sufrimiento (**5**)
**sugar cane** la caña de azúcar (**5**)
**suggest, to** proponer; sugerir (ie, i) (**2, 3, 9**)
**suggest an alternative, to** sugerir una alternativa (**11**)
**suggested** sugerido/a (**1**)
**suggestion** la sugerencia (**5**)
**summarize, to** resumir (**4**)
**summary** el resumen (**1**)
**sunglasses** los lentes de sol (**5**)

**Super!** ¡Formidable! (**5**)
**supervisor** el/la supervisor/a (**8**)
**support** el apoyo (**1**)
**support, to** apoyar (**3**)
**Sure!** ¡Claro! (**3**); ¡Por supuesto! (PA, 3, 7, 10)
**surf, to** hacer surf; navegar (**2, 5**)
**surface** la superficie (**11**)
**surfboard** la tabla de surf (**2**)
**surgeon** el/la cirujano/a (**2**)
**surprise** la sorpresa (**10**)
**surprised** sorprendido/a (**1**)
**surround, to** rodear (**10**)
**surroundings** los alrededores (**3**)
**survey** el sondeo; la encuesta (**10, 11**)
**survive, to** sobrevivir (**10**)
**suspect** el/la sospechoso/a (**4**)
**sustain, to** sostener (ie) (**10**)
**SUV** el vehículo utilitario deportivo (**5**)
**sweep, to** barrer (**3**)
**sweet** (*adj.*) dulce (**3**)
**sweet** el bombón (**4**)
**sweet roll** el pan dulce (**4**)
**swell, to** hincharse (**11**)
**swimming pool** la piscina (**3**)
**sympathy** la simpatía (**8**)
**symphony orchestra** la sinfónica (**9**)
**symptom** el síntoma (**4, 11**)

# T

**tailor shop** la sastrería (**7**)
**take, to** tomar (PA)
**Take a taxi/bus.** Tome/n un taxi/autobus. (**4**)
**take advantage of, to** aprovecharse de (**11**)
**take care of oneself, to** cuidarse (**4**)
**Take care.** Cuídese/Cuídate; Que le/te vaya bien. (**1**)
**take notes, to** tomar apuntes (**8**)
**take off (one's clothes), to** quitarse (la ropa) (PA)
**take over, to** apropiarse (**8**)
**take pictures/photos, to** sacar fotos (**5**)
**take someone's blood pressure, to** tomar la presión (**11**)
**take someone's pulse, to** toma el pulso (**11**)
**take turns, to** turnarse (PA)
**talcum powder** el talco (**7**)
**talented** talentoso/a (**9**)
**talk** la charla (PB)
**tapestry** el tapiz (**9**)
**tattoo** el tatuaje (**1**)
**tavern** la taberna (**4**)
**tax** el impuesto (**8**)
**teach, to** enseñar (PA)
**teacher** el/la maestro/a (**8**)

**teaching** la pedagogía (**8**)

**team** el equipo (**2**)

**technical** técnico/a (**9**)

**technology** la tecnología (**5**)

**tedious** pesado/a (**1**)

**(telemarketing) sales** las ventas (por teléfono) (**8**)

**telephone operator** el/la telefonista (**5**)

**television** la televisión (**9**)

**(television) network** la cadena (de televisión) (**PA**)

**television viewer** el/la televidente (**9**)

**tell, to** decir (**PA, 1**); contar (ue) (**1**); informar (**9**)

**temple** el templo (**3**)

**terrain** el terreno (**2**)

**testify, to** declarar (**7**)

**text message** el mensaje de texto (**5**)

**thank, to** agradecer (**5**)

**Thank you for calling (me).** Gracias por haber(me) llamado. (**7**)

**that** que, quien(es) (**2**); ese/a (**8**)

**That is...** O sea... (**9, 11**)

**that one** (*pron.*) ése/a (**8**)

**that (way) over there** (*adj.*) aquel/la (**8**)

**That's it.** Así es.; Eso es. (**7, 10**)

**That's to say...** Es decir... (**9**)

**thaw, to** descongelar (**10**)

**the** el; la; los; las (**PA**)

**The fact is that...** Es que... (**9**)

**The truth is...** La verdad es que... (**11**)

**theater** el teatro (**9**)

**their** su/s (**PA**)

**theirs** suyo/a/os/as (**PA**)

**theme** el tema (**1**); el motivo (**9**)

**then** luego; entonces (**4**)

**theoretical** teórico/a (**1**)

**there is/are** hay (**PA**)

**There's no doubt.** No cabe duda; No hay duda. (**10**)

**There's no other way/solution.** No hay más remedio. (**10**)

**thermometer** el termómetro (**11**)

**these** (*adj.*) estos/as; (*pron.*) éstos/as (**8**)

**thesis** la tesis (**PB**)

**thick** grueso/a (**11**)

**thief** el ladrón/la ladrona (**5**)

**thigh** el muslo (**11**)

**think, to** pensar (ie) (**PA**)

**think up, to** concebir (i) (**10**)

**this** este/a (**8**)

**This is...** Es...; Le/Te habla...; Soy... (**7**)

**this one** éste/a (**8**)

**This will soon pass.** Esto pasará pronto. (**8**)

**This/It can't be!** ¡No puede ser! (**5, 10, 11**)

**those** (*adj.*) esos/as; (*pron.*) ésos/as (**8**)

**those (away in distance and/or time)** (*pron.*) aquél/la/los/las (**8**)

**those (way) over there** (*adj.*) aquellos/as (**8**)

**thought** el pensamiento (**2**)

**threat** la amenaza (**10**)

**threaten, to** amenazar (**10**)

**throat** la garganta (**11**)

**through** a través de (**5**); por (**10**)

**throw, to** tirar (**PA**)

**throw a frisbee, to** tirar un platillo volador (**2**)

**throw out, to** botar (**10**)

**thus** así (**2**)

**ticket window** la ventanilla (**2**)

**tie (game)** el empate (**2**)

**tied** atado/a (**8**)

**tiger** el tigre (**10**)

**tight** apretado/a (**7**)

**Till the next time.** Hasta la próxima. (**1**)

**time** la vez (**2**)

**timetable** el horario (**1, 8**)

**tip** la propina (**3**)

**title** el título (**1**)

**to** a (**10**)

**to the left of** a la izquierda de (**10**)

**to the right of** a la derecha de (**10**)

**To whom it may concern** A quién corresponda (**8**)

**today** hoy en día (**PA**)

**together** junto/a (**PA**)

**toilet paper** el papel higiénico (**7**)

**tolerate, to** aguantar (**9**)

**tomb** la tumba (**4**)

**ton** la tonelada (**3**)

**tone of voice** el tono de voz (**1**)

**tongue** la lengua (**11**)

**too much/many** demasiado/a/os/as (**1**)

**tool** la herramienta (**3**)

**toothbrush** el cepillo de dientes (**7**)

**toothpaste** la pasta de dientes (**7**)

**top (toy)** el trompo (**7**)

**torch** la antorcha (**4**)

**tour** la gira (**5**)

**tour, to** viajar por (**5**)

**tourism office** la oficina de turismo (**5**)

**tournament** el torneo (**2**)

**towel** la toalla (**3**)

**toy** el juguete (**1**)

**toy store** la juguetería (**7**)

**track** la pista (**2**)

**track and field** el atletismo (**2**)

**traffic jam** el atasco (**5**)

**tragedy** la tragedia (**9**)

**train, to** entrenar (**2, 8**)

**trainer** el/la entrenador/a (**2**)

**training** la formación (**5, 8**); el entrenamiento (**11**)

**transfer** el traslado (**5**)

**translate, to** traducir (**8**)

**transmission** la transmisión (**5**)

**transportation** el transporte (**5**)

**travel** los viajes (**5**)

**travel agency** la agencia de viajes (**6**)

**tray** la bandeja (**11**)

**treat, to** tratar (**4**)

**treatment** el trato; el tratamiento (**10, 11**)

**tree** el árbol (**3**)

**trio** el trío (**9**)

**trip** el recorrido (**5**)

**trombone** el trombón (**9**)

**true** verdadero/a (**PB**)

**try, to** intentar; probar (ue); tratar de (**1**)

**turkey** el pavo (**4**)

**turn off, to** apagar (**2**)

**turn on, to** encender (ie) (**4**)

**Turn right/left.** Doble/n a la derecha/izquierda. (**4**)

**turn... years old, to** cumplir... años (**4**)

**turnpike** la autopista (**5**)

**turtle** la tortuga (**10**)

**twins** los gemelos (**1**)

## u

**Um...** Eh...; Pues...; Este... (**11**)

**umpire** el/la árbitro/a (**2**)

**uncertain, to be** no estar seguro (de) (**3, 9**)

**uncomfortable** incómodo/a (**5**)

**under** debajo de (**10**)

**underestimate, to** menospreciar (**11**)

**underline, to** subrayar (**1**)

**underscore, to** subrayar (**9**)

**understand, to** comprender; entender (ie) (**PA**)

**underwear** la ropa interior (**7**)

**undo, to** deshacer (**5**)

**unforeseen** imprevisto/a (**11**)

**unforgettable** inolvidable (**1**)

**unknown** desconocido/a (**5**)

**unless** a menos que (**7**)

**unplug, to** desenchufar (**5**)

**unsurpassable** insuperable (**9**)

**until** hasta (que) (**7, 10**)

**up** arriba (**5**)

**up front** delante (**PA**)

**update, to** actualizar (**5**)

**use** el uso (**5**)

**use, to** usar; utilizar (**PA, 1**); emplear (**7, 8**)

**useful** útil (**1**)

**utilize, to** utilizar (**1**)

## V

**vaccination** la vacuna (**11**)
**Valentine's Day** el Día de San Valentín (**4**)
**valley** el valle (**10**)
**value** el valor (6, **9**)
**van** la camioneta (**5**)
**variety** la variedad (**5**)
**vase** el florero (**3**)
**veal** la ternera (**4**)
**vegetable** la legumbre; la verdura (4, **4**)
**veins** las venas (**11**)
**vendor** el/la vendedor/a (2)
**verse** el verso (**4**)
**veterinarian** el/la veterinario/a (**8**)
**video games, to play** jugar videojuegos (2)
**view** la vista (3)
**violin** el violín (**9**)
**vista** la vista (3)
**visual** visual (**9**)
**visual arts** el arte visual (**9**)
**voicemail** el correo de voz (**5**)
**volcano** el volcán (5, **10**)
**volleyball, to play** jugar al voleibol (2)
**vomit, to** vomitar (**11**)

## W

**wait for, to** esperar (PA, **2**)
**walk, to** andar (1)
**wall** la pared (3)
**wall (around a house)** el muro (3)
**wallet** la billetera (**7**)
**want, to** querer (ie) (PA, **2, 9**)
**wardrobe** el vestuario (**9**)
**wash oneself, to** lavarse (PA)
**washing machine** la lavadora (3)
**waste** el desperdicio (**10**)
**waste, to** perder (ie), gastar (PA, 2, 3); desperdiciar (**10**)
**waste products** los desperdicios (**5**)
**wasteful** gastador/a (1)
**water the flowers, to** regar (ie) las flores (3)
**watercolor** la acuarela (4, **9**)
**waterfall** la catarata (**10**)
**watermelon** la sandía (**4**)
**waterskiing, to go** practicar el esquí acuático (2)
**wave** la onda (10)
**We/I would love to (but)...** Nos/Me encantaría (pero)... (3)
**weak** débil (2)
**weapon** el arma (**4**)
**wear a costume, to** disfrazarse (**4**)
**wear out, to** gastar (2, 3)
**weather report** el prognóstico del tiempo (2)

**weaver** el/la tejedor/a (**9**)
**weaving** el tejido (**9**)
**Web, the** la Red (**5**)
**web camera** la cámara web (**5**)
**wedding** la boda (3, **4**)
**wedding anniversary** el aniversario de boda (**4**)
**weed, to** sacar la mala hierba (3)
**weighed down** agobiado/a (7)
**weight** el peso (**4**)
**weights** las pesas (2)
**well** pues (2)
**Well...** Pues...; Este...; Bueno... (**11**)
**well done** bien hecho/a (5)
**west** el oeste (**5**)
**wetland** el pantano (**10**)
**whale** la ballena (**10**)
**What?** ¿Cómo? (2)
**What a shame/pity!** ¡Qué pena/lástima! (5, 8)
**What did you say?** ¿Qué dijiste/dijo? (2)
**What do you say?** ¿Qué me cuentas?; ¿Qué dice/s? (1, 5)
**What do you think (about the idea)?** ¿Qué le/te parece? (5)
**What do you think?** ¿Qué opina/s? (5)
**What does... mean?** ¿Qué quiere decir...?; ¿Qué significa...? (2)
**(What) I mean...** (Lo que) quiero decir... (9)
**What's new?** ¿Qué hay de nuevo? (1)
**What's up?** ¿Qué me cuentas? (1)
**when** cuando (2, **7**)
**When you get to..., turn...** Al llegar a..., doble/n... (**4**)
**wherever** dondequiera (3)
**which** que (2)
**while** mientras (que) (PA, 7, **10**)
**who** que; quien(es) (2)
**Who shall I say is calling?** ¿De parte de quién? (7)
**whom** que (2)
**wide** ancho/a (**11**)
**widow** la viuda (1)
**widower** el viudo (1)
**wife** la mujer (1)
**wig** la peluca (1)
**wild** salvaje (10)
**win, to** ganar (2)
**wine glass** la copa (3)
**winegrowing** la viticultura (8)
**wisdom teeth** los dientes de juicio (8)
**wish** el deseo (2)
**wish, to** querer (ie); desear (PA, **2, 9**)
**wisteria** la glicina (2)
**with** con (**10**)
**With love** Con cariño (8)
**with you** contigo (2)

**With your permission; Excuse me.** Con permiso. (2)
**without** sin que (7); sin (4, **10**)
**Without a doubt.** No cabe duda; No hay duda; Sin duda. (10)
**wolf** el lobo (**10**)
**wood** la madera (3)
**wood instruments** los instrumentos de viento/madera (**9**)
**wood sculpture** la talla (**9**)
**woodwinds** los instrumentos de viento/madera (**9**)
**woodworking, to do** hacer trabajo de carpintería (2)
**work** la obra (3)
**work, to** trabajar (PA)
**worker** el/la obrero/a (3)
**work-related** laboral (**8**)
**workshop** el taller (**9**)
**world** mundial (2)
**worse** peor (**9**)
**worst, the** el/la peor (**9**)
**worst thing, the** lo peor (**8**)
**worthy** digno/a (7)
**wound** la herida (**4**)
**wrapping paper** el papel de envolver (7)
**wrestle, to** practicar la lucha libre (2)
**wrinkle** la arruga (11)
**wrist** la muñeca (**11**)
**wristwatch** el reloj de pulsera (7)
**write, to** escribir (PA, **1**)
**writer** el/la escritor/a (3, **8**)
**wrong** equivocado/a (5)

## X

**X-ray** la radiografía (**11**)

## Y

**yell, to** gritar (6)
**yoga** el yoga (2)
**You don't say!** ¡No me diga/s! (5, 7, 10, 11)
**You have my sympathy.** Mi más sentido pésame. (8)
**You know...** Sabes... (11)
**You're kidding me/pulling my leg.** Me estás tomando el pelo. (10)
**you're welcome** no hay de qué (2)
**young** joven (**9**)
**younger** menor (**9**)
**youngest, the** el/la menor (**9**)
**your** tu/s (*fam.*); su/s (*form.*) (PA)
**your/s** vuestro/a/os/as (*fam. pl. Spain*) (PA)
**yours** tuyo/a/os/as (*fam.*); suyo/a/os/as (*form.*) (PA)
**youth** la juventud (**1**)

# INDEX

imperfect subjunctive, 391–392, 402, 407, 408, 412, 466
imperfect tense, 118, 256, 257
   vs. preterit, 143, 196
impersonal **se,** 429, 431, 447
impersonal subjects, 429, 430
Incas, 126
indefinite antecedent, 354
indefinite article, 6, 111, 254
indefinite subject, 429
independent clauses, 279, 394
indicative, 82, 352
   present indicative, 13, 14–15, 18–19, 366, 402, 407
   present perfect indicative, 246, 407
   vs. subjunctive, 199, 258, 268, 280–281, 282, 355
indirect object, 27, 34, 357
indirect object pronouns, 288, 429, 441
inequality, comparisons of, 349
infinitive, 13
   conditional formed with, 318–319
   future formed with, 312
   immediately after a preposition, 399, 401
   **ir + a +,** 312
   **vamos a +,** 75
   vs. subjunctive, 122, 353
informal commands, 70
**interesar,** 38
Internet, 201, 217, 235
interrogative sentences, 439
interviewing for a job, 323–324, 344
**invertir,** 326, 330
invitations, 128–129
**ir,** 15, 74, 118, 291, 312, 441
**-ir** verbs
   command forms, 74
   conditional, 319
   conditional perfect, 330
   future, 313
   future perfect, 326
   imperfect, 118
   imperfect subjunctive, 392
   present indicative, 13
   present perfect, 46
   preterit, 44, 107
irregular past participles, 147
irregular verbs
   command forms, 74
   conditional, 319
   future, 313
   future perfect, 326
   imperfect, 118
   imperfect subjunctive, 392
   present indicative, 14–15
   present participle, 288
   preterit, 107, 288

## J

**jamás,** 438
job interview, 323–324, 344

**joven,** 349, 364
**jugar,** 19, 74

## L

languages
   indigenous, 283
   names of, 110
**leer,** 107, 313
letter writing, 336
life and culture. *See* Hispanic culture
likes, expressing, 27
linking words, 94
listening strategies
   anticipating and predicting content, 41
   commenting on what you heard, 436
   determining setting and purpose, 286
   listening for details, 151
   listening for main idea, 115
   listening for specific information, 193
   listening for the gist, 79
   listening in different contexts, 397
   making inferences, 361
   repeating/paraphrasing, 322
**lo malo,** 309
**lo mejor,** 309
**lo mismo,** 309
**lo peor,** 309
**lo que quiero decir,** 372
**luego que,** 280, 355

## M

main clauses, 279, 394, 407
**malo/a,** 349, 364
**más,** 309, 311, 364
**más que,** 349
masculine nouns, 4
**mayor,** 349
medicine, 434, 437, 444–446, 450, 452, 453, 462
**mejor,** 349
**menor,** 349
**menos,** 309, 311, 364
**menos que,** 349
Mexico, 53, 78, 96–97, 146, 150, 164, 470
**mientras (que),** 280, 355
**morir,** 326
movies, 369, 371, 383
museums, 360
music, 299, 362–365, 371
musical instruments, 365, 376

## N

**nada,** 438
**nadie,** 438
negative commands, 70, 74
negative expressions, 438
**ni... ni,** 438

Nicaragua, 18, 210, 211
**ningún,** 438
**ninguno/a/os/as,** 438
**nos,** 432
**nosotros/as** commands, 74–75, 249
nouns, 4, 5
   adjectives used as, 309, 311
**nunca,** 438

## O

**o... o,** 438
**o sea,** 372, 452
**o→ue** verbs, 19, 107
**o→ue→u** verbs, 75, 107
object
   direct, 34
   indirect, 27, 34, 357
object pronouns, 47, 249, 288, 429
**ocurrir,** 441
**oír,** 15, 74
**ojalá (que),** 83, 392
**olvidar,** 441
opinions
   asking for, 206–207
   expressing, 199, 352

## P

Panama, 18, 210
**para,** 181–182, 281
**para que,** 280, 355
Paraguay, 283, 299
pardon, expressing, 92–93
**parecer,** 38
parts of the body, 426, 462
passive **se,** 441, 447, 448
passive voice, 447, 448
past participle
   as adjective, 125
   conditional perfect with, 330
   future perfect with, 326, 327, 330, 335
   irregular forms, 47, 147, 326
   past perfect subjunctive with, 394
   past perfect with, 147, 259
   present perfect subjunctive with, 161
   present perfect with, 46, 125, 147
past perfect, 147, 261
past perfect subjunctive, 394, 395, 402, 407, 408
pausing, 452
**pedir,** 18, 353, 357
**peor,** 349
**perder,** 441
perfect tenses, 231
   conditional perfect, 330, 331, 335
   future perfect, 326, 327, 330, 335
   past perfect, 147, 261
   past perfect subjunctive, 394, 395, 402, 407, 408
   present perfect, 46, 147, 223, 326, 327

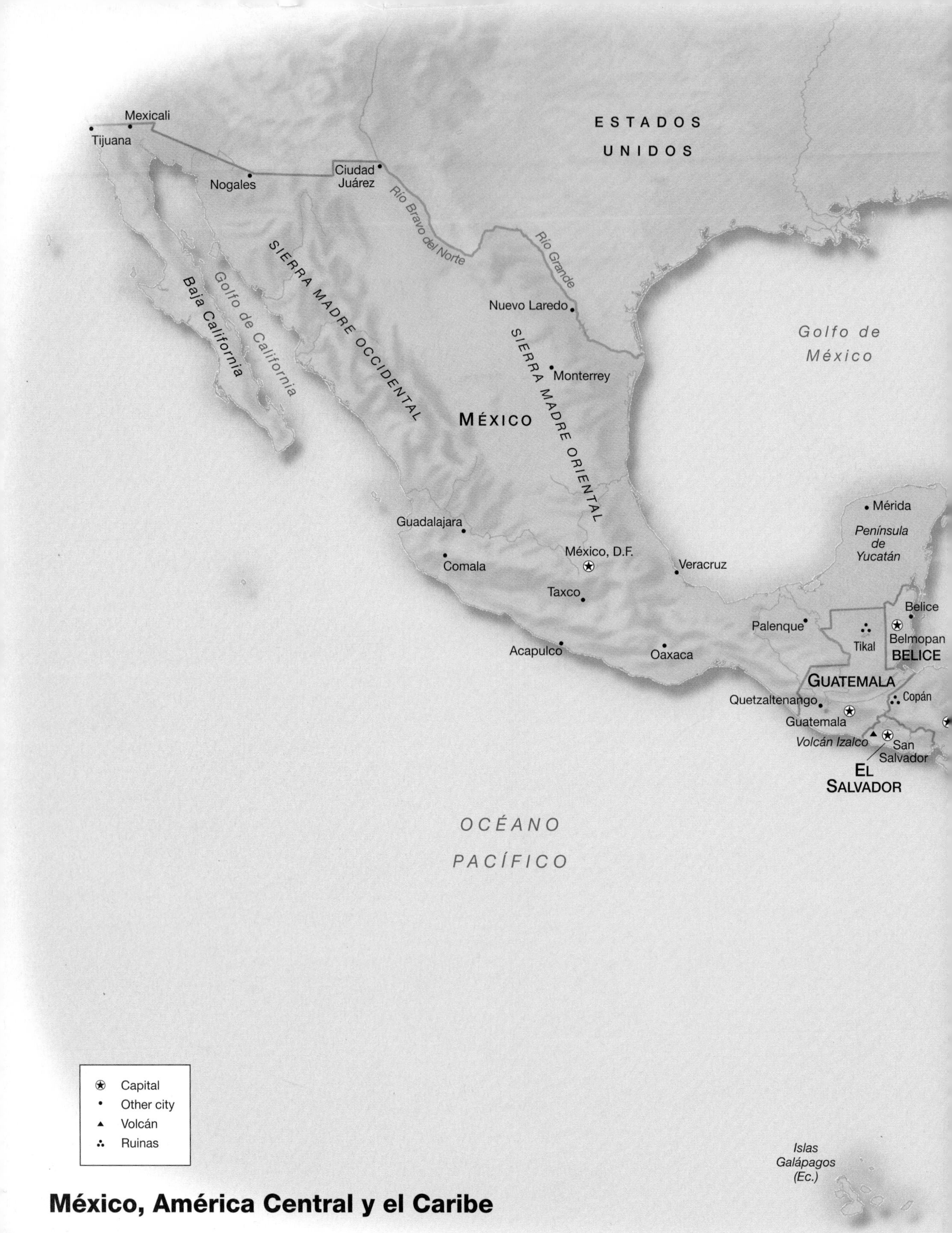
ESTADOS UNIDOS
Mexicali
Tijuana
Nogales
Ciudad Juárez
Río Bravo del Norte
Río Grande
Nuevo Laredo
Monterrey
Golfo de México
Baja California
Golfo de California
SIERRA MADRE OCCIDENTAL
SIERRA MADRE ORIENTAL
MÉXICO
Mérida
Península de Yucatán
Guadalajara
Comala
México, D.F.
Veracruz
Taxco
Acapulco
Oaxaca
Palenque
Tikal
Belice
Belmopan
BELICE
GUATEMALA
Quetzaltenango
Copán
Guatemala
Volcán Izalco
San Salvador
EL SALVADOR
OCÉANO PACÍFICO
Islas Galápagos (Ec.)
Capital
Other city
Volcán
Ruinas

# México, América Central y el Caribe